哲学史家文库

第2辑

明清启蒙学术流变

萧萐父 许苏民 著

A Series of Books by the Historian of Philosophy

人民出版社

目　录

上　篇
抗议权威　挣脱囚缚
（明嘉靖—崇祯,16 世纪 30 年代
至 17 世纪 40 年代）

中 篇

深沉反思 推陈出新

（南明弘光、永历—清康熙、雍正，

17世纪40年代至18世纪20年代）

下　篇
执着追求　潜心开拓
（乾隆—道光二十年，18 世纪 30 年代
至 19 世纪 30 年代）

导　论

　　在一切其他范围内,我们都像西欧大陆其他各国一样,不仅有资本主义生产的发展苦着我们,而且有资本主义生产发展不够的情形苦着我们。除了各种近代的灾难,还有一系列过去遗留下来的灾难在压迫着我们。这各种灾难,是由古旧生产方式的残存,以及跟着起来的各种不合时代要求的社会关系和政治关系引起。我们不仅为生者所苦,而且也为死者所苦。死者捉住生者。

——马克思:《资本论》初版序言,写于 1867 年

　　夫安弱守雌,笃于旧学,固无以争存于天下,第所以匡谬而失正,则虽日易故常,哭泣号叫之不已,于忧患又何补矣? 此所以明哲之士,必洞察世界之大势,权衡较量,去其偏颇,得其神明,施之国中,翕合无间,外之不后于世界之思潮,内之仍弗失固有之血脉,取今复古,别立新宗,人生意义,致之深邃,则国人之自觉至,个性张,沙聚之邦由是转为人国。人国既建,乃始雄厉无前,屹然独见于天下,更何有肤浅凡庸之事物哉!?

——鲁迅:《文化偏至论》,写于 1907 年

　　从 15—16 世纪始,人类社会开始从国别的、区域的历史进入"世界历史"——在西方和东方文明内部都先后生长出现代经济和思想文化等"世界历史"的因素,并按照体现着这一总趋向的各自的特殊发展道路而走向对于人类普遍价值的认同。在中国,从明代嘉靖初至清道光二十年,即 16 世纪 30 年代至 19 世纪 30 年代,正是一个使古老文明汇入世界历史的特殊发展时期。它既体现着社会发展和人类心灵发展的一般规律,同时又因中国古代文明形成和发展的既往的特殊性而使从传统走向现代的社会发展和

思想启蒙的道路具有格外"坎坷"的中国特色。

一、明清早期启蒙学术的分期

依据明清中国社会历史变迁的特点,可以把中国早期启蒙学术的发展分为三个阶段。

第一阶段:从明代嘉靖至崇祯,约16世纪30年代至17世纪40年代。

这一阶段,是中国社会的商品经济蓬勃发展、明王朝被迫实行一系列有利于资本主义萌芽生长的有限的改革和开放政策的阶段。其特点是:"末富居多,本富益少",商业资本不再流向土地,而是转化为手工业产业资本,弃儒从商的士人和弃农经商的地主大量出现;大批农民流入城市,"延颈待雇",形成了自由的劳务市场和"机户出资、机工出力"的生产关系;不带有政治和军事性质的纯粹商业性市镇纷纷兴起,早期市民阶层开始为维护自身权益而斗争,东林党人和许多无党派人士呼唤"工商皆本",充当市民阶层的政治代言人;徽商和东南沿海人民开始向海外发展,在与西方殖民者争夺西太平洋贸易制海权的斗争中占有明显优势;明王朝被迫实行有限的改革开放政策,包括终结土地国有制的"官民一则起科"政策,变实物赋税为货币赋税的"一条鞭法",变劳役为"以银代差"的匠籍制度改革,允许民间开矿及数次开放海禁等。但与此同时,明王朝对工商业者的掠夺、禁止讲学自由和迫害思想异端的思想文化政策,仍严重阻碍着社会的进步。

这一时期,是中国早期启蒙学术如万壑争流、千帆竞发、蔚为壮观的发展阶段,更多地具有西方文艺复兴时期"人的重新发现"与"世界的重新发现"的特征。其主要特点可概括为:抗议权威,冲破囚缚,立论尖新而不够成熟。这一时期的启蒙学术包括:以李贽为代表的重新估定一切价值、呼唤个性解放的人文主义思想,以何心隐和东林党人为代表的"以友朋代君臣"、"以众论定国是"的初步平等观念与早期民主思想,以赵南星、冯应京、王徵为代表的"工商皆本"的经济思想,以朱载堉、徐光启、陈第等一批晚明科学家、历史考据学家所代表的科学的知性精神的觉醒。

这一时期思想领域的中心一环,是"人的重新发现"的近代人文主义。

正德年间兴起的市民文学、吴中傲诞士风以及稍后归有光对复古文风的批判，为人文主义思想的诞生作了准备；王阳明学说中包含的"只信自家良知"、"不以孔子之是非为是非"、"狂者胸次"、"五经皆史"等因素，客观上充当了人文主义兴起的嚆矢。以王学的分化为契机，产生出"非名教所能羁络"的泰州学派；进而有李贽出，颠倒千万世之是非，呼唤复"童心"，做"真人"，"各从所好，各骋所长"，张大启蒙旗帜；由此，袁宏道的"性灵说"，汤显祖的"至情说"，冯梦龙、周铨、闵景贤的情感本体论……接踵而来，以人文觉醒对抗伦理异化，崇真尚奇，蔚为风气，成为这一时期思想启蒙的主要特色。

第二阶段：从南明弘光、永历到清康熙、雍正，17世纪40年代至18世纪30年代。

这一阶段是中国资本主义萌芽在战火中备遭摧折而后又艰难恢复和发展的阶段，是清王朝重建专制主义的政治和文化统治的阶段。其主要特征是：清王朝在推行重农、恤商的经济恢复政策的同时，强调以农为本，促使商业资本重新流向土地；在统一台湾后开放海禁，同时加以严格限制，并逐渐走向实行闭关锁国政策；严禁知识分子党社活动，大兴文字狱；全面推行道德礼教下移运动，定朱熹思想为一尊。

这一时期，是早期启蒙者"鸡鸣不已于风雨"的时期。新旧矛盾与民族矛盾复杂纠葛，使思想启蒙的中国特色特别显著。其主要特点可概括为：深沉反思，推陈出新，致思周全而衡虑较多。就学派分野而言，有以顾炎武为代表的经学及其考据之学，有黄宗羲开出的浙东史学，有傅山所代表的子学研究，有方以智所代表的新兴质测之学，有王夫之所代表的对宋明道学的总结。但亦互有交叉。就思想言，有以黄宗羲、唐甄为代表的反对专制主义的政治思想和"工商皆本"的经济思想；以顾炎武、颜元为代表的经世致用的"实学"思想；以方以智、方中通、梅文鼎为代表的"缘数以寻理"的科学思想；以傅山为代表的个性解放思想等。这一时期的思想，带有对晚明思想进行反思的性质，顾炎武、王夫之等人从总结明亡教训的立场，对李贽作了非常严厉的批评。然而，顾、王等人的思想又与李贽有若隐若显的继承关系，如王夫人讲"人欲之各得"、"道因时而万殊"、"性日生日成"等，都可以从李贽著作中找到相似的命题。顾、王与李贽的分歧，似有乌托邦主义者与自由主义者之分歧的性质；前者敌视后者并有广泛社会基础，这是典型的中国特色。

这一时期思想史的中心一环是批判君主专制制度的初步民主思想,内容极为丰富。黄宗羲、唐甄等人皆从个体出发肯认人的自然权利,批判专制主义,设计民主政治方案,以使人人"各得自私,各得自利"、"各得自为"为归宿。王夫之、吕留良等则从群体出发肯认人的自然权利(主要是生存权和发展权),反对"私天下"而主张"公天下",以"保其族、卫其类"为归宿。他们的出发点和归宿各有不同,改革方案的设计也颇有区别,但他们都一致认为,国家是抽象的共名,"万民之忧乐"、"百姓之生死"才是具体的和高于一切的。他们的分歧反映了民族矛盾与新旧矛盾的纠葛,他们的共同点则反映了早期自由主义者与早期乌托邦主义者共有的初步的民主要求。

第三阶段:从清乾隆到道光二十年,即18世纪30年代至19世纪30年代。

这一阶段,是中国资本主义萌芽获得较大发展,但又是清王朝实行闭关锁国政策、思想专制十分严酷的阶段。以乾隆二年清政府开放矿禁为契机,在全国各地兴起了民办矿厂的热潮,商业资本大量转化为产业资本;此外,士人、地主乃至知县也纷纷弃儒、弃农、弃官办矿、经商,形成了一个作为中国近代矿业资本家之前身的新兴的"厂民"阶层;矿厂规模之大、分工管理之严密,已相当于近代大型企业,且普遍建立起雇佣劳动关系,有力地启动了全国商品经济的发展。统治集团内部要求取消矿产品统购统销政策的呼声日高,并在很多地区实行或部分实行,有的官员还提出了建立统一的国内自由贸易市场的要求。经济在一定程度上放开搞活了,但清王朝实行闭关锁国政策,在政治上依然借助文化专制、科举制、"文字狱"等来保持强控制。然而总体看来,清王朝对经济和文化的控制力已大大削弱。在民间,反映市民趣味的通俗流行歌曲空前盛行,且十倍百倍于晚明;戏曲舞台上《红楼梦传奇》与《牡丹亭》、《桃花扇》等交相辉映,屡禁不止。

这一时期学术的主要特点可概括为:执着追求,潜心开拓,身处洄流而心游未来。"洄流"指人为地截断中西文化交流而实行闭关政策,强化文化专制,"文字狱"之多之密超轶康熙、雍正时期。以学术流派而论,主要是四个流派:以戴震为代表的皖派,以惠栋为代表的吴派,以王念孙、汪中为代表集吴皖二派之长的扬州学派,以章学诚为代表的浙东史学后劲。此外,有独树一帜的郑燮、袁枚。乾嘉考据学者以对汉学的推崇和"尤异端寇仇乎程朱"的风格,赋予了考据学以与宋明道学相对抗的鲜明的学派特征,被正统学者斥为"离经叛道,过于杨墨佛老"。戴震既是考据学的大师,又是从考据中开出义理的先驱。进而有焦循、章学诚、俞正燮、包世臣、龚自珍等人,使戴震提倡的"志存闻道"的精神发扬光大。

这一时期启蒙思想的中心一环是学术独立和学术研究中的知性精神的发展。戴震的重"心知"、"察分理"的知识论,袁枚对道统论的批判和要求史学、文学脱离道统的呼声,郑燮关于"学者当自树其帜"的呐喊,以及戴震、袁枚、俞正燮、龚自珍从尊重人类自然权利之公理出发对名教"杀人","吃人",强迫妇女"节烈",扭曲人性的伦理异化的批判等,都是知性精神在理性和感性层面上的表现。

这一时期的启蒙学术,带有向晚明启蒙思想复归的特征,"童心说"、"性灵说"、"解缚说"、"人皆有私说"等晚明思想,都被重新加以强调。它一方面可以与晚清西学东渐和向着世界认同的改革运动相接轨,从而与社会发展的一般规律相契合;另一方面,这一时期的最后一位思想家龚自珍也预见到"山中之民有大声音起,天地为之钟鼓,神人为之波涛"的农民革命风暴,预见到了这一代表中国广大农村巨大的传统文化力量所赋予的现代化道路的中国特色。

二、早期启蒙学术的三大主题

早期启蒙学术中包含着中国社会从传统走向现代化的历史前进运动的三大主题:个性解放的新道德、科学与民主。

(一)个性解放的新道德

早期启蒙学者所论述的个性解放的新道德既有理性层面的对于理欲、情理、义利、个体与类之关系的哲学论说,又有感性层面上的对于伦理异化的突出表现——诸如残害妇女的节烈、纳妾以及"吃人"的忠孝观等——的激烈批判。

第一，以自然人性论为出发点的新理欲观。

晚明对禁欲主义的批判和新理欲观的建立分两支发展。一支是从泰州学派到李贽，再到李贽的众多崇拜者的路线，从自然人性论出发，主张冲决一切"条教禁约"的束缚，自由地发展人的天性。泰州学派的学者王艮、王襞、颜山农皆主张"所行纯任自然便谓之道"；何心隐提出其"育欲说"，时人说他"坐在胶漆利欲盆中，所以能鼓动得人"；李贽根本否认有所谓与"人欲"相对立的"天理"，鼓吹"穿衣吃饭即是人伦物理"，离却人欲即无道，因而痛斥道学之虚伪，主张"自然之性乃自然真道学"，因人的能力之差异，在自由竞争中"各遂千万人之欲"。另一支以王廷相、罗钦顺、吴廷翰、吕坤为代表，基本上是从"气质之性"一元论出发来反对禁欲主义。罗钦顺提出的"欲出于天，理在欲中"，吴廷翰提出"人欲不在天理外"，吕坤则主张"公欲"，带有早期乌托邦主义色彩。

清初理欲观作为对晚明的反思，主要是继承和发展了吕坤的"公欲"观。王夫之、费密、颜元等皆肯认"欲"是人类活动的原动力，主张"人欲之各得即天理之大同"、"欲不可禁，亦不可纵"，将人欲作为天理之一部分而在改造了的天理的范围内实现"公欲"；连理学名臣李光地亦肯认"人欲非恶"而主张"公天下之欲"。此外，傅山、陈确、唐甄的思想则带有晚明自由主义的色彩，陈确肯认有"私"的"人欲"，反对伦理道德至上主义；唐甄排斥"天理"，从"生于血气、避苦求乐"的自然人性论出发，探讨人之"血气"与"心智"的调和，开乾嘉时期戴震"血气心知"的新理欲观之先河。

乾嘉时期的新理欲观，以戴震、焦循为代表。戴震提出了包括欲、情、知三要素的"血气心知"的自然人性论，深化了对于人性的认识，指出"无欲无为又焉有理"，揭露"宋儒理欲之辨"为以理杀人的"忍而残杀之具"，提出了"遂己之欲，广能遂人之欲"的新理欲观。焦循继承和发挥了戴震的学说。

第二，以自然人性论为出发点的新情理观。

晚明新情理观大放异彩。自李贽提出发抒真性情的"童心说"和"纲缊化物，天下亦只有一个情"的唯情论观点以后，袁宏道提出了包含真情与天趣二要素的"性灵说"，主张表现"通乎人之喜怒哀乐嗜好情欲"的"至情"，反对"拂情以为理"，而主张"理在情内"；汤显祖提出了"世总为情"、情通乎宇宙自然规律的"至情说"，并赋予其与宋明道学之"天命之性"、"天理"

和专制政治之"吏法"相对立的属性，呼唤"有情之人"和"有情之天下"。冯梦龙提出"四大皆幻设，唯情不虚假"，鼓吹"六经皆以情教"。此外，周铨论"天下一情所聚"，闵景贤论"情为位育真种子"，等等，皆以"情"为塑造人格、砥砺志节的精神力量。

清初新情理观，分作两途发展。以傅山、黄宗羲为代表，继承和发展晚明"童心"、"性灵"、"至情"观。傅山认为"情为天地生人之实"，呼唤"复情"、"尽情"的人性复归和个性解放；"宁花柳、勿瓶钵"，犹是晚明流风余韵。黄宗羲认为"非情亦何以见性"，强调"情至文未有不至"的真情抒发，提倡志士仁人的"风雷之情"。另一方面，以王夫之为代表，纳情于理或援理入情，亦肯认艺术的"情感—审美"的独立价值，既反对"桎梏人情"，又强调"性为情节"的道德要求。对王夫之极为崇敬的刘献廷认为"六经之教，原本人情"，同时主张对情要"因势而利导之"。

乾嘉时期的新情理观，更多地表现出向晚明思潮复归的倾向。袁枚倡导唯情主义，发展了晚明公安派的"性灵说"，着力揭露旧礼教的"吃人"本质。戴震以人性固有的"情"为起点，以"各遂其情"为归宿，鲜明地提出了"情之至于纤微无憾是谓理"的命题。焦循继承晚明冯梦龙的"情教"说，主张"旁通情"、"彼此相与以情"，以实现"天下皆情"的社会理想。

第三，以自然人性论为出发点的新义利观。

晚明新义利观主要以李贽为代表。李贽提出"夫私者，人之心也"的命题，以为这是不证自明的公理，"虽圣人不能无势利之心"，而求利之心乃是"吾人禀赋之自然"；斥儒者义利之辨为自欺欺人，称颂"作生意者但说生意"为"有德之言"；并把人际关系放到商业交易关系中去加以考察，认为"天下尽市道之交"，提倡"强者弱之归"的自由放任的市场经济竞争。此外，还有黄绾提出的"义利并重"论，力主"利不可轻"；吴廷翰认为"义利原是一物，更无分别"；焦竑认为"即功利而条理之乃义"，反对"以仁义、功利歧为二途"；陈第提出了"义即在利中，道理即在货财之中"的命题。

清初新义利观的根本特点是对传统的伦理道德至上主义的突破，表现出明显的功利主义特征。傅山提出要在国家利益与私人利益之间划一道合理的界限，以保障私人利益不受侵犯，并主张以功利而不是以"道德"的空谈作为衡量人才的标准：不管白马黑马，能够引重致远即是好马。唐甄把"为利"作为人类一切活动的最终目的，把"利"看作是"义"的基础，主张以社会功利去检验一切道德说教的合理性；陈确从"有私所以为君子"的人性论出发，认为读书人首先要有独立的经济基础而后才能有独立人格；颜元一反传统的义利之辨，主张"正其谊而谋其利，明其道而计其功"。与新义利观相联系，黄宗羲主张"工商皆本"，唐甄、陈确的思想更与学者"治生"的商业活动有密切的关系。

乾嘉道时期的新义利观又别出新解。自称"亦营陶朱财"的袁枚从财货来探索时代的变迁："世运盛衰，其以财货为升降乎？"继承了戴震理欲观的焦循认为，"血气"与"心知"的结合就能使人意识到自身的利益，"为利"乃是人类活动的原动力，因此"儒者义利之辨不可以治天下"，必须"以利为义"。龚自珍更为大胆地鼓吹天赋人性自私论，认为"私"如日月经天、江河行地，甚至将"有私"与"无私"上升到人禽之辨的高度来认识。与此同时，恽敬发出了"货殖者，亦天人古今之大会也"的呐喊。

第四，关于个性及群己关系的论说。

晚明泰州学派张大王阳明的"狂者胸次"，王艮宣扬"我命虽在天，造命唯由我"，欲使陷入罗网、"覆压缠绕奄奄然若死之状"的人们冲决囚缚，复归纵横自在的自由天地；王畿明狂狷、乡愿之辨，"宁为狂狷，毋为乡愿"；何心隐"以讲学而为豪侠之具"，呼唤豪杰精神；罗汝芳要求"解缆放船，纵横任我"。进而有李贽出，提倡"各从所好，各骋所长"的个性解放，在自由竞争中形成群己关系的新秩序。随后，公安派学者崇真尚奇，汤显祖讴歌"至情"，批判奴性，将晚明个性解放的思想推向高潮。明末社会危机和民族危机加剧，有徐光启提出强调发挥个体的自觉能动性和社会责任感的"唯知有我"说。

作为清初个性解放学说的时代最强音的是傅山对奴性的批判。他痛斥以礼教来扼杀青年男女对幸福之追求的卫道士为"老腐奴"，斥推行蒙昧主义的理学家为"奴儒"，斥对上是奴才、对下是暴君的专制官僚为"骄奴"，斥丧失民族气节者为"降奴"；他提出了一要"觉"、二要"改"的改造国民性的历史任务，要人们"把奴俗龌龊意见打扫干净"，从此光明正大、堂堂正正地做人。顾炎武反对"禁防束缚至不可动"的专制主义，提倡个体的豪杰精神和"天下兴亡，匹夫有责"的使命感；黄宗羲强调学者要具有不为权势与流俗左右的学术个性；王夫之提出"我者，大公之理所凝也"，强调个体是类精神的承担者，理应实现群体所赋予的使命。其中，傅山的思想最富于个性自由解放的精神。

乾嘉道时期的早期启蒙学者更多地继承了李贽、傅山，较多自由主义色彩。郑燮愤怒谴责专制主义的"钳口术"和礼教束缚，宣称"青春在眼童心热，直摅血性为文章"，"学者当自树其帜"；龚自珍继承傅山对奴性的批判，着力于提升人的尊严，呼唤"去其棕缚"，使人的个性自由发展，以造成一个"不拘一格降人才"的新的社会氛围。此外，有女学者王贞仪提出男女"同是人也，则同是心性"、妇女也应有"足行万里书万卷，常拟雄心似丈夫"的豪迈气概的观点；李汝珍要求妇女解放，甚至提出了妇女应有参政权的主张。

第五，对于伦理异化的种种突出表现的批判。

"节烈"、纳妾、"张巡杀妾"式的忠、"郭巨埋子"式的孝等，是中国传统社会伦理异化在感性层面上的突出表现。然而习俗移人，多数高谈"主义"的人们似乎对此熟视无睹，倒是较注重研究"问题"的学者颇注重对这些伦理异化的突出表现的批判。

中晚明学者提出了反对节烈和纳妾、提倡婚姻自由的主张。方鹏、归有光皆反对女子为未婚夫守志殉死，徐允禄进一步反对已婚女子守寡殉死；李贽肯定为爱情而私奔，汤显祖则主张普遍的婚姻自由；冯梦龙更指斥孔子之道"平白地把好些活人都弄死"。

清初学者唐甄、魏禧都提出了"废阉"的主张，要求彻底废除这一罪恶的制度。此外，毛奇龄主张禁室女守志殉死，女作家梁贞仪明确反对纳妾，归庄提倡幼者本位，傅山歌颂"风尘中人"对爱情的忠贞。虽然总的说来，倡导者不如晚明之多，但批判的广度和深度皆有所推进。

乾嘉道时期对伦理异化及各种陋俗的批判呼声渐高，涉及的范围更广，亦更有深度。反对妇女缠足的主张首次被提出，如袁枚斥缠足为"戕贼儿女之手足以取妍媚"的恶行，俞正燮提倡"丁女"风格。汪中、袁枚、俞正燮等人皆反对"节烈"，汪中痛斥道学家对风尘女子"无故责之以死"的残忍心理，俞正燮更将节烈之惨酷揭露得最为沉痛。李汝珍、俞正燮皆反对纳妾，明确主张实行一夫一妻制。与戴震谴责理学家"以理杀人"的同时，袁枚亦在《张巡杀妾论》、《郭巨埋子论》等文中对旧礼教的"吃人"本质作了深刻的揭露。

（二）批判君主专制制度的初步民主思想

晚明具有初步民主色彩的政治学说的根本特点,是从讲学的社会团体的原则引申出国家的原则,以对抗从家族制的原则所引申出的专制国家原则。何心隐于五伦中独重"友朋",将其规定为讲学团体中的平等的师友之交,且将其置于君臣之伦之上,反对"局之于君臣以统天下",主张"天下统于友朋",君臣关系应该遵循师友的平等原则;要求讲学自由,让政治跟着民间学术团体的主张走。东林党人公开反对明王朝对何心隐等人的迫害,并继承和发展了何心隐的思想,提出了"以众论定国是"的政治主张。他们以"天下之公"来对抗专制统治者的"一己之私",要求广开言路,实行包括全体人民在内的最广大的言论自由。顾宪成指出扼杀言论自由乃是"大乱之道",宣称"屈于势者不得为屈,究必伸","伸于势者不得为伸,究必屈"。李三才还鲜明地提出了"民又君之主"、"百姓亦长为人主之主"的命题。东林党人的同情者吕坤亦提出"天之生民,非为君也",认为"一人肆于民上而剥天下以自奉"的制度,是与立君的初衷相违背的;同时,他也强烈地主张言论自由,强调真理大于权势、"民情甚不可郁"。这一切,都是黄宗羲《明夷待访录》的先声。

清初民主思想已奠定在近代式的人的"自然权利"的基础之上,并且将批判君主专制与设计中国民主政治的方案十分明确而紧密地结合了起来。黄宗羲的《明夷待访录》,以"有生之初,人各自私,人各自利"为逻辑起点,认为建立国家的目的是为了"使天下受其利,使天下释其害",由此展开了对专制制度的批判和民主政治方案的设计:揭露君主专制乃"天下之大害",斥全部专制法律为"非法之法"而根本否定其合法性,提出以真正具有合法性的"天下之法"来代替君主出于一己之私欲的"一家之法",根本否定"修齐治平"的伦理政治原则和特权人治的政治体制,坚决主张"有治法而后有治人";反对"移孝作忠"、"事君如事父"的传统政治规范,主张君臣平等,"臣不与子并称";反对专制主义的君主至上、国家至上的原则,认为"一姓之兴亡"的国家是抽象的共名,而"万民之忧乐"高于一切,从而主张"天下为主君为客";进而提出对君主实行分权制衡,学校议政,"必使治天下之具皆出于学校"，"公是非于学校"，自中央至地方，学校的权力与各级行政权相平行，使学校成为决定国是、对皇权和各级政府的行政权力具有监督制约作用的民意机关和权力机构，并由此而使广大民众"渐摩濡染"，从学校议政的精英民主向普遍的民主制过渡，造成"朝廷之上、闾阎之细"都不以天子之是非为是非的普遍民主氛围。黄宗羲认为，只有如此，才能使天下受其利、使天下释其害、使天下人人"各得自私、各得自利"。将黄宗羲的上述思想称之为"17世纪中国的民权宣言"，并非过誉。

黄宗羲的上述观点，不同程度地存在于他的许多同时代人的思想中。顾炎武自称其政治思想"同于先生（黄宗羲）者十之六七"，主张"众治"，"合天下之私以成天下之公"，人民有"不治而议论"的言论自由权利；王夫之主张"不以天下私一人"，君权"可禅，可革"；刘继庄主张"开诚布公"的政治公开化；唐甄斥"凡为帝王皆贼"，认为人民的生命、财产和言论自由权利不可剥夺；傅山主张限制政府权力；吕留良斥"秦以后许多制度绝是一个自私自利"，讴歌"天下之公"；乃至连康熙朝的理学名臣李光地亦反对"一人横行于天下"，要求"使二千年沿袭之秦酷一旦尽涤"，痛斥"叔孙礼乐萧何律"。

自雍正为强化专制统治而大兴文字狱到乾嘉道时期，政治领域弥漫血影刀光，成为学者很少涉足的领域，但一片死水中亦时泛微澜。陆生枏谴责"始皇一片私心，流毒万世"，认为帝王喜独尊以便其恣睢，"人虽怒之而不敢泄"，然"其蓄必深，其发必毒"；余廷灿认为圣贤君相"非有异于民"，"非用民而为民用"。嘉庆六年（1801年）包世臣著《说储》上下篇，提出废八股时文，以革新科举；设给事中封驳朝廷诏敕，以限制君权；允许学校议政，以发扬士气、通达民情等主张。此后十余年遂有龚自珍著《乙丙之际箸议》、《尊隐》等，倡言依靠民间势力的政治改革。

（三）科　学　精　神

早期启蒙学术中的科学精神，主要表现在三个方面。

第一，纯粹的求知态度。

在西方，科学是自文艺复兴以来才逐步从宗教束缚下解放出来，而插上自由的翅膀的;在中国,明代中叶以后,科学也正在努力冲破儒家道统、象数迷信的囚缚而独立发展,产生了一批具有纯粹求知态度的学者。王子朱载堉辞去了郑王爵位,终身从事乐律和天文历算的研究;徐霞客蔑视科举功名,冲破"谶纬术数家言"及"昔人志星官舆地"的"承袭附会"之说,"以生命游","以性灵游","直抉鸿蒙来未凿之窍",为科学的地理学研究献出了整个生命;李时珍使中医学摆脱道教束缚,注重科学实证,且重视"明变求因",以求"窥天地之奥而达造化之权";宋应星专门从事技术科学的研究和自然哲学的探讨,宣称"既犯泄漏天心之戒,又罹背违儒说之讥,亦不惶恤也。"更有以徐光启为代表的一批早期启蒙学者,冲决传统的"夷夏之大防",打破民族的狭隘性和片面性,以谦虚而诚挚的态度去学习从西方传入的新知识。徐光启提出对西学要"虚心扬榷"、"拱受其成",李之藻认为"宇宙公理非一身一家之私物",许胥臣认为西来的新知识可以"醒锢习之迷",瞿式耜认为西学可以"破蜗国之褊衷",他们都把西学,特别是西方科学看作是与中世纪蒙昧主义作斗争的有力武器。此外,王阳明的"五经皆史"说及其为李贽所张大了的"不以孔子之是非为是非"的观点,杨慎、胡应麟、焦竑、陈第在考据学领域的开拓,特别是陈第、焦竑提出的"本证"与"旁证"相结合的考据学方法,也显示了传统学术中的知性精神的觉醒。

清初学者继承晚明学者的知性精神,冲破道统束缚,以纯粹的科学兴趣和求知态度去从事新兴质测之学的研究,将传统的以体悟伦理道德的"天理"为目的的所谓"格物致知"改造、转化成为新兴质测之学的"即物以穷理","格致"亦因此而成为自然科学的称谓。方以智明确提出了"质测"("物理")、"治教"("宰理")、"通几"("至理")的学科区分,科学具有了独立性;王夫之充分肯定"惟质测能即物以穷理",推崇"专家之学";傅山提出,"理者,成物之文也",认为理是具体事物的文理、条理或结构规则;颜元亦与傅山持相同观点:此皆发戴震"分理"说之先声。与此同时,纯粹求知的科学精神亦进一步渗入经、史、子学研究领域。在经学领域,有顾炎武、阎若璩、胡渭等人的考据;在史学领域,有钱谦益的"五经皆史"说和浙东史学的史料鉴别法;在子学领域,有傅山倡导"不被人瞒过"的方法。

乾嘉时期,中国传统学术进一步从注重伦理道德向重视知识转变,从包罗万象的道统向分门别类的具体科学转变。"浙西尚博雅",程朱派传统的以"道问学"为体验"天理"之途径的治学方法通过考据学的发展而成为纯粹的求知方法;"浙东贵专家",陆王派传统的"尊德性"也通过浙东学派"言性命者必究于史"的史学研究的发展而转化成为尊重专家之学及其学术个性的术语。这一时期,自然科学和文史哲各学科的独立性比清初更为明显,在很大程度上摆脱了它们作为无所不包的经学和道学的婢女和附庸的地位,从而改变了儒家道统凌驾和统驭一切学术门类的局面。戴震提出的"察分理",为行将日益增多的具体科学门类的诞生提供了哲学依据;袁枚反对以史学和文学充当伦理教化的工具,强调各学科内容的独特性,进一步要求使各学科从道统束缚下解放出来;章学诚把包括六经在内的一切古代文献和典章制度、政治事变等统统看作是历史研究的对象,看作是赖以从中发现历史规律的素材。从戴震所强调的明辨真伪、分析精微的"心知"到章学诚所注重的史学研究的"别裁精识",大大凸显了"我"作为求真的知性主体的地位,为中国学术进一步走向"察分理"的专家之学和体现巨大历史感的对于社会发展之规律的探讨开了先路。

第二,"缘数以寻理"的科学方法。

通常认为,中国人采用"缘数以寻理"的科学方法是在徐光启和利玛窦合作翻译欧几里得《几何原本》以后。但历史事实表明,这一科学方法在利玛窦来华前即已在中国出现。从隆庆二年(1568 年)始至万历九年(1581 年)的 14 年间,朱载堉在其《律历融通》一书中就提出:"理由象显,数自理出,理、数可相倚而不可相违。凡天地造化,莫能逃其数。"万历二十三年(1595 年)六月,朱载堉在《进历书奏疏》中又明确指出:"天运无端,惟数可以测其机;天道至玄,因数可以见其妙。理由数显,数自理出,理数可相倚而不可相违,古之道也。"陈第在万历二十二年至二十五年(1594—1597 年)所著《松轩讲义》中批评儒者"问之璇玑九章不知,则曰度数之末",与之相反而提出了"明理者贵达数"的命题。此后十年(1607 年),方有徐光启与利玛窦合译的《几何原本》问世。"缘数以寻理"的科学方法在徐光启的倡导下得以进一步推广,李之藻、李天经等皆为宣传这一方法不遗余力。他们都一致认为,"缘数以寻理"的科学方法的优长之处,就在于"一义一法皆能深言其所以然之故",有助于变革传统的狭隘经验论和神秘主义的思维方式。

清初学者继续提倡"精求其故"、"缘数以寻理"的科学方法。方以智明确以"物有其故,实考究之"来规定质测之学;方中通更明确地以"数"、

"理"来规定质测之学的"精求其故",提出"格物者,格此物之数也;致知者,致此知之理也"。王锡阐强调"必通于数之变而穷于理之奥",梅文鼎认为"西历所推者,其所以然之源,此其可取者","言西学者以《几何》为第一义";李光地认为"通新法必于几何求其源";刘献廷以"推论其故"的几何学为一切技术科学的基础。此外,黄宗羲、刘献廷对东方神秘主义的批判,以及他们对科学与古代东方神秘主义之区别的严格辨析,反对以科学附会迷信而"灾及泰西之学",等等,都将徐光启变革传统思维方式、铸造科学"新工具"的事业继续推向了前进。

乾嘉时期,戴震不仅将徐光启倡导的公理演绎法运用于自然科学研究,而且将其推广到"义理"的研究和阐发,以培养学者尊重自然和社会的公理、尊重思维逻辑的科学的知性精神。他颇有深意地对徐光启用以"弁冕西术"的《几何原本序》特别加以表彰,他的《孟子字义疏证》以公理演绎的无可辩驳的逻辑力量得出程朱之"理"乃是违背自然和社会公理的"一己之意见"的结论。戴震后学侧重于数理的研究,使数学的演绎法成为那个时代的学术前沿的基本知识。

第三,从"重道轻艺"向注重技术科学的转变。

晚明学者开始突破"重道轻艺"的传统观念束缚,表现出对于技术科学的浓厚兴趣。朱载堉反对儒者鄙薄"贱工之学",为发明十二平均律,他亲自从事制作律管的科学实验活动,并且到民间去向工师请教,认为"凡造乐者,学士大夫之说卒不能胜工师之说"。宋应星倾注极大的热情从事工艺技术的研究,斥儒家之所谓学问不过是做官发财的钓饵,呼唤"天工开物"的新时代,《天工开物》序云:"丐大业文人,弃掷案头,此书于功名进取,毫不相关也。"徐光启亲自从事农学、天文仪器及火炮制造等各种科学实验活动,并且提出了在中国发展十项技术科学事业的计划。王徵以毕生精力从事机械制造技术的研究,翻译了《远西奇器图说》等技术科学著作。在这一时期,袁宏道提出了"凡艺至极精处,皆可成名,强如世间浮泛诗文百倍"的观点。

对于"艺"的重视在清初有了进一步的发展。黄宗羲提出要奖励研究"绝学",将自然科学和技术科学纳入国家取士的范围。王夫之把"尽器"、"制器"的生产活动和科学研究看作是发挥和增进人的"知"、"能",发展人类文明的基本动力,呼唤"备于大繁"的物质文明之进步。李光地指出,"西洋人不可谓之奇技淫巧",肯定西方传来的工艺技术"皆有用之物",并主张"来百工"。颜元释"格物"之"格"为"犯手捶打搓弄之义","手格其物而后知至",认为"艺精则行实,行实则德成"。当时的名医王清任亦突破传统观念的束缚而从事解剖学的实证研究。

乾嘉时期的学者更赋予精通技艺者"不朽"的永恒价值。如袁枚认为,道不可见,于艺中见之,主张研究具体的技术科学:"艺即道之有形者也。精而求之,何艺非道",提出了"精通一艺即可达于不朽"的命题。

三、中国近代学者向早期
启蒙学术的认同

明代中叶以来的早期启蒙学术获得了近代学者的广泛认同。作为早期启蒙学术的最后一位思想家和近代启蒙学术的第一位思想家,龚自珍最先表示了对晚明思潮的认同。其《江左小辨序》突破正统史学观念,赞扬晚明"风气渊雅",乃至"尔时优伶之见闻、商贾之气习,有后世士大夫所必不能攀跻者",认同并自称"明史氏之旁支"。龚自珍的著作也与他的先驱者的著作一起,直接影响了戊戌维新时期的启蒙者。梁启超说当时青年读龚自珍的著作"若受电然",残明遗老的著作也"像电气一般把许多青年的心弦震得直跳",并认为"残明遗献思想之复活"是清末民初思潮变迁的原动力。从鸦片战争到五四新文化运动,无论是洋务派、维新派、革命派,还是五四学者,都从不同的层面对早期启蒙学术表示过肯定,或直接将早期启蒙学者的思想视为自己的先驱。

(一)对早期启蒙学者倡导科学的认同

按思想史的逻辑来说,魏源提出的"师夷之长技以制夷"并非创见,是晚明徐光启、李之藻、王徵等一大批学者所明确地阐述过的,只是所制之夷不同而已。咸丰七年(1857 年),李善兰与伟力亚烈合译《几何原本》后半部,李善兰序云:"自明万历迄今,中国天算家愿见全书久矣",乃"续徐(光启)利(玛窦)二公未竟之业"。曾纪泽在以曾国藩的名义为该书作的序文中,批评传统方法"知其然而不知其所以然",称颂《几何原本》"彻乎'九章'立法之源",全然是当年徐光启的口吻。民国三年湖南浏阳刘人熙为王夫之《搔首问》作序及注,在"盖格物者即物以穷理,惟质测为得之"以下注道:"按近传泰西物理、化学,正是此理。"可见清末民初以"格致"指称自然科学,亦实有所本。梁启超作《清代学术概论》和《中国近三百年学术史》,充分肯定清学在运用科学方法方面的成就。近代地质学家、"科玄论战"中的"科学神"丁文江,把晚明徐宏祖看作是中国近代地质学的开山和"朴学之真祖"。

(二)对早期启蒙学者的初步民主思想的认同

近代启蒙者对于早期启蒙学者的初步民主思想的认同,主要表现在对黄宗羲《明夷待访录》的宣传方面。为了实行君主立宪,梁启超和他的朋友们将这本禁书私印了数万册,秘密散布,"作为宣传民主主义的工具"。梁启超自云他自己的政治活动"受这部书的影响最早而最深",认为这本书是"对于三千年专制政治思想为极大胆的反抗"[1],"拿外国政体来比较一番,觉得句句都餍心切理"[2],"实为刺激青年最有力之兴奋剂"[3]。谭嗣同最推崇《明夷待访录》,认为是三代以后万不得一的最好的书[4];章太炎称黄宗羲为"立宪政体之师"[5]。与此相反,反对改革的专制主义者则激烈地诋毁

---

[1] 梁启超:《中国近三百年学术史》,《饮冰室合集》第10册专集之七十五,商务印书馆1936年版,第47页。

[2] 梁启超:《中国近三百年学术史》,《饮冰室合集》第10册专集之七十五,商务印书馆1936年版,第39页。

[3] 梁启超:《中国近三百年学术史》,《饮冰室合集》第10册专集之七十五,商务印书馆1936年版,第47页。

[4] 谭嗣同:《仁学》,《谭嗣同全集》下册,中华书局1981年版,第338页。原文为:"君统盛而唐、虞后无可观之政矣,孔教亡而三代下无可读之书矣!乃若区玉检于尘编,拾火齐于瓦砾,以冀万一有当于孔教者,则黄梨洲《明夷待访录》其庶几乎!"

[5] 章太炎:《王夫之从礼与杨度参机要》,《章太炎政论选集》上册,中华书局1977年版,第427页。

《明夷待访录》,认为此书所宣扬的观点"是即后世之各结团体、竞争权力、蔑视君王、监督政府之悖说所由仿也"①,"是即后世造逆谋者谓天下以民为主人、君与臣皆国民之代表之悖论也"②。

此外,王夫之、顾炎武学说中的初步民主思想的因素亦受到近代启蒙学者的珍视。谭嗣同除了首重《明夷待访录》之外,也十分推崇王船山,认为其著作"纯是兴民权之微旨"③。在推崇王夫之的民族主义思想的意义上,章太炎甚至说:"当清之际,卓然能兴起顽懦,以成光复之绩者,独赖而农一家而已。"④梁启超在戊戌维新失败后逃到日本,取顾炎武提倡"清议"之遗意而创办《清议报》,以"维持支那之清议,激发国民之正气"为该报宗旨之一。章炳麟改名绛、号"太炎",明白宣示他是顾炎武学说的继承者。

(三)对早期启蒙学术中的新道德观的认同

认同早期启蒙学术中的新道德观,在魏源、冯桂芬、王韬等早期改良主义者那里已露端倪,但到戊戌维新时期方才明显地在道德观上与早期启蒙学术相接轨。如严复为李贽等一批晚明的"名教罪人"鸣不平,谭嗣同痛斥"三纲五伦之惨祸烈毒";梁启超作《新民说》批判旧道德、提倡新道德,又在其学术史论著中充分肯定王夫之、费密、戴震等关于理欲关系的论说;章太炎更将戴震的理欲观追溯到明代中叶的罗钦顺。此外,宋恕揭露礼教压迫妇女之惨酷,康广仁倡禁缠足,等等,都与早期启蒙思想相呼应。

更为明显的事实是,五四学者揭露礼教吃人,主张男女平等、婚恋自由、个性解放以及文学创作中的唯情主义等,都是早期启蒙思潮的延续。李贽的"颠倒千万世之是非"与胡适的"重新估计一切价值",俞正燮的《节妇说》、《贞女说》与鲁迅的《我之节烈观》,归庄的幼者本位论与鲁迅"救救孩子"的呐喊,冯梦龙、戴震、袁枚痛斥孔学、理学、礼教"弄死人"、"杀人"、

---

① 李滋然:《明夷待访录纠谬》,京华印书局宣统元年(1909年)版,第13页。
② 李滋然:《明夷待访录纠谬》,京华印书局宣统元年(1909年)版,第17页。
③ 谭嗣同:《上欧阳中鹄》,《谭嗣同全集》下册,中华书局1981年版,第464页。
④ 章太炎:《重刊〈船山遗书〉序》,转引自《船山全集》第16册,岳麓书社1996年版,第441页。

"吃人"与鲁迅、吴虞的"礼教吃人"说,郑燮的"学者当自树其帜"和袁枚反对道统束缚学术的言论与陈独秀对"学术独立"的呼唤,傅山对奴性的批判与陈独秀、鲁迅对奴性的批判,等等,相似或相同的观点、说法,前后呼应,不胜枚举!在主张文学革命方面,五四新文学家鲁迅、郁达夫、周作人、刘大杰、阿英等,都充分肯定晚明文艺革新思潮,直接把公安三袁等视作新文学运动的先驱。

以上概述的史实,可说是本书内容的一个提要,足以表明,从晚明到五四,历时三百多年,中国的启蒙思潮经过漫长而曲折的发展,就其思想脉络的承启贯通而言,确可视为一个同质的文化历程。细剖这个历程,可以得到多方面的启示:

第一,从明嘉靖初至清道光中的三个世纪,在我国社会发展史、思想文化发展史上都是一个特殊的历史阶段。史实表明,明清启蒙学术思潮正是这一历史时期思想文化的主流。尽管道路曲折坎坷,"死的在拖住活的";但从时代思潮的总体上,却始终表现出"新的突破旧的"的特色。中国走出中世纪、迈向现代化及其文化蜕变,是中国历史发展的产物;西学的传入起过引发的作用,但仅是外来的助因。

第二,中国文化源远流长,生生不已。从传统文化中絪缊化生出的早期启蒙文化,野火春风,衍生着现代化的新文化,这是一个自我发展又不断扬弃自身的历史过程。明清早期启蒙学术的萌动,作为中国传统文化转型的开端,作为中国式的现代价值理想的内在历史根芽,乃是传统与现代化的历史接合点。

第三,文化认同,或基于民族性,或基于时代性。中国近代的启蒙者,既普遍接受西学,又充分肯定明清早期启蒙学术的地位,兼顾民族性与时代性的认同,鲜明地显示启蒙思潮的一贯性;同时,表明人类文化固有的趋同性。中西文化的正常交流,必将引向互补融合的前景,超越中西文化各自的局限,必将综合创造出未来人类的新文化。

上　篇
抗议权威　挣脱囚缚

（明嘉靖—崇祯,16 世纪
30 年代至 17 世纪 40 年代）

一、明代中晚期的时代背景与思想的内在理路

从明代嘉靖至崇祯十七年(16世纪30年代至1644年),古老的中国、烂熟的社会结构开始发生异动,中国传统社会开始其向现代化转型的早期阶段。在这一时期,古老的中国社会出现了许多前所未有的新气象,导致现代化的种种因素——诸如商业资本转化为产业资本、纯粹商业性质的城市、民间的海上贸易等——开始在中国大量出现;传统的东方专制主义政权也不再能有效地行使其保护落后经济基础的职能,而被迫顺应时势实行有限的改革和开放政策。商品经济的发展,带来了市民文学繁荣,文人弃儒从商,大批农民流入城市,市民运动和知识分子党社运动蓬勃兴起的局面;与此同时,早期启蒙思潮萌动、发展,抗议权威,冲破囚缚,颠倒千万世之是非,使得长期为伦理异化所桎梏的中国文化终于迈出了向现代人文主义转型的步伐。

(一)明代中叶中国近代商品经济萌芽的基本特征

经过近五千年历史发展的中国传统社会,到了明代中叶,已经明显地表现出一系列社会转型的征兆。其突出的表现:一是商品货币经济的繁荣,催生着资本主义关系的萌芽;二是明王朝所实行的一系列经济改革的措施,多少顺应了经济发展的要求,并由此引起了社会结构的新变动;三是中国民间商品经济开始走向世界。这一切表明,古老的中国社会已开始了从传统走向现代、从中国走向世界的历史性转折。

"末富居多,本富益少"

在明代正德以前,由于没有新的生产关系的出现,传统的农业社会的经

济结构一往如故,所谓"妇人纺绩,男子桑蓬,臧获服劳,比邻敦睦",整个社会笼罩在男耕女织的田园诗般的温情脉脉的纱幕之中。然而,到了嘉靖年间,却已是"商贾既多,土田不重","末富居多,本富益少","贸易纷纭,诛求刻核";到了万历年间,更是"金令司天,钱神卓地"①,出现了商品经济蓬勃发展的局面,传统的社会关系发生了前所未有的异动。

在长江流域和东南沿海的经济发达地区,自然经济结构开始裂变,手工业已从"农夫红女"的自然劳动分工中游离出来,私人占有的城市手工业工场初步形成。《明实录》记载,大批农民离开土地而流入城市,"什佰成群,延颈待雇",为城市手工业的大发展提供了"自由"的劳动力。在各种行业的手工业工场中普遍实行的是"机户出资,机工出力"、带有资本主义性质的雇佣劳动关系。例如在苏州,当时靠出卖劳动力为生的织工、染工就有一万余人;又如在北方采煤、采矿的民窑中,"窑夫"与"窑主"亦是出力与出资的雇佣劳动关系。

大量纯粹商业和手工业性质的市镇如雨后春笋般涌现,是明代中叶又一新兴的、特殊的社会现象。传统的中国"城市"主要是政治性的,传统的"镇"是军事性的。然而,明代中叶,"商贾所集谓之镇"②,"商贾聚集之处,今皆称为市镇"③。江苏的盛泽,在明初只是一个有五六十家居住的村落,而到了嘉靖年间已成为新兴工商业城市,"络纬机杼之声,通宵彻夜","市上两岸绸丝牙行,约有千百余家"④。浙江的濮院、菱湖、南浔、乌青等都是新兴的丝织业市镇。广东的佛山,景泰时尚称"堡",到明中叶已是全国的冶铁业中心之一,号称"佛山之冶遍天下"⑤。江西的景德镇亦已成为有数十万人口的瓷器专业市镇。各种新兴的商业和手工业的市镇多得不胜枚举。至于传统的政治性城市,亦因商业和手工业的发展而成为繁华的都市。

① 顾炎武:《天下郡国利病书》卷三十二引《歙志·风土论》,《天下郡国利病书》(二),上海科学技术文献出版社2002年版,第712—713页。
② 林世远、王鏊等:《姑苏志》卷十八《乡都》,《北京图书馆古籍珍本丛刊》第26册,书目文献出版社1998年版,第276页。
③ 董斯张:《吴兴备志》卷十四《建置徵第十》,《景印文渊阁四库全书》第494册,台湾商务印书馆1986年版,第444页。
④ 冯梦龙:《醒世恒言》卷十八《施润泽滩阙遇友》,《醒世恒言》,人民文学出版社1956年版,第359页。
⑤ 屈大均:《广东新语》卷十六《器语》,中华书局1985年版,第458页。

　　明代中叶资本主义萌芽的又一显著特征是商业资本转化为产业资本。在中国传统社会中,商人历来和地主合为一体,"以末致富,以本守之",是商人转化为地主的途径。这条途径使商业资本重新回到土地,因而起不到瓦解传统社会结构的作用。然而,明朝嘉靖、万历年间,已出现商业资本与产业资本相结合的新趋势。以徽商为例,大多不肯多购土地,而是将资本投向手工业、矿冶业,出现了"商人直接变为产业家"的情形,即商业资本直接投资于手工业来组织商品生产,与产业资本结合或变成了产业资本。嘉靖《徽州府志》谓"商贾虽余资,多不置田业"。汪道昆《太函集》载徽商朱天泽挟重资到闽省经营铁冶,徽商阮弼投重资于浆染业,使芜湖成为全国浆染业的中心,一些徽商已兼有商人与工场主的双重身份。嘉靖《吴邑志》卷首说:"大率吴民不置田亩,而居货招商。"①黄省曾《吴风录》亦云:"至今吴中缙绅士夫多以货殖为急,若京师官店六郭开行债典,兴贩盐酤,其术倍剋于齐民。"②又:《醒世恒言》载,一个施姓户主积累了数千金资本,不是用来购置田产,而是用来举办了有 40 张绌机的手工业工场,也就是说的嘉靖年间的事。明代中叶中国的商业资本已在工场手工业的发展中起着组织原料与产品交流的巨大作用。当时的棉业中"吉贝则泛舟而鬻诸南,布则泛舟而鬻诸北"③。徽商阮弼投资经营芜湖浆染业,"五方购者益集其所,转毂遍于吴越、荆梁、燕豫、齐鲁之间,则又分局而贾要津。"④

"今人立法,厚末抑本"

　　在社会经济发展的推动下,明王朝不得不实行了一些有利于新的经济因素生长的经济改革措施。这些措施包括:通过"官民一则起科"而放弃对国家对官田的所有权,以货币赋税代替实物赋税和力役之征,匠籍制度的改革,承认民间开矿的合法性等。所有这些改革措施,客观上顺应了社会经济发展的趋势,起到了所谓"厚末抑本"的作用,并促进了牢不可破的传统社

---

①　杨循吉:《吴邑志·吴邑城郭图说》,广陵书局 2006 年版,第 8 页。

②　黄省曾:《吴风录》,《中国风土志丛刊》第 36 册,广陵书局 2003 年版,第 11 页。

③　徐光启:《农政全书》卷三十五《蚕桑广类》,《农政全书校注》,上海古籍出版社 1979 年版,第 969 页。

④　汪道昆:《明赐级阮长公传》,《太函集》(二),黄山书社 2004 年版,第 763 页。

会结构的逐步解体。

19世纪英国古典政治经济学家和马克思、恩格斯所论述的"东方专制主义",不仅是一种政治制度,而且它首先是一种经济制度,即"普天之下,莫非王土"的土地国有制。这种经济制度与政治密不可分,所以它是东方专制主义的组成部分;同时,它作为专制政体的经济基础,又被马克思称作"亚细亚生产方式"。这种传统的土地国有制,自晚唐至宋一直处于缓慢解体的过程中,但直至明初,仍有为数甚多的官田,即国有土地。明代中叶,由于江南私人地主施展种种伎俩兼并国有土地,致使国家佃农"产去税存",逋赋山积。对此明王朝采取措施,从调整官田粮运输费用附加税(即"耗米")着手,发展到"官民一则起科"。这种改革,意味着国家放弃官田所有权,以增加民田税额为代价,改土地国有制为私有制。虽然明王朝这样做的目的只是为了稳定财政收入,但却导致了土地所有制的占有形式的变化。这种改革,是自有中国历史以来的最重大的变化之一,它标志着在中国延续数千年的亚细亚生产方式开始走向终结,从而为中国社会的转型提供了一个最基本的前提。

伴随着"亚细亚生产方式"在中国走向终结,专制皇权的超经济强制也日益难以维系。中国传统社会中,米麦之征,布帛之征,力役之征,历来是赋税征派的基本形式,是超经济强制的基本手段。然而从明英宗正统初年起中国社会先后发生了以货币赋税代替实物赋税以及力役之征货币化的重大变革。《明史·食货志》记英宗初年的定制道:

> 米麦一石,折银二钱五分。南畿、浙江、江西、湖广、福建、广东、广西米麦共四百余万石,折银百余万两,入内承运库,谓之金花银。其后概行于天下。自起运兑军外,粮四石收银一两解京,以为永例。①

这一变革的发生不是偶然的,而是势所不得不行。据《续文献通考》卷二:

> 田赋输银,始见于宋神宗熙宁十年。……金、元以来,无行之者。明洪武九年,虽有听民以银准米之令,永乐时岁贡银有三十万两,亦不过任土便民,与折麻苎香漆之属等耳。自正统初以金花银入内库,而折

---

① 《明史》卷七十八《食货志二》,《明史》第7册,中华书局1974年版,第1895—1896页。

征之例定,自是遂以银为正赋矣。①

与此同时,亦发生了劳役赋税货币化的改革。自成化至于嘉靖,里甲正役和均徭制度的改革由东南逐渐向北方扩展,改革的共同特征,就是将户丁役和人头税摊入田亩,即所谓"摊丁入地",并折银征收,从而使劳役赋税亦货币化了。作为田赋货币化和劳役货币化改革的必然归结,是始行于嘉靖初年,至万历二十年前而通行于全国的"一条鞭法"。这一赋税货币化的历史进步是当时长足发展的商品货币经济冲击的结果,又反过来有力地推动了商品货币经济的发展。特别是摊丁入地的劳役货币化改革,对于丁少田多的地主极为不利,却大有利于无田或少田的商人,使社会经济发展的天平明显地向着商品经济倾斜:"富商大贾,……赀或累万计,而竟以无田幸免(徭役)"②;"务本者孑立之身并应租庸,逐末者千金之子不占一役。"③因此,徭役改革的反对派攻击摊丁入地说:"古人立法,厚本抑末;今人立法,厚末抑本。"④

与实物地租和劳役地租向货币地租的演变相适应,匠籍制度也发生了相应的变革。明代的匠籍制度是沿袭元代的工奴制而来的,但明代允许匠户有一定的为自己生产的时间,所以严格说来,明代的工匠已不是工奴,而且随着商品货币经济的发展,工匠定期为官府服役的徭役制也为货币赋税所代替。明初规定,住坐匠每年服役 120 天,闰年 130 天,轮班匠每三年服役 90 天,后又改为四年服役 90 天,其余时间皆可自营生计。成化二十一年(1485 年),开始对轮班匠实行以银代差:"有愿出银价者,每名每月南匠出银九钱,免赴京,所司类赍勘合,赴部批工;北匠出银六钱,到部随即批放。不愿者仍旧当班。"⑤弘治十八年(1505 年)又取消南北匠的区别,一律每月征银六钱。嘉靖四十一年(1562 年)又再次明令:"行各司府,自本年春季为始,将该年班匠通行征价类解,不许私自赴部投当。仍备将各司府人匠总数

①　《续文献通考》卷二《田赋考》,《续文献通考》,商务印书馆 1936 年版,第 2790 页。

②　《万历秀水县志》卷三《食货》,《中国地方志集成·浙江府县志辑》第 31 册,上海书店出版社 1993 年版,第 584 页。

③　《明穆宗实录》卷四十六,《明实录》第 50 册,"中央研究院"历史语言研究所(台湾)1962 年版,第 1146—1147 页。

④　何瑭:《均徭私议》,《明经世文编》(二),中华书局 1962 年版,第 1442 页。

⑤　申时行等撰:《大明会典》卷一八九《工匠二》,《续修四库全书》第 792 册,上海古籍出版社 2002 年版,第 273 页。

查出,某州县额设若干名,以旧规四年一班,每班征银一两八钱,分为四年,每名每年征银四钱五分。"①这就使匠籍制完全转变为一种税制,并且再次降低了税率。与此同时,官营手工业也由徭役制转变为雇募制,原先的住坐匠到嘉靖后期只占整个官营手工业匠的十分之一。在这一变革的过程中,广大手工业工人逐步摆脱了徭役的束缚,大大促进了民间手工业的发展。

在赋税制度改革以后,乡村政权基层组织里甲的性质也随之发生变化。历代统治者通过乡村基层政权组织,行使超经济强制的职能,将专制统治落实到社会基层。通过乡村里甲组织,国家把农民控制在户籍中,束缚于乡里,使他们失去变更职业和离乡外出的自由,被迫接受赋税剥削。而徭役折银和"摊丁入地"的改革,就使里甲失去了控制劳动人手的意义和职能,从而渐趋消亡,逐渐被以"缉拏奸盗"为主要职责的保甲制所代替。这一变化,使秦汉以来维持一千多年的乡村政权基层组织的超经济强制职能趋于削弱,以至于消亡。农民对官府的人身依附关系解脱了,"甲首终岁不到衙",这对劳动力进入商品市场,无疑起着很大的促进作用。由于新役法摊丁入地,政府对土地征税量增加了,"今日有急则曰照田差派也,明日有事则曰照田出办也。力耕者以耕为悔,受田者与田为仇,是徒驱民弃本逐末耳。"②这就既促使富者多卖田而经商,"顾视田以为陷阱,是以富者缩资而趋末。"③又阻止了商业资本流向土地,如河南人吕坤说:"条编法行,富商大贾不置土田。"④又如福建人林希元说:"今富人避赋役而不殖产,并力求于市坊以牟利于四方者皆是。"⑤

万历年间采取的又一经济措施是在全国各地普遍开矿。明朝的采矿业在万历初年还很不发达,万历二十四年(1596年)以后,明神宗派出大批太监到全国各地去开矿,这才使采矿业能够普遍地合法地进行。太监在民间

---

① 申时行等撰:《大明会典》卷一八九《工匠二》,《续修四库全书》第792册,上海古籍出版社2002年版,第274页。

② 张萱:《西园见闻录》卷三十二《赋役前》,《续修四库全书》第1169册,上海古籍出版社2002年版,第35页。

③ 《明世宗实录》卷五四五,《明实录》第48册,"中央研究院"历史语言研究所(台湾)1962年版,第8803页。

④ 吕坤:《实政录》卷四《编审均徭》,《北京图书馆古籍珍本丛刊》第48册,书目文献出版社1998年版,第128页。

⑤ 林希元:《同安林次崖先生文集》卷二《王政附言疏》,《四库全书存目丛书》集部第75册,齐鲁书社1997年版,第480页。

敲诈勒索固然严重,损害了民间工商业者的利益,但由于朝廷鼓励开矿,为民间资本提供了新的投资场所和活动空间,从而使采矿业亦得到了较大的发展。

走向世界的中国民间商品经济

明朝人张燮说:"市舶之设,始于唐宋,大率夷人入市中国。中国而商于夷,未有如今日之夥也。"①这说明了中国传统社会在明代中叶所发生的一个巨大变化:即由传统的基本上由官府垄断的朝贡式的对外贸易,向蓬勃发展的民间的私人的对外贸易的变化;由"夷人入市中国",向"中国而商于夷"的变化。

促使中国民间势力走向世界的动力因素是多层面的:

一是从 15 世纪中叶以后,我国发生了具有资本原始积累的某些特点的大流民运动。大批农民被剥夺土地后,成为社会上的流浪者。在东南沿海地区,"下海"成为流民的唯一生路。

二是某些地区人口的自然增长超过了土地能承受的限度,如安徽徽州人大量外出经商谋生,闽广沿海"望海谋生者十居五六",某些徽商亦向海外发展。

三是国内商业资本的发展与专制压迫的矛盾。嘉靖年间著名的海盗首领、徽州商人王直(汪直)在与同伴谈话时说:"中国法度森严,动辄触禁,孰与海外乎逍遥哉!"②这种希望脱离"动辄触禁"的专制统治束缚、向海外自由发展的愿望,是所有海商的共同愿望,也是国内商业资本寻求海外出路的反映。

走向世界的中国民间势力包括东南沿海的商人(也有部分新安商人)、手工业者、平民知识分子、受雇于海商的贫民和南洋的中国移民,这部分人被统治者称为"中国濒海之盗";另一部分人是与前者有密切联系、为之掩护,且通过对外投资谋利的海滨势要之家,被统治者称为"中国衣冠之盗"③。这两部分人联合在一起,成为对抗专制王朝的海禁政策的基本力

---

① 张燮:《东西洋考》卷七《饷税考》,《东西洋考》,中华书局 1981 年版,第 153—154 页。
② 《筹海图编》卷九《擒获王直》,《筹海图编》,中华书局 2007 年版,第 619 页。
③ 《明史》卷二百五《朱纨传》,《明史》第 18 册,商务印书馆 1936 年版,第 5405 页。

量。在嘉靖、隆庆年间的海盗巨头中，王直、徐惟学、方廷助、徐海等是徽州的所谓"奸民"，其他如张琏、许栋、饶平、黄冈、林道乾等都是福建人。徽州地狭人众，大量的直接生产者与生产资料分离，不能不外出经商谋生；闽广一带更是人稠地狭，故其生存和发展与"海的原理"密切相关。人们"视波涛为阡陌，倚帆樯为耒耜"①，以对外贸易为谋生途径。更有数以万计的沿海居民移居南洋群岛，其中多数成为当地的商人和业主，南洋因此亦成为中国沿海民间势力发展对外贸易的根据地。从嘉靖、隆庆至万历，东南海商的队伍日益壮大，"今之通海者十倍于昔矣"②。

当官府的海禁不严时，他们是从事正常贸易的商人；而当海禁严格起来时，他们违禁下海，就被视为"海盗"。为了冲破朝廷的海禁，海商们不得不组成了许多武装走私集团，一方面保护贸易，一方面在沿海攻城略地，与官府作斗争。所谓"市通则寇转为商，市禁则商转为寇"，就是说的这种情形。"寇"或"盗"作为手段具有迫使明王朝解除海禁的政治策略的意义。在岭南的漳、潮、惠地区，"海盗"与人民群众乃至政府的中下级官吏打成一片，专制统治者惊呼："其始也海寇焉而已，……今而郊之民寇也，郭之民寇也，自节帅而有司，一身之外皆寇也！"③海上贸易又反转来促进了国内，尤其是东南沿海地区手工业的发展，由于中国某些传统手工业产品丝绸、瓷器、茶叶以及棉织品、砖瓦甚至"小巧技艺以及女红针黹"等都是海外的畅销货，"输中华之产，驰异域之邦，易其方物，利可十倍"④，因而出现了大批与海上贸易休戚相关的手工业者。海商队伍和国内手工业者互相依存，形成了一股对内抗拒朝廷的海禁政策，对外与西方殖民者争夺海上贸易控制权的巨大力量。

由于沿海民间势力的扩大及其对朝廷海禁政策的冲击，统治集团内部亦产生了禁海派与弛禁派的斗争。嘉靖年间，终于发生了一起由民间舆论

---

① 《乾隆海澄县志》卷十五《风土志·风俗考》，《中国地方志集成·福建府县志辑》第30册，上海书店出版社2000年版，第581页。

② 丁元荐：《西山日记》卷下，《四库全书存目丛书》子部第242册，齐鲁书社1997年版，第731页。

③ 王世贞：《弇州史料后集》卷三十《岭南弭寇策》，《四库禁毁书丛刊》史部第49册，北京出版社1997年版，第597页。

④ 《乾隆海澄县志》卷十五《风土志·风俗考》，《中国地方志集成·福建府县志辑》第30册，上海书店出版社2000年版，第581页。

而影响国策、导致"沿海备尽弛"的重大事件,为东南沿海民间对外贸易的发展大开方便之门。据赵翼《廿二史劄记》卷三十四"嘉靖中倭寇之乱"条:

　　明祖定制,片板不许入海。承平日久,奸民勾倭人及佛朗机诸国,私来互市。闽人李光头、歙人许栋,据宁波之双屿为之主,势家又护持之。……朱纨为浙抚,访知其弊,乃革渡船,严保甲,一切禁绝私市。闽人骤失重利,虽士大夫亦不便也,腾谤于朝,嗾御史劾纨落职。时纨已遣卢镗击擒光头、栋等,筑寨双屿,以绝倭(按:嘉靖时代的所谓"倭寇"实为中国商人的武装走私集团)屯泊之路,他海口亦设备矣。会被劾,遂自经死。纨死而沿海备尽弛。①

这是嘉靖二十八年(1549年)的事。朱纨是明王朝中的禁海派,嘉靖二十六年当上巡抚浙江兼管福建等处海道,次年被驰禁派人物周亮奏请把他改为巡视而权力大减,再次年即因其不候奏覆、擅杀违禁通商的李光头等96人而被御史陈九德弹劾,罢职待勘,以至服毒自杀。接着便是弛禁派代表人物巡按浙江御史董威、宿应参等纷纷请宽海禁,以"便渔樵、裕国课"。自朱纨死后,罢巡视大臣不设,"中外摇手不敢言海禁事"②。浙江不置巡抚者四年,弛禁派一度获得胜利。

但好景不长,嘉靖三十一年(1552年)以后,朝廷复严海禁,于是东南沿海的"海盗"便大闹起来,继续与朝廷的海禁政策作斗争。统治集团内部主张弛海禁的呼声亦不断出现。嘉靖三十四年(1555年),浙江杭州致仕金都御史张濂向朝廷提出"复海市以散贼党"的建议,认为复海市可使"沿海穷民假此为生",方不致相率为盗。嘉靖四十三年,福建巡抚谭纶上疏朝廷言海不能禁,"禁之愈严,则其值愈厚,而趋之者愈众";进而批评朝廷连广东、福建之间通过海路从事米粮、鱼虾、白糖贸易也要禁,"则有无何所于通,衣食何所从出,如之何不相率勾引为盗也!"又上《善后六事疏》,曰"闽人滨海而居,非往来海中则不得食。自通番禁严,而附近海洋渔贩,一切不通,故民贫而盗愈起",建议宽海禁。隆庆元年(1567年)福建巡抚刘泽民亦请开海禁,准贩东西二洋货物。万历三年(1575年)福建巡抚刘尧海提出开海禁、向海船征税以充兵饷的建议。继任福建巡抚庞尚鹏进一步请开海禁、准其

　　① 赵翼:《廿二史劄记》卷三十四"嘉靖中倭寇之乱"条,《廿二史劄记校证》,中华书局1984年版,第788—789页。
　　② 《明史》卷二百五《朱纨传》,《明史》第18册,商务印书馆1936年版,第5405页。

纳饷过洋，"既裕足食之计，实寓弭盗之术。"①这些建议虽然是从维护专制国家政治稳定的立场出发，但在客观上却有利于东南沿海对外贸易的发展和资本主义萌芽的生长，反映了中国社会发展亟待实行对外开放的内在要求。在这种情况下，明王朝在万历初年被迫开放东西洋海禁，发给商船文引，准贩东洋西洋，征收税饷。

然而当万历末年荷兰人的船只出现在东南沿海的时候，明王朝又重新实行海禁。为了迫使明朝政府彻底放弃海禁政策，从1624年起，拥有相当武装力量的巨商郑芝龙、李旦集团就不断地在大陆沿海进行骚扰活动，终于在1628年迫使朝廷以郑芝龙接受招抚为条件承认其从事走私贸易的合法性，从而使郑芝龙得以合法身份大刀阔斧地发展海上贸易，明朝的海禁政策从此寿终正寝。在海上，郑芝龙集团与荷兰殖民者进行了多次殊死的武装斗争和激烈的贸易竞争。1623年荷兰殖民者占据台湾后，窃取了部分中国海上贸易的权益，其在台湾贸易所得的纯利在亚洲所有的商馆中仅次于日本而居第二位。郑芝龙以各种方式破坏荷兰人垄断中国海域内贸易的企图，烧毁他们的八艘最好的海船；同时，利用荷兰人与西班牙、葡萄牙的矛盾，将货物运售台湾以外的其他地方。在郑氏的有力竞争下，荷兰东印度公司的商业利益损失严重，而中国与日本和南洋群岛的贸易规模则日益扩大，往来于泉州至日本长崎和南洋群岛的船只"月不停舶"，"岁入千万计，芝龙以此富敌国"②。

（二）明代中叶社会风气的转变

"至正德、嘉靖间而古风渐渺"

伴随着商品经济的蓬勃发展，首先是出现了"复非名教所能羁络"的社会生活，然后才出现"复非名教所能羁络"的思想家。

---

① 以上史料引自戴裔煊：《明代嘉隆间的倭寇、海盗与中国资本主义萌芽》，中国社会科学出版社1982年版，第37页。
② 计六奇：《邓芝龙击刘香老》，《明季北略》，中华书局1984年版，第186页。

关于这一时期社会风气的转变,史料中有大量的记载,都认为正德、嘉靖前后是两个迥然不同的时代。顾起元《客座赘语》中记述南京风俗在正德、嘉靖前后的变化:妇女服装由朴素而华丽,市民的生活日益考究。《震泽县志》说富民之室亦缀兽头,庶民之妻亦多用命妇之服。《郓城县志》说"齐民而士人之服,士人而大夫之服,饮食器用婚丧游宴,尽改旧意"。山东《博平县志》的记载更具有典型性:"至正德、嘉靖间而古风渐渺。过去乡社村保中无酒馆,亦无游民。由嘉靖中叶以至于今,流风愈趋愈下,惯习骄吝,互尚荒佚,以欢宴放饮为豁达,以珍味艳色为盛礼。其流至于市井贩鬻厮隶走卒,亦多缨帽绡鞋纱裙细裤,酒庐茶肆,异调新声,汩汩侵淫,靡焉不振。甚至娇声充溢于乡曲,别号下延于乞丐,逐末游食,相率成风。"像这样反映明代中叶社会风气逾礼越制的记载,不胜枚举。

反映早期市民阶层对于丰富多彩的感性生活的要求,是通俗流行歌曲的兴起和戏剧的繁荣。据李开先说:"正德初尚《山坡羊》,嘉靖初尚《锁南枝》,……二词哗于市井,虽儿女子初学言者,亦知歌之。……语意则直出肺肝,不加雕刻,俱男女相与之情,……其情尤足感人也。"①这段话道出了通俗流行歌曲之所以受到社会普遍欢迎的原因。在这种情况下,许多学者也不顾同人们的讥嘲去写迎合市民趣味的俗曲,如金銮用《锁南枝》来写"风情戏嘲",刘效祖用《挂枝儿》、《双叠翠》来写男女恋情,东林党人赵南星用《锁南枝》、《山坡羊》等曲牌来写儿女情长,至于冯梦龙,更以搜集、编辑和创作流行歌曲而名闻海内。戏剧方面,男戏之外,又有了女戏,南曲盛行,士大夫多蓄戏班,写剧本。选美之风亦开始在商品经济发达的江南地区流行。文人们捧高级妓女,给他们戴上"状元"、"探花"的桂冠。那时的高级妓女,当然不同于一般的卖淫妇,她们无非是一些选中了意中人就与之同居或缔结姻缘的浪漫知识女性而已,如明末秦淮名妓柳如是、李香君辈即是。

在明王朝统治中心的直隶地区的下层民众中,出现了以无生老母信仰所代表的秘密宗教。这一秘密宗教将一位受夫权迫害的悲苦女性"无生老母"奉为女上帝、救世主和全人类的母亲,将母子关系视为至上而神圣甚至超越于君臣关系之上;宣扬朴素的男女平等观念,收男女信徒无数,"吩咐

---

① 李开先:《市井艳词序》,《李开先全集》(上),文化艺术出版社2004年版,第469页。

会合男与女,不必你我分彼此",聚会时男女混杂,平时男女交往亦无避忌。在秘密宗教中,女性获得了较为自由的发展空间,其主持教务者多为女性,产生了许多杰出的女教首、女教主、女堂主、女将军等①。由于其教义、教仪皆与传统的礼教全然相悖,所以被以正统儒家自命的人视为阴阳颠倒,女夺夫权,伤风败俗。

当然,在明代中叶以后,随着商品经济的蓬勃发展,在社会上也出现了许多明显的颓风。例如,在嘉靖以前,做官的至少在表面上是以贪污纳贿为耻,而在嘉靖以后的官场则是贿赂公行,被派往经济发达地区做官就举家庆贺,做官等于做买卖,加上官商勾结,官吏和士人以不会打牌赌博为耻,当官要靠送"黄米"、"白米"(即黄金、白银),等等,官场风气迅速腐败,这反映了在商品经济发展冲击下的旧政治体制所出现的畸变。此外,嘉靖后大量露骨地描写性生活的书刊开始流行,胡乱抄书刊刻亦成为风气。

"每出名教外"的傲诞士风

明代中叶在商品经济特别发达的吴中地区开始出现的"每出名教外"的傲诞士风,是早期启蒙思潮兴起的先兆。

科举制度的腐败使才智之士多被排斥于科场仕途之外,而商品经济的发展,尤其是早期市民阶层的兴起,他们对这些文人才士作品(尤其是笔墨书画)的需求,则给文人才士提供了在仕途之外施展才华的条件;笔墨字画的丰厚收入,为文人们的自尊和傲世提供了经济的保障。清人赵翼在其《廿二史劄记》中说:"吴中自祝允明、唐寅辈才情轻艳,倾动流辈,放诞不羁,每出名教外。……此等恃才傲物,跅弛不羁,宜足以取祸。乃声光所及,到处逢迎,不特达官贵人倾接恐后,即诸王亦以得交为幸,若惟恐失之。可见世运升平,物力丰裕,故文人学士得以跌荡于词场酒海间,亦一时盛事也。"②赵翼固然是以一种欣赏的笔调来描述这种新兴气象的。——这种新兴气象,就其蔑视中古教条,崇尚艺术,以及王公贵人或尊重和推崇艺术,或

---

① 洪关华:《明末清初秘密宗教思想信仰与特质》,载《明清之际中国文化的转变与延续学术研讨会论文集》,文史哲出版社(台湾)1991年版,第612—615页。

② 赵翼:《廿二史劄记》卷三十四"明中叶才士傲诞之习"条,《廿二史劄记校证》,中华书局1984年版,第783—784页。

附庸风雅的情形来看,很像意大利佛罗伦萨诸城文艺复兴时代的状况。

赵翼看到吴中士人"每出名教外"行为,然而,这种"每出名教外"的行为并非一般的"名士风流",而是有其反映新的社会意识的思想基础的。有一位名叫王弘撰的正统文人就十分敏感地看到了吴中士人"言人之所不敢言"的叛逆思想,直认其为后来著名的早期启蒙学者李贽的思想渊源,并对之深恶痛绝。他痛斥祝允明的《祝子罪知录》一书道:"(祝允明)言人之所不敢言,刻而戾,僻而肆。……乃知屠隆、李贽之徒,其议论亦有所自,非一日矣。圣人在上,火其书可矣!"①

在当时的思想领域中,抨击"假道学"是当时这班风流名士的共同指向。但是,他们的抨击假道学并非提倡真道学。唐寅有一首《焚香默坐歌》,这首诗被袁宏道评为"说尽假道学":"焚香默坐自省己,口里喃喃想心里;心中有何害人谋,口中有甚欺人语? 为人能把口应心,孝悌忠信从此始;其余小德或出入,焉能磨涅吾行止。头插花枝手把杸,听罢歌童看舞女;食色性也无人言,今人乃以之为耻。及至心中与口中,多少欺人没天理? 阳为不善阴掩之,则何益矣徒劳耳! 请坐且听吾语汝:凡人有生必有死,死见先生面不惭,才是堂堂好男子!"②试看这篇诗中,有一丝一毫的"存天理灭人欲"的真道学的面目么? 这首诗不仅是对假道学的揭露,更是对以"人欲"为耻的真道学的批判。唐寅在给文徵明的信中说:"寅每以口过忤贵介,每以好饮遭鸩罚,每以声色花鸟触罪戾。"③这是道学叛逆者的自白。

祝允明、唐寅辈是被正统派点名批判的人物,而文徵明在后人的某些谀墓之作中则被说得有点"真道学"的气味。然而,实际情况是,他一生中"绝口不谈道学",厌弃时文科举:"吾岂不能时文哉? ……然使吾匍匐求合时好,吾不能也。"④他的诗文集,"如衣素女人,洁白掩映,情致亲人"⑤,多抒发真性情之作,更有抨击嘲讽假道学者。诗云:"末郎旦女假为真,便说忠

① 王弘撰:《山志》,中华书局1999年版,第145—146页。

② 唐寅:《焚香默坐歌》,《唐伯虎诗文书画全集》,中国言实出版社2005年版,第324页。

③ 唐寅:《又与征仲书》,《唐伯虎诗文书画全集》,中国言实出版社2005年版,第390页。

④ 文嘉:《先君行略》,《文徵明集》,上海古籍出版社1987年版,第1620页。

⑤ 王世贞:《明诗评》,商务印书馆1937年版,第66页。

君与孝亲。脱却戏衣还本相,里头不是外头人。"①他晚年被征召赴京翰林待诏,适逢春节,见东西长安道上,朝官逐逐,至官员府第前,不问识与不识,望门投刺;有不下马,或不至其门,令人投刺。乃作诗:"不求见面惟通谒,名刺朝来满敝庐。我亦随人投数纸,世情嫌简不嫌虚。"②这也是对虚伪世风的抨击。他与祝允明、唐寅同气相投,每为唐寅排纷解难:"徵仲与寅同在场屋,遭乡御史之谤,徵仲周旋其间,寅得领解。北至京师,朋友有相忌名盛者,排而陷之,人不敢出一气,指目其非,徵仲笑而斥之。"③他以诗画文章名天下,但他傲视权贵,却能迎合市民阶层的要求和趣味:"四方乞诗文书画者,接踵于道,而富贵人不易得片楮,尤不肯与王府及中人。……周、徽诸王以宝玩为赠,不启封而还之。……文笔遍天下,门下士赝作者颇多,徵明亦不禁。"④赝作之多乃是为了满足社会的需要,尤其是早期市民阶层的需要,文徵明的门下士竟以此挣钱糊口。吴中才子的傲诞士风,投合市民趣味的书画创作,特别是对"假道学"的抨击,一开始便是对所谓"真道学"的批判和对传统名教礼法的叛逆。

嘉靖以后,"礼法"对于普通生员的管束力亦日益减弱。《明实录》隆庆卷二十四载:"迩来习竞浇漓,人多恶薄,以童生而丛殴郡守,以生员而攻讦有司。诽毁司长,连珠遍布于街衢;报复仇嫌,歌谣遂锓于梓木。"⑤又据张居正《请申旧章饬学政以振兴人才疏》,万历初年,所谓"剽窃异端邪说、炫奇立异者"⑥,不断出现。

早期市民运动与知识分子党社运动的结合

随着资本主义的萌芽不断生长,早期市民阶层与专制制度的矛盾特别

① 文徵明:《子弟诗》,《文徵明集》,上海古籍出版社 1987 年版,第 1132 页。
② 文徵明:《元日书事效刘后村》,《文徵明集》,上海古籍出版社 1987 年版,第 398 页。
③ 唐寅:《又与徵仲书》,《唐伯虎诗文书画全集》,中国言实出版社 2005 年版,第 390 页。
④ 《明史》卷二百八十七《文苑传三》,《明史》第 24 册,中华书局 1974 年版,第 7362 页。
⑤ 《明穆宗实录》卷二十四,《明实录》第 49 册,"中央研究院"历史语言研究所(台湾) 1962 年版,第 656 页。
⑥ 张居正:《请申旧章饬学政以振兴人才疏》,《张居正集》第 1 册,湖北人民出版社 1987 年版,第 175 页。

明显地暴露出来。为了反抗明王朝对城市工商业者的压迫和掠夺,万历年间,特别是万历二十四年(1596年)以后,江浙湖广闽赣滇冀鲁豫各省大中城市先后爆发大小数十次市民暴动,规模最大的有十余万人,他们抗税、罢市、夺矿,怒杀矿监、税使,表现了他们为维护自身权益而斗争的自觉意识和反抗精神。其中影响较大的有万历二十八年(1600年)的武昌市民起义和荆州市民起义,万历二十九年(1601年)的苏州机户起义和江西景德镇人民起义,万历三十一年(1603年)北京西山煤窑的业主和矿工数千人到皇宫前游行示威要求减免税额,万历三十四年(1606年)漳州市民的起义,等等。

特别值得注意的是,早期市民阶层维护自身权益的斗争又是与知识分子的党社运动结合在一起的。

万历年间,形成了以东林党人为代表的政治势力。它发端于商品经济发达的江南地区,是随着在野知识分子政治参与意识的发展而逐渐形成起来的。早在顾宪成修复东林书院之前18年,即万历十四年(1586年),朝野之间的政见分歧就已达到严重对立的程度。这年顾宪成补吏部验封主事,"入都谒王太仓(王锡爵)",二人有一段极其耐人寻味的对话:

> 娄江王相国谓予曰:"君家居且久,亦知长安近来有一异事否?"予(顾宪成)曰:"愿闻之。"相国曰:"庙堂所是,外人必以为非;庙堂所非,外人必以为是。不亦异乎?"予对曰:"又有一异事。"相国曰:"何?"予曰:"外人所是,庙堂必以为非;外人所非,庙堂必以为是。"相国笑而起。[①]

万历三十二年(1604年),即顾宪成与王锡爵对话之后18年,顾宪成、顾允成兄弟在无锡修复东林书院,与高攀龙等邀集吴越士人讲学其中。据顾宪成制定的《东林会约》,东林书院采用讲会方式,每月一小会,每年一大会,会期均为三天。每会推一人为主讲,主讲完毕便相互切磋,共同研究。"风声、雨声、读书声,声声入耳;家事、国事、天下事,事事关心。"这副东林书院的对联,鲜明地道出了东林书院将讲学与评议时政紧密结合的特色。

---

① 顾宪成:《小心斋札记》卷十七,《四库全书存目丛书》子部第14册,齐鲁书社1997年版,第350页。黄宗羲《明儒学案》亦有类似记载:"娄江(王锡爵)谓先生(顾宪成)曰:'近有怪事,知之乎?'先生曰:'何也?'曰:'内阁所是,外论必以为非;内阁所非,外论必以为是。'先生曰:'外间亦有怪事。'娄江曰:'何也?'曰:'外论所是,内阁必以为非;外论所非,内阁必以为是。'相与笑而罢。"黄宗羲:《明儒学案》卷五十八《东林学案一》,《黄宗羲全集》第8册,浙江古籍出版社2005年版,第730页。

东林讲会,"往往讽议朝政,裁量人物"①,遂为天下清议所宗。"士大夫抱道忤时者",纷纷闻风响附;"朝士慕其风者,多遥相应和";以至"庙堂亦有畏忌","小人之恶清议,犹黄河之碍砥柱也"②。在市民运动的影响和推动下,东林党人进行了反对矿监、税使的斗争,支持淮抚李三才的抗议朝政和支持江南人民反对贪官污吏的自发斗争,代表了市民阶层的愿望和要求。所以,早期市民阶层也把东林党人作为自己的政治代言人,往往依附于东林党人进行斗争。

天启年间,明王朝开始对东林党人进行血腥镇压。在东林党人被捕的过程中,激起了多次民变。天启六年(1626年)三月十八日,缇骑奉朝廷诏命逮捕周顺昌,苏州市民万余人聚雨中,高呼为周顺昌申冤。

> 缇骑见议久不决,手银铛掷于地,大呼囚安在?众怒忽如山崩潮涌,耆然而登,攀栏折楯,直前奋击。诸缇骑皆抱头窜,或升斗拱,或匿厕中,或以荆棘自蔽,众搜捕之,皆搏颡乞命,终无一免者。③

这次斗争的领导者是商人子颜佩韦、轿夫周文元、搬运工马杰、商人杨念如、经纪人沈扬五人。缇骑在常州逮捕李应升时,亦激起民变:

> 先是五人奋义日,江阴李侍御就逮,常州郡城士民聚观者亦数万。方开读时,有发垂肩者十人,各挟短棍直呼:"入宪署杀魏忠贤校尉。"士民号呼从之。诸尉跟跄走,越墙脱履,状甚狼狈。一卖蔗童子十余岁,抚髀曰:"我恨极矣,杀却江南许多好人!"遂从一肥尉后,举削蔗刀脔其片肉,掷阶前狗食之。④

往浙江逮捕黄尊素的缇骑,也受到市民们的袭击:

> 舟过胥关,方从津吏需索,且从市中强市酒脯,市人亦执而击之,周呼城上曰:"缇骑复至矣!"众复乘势往焚其舟,沉其橐于河。⑤

---

① 《明史》卷二百三十一《顾宪成传》,《明史》第20册,中华书局1974年版,第6032页。

② 黄宗羲:《明儒学案》卷五十八《东林学案》,《黄宗羲全集》第8册,浙江古籍出版社2005年版,第727页。

③ 姚希孟:《公槐集》卷三《开读本末》,《四库禁毁书丛刊》集部第178册,北京出版社1997年版,第330页。

④ 黄煜:《碧血录》附录《人变略述》,《东林本末》(外七种),北京古籍出版社1999年版,第176—177页。

⑤ 姚希孟:《公槐集》卷三《开读本末》,《四库禁毁书丛刊》集部第178册,北京出版社1997年版,第330—331页。

尽管这些斗争都在朝廷的镇压下失败了，被捕的东林党人和市民运动的领袖也都壮烈牺牲了，但却在中国历史上写下了前所未有的新的一页，反映了中国资本主义萌芽时期阶级斗争的新特色。

东林党人的被镇压并没有使知识分子的党社运动销声匿迹，到崇祯年间又蓬勃兴起，并且规模更大。崇祯初，太仓人张溥、张采，苏州人杨维斗等将原先旨在应付科举考试的"应社"改为以"兴复古学"为名义的复社，会合了大江南北各地的社团，其组织方式是"于各郡邑中推择一人为长，司纠弹要约，往来传置"①。一旦有事，则一呼而集，"舟车之会，几遍海内。"②从崇祯二年(1629年)到五年，在南京和苏州虎丘等地共举行过三次大会，到会的才隽之士见于《复社姓氏录》的共二千余人。复社志士以"出处患难，同时同志"相勉。"应怜此日军持下，同是前朝党锢人"③，"忘其身惟取友是急，义不辞难，而千里必应。"④作为在野的知识分子群体，他们积极投入了当时的政治斗争。复社领袖张溥为苏州市民暴动后牺牲的五位领袖撰《五人墓碑记》，鲜明地表现了复社志士与早期市民阶层互相支持的关系。崇祯十一年(1638年)，复社成员再次聚会南京，公推顾杲、黄宗羲为首，宣布《留都防乱公揭》，共谋驱逐阉党余孽，匡扶正义。中国的早期启蒙学者，几乎都参加了当时的党社运动。清兵南下时，在大江南北领导人民群众武装抗清的，亦多半是党社中的人士。

（三）传统学术的蜕变与早期
启蒙思潮的兴起

明代中叶社会结构和社会风气的变化，迅速地反映到社会意识形态的层面，造成了传统学术的蜕变与挣脱囚缚的早期启蒙思潮的兴起。

---

① 陆世仪：《复社纪略》，《东林本末》(外七种)，第210—211页。
② 朱鹤龄：《愚庵小集》附录《传家质言》，《愚庵小集》，上海古籍出版社1979年版，第761页。
③ 黄宗羲：《同晦木高旦中王双曰邹文江文孙符周子洁徐昭法集灵岩寺》，《黄宗羲全集》第11册，浙江古籍出版社2005年版，第251页。
④ 张溥语，见朱彝尊：《静志居诗话》卷二十一《孙淳》，《静志居诗话》，人民文学出版社1990年版，第650页。

　　传统学术的蜕变,包括多方面:一是王阳明心学的勃兴和分化;二是不属于阳明学派的其他从事学术研究的学者对理学的观点所作的批判和修正;三是似有承于传统学术的某一方面,而又实为新的社会要求所推动而产生的新兴质测之学。但从学术变迁的大势看,阳明心学的勃兴实为传统学术蜕变的一大契机。阳明去世后,其学派急剧分化,发展出"掀翻天地"、"颠倒千万世之是非"的早期启蒙学术思潮。其后又有东林学派出来继承和修正王学,纠正王学末流空疏之偏失,开清初经世致用之学的先河。而新兴质测之学亦适值西学之东渐而有一较大的发展,为清初学者将传统的"格物致知"说改造为科学的知性精神提供了必要的前提。

　　这一时期的早期启蒙学术可谓千岩竞秀,万壑争流,蔚为壮观。但从这一时期早期启蒙学说最重要的代表人物李贽等人的思想来看,其基本特征是抗议权威,挣脱囚缚,激烈尖新而不够成熟,犹如一血气方刚之青年,要冲决那密密层层的专制网罗,呼号叫啸,横冲直撞,却还顾不上磨砺其所以冲决网罗之武器。这当然是启蒙思潮初生期不可避免的一种现象。

"此窍一凿,混沌遂亡"

　　历史仿佛有意和人们开着玩笑。正德年间,王阳明以挽救传统社会"纪纲凌夷"、"病革临绝"的主观动机,提出直接诉诸人的道德良知的学说,却引出了"此窍一凿,混沌遂亡",乃至他的后学"遂非名教所能羁络"的客观效果,不能不说是中国思想史上的十分奇特的现象。研究明清之际的学术流变,不能不从阳明心学的产生这一历史性的转折点开始。依思想史的逻辑来说,阳明心学构成了从中古意识形态向早期启蒙学术过渡的中间环节。这一主观动机与客观效果相背离的奇特现象之所以造成,在于阳明学说自身提供了适乎时代变迁的理性吊诡所需要的思想因素。

　　当王阳明大声疾呼"今天下波颓风靡,为日已久,何异于病革临绝之时"①,发誓要对一切在他看来是"恶"的社会现象来一番摧陷廓清的扫荡的时候,他心中激荡着何等悲愤的道德热情! 然而,他所不遗余力地攻击的恰恰就是那中世纪道德之"混沌"的致命伤——用虚伪的道德来掩盖恶行

---

① 王守仁:《答储柴墟二》,《王阳明全集》,上海古籍出版社1992年版,第814页。

的伪善：

> 后世良知之学不明，天下之人用其私智以相比轧，是以人各有心，而偏琐僻陋之见，狡伪阴邪之术，至于不可胜说；外假仁义之名，而内以行其自私自利之实，诡辞以阿俗，矫行以干誉，掩人之善而袭以为己长，讦人之私而窃以为己直，忿以相胜而犹谓之徇义，险以相倾而犹谓之疾恶，妒贤嫉能而犹自以为公是非，恣情纵欲而犹自以为同好恶。①

这就是阳明所说的"今天下波颓风靡"的景象，试看他所揭露的这种种病态的社会现象，无往而非一个"伪"字在其中作祟。一切丑恶行为都披上了仁义道德的外衣，弄权营私，蝇营狗苟，却能假借大义，窃取美名。传统道德要人做圣人，而实际情形是百分之九十九的人永远也成不了其所要求的那种圣人；理学家要人"存天理、灭人欲"，而实际情形是无往而非人欲；于是在标榜道德至上的社会中，要弥合外在的道德律令与主体的行为之间的分裂，就只有作伪一途，甚至连父母之丧也要作伪，如王畿所说："凶事无诏，哀哭贵于由衷，不以客至不至为加减也。昔人奔丧，见城郭而哭，见室庐而哭，自是哀心不容已。今人不论哀与不哀，见城郭室庐而哭，是乃循守格套，非由衷也。客至而哭，客不至而不哭，尤为作伪。世人作伪得惯，连父母之丧亦用此术以为守礼，可叹也已！"②在这样的一种伪善的社会氛围中，也只有造就出大群的伪君子和乡愿。乡愿的本质也是作伪，阳明痛恶乡愿，他批判乡愿道："乡愿以忠信廉洁见取于君子，以同流合污无忤于小人，故非之无举，刺之无刺。然究其心，乃知忠信廉洁所以媚君子也，同流合污所以媚小人也，其心已破坏矣，故不可与入尧、舜之道。"③

王阳明看到了外在的道德律令与主体行为的分裂所造成的普遍作伪的风习，也看到了"礼"的规范不合人情而造成作伪的事实，然而，主观上想挽救传统社会"纪纲凌夷"的动机，使他极力想把作为外在道德律令的"天理"化作人内心的道德自觉，用"良知"去"知善知恶"，来再造一个把"天理"作为行为的真实动机和出发点的社会道德氛围："仆诚赖天之灵，偶有见于良

---

① 王守仁：《答聂文蔚》，《王阳明全集》，上海古籍出版社1992年版，第80页。
② 王畿：《天柱山房会语》，《王畿集》，江苏古籍出版社2007年版，第120页。
③ 王守仁：《王阳明全集》卷三十五《年谱三》，《王阳明全集》，上海古籍出版社1992年版，第1287页。

知之学,以为必由此而后天下可得而治。"①可是,他既要反对虚伪,就不能不提倡率真;既要提倡由衷,就不能不反对外在的束缚;既强调"吾心"知善恶、明是非的作用,就不能不发出"不以孔子之是非为是非"的狂者之论。于是,他公然以"狂者"自居,声称:"我今才做得个狂者的胸次,使天下之人都说我行不掩言也罢。"②王阳明的"狂",一言以蔽之,即在于他确立了人的主体性。他讲"心之本体即是天理",固然是旨在肯定伦理纲常的普遍性,但他把"吾心"作为万事万物的"主宰",把个体从"天理"被动服从者变为拥有"天理"的主宰者,因此"吾心"遂自然成为衡量一切善恶是非的标准,成为一个人人心中具有的至高无上的良知法庭。更有甚者,他有一些论述甚至在某种程度上突破乃至否定了吾心良知即是伦理道德教条之"天理"的说法,他说:"目无体,以万物之色为体;耳无体,以万物之声为体;鼻无体,以万物之臭为体;口无体,以万物之味为体。"③因此,"学贵得之心。求之于心而非也,虽其言之出于孔子,不敢以为是也,而况其未及孔子者乎!求之于心而是也,虽其言之出于庸常,不敢以为非也,而况其出于孔子者乎!"④既然学贵得之于心,而心总是个体的心,所以思想自然是多元化的:"圣人何能拘得死格?大要出于良知同,便各为说何害?"⑤"学,天下之公学也,非朱子可得而私也,非孔子可得而私也。"⑥

　　既然人人心中都有良知,那就没有必要用外在的戒律去束缚身心,所以阳明极力反对程朱理学对人的束缚,反对装作道学的模样,反对把多样化的个性强制地塑造为一个模式,提倡率真进取的作风、个性的自由发展、多样化的人生。据《传习录》载:王汝中、省曾听阳明讲学,当时正值盛夏,阳明握扇命曰:"你们用扇!"省曾对曰:"不敢!"阳明说:"圣人之学,不是这等捆缚苦楚的,不是装作道学的模样。"王汝中说:"观仲尼与曾点言志一章略见。"阳明首肯道:"然。以此章观之,圣人何等宽洪包含气象!且为师者问志于群弟子,三子皆整顿以对。至于曾点,飘飘然不看那三子在眼,自去鼓

---

①　王守仁:《答聂文蔚》,《王阳明全集》,上海古籍出版社1992年版,第80页。
②　王守仁:《传习录下》,《王阳明全集》,上海古籍出版社1992年版,第116页。
③　王守仁:《传习录下》,《王阳明全集》,上海古籍出版社1992年版,第108页。
④　王守仁:《答罗整庵少宰书》,《王阳明全集》,上海古籍出版社1992年版,第76页。
⑤　王守仁:《传习录下》,《王阳明全集》,上海古籍出版社1992年版,第112页。
⑥　王守仁:《答罗整庵少宰书》,《王阳明全集》,上海古籍出版社1992年版,第78页。

起瑟来,何等狂态。及至言志,又不对师之问目,都是狂言。设在伊川(程颐别号——引者注),或斥骂起来了。圣人乃复称许他,何等气象!"接着阳明又特别指出:"圣人教人,不是个束缚他通做一般:只如狂者便从狂处成就他,狷者便从狷处成就他。人之才气如何同得?"①阳明还说:教育童子,应该让他自由发展个性,教师只是诱导他向好的方面走就成。如果一味拘束督促,学生看学校如牢狱,看师长为寇仇,勉强装出规矩,养成诡诈顽鄙的习气,教他为善,其实是逼他为恶。阳明的这一观点,是对传统教育的弊病的十分中肯的批判,而他的教育主张,则是中国新教育的曙光。

既然人人心中都有良知,"心之体性也,性即理也。"②"天理在人心,亘古亘今,无有终始;天理即是良知"③,这就把外在于人的"天理"巧妙地转换成了人人具有的人类本性。既然"良知人皆有","良知良能,愚夫愚妇与圣人同"④,"良知之在人心,无间于圣愚,天下古今之所同也"⑤,这就宣告了人类天赋的平等。既然良知在人人心中,那么"日用间何莫非天理流行"⑥,换句话说,也就是"百姓日用即道",这就在实际上取消了天理与人欲的对立,而把人们的生活与实践看作是"天理"的自然体现。以此立论,阳明甚至宣称:"圣人亦是学知,众人亦是生知"⑦,圣人对于"理"或"道"的认识是从"生知"的众人那里学来的;因此,"与愚夫愚妇同的,是谓同德;与愚夫愚妇异的,是谓异端。"⑧这种对于与人类活生生的生活与实践相对立的所谓"天理"具有颠覆性的言论,不是大可令人惊异吗?尽管阳明说这一切的目的无非还是要人们都去当恪守传统伦理道德的"圣人",要使每一人都确立起当"圣人"的自信心,这些言论还是足以刺激个体的人格意识的觉醒,足以动摇尊卑贵贱的等级原则,足以引发出对于"天理"的根本否定。

既然"心无体,以天地万物感应之是非为体"⑨,那么,离开"天地万物

---

① 王守仁:《传习录下》,《王阳明全集》,上海古籍出版社 1992 年版,第 104 页。
② 王守仁:《传习录上》,《王阳明全集》,上海古籍出版社 1992 年版,第 33 页。
③ 王守仁:《传习录下》,《王阳明全集》,上海古籍出版社 1992 年版,第 110 页。
④ 王守仁:《答顾东桥书》,《王阳明全集》,上海古籍出版社 1992 年版,第 49 页。
⑤ 王守仁:《答聂文蔚》,《王阳明全集》,上海古籍出版社 1992 年版,第 79 页。
⑥ 王守仁:《答徐成之》,《王阳明全集》,上海古籍出版社 1992 年版,第 145 页。
⑦ 王守仁:《传习录下》,《王阳明全集》,上海古籍出版社 1992 年版,第 95 页。
⑧ 王守仁:《传习录下》,《王阳明全集》,上海古籍出版社 1992 年版,第 107 页。
⑨ 王守仁:《传习录下》,《王阳明全集》,上海古籍出版社 1992 年版,第 108 页。

感应之是非",也就别无所谓"心"。而所谓"致良知",亦不外乎在种种事物感应上下工夫。所以,阳明极力反对朱熹"分知行为两事",反对朱门后学在训诂辞章中讨生活,批评朱学"茫茫荡荡悬空去思索,全不肯着实躬行"①,导致"空疏谬妄,支离牵滞"②的弊病。与朱学相反,阳明强调"知行合一",主张"着实体履"、"着实躬行"、"身亲履历","事上磨练",强调行对于获取真知的重要意义。他说:"食味之美恶必待入口而得知";"路歧之险夷必待身亲履历而后知"③;"尽天下之学无有不行而可以言学者"④,"故遂终身不行,亦遂终身不知"⑤。这一切说明,阳明提出"知行合一"说的目的本在重行。然而,他有时也把"知行合一"强调到了不适当的程度,即所谓"一念发动处即是行",以此强调个体在道德践履中克除恶念的重要性。明末清初的学者顾炎武、王夫之对阳明这一说法的流弊攻击不遗余力,固然并非全无道理;但也有某些对阳明学说有比较全面理解的学者把王阳明看作是晚明实学的开创者,似乎更合乎实际。如陈确指出:"言知行合一,则天下始有实学。"⑥又如唐甄,亦明确表示服膺阳明的"知行合一"说:"甄虽不敏,……盖服乎知行合一之教也";"知行合一者,致知之实功也"⑦。

如同社会发展的规律并不以任何个人的意志为转移一样,社会意识的发展也有其客观规律,它不以个人的意志为转移,而显示出它本质上乃是一个精神现象的客观过程。王阳明主观上企图"灭心中贼",却不自觉地动摇了传统意识形态的权威。阳明去世后,他的学派发生了迅速的分化。无论是被今人称为"左派"的以王畿为代表的浙中学派和以王艮为代表的泰州学派,还是被今人称为"右派"的以邹守益、聂豹、罗洪先等为代表的江右学派,都宣称自己的学说是为了造就一个人人做圣人的社会道德氛围,但实际情形却是各自发展了阳明学说的内在矛盾的不同方面。泰州学派利用这个古老民族崇拜圣贤的心理,廉价地向民众拍卖"圣贤"的名号,犹如基督教新教向人们廉价地出售进入天国的门票一样,从而在下层民众中赢得了大

---

① 王守仁:《传习录上》,《王阳明全集》,上海古籍出版社1992年版,第4页。
② 王守仁:《答顾东桥书》,《王阳明全集》,上海古籍出版社1992年版,第56页。
③ 王守仁:《答顾东桥书》,《王阳明全集》,上海古籍出版社1992年版,第42页。
④ 王守仁:《答顾东桥书》,《王阳明全集》,上海古籍出版社1992年版,第45页。
⑤ 王守仁:《传习录上》,《王阳明全集》,上海古籍出版社1992年版,第5页。
⑥ 陈确:《瞽言二·圣学》,《陈确集》,中华书局1979年版,第442页。
⑦ 唐甄:《潜书·知行》,《潜书注》,四川人民出版社1984年版,第39页。

批的信奉者。然而,也正是因为下层民众的加入,下层民众的活生生的生活与实践,使这个学派越来越背离王阳明旨在维护传统伦理道德的初衷。如黄宗羲所说:"阳明先生之学,有泰州、龙溪而风行天下,亦因泰州、龙溪而渐失其传。泰州、龙溪时时不满其师说,益启瞿昙之秘而归之师,盖跻阳明而为禅矣。然龙溪之后,力量无过于龙溪者;又得江右为之救正,故不至十分决裂。泰州之后,其人多能赤手以搏龙蛇,传至颜山农、何心隐一派,遂复非名教之所能羁络矣。"①

早期启蒙思潮的"堂堂之阵,正正之旗"

万历年间,以李贽学说的诞生为标志,早期启蒙思潮进入了一个飞跃发展的时期。李贽在思想史上的地位,如沈德符所说,王阳明身后,其高足各立门户,几经师承,"最后李卓吾出,又创特解,一扫而空之"②。

李贽公然以"异端之尤"自居,摆开"堂堂之阵,正正之旗",向维护伦理异化的中古意识形态展开了全面的进攻。"六经皆史",《论语》、《孟子》"非万世之至论","颠倒千万世之是非"而"决于一己之是非";传统的理欲之辨、义利之辨、情理之辨、君臣之义、男女大防、尊卑贵贱等级名分……统统在其扫荡之列。与此相应,揭露"假人",呼唤"童心",鼓吹"人必有私",提倡说真话、做"真人",呼吁"平等"、"自由",主张"各从所好,各骋所长",以及私奔为"善择佳偶",经商谋利为"圣人好察之迩言",《西厢》、《水浒》、六朝诗为"天下之至文",女子学道非短见,富商大贾为善尽其才,冲破海禁、横行南海的海盗为英雄豪杰等种种"奇谈怪论",使纲常名教、圣贤道学偶像,无不威风扫地,灵光隳沉。道学家们咬牙切齿,必欲置之于死地,并且终于在他 76 岁时以"敢倡乱道,惑世诬民"的罪名,将其逮捕下狱,让他惨死在狱中。

然而,李贽的学说在当时却产生了空前的影响:

沈瓒《近事丛残》说李贽"好为惊世骇俗之论,务反宋儒道学之说。致仕后,祝发住楚黄州府龙潭山中,儒释从之者几千、万人。其学以解脱直截

---

① 黄宗羲:《明儒学案》卷三十二《泰州学案》,《黄宗羲全集》第 7 册,浙江古籍出版社 2005 年版,第 820 页。

② 沈德符:《紫柏评晦庵》,《万历野获编》,中华书局 1959 年版,第 690 页。

为宗,少年高旷豪举之士,多乐慕之。后学如狂,不但儒教溃防,而释宗绳检,亦多所清弃。"①

朱国祯《涌幢小品》说李贽学说"最能惑人,为人所推,举国趋之若狂。""今日士风猖狂,实开于此。全不读《四书》本经,而李氏《藏书》、《焚书》,人挟一册,以为奇货。"②

沈铁《李卓吾传》云:"载贽再往白门(南京),而焦竑以翰林家居,寻访旧盟,南都士更靡然向之。登坛说法,倾动大江南北。北通州马经纶以御史谪籍,延载贽抵舍,焚香执弟子礼,而燕冀人士望风礼拜尤盛。"③

顾炎武《日知录》卷十八云:"天启五年九月,四川道御史王雅量疏:奉旨,李贽诸书怪诞不经,命巡视衙门焚毁,不许坊间发卖,仍通行禁止。而士大夫多喜其书,往往收藏,至今未灭。"④

自万历至明末,上流社会人士中崇拜李贽的人也很多。有姓名可考的有:袁宗道、袁宏道、袁中道、焦竑、汤显祖、汪可受、汪本钶、杨定见、马经纶、顾养谦、李维桢、沈德符、余永宁、彭允山、罗台山、方伯雨、刘东星、梅国桢、澹然(梅国桢之女)、邱长孺、钱谦益等。焦竑说:"卓吾……虽未必是圣人,可肩一'狂'字,坐圣门第二席。"⑤汤显祖《寄石楚阳》,迫切地希望更多地阅读李贽的著作:"有李百泉(贽)先生者,见其《焚书》,畸人也!肯为求其书,寄我骀荡否?"⑥在汤显祖看来,读李贽的著作,可使心灵如春光舒放。彭允山曰:"余始读卓吾论古之书,骇其言。既而读卓吾论学书,大服之。呜呼!若卓吾者,可谓知本也欤!"⑦李维桢极推崇李贽的《续藏书》,说这本书"甄别去取,若奇而正,若疏而核,若朴而藻,可谓良史矣。"⑧罗台山以李贽的知音自诩曰:"古之伤心人,别有怀抱;吾于卓吾亦云。"⑨袁中道论李

① 沈瓒:《近事丛残》卷一,《李贽研究参考资料》第1辑,福建人民出版社1975年版,第74页。
② 朱国祯:《涌幢小品》,中华书局1959年版,第365页。
③ 沈铁:《李卓吾传》,《李贽研究参考资料》第1辑,福建人民出版社1975年版,第22页。
④ 顾炎武:《日知录》卷十八《李贽》,《日知录集释》,岳麓书社1994年版,第668页。
⑤ 焦竑语,转引自《李贽研究参考资料》第1辑,福建人民出版社1976年版,第50页。
⑥ 汤显祖:《寄石楚阳苏州》,《汤显祖诗文集》,上海古籍出版社1982年版,第1246页。
⑦ 转引自吴虞:《明李卓吾别传》,《吴虞集》,四川人民出版社1985年版,第88页。
⑧ 转引自吴虞:《明李卓吾别传》,《吴虞集》,四川人民出版社1985年版,第87页。
⑨ 转引自吴虞:《明李卓吾别传》,《吴虞集》,四川人民出版社1985年版,第88页。

贽之人格美,尤为精到:"大都公之为人,真有不可知者。本绝意仕进人也,而专谈用世之略,谓天下事决非好名小儒之所能为。本狷洁自厉,操若冰霜人也,而深恶枯清自矜、刻薄琐细者,谓其害必在子孙。本屏绝声色,视情欲如粪土人也,而爱怜光景,于花月儿女之情状,亦极其赏玩,若借以文其寂寞。本多怪少可,与物不和人也,而于士之有一长一能者,倾注爱慕,自以为不如。本息机忘世,槁木死灰人也,而于古之忠臣义士,侠儿剑客,存亡雅谊,生死交情,读其遗事,为之咋指斫案,投袂而起,泣泪横流,痛苦滂沱,而不自禁。若夫骨坚金石,气薄云天,言有触而必吐,意无往而不伸,排揭胜己,跌宕王公,孔文举调魏武若稚子,嵇叔夜视钟会如奴隶。鸟巢可覆,不改其风味;鸾翮可铩,不驯其龙性。斯所由焚芝锄蕙,衔刀若卢者也。"①

李贽的思想影响到社会意识的各个领域,特别是作为时代晴雨表的文艺领域。在李贽思想的影响下,袁宏道于万历二十四年(1596 年)在吴县作《叙小修诗》一文,提出了"性灵说",正式举起了公安派的旗帜。他主张文艺创作必须"独抒性灵,不拘格套,非从自己胸臆流出,不肯下笔";反对传统束缚,"死于古人语下",而提倡"任性而发"、"宁今宁俗"的俗文学。公安派的学者除袁宏道、袁宗道、袁中道"三袁"外,还有江盈科、曾退如、邱长孺、屠长卿、王百穀、陶望龄等一大批文化人。与此差不多同时,汤显祖提出了"至情"说。稍后,冯梦龙提出了他的唯情主义的创作主张。公安诗派、竟陵诗派、"临川四梦"、"三言二拍"以及大量的民歌俚曲,这些既达到很高的艺术水平,又表现出鲜明的个性的文艺流派和作品,几乎在同一时期如群星般地涌现出来。这一时期的文化人,几乎彼此之间都有着密切的联系,他们既在自己的创作领域内各领风骚,而且又互相推重,思想观念极相契合。袁宏道极推崇汤显祖的《牡丹亭》:"《还魂》,笔无不展之锋,文无不醂之兴,真是文入妙来无过熟也。"②汤显祖更推崇袁宏道是李贽学说的光大者:"都将舌上青莲子,摘与公安袁六休。"③他们之间在冲决专制囚缚的斗争中互相呼应,建立起深挚的情谊,绝无中国社会广大的陋儒、鄙儒那种嫉妒构陷

---

①　袁中道:《李温陵传》,《珂雪斋集》,上海古籍出版社 1989 年版,第 724 页。

②　《袁中郎评〈玉茗堂传奇〉》,徐扶明编:《牡丹亭研究资料考释》,上海古籍出版社1987 年版,第 83 页。

③　汤显祖:《读〈锦帆集〉怀卓老》,《汤显祖诗文集》,上海古籍出版社 1982 年版,第768 页。

他人的丑恶习气。

在这奋力冲破囚缚的时代，又是新旧道德青黄不接，因而"恶劣的情欲"充当历史前进的杠杆的时代。于是，历史与伦理的矛盾凸显出来，作为王阳明的三传弟子的顾宪成敏锐地意识到这种矛盾，他看到了"阳明先生开发有余而收束不足"，亦看到了泰州学派"任自然而藐兢业"，何心隐以"利欲"鼓动得人，以及李贽的自由放任主义等等都不免有其弊病，因而"不能无遗虑"，不能不有所批评。然而，对于专制统治者将何心隐迫害至死的罪恶行径，顾宪成却表示了强烈的抗议。服膺李贽学说的汤显祖、袁宏道等人在政治上亦与东林党人完全一致。袁宏道极蔑视朝廷里的争权夺利，嗤之为"如人家方有大盗，而其妻妾尚在房中争床第间事"；然而他对为新兴工商业者讲话的东林党人却极表支持，当他听说顾宪成被迫辞官的消息时慨然说道："今吴中大贤亦不出，将令世道何所倚赖！"①汤显祖与东林党人的关系更为密切，东林党的重要人物和同道如顾宪成、高攀龙、邹元标、李三才、顾允成等人都是他的好友，从汤显祖与他们的通信看，他们在批评朝政时有着共同的立场。因此，不能把东林学派看成当时时代思潮的对立面。从论学宗旨看，东林学派更主要的是要矫正王门江右学派的弊病，反对空谈性命，主张学者要关心现实政治和国计民生。顾宪成批评当时学者的蹈虚空谈说："至于水间林下，三三两两，相与讲求性命，切磨德义，念头不在世道上，即有他美，君子不齿也。"②他对于当时那些脱离社会现实、任凭"天崩地陷，他也不管"的讲学者表示了明确的不满和愤慨："一日，（顾允成）喟然而叹，泾阳（顾宪成）曰：'何叹也？'曰：'吾叹夫今之讲学者，恁是天崩地陷，他也不管，只管讲学耳。'泾阳曰：'然则所讲何事？'曰：'在缙绅只明哲保身一句，在布衣只传食诸侯一句。'泾阳为之慨然。"③高攀龙述其学术要旨时亦说："百年前宗文清（薛瑄——引者注）者多，百年后宗文成（王阳明——引者注）者多，宗文成者谓文清病实，而不知文成病虚。毕竟实病易消，虚

---

① 顾枢：《顾端文公年谱》下卷万历三十七年，《四库全书存目丛书》子部第 14 册，齐鲁书社 1997 年版，第 533 页。

② 顾宪成：《小心斋札记》卷十一，《四库全书存目丛书》子部第 14 册，齐鲁书社 1997 年版，第 318 页。

③ 黄宗羲：《明儒学案》卷六十《东林学案三》，《黄宗羲全集》第 8 册，浙江古籍出版社 2005 年版，第 838 页。

病难补,今虚病见矣,吾辈当稽弊而返之于实。"①由东林学派的论学宗旨可见,他们的思想主要是针对宋明道学的蹈虚空谈而发,是早期启蒙思想的交响乐章中的又一重旋律。

西学东渐及其与中国早期启蒙思潮的汇合

中国历史发展到明朝万历年间,西方的文艺复兴时期已近尾声,受到"成为时代特征的冒险精神"②影响的西方传教士,远涉重洋,"梯航九万里而来",——以1582年利玛窦来华为标志,——揭开了中西文化交汇激荡的历史篇章。从明末直至清初,是中西文化交流的第一次高潮。如果说汉魏隋唐时代的中印文化交流还只是亚细亚生产方式占统治地位的东方文化的内部交流,而唐代和元代基督教在中国的传播亦不过是昙花一现和过眼云烟的话,那么,明清之际的中西文化交流则是从真正意义上开始了中西文化的碰撞和交汇,揭开了中国文化史上的崭新一页。

来华的传教士面临着如何与中国社会的思潮相汇合的问题。在中国传播"上帝福音"的庞大计划,要求他们必须首先皈化一批中国社会的精英分子。但是,很显然,中国社会的真正精英——无论在人格、性格、才学方面,都已不再存在于守旧派的营垒之中,整个守旧派都已经腐败不堪,社会的精英分子几乎都是早期启蒙思潮中的人,这就使来华的传教士不得不使自己的传教政策适应中国社会进步的知识精英们的心理取向。适应中国早期启蒙学者不再满足于传统儒家学说的特点,利玛窦制定了"合儒"、"补儒"、"超儒"的传教政策;适应中国早期启蒙学者反对宋明理学的特点,利玛窦把他的传教政策建立在"三重性的偏爱"之上:"即偏爱儒教而非佛教,偏爱古代儒教而非当代儒教,偏爱自然的理性而非异教徒的宗教性"③,他们称颂先秦儒家学说与基督教教义的一致,激烈地抨击宋明理学的荒谬,所谓

① 叶茂才:《行状》,《东林书院志》卷七,《中国历代书院志》第七册,江苏教育出版社1995年版,第271页。
② 《马克思恩格斯选集》第4卷,人民出版社1995年版,第262页。
③ 谢和耐(Jacqnes Gernet):《论利玛窦在中国的皈化政策》,转引自《利玛窦中国札记》1978年版法文本序言,中华书局1983年版,第689页。

"真儒既衰,伪儒继起"①,从而迎合了中国早期启蒙学者的心理。为适应中国学者渴求新知识的特点,利玛窦采取借科学知识以扩大其影响的办法,他说:"传道必须先获华人之尊重,最善之法,莫若以学术收揽人心,人心既服,信仰必定随之。"②

传教士带来的学问是多方面的。

他们带来了许多西方的自然科学知识。在地理学方面,他们带来了世界地图,使中国人第一次知道世界的辽广的真面目;在数学方面,他们带来了欧几里得几何学;在天文学方面,他们带来了伽利略的地圆说和地动说(见《古今图书集成·历象汇编·历法典》六十五卷),还带来了哥白尼的日心说(见徐光启李之藻等编的《崇祯历书》,又见《四库提要》卷一〇六,《畴人传》卷四十三);在物理学方面,他们带来了《地震解》、《远镜说》、《泰西水法》、《奇技图说》、《火攻挈要》、《神威图说》,其中包括制造铳炮的技术和伽利略在物理学上的几种重要发现。在生理学方面,他们带来了《泰西人身说概》、《人身图说》,中国人第一次知道了"一切知识记忆不在于心,而在头脑之内"③。在医学方面,他们带来了西药制造术。此外,还有气象学、生物学等学科的新知识。所有这一切,都是中国人闻所未闻的。朱谦之先生公正地指出:"来华耶稣会士对于吸收当时世界最新的科学已经尽了最大的努力了"④,他们已经做到就当时所有尽量地介绍过来。

他们带来了基督教的伦理:"那就是禁止纳妾的法律以及同样地约束着国王和平民的婚姻法。这种法律只允许娶一个妻子";联系到这一点,利玛窦"还解释了那种禁止为孩子们订婚约而必等到成年的法律"⑤。此外,传教士们还撰写出版了专门介绍基督教伦理的著作,如利玛窦的《二十五言》、庞迪我的《七克》等。中国学者冯应京为《二十五言》作序,给予极高的

① 孙璋:《理性真诠》,《中国宗教历史文献集成——东传福音》第 4 册,黄山书社 2005 年版,第 568 页。

② 费赖之:《在华耶稣会士列传及书目》上册,冯承钧译,商务印书馆 1938 年版,第 32 页。

③ 俞正燮:《癸巳类稿》卷十四《书人身图说后》,《俞正燮全集》第 1 册,黄山书社 2005 年版,第 699 页。

④ 朱谦之:《中国哲学对于欧洲的影响》,福建人民出版社 1985 年版,第 107 页。

⑤ [意]利玛窦原著,[比]金尼阁整理:《利玛窦中国札记》,何高济、王遵仲、李申译,何兆武校,中华书局 1983 年版,第 381 页。

评价,并建议受过教育的人们都来一读,然后在有迷信色彩的伪善和来源于基督教的德行二者之间作出判断,再决定哪一个更对个人有好处以及对一般的公众更有用。

他们带来了西方的教育学。1623 年夏艾儒略《西学凡》一书在中国出版,这是一本欧洲各大学所授各学科的课程纲要。主要介绍西方"建学育才"之法,文学、哲学、法学、医学各科莫不粲然俱备。

他们带来了西方的哲学思想,主要是古希腊的哲学思想,哲学被译作"斐禄所斐亚之学"或"爱知学"。翻译成中文的有《灵言蠡勺》(毕方济口授,徐光启笔录)、《名理探》(亚里士多德:《辩证法大全疏解》,傅汎际译义、李之藻达辞)、《寰有诠》(亚里士多德:《宇宙学》,傅汎际译义、李之藻达辞)等。《西学凡》一书,介绍西方哲学,亦特别注重亚里士多德,书中写道:"有一大贤名亚理士多,其识超卓,其学渊深,其才旷逸。……每物见其当然,而必索其所以然,因其既明,而盖觅其所未明;由显及微,由粗及细,排定物类之门,极其广肆,一一钩致而决定其说,各据实理之坚确不破者,以著不刊之典,而凡属人学所论性理,无不曲畅旁通,天学得此以为先导。"①此外,还有传教士自己写作的介绍西方哲学的著作,如《斐禄问答》(高一志)等。

他们系统地阐扬了基督教的教义。包括"天堂"、"地狱"、"原罪"、"灵魂不灭"、"上帝面前人人平等"、"赎罪得救各自为己"、"意志自由"以及为了追随上帝可以"舍其父母,后其君长"等。

传教士带来的新知识和新学说,在中国引起的激烈文化冲突也是多层面的:

首先,是注重理性思维的西方科学方法与古代东方神秘主义的冲突。利玛窦之所以向徐光启推荐欧几里得《几何原本》,就在于他希望通过与徐光启合作翻译《几何原本》来达到这样的目的,即在西方科学方法的影响下,"自然就可以把中国种种迷信思想之基础暗自剥夺,而使中国人民自见其非。"②

其次,是基督教伦理与中国儒家伦理的冲突:基督教不讲男女之大防,"为耶稣教会者"竟至"男女猥杂"(张尔岐:《蒿菴闲话》),这使授受不亲的

---

① 艾儒略:《西学凡》,《四库全书》子部第 93 册,第 633—634 页。
② 魏特:《汤若望传》上册,台湾商务印书馆 1960 年版,第 150 页。

礼教堤防岌岌乎危哉。《天主实义》宣扬"意志自由"、"自主"、"自专",中国传统道德则要求人民对尊者、长者绝对服从,不允许有个人的意志和主见;基督教义提倡为了信奉上帝可以"舍其父母"、"后其君长",这无疑具有瓦解宗族制度及建立在此基础上的专制国家的作用;基督教义要求信者实行一夫一妻制,一个人要皈依基督教就必须与他的妾脱离关系,这也与中国传统的一夫多妻制相冲突,以至于做妾的女人"把千诅万咒都倾泻在神父们的头上"。①

再次,是西方的某些政治观念和制度与中国传统政治观念和制度的冲突。传教士们宣扬"上帝面前人人平等",这种观念显然是与中国的等级制度相冲突的;传教士们介绍了西方教权凌驾于王权之上的事实,这与中国的"皇权至上"也是相冲突的;传教士们宣扬国王与平民同受法律的约束,这与中国的特权人治和绝对君权也是相冲突的。基督教所具有的某些平民色彩,引起了一些对巩固政权有特殊敏感的统治阶级中的人的不安。如明末四川的儒生们就策动道士指斥传教士为"流贼"张献忠的羽翼(古鲁东:《圣教入川记》)。清初的杨光先更十分敏感地意识到钉在十字架上的耶稣本是"谋反"渠魁,"如德亚国主与耶稣势不能两立矣,非国主杀耶稣,则耶稣必弑国主"②,认为允许尊崇耶稣即构成对专制统治秩序的威胁。

最后,是对于上帝的一神教信仰与中国传统的多神主义、时日禁忌和偶像崇拜的冲突。基督教的一神教信仰确实给了中国传统的迷信以很大的冲击。例如,朝廷的高官显宦许胥臣在皈依基督教前习惯于请术士预卜未来,办事要选择凶日吉日,在他皈依基督教后,就不再相信术士的胡言乱语,而且偏要在历书上标明严禁出行的日子启程还乡,以表示"向魔鬼对着干"。许胥臣听说,有一个画师到朝廷上去吹嘘自己可以惟妙惟肖地把不管谁家的祖先画出来,哪怕他们的祖先已死去几百年并且没有留下任何记忆,只要把真名字告诉他就行。许胥臣十分想请他画出自己的祖先的像,但是神父们却说服他抛弃了这一使他差一点就沦为无辜受害者的骗局。③ 作为皈依

---

① [意]利玛窦原著,[比]金尼阁整理:《利玛窦中国札记》,中华书局 1983 年版,第587 页。

② 杨光先:《邪教三图说评》,《不得已》,黄山书社 2000 年版,第 30 页。

③ [意]利玛窦原著,[比]金尼阁整理:《利玛窦中国札记》,中华书局 1983 年版,第595—596 页。

基督教的条件,每一个信教的人在接受洗礼之前都必须将他以前崇拜的那些偶像尽量焚毁,这对于佛教的偶像崇拜也是一场巨大的冲击。

传教士的传教政策和他们带来的新知识,引起了不少人的兴趣。这使他们不仅携带着西方文化走进了长江流域的通都大邑,而且堂而皇之地走进了中国帝王的宫殿。赵翼《廿二史劄记·天主教》云:传教士"大都聪明特达之士,意专行教,不求禄利,所著书多华人所未道,故一时好异者咸尚之"①。沈德符《万历野获编》云,万历间,利玛窦来华后,"中土士人受其学者遍宇内,而金陵尤甚。……所云旁门外道,亦自奇快动人"②。惊奇于"典坟丘索之外,别有秘笈"③,出于探求新知识的热情,不少著名学者都与传教士相往还,如徐光启、李之藻、叶向高、王徵、韩霖、沈德符、杨廷筠、瞿式耜、虞淳熙、方以智等。万历二十六年(1598年),李贽已73岁,也在南京会见了利玛窦。"由于市民阶级的开始形成,西来的基督教的天主教和耶稣教,在明朝便开始流行起来。到明末,华人信教者达数万,其中除徐光启、李之藻等少数进步官僚外,大都是沿江沿海的市民。"④传教士带来的新知识,与早期市民阶层冲破专制统治思想的束缚和人身禁锢的斗争结合在一起,也与东林党人和开明士大夫反对腐败政治的斗争结合在一起。而当时反对西学、主张驱逐传教士的人,则主要是明末最腐败、最反动的阉党一系的人物。

以徐光启为代表的一批中国早期启蒙学者,开始以整个世界的眼光来思考问题,以谦虚而诚挚的态度去学习西来的各种学问,"虚心扬榷,拱受其成"(徐光启语)。他们欢呼这些新知识可以"醒其锢习之迷"(许胥臣语),可以"破蜗国之褊衷"(瞿式耜语),为之"憬然悟",为之"畅然思"(冯应京语),从而"始知宇宙公理果非一身一家之私物"(李之藻语),始知东海西海的人类精神之结撰乃是"各自抒一精采"(瞿式耜语)。当然,中国早期启蒙学者最重视的还是西方的科学方法和科学知识。特别是徐光启、李之藻、李天经、王徵等人,他们将西方自然科学的公理演绎方法运用于新兴质

① 赵翼:《廿二史劄记》卷三十四"天主教"条,《廿二史劄记校证》,中华书局1984年版,第791页。

② 沈德符:《大西洋》,《万历野获编》,中华书局1959年版,第784页。

③ 高一志:《斐禄答汇》,毕拱辰序,载钟鸣旦、杜鼎克编:《耶稣会罗马档案馆明清天主教文献》第12册,台北利氏学社2002年版,第14页。

④ 吕振羽:《简明中国通史》,人民出版社1959年版,第947页。

测之学的研究,批判东方神秘主义,变革传统的狭隘经验论思维方法,努力锻造科学的"新工具",为在中国倡导科学精神作出了宝贵的贡献。徐光启提出的在中国发展十项科学事业的计划,王徵对西方机械制造技术的介绍,更表现了先进的中国人以世界意识来规划民族振兴之蓝图的恢弘气概和远见卓识。

他们之所以对西方的科学感兴趣,是因为明代中叶以后的中国社会已经产生了发展科学的需要,亦已经产生了研究新兴质测之学的先行者。在西方传教士来华前就有李时珍、朱载堉这样的表现出纯粹求知兴趣的学者;在传教士来华后,也产生了虽未接触到西学却热心于科学探索和研究的学者,如徐弘祖、宋应星等。他们努力冲破道统和中古宗教束缚来发展中国科学,表现出为追求科学真理而献身的精神。他们的科学思想,与徐光启等努力接受西学的学者们所作出的科学贡献,都表现了中国社会走出中世纪,迈向现代化的内在历史要求。

二、自然人性论与新理欲观

存理灭欲的中世纪禁欲主义的存在,永远会在一切尚未被泯灭人类情感的人们中产生出与之相反的思想观点。因此,早在明清之际早期启蒙思潮发生以前,就有对存理灭欲的中世纪禁欲主义的批判。例如,宋代的吴泳说过:"使情而可去可灭,则性亦可去,而生亦可灭也。"① "可欲之谓善,天理也。""人能于其所可欲者而欲焉,……何欲而不善哉?"② 又如,吴如愚亦曾指出,天理初不外乎人欲,人欲中固未尝无天理,天理人欲合之则一而公,公则无不善;反是,则为私为恶。③ 然而,这些出现在明代中叶以前的言论,

---

① 吴泳:《情辨》,《鹤林集》卷三十七《杂著》,《景印文渊阁四库全书》第 1176 册,台湾商务印馆 1986 年版,第 365 页。

② 吴泳:《欲辨》,《鹤林集》卷三十七《杂著》,《景印文渊阁四库全书》第 1176 册,台湾商务印馆 1986 年版,第 366 页。

③ 吴如愚:《天理人欲说》,《准斋杂说》卷上,《景印文渊阁四库全书》第 709 册,台湾商务印馆 1986 年版,第 77 页。

都还只是一些零星的思想火花,而未形成普遍流行于社会的时代思潮。只是在明代中叶以后,对于存理灭欲的禁欲主义的反抗和批判才成为普遍的社会心理和一大批学者的共识,并且在近代式的自然人性论的基础上建立起新的理欲观。

(一)"自然之性"的新理欲观
——从王艮到何心隐

王艮论"天性之体,本自活泼"与"百姓日用即道"

把王阳明的"良知"说发展成为一种自然人性论,从而逐步解除传统的"天理"和"条教禁约"对人性、"人欲"的扼杀、束缚,是从泰州学派的代表人物王艮开始的。

王艮(1483—1541年,明成化十八年至明嘉靖十九年),字汝止,号心斋,泰州安丰场人,灶丁出身。十九岁以后"商贩东鲁","经理财用,人多异其措置得宜,人莫能及,自是家道日裕"。二十九岁以后,从事讲学活动,毅然以先觉为己任,"发明自得,不泥传注"①。三十八岁始从王阳明游,凡八年;阳明去世后,复返故乡安丰场讲学。当时就有人说他背离王阳明而"自立门户",其实王艮早在师事王阳明之前,即已自立门户。他是一个既与王学有联系,同时又不满阳明学说,具有独立性的泰州学派的创始人。

王艮认为,天地万物、人,都是自然。人本乎天地之形气以生,所以人之"天"即天之"天",天人同体,故天人一理:"父母生我,形气俱全。形属乎地,气本乎天,中涵太极,号人之天。此人之天,即天之天。此天不昧,万理森然,动则俱动,静则同焉。天人感应,因体同然。天人一理,无大小焉。"②这是说天地、万物和人都具有自然的"形气"基础,因而"天人同体"、"天人一理"。至于"天人一理"的"理"究竟是什么,王艮认为,这"理"也就是"自然之则",是"天人同体"之"体"的固有性质:

---

① 王艮:《王心斋全集》,江苏教育出版社 2001 年版,第 67、68 页。
② 王艮:《孝箴》,《王心斋全集》,江苏教育出版社 2001 年版,第 54 页。

天性之体本自活泼,鸢飞鱼跃便是此体。①

"惟皇上帝,降中于民。"本无不同。"鸢飞鱼跃",此"中"也。譬之江淮河汉,此水也。万紫千红,此春也。②

鸢飞鱼跃,春风桃李,河川奔流,是自然法则。同样,人的生命欲求,生命的冲动,也是自然之所赋予,"天性之体"在人即为"心之本体",人应该过一种合乎人性的生活,按照自己的本性去行事。

既然"天性之体"即为"心之本体",因此就必须反对一切外在的束缚,反对一切违背人性的"人为"安排。"良知之体,与鸢飞鱼跃同一活泼泼地。当思则思,思则通已。……要之自然天则,不着人力安排。"③"人性上不可添一物。"④程朱理学家不是讲"存天理灭人欲"吗?王艮认为,人的自然欲求不是"人欲",而束缚人性的人为安排反倒是应该灭除净尽的"人欲"。"人欲"本是道学家打人的棍子,现在竟打到了他们自己的头上:"天理者,天然自有之理也,才欲安排如何,便是人欲。"⑤"凡涉人为,皆是作伪。故伪字从人从为。"⑥由此看来,王艮不仅用自然人性的"天性"暗地里取代了程朱理学家的"天理",而加以颂扬;又把程朱理学家的"天理"变成了理学家所痛恶的"人欲",而加以痛斥。依然是讲"存天理灭人欲",实际内容却成了"存人欲而灭天理"。这正是一种十分高妙的在传统的范围以内来打破传统的手法。世界各民族在一定的发展阶段上都无一例外地采用这种手法来与旧传统作斗争,但这一手法的运用在中国则更具有令人发噱的喜剧色彩。

王艮大大发挥了王阳明关于"日用间何非天理流行"的命题,以宣扬"百姓日用之学"作为其讲学的中心。在他的讲学活动中,"多指百姓日用以发明良知之学,大意谓百姓日用条理处,即是圣人条理处。""先生言百姓日用是道,初闻多不信。先生指童仆之往来,视听持行,泛应动作处,不依安排,俱自顺帝之则,至无而有,至近而神。……一时学者有省。"⑦王艮在讲

---

① 王艮:《语录》,《王心斋全集》,江苏教育出版社 2001 年版,第 19 页。
② 王艮:《答问补遗》,《王心斋全集》,江苏教育出版社 2001 年版,第 38 页。
③ 王艮:《语录》,《王心斋全集》,江苏教育出版社 2001 年版,第 11 页。
④ 王艮:《语录》,《王心斋全集》,江苏教育出版社 2001 年版,第 9 页。
⑤ 王艮:《语录》,《王心斋全集》,江苏教育出版社 2001 年版,第 10 页。
⑥ 王艮:《语录》,《王心斋全集》,江苏教育出版社 2001 年版,第 5 页。
⑦ 王艮:《王心斋全集》,江苏教育出版社 2001 年版,第 71、72 页。

学中反复申说:"圣人之道,无异于百姓日用。凡有异者,皆谓之异端。"①又云:"愚夫愚妇与知能行,便是道。与鸢飞鱼跃同一活泼泼地,则知性矣。"②"圣人经世,只是家常事。"③在王艮看来,人民的生产和生活本身就是"道"的体现,只有"百姓日用之学"才是圣人的学问,这学问只是"愚夫愚妇与知能行"的"家常事",它虽然没有什么神秘和高深,但却"至近而神",非那些满脑子道学玄谈的"异端"所能理解。王艮平生之所瞩目,之所寄托,是广大的下层人民。他讴歌"下",赞美"下",称颂"万物俱从海下来,天大还包在地下"。这当然不能理解为要人们安于受压迫的地位,也不能理解为用精神胜利法去抚慰被压迫的生灵,而是对尊卑上下的价值的重新评估,是对传统的价值观念的公然亵渎。

既然心之本体就是自然,而百姓日用即道,那么,人欲也就成了天理。但如何能使天下人的自然欲求都能得到满足呢?这是王艮不能不正视的问题。王艮的回答是:"君子之学,以己度人。己知所欲,则知人之所欲,己知所恶,则知人之所恶。……必至于内不失己,外不失人,成己成物而后已。"④这当然还只是一种仅仅诉诸人的道德修养而没有任何社会体制保障的善良愿望,但它承认了每一个人的追求美好生活的合理性,冲破了存理灭欲的中古禁欲主义的思想禁锢,具有思想解放的意义,并且体现了哲人的宽广胸襟。

"堪笑世人甘受缚,不知潇洒在何年"

王艮的学说在他的儿子王襞那里得到了进一步的发展。王襞(1507—1587年,明正德二年至万历十五年),字宗顺,号东崖,王艮次子。九岁随父至会稽,阳明令其师事王龙溪、钱绪山;先后留越中近二十年。后随父回淮南,协助王艮从事讲学活动。王艮去世后,他继父讲席,张大泰州学派旗帜。

王襞把良知论发展成为完全的自然人性论,尽管他还打着一块"所赖者君正臣贤,所尚者纲常礼乐"的招牌。他从唯心主义的方面强调自然人的主体性,并且比王艮更彻底地反对正宗的"圣人之道"。他说:"自

① 王艮:《语录》,《王心斋全集》,江苏教育出版社2001年版,第10页。
② 王艮:《语录》,《王心斋全集》,江苏教育出版社2001年版,第6页。
③ 王艮:《语录》,《王心斋全集》,江苏教育出版社2001年版,第5页。
④ 王艮:《明哲保身论》,《王心斋全集》,江苏教育出版社2001年版,第29、30页。

然之谓道"①,"乌啼花落,山峙川流,饥餐渴饮,夏葛冬裘,至道无余蕴矣。"②在王襞看来,"道"的内涵仅仅止于自然现象和人的生理欲求,只此便穷尽了道,此外再没有其他的涵义。人性即自然,自然本身乃是直观人性的图画,而自然的形象亦是人的天性的外化:"心也者,吾人之极,三才之根,造化万有者也。莹彻虚明,其体也;通变神应,其用也。空中楼阁,八窗洞开,梧桐月照,杨柳风来,万紫千红,鱼跃鸢飞,庭草也,驴鸣也,鸡雏也,谷种也,呈输何限,献纳无穷,何一而非天机之动荡? 何一而非义理之充融?"③自然的人性即是"善",而这善乃是为每一个人所固有,妇人女子亦不例外:"人心自善,本之天性,……妇人女子亦同有是理也。"④

天性——生理的欲求——即是善,所以用不着外在的束缚,用不着戒慎恐惧的工夫,用不着"吾日三省吾身"的检点:"若将迎,若意必,若检点,若安排,皆出于用智之私,而非率夫天命之性之学也。"⑤"才有纤毫作见与些子力于其间,便非天道,便有窒碍处。故愈平常则愈本色,省力处便是得力处也。"⑥与他的父亲相比,王艮虽然主张现成良知而不假安排,但也还赞扬孔子读《易》韦编三绝的精神,主张人们读几本圣贤之书,而王襞竟连这一切也否定了。他说:"今日之学,不在世界一切上,不在书册道理上,不在言语思量上。"⑦又说:"道本无言"。⑧ "直下便是,岂待旁求? 一彻便了,何容拟议?"⑨

---

① 王襞:《上道州周合川书》,《王心斋全集》附《明儒王东厓先生遗集》,江苏教育出版社2001年版,第220页。

② 王襞:《语录遗略》,《王心斋全集》附《明儒王东厓先生遗集》,江苏教育出版社2001年版,第232页。

③ 王襞:《题鹤洲卷》,《王心斋全集》附《明儒王东厓先生遗集》,江苏教育出版社2001年版,第232页。

④ 王襞:《书祁门郑竹冈永思卷》,《王心斋全集》附《明儒王东厓先生遗集》,江苏教育出版社2001年版,第236页。

⑤ 王襞:《上敬庵许司马书》,《王心斋全集》附《明儒王东厓先生遗集》,江苏教育出版社2001年版,第219页。

⑥ 王襞:《寄庐山胡侍御书》,《王心斋全集》附《明儒王东厓先生遗集》,江苏教育出版社2001年版,第224页。

⑦ 王襞:《寄会中诗友书》,《王心斋全集》附《明儒王东厓先生遗集》,江苏教育出版社2001年版,第227页。

⑧ 王襞:《语录遗语》,《王心斋全集》附《明儒王东厓先生遗集》,江苏教育出版社2001年版,第216页。

⑨ 王襞:《上敬庵许司马书》,《王心斋全集》附《明儒王东厓先生遗集》,江苏教育出版社2001年版,第219页。

他要人们只体认那自然赋予的天性,而不必向书本讨生活,不要让这一切束缚了自己的天性。王襞诗云:"胸中不挂一丝缠,便有工夫闲打眠。堪笑世人甘受缚,不知潇洒在何年。"①在这里,对"潇洒"的追求,也就是对自由的追求,而王襞也正是以解除世人的束缚、使人人皆得"潇洒"为己任的。无疑,这种解除一切束缚的"潇洒",是与"存天理、灭人欲"的"条教禁约"根本对立的。

"纯任自然,便谓之道"

将王襞的学说继续加以发挥的主要是颜钧和罗汝芳。颜钧字山农,江西吉安人。师事徐波石,得泰州学派之传。为人尚游侠,好急人之难,欲有为于世,因触犯礼法下南京狱,险遭杀害,罗汝芳尽鬻田产以救之。罗汝芳(1515—1588 年,明正德十年至万历十六年),号近溪,颜山农的学生。年轻时曾信奉宋儒"存理灭欲"之说作静坐省察的刻苦工夫,闹得心火大发,见告示有专治心火者,往求之,乃颜山农讲学也。听之有悟,遂为颜山农弟子。

颜山农之学,大致谓:"人心妙万物而不测者也。性如明珠,原无尘染,有何睹闻?著何戒惧?平时只是率性所行,纯任自然,便谓之道。及时有放逸,然后戒慎恐惧以修之。凡儒先见闻,道理格式,皆足以障道。"②颜山农提出的一个基本观点是:"制欲非体仁。"对这一命题,罗汝芳问道:"克去己私,复还天理,非制欲,安能以遽体乎仁哉?"颜山农回答道:"子不观孟子论四端乎?知皆扩而充之,如火之始燃,泉之始达。如此体仁,何等直截!故子患当下日用而不知,勿妄疑天性生生之或息也。"③据说罗汝芳听了此言,如大梦初醒,从此便舍弃了朱熹的修养方法,而信奉和发挥颜山农的"制欲非体仁"论。

值得注意的是罗汝芳对于"仁"的解释,它是后来李贽"童心说"的直接理论来源。什么是"仁"呢?罗汝芳认为,"仁"是"赤子下胎之初"的"哑啼

---

① 王襞:《和乐吾韵勉殷子实二绝》,《王心斋全集》附《明儒王东厓先生遗集》,江苏教育出版社 2001 年版,第 262 页。

② 黄宗羲:《明儒学案》卷三十二《泰州学案》,《黄宗羲全集》第 7 册,浙江古籍出版社 2005 年版,第 821 页。

③ 罗汝芳:《近溪子续集》,《罗汝芳集》,凤凰出版社 2007 年版,第 231、232 页。

一声"。他说：

> 但今看来，道之为道，不从天降，亦不从地出，切近易见，则赤子下胎之初，哑啼一声是也。①

> 圣如孔子……看见赤子出胎最初啼叫一声，想其叫时只是爱恋母亲怀抱，却指着这个爱根而名为仁，推充这个爱根以来做人。②

这来自"孩提赤子"之"爱根"乃天下万世人所共有：

> 谁不曾做过孩提赤子来？谁人出世之时，不会恋着母亲吃乳，争着父亲怀抱？又谁的父亲母亲，不喜欢抱养孩儿？谁的哥哥姐姐，不喜欢看护小弟小妹？人这个生性，性这样良善，官人与舆人一般，汉人与夷人一般，云南人与天下人一般，大明朝人与唐虞朝人也是一般。③

"体仁"就是要保持这种赤子的"爱根"，推广扩充这一"爱根"，如果人人都能这样做，由此就可以"开太平于兹"了。因此，道德修养根本就无须从"制欲"入手，更不必讲什么省、防、察、检的工夫。罗汝芳还认为，"闾阎之村妇"与孩童之间的爱心最为真切，最能体现"道"；"试看，今时闾阎之间，愚蠢之妇，无时不抱着孩子嬉笑。夫嬉笑之言语最是浅近，闾阎之村妇最为卑下，殊不知赤子之保、孩提之爱，则反是仁义之实而修、齐、治、平之本也。"④他主张"求道"者要改变方向："不求诸古，只求诸今；不求诸圣，只求诸愚。"⑤他的这一思想极具人民性。

罗汝芳常把"仁"和"乐"连在一起讲："所谓乐者，窃意只是个快活而已。岂快活之外，复有所谓乐哉？……生意活泼，了无滞碍，即是圣贤之所谓乐，即是圣贤之所谓仁。盖此'仁'字，其本源根柢于天地之大德，其脉络分布于品汇之心元。故赤子初生，孩而弄之则欣笑不休；乳而育之，则欢爱无尽。盖人之出世，本由造物之生机，故人之为生，自有天然之乐趣。故曰：'仁者人也。'此则明白开示学者以心体之真，亦详细指引学者以入道之要。后世不省，仁是人之胚胎，人是仁之萌蘖，生化浑融，纯一无二。故只思于孔、颜乐处，竭力追寻，顾却忘于自己身中，讨求着落。诚知仁本不远，方识

---

① 罗汝芳：《近溪子集》，《罗汝芳集》，凤凰出版社 2007 年版，第 73 页。
② 罗汝芳：《近溪子集》，《罗汝芳集》，凤凰出版社 2007 年版，第 74 页。
③ 罗汝芳：《近溪子集》，《罗汝芳集》，凤凰出版社 2007 年版，第 153 页。
④ 罗汝芳：《近溪子集》，《罗汝芳集》，凤凰出版社 2007 年版，第 149 页。
⑤ 罗汝芳：《近溪子集》，《罗汝芳集》，凤凰出版社 2007 年版，第 149 页。

乐不假寻。"①由此论述可见,罗汝芳所讲的"仁"和"乐"乃是人生天然之乐趣,与宋明理学家所讲的"孔颜乐处"是根本对立的。他说:"孔门《学》、《庸》,全从《周易》生生一语化将出来"②,宇宙只是一个大生命,一个生生不息的生命之流;人应该因其生命之自然,过一种合乎人性的生活。照此来讲,又何必讲什么"存天理灭人欲",又何必讲什么安于贫困的"孔颜乐处"?

何心隐论"育欲"

与罗汝芳同时,何心隐作为颜山农的另一位学生,更大大发挥了泰州学派的学说,提出了他的"育欲说"。

何心隐(1517—1579年,明正德十二年至万历七年),本姓梁,名汝元,字桂乾,号夫山,江西吉安府永丰县人。嘉靖二十五年(1546年),郡试中举第一名。不久,接触到王艮的学说,遂抛弃科举道路,从颜山农学习。嘉靖三十二年(1553年),在家乡办"聚和堂",企图以宗族为单位实践其乌托邦的理想,"数年之间,几一方之三代矣。"嘉靖三十八年(1559年),因反对官府征收"皇木银两"的额外赋税,被定绞罪,减为充军贵州,为友人程学颜所救。次年随程学颜入京,与耿定向和当时任国子监司业的张居正同会于显灵宫,何心隐嘲讽张居正:"公居太学,知太学道乎?"张居正遂警告何心隐:"尔意时时欲飞,却飞不起也。"何心隐意识到,"张公必官首相,必首毒讲学,必首毒汝元。"但他并未锋芒敛戢,"心隐在京师,辟名门会馆,招徕四方之士。方技杂流,无不从之"③;并且还巧妙地策划了扳倒权相严嵩的活动。倒严以后,为避严嵩党羽报复,改名换姓,逃往南方,从此踪迹不常,所游半天下,先后游历福建、江浙、巴蜀、湖广,从事讲学活动。张居正任首辅后,为了加强思想统治,于万历三年(1575年)上《请申旧章饬学政以振兴人才疏》,要求明王朝明令禁止"别创书院"及"群聚徒党"一类的讲学活动,违反

① 罗汝芳:《近溪罗先生一贯编》,《罗汝芳集》,凤凰出版社2007年版,第337页。
② 罗汝芳:《近溪子续集》,《罗汝芳集》,凤凰出版社2007年版,第233页。
③ 黄宗羲:《明儒学案》卷三十二《泰州学案》,《黄宗羲全集》第7册,浙江古籍出版社2005年版,第822页。

者"许各抚、按衙门访拿解发。"①1576年(万历四年),湖广巡抚陈瑞派兵缉拿"盗犯"何心隐,由程学博亲弟得报通知,星夜乘舟出湖广境。次年,张居正风闻何心隐要入京发动驱张运动,又"授指有司捕治之",何心隐再次被通缉,逃往祁门。万历七年(1579年),在祁门被捕,押解到武昌后被杖杀。他是中国社会在走出中世纪的途程中为争取讲学自由而壮烈牺牲的第一位"哲学的烈士"。

何心隐的人性论亦是一种自然人性论。他明确指出:"性而味,性而色,性而声,性而安佚,性也。"②从这种自然人性论出发,他明确反对周敦颐的"无欲"说和程朱关于"存理灭欲"的说教。他通过阐发《孟子》来驳斥周敦颐的"无欲"说,指出,周敦颐所说的"无欲",并非是孟子所说的"无欲":"孟子言无欲其所不欲,亦似言无欲也。然言乎其所不欲,乃己之不欲也。惟于不欲而无欲也。"③他认为,孟子是主张"存心"的,但"心不能以无欲",因此孟子也并不是无欲的,他不过是在不同的欲望之间作选择而已。孟子亦只能做到寡欲,而不可能做到完全无欲:"且欲惟寡则心存,而心不能以无欲也。欲鱼欲熊掌,欲也;舍鱼而取熊掌,欲之寡也。欲生欲义,欲也;舍生取义,欲之寡也。能寡之又寡以至于无,以存心乎?"④

从自然人性论出发,何心隐提出了他的"寡欲"或"育欲"的主张。这是一种肯定满足和调节天下人的物质欲望和物质利益的理论。"寡欲,以尽性也。尽天之性以天乎人之性,而味乃嗜乎天下之味以味,而色,而声,而安佚,乃又偏于欲之多者之旷于恋色恋声而苟安苟逸已乎?……凡欲所欲而若有所节,节而和也,自不戾乎欲于欲之多也。"⑤他的"育欲"论是要统治者"与百姓同欲",而不要只顾一己之享乐却要老百姓"无欲"、"灭欲"。他说:"昔公刘虽欲货,然欲与百姓同欲,以笃前烈,以育欲也。太王虽欲色,亦欲与百姓同欲,以基王绩,以育欲也。育欲在是,又奚欲哉!"⑥由此可见,何心隐的"寡欲"、"育欲"主张,就是要"尽天之性",按照人的自然本有之

① 张居正:《请申旧章饬学政以振兴人才疏》,《张居正集》第1卷,湖北人民出版社1987年版,第174页。

② 何心隐:《寡欲》,《何心隐集》,中华书局1960年版,第40页。

③ 何心隐:《辨无欲》,《何心隐集》,中华书局1960年版,第42页。

④ 何心隐:《辨无欲》,《何心隐集》,中华书局1960年版,第42页。

⑤ 何心隐:《寡欲》,《何心隐集》,中华书局1960年版,第40页。

⑥ 何心隐:《聚和老老文》,《何心隐集》,中华书局1960年版,第72页。

性"而味"、"而色"、"而声"、"而安佚",但是发展这种自然本有的人欲,必须按照人类共同生活的"和"的原则而"有所节"。"尽天之性",就是肯认人人都有按照自己的天性而生活的自然权利;"有所节",就是要尊重别人的同样的自然权利而对自己的欲加以节制,以避免侵害他人的权利;"寡欲"是"尽天之性"与"有所节"的结合;"育欲"是个人的"欲货"、"欲色"与"与百姓同欲"的一致;必如此,方能造成一个一切人都能"尽天之性"的和谐社会。

据说何心隐还将他的"尽天之性"而"有所节"的"育欲论"具体化为行商坐贾薄利多销而致富的商业伦理。顾宪成《小心斋札记》卷十四说,"心隐辈坐在利欲胶漆盆中,所以能鼓动得人。只缘他一种聪明,亦是有不可到处。耿司农择家僮四人,每人授二百金,令其生殖。内有一人,尝从心隐问仙,因而请计。心隐授以六字曰:'一分买,一分卖。'又益以四字曰:'顿买零卖'。其人尊用之,起家至数万。"①顾宪成说何心隐以利欲鼓动得人,自不无揶揄,但又极佩服心隐之聪明,他不是叫人黑了心去赚钱,而是叫人"有所节"地去薄利多销。所以顾宪成又感叹道:"诚思心隐两言,岂不至平易,至巧妙,以此处天下事,可迎刃而解。假令正其心术,固是一有用才也。"②这最后两句殊不可解,既然心隐之术乃治天下之良方,又有何心术不正!这大概反映了旧道德与现实社会功利的矛盾吧。

(二)"气质之性"一元论的新理欲观
——王廷相、罗钦顺、吴廷翰、吕坤论人性与理欲

"人具形气而后性出"

王廷相(1474—1544 年,明成化十年至嘉靖二十三年),字子衡,河南仪封人。弘治十五年(1502 年)进士,改翰林院庶吉士,授兵科给事中。正德

① 顾宪成:《小心斋札记》卷十四,《四库全书存目丛书》子部第 14 册,齐鲁出版社 1997 年版,第 335—336 页。
② 顾宪成:《小心斋札记》卷十四,《四库全书存目丛书》子部第 14 册,齐鲁出版社 1997 年版,第 336 页。

三年(1508年),被宦官刘瑾"中以罪,谪亳州判官"①。后来在视学北畿时,又因公开揭露宦官纳贿干及学政,被逮捕下狱,再贬为赣榆县丞。嘉靖初任湖广按察使,山东右布政使,官至南京兵部尚书。当时严嵩秉政,贿赂公行,朝臣嗫不敢言,独王廷相敢于上疏抨击。嘉靖二十年(1541年),遭贬斥归里,后三年卒。主要哲学著作有《慎言》、《雅述》、《性辨》等。

与在政治上敢于为民请命,伸张正义一样,王廷相在哲学上也是一位具有独立思想的学者。他从唯物主义的元气本体论出发,试图给人性问题以生理基础的解释,以反对程朱关于"天命之性"与"气质之性"相对立的二元论和"天命之性"的先天人性论观点。他指出朱熹提倡的"本然之性"("天命之性")超乎形气之外的观点,与佛教所说的"本性灵觉"、"四大之外,别有真理"的说法是一样的,斥之为"依旁异端"。② 他认为人性就在人的形气之中,因而反对理学家关于人的生命是先天之理与形气相拼合而产生的观点,指出:"人具形气而后性出焉。今曰'性与气合',是性别是一物,不从气出,人有生之后各相来附合耳,此理然乎? 人有生气则性存,无生气则性灭矣。"③因此世界上并不存在离开人的形气而独立存在的"天理"或"天命之性"。

王廷相进而认为,在人的形气之中就已包含着"道心"和"人心",二者皆为人所固有,不能截然割裂,更不能笼统地斥"人心"、"人欲"为恶。他说:"道化未立,我固知民之多夫人心也。道心亦与生而固有,观夫虎之负子,乌之反哺,鸡之呼食,豺之祭兽,可知矣。道化既立,我固知民之多夫道心也。人心亦与生而恒存,观夫饮食男女,人所同欲;贫贱夭病,人所同恶可知矣。谓物欲蔽之,非其本性,然则贫贱夭病,人所愿乎哉?"④这实际上也就肯定了避苦求乐乃是人的自然本性,是人的正当的欲求,不可斥之为遮蔽"道心"的"物欲"。王廷相的这一观点,是对"存天理,灭人欲"的理学禁欲主义的挑战,亦是明代中叶所产生的新理欲观的初步表现。

---

① 《明史》卷一百九十四《王廷相传》,《明史》第17册,中华书局1974年版,第5154页。
② 王廷相:《雅述·下篇》,《王廷相集》(三),中华书局1989年版,第875页。
③ 王廷相:《雅述·上篇》,《王廷相集》(三),中华书局1989年版,第851页。
④ 王廷相:《慎言》卷四《问成性篇》,《王廷相集》(三),中华书局1989年版,第766页。

"欲出于天,理在欲中"

罗钦顺(1465—1547年,明成化元年至嘉靖二十六年),字允升,号整庵,江西泰和人。弘治六年(1493年)进士。历任南京国子监司业、吏部左侍郎、南京吏部尚书等职。正德中,宦官刘瑾专权,他上疏乞终养,坚持不肯与宦官集团合作,触怒阉宦而被革职为民。嘉靖六年(1527年),又坚辞朝廷的礼部尚书、吏部尚书之召,家居二十余年,潜心学术研究。《明儒学案》记叙他潜心学术的情形,说:"先生家居,每平旦正衣冠升学古楼,群从人,叙揖毕,危坐观书,虽独处无惰容。食恒二簋,居无台榭,燕集无声乐。"①然而,正是这样一位自律极严的学者在理学的营垒中举起了批判存理灭欲的理学教条的旗帜,提出了"气质之性"一元论的学说和"欲出于天"、"理在欲中"的新理欲观。罗钦顺的主要著作有《困知记》、《整庵存稿》等。

罗钦顺反对宋儒之所谓"天命之性"("义理之性")与"气质之性"的对立说,在其对于宋儒的批评中孕育着"天理即在人欲之中"的进步命题。他曾强调"不须立天命、气质之两名",指出:

> 理一分殊四字,本程子论《西铭》之言,其言至简,而推之天下之理,无所不尽。在天固然,在人亦然,在物亦然;在一身则然,在一家亦然,在天下亦然;……持此以论性,自不须立天命、气质之两名,粲然其如视诸掌矣。②

他认为天命之性须于喜怒哀乐的"气质之性"中见之:

> 盖天命之性,无形象可睹,无方体可求,学者猝难理会,故即喜怒哀乐以明之。夫喜怒哀乐,人之所有而易见者,但不知其所谓"中",不知其为"天下之大本",故特指以示人,使知性命即此而在也。③

罗钦顺认为喜怒哀乐皆与"欲"相联系,责问主张"存理灭欲"说的人,"夫欲与喜怒哀乐,皆性之所有者,喜怒哀乐又可去乎?"④在这里,罗钦顺更

① 黄宗羲:《明儒学案》卷四十七《诸儒学案中一》,《黄宗羲全集》第8册,浙江古籍出版社2005年版,第407—408页。
② 罗钦顺:《困知记》,中华书局1990年版,第9页。
③ 罗钦顺:《困知记》,中华书局1990年版,第9页。
④ 罗钦顺:《困知记》,中华书局1990年版,第28页。

明确地主张"天命之性"即于喜怒哀乐的"气质之性"中见之,实际上是说,天命之性即寓于气质之性之中,天理即在人欲之中。

罗钦顺认为,人欲是人的自然本性,理学家宣讲"去人欲"、"遏人欲"是一种偏颇。他说:

> 夫性必有欲,非人也,天也。既曰天矣,其可去乎?欲之有节无节,非天也,人也。既曰人矣,其可纵乎?①

> 夫人之有欲,固出于天,盖有必然而不容已,且有当然而不可易者。于其所不容已者而皆合乎当然之则,夫安往而非善乎?惟其恣情纵欲而不知反,斯为恶尔。先儒多以"去人欲""遏人欲"为言,盖所以防其流者,不得不严,但语意似乎偏重。②

上引两段论述,第一段系针对程朱派理学家而言。鉴于程朱理学在当时所处的官方权威地位,罗钦顺不敢直接批判程颐,只是委婉地说"后来诸公,往往将人欲两字看得过了,故议论间有未归一处"。第二段是针对陆象山和其他"先儒"的,直言"陆象山……过矣,彼盖专以欲为恶也";对于其他"先儒"(程朱),只说其"去人欲"之说"语意似乎偏重"。但他毕竟明确指出了欲是人性固有的,"性必有欲","欲出于天",强调满足欲望是自然而不容已的。这就向宋明道学禁欲说教提出了严重的挑战。

受时代氛围影响,所谓"鸢飞鱼跃"之"率性之道"被罗钦顺格外地加以强调。他说:

> "鸢飞鱼跃"之三言,诚子思吃紧为人处。复言"君子之道,造端乎夫妇",则直穷到底矣。盖夫妇居室,乃生生化化之源,天命之性于是乎成,率性之道于是乎出。天下之至显者,实根于至微也,圣贤所言无非实事。释氏既断其根,化生之源绝矣,犹诐诐然自以为见性,性果何物也哉?③

这段话名为批判"释氏",实际上也是批判宋儒"存理灭欲"之说,指出灭欲则无以见性,而"鸢飞鱼跃"、"夫妇居室"都是天命之性。然而朱熹不也讲夫妇之伦是天理么?这里之所谓"差之毫厘,谬以千里"之处在于,道学家视夫妇居室为"敦伦",只有"理"而没有"情"和"欲"的因素在内,更不

---

① 罗钦顺:《困知记》,中华书局1990年版,第90页。
② 罗钦顺:《困知记》,中华书局1990年版,第28页。
③ 罗钦顺:《困知记》,中华书局1990年版,第12页。

能讲此事是根于"情"与"欲";此足见"存理灭欲"说之虚伪。而罗钦顺则视之为"欲之不容已者"。他既视气质之性即义理之性,讲"鸢飞鱼跃"的"率性之道",这就泯去了"天理"与"人欲"的对立,而肯定了人欲的合理性。

章太炎先生曾这样评论罗钦顺在中国思想史上的地位:"朱晦庵……言道以天理人欲为不并立。……罗整庵始言天理即在人欲之中,气质之性即义理之性……至清而戴氏有作……为《原善》、《孟子字义疏证》,斥理欲异实之谬,近本罗氏而远匡乡先生之失。"①将"天理即在人欲之中"命题的提出和清代戴震"斥理欲异实之谬"追溯到罗钦顺,是合乎明清之际学术史的实际的。

"人欲不在天理外"

吴廷翰(1490?—1559年,明弘治三年至嘉靖三十八年),字崧伯,号苏原,明南直隶无为州(今安徽省无为县)人。正德十六年(1521年)进士。历官兵部主事,转户部主事,至吏部文选司郎中。在吏部铨选时,因推荐直言敢谏者,与长官发生争执,出为广东佥事,转岭南分巡道,督学政,以清正廉洁、不畏权势著称。改任浙江参议,又调山西参议。年四十余,辞官归里。其主要哲学著作《吉斋漫录》著于嘉靖二十二年(1543年),万历二十九年(1601年),有《苏原先生全集》刊刻问世。他的著作流传到日本,很受日本学术界的欢迎,影响深远。日本的太宰春台曾在《圣学问答》中指出:"明末吴廷翰著《吉斋漫录》、《瓮记》、《椟记》等书,辟程朱之道,豪杰也。"吴廷翰的思想亦被日人三浦藤作写入《东洋伦理学史》,民初被译为中文。1982年,容肇祖先生根据日本旧抄本整理出《吴廷翰集》,1984年由中华书局出版。

在人性论上,吴廷翰从唯物主义的"气"一元论出发,反对程朱理学把人性分为"天命之性"与"气质之性"。他说:"性即气也。性之名生于人之有生,人之未生,性不可名。既名为性,即已是气,……性一而已,而有二

---

① 章太炎:《菿汉微言》,《菿汉三言》,辽宁教育出版社2000年版,第39—40页。

乎？"①在他看来，性即是"气"，或曰"生"："性者，人物之所以生，无生即无性。以生言性，性之本旨。"②论性决不能离开活生生的感性生命。当然，人性与物性是不尽相同的，人与物虽皆秉气而生，但人性是从天地灵秀之气而来："人之有生，一气而已。朕兆之初，天地灵秀之气孕于无形，乃性之本。其后以渐而凝，则形色、相貌、精神、魂魄莫非性生，而心为大。其灵明之妙，则形色、相貌有所宰，精神魂魄有所寓，而性于是乎全焉。故曰：心者，生道也。性者，心之所以生也。知觉运动，心之灵明，其实性所出也。无性则无知觉运动，无知觉运动则亦无心矣。"③既然人的知觉运动、心之灵明都是气所化生，所以他认为人性只有气质之性，气质之外无性："故凡言性也者，即是气质。若说有气质之性，则性有不是气质者乎？……性即是气，论性即是论气。"④

当然，吴廷翰论性，并没有完全摆脱先验道德论的影响，但却明显表现出要努力摆脱其影响的倾向。对于先儒以静为性，以动为欲的说法，吴廷翰表示反对。他说："《乐记》：'人生而静，天之性也。感于物而动，性之欲也。'此语未精，非孔子之言。夫性不可以动静言，而动静皆性也，岂可以静为天性而动为物欲乎？若静为天性，是性无动也。动为物欲，是性无感也。无动无感，亦空寂之物耳，岂得为性乎？"⑤他又说："性从心从生，人心之所以生也。然其在中未易窥测，亦无名目，混沦而已。及其感动，则恻隐而知其为仁，羞恶而知其为义，……则性之名所由起也，亦非性本有此名也，因情发之，各有条理而分别之耳。"⑥在这里，他认为并不是性里原有仁义礼智的名称，人性中只是包含着生发出道德的潜能或可能性，只是在其表现出来以后，人们才给它以道德的名称。这一观点具有突破先验道德论的意义。更有甚者，他在某些论述中甚至完全否定了先验道德论。例如他根据儿童心理的发展，从科学角度证明了人对伦理道德的认知是来自后天的环境和教育。他说："德性之知，必实以闻见，乃为真知，盖闻见之知，自是德性所有。

---

① 吴廷翰：《吉斋漫录》卷上，《吴廷翰集》，中华书局1984年版，第28—29页。
② 吴廷翰：《吉斋漫录》卷上，《吴廷翰集》，中华书局1984年版，第29页。
③ 吴廷翰：《吉斋漫录》卷上，《吴廷翰集》，中华书局1984年版，第27—28页。
④ 吴廷翰：《吉斋漫录》卷上，《吴廷翰集》，中华书局1984年版，第29页。
⑤ 吴廷翰：《吉斋漫录》卷上，《吴廷翰集》，中华书局1984年版，第40页。
⑥ 吴廷翰：《吉斋漫录》卷上，《吴廷翰集》，中华书局1984年版，第28页。

今以德性为真知，而云不假见闻，非也。婴孩始生，以他人母之而不识，长则以他人为母，终其身不知。或闭之幽室，不令人见，不闻人语，虽天日且不识，而况于他乎？故婴孩之知，必假闻见而始知。其呼父母与饮食，皆人教诏之也，以此可见德性之知，必有由耳目之真。"①他科学地剖析了婴孩心理及认识发展，认为人的认识完全是从教育和学习得来的；如果把婴儿关闭在暗室里，那他什么也不会懂，更何况伦理道德呢？因此，宋儒所说的"德性之知，不由闻见"的观点，完全是违背科学事实的。

吴廷翰反对程朱区分天命之性与气质之性，亦反对区分所谓"道心"与"人心"，由此导出对宋儒之所谓"天理人欲之辨"的否定。他指出："人心道心，性亦无二，人心人欲，人欲之本，即是天理，则人心亦道心也；道心天理，天理之中，即是人欲，则道心亦人心也。"②他进而又说："人欲，不在天理外也。饮食男女，人之大欲存焉。日用饮食，男女居室，苟得其道，莫非天理之自然。若寻天理于人欲之外，则是异端之说，离人伦出世界而后可。然岂有此理乎？"③他反复强调人欲不可去，只能因人之欲而节之："人欲，只是人之所欲，亦是天理之所有者，但因其流荡，而遂指其为私欲耳。其实，本体即天理也。圣人之学，因人之欲而节之，则亦莫非天理，而非去人欲以为天理，亦非求天理于人欲也。《书》曰：'民生有欲，无主乃乱。'所谓'主'者，亦只节其欲以治其乱而已，岂能使民之尽去其欲乎？释氏离形去知，闭目枵腹，而犹未能，充其说可见矣。"④

吴廷翰与罗钦顺同时而稍后，他的理欲观可以说是罗钦顺思想的进一步发挥，特别是他明言"寻天理于人欲之外则是异端之说"，直斥宋儒，比罗钦顺仅仅批评程朱"去人欲"之说"语意似乎偏重"，更具有批判性。

吕坤的"公欲"观

吕坤（1536—1618 年，明嘉靖十五年至万历四十六年），字叔简，号新吾，河南宁陵人，官至刑部侍郎。万历二十五年（1597 年）因上疏陈天下安

---

① 吴廷翰：《吉斋漫录》卷下，《吴廷翰集》，中华书局 1984 年版，第 60 页。
② 吴廷翰：《吉斋漫录》卷上，《吴廷翰集》，中华书局 1984 年版，第 32 页。
③ 吴廷翰：《吉斋漫录》卷下，《吴廷翰集》，中华书局 1984 年版，第 66 页。
④ 吴廷翰：《吉斋漫录》卷上，《吴廷翰集》，中华书局 1984 年版，第 37 页。

危,被诬劾称疾去职。此后 20 年专心从事著述。现存的著作有《去伪斋集》、《呻吟语》、《阴符经注》、《四礼疑》、《实政语》等。

在人性论上,吕坤具有"气质之性"一元论的思想,但不够彻底。他的人性论是建立在唯物主义的元气本体论基础上的,从元气本体论出发,他说:"其实天地只有一个气,理在气之中,赋予万物,方以性言。"①因此,他认为义理之性与气质之性不能分离,批评朱熹强分义理之性与气质之性为"支离"。同时,他也反对所谓"道心"与"人心"的区分,认为:"道心、人心本同一贯,离人心何以见道? 无人心何以为道?"②他强调:"不合于天下万世公共之人心,非道也。"③但是,在吕坤的其他言论中,仍有讲"义理之性"与"气质之性"的对立的,例如他说:"天自有两种天,有理道之天,有气数之天。故赋之于人,有义理之性,有气质之性。"④这又是与他批评朱熹区分义理之性与气质之性为"支离"的说法相矛盾的。

在"理"与"欲"的关系上,吕坤同样是处于一种矛盾的逡巡状态。一方面要肯定人欲,另一方面又要强调"天理",这种矛盾的内在紧张的结果,是他采取了纳欲于理的方式,最后提出了以维护社会的等级制度为前提的"公欲"观。

关于"欲",他说:

> 耳目口鼻四肢有何罪过? 尧舜周孔之身都是有底;声色货利可爱可欲有何罪过? 尧舜周孔之世都是有底。⑤

但另一方面,他又对"欲"作了"天欲"与"人欲"的区分,说:

> 有天欲,有人欲。吟风弄月,傍花随柳,此天欲也。声色货利,此人欲也。天欲不可无,无则禅;人欲不可有,有则秽。天欲即好底人欲,人欲即不好底天欲。⑥

在这里,"声色货利"的人欲又成了不可有的污秽了,只留下一个"吟风弄月,傍花随柳"的"天欲"。然而,"天欲"又是"好的人欲","人欲"又是

---

① 吕坤:《呻吟语》卷一《性命》,《吕坤全集》中册,中华书局 2008 年版,第 611 页。
② 吕坤:《去伪斋集》卷六《虞书十六字解》,《吕坤全集》上册,中华书局 2008 年版,第 282 页。
③ 吕坤:《去伪斋集》卷六《明庸》,《吕坤全集》上册,中华书局 2008 年版,第 271 页。
④ 吕坤:《呻吟语》卷一《谈道》,《吕坤全集》中册,中华书局 2008 年版,第 656 页。
⑤ 吕坤:《呻吟语》卷一《谈道》,《吕坤全集》中册,中华书局 2008 年版,第 656 页。
⑥ 吕坤:《呻吟语》卷一《谈道》,《吕坤全集》中册,中华书局 2008 年版,第 647 页。

"不好的天欲",或许在逻辑上倒也合乎他的"义理之天"与"气数之天"的区分。但他时而说声色货利无罪过,时而又说声色货利不好,可见他的心情是十分矛盾的。

如何解决这种矛盾呢? 吕坤采取了纳"人欲"于"天理"的方式,求助于圣人的"絜矩之道",求助于古来所贵乎"平均"的传统的乌托邦主义。他说:

> 世间万物皆有所欲,其欲亦是天理人情。天下万世公共之心,每怜万物有多少不得其欲处。有余者,盈溢于所欲之外而死,不足者,奔走于所欲之内而死。二者均,俱生之道也。常思天地生许多人物,自足以养之,然而不得其欲者,正缘不均之故耳。此无天地不是处,宇宙内自有任其责者。是以圣王治天下,不说均就说平。其均平之术只是絜矩。絜矩之方只是个同好恶。①

在这段论述中,他承认"欲"是"天理人情",同情天下的"不得其欲",乃至因为不能满足最基本的生存欲求而挣扎在死亡线上的人们,对统治者欲而有余、纵欲无度深致不满,甚至发出了"我亦轩冕徒,久浚民膏脂"的自我忏悔。从对于人民大众的苦难生涯的真诚同情出发,吕坤提出了"絜矩"的"均平之术",主张统治者要与民"同好恶",肯定人民的欲望有其合理性,提出要对天下之欲作"调剂而均厘之"的重新分配。他说:

> 人情有当然之愿,有过分之欲。圣王者,足其当然之愿,而裁其过分之欲,非以相苦也。天地间欲愿只有此数,此有余则彼不足,圣王调剂而均厘之,裁其过分者以益其当然。夫是之谓至平,而人无淫情、无觖望。②

在这里,人民的基本的生存欲求被肯定为"当然之欲",统治者的骄奢淫逸被斥为"过分之欲",为了使人民的"当然之愿"得到满足,就必须改变社会分配不均的状况,裁有余而补不足,这样也就没有过分和不足,形成一个"至均"、"至平"的"大公之世"了。

在吕坤看来,这均平的"公"就是圣人倡导的"无过无不及"的"中道"。从这一观点出发,吕坤斥提倡"存天理、灭人欲"的理学家为"乱道者",为

---

① 吕坤:《呻吟语》卷五《治道》,《吕坤全集》中册,中华书局 2008 年版,第 839 页。
② 吕坤:《呻吟语》卷一《存心》,《吕坤全集》中册,中华书局 2008 年版,第 619 页。

"道之贼"。他说：

> 人情天下古今所同，圣人惧其肆，特为之立中以防之，故民易从。有乱道者从而矫之，为天下古今所难之事，以为名高，无识者相与骇异之，崇奖之，以率天下。不知凡于人情不近者，皆道之贼也。①

他认为道学家的"克苦工夫"、过于严酷的礼法、"责人太尽"的道德舆论都是不近人情的，所以力主"立法不可太激，制礼不可太严，责人不可太尽"的社会规范的重新调整。他强调：

> 民情有五，皆生于便。见利则趋，见色则爱，见饮食则贪，见安逸则就，见愚弱则欺，皆便于己故也。惟便，则术不期工而自工；惟便，则奸不期多而自多。君子固知其难禁也，而德以柔之，教以谕之，礼以禁之，法以惩之，终日与便为敌，而竟不能衰止。禁其所便，与强其所不便，其难一也。故圣人治民如治水，不能使不就下，能分之使不泛滥而已。堤之使不决，虽尧舜不能。②

在这段论述中，吕坤认为，面对"见利则趋，见色则爱"等等的"人欲"，那种与之为敌的教化和礼法的禁止与惩罚，都是无济于事的，唯一的办法是采用治水的办法，顺从水总是向下流的自然之性，使之分流，各得其所，才不至于泛滥成灾；否则，禁民之欲也就正如"防民之口、甚于防川"了。吕坤是主张从制度上来解决问题的，这解决问题的办法就是实行"均平"的"公欲"。

但是，圣人的乌托邦主义毕竟是与农民的乌托邦主义有所区别的。造反的农民在没有做皇帝之前是要"等贵贱，均贫富"，实行彻底的平均主义乌托邦，一旦称王或做了皇帝以后又另当别论。圣人的乌托邦主义是治国平天下的方案，所以虽然讲"大公"、"平均"，也还是要讲等级，北魏隋唐可以搞耕者有其田式的"均田"，但决不废除尊卑贵贱的等级制。吕坤在这方面是受圣人的传统思想影响较深的，因而他虽然主张"公欲"，但这种所谓"平均"的"公欲"却以维护等级制度为前提。他说：

> 天之生人各有一定底分涯，圣人制人各有一定的品节，譬之担夫欲肩舆，丐人欲鼎食，徒尔劳心，竟亦何益？嗟夫！篡夺之所由生，而大乱

---

① 吕坤：《呻吟语》卷五《治道》，《吕坤全集》中册，中华书局2008年版，第817页。
② 吕坤：《呻吟语》卷五《治道》，《吕坤全集》中册，中华书局2008年版，第818页。

之所由起,皆耻其分内所不足安,而惟见分外者之可贪可欲故也。故学者养心先要个知分。知分者心常宁,欲常得,所欲得自足以安身利用。①

挑担子的人不要想坐轿子,乞讨为生的人不要想像王侯一样吃用精美的鼎器盛装的佳肴,大家都各安其本分,当老百姓的只要温饱,各级官僚也各安其分地享受其待遇,这就是一幅乌托邦主义的蓝图。

总的说来,吕坤的理欲观还处于传统社会的框架之中。之所以肯认其理欲观具有某些启蒙意义的新因素,在于他反对"存天理灭人欲"的程朱理学,在于他反对与"人欲"为敌,而把人欲纳入"天理"之中;他也讲了"声色货利"并非罪恶,要求对社会规范作出某些有利于新的经济因素生长的调整,他所讲的"公欲"也合乎困苦颠连的人民的利益,等等。从这些方面来看,他的理欲观具有在传统的范围内打破传统的积极意义。

(三)"自然真道学"的新理欲观
——李贽论"各遂其千万人之欲"

李贽(1527—1602年,明嘉靖六年至万历三十年),字卓吾,又字笃吾,初名载贽,福建泉州人。泉州为温陵禅师福地,故号温陵居士;晚居龙湖,号龙湖叟。先世从事航海活动,二世祖李驽是泉州巨商,航行于吴越闽广之间,洪武年间"奉命发舶西洋,娶色目人,遂习其俗"。四世祖恭惠为海外诸国入京进贡任翻译,"景泰天顺间,奉简书使外国",后嗣袭职,"非一世也。"李贽二十六岁中福建乡试举人,历任河南共城教谕、南京国子监博士、礼部司务,五十一岁以南京刑部侍郎出为云南姚安知府。三年后辞官,从此从事著述和讲学活动。先居湖北黄安,复移居麻城龙潭湖营芝佛院。先后去山西、北京、南京、山东等地讲学。万历三十年(1602年),明朝廷以"敢倡乱道,惑世诬民"的罪名将李贽逮捕,3月15日于狱中取剃刀自刭,次日死于狱中。主要著作有《焚书》、《藏书》、《说书》、《初潭集》、《道古录》、《九正易因》等。

---

① 吕坤:《呻吟语》卷二《修身》,《吕坤全集》中册,中华书局2008年版,第693页。

李贽自云："自幼倔强难化，不信道，不信仙、释，故见道人则恶，见道学先生则尤恶。"①又云："余平生不爱属人管"，"余惟以不受管束之故，……一生坎坷，以大地为墨，难尽写也。"②道学先生视之为"异端"，他也就公然以"异端"自居，宣称要摆开"堂堂之阵"，树起"正正之旗"，与道学相对抗，最后以生命去殉自己的学说，这就是李贽的性格。

在思想渊源和师友交游方面，李贽自云："余自幼治《易》，复改治《礼》，以《礼经》少决科之利也，至年十四，又改治《尚书》，竟以《尚书》窃禄。然好《易》，岁取《易》读之。"③四十岁读王守仁及其弟子王畿的著作，并在南京会见王畿及泰州学派的罗汝芳，同时师事王艮之子王襞。与耿定理和焦竑为莫逆之交。虽未与何心隐谋面，但极崇拜何心隐。在给焦竑的信中，称"何心隐英雄无比"。居麻城期间，与"公安三袁"等相交游。万历二十六年（1598年），在南京与利玛窦相见。李贽的思想，既有《易经》的渊源，又有泰州学脉的影响。

李贽根本不承认有所谓与"人欲"相对立的"天理"，亦根本不承认人的现实生活之外有所谓"道"，在"穿衣吃饭"之外别有所谓"人伦物理"。他认为"道"是人人具有的。他从本体论的高度否认了所谓"天理"本体的存在，提出：

> 夫厥初生人，唯是阴阳之气、男女二命耳。初无所谓一与理也，而何太极之有！以今观之，所谓一者果何•物？所谓理者果何在？所谓太极者果何所指也？若谓二生于一，一又安从生也？一与二为二，理与气为二，阴阳与太极为二，太极与无极为二，反复穷诘，无不是二，又乌睹所谓一者而遽尔妄言之哉！故吾究物始，而但见夫妇之为造端也。是故但言夫妇二者而已，更不言一，亦不言理。一尚不言，何况言无？无尚不言，而况言无无？何也？恐天下惑也。④

《易》曰"一阴一阳之谓道"，在李贽看来就是一男一女或一夫一妻之谓

① 李贽：《王阳明先生年谱后语》，张建业主编：《李贽全集注》第18册，社会科学文献出版社2010年版，第482页。

② 李贽：《豫约》，《李贽文集》第1卷，社会科学文献出版社2000年版，第174页。

③ 李贽：《易因小序》，张建业主编：《李贽全集注》第26册，社会科学文献出版社2000年版，第507页。

④ 李贽：《夫妇篇总论》，《李贽文集》第5卷，社会科学文献出版社2000年版，第1页。

道。因此，在人类社会，"人即道也，道即人也，人外无道，而道外亦无人"。①

李贽以"人道"对抗"天理"，将程朱理学鼓吹的作为至高无上的宇宙伦理本体的所谓"天理"驱逐出人类社会生活的领域。据顾宪成录史孟麟语：

李卓吾讲心学于白门，全以当下自然指点后学，说人都是见见成成的圣人，才学便多了。闻有忠孝节义之人，却云都是做出来的，本体原无此忠孝节义。②

可见李贽全然排斥所谓"天理"，而只讲"当下自然"的人道。在李贽看来，这"当下自然"的人道不过是人的生活欲求而已。他说：

穿衣吃饭，即是人伦物理；除却穿衣吃饭，无伦物矣。世间种种，皆衣与饭类耳。故举衣与饭，而世间种种自然在其中，非衣食之外，更有所谓种种绝与百姓不相同者也。③

正如西方早期启蒙时期有所谓"奥卡姆的剃刀"，要把所有无现实根据的"共相"一剃而尽一样，李贽也要把与人欲相对立的抽象的"天理"一剃而尽，除了"穿衣吃饭"以外，再没有所谓天理，穿衣吃饭也就包举了所有的人伦物理。李贽的这一观点，是对泰州学派关于"百姓日用即道"的观点的更为具体、更为明确的发挥。

既然肯定"穿衣吃饭即是人伦物理"，所以李贽对"人欲"的合理性表示了充分的肯定，对"口谈道德而志在穿窬"的"假道学"予以无情的揭露和批判。他说：

如好货，如好色，如勤学，如进取，如多积金宝，如多买田宅为子孙谋，……凡世间一切治生产业等事，皆其所共好而共习、共知而共言者，是真迩言也。……舜之所好察者，百姓日用之迩言也。④

他赞扬老百姓对于他们旨在满足其正当的生活欲望的活动丝毫也不伪饰：

身履是事，口便说是事，作生意者但说生意，力田者但说力田，凿凿

① 李贽：《道古录》卷下，《李贽文集》第 7 卷，社会科学文献出版社 2000 年版，第 372 页。
② 顾宪成：《顾端文公遗书》卷十四《当下绎》，《四库全书存目丛书》子部第 14 册，齐鲁书社 1997 年版，第 435 页。
③ 李贽：《答邓石阳》，《李贽文集》第 1 卷，社会科学文献出版社 2000 年版，第 47 页。
④ 李贽：《答邓明府》，《李贽文集》第 1 卷，社会科学文献出版社 2000 年版，第 36 页。

有味,真有德之言,令人听之忘厌倦矣。①

在李贽看来,"人欲"并没有什么不正当,诸如好货、好色、求富贵之类,都可以理解;可恨的是表里不一、言行不一的"假道学"。他揭露当时的一位身居高官的道学先生,说:

> 试观公之行事,殊无甚异于人者。人尽如此,我亦如此,公亦如此。自朝至暮,自有知识以至今日,均之耕田而求食,买地而求种,架屋而求安,读书而求科第,居官而求尊显,博求风水以求福荫子孙。种种日用,皆为自己身家计虑,无一厘为人谋者。及乎开口谈学,便说尔为自己,我为他人;尔为自私,我欲利他;……以此而观,所讲者未必公之所行,所行者又公之所不讲,其与言顾行、行顾言何异乎? 以是谓为孔子之训可乎?②

他公然为一位不肯讲道学的学者郑子玄辩护:

> 彼以为周程张朱者皆口谈道德而心存高官,志在巨富;既已得高官巨富矣,仍讲道德、说仁义自若也;又从而哓哓然语人曰:"我欲厉俗而风世。"彼谓败俗伤世者,莫甚于讲周程张朱者也,是以益不信,不信,故不讲,然则不讲亦未为过矣。③

或曰:李贽批判假道学,是为了提倡真道学。说对了。但是,李贽之所谓"真道学",却不是"存天理,灭人欲"的"真道学",而是"自然真道学"。他说:

> 自然之性,乃是自然真道学也。岂讲学家(指讲道学的人——引者注)所能学乎?④

他认为"自然真道学"是一帮讲道学的人所不能学的,倒是"做生意者但说生意"的"市井小夫"能讲出"自然真道学"的"有德之言"。李贽《初潭集》中屡有夸赞"真道学"的话,都是从"自然之性"立论的。例如韦澳不愿卖身投靠权贵,做"呈身御史",李贽就赞扬他说:"此真道学,可敬也。莫说他腐

① 李贽:《答耿司寇》,《李贽文集》第1卷,社会科学文献出版社2000年版,第28页。
② 李贽:《答耿司寇》,《李贽文集》第1卷,社会科学文献出版社2000年版,第28页。
③ 李贽:《又与焦弱侯》,《李贽文集》第1卷,社会科学文献出版社2000年版,第44页。
④ 李贽:《孔融有自然之性》,《李贽文集》第1卷,社会科学文献出版社2000年版,第87页。

好。"①又如韦复生性不喜华饰,故拒绝其兄给予他的华贵马饰,李贽赞曰:
"可敬,此道学真可敬。"②李贽夸赞的是没有被伦理异化泯灭了人格和个性
的人,是率性而行而不懂得作伪的人,故为"真道学"。

既然"穿衣吃饭即是人伦物理",除此以外再无所谓"天理",那么,就不
应"灭人欲",而是要使"人欲"得到充分的满足,"各遂千万人之欲"。因
此,李贽主张,对天下之人要"就其力之所能为,与心之所欲为,势之所必为
者以听之,则千万其人者,各得其千万人之心,千万其心者,各遂其千万人之
欲。是谓物各付物,天地之所以因材而笃也。所谓万物并育而不相害
也。"③一句话,就是要因其自然,使社会发展依其自然法则而自我调节,这
也就是西方近代自然法学派的主张。李贽进而指出,因人心之自然,遂千万
人之欲,也就自然而然地会形成一种良善的社会秩序:

> 今之不免相害者,皆始于使之不得并育耳。若肯听其并育,则大成
> 大、小成小,天下之更有一物不得其所者哉?是之谓"至齐",是之谓
> "以礼"。夫天下之民,各遂其生,各获其所愿,有不格心归化者,未之
> 有也。④

这种良善的社会秩序赖以形成的根据就在于人皆有其对于社会和谐的愿
望,李贽称之为"礼","礼"即"理",它千变万化,活活泼泼,表现着社会的
自然法则,是社会自我调节的表现。因此,他反对任何强制天下所有人接受
同一种价值观念和生活方式的"强而齐之"的方式:

> 世儒既不知礼为人心之所同然,本是一个千变万化活泼泼之理,而
> 执之以为一定不可易之物,故又不知齐为何等,而故欲强而齐之。是以
> 虽有德之主,亦不免乐政刑之用也。⑤

在这里,李贽可以说是把"自然法"强调到极端了,他认为依"自然法"行
事,即实行自由放任主义,就可以免于"政刑之用",这种说法与西方近代

---

① 李贽:《李贽文集》第 5 卷,社会科学文献出版社 2000 年版,第 67 页。
② 李贽:《李贽文集》第 5 卷,社会科学文献出版社 2000 年版,第 67 页。
③ 李贽:《道古录》卷上,《李贽文集》第 7 卷,社会科学文献出版社 2000 年版,第
365 页。
④ 李贽:《道古录》卷上,《李贽文集》第 7 卷,社会科学文献出版社 2000 年版,第
365 页。
⑤ 李贽:《道古录》卷上,《李贽文集》第 7 卷,社会科学文献出版社 2000 年版,第
365 页。

自然法学派的理论相比不免显得幼稚,然而却具有反对中古禁欲主义和专制制度对"人欲"和人的个性的扼杀,使人性从专制禁锢下解放出来的进步意义。

李贽的反对禁欲主义的新理欲观更多地集中在对于"义"与"利"之关系的阐述上。对此,我们将在"义利观"部分进行论述。

三、情感本体论与新情理观

与建立在自然人性论基础上的新理欲观相适应,一种新的情理观亦早已在酝酿之中。李贽张大自然人性论的旗帜,提出了发抒真性情的"童心说",认为"絪缊化物,天下亦只有一个情"。在李贽学说的直接推动和影响下,袁宏道的"性灵说"和以情絜情的"理在情内"说,汤显祖的"至情通神"说,冯梦龙、周铨的情感本体论等,接踵而起。"天理"退位,"至情"登极,将中国传统哲学的情理观,推进到一个标志着近代人文主义觉醒的新阶段。

(一)李贽的"童心说"和唯情论

"童心说"是李贽晚年的思想。他有感于友人之所谓"知者勿谓我尚有童心可也"一语,觉得友人的说法尚未尽脱世俗对于"童心"的偏见,由此写出一篇讴歌童心、力主童心不可失的文字,即《童心说》。这篇名文,给予了主要活动于"情感—审美"领域的公安三袁、汤显祖、冯梦龙等一大批晚明学者以极其巨大的影响,直接推动了新情理观的诞生。

"童心"即"真心"

在《童心说》中,李贽强调指出:"夫童心者,绝假纯真,最初一念之本心也。若夫失却童心,便失却真心;失却真心,便失却真人。人而非真,全不复有初矣。"这里所谓人与生俱来的"最初一念之本心",也就是自然赋予的人

之所以为人的本性,而人的自然本性,当然不能理解为动物性,它是自然所
造就的作为"宇宙之精华,万物之灵长"的本性。这一最初一念之本心的特
点是"绝假纯真",丝毫不知伪饰。"童心"即"真心",童心不失即为"真
人"。他进而认为,专制主义的政治伦理说教的所谓"义理"都不是发自"童
心",而是用以蒙蔽童心的;义理灌输得越多,童心也就丧失得越多,最终导
致"全不复有初"的人性沦丧,而成为说假话、做假事、作假文、"无所不假"
的伪君子、假道学。他说:

> 夫既以闻见道理为心矣,则所言者皆闻见道理之言,非童心自出之
> 言也。言虽工,于我何与?岂非以假人言假言,而事假事文假文乎?盖
> 其人既假,则无所不假矣。由是而以假言与假人言,则假人喜;以假事
> 与假人道,则假人喜。无所不假,则无所不喜。满场是假,矮人何辨也?
> 然则虽有天下之至文,其湮灭于假人而不尽见于后世者,又岂少哉!①

他愤怒批判专制主义的道德说教乃是"道学之口实,假人之渊薮",要求破
除反映伦理异化的道德义理对童心的蒙蔽和对人性的扭曲,复"真心",做
"真人",彻底改造那"满场是假"的丑恶社会,扬弃伦理异化,来实现人性的
复归。

从"童心说"出发,李贽称颂抒发真性情的六朝诗、《西厢记》等为"天下
之至文";相反,作为"道学之口实"的《六经》、《语》、《孟》则不可以为"万世
之至论"。他强调:"天下之至文,未有不出于童心焉者也。"因此,"诗何必
古选,文何必先秦",更不必说什么《六经》、《语》、《孟》,只要"童心"未失,
就自然会有体现人类至性至情的作品。在《焚书》卷三《杂说》中,李贽对真
性情与文学创作的关系作了极其生动的表述:"世之真能文者,比其初皆非
有意于为文也。其胸中有如许无状可怪之事,其喉间有如许欲吐而不敢吐
之物,其口头又时时有许多欲语而莫可所以告语之处,蓄积既久,势不能遏。
一旦见景生情,触目兴叹,夺他人之酒杯,浇自己之垒块,诉心中之不平,感
数奇于千载。既已喷玉唾珠,昭回云汉,为章于天矣,遂亦自负,发狂大叫,
流涕恸哭,不能自止。宁使见者闻者切齿咬牙,欲杀欲割,而终不忍藏于名
山,投之水火。"②在李贽看来,《西厢记》虽然只是写"小小风流一事",但却

---

① 李贽:《童心说》,《李贽文集》第1卷,社会科学文献出版社2000年版,第92页。
② 李贽:《杂说》,《李贽文集》第1卷,社会科学文献出版社2000年版,第91页。

能使读者于"小中见大",起到"转大法轮"的巨大社会作用。

唯情论与婚恋观和妇女观

李贽所说的"童心"、"真心"、"真性情"皆与一个"情"字相通;或者可以说,童心即真心,即真性情,这一切皆"因乎自然"。李贽以"童心"作为衡量这个世界的一切真伪是非善恶美丑的尺度,更将"情"提升到"絪缊化物"的本体论高度:"絪缊化物,天地亦只一个情。"①"情"成为世界的本原,一切创造的原动力。这种似可称之为"唯情论"的思想,更成为后来冯梦龙等人所大大发挥了的情感本体论的滥觞。

把"情"抬到"絪缊化物"的本体论范畴的高度,看似极抽象,但这样做的目的仍是为了说明现实生活中的感性具体,特别是为了论证以"情"为核心的新婚恋观。

李贽《初潭集·夫妇篇总论》云:

> 夫妇,人之始也。有夫妇然后有父子,有父子然后有兄弟,……夫妇之为物始也如此。极而言之,天地一夫妇也,是故有天地然后有万物。然则天下万物皆生于两,不生于一,明矣。而又谓"一能生二,理能生气,太极能生两仪",不亦惑欤!……故吾究物始,而但见夫妇之为造端也。……但与天地人物共造端于夫妇之间,于焉食息,于焉言语,斯已矣。②

这篇总论,引《易传》作结:"大哉乾元,万物资始!至哉坤元,万物资生!资始资生,变化无穷,保合太和,各正性命。"③在李贽看来,一切有生命的事物都肇始于"夫妇",而"夫妇"之间唯有一个"情"字在起作用,于是,宋儒之所谓"理"、"太极"等便统统遭到了排斥,唯有"情"才值得珍视,它创造一切,派生一切;只要讲"情",就能"保合太和,各正性命"。

将对于"情"的肯定和推崇的抽象规定还原为感性的具体,李贽充分肯定了人们冲破礼教束缚、追求爱情和幸福的合理性。在《藏书》卷三十七

---

① 李贽:《墨子批选》卷四,转引自朱谦之:《李贽》,《朱谦之文集》第 4 卷,福建教育出版社 2002 年版,第 143 页。

② 李贽:《夫妇篇总论》,《李贽文集》第 5 卷,社会科学文献出版社 2000 年版,第 1 页。

③ 李贽:《夫妇篇总论》,《李贽文集》第 5 卷,社会科学文献出版社 2000 年版,第 1 页。

《司马相如传》中,他称赞寡妇卓文君的私奔为"善择佳偶",说:

> 相如,卓氏之梁鸿也。使当其时,卓氏如孟光,必请于王孙,吾王孙必不听也。嗟夫!斗筲之人,何足计事,徒失佳偶,空负良缘,不如早自抉择,防小耻而就大计。《易》不云乎:"同声相应,同气相求",同明相照,同类相招,"云从龙,风从虎",归凤求凰,安可诬也!①

在《初潭集》卷一《丧偶》部分,李贽明确肯定寡妇再嫁"好",并痛斥那些维护礼教、不许死了丈夫的儿媳再嫁的腐儒"不成人","太不成人"。

传统观念通常将亡国的原因归于女性的"声色之迷人",例如说什么夏桀因宠幸妹喜而亡国、吴王因宠幸西施而亡国等。李贽不同意此种观念,认为对此应作具体分析。他不否认帝王对于"声色之迷人"应持慎重的态度,但是他强调指出:

> 然汉武以雄才而拓地万余里,魏武以雄才而据有中原,又何尝不自声色中来也?嗣宗(阮籍)、仲容(阮咸)流声后世,固以此耳。岂其所破败者自有所在,或在彼未必在此欤?吾以是观之,若使夏不妹喜、吴不西施,亦必立而败也。周之共主寄食东西,与贫乞何殊?一饭不能自给,又何声色之娱乎!固知成身之理,其道甚大;建业之由,英雄为本。彼琐琐者,非恃才妄作,果于诛戮,则不才无断,威福在下也。此兴亡之所在也,不可不慎也。②

在此,李贽明确认为,亡国的原因不在于帝王钟情于某一位女性,而在于帝王自身的凶残暴虐或昏庸无能。相反,对于英雄豪杰来说,爱情恰恰是其建功立业的动力,而不是破国亡家、失志丧身的祸水,只有没出息的男人才把亡国的责任推到女人身上。李贽的这一观点,为后来冯梦龙、周铨等人大大发挥。

传统观念将女性归于"小人"之列,如孔子之所谓"唯女子与小人为难养也"。程朱理学家似乎更对女性怀有敌意,针对女性制定出许多"防淫"的措施。而李贽则公然表现出一种尊重女性的态度。《初潭集》卷二《才识》篇记述 25 位女性的事迹,并赞道:

> 此二十五位夫人,才智过人,识见绝甚,中间信有可为干城腹心之

---

① 李贽:《藏书·司马相如》,《李贽文集》第 3 卷,社会科学文献出版社 2000 年版,第 719 页。

② 李贽:《李贽文集》第 5 卷,社会科学文献出版社 2000 年版,第 23—24 页。

托者,其政事何如也。若赵娥以一孤弱无援女儿,报父之仇,影响不见,尤为超卓。李温陵长者叹曰:是真男子,是真男子! 已而又叹曰:男子不如也![①]

李贽既肯定女子有追求爱情的自由和幸福的权利,还肯定女子有和男子一样的读书受教育的权利,他驳斥"以女子学道为短见",指出:

故谓人有男女则可,谓见有男女岂可乎? 谓见有长短则可,谓男子之见尽长、女子之见尽短,又岂可乎?[②]

他不顾世俗的非议,公然招收女弟子。很明显,李贽希望中国的女性也能获得如同士阶层的男性一样的智力和情感的发展,并且通过"才智过人,识见绝甚"的女性来改变中国士阶层的男性庸懦卑琐的性格。

"非性情外复有礼义"

李贽推崇"情",讴歌"情",以"情"来对抗视情为恶的冷冰冰的"天理",虽然他讲到"礼义",然而他所讲的"礼义"已再也不是礼教的"礼义",而是人的"发于情性,由乎自然"的礼义;不是外在的强制,而是一种在解除了任何束缚的情况下的人的情感的绝对自由的表现。这"礼义"就在人的"情性"的自由表现之中,而不在人的"情性"之外。他说:

盖声色之来,发于情性,由乎自然,是可以牵合矫强而致乎? 故自然发于情性,则自然止乎礼义,非情性之外复有礼义可止也。惟矫强乃失之,故以自然之为美耳,又非于情性之外复有所谓自然而然也。故性格清澈者音调自然宣畅,性格舒徐者音调自然舒缓,旷达者自然浩荡,雄迈者自然壮烈,沉郁者自然悲酸,古怪者自然奇绝。有是格,便有是调,皆情性自然之谓也。莫不有情,莫不有性,而可以一律求之哉? 然则所谓自然者,非有意为自然而遂以为自然也。若有意为自然,则与矫强何异? 故自然之道,未易言也。[③]

在这段论述中,他所说的"情",是自然而然的情;他所说的"性",是异彩纷

① 李贽:《李贽文集》第5卷,社会科学文献出版社2000年版,第16页。
② 李贽:《答以女人学道为见短书》,《李贽文集》第1卷,社会科学文献出版社2000年版,第54—55页。
③ 李贽:《读律肤说》,《李贽文集》第1卷,社会科学文献出版社2000年版,第123页。

呈的人的性格。他特别强调的,是要因乎人性的自然表达抒发真实的情感,而不要有丝毫的矫强和伪饰。在李贽看来,顺乎自然即为"礼义",也就是他所说的"自然真道学";而有"义理"、"条教禁约"横亘于心,那就不免作伪或矫强,也就成为"假道学"了。不敢表达真实的情感,心中这么想,口中却偏要那么说的"假道学",是他所深恶痛绝的。李贽还看到,情感的艺术表现会因每一个体性格的差异而形成千差万别的风格,如舒缓、浩荡、壮烈、悲酸、奇绝等,但总以自然为美,自然而然,而不是为自然而自然。他特别反对的,是用外在于人的自然情性的所谓"礼义"来规范和约束人类丰富多彩的情感及其表现风格,反对以"一律求之",即把人类的情感表现束缚于一个模式之中。说到底,李贽是要求解除一切对人类情感的外在束缚,而所谓"自然止乎礼义"实际上也就是说自然即礼义,其实本来并不需要什么礼义。这表现了在这冲决囚缚的时代所特有的思想和情感方式的特征。

(二)袁宏道的"性灵说"和"理在情内"说

袁宏道(1568—1610 年,明隆庆二年至万历三十八年),字中郎,号石公。湖北公安人。他和他的哥哥袁宗道、弟弟袁中道,都是明代万历年间的著名文学家,号称"公安三袁"。袁宏道于万历二十年(1592 年)考取进士,时年 24 岁。万历二十三年(1595 年)至万历二十四年任吴县知县;万历二十六年(1598 年)至二十七年先后任顺天府教授、国子监助教和礼部主事;万历三十四年(1608 年)至三十五年任吏部郎官。每次做官的时间都很短,大部分时光是在民间度过的。他是一个不愿受束缚,热烈地追求个性解放和精神自由的人。因不愿受传统家庭和传统伦理道德的束缚,所以常云游四方,引师友为知交,持快乐主义的人生态度,"率行胸怀,极人间之乐";不愿受官场的束缚,"觉乌纱可厌恶之甚",认为当官乃是"低眉事人,苦牛马之所难,貌妾妇之所羞"。才当了几天吴县县令,就给叔父写信说:"身非木石,安能长日折腰俯首,去所好而从所恶? 语语实际,一字非迁,若复不信,请来年看吴县堂上,尚有袁知县脚迹否?"三就三辞,一生总共才做了五六年的官。他不愿受文坛上那种所谓"正宗"的规律法则的束缚,所以自树旗帜,独标性灵,要求创作自由。他不愿做官,但却能做一个清正廉洁的好官,当吴县知县一年多，革除了许多弊政，把苏州治理得井井有条，不仅老百姓交口赞誉这位名士县长，连当朝大学士申时行也赞叹"二百年来无此令矣"。他追求个人自由，但也不忘为受压迫的工商业者鸣不平，屡屡充当新兴工商业者的代言人，在政治上与东林党人同一倾向。与李贽、屠隆、汤显祖、杨廷筠、焦竑、江盈科等相友善，尤倾心佩服李贽。

"性 灵 说"

袁宏道的"性灵说"是在李贽"童心说"的直接影响下产生的。万历十八年（1590年）春，李贽游止公安柞林，寄迹野庙。袁宏道与宗道、中道往访之，是为三袁与李贽结交之始。同年秋，李贽以所著《焚书》相赠，宏道作诗《得李宏甫先生书》，喻之为空谷足音（"似此瑶华色，何殊空谷音"①），备致倾倒之意。《童心说》即为《焚书》中的一篇。此后袁宏道与李贽多有交游，且经常通信。袁宏道在吴县任上为官场束缚所苦时曾说："幸床头有《藏书》一部，愁可以破颜，病可以健脾，昏可以醒眼，甚得力。"②

万历二十四年（1596年）春，袁宏道在吴县作《叙小修诗》一文，正式提出"性灵说"，举起了晚明文学革新运动的旗帜。他说："（小修诗）大都独抒性灵，不拘格套，非从自己胸臆流出，不肯下笔，有时情与境会，顷刻千言，如水东流，令人夺魄。其间有佳处，亦有疵处，佳处自不必言，即其疵处亦多本色独造语。然予则极喜其疵处；而所谓佳者，尚不能不以粉饰蹈袭为恨，以为未能尽脱近代文人习气故也。"③袁宏道认为，"独抒性灵"就是要"任性而发"，如此方为真人真声，方能有令人夺魄的艺术感染力。综合袁宏道的有关论述，其"性灵"说包括两层含义：

第一，性灵是"任性而发"、"通乎人之喜怒哀乐嗜好情欲"的"至情"。袁宏道虽然肯定小修诗"大都独抒性灵"，但仍然指出其未能尽脱"粉饰蹈袭"的文人习气，因而主张诗人们应向民歌学习。他指出："今闾阎妇人孺子所唱《擘破玉》、《打草竿》之类，犹是无闻无识真人所作，故多真声，不效

① 袁宏道：《得李宏甫先生书》，《袁宏道集笺校》上册，上海古籍出版社1981年版，第25页。
② 袁宏道：《李宏甫》，《袁宏道集笺校》上册，上海古籍出版社1981年版，第221页。
③ 袁宏道：《叙小修诗》，《袁宏道集笺校》上册，上海古籍出版社1981年版，第187页。

鞲于汉、魏,不学步于盛唐,任性而发,尚能通于人之喜怒哀乐嗜好情欲,是可喜也。"①由此可见,袁宏道之性灵说是建立在"人之喜怒哀乐嗜好情欲"的自然人性论的基础上的。袁宏道说他之所以推崇小修诗就在于其中多"情至之语":"(小修之诗)每每若哭若骂,不胜其哀生失路之感。予读而悲之。大概情至之语,自能感人,是谓真诗,可传也。"②性灵即是真感情,从抒发至情的观点出发,袁宏道反对所谓"怨而不怒,哀而不伤"的"温柔敦厚"的诗教,为小修的感情直露辩护:"曾不知情随境变,字逐情生,但恐不达,何露之有?""穷愁之时,痛哭流涕,颠倒反复,不暇择音,怨矣,宁有不伤者?"③他还以屈原的《离骚》为例,认为"怨而伤"的风格乃是由荆楚地理环境所导致的楚文化的特征:"燥湿异地,刚柔异性,若夫劲质而多怼,峭急而多露,是之谓楚风,又何疑焉!"④

　　第二,性灵又是"得之自然"、"关乎神情"、"唯会心者知之"的天然真趣。袁宏道说:"世人所难得者唯趣,趣如山上之色,水中之味,花中之光,女中之态,虽善说者不能下一语,唯会心者知之。……夫趣得之自然者深,得之学问者浅。当其为童子也,不知有趣,然而无往而非趣也,……趣之正等正觉最上乘也。"⑤袁宏道认为,趣是自然而然、发自至性的感觉的灵悟,是心与境合的神交、默契。童子之趣,根于自然的童心,故无往非趣;山林之人,无拘无缚,"趣近之";没有受过或不愿接受专制教化的所谓"愚、不肖"之徒,率性而行,无所忌惮,不指望任何官方道德政治的美誉,虽举世非笑而不顾,"此又一趣也"。"自然二字,趣之根荄"(陆云龙评语);"率性而行,是谓真人"⑥。因此,趣在儿童,趣在山林之人,趣在"愚、不肖"之徒。相反,官场中人"有身如桔,有心如棘",乃至毛孔骨节皆为专制政治伦理教条

---

①　袁宏道:《叙小修诗》,《袁宏道集笺校》上册,上海古籍出版社 1981 年版,第 188 页。
②　袁宏道:《叙小修诗》,《袁宏道集笺校》上册,上海古籍出版社 1981 年版,第 188 页。
③　袁宏道:《叙小修诗》,《袁宏道集笺校》上册,上海古籍出版社 1981 年版,第 188—189 页。
④　袁宏道:《叙小修诗》,《袁宏道集笺校》上册,上海古籍出版社 1981 年版,第 189 页。
⑤　袁宏道:《叙陈正甫会心集》,《袁宏道集笺校》上册,上海古籍出版社 1981 年版,第 463 页。
⑥　袁宏道:《识张幼于箴铭后》,《袁宏道集笺校》上册,上海古籍出版社 1981 年版,第 463 页。

所束缚,"入理愈深,然其去趣愈远矣。"①在袁宏道看来,自然的人性乃是"趣"之根本,而率性而行的"真人",方能领会做人的真趣。

"理在情内"

在提倡"任性而发"、"通乎人之喜怒哀乐嗜好情欲"的"至情",做"率性而行"的"真人"的理论前提下,袁宏道通过重新解释孔子之所谓"絜矩之道"的方式,对中国历古圣贤主张的"以理抑情"说作了深刻的批判,并提出了一种崭新的情理观:

> 孔子所言絜矩,正是因,正是自然。后儒将矩字看作理字,便不因,不自然。夫民之所好好之,民之所恶恶之,是以民之情为矩,安得不平? 今人只从理上絜去,必至内欺己心,外拂人情,如何得乎? 夫非理之为害也,不知理在情内,而欲拂情以为理,故去治弥远。②

这段论述至少包含三层含义:第一,后儒将"絜矩"之"矩"看作"理",以外在于情的"理"去"絜"情,是反乎自然的,其为害在于"内欺己心,外拂人情",因而是"非理"之理;第二,所谓"絜矩"之"矩"乃是"以民之情为矩",即以情絜情,"民之所好好之,民之所恶恶之",是为顺乎自然;第三,顺乎民之自然情欲的以情絜情之道即是"理",所以说,"理在情内"而不在情外。推倒纲常名教之"天理",重建一顺乎自然、以情絜情的情中之理,这就势必要从根本上改变宋儒之所谓"天理"的内涵了。

袁宏道的情理观与李贽一样,表现出要求解除一切对人的情感束缚的时代特征。他把李贽的"童心说"具体化为诗歌创作的"性灵说",对于当时中国诗界的思想解放起了极大的作用,如后来钱谦益所说:"中郎之论出,王、李(指王世贞和李攀龙——引者注)之云雾一扫,天下之文人始知疏瀹心灵,披剔慧性,以荡涤摹拟涂泽之病,其功伟矣。"③袁宏道是崇真尚奇的晚明诗风的开创者。同时,提出"絜矩"要以"民之情为矩",也是他的特识。

---

① 袁宏道:《叙陈正甫会心集》,《袁宏道集笺校》上册,上海古籍出版社1981年版,第463—464页。

② 袁宏道:《德山麈谈》,《袁宏道集笺校》下册,上海古籍出版社1981年版,第1290页。

③ 钱谦益:《袁稽勋宏道小传》,《列朝诗集小传》,上海古籍出版社1983年版,第567页。

这一思想,为清代乾嘉学者戴震所继承和发挥。

当然,作为一位主要致力冲破礼教囚缚的学者,袁宏道的情理观亦不免与李贽一样显得不够成熟。表现在他的诗文中,屡见放浪形骸之作。他屡赞《金瓶梅》,万历二十四年(1596年)在吴县致董其昌函云:"《金瓶梅》从何得来?伏枕略观,云霞满纸,胜于枚生《七发》多矣。"①万历三十四年(1606年)在京作《觞政》,以"《水浒传》、《金瓶梅》等为逸典。"②又对沈德符称《金瓶梅》"甚奇快"③。时人吴道新评论说,袁宏道以《金瓶梅》"为案头不可少之书","岂非以其书皆写生之文哉!"④《金瓶梅》作为世情小说固然有其价值,然而,又岂可誉为"云霞满纸"?

(三)"至情说"、"情教说"与晚明唯情论

"至情说"

汤显祖(1550—1616年,明嘉靖二十九年至万历四十四年),字义仍,号若士,江西临川人。少年时代曾受学于泰州学派的创立者王艮的三传弟子罗汝芳,青年时代就在文坛享有盛名,为徐渭所推崇。但在赴京应试时却因拒绝权相张居正的延揽而落选,直到张居正死后第二年万历十一年(1583年),他才考中进士,又因不受内阁大臣申时行、张四维的笼络而失去考选庶吉士的机会。此后历任南京太常寺博士、詹事府主簿、南京礼部祠祭司主事。在此期间,他的作品《紫箫记》被看作是讥刺朝廷而遭查禁。万历十九年(1591年),他因上奏《论辅臣科臣疏》抨击朝政,被贬为琼州海峡北岸的徐闻县典史。万历二十一年(1593年)被任命为浙江山区遂昌知县。就是在这一年,汤显祖辞官拂袖而去,回家写他的"临川四梦"去了。

汤显祖思想的核心范畴是一个"情"字,他说:

---

① 袁宏道:《董思白》,《袁宏道集笺校》上册,上海古籍出版社1981年版,第289页。

② 袁宏道:《觞政》,《袁宏道集笺校》下册,上海古籍出版社1981年版,第1419页。

③ 沈德符:《万历野获编》中册,中华书局1959年版,第652页。

④ 《龙眠古文一集》附吴道新《文论》,转引自《王利器论学杂著》,北京师范大学出版社1990年版,第4页。

世总为情,情生诗歌,而行于神。天下之声音笑貌大小生死,不出
乎是。因以憺荡人意,欢乐舞蹈,悲壮哀感鬼神风雨鸟兽,摇动草木,洞
裂金石。其诗之传者,神情合至,或一至焉;一无所至,而必曰传者,亦
世所不许也。①

这段议论可以说是汤显祖唯情主义的人生观和创作观的一个纲要。他认为
人生的一切都无不是出于情、为了情;情涵盖一切,通乎宇宙自然的规律
("行于神");情发为创作,引发"摇动草木,洞裂金石"的种种自然感应;只
有发自真情的作品,才能通乎自然而又获得广泛的社会化的情感共鸣,亦才
能成为传世之作。汤显祖的上述观点的价值,不仅在于它对审美的情感本
质有深刻认识,更在于它所具有的反对伦理异化的时代意义。

"情"是与伦理异化的"理"相对立的范畴。汤显祖自云:"一生四梦,得
意处惟在《牡丹》。"他在《牡丹亭题词》中集中表达了他的"至情"观:"情不
知所起,一往而深,生者可以死,死者可以生,生而不可以死,死而不可复生
者,皆非情之至也。"《牡丹亭》所表达的正是一种为了爱情幸福而不惜出生
入死的至情观。剧中主人公杜丽娘是一位执着追求爱情和幸福的美丽少
女,但在传统家庭的束缚下她无法实现自己的理想,只有把满怀春情寄托在
梦里出现的书生,为他缠绵枕席、身埋黄泉。然而她的死并不是生命的结
束,而是新的抗争的开始。在摆脱了现实世界礼教束缚后的魂游境界中,她
勇敢地向阎王殿的判官诉说她的追求,从而被允许自由地寻找梦里的恋人;
与此同时,她的自画小影亦为她梦中的恋人柳梦梅所得,柳日夜思慕,遂和
丽娘魂灵相会,终于发冢还魂成亲。汤显祖对于爱情的讴歌,受到了道学家
的"以理相格"。对此,汤显祖的回答是:"第云理之所必无,安知情之所必
有耶!"在汤显祖看来,人的至性至情与宋儒之所谓"理"固然是不相容的,
但是,情有自己存在的权利,它应该从礼教的束缚下解放出来。确认人的追
求幸福的天赋权利,正是《牡丹亭》题词的立论旨归。

汤显祖的"情"又是和宋儒之所谓"天命之性"相对立的范畴。宋明道
学家讲"天命之性"与"气质之性"的对立,用纲常名教的所谓"天理"和体
现"天理"的"天命之性"来排斥"人欲"和"气质之性"。而汤显祖则认为

① 汤显祖:《耳伯麻姑游诗序》,《汤显祖诗文集》下册,上海古籍出版社1982年版,第
1050—1051页。

"世总为情"，人生的一切都无不是出于"情"；情发为创作，而通乎宇宙自然规律（"神"）；只有发自真情的作品，才能"神情合至"，获得广泛的情感共鸣。据说，当时有一位道学先生看了《牡丹亭》以后，问汤显祖："君有如此妙才，何不讲学？"汤显祖回答说："此正吾讲学，公所讲是性，吾所讲是情。"当时有一位叫但宗皋的学者记录了汤显祖的这句话，并接着写道："余更请为一转语：讲性者空虚；讲情者真实。"①汤显祖对道学先生的驳斥，为明清之际的许多具有新思想的人们所广泛传诵并加以发挥。

汤显祖的"情"又是同专制国家的"法"相对立的范畴。他说："世有有情之天下，有有法之天下。"他认为李白生活的时代是"有情之天下"，那时还没有如明代那样严酷的专制禁锢，所以李白和与他同时代的诗人们能各自发挥其才能，乃至"君臣游幸，率以才情自胜"。而当今的时代则"灭才情而尊吏法"，"是有法之天下"。假使李白"生今之世"，亦只能"滔荡零落"，俯首低眉。而今之豪杰之士，"假生白时，其才气凌厉一世，倒骑驴，就巾拭面，岂足道哉！"②

汤显祖追求"情"的解放，追求"有情之人"，追求"有情之天下"。但是现实世界并不是"有情之天下"，而是专制主义之"天理"和"礼法"之天下。他向往未来历史的春天，但是现实世界并没有春天。于是"因情成梦"③，通过"曲度尽传春梦景"、"曲中传道最多情"的戏曲创作，来寄托他的理想。在"临川四梦"中，无情之人变为有情，"有法之天下"变为"有情之天下"，冰雪冱寒的严冬变成了风和日丽的春天。

"四大皆幻设，唯情不虚假"

冯梦龙（1574—1646 年，明万历二年至隆武二年），字犹龙，又字子犹、耳犹，别号绿天馆主人、可一居士（亦称可一主人）、茂苑野史、龙子犹、墨憨斋主人、词奴、顾曲散人、香月居主人、詹詹外史，江苏长洲人。出生于吴中"理学名家"，二十岁左右为诸生。尽管他"早岁才华众所惊，名场若个不称兄"，却对代圣人立言的八股时文不感兴趣。一方面，"谰翻廿一史"，并大

---

① 但宗皋：《芙蓉镜寓言序》，见江东伟《芙蓉镜寓言》卷首，浙江古籍出版社 1986 年版。
② 汤显祖：《青莲阁记》，《汤显祖诗文集》下册，上海古籍出版社 1973 年版，第 1113 页。
③ 汤显祖：《复甘义麓》，《汤显祖诗文集》下册，上海古籍出版社 1973 年版，第 1367 页。

量学习儒家正统文化以外的知识,对皇权官僚专制社会的黑暗现实不满,"笑骂成文章,烨然散霞绮";另一方面,通脱狂放,钟情于秦楼楚馆的歌妓,与她们结为知交,为她们鸣不平,并曾因被一与之有"白头偕老"之盟誓的歌妓所弃,而写下了很多如泣如诉、无限悲怨的诗篇。

下层社会生活的浸染,使他毕生从事于为早期市民阶层所喜爱的通俗文学的编辑工作。约在万历四十一年(1613年)以后数年间,他因刊布民歌集《挂枝儿》而遭攻讦,乃千里求援于曾经督学南畿、当时正以兵部侍郎身份经略辽东的熊廷弼,因此而得释。但专制统治者的迫害、名声的败坏并没有使冯梦龙屈服和消沉,却使他更为坚强而执着地从事通俗文学的搜集、整理、研究和刊布工作。自《挂枝儿》刊布后,又有歌颂真情的《山歌》、《情史》,充溢着市民思想意识的"三言"(《喻世明言》、《警世通言》、《醒世恒言》)、歌颂智慧的《智囊》、揭露和讥刺社会黑暗的《古今谭概》和《笑府》等著作纷纷问世,广泛地流布于社会。

或许是由于江南士人的荐举,他于崇祯三年(1630年)得到一名岁贡,并在崇祯七年至十一年间当过一任福建寿宁知县。甲申之变,冯梦龙惊呼此乃"天崩地裂之举",并陷于"悲愤莫喻",集刊《甲申纪事》。清军攻克南京后,冯梦龙以七十高龄奔波于闽浙之间,并刊印了几种宣传抗清的小册子。

冯梦龙的思想,主要表现在他为通俗文学作品写的序言和评语之中。与汤显祖一样,冯梦龙思想的核心范畴也是一个"情"字,但他大大发挥和发展了情感本体论的思想。其《情史序》云:

> 《情史》,余志也。余少负情痴,遇朋侪必倾赤相与,吉凶同患。闻人有奇穷奇枉,虽不相识,求为之地,或力所不及,则嗟叹累月,中夜辗转不寐。见一有情人,辄欲下拜;或无情者,志言相忤,必委曲以情导之,万万不从乃已。尝戏言:我死后不能忘情世人,必当作佛度世,其佛号当云"多情欢喜如来"。……又尝欲择取古今情事之美者,各著小传,使人知情之可久,于是乎无情化有,私情化公,庶乡国天下,蔼然以情相与,于浇俗冀有更焉。……作《情偈》以付之。①

为了使"情"成为天下国家的普遍原则,冯梦龙将"情"推崇到了天地生

① 冯梦龙:《情史·序》,《冯梦龙全集》第7卷,江苏古籍出版社1993年版,第1页。

物之本的高度：

> 偈曰：天地若无情，不生一切物。一切物无情，不能环相生。生生
> 而不灭，由情不灭故。四大皆幻设，惟情不虚假。①

天地间其他一切都是虚幻，唯有情是真实的存在，永恒的存在，它化生
出一切事物，并使万物生生不灭。宋明理学家讲"天理"是最高的实在，理
一分殊，决定一切，支配一切；冯梦龙则针锋相对地以"情"为最高的实在，
把"情"作为宇宙、社会、人生的根本原则。因此，冯梦龙要立一"情教"，来
教诲天下众生：

> 有情疏者亲，无情亲者疏。无情与有情，相去不可量。我欲立情
> 教，教诲诸众生。……万物如散钱，一情为线索。散钱就索穿，天涯成
> 眷属。若有贼害等，则自伤其情。如睹春花发，齐生欢喜意。……倒却
> 情种子，天地亦混沌。无奈我情多，无奈人情少。愿得有情人，一齐来
> 演法。②

于是，情由天地生物之大本化作了普遍的人类之爱——"博爱"，与"灭情"
的"天理"的残忍相对立，并且要从人类社会中将这虚伪而残忍的所谓"天
理"驱逐出去，而形成一个"如睹春花发，齐生欢喜意"的生意盎然的社会。
他强调指出，"存理灭欲"的无情的社会之本质就是使活人变成死人，"万物
生于情，死于情，人于万物中处一焉。……故人而无情，虽曰生人，吾直谓之
死矣！"③这一论述乃是后来王船山批判宋明理学之所谓"天理人欲之辨"
是"灭情而息其生"的先导。冯梦龙在《广笑府序》中甚至直斥被道学家奉
为祖师的孔子："又笑那孔子这老头儿，你絮叨叨说什么道学文章，也平白
地把好些活人都弄死！"④将其批判的矛头指向孔教及专制社会的全部意识
形态。

"六经皆以情教"

在专制主义意识形态尚且占据统治地位的历史条件下，冯梦龙为了宣

---

① 冯梦龙：《情史·序》，《冯梦龙全集》第7卷，江苏古籍出版社1993年版，第1页。
② 冯梦龙：《情史·序》，《冯梦龙全集》第7卷，江苏古籍出版社1993年版，第1—2页。
③ 冯梦龙：《情史》，《冯梦龙全集》第7卷，江苏古籍出版社1993年版，第932页。
④ 冯梦龙：《广笑府序》，《冯梦龙全集》第11卷，江苏古籍出版社1993年版，第209页。

扬他的"情教",也不得不打起了据说是"曾经圣人之手"的《六经》的旗号,他在为《情史》写的又一篇序言中说道:

> 六经皆以情教也。《易》尊夫妇,《诗》有《关雎》,《书》序嫔虞之文,《礼》谨聘、奔之别,《春秋》于姬、姜之际详然言之。岂非以情始于男女,凡民之所必开者,圣人亦因而导之,俾勿作于凉,于是流注于君臣、父子、兄弟、朋友之间而汪然有余乎!异端之学,欲人鳏旷以求清静,其究不至无君父不止。情之功效亦可知已。①

这段话具有十分令人发噱的喜剧色彩。宋明理学家言:"圣人千言万语,只是教人存天理灭人欲",目的是强化三纲的专制伦理;而冯梦龙却说圣人千言万语只是教人要做有情人,又反转来斥正统道学为"无君无父"的异端。这或许就是鲁迅所说的"壕堑战"吧,但又更具有主动进攻的意义,在道学的铁棍子还没有打起来之前,先用钢棍子打过去!冯梦龙所举"《礼》谨聘、奔之别"一例,亦令人发笑:"《礼》谨聘、奔之别"包含的意蕴是说"理"决定"情",而事实上冯梦龙所说明的恰恰是"情"决定"理";"《礼》谨聘、奔之别"是肯定"聘"而反对"奔",而事实上冯梦龙则变着戏法地为"私奔"辩护。他说:"自来忠孝节烈之事,从道理上去做者必勉强,从至情上出者必真切。夫妇其近者,无情之夫,必不能为义夫;无情之妇,必不能为节妇。世儒但知理为情之范,孰知情为理之维乎?……古者聘为妻、奔为妾。夫奔者,以情奔也;奔为情,则贞为非情也。……彼以情许人,吾因以情许之。彼以真情殉人,吾不得复以杂情疑之。此君子乐与人为善之意。"②言下之意,斥道学家处处与人为恶、与人为敌,并极力主张婚恋自由。

冯梦龙在《情史序》中说"情"可使人"化私为公,庶乡国天下蔼然以情相与",这是就社会的整体和谐而讲的,但冯梦龙并不否定"私情",他认为人类的整体和谐乃是建立在个体的有情,特别是男女之"私情"的基础上的。他说他所编的《山歌》就是一部"私情谱","以是为情真而不可废也"。《叙山歌》云:"今所盛行者,皆私情谱耳。虽然,桑间濮上,《国风》刺之,尼父录焉,以是为情真而不可废也。山歌虽俚甚矣,独非《郑》《卫》之遗欤?且今虽季世,而但有假诗文,无假山歌,则以山歌不与诗文争名,故不屑假。

---

① 冯梦龙:《情史·序》,《冯梦龙全集》第7卷,江苏古籍出版社1993年版,第3页。
② 冯梦龙:《情史》,《冯梦龙全集》第7卷,江苏古籍出版社1993年版,第36页。

而吾藉以存真,不亦可乎?抑今人想见上古之陈于太史者如彼,而近代之留于民间者如此,倘亦论世之林云尔。若夫借男女之真情,发名教之伪药,其功于《挂枝儿》等,故录《挂枝词》而次及《山歌》。"①在这篇序言中,他不仅高度评价《山歌》是"民间情性之响",是时代风气变迁的一面镜子,而且特别强调那无疑是属于私情范畴的"男女之真情",乃是使礼教的虚伪性暴露无遗的"发名教之伪药"。如果把冯梦龙在《情史序》中讲的"化私为公"与他对"私情"的充分肯定结合起来看,其意义就在于如他在《情史·智害评》中所说的"王道本乎人情,不通人情,不能为帝王";这也就是说,统治者们再不要以礼教来束缚人的情感,扼杀人的"私情"了。同时,他认为人不应局限于私情,要有放眼天下国家的最深广的人道主义情怀,这也是正确的。

冯梦龙还强调"情"与个体人格和行为之间的关系:"己若无情,何以能体人之情。其不拂人情者,真其人情至深者耳。虞侯、押衙,为情犯难;虬须、昆仑,为情露巧;冯燕、荆娘,为情发愤。情不至,义不激,事不奇。"②他的这一观点为同时代的学者周铨所接受,并以之来解释"儿女情长"与历史人物、历史活动之间的关系。

在明代中叶以前,虽然也出现过对于出自爱情的婚姻的赞颂,对敢于冲破"父母之命、媒妁之言"而追求婚恋自由的个别事例的肯定;但没有,也不可能把旧式婚姻作为一种"制度"来加以反对,生活于晚明社会的冯梦龙则是比较自觉地把包办婚姻作为一种"制度"来反对的一人。他说:

> 夫闺阁之幽姿,临之以父母,诳之以媒妁,敌之以门户,拘之以礼法。婿之贤不肖,盲以听焉。……而随风为沾泥之絮,岂不惜哉!③

传统的婚姻制度作为当时社会的"两种生产关系"(物质资料的生产关系与人类自身延续的生产关系)之一,与物质资料的生产关系一起,构成了全部专制政治制度的基础,不仅有"父母之命、媒妁之言"的运作规则,更有所谓"门当户对"、"循礼守法"作为其根本的指导原则。作为专制政治上层建筑的基础,它事关"名教风化"和"天下国家,本同一理"的政治运作机制;作为

① 冯梦龙:《叙山歌》,《冯梦龙全集》第18卷,江苏古籍出版社1993年版,第1页。
② 冯梦龙:《情史·情侠类》评语,《冯梦龙全集》第7卷,江苏古籍出版社1993年版,第157—158页。
③ 冯梦龙:《情史·情侠类·梁夫人评》,《冯梦龙全集》第7卷,江苏古籍出版社1993年版,第124页。

整个社会制度的一个组成部分,它以维护专制政治制度为目的,是维护等级秩序的手段,而妇女则成了这种目的和手段的牺牲品。而冯梦龙则不仅对其运作规则,而且对其根本的指导原则作了彻底的否定,认为它乃是造成妇女的悲惨命运的根源。冯梦龙在批判传统婚姻制度的同时,提出了以情为基础的自由择夫、男女相悦的婚姻原则,主张女子应以"能择一佳婿自豪"①,而再也不能听任"临之以父母,诳之以媒妁,敌之以门户,拘之以礼法"的婚姻制度的摆布,再也不能"随风为沾泥之絮"而成为礼教的牺牲品,这是对人的追求幸福的权利的充分肯定。

"天下一情所聚"

中国自古以来就有种种轻视妇女,贬薄儿女私情的说法,视女子为斫伤英雄气质的"伐性之斧",为断送英雄前程的"红颜祸水",为毁灭英雄生命的"红粉骷髅"。"儿女情长、英雄气短",更是一种颇为流行的看法。晚明学者周铨在《英雄气短说》一文中对此提出了不同的观点,把"情"看作是豪杰之士砥砺志节的精神力量,认为"情"不但不会损人气概,而且是英雄人物的必备条件。他说:

> 或者曰:"儿女情深,英雄气短。以言乎情,不可恃也。情溺则气损,气损则英雄之分亦亏。故夫人溺情不返,有至大杀而无余,甚矣情之不可恃有如是也。"

> 周子曰:"非也! 夫天下无大存者,必不能大割。有大忘者,其始必有大不忍。故天下一情所聚也。情之所在,一往辄深。移之以事君,事君忠。以交友,交友信。以处世,处世深。故《国风》许人好色,《易》称归妹见天地之心。凡所谓情政非一节之称也,通于人道之大,发端儿女之间。古未有不得于情,能大其英雄之气者。以项王喑哑叱咤,为汉军所窘,则夜起帐中,慷慨为诗,与美人倚歌而和,泣数行下。汉高雄才谩骂,呼大将如小儿。及威加海内,病卧床席,召戚夫人以泣曰:"若为我楚舞,吾为若楚歌。"歌数阕,一恸欲绝。嗟夫,此其气力绝人,皆有

---

① 冯梦龙:《情史·情侠类·梁夫人评》,《冯梦龙全集》第 7 卷,江苏古籍出版社 1993 年版,第 124 页。

拔山跨海之概,乃亦不能不失声儿女之一戚。他若如姬于信陵,夷光于范少伯,卓文君于司马相如。数君子者,皆飘飘有凌云之致,乃一笑功成,五湖风月,与后之自著犊鼻,与庸保杂作,涤器于市,前后相映。呜呼,情之移人,一至是哉!"

　　余故谓:"惟儿女情深,乃不为英雄气短。尝观古来能读书善文章者,其始皆有不屑之事,后乃有不测之功。触白刃,死患难。一旦乘时大作,义不返顾,是岂所置之殊乎?竭情以往,举此以揣云尔。"

　　余故曰:"天下有大割者,必有所大存,盖不系于一节而云也。乃后世有拥阿娇,思贮金屋,曰吾情也。噫!乌足语此?"①

在周铨的以上论述中,包含了以下两层含义:首先,情感不仅存乎男女之间,而且达于友朋,通乎天下国家。有真情者,不仅对于恋人一往情深,而且对待朋友讲信义,对于社会国家有献身精神。深于情,专于情,必能把情爱置于生死之上,不惜为此"大割"、"大忘",乃至献出自己的生命。其次,没有真情、深情的人,决不可能有一往无前的英雄气概,有为爱情、为事业而献身的精神。古来称得上是英雄的人,"有拔山跨海之概,乃亦不能不失声儿女之一戚"。真情、深情、激情,乃是英雄气质、英雄生涯的不可分割的组成部分,甚至是英雄之所以能成其为英雄的心源动力。因此,"惟儿女情深,乃不为英雄气短。"儿女之事固小,甚至是"不屑之事";英雄业绩固大,足以辉映千古;然而,无论事之大小,皆能"竭情以往",正是英雄本色。所以古来英雄,"其始皆有不屑之事,后乃有不测之功"。当然,作者也指出,对于那些视女性为私产、为玩物的人来说,是既谈不上真情深情,更谈不上什么英雄气概的。或者,也许世上只有这些没出息的男人才用"红颜祸水"论来掩盖自己的鄙陋和平庸吧,这也正是周铨的《英雄气短说》向人们所暗示的。

　　唯情主义的观念作为一种普遍流行于明代中后期的社会思潮,为许多学者所共同主张。王世懋认为人本从爱欲而生,人生以爱欲为根。② 朱健认为:"情欲之枢,凡圣合毂。"一切军国政治道德教育,全是依赖于人之有情欲才得以推行;如果要绝去情欲,结果就只能是适得其反。他认为,世间

　　① 周铨:《英雄气短说》,载卫泳编:《冰雪携:晚明百家小品》,中央书店1935年版,第144—145页。

　　② 参见王世懋:《望崖录·内篇》,《王奉常杂著》,南京图书馆藏明万历刻本。

有些流弊,乃是由于情欲的误用,而不是"情欲之罪"。因此,人们决不可因噎废食;佛老排斥情欲,实在未免"忍""刻"。所以朱健主张要"善用情欲",一切"揣情而布,质欲而谋"①。闵景贤针对有人攻击他"转而谈风流"而驳斥道:"凡忠臣孝子节义事功,莫非大有情人,则此情为位育真种子,比假经济、假道学、假名理、假禅、假法,皆不及情者也。"②吴季子更提出了一种"情痴"的宇宙观,认为天地山川木石人物皆有情痴,将宋儒的"理一分殊"改造为"情一分殊"。③

晚明的新情理观,与当时反映早期市民阶层新的情感方式之觉醒的文学创作,处于一种互动的关系之中。"临川四梦"、"三言两拍"等戏曲小说中所表现的新情感方式,是晚明新情理观的对象化;而民间的新情感方式,又有力地推动了学者们的理论创造,从而形成了一场蔚为壮阔的感性启蒙的时代浪潮。无论其为新时代的来临开辟道路的积极的方面,还是其末流的弊端——如《金瓶梅》等作品所表现的——作为对禁欲主义的惩罚,都表现了这一冲决囚缚的时代社会的精神状况所具有的特征。

四、"人必有私"说与新义利观

明代中叶以后流行的自然人性论,剥去了笼罩在现实人性之上的伦理道德的外衣,而赤裸裸地现出了"人必有私"、"趋利避害"等等这些"吾人秉赋之自然"的本来面目,于是,便合乎逻辑地导出了一种旨在肯定现实的人的物质利益追求的新义利观。晚明的新义利观,以何心隐、李贽为代表。顾宪成称"心隐辈坐在胶漆利欲盆中,所以能鼓动得人",但现存何心隐著作中难以寻觅其关于义利观的系统论述,而李贽的论述则颇为详尽而系统,亦

---

① 朱健:《苍崖子内篇·裁理》,《四库全书存目丛书》第 94 册,齐鲁书社 1997 年版,第 214—216 页。

② 闵景贤:《快书·鸳鸯谱题辞》,《丛书集成续编》子部第 97 册,上海书店 1994 年版,第 309 页。

③ 何伟然:《广快书·有情痴序》,《丛书集成续编》子部第 90 册,上海书店 1994 年版,第 77 页。

最具有与传统义利观相决裂的时代特征。此外,黄绾《明道编》、吴廷翰《吉斋漫录》有关于新义利观的片断论述:焦竑作《书盐铁论后》、陈第作《义利辨》,专论义利关系。新义利观与"工商皆本"的经济思潮相呼应,构成了明代中晚期早期启蒙思潮的鲜明的时代特征。

(一)李贽论"人必有私"与"正谊
　　即为谋利"

"夫私者,人之心也"

李贽的义利观的出发点是近代式的人性自私论,他公然宣称"私"是人类的天性,并力斥宋明道学家鼓吹的"无私"之说。他说:

> 夫私者,人之心也,人必有私而后其心乃见,若无私则无心矣。如服田者,私有秋之获而后治田必力。居家者,私积仓之获而后治家必力。如学者,私进取之获而后举业之治也必力。故官人而不私以禄,则虽招之必不来矣。苟无高爵,则虽劝之必不至矣。虽有孔子之圣,苟无司寇之任,相事之摄,必不能一日安其身于鲁也决矣。此自然之理,必至之符,非可以架空而臆说也。然则为无私之说者,皆画饼之谈,观场之见,但令隔壁好听,不管脚根虚实,无益于事。只乱聪耳,不足采也。[①]

在这段论述中,李贽直面现实的人性,以实事求是的理论勇气,揭示了人皆有私心这一为历古圣贤所否认的事实,说明一己的物质利益之"私"乃是一切生产活动和其他活动的基本动力,没有与个人的物质利益相联系的"私",就不可能调动和激发人们在物质生产活动和其他一切社会活动中的积极性和创造性;因此,"无私之说"乃是"好听"而"不管脚根虚实"的假话,是任何人都不可能完全做到的"无益于事"的空话,甚至是惑世愚民的欺人之谈。

---

　① 李贽:《藏书·德业儒臣后论》,《李贽文集》第3卷,社会科学文献出版社2000年版,第626页。

人性中有"私"本是不证自明的公理,可于"百姓日用之迩言"见之。"迩言"是普通老百姓的卑近之言,而不是脱离现实生活的玄虚的道学高论。李贽说,他之所以作出"人必有私"的论断,就是通过考察老百姓的现实生活、倾听民众发自肺腑的声音的结果。这"百姓日用之迩言",是丝毫不加伪饰的人性的自然表现:

> 吾且以迩言证之。凡今之人,自生至老,自一家以至万家,自一国以至天下,凡迩言中事,孰待教而后行乎? 趋利避害,人之同心,是谓天成,是谓众巧,迩言之所以为妙也。①

李贽认为,在百姓的一切治生产业中,都表现了为其物质利益而劳作的私念,证明了"趋利避害"乃是"人之同心"、不待教而后行的"天成"和"众巧",是"自然之理,必至之符"。这些通过百姓的"迩言"所表现出来的现实的人性中的"私",究竟是善还是恶呢? 李贽认为是善,不是恶。他说:"夫善言即在乎迩言之中,……夫惟以迩言为善,则凡非迩者,必不善。何者? 以其非民之中,非民情之所欲,故以为不善,故以为恶耳。"②在李贽看来,人们对物质利益的追求,特别是直接从事物质生产劳动的普通民众对物质利益的追求,他们"趋利避害"的生命活动本能,乃是全部道德的基础。合乎这种现实的人性的,就是善;否则,就是恶。这样,李贽就把传统道德关于"公私之辨"的价值判断完全颠倒了过来,通过肯定人民大众满足其物质生活欲望、追求合理的私人利益是善而不是恶,造成了中国传统道德善恶观念的一场空前的变革。

"虽圣人不能无势利之心"

为了使"人必有私说"得到更彻底的证明,李贽进而揭露那些口头上"严义利之辨"的圣贤们也是有私的,其标榜"无私",不过是自欺欺人。他说:

> 圣人虽曰"视富贵若浮云",然得之亦若固有;虽曰"不以其道得之则不处",然亦曰"富与贵是人之所欲"。今观其相鲁也,仅仅三月,能

---

① 李贽:《答邓明府》,《李贽文集》第 1 卷,社会科学文献出版社 2000 年版,第 38 页。
② 李贽:《道古录》卷下,《李贽文集》第 7 卷,社会科学文献出版社 2000 年版,第369 页。

几何时,而素衣霓裘、黄衣狐裘、缁衣羔裘等,正富贵享也。御寒之裘,不一而足;裼裘之饰,不一而袭;凡载在《乡党》者,此类多矣。谓圣人不欲富贵,未之有也。①

李贽认为,孔子在鲁国做官才三个月,就"御寒之裘,不一而足",可见圣人亦有私心,且比起老百姓来大有过之而无不及。李贽无情地剥去这位至圣先师的神圣外衣,而还他一个追逐势利的本来面目:"圣人亦人耳,既不能高飞远举,弃人间去,则自不能不衣不食,绝粒衣草而自逃荒野也。故虽圣人,不能无势利之心。"②李贽进而认为,对于"利"与"势"的追求,只要是通过正当的手段去获得,其实并没有什么可耻;唯有心口不一,既追逐财与势又要假借大义窃取美名才是可耻的。所以他说:"吾故曰,虽大圣人不能无势利之心,则知势利之心,亦吾人秉赋之自然矣。"③圣人亦有私的事实,证明了"人必有私"这一客观真理的普遍性。

从"趋利避害"的"人必有私"论出发,李贽对从董仲舒到宋儒张栻的非功利主义的义利观提出了批判。他首先将批判的矛头指向了鼓吹所谓"正其谊而不谋其利,明其道而不计其功"的董仲舒,认为董仲舒的说法是"自相矛盾"的。他指出:

> 今观仲舒不计功谋利云云,似矣;而以明灾异下狱也,何也?夫欲明灾异,是欲计利而避害也;今既不肯计功谋利矣,而明灾异者,何也?既欲明灾异以求免于害,而又谓仁人不计利,谓越无仁,又何也?所言自相矛盾矣!④

他认为董仲舒其实是并非不讲功利,董仲舒所提出的"灾异谴告"说本身就是"趋利避害"的最显著的证明。他据此以说明:"天下何尝有不计功谋利之人哉?若不是真实知其有利益于我,可以成吾之大功,则乌用正义明道义邪?"⑤他进而指出,所谓"正谊"、"明道"其实都是为了"计功"、"谋利",亦

---

① 李贽:《道古录》卷上,《李贽文集》第 7 卷,社会科学文献出版社 2000 年版,第 357 页。

② 李贽:《道古录》卷上,《李贽文集》第 7 卷,社会科学文献出版社 2000 年版,第 358 页。

③ 李贽:《道古录》卷上,《李贽文集》第 7 卷,社会科学文献出版社 2000 年版,第 358 页。

④ 李贽:《贾谊》,《李贽文集》第 1 卷,社会科学文献出版社 2000 年版,第 189 页。

⑤ 李贽:《贾谊》,《李贽文集》第 1 卷,社会科学文献出版社 2000 年版,第 189 页。

只有现实的社会功利才是检验"谊"是否"正"、"道"是否"明"的客观标准。
他说：

> 夫欲正义，是利之也。若不谋利，不正可矣。吾道苟明，则吾之功
> 毕矣。若不计功，又何时而可明也？今日圣学无所为，既无所为矣，又
> 何以圣为乎？①

接着，李贽又对宋儒张栻之所谓"圣学无所为而为"的说法，提出批评，斥之
为欺人之论。他指出：

> 其曰"学莫先于义利之辨，凡有所为而为者，皆私也，非义也"，此
> 尤其平生得意之论也。李生曰："嗟乎！世岂尝有无所为而为之事哉？
> 真欺我矣！"②

通过以上对汉宋儒家义利观的批判，李贽揭露了儒家，特别是宋明道学家的
非功利主义的虚伪性。

"天下尽市道之交"

从"人必有私"这一客观事实出发，李贽主张统治者应该顺应自然之理
和必然之势，满足人们对物质利益的追求。他说："寒能折胶，而不能折朝
市之人；热能伏金，而不能伏竞奔之子。何也？富贵利达所以厚吾天生之五
官，其势然也。是故圣人顺之，顺之则安之矣。"③李贽认为，人们追求物质
利益的欲望是遏制不住的，只有顺之，在社会的自我调节中使人们各因其才
而各遂其欲，才能建立起一种既有竞争而又和平安宁的社会秩序。

李贽常把社会的人际关系放到商业交易关系中去加以考察。他说"天
下尽市道之交也"，就连孔夫子与其门徒之间，也是市道之交："七十子所欲
之物，唯孔子有之，他人无有也；孔子所可欲之物，唯七十子欲之，他人不欲
也。"他进而又指出："以身为市者，自当有为市之货，固不得以圣人而为市
井病。身为圣人者，自当有圣人之货，亦不得以圣人而兼市井。吾独怪夫今

---

① 李贽：《藏书·德业儒臣后论》，《李贽文集》第1卷，社会科学文献出版社2000年版，
第626页。
② 李贽：《藏书·张栻》，《李贽文集》第3卷，社会科学文献出版社2000年版，第
688页。
③ 李贽：《答耿中丞》，《李贽文集》第1卷，社会科学文献出版社2000年版，第16页。

之学者以圣人而居市井之货也！"①在李贽看来,一切都是商品交换的关系,市井有市井之货,圣人有圣人之货,卖圣人之货者不得非议市井;但卖圣人之货的也得名副其实才行,不能挂圣人的招牌而卖市井之货。虽然从本质上来说"天下尽市道之交",但决不能"以圣人而兼市井",把纯粹的金钱关系引入学界和官场。

李贽的义利观,以现实的人性和天下人无不追逐私人利益的事实来对抗虚伪的道学说教,明确地肯定私人利益,并且初步意识到这种私人利益对于经济发展的动力作用,不仅在哲学上推倒了排斥私人利益的非功利主义观念,而且也为萌芽中的资本主义市场经济奠定了"自然法则"的基础。

（二）"义利并重"、"义利一物"及"义在利中"说
——黄绾、吴廷翰、焦竑、陈第的新义利观

黄绾的"义利并重"论

黄绾(1477—1551年,明成化十三年至嘉靖三十年),字宗贤,浙江黄岩人。早年信奉宋儒学说,为"存天理,灭人欲"而痛下"克苦工夫","终日不食,罚跪自击,无所不至",比西欧中世纪刻苦自修的僧侣有过之而无不及。正德五年(1510年)任后军都事,在京结识王阳明,从此又在"致良知"方面下"克苦功夫"。直到嘉靖十二年(1533年)离礼部侍郎任回乡专事讲学著述以后,思想才发生了重大转变,意识到"去人欲"的道学教条与"天性人情之真"不相容,道学"迂阔不近人情","情"与"欲"不能"去",遂以"执中之旨"来论理欲、义利之关系。

从"天性人情之真"出发,黄绾对宋明道学提出了批评。他说:"昔以道学致人非笑者,由以禅学为宗,别立一种言行,人见其迂阔不近人情,故皆非笑之。此岂人之过哉? 皆在我有以致之。惟实明圣人之学,则言行无迂阔,皆近人情,真有所谓'言满天下无口过,行满天下无怨恶'矣。"②他认为

---

① 李贽:《论交难》,《李贽文集》第1卷,社会科学文献出版社2000年版,第73页。
② 黄绾:《明道编》,中华书局1959年版,第40页。

"义"与"利"二者应该并重,不能重义而轻利。他说:"饥寒于人最难忍,至若父母妻子尤人所难忍者,一日二日已不可堪,况于久乎? 由此言之,则利不可轻矣。然有义存焉,今未暇他论,姑以其至近者言之:如父母之于子,子之于父母,夫之于妻,妻之于夫,可谓一体无间矣。然于取与之际,义稍不明,则父母必不乐其子,子亦不乐其父母矣,夫必不乐其妻,妻亦不乐其夫矣。由此言之,则义岂可轻乎? 二者皆不可轻,如之何其可也? 君子于此处之,必当有道矣。此皆学问之不可不讲者。"①黄绾看到了利不可去,亦不可轻。这首先是因为人要生存就不能不首先解决衣食问题,因而不能不讲"利";其次,人与人之间的关系本质上也是一种利益关系,即使是父母子女之间,夫妻之间,也存在着"取与之际"的"利"的问题,处理不好,彼此之间也会发生冲突。所谓"义",不过是如何将"利"的问题处理好而已。因此,"利"与"义"二者皆不可轻,问题只在于如何正确地处理好人与人之间的利益关系问题,实现"利"与"义"的统一。

黄绾将自己学问的要旨概括为"志道、据德、依仁、游艺"八个字,以此解决"义"与"利"何以统一的问题。其中"据德、依仁"属于"义"的范畴,"成之于身,温、良、恭、俭、让,谓之德;全其仁、义、礼、智、信于心,谓之仁"②;"游艺"属于"利"的范畴,"切于民生日用,衣食居处必不可无,谓之艺"③;"道"则体现着义与利的统一,"行之于身,无不中节,谓之道;……故道曰志,德曰据,仁曰依,艺曰游。此乃圣学之所有事者也"④。他把"切于民生日用衣食居处"的"游于艺"看作是圣学的重要内容,并释"游艺"为"治生",即从事生财、理财的经营活动。他说:"君子为学,岂不治生,岂无所取,皆视其分所当为,义所当得,力所当勤,用所当俭者尽其心而已。此孔门所以有'游艺'之训,《大学》所以有生众食寡、为疾用舒之道也。于此而知盈缩节约之方,常留有余,以待公私缓急之需,则财可足,虽不至于丰余,亦可免他日饥寒之患、求人滥取之失矣。"⑤他认为君子亦治生,且以君子之道治生,这样也就将义与利有机地统一了起来,"至道无余蕴"矣! 在他看

---

①　黄绾:《明道编》,中华书局 1959 年版,第 29 页。
②　黄绾:《明道编》,中华书局 1959 年版,第 19 页。
③　黄绾:《明道编》,中华书局 1959 年版,第 19 页。
④　黄绾:《明道编》,中华书局 1959 年版,第 19 页。
⑤　黄绾:《明道编》,中华书局 1959 年版,第 29 页。

来,这就叫做"知止",是圣人推崇的最高境界。他甚至认为,如果没有"游艺"——"治生"——利,也就谈不上什么道德仁义了:"人为学若不知止,则必流于禅;若不知志道,则处事必不中节;若不知据德,则气性必不好;若不知依仁,则心术必不良;若不知游艺,则所守必不固。纵或勉为苦节以终身,后必不可继也。"①这是对宋明道学的僧侣主义的深刻批判。

黄绾早年迁愚,因而专奉程朱僧侣主义的"克苦工夫";中年做京官,为帝王"治国平天下",故推崇王学诉诸"良知"之"简易直截";晚年在故乡浙江,亲身感受到嘉靖年间社会生活的变化,反思一生"克苦"之切肤之痛的体验,因而走向"天性人情之真"的人文主义。这种转变是时代的感召,亦是个人在经历了非人生活的痛苦体验以后而十分自然地产生的人性的自我发现。

吴廷翰论"义利原是一物"

吴廷翰的义利观与其理欲观相一致。在理欲观上,吴廷翰认为人欲即是天理,天理即是人欲,人欲不在天理外,天理亦不在人欲外,如此等等,已如前述。吴廷翰论"义"与"利",亦是按照其论"理"与"欲"的同一思路而展开。他说:

> 义利原是一物,更无分别。故曰:"利者,义之和也。"又曰:"利物足以和义。"盖义之和处即是利,必利物而后义乃和。后人只见利是便宜的物,不知从义上来,遂不向义上求取,而义利始分,君子小人始别。然凡利不从义来者,皆非圣人之所谓利也。故曰:"国不以利为利,以义为利。"然专言义而不知利之为义,则义反失之,而非圣人言义之本旨。《易》曰:"利用安身。"又曰:"利用出入。"故舍义而言利者,必有人欲陷溺之危;舍利而言义者,亦无天理自然之安。②

吴廷翰认为,义与利本不是对立的,在人们正当的物质利益受到尊重的社会里,义利原是一物,义就是利,利也就是义,二者并无分别,只是因为有见利忘义之人,遂导致义与利的对立和圣人对义的强调。然而舍利而言义,决非

---

① 黄绾:《明道编》,中华书局 1959 年版,第 15 页。
② 吴廷翰:《吉斋漫录》卷下,《吴廷翰集》,中华书局 1984 年版,第 66 页。

圣人言义之本旨,圣人只是说要人们通过正当的途径去谋利,在这一意义上利也就是义了。在吴廷翰看来,一方面固然不能舍义而言利,认为这样做会导致一切道德的沦丧;但另一方面更不能舍利而言义,认为这样做也不合乎"天理自然",因为扼杀了人们正当的物质利益追求,也就根本谈不上"义"了。因此,唯一的办法就是将"义"、"利"二者统一起来,以利和义,以义和利,恢复"义利原是一物,更无分别"的内在统一性。在吴廷翰关于义利关系的论述中贯穿了一个基本观点,即只有肯定人们正当的物质利益,才谈得上所谓"义"。这一观点的提出,对儒家传统的"义利之辨"是一个重大的突破,它反映了人们正在从中古禁欲主义束缚下解放出来而开始追求其正当的物质利益的社会要求。

焦竑论"即功利而条理之乃义"

焦竑(1540—1620 年,明嘉靖十九年至泰昌元年),字弱侯,号澹园,南京人。万历十七年(1589 年)进士第一,后任东宫讲读官。万历二十五年(1597 年)主顺天试,给事中项某、曹某劾其"所取险怪",被贬为福宁州同知,转任太仆寺丞。到 70 岁时升任南京国子监司业。焦竑有高风亮节,中状元时,"京兆欲为树棹楔,谢以赈饥。原籍山东,亦欲表于宅,改置义田"[1]。曾师事耿定向、罗汝芳,尤笃信李贽之学,与李贽为挚友,称颂李贽"即未必是圣人,可肩一'狂'字,坐圣门第二席"[2]。

受李贽思想的影响,焦竑明确反对将义与利对立起来,主张义利合一论。其《澹园集》卷二十二有《书盐铁论后》一篇短文,专论义利关系:

> 自世猥以仁义功利歧为二途,不知即功利而条理之乃义也。《易》云"理财正辞,禁民为非曰义",而岂以弃财为义哉!桑弘羊当武帝兵兴,为三法以济之,中如酒榷,诚末事矣。乃诸当输官者,令各输土所饶,平其直,于他所货之,输者既便,官有余利,亦善法也。至筦山泽之利,置盐铁之官,真不益赋而用饶,奈何病之?刘彤有云:"古费多而民不伤,今用少而下转困。非他,古取山泽,今取贫民,取山泽则公利厚而

---

① 黄宗羲:《明儒学案》卷三十五《泰州学案四》,《黄宗羲全集》第 8 册,浙江古籍出版社 2005 年版,第 83 页。

② 朱国祯:《涌幢小品》,中华书局 1959 年版,第 369 页。

人归于农,取贫民则公利薄而民去其业。"此亦足以发明汉法之当遵用矣。古先王山海有官,虞衡有职,轻重有术,禁发有时。一厚农,一足国。桑大夫盖师其余意而行之,未可以人废也。藉第令画饼疗饥可济于实用,则贤良文学之谈为甚美,庸讵而必区区于此哉。①

在以上论述中,焦竑明确提出了"即功利而条理之则为义"的义利统一观的命题,反对"猥以仁义功利歧为二途",并且通过对汉代富国之臣桑弘羊开发山泽之利而不伤民的赞扬,抨击了只知说空话、说大话、说假话、"画饼充饥"、无济"实用"的儒家贤良文学之徒,实际上是痛斥了"严王霸义利之辨"的宋明理学家。他发挥"理财正辞、禁民为非曰义"的《易》理,主张"取山泽则公利厚"的富国之道,反映了"天工开物"的时代要求;同时,他对"古取山泽,今取贫民"的古今差别的论述,又是对明王朝厚敛于民,导致"病民"、"伤民"、"民去其业"的苛政的抨击,反映了下层民众维护自身物质利益的要求。文中称颂古先王"一厚农"、"一足用",似有农与工商并举的思想。此外,"取山泽"而不厚敛于农民,使不致因横征暴敛而去其业,这也是一种为明末社会动乱的教训所证明了的合乎当时中国情况的主张。

陈第论"义即在利中"

陈第(1541—1617年,明嘉靖二十年至万历四十五年),字季立,号一斋,又号子野子,福建连江人。少时读书、击剑、喜谈兵,意气雄豪,人以为狂。嘉靖四十一年(1562年),戚继光征倭到连江,参戚继光军事。万历元年(1573年)入俞大猷幕府,次年北行,纵览边陲,考察形势。万历四年(1576年)八月,领京营甲兵三千出蓟镇防秋。万历七年(1579年),补蓟镇之屯车兵前营游击将军,用副总兵体统行事,驻古北口附近。万历九年(1581年)十一月,因督府吴兑让其妻弟周安发所属营兵布匹浮价以售,被陈第押送制府处置,由此得罪上司,祸将不测。又因当时边境平静,无所自用其才,遂告归,闭门著述十余年。万历二十六年(1598年)以后,游粤东、粤西,亦尝随剿倭军渡海至台湾。万历三十九年(1611年),开始其五岳之游,登嵩山,游太室,入潼关,攀泰华,上终南,游武当;继而北出紫荆关,逾沙河,上恒山;复折而

① 焦竑:《书盐铁论后》,《澹园集》,中华书局1999年版,第272—273页。

南行,浮洞庭,游岳麓,登衡山。后两年卒于家。有《一斋集》传世。

陈第与笃信李贽学说的焦竑相友善,曾于万历三十二年(1604 年)到南京访焦竑,二人意气相投,谈论相得,具有反道学的共同思想倾向。陈第的《松轩讲义》,首页即为《义利辨》,可见其对义利问题的重视。其说云:

> 张生问:"孟子言义不言利,何谓义,何谓利?"曰:"尔以何者为义,何者为利乎?"曰:"义乃道理,利乃货财也。"曰:"若以货财为利而不言,则天子不问国课,庶人不理家业,文臣不核赋税,武吏不稽兵食,是乱天下也,如之何而可?且道理岂可空空而无所着乎?"张生请问。曰:"义即在利之中,道理即在货财之中。"张生未达。曰:"利者,益己损人,厚己薄人之谓;义者,公己公人,视人犹己之谓。如同此赋税也,出纳平允则为义,私其羡余则为利;同此兵食也,给散公明则为义,稍有侵尅则为利;又如同此酒食,养亲则义,不顾父母之养则利;同此衣服,让兄则义,不恤兄弟之好则利。岂酒食衣服之外别有所谓义,别有所谓利乎?即如读书作文,岂非圣贤君子之事,然其心曰:'吾欲藉此以泽民',则为义矣;其心曰:'吾欲藉此以肥家',则读书作文亦利矣。况其他乎?故义利二字看得分明,则自天子以至庶人,不离国课家业之中,自有公己公人之道。其学乃不流于虚,而天下家乡受其益也。"①

在以上与门人的对话中,陈第鲜明地提出了"义即在利中,道理即在财货之中"的命题。他认为,所谓"义"作为"道理"或道德,是不能"空空无所着落"的,世上无孤立悬空之理,"义"必寓于"利"中乃见。对于一个国家来说,自天子至于庶民,如果只讲义而不讲利,忽略了人生存的物质基础,那么就会造成天下大乱;所以自天子以至于庶民,每一个人都不能不讲利,而所谓"义"只能体现于"利"之中。从这一观点出发,他认为"国课"、"兵食"、"家业"、"酒食衣服之外",没有所谓"义",也没有所谓"利",所谓"义"只是物质利益的分配能否做到"公己公人"而已。因此,他反对"益己损人"、"厚己薄人"以及官员贪污之类的见利忘义的行为,而主张"公己公人,视人犹己",将"义"与"利"在己与人、家与国皆能各遂其利的"公"的基础上统一起来,即所谓"国课家业之中自有公己公人之道"。他认为只有如此看待义利关

---

① 陈第:《松轩讲义·义利辨》,《四库禁毁书丛刊》集部第 57 册,北京出版社 1997 年版,第 261 页。

系,才不至于流于舍利而言义的蹈虚空谈,才能做到使"天下家乡受其益"。

陈第的义利观,特别是他对于"公"的强调,开清初学者以强调"公"为特征的理欲观、义利观的先河。

(三)"工商皆本"的经济思潮

"工商皆本"的经济思想,自 16 世纪初即已开始在中国酝酿。从王阳明晚年倡"四民平等"说始,迄于明末(17 世纪中叶),有何心隐提出"商贾大于农工"说,有李贽抗辩"商贾亦何鄙之有";有汪道昆(1525—1593 年)鼓吹"良贾何负闳儒";有李三才、顾宪成为代表的东林党人和同情东林党人的袁宏道等人为天下商民请命,有东林党人赵南星提出"士农工商,生人之本业"说,有冯应京主张"九流百工皆治生之事",有宋应星主张为交换而生产,要求撤除关卡以"通商惠民",还有王徵提出"商人者,财用发生之根本"的鲜明的重商命题。百年之中,重商思想交汇迭起,一浪高过一浪,反映了中国社会从传统的"以农为本",以农立国迈向以工商为本,以工商立国的经济演进的新趋向。

王阳明于 1525 年为弃儒从贾的江苏昆山士人方麟写的一篇墓表,是重新估价工商业者社会地位的新开端。其说略云:

> 古者四民异业而同道,其尽心焉,一也。士以修治,农以具养,工以利器,商以通货,各就其资之所近,力之所及者而业焉,以求尽其心。其归要在于有益于生人之道,则一而已。士农以其尽心于修治具养者,而利器通货,犹其士与农也;工商以其尽心于利器通货者,而修治具养,犹其士与农也。故曰:四民异业而同道。……自王道熄而学术乖,人失其心,交鹜于利以相驱轶,于是始有歆士而卑农,荣宦游而耻工贾。夷考其实,射时罔利有甚焉,特异其名耳。……吾观方翁"士商从事"之喻,隐然有当于古四民之义,若有激而云者。呜呼! 斯义之亡也久矣! 翁殆有所闻欤? 抑其天质之美,而默有契也? 吾于是而重有所感也。①

---

① 王阳明:《节庵方公墓表》,《王阳明全集》(上),上海古籍出版社 1992 年版,第941 页。

墓主方麟是 16 世纪初的中国较早弃儒从贾的一个典型,王阳明为之作墓表,这件事本身即具有不同寻常的意义。在这篇墓表中,阳明以托古的方式,批判了"荣宦游而耻工贾"的儒家传统观念的虚伪性,认为这种观念的产生本身就是"交骛于利"的结果,宦游者对于"利"的追逐有甚于商贾。他所提出的"四民异业而同道,其尽心焉,一也";"其归要在于有益于生人之道,则一而已";"工商以其尽心于利器通货者,而修治具养,犹其士与农也";这些命题所表现的,则是一种新的"四民论"。通过这些命题,他确立了士农工商四民在"有益于生人之道"这一根本点上处于完全平等的地位。

　　反映明代中叶社会结构的变化,何心隐在《答作主》一文中说:"商贾大于农工,士大于商贾,圣贤大于士。""商贾之大,士之大,莫不见之,而圣贤之大则莫之见也。农工欲主于自主,而不得不主于商贾。商贾欲主于自主,而不得不主于士。商贾与士之大,莫不见也。使圣贤之大若商贾与士之莫不见也,奚容自主其主,而不舍其所凭以凭之耶?岂徒凭之,必实超而实为之,若农工之超而为商贾,若商贾超而为士者也。"①这是何心隐对"四民"在社会中的作用和地位的重新认识。他本人固然是属于"士"阶层,立志当"圣贤",故云圣贤大于士,士大于商贾,但他一方面明言商贾大于农工,颠倒了传统的农与商的关系,提升了商贾的社会地位;另一方面,他认为这种社会关系亦处于流动变化之中,即农工可以超而为商贾,商贾可以超而为士,这也是反映明代中叶以后社会流动机制的变化而对传统的四民地位论的修正。

　　明代中叶著名的文学家、文学革新的倡导者之一徐渭亦曾作《一愚说》,写的也是一位弃儒从商的读书人,借此宣传商业伦理:"童允和者,予父夔州公外家之后也。少尝读书,家近市,遂隐于贾,乃自号一愚。……一日问之曰:'若所谓一愚者何居?'允和前而对曰:'侄家也市,熟于市之故矣。盖地之嚚如市,而人之黠者亦莫如市。人既以黠而御嚚,则又有黠者焉。以黠而御黠,其黠愈高,其利愈厚。虽然,久之而未尝不败也。若夫愚者,则不足以御嚚矣,则又有愚者焉,以愚而御愚,其愚愈笃,其利愈薄。虽然,久之而未见其败也。是以侄也,退而守一愚。'予应之曰:'子之言市也,其人则贾也,其见则进于道矣。老子不云乎'良贾深藏,若虚;君子盛德,容

────────────

① 何心隐:《答作主》,《何心隐集》第三卷,中华书局 1960 年版,第 53、54 页。

貌若愚'。子其果愚矣乎？其真良贾矣。"①这篇文章塑造了一个具有远见，讲求诚信，以薄利多销而致富的"隐于市"的读书人而兼商贾的形象，认为商贾亦可"进于道"，赞扬其"真良贾也"，从而驳斥了传统的"商贾道德卑下"的偏见。

出身于新安商人家庭的著名学者汪道昆（1525—1593 年，明嘉靖四年至万历二十四年），更是明代中叶新兴商人阶层的有力代言人。首先，他认为人或儒或商，不过是各人因其能力之所宜从事的不同职业而已，并没有所谓尊卑贵贱之分。他在《明故处士溪阳吴长公墓志铭》中说："古者右儒而左贾，吾郡或右贾而左儒，盖诎者力不足于贾，去而为儒，赢者才不足于儒，则反而归贾。"②这是说，力不足为贾者就去为儒，才不足为儒者即去为贾，各有偏胜，又何贵贱之有！其次，他强调，良贾对于人类社会文明的贡献并不逊于闳儒，贾为从事文化事业的儒提供物质的基础和支持。此一代人为贾，则彼一代人为儒，彼一代人为儒，则此一代人为贾；不儒则贾，不贾则儒，文化事业亦因此而得以发展。"大江以南，新都以文物著。其俗不儒则贾，相代若践更。要之，良贾何负闳儒，则其躬行彰彰矣！"③再次，从社会道德的观点看，贾亦无负于儒。他驳斥儒者以诗书为本业，视货殖为卑贱的观点，在《范长君传》中说："司马氏曰：儒者以诗书为本业，视货殖辄卑之。藉今服贾而仁义存焉，贾何负也。"④贾者中亦不乏道德高尚之人，儒者中亦不乏奸佞之徒，贾亦何卑之有！最后，从社会经济发展的观点看，贾亦无负于农，对农业与商业应该同等重视，一视同仁。他认为，儒者所说的先王重农抑商是伪造，是撒谎，先王是既重农又重商的。他说："窃闻先王重本抑末，故薄农税而重征商。余则以为不然，直一视平施之耳。日中为市，肇自神农，盖与末耜并兴，交相重矣。……商何负于农？"⑤因此，他反对明朝重征商税的政策，主张薄征商税，以利于商品经济的发展。他从商人的社会地位、社会贡献、伦理道德以及商业在国家经济中的重要作用诸方面，推倒了

---

① 徐渭：《一愚说》，《徐渭集》第 3 册，中华书局 1983 年版，第 979 页。
② 汪道昆：《明故处士溪阳吴长公墓志铭》，《太函集》（二），黄山书社 2004 年版，第 1142 页。
③ 汪道昆：《诰赠奉直大夫户部员外郎程公暨赠宜人闵氏合葬墓志铭》，《太函集》（二），黄山书社 2004 年版，第 1146 页。
④ 汪道昆：《范长君传》，《太函集》（一），黄山书社 2004 年版，第 638 页。
⑤ 汪道昆：《虞部陈使君榷政碑》，《太函集》（二），黄山书社 2004 年版，第 1352 页。

自古以来荣宦游而贱商贾,视商贾为小人以及重农而轻商的传统偏见,为中国的商人作了一篇极大的翻案文章。

李贽冲破了传统的重农抑商思想的束缚,开始为以工商业者为主体的早期市民阶层争地位,赞扬他们,为他们鸣不平。他在给焦竑的一封信中说:"商贾亦何鄙之有? 挟数万之赀,经风涛之险,受辱于关吏,忍诟于市易,辛勤万状,所挟者重,所得者末。"①他从"人必有私"这一客观存在的事实出发,对劳动人民满足其物质需求的活动,尤其是"市井小夫"的赢利活动表示了充分的肯定,赞扬他们毫不掩饰其"私"的直率坦诚。他说:"市井小夫,身履是事,口便说是事。作生意者但说生意;力田作者但说力田,凿凿有味,真有德之言,令人听之忘厌倦矣。"②中国早期工商业者多由勤俭而致富,李贽对此亦十分赞赏,其说曰:"勤俭致富,不敢安命,今观勤俭之家自见。"③赞扬下层民众向命运和贫困挑战,靠诚实劳动和勤俭持家而致富的精神。他公然主张实行自由放任的资本主义,同情竞争中的强者,为历史上的工商业者中的巨富们辩护,他说:"天与以致富之才,又借以致富之势,畀以强忍之力,赋以趋时之识,如陶朱、猗顿辈,程郑、卓王孙辈,亦天与之以富厚之资也。是亦天也,非人也。若非天之所与,则一邑之内,谁是不欲求富贵者? 而独此一两人也耶?"④他认为竞争的结果必然是"强者弱之归,不归则并之;众者寡之附,不附则吞之",称此为"天道",想治天下的"圣人"就不能违背这一"天道"⑤。这实际上是一种典型的自由放任的资本主义经济主张,是在为中国构建一幅资本主义的社会图景。

社会经济基础的变化必然要反映到政治上来,在万历年间,东林党人充当了早期市民阶层的经济利益的代言人。东林党的主要人物的原籍都在商品经济有了高度发展的江南地区,他们中有的人或先辈经商,甚至有的本人参与商业活动,如顾宪成的父亲即致力于工商业活动,曾"试为酒人、豆人、

---

① 李贽:《又与焦弱侯》,《李贽文集》第 1 卷,社会科学文献出版社 2000 年版,第 45 页。
② 李贽:《答耿司寇》,《李贽文集》第 1 卷,社会科学文献出版社 2000 年版,第 28 页。
③ 李贽:《墨子批选》卷二《批非命上》,《李氏丛书》,明燕超堂刻本。
④ 李贽:《道古录》卷上,《李贽文集》第 7 卷,社会科学文献出版社 2000 年版,第 357 页。
⑤ 李贽:《道古录》卷下,《李贽文集》第 7 卷,社会科学文献出版社 2000 年版,第 375 页。

饴人、染人,渐能自衣食",又"再徙泾,傜廛而市"①。高攀龙的生父兼营高利贷,"纤啬治生产,米盐琐悉一切躬亲之,以其赢与里中交质,为什一息。"②缪昌期的生父是商品交易的经纪人,李三才在张家湾也开设店铺。即使先辈或本人未曾经商的人,也与新兴的早期市民阶层有着千丝万缕的联系。他们都对遭受专制压迫和剥削的市民阶层抱同情的态度,为他们请命,支持他们反对超经济强制的斗争。

万历二十四年(1596 年),明神宗向全国派遣宦官充当"矿监"、"税使",对民间工商业进行肆无忌惮的掠夺,激起了早期市民阶层的愤怒反抗。为了维护民间工商业者的利益,东林党人纷纷上疏,请罢矿监税使。被浙党目为东林巨魁的淮抚李三才,是最坚决地反对矿监税使的东林人物。《万历疏钞》卷二十九收录反对矿税的上疏十九篇。其中李三才的有两篇,一篇是《政乱民离目击真切恳乞圣明承天念祖救之水火以自尽君道疏》;一篇是《万民涂炭已极乞赐省览以救天下疏》。在这些上疏中,李三才对上至皇帝、下至巡按百司的专制政治体制对人民的横征暴敛进行了激烈的攻击。专制帝王不是标榜什么"仁政爱民"、"使寒者衣之、饥者食之"吗?可是实际情况恰恰是:

> (皇上)不惟不衣之,且并其衣而夺之;不惟不食之,且并其食而夺之。征榷之使,急于星火;搜括之命,密如牛毛。今日某矿得银若干,明日又加增银若干;今日某处可税银若干,明日又加税银若干;今日某官阻挠矿税,差人拏解矣;明日某官怠玩矿税,罢职为民矣。上下相争,惟利是闻,远近震撼,怨仇载道。子万民君四海者顾如是邪?……夫民心之离叛,臣今不暇论,社稷之安危,臣今不敢论。独念皇上以天托以司牧之任而乃甘为掊克之举,祖宗传以安养之众,而顾使罹此流亡之祸,清宫静夜,诚一思之,圣心忍乎,不忍乎?安乎,不安乎?臣知其决不忍且安矣。且一人之心,千万人之心也。皇上爱珠玉,人亦恋温饱,皇上忧万世,人亦恋妻孥,奈何皇上欲黄金高于北斗之枢,而不使百姓有糠秕升斗之储?皇上欲为子孙千年万年之计,而不使百姓有一

---

① 顾宪成:《泾皋藏稿》卷二十一《先赠公南野府君行状》,《景印文渊阁四库全书》第1292 册,台湾商务印书馆 1986 年版,第 225 页。

② 高攀龙:《高子遗书》卷十《谱传》,《景印文渊阁四库全书》第1292 册,台湾商务印书馆 1986 年版,第 640 页。

朝一夕之计?①

更有甚者,皇帝不仅任用他的私人爪牙宦官四出骚扰,而且强迫巡按百司的官员们协同宦官作恶:

> 今采抽踏勘,俱会抚按,少有异同,动蒙切责;赴解征收,任委各司,驾言阻挠,便被逮系。是上自皇上,下至巡按百司,无非为矿税计也。故谓臣等为巡扰可也,巡害可也,知税、知矿、知盐可也。②

以上这些直接谴责皇帝的话,如果换成后来黄宗羲的语言,不啻是说:"为天下之大害者,君而已矣!"

在李三才的带动和影响下,冯琦、胡圻、叶向高、陈于廷、周嘉谟、汪应蛟、王纪、孙玮、李若星、蔡毅中、汤兆京、郭正域、李邦华、姚思仁、徐缙芳、金士衡、萧近高、欧阳东风、姜志礼、余懋衡、曹于汴、邓渼、周起元等东林榜上的著名人物,也都交章谏停矿税,或总论矿税的危害,或分论税监的专横,等等。

在反对专制王朝的超经济强制的斗争中,东林党人赵南星提出"士农工商,生人之本业"③和"农之服田,工之饬材,商贾之牵牛车而四方,其本业然也"④的工商皆本的看法。在这种思想倾向下,东林党人大都反对增加商税,主张惠商便民。顾宪成和李应升为此都曾先后写信给苏州浒墅关的官吏。顾宪成论述了小经纪营生和在家门贸易不出四十里内者,也要到关纳税为极不合理,并对税监的爪牙税棍借漏税为名擅杀一个只有八两银子本钱的商民赵焕一事十分愤慨,为赵焕呼冤除害⑤。李应升更指出,浒墅关"利在东南西北也,而乡民斗粟鱼舟,动遭科迫",建议他们要"爱商恤民,上

———————

① 李三才:《政乱民离目击真切恳乞圣明承天念祖救之水火以自尽君道疏》,《万历疏钞》卷二十九矿税类。《四库禁毁书丛刊》史部第59册,北京出版社1997年版,第373页。

② 李三才:《政乱民离目击真切恳乞圣明承天念祖救之水火以自尽君道疏》,《万历疏钞》卷二十九矿税类。《四库禁毁书丛刊》史部第59册,北京出版社1997年版,第374页。

③ 赵南星:《赵忠毅公诗文集》卷十《寿仰西雷七十序》,《四库禁毁书丛刊》集部第68册,北京出版社1997年版,第255页。

④ 赵南星:《赵忠毅公诗文集》卷十《贺李汝立应乡举序》,《四库禁毁书丛刊》集部第68册,北京出版社1997年版,第265页。

⑤ 顾宪成:《泾皋藏稿》卷四《柬浒墅榷关使者》,《景印文渊阁四库全书》第1292册,台湾商务印书馆1986年版,第38、39页。

不妨公而下利于途"①。王纪更为北方河间府商贩日稀民生日乏的情况而大声疾呼,要求减免那里的重叠小税。② 叶茂才掌管芜湖商关,李守俊掌管九江商关,他们经常放关免税,很受商民的爱戴。《东林列传》说李守俊死后"榇过九江,父老相率携鸡酒泣奠曰:'放关一事,目中不可复睹矣!'"万历四十二年(1614年),当时任福州通判的周顺昌上疏弹劾税监高案,为商民请命。在他要离任时,"士民扳留者数万人,环绕刑署,夜以继日,自府门以达刑署后堂,露宿皆满,唯恐周推官之夙驾也。适奉撤回高案之旨,始得解"③。

在反对矿监税使的斗争中,袁宏道也是一位敢于仗义执言、为商民请命的著名人物。万历二十七年(1699年)二月,朝廷派遣太监陈奉充当税使,往征荆州店税。其所到之处,敲榨商民,无恶不作。袁宏道在北京致函荆关抽分官沈朝焕:"荆商之困极矣。弟犹记少年过沙市时,嚣聚如沸,诸大商巨贾,鲜衣怒马,往来平康间,金钱如丘,绨锦如苇。不数年中,居民耗损,市肆寂寥。居者转而南亩,商者化为游客,鬻房典仆之家,十室而九,而当事者时欲取羡于额外,屡盈屡溢,若之何不病且呕也?今兄灼见弊源,大破旧习,不耗国,不厉民,此正荆民更生之时,而中官之虎而翼者至矣。穷奇之腹,复何所厌?垂危之病,而加之以毒,荆人岂有命哉!……虽江河为泪,悲不足以尽贾生之哭也。"④他建议沈朝焕设法阻止朝廷税使的横行,以保护荆州工商业者的利益。万历三十二年(1604年),袁宏道送继任荆关抽分官叶秉敬还朝,又再次建言,请叶秉敬为天下商民请命。他说:"今天下之利孔,百耗于唐、宋,而其规利之法,百苛于间架、手实,使君此行,试以密心,筹所以复天子及司国是者。"他认为朝廷之所以要以患财用不足为名而对工商业者横征暴敛,根源在于皇上有万不可解的"区区嗜好之笃",善于揣摩皇帝意图的大臣们也就乘机进"患不足之论","兴思不足之事"以迎合皇帝的嗜欲。因此他建议叶秉敬要设法说服皇帝消除其"患不足"之"情",使得"患

---

① 李应升:《落落斋遗集》卷五《答刘念劬》,《四库禁毁书丛刊》集部第50册,北京出版社1997年版,第163页。

② 参见王纪:《请豁重叠小税疏》,《明经世文编》(六),中华书局1962年版,第5199—5200页。

③ 文秉:《定陵注略》卷五《地方激变》,北京大学图书馆藏善本。

④ 袁宏道:《答沈伯函》,《袁宏道集笺校》(上),上海古籍出版社1981年版,第768页。

不足之论"不攻自破。他嘱托叶秉敬:"天下事烦君者不少,唯真学术可以应之,幸勿谓关事毕,且暂释负也。"①恳切之情,跃然笔端,表现了袁宏道对受压迫和受掠夺的工商业者的深切同情。

万历时曾任湖广金事的冯应京在《月令广义》中提出了"士农工商各执一业","九流百工皆治生之事"的观点。在湖广商民反对税监陈奉的斗争中,冯应京旗帜鲜明地站在商民一边,上疏弹劾税监陈奉九大罪,因此而被税监陈奉诬陷入狱。礼部尚书冯琦为他呼吁,说他深得民心。

明末著名科学家宋应星亦十分关心新兴工商业的发展,在《野议》中提出了许多发展生产、广开财源、改革税制和繁荣商业的主张。他认为,"夫财者,天生地宜而人功运旋而出者也",而"财""乃通指百货"。自然界蕴藏的财富需要人工来开发,通过发展商业来加以流通。宋应星固然也十分重视发展农业,但他所说的农业已不是自给自足的自然经济的农业,而是为交换而生产的农业,他是为了商品经济的发展而重视农业。他说:"今天下何尝少白金哉! 所少者,田之五谷,山林之木,墙下之桑,洿池之鱼耳。有饶数物者于此,……来贸者必相踵也。"②即农业发展了,商业也就会繁荣起来。同时,他积极主张发展手工业和科学技术,"修明盐铁茶矾"。他敏锐地看到了专制制度与经济发展的矛盾,对明王朝对工商业者横征暴敛十分愤慨,揭露他们苛捐杂税"加派一不足而二,二不足而三","中官王府骚扰又日新而月盛",乃至在某些地方达到了"搜无可搜,括无可括"的地步。因而他积极地主张改变这种状况,取消专制主义的超经济强制。他提出,要将国家的资金拿出来发展生产,而不能将民间用于发展生产的资金收回国库:"酌发内帑,节省无益上供";同时要统一全国税收制度,取消在各地设置的关卡,以便"通商惠民"。他所提出的这些措施,无疑是顺应当时新兴的工商业经济发展的要求的。

明末著名的思想家和科学家王徵也明确提出了重商的经济主张。他说:"天下之财,有根本而后有发生。商人者,财用发生根本也。故欲求裕国,必先恤商。商有余财则乐输,国无乏用则事成。倘焚林而狩,竭泽而渔,

① 袁宏道:《送叶使君还朝序》,《袁宏道集笺校》(下),上海古籍出版社1981年版,第1129、1130页。

② 宋应星:《野议·民财议》,《野议 论气 谈天 思怜诗》,上海人民出版社1976年版,第9页。

虽收目前涓涓一滴之水,实塞异日生生不绝之源。即至愚者,抑且知其不可!"①在这段论述中,王徵一反传统的农本思想,把商业看作是财用发生之根本,是国家财政的生生不绝之源,所以他主张要求国家的富裕,就必须"恤商",反对专制统治者用超经济强制的手段对商人的掠夺和榨取。王徵独重商业,而不是将之与农并举,表现了明显的近代"重商主义"的倾向。重商主义并非排斥农业和工业,而是要把农业和工业都纳入商品经济的轨道,使农业和工业产品通过商品交换而实现其价值,从这一意义上确实是可以说"商人者,财用发生之根本"的。

在明末一些学者的心目中,商人的社会地位甚至超过了"士",而不再是何心隐之所谓"士大于商"了。例如明末有一位学者徐芳,在他所著的《悬榻编》中有一篇《三民论》,认为士游手好闲,唯利是图,还不如商人,所以只可以称"三民"而不可以称"四民"了,可见当时工商界在社会上的地位。②

五、"各从所好,各骋所长"的 个性解放学说

晚明个性解放的思想,滥觞于对王阳明独信自家良知、提倡"狂者胸次"学说的改造和发挥。王艮淡化了王阳明良知说的道德伦理内涵,发挥其独信自家良知的精神,提出"造命由我"、"身尊则道尊",欲以自己的"大兴风雨"来实现使天下人皆能"纵横自在,快乐无边"的自由理想。王畿发挥王阳明的"狂者胸次",明狂狷乡愿之辨,反对"媚世",以狂狷为作圣之途。王艮的学说传至颜山农、何心隐一派,乃"借讲学而为豪侠之具"③,表

---

① 王徵:《恤商裕国》,《两理略》卷二,《王徵遗著》,陕西人民出版社 1987 年版,第76 页。

② 徐芳:《悬榻编》卷一《三民论》,《四库禁毁书丛刊》集部第 86 册,北京出版社 1997 年版,第 28—30 页。

③ 王世贞:《嘉隆江湖大侠》,《弇州史料后集》卷三十五,《四库禁毁书丛刊》史部第 49 册,北京出版社 1997 年版,第 702—703 页。

现为任侠的生命情调;进而又发展为蔑弃一切"条教禁约"、肯定人的各种不同的爱好和倾向、倡导"各从所好,各骋所长"的个性发展的李贽学说。这一学说由公安派、竟陵派的学者们发扬光大,形成了崇"真"尚"奇"的晚明文风。这一切,都直接或间接地反映出早期市民阶层对于解除囚缚、实现个性自由发展的要求。

(一)"狂者胸次"与豪杰精神
——非名教所能羁络的左派王学

王艮论"造命由我"

泰州学派的创始人王艮是一位"狂者"。他29岁那年,就说自己"一夜梦天坠压,万姓惊号,奋身以手支天而起",重整天地日月星辰。37岁那年,"毅然以先觉为己任"。38岁那年,戴着用纸糊的五常冠,穿着自制的奇装异服,以一介布衣到南昌去见巡抚王阳明。招摇过市,轰动了南昌城,"观者环绕市道"。40岁时,又依旧怪模怪样地坐着招摇车,车上打着"天下一个,万物一体"的旗子,北行传道,"入山林求会隐逸,过市井启发愚蒙",一直进入北京城,天子脚下的百姓们"聚观如堵",皇帝也为之惊诧。王阳明见他"意气太高、行事太奇",怕他因此招祸,急忙派人把他从北京叫回来。在王阳明生前,王艮就与王阳明有分歧;王阳明死后,王艮更着力改造王阳明的学说,形成自己的独立学派。

狂人必有狂说。王艮发挥王阳明"只信自家良知"的"狂者胸次",宣称"我命虽在天,造命却由我"①,鼓吹"身重则道重"。他说:

> 圣人以道济天下,是至重者道也。人能宏道,是至重者身也。道重则身重,身重则道重,故学也者,所以学为师也,学为长也,学为君也。
> 以天地万物依于身,不以身依于天地万物,舍此皆妾妇之道。②

他从王阳明的"良知至尊"引申出人的现实生命存在的至尊,认为"以身依

---

① 王艮:《又与徐子直》,《王心斋全集》,江苏教育出版社2001年版,第53页。
② 黄宗羲:《明儒学案》卷三十二《泰州学案一》,《黄宗羲全集》第7册,浙江古籍出版社2005年版,第830—831页。

于天地万物"就是"妾妇之道",将人的主观能动性强调到极端,因而也就最大限度地高扬了人的主体性。

这位高扬主体性的狂者其实又并非是一位"唯我独尊"、"唯予作威"、"唯予作福",妄想由自己主宰一切的那种传统的想当皇帝的愚妄者,其"尊身"乃是为了更好地"尊道",这"道"是百姓日用之道,主张天下人人应该按照其"天性之体"过如同"鸢飞鱼跃"、"万紫千红"般的自由自在的生活。王艮有一篇《鳅鳝赋》,形象生动地表达了要求冲破专制囚缚、使天下人皆能"纵横自在,快乐无边"的宏愿:

> 道人闲行于市,偶见肆前育鳝一缸,覆压缠绕,奄奄然若死之状。忽见一鳅从中而出,或上或下,或左或右,或前或后,川流不息,变动不居,若神龙然。其鳝因鳅得以转身通气,而有生意,是转鳝之身、通鳝之气、存鳝之生者,皆鳅之功也。虽然,亦鳅之乐也,非专为悯此鳝而然,亦非为望此鳝之报而然,自率其性而已耳。于是道人有感,喟然叹曰:"吾与同类并育于天地之间,得非若鳅鳝同育于此缸乎?吾闻大丈夫以天地万物为一体,为天地立心,为生民立命,几不在兹乎?"遂思整车束装,慨然有周流四方之志。①

他把百姓受压迫的现实处境形象地比作遭受"覆压缠绕,奄奄然若死之状"的缸中之鳝,而自己亦不过是缸中之鳅,缸中之鳝因鳅之左冲右突而得转身通气,因以不死。然而,在王艮看来,如此仍然是不够的。缸中之鳝虽能转身通气也毕竟还是缸中之物,终是侍奉主子的材料,难逃庖厨之刀俎,仅使其苟延性命于缸中,岂是圣人之志耶? 因此,王艮继续写道:

> 少顷,忽见风云雷雨交作,其鳅乘势跃入天河,投于大海,悠然而逝,纵横自在,快乐无边,回视樊笼之鳝,思将有以救之。奋身化龙,复作雷雨,倾满鳝缸。于是缠绕覆压者,皆欣欣然而有生意。俟其苏醒精神,同归于长江大海矣。道人欣然就车而行。或谓道人曰:"将入樊笼乎?"曰:"否。吾岂瓠瓜也哉,焉能系而不食?""将高飞远举乎?"曰:"否。我非斯人之徒与而谁与?""然则如之何?"曰:"虽不离于物,亦不囿于物也。"因诗以示之。诗曰:"一旦春来不自由,遍行天下壮皇州。

---

① 王艮:《鳅鳝赋》,《王心斋全集》,江苏教育出版社 2001 年版,第 55 页。

有朝物化天人和,麟凤归来尧舜秋。"①

总之,这鳅不仅要使缸中之鳝得以转身通气,而且要化作飞龙,大兴风雨,使缸中之鳝复归江海。也就是说,要根本改变人们既互相压迫,又同为侍奉主子的材料的悲惨命运,使每一个人皆得自由。这篇《鳅鳝赋》,既是王艮作为"狂者"的个性的写照,也表达了要求解除专制压迫、冲决伦理异化囚缚的时代精神。

王艮的张扬个性的思想,又有为人所诟病的一面。这就是他44岁那年所作的《明哲保身论》,据王艮《年谱》载:

> 四十四岁。……冬十月,作《明哲保身论》。……时同志在宦途,或以谏死,或谴斥远方,先生以为身且不保,何能为天地万物生? 因瑶湖北上,作此赠之。②

黄宗羲认为王艮的《明哲保身论》不免开了"临难苟免"之隙③。从志士仁人不惜以生命热血去殉自己的事业这一点来说,黄宗羲的说法并非没有道理;然而,这种批评似又不合王艮的本意。王艮作为不与统治者合作而又志在重新整顿天地的带有某种政治性质的学派创始人,深知保存和积蓄力量、避免作无谓牺牲的必要性,所以在其"同志"或遭杀害,或遭流放的特定情境下强调"保身"、"安身"而以待将来,是可以理解的。后来泰州学派的继承者何心隐、李贽在被捕后自知必死的情况下,并没有"临难苟免"之意,可见为保存力量的"保身"与临难时的慷慨牺牲并不矛盾。

王畿论"狂狷乡愿之辨"

王畿(1498—1583年,明弘治十一年至万历十一年),字汝中,别号龙溪,浙江山阴人,是王阳明的高足弟子。青年时代的王畿就放浪不羁,蔑视道学,骂那些头戴方巾往来市中讲学的道学先生。同是山阴人的王阳明为了延揽他,乃多方设法诱之。袁宗道描述当时的情形说:

> 于时王龙溪妙年任侠,日日在酒肆博场中。阳明亟欲一会,不来

---

① 王艮:《鳅鳝赋》,《王心斋全集》,江苏教育出版社2001年版,第55页。
② 王艮:《王心斋全集》,江苏教育出版社2001年版,第72页。
③ 黄宗羲:《明儒学案》卷三十二《泰州学案一》,《黄宗羲全集》第7册,浙江古籍出版社2005年版,第830页。

也。阳明却日令门弟子六博投壶,歌呼饮酒。久之,密遣一弟子瞰龙溪所至酒家,与共赌,龙溪笑曰:"腐儒亦能博乎?"曰:"吾师门下日日如此。"龙溪乃惊,求见阳明,一睹眉宇,便称弟子矣。①

这件事被晚明的狂者们传为佳话。王畿师事阳明后,既改掉了赌博的恶习,又使他那"任侠"的本有风格与王阳明的"狂者胸次"结合在一起,慨然而有用世之志。嘉靖十一年(1532年)中进士,先后当过南京职方主司和兵部武选郎中,才当了不到两年的官,就因得罪权贵,以"伪学"被罢黜。此后专以讲学为业,达四十余年。

王畿发挥王阳明的狂者精神,明辨狂、狷、乡愿。其揭露乡愿曰:

> 古今人品之不同如九牛毛,孔子不得中行而思及于狂,又思及于狷。若乡愿则恶绝之,甚则以为德之贼,何啻九牛毛而已乎? 狂者之意,只要做圣人,其行有不掩,虽是受病处,然其心事光明超脱,不作些子盖藏回护,亦便是得力处。若能克念,时时严密得来,即为中行矣。狷者虽能谨守,未辨得必做圣人之志,以其知耻不苟,可使激发开展,以入于道,故圣人思之。若夫乡愿,不狂不狷,初间亦是要学圣人,只管学成毂套,居之行之,像了圣人忠信廉洁;同流合污,不与世间立异,像了圣人混俗包荒。圣人则善者好之,不善者恶之,尚有可非可刺。乡愿之善,既足以媚君子,好合同处,又足以媚小人。比之圣人,更觉完全无破绽。譬如紫色之夺朱,郑声之乱雅,更觉光彩艳丽。苟非心灵开霁、天聪明之尽者,无以发其神奸之所由伏也。夫圣人所以为圣,精神命脉全体内用,不求知于人,故常常自见己过,不自满假,日进于无疆。乡愿惟以媚世为心,全体精神尽从外面照管,故自以为是,而不可与入尧舜之道。学术邪正路头,分决在此。自圣学不明,世鲜中行,不狂不狷之习,沦浃人之心髓。吾人学圣人者,不从精神命脉寻讨根究,只管学取皮毛支节,趋避形迹,免于非刺,以求媚于世,方且傲然自以为是,陷于乡愿之似而不知,其亦可哀也已。所幸吾人学取圣人毂套,尚有未全,未至做成真乡愿,犹有可救可变之机。苟能自返,一念知耻,即可以入于狷;一念知克,即可以入于狂;一念随时,即可以入于中行。入者主之,出者奴之,势使然也。顾乃不知决择而安于其所恶者,不安于其所思者,亦

---

① 袁宗道:《杂说》,《白苏斋类集》,上海古籍出版社2007年版,第307页。

独何心哉?①

明狂狷乡愿之辨,反对作乡愿,乍一看去乃是孔孟就有的古老思想。痛恶乡愿,也有出于十分顽固地维护伦理异化为目的者。譬如与王畿差不多同时的海瑞就专门写过一篇题为《乡愿乱德》的文章,斥乡愿为"德之贼";但海瑞乃是一位十分顽固的道学家,连四岁的小女孩吃了小男孩给的一块小饼子,也要将她逼死才肯罢休。王畿的痛恶乡愿与海瑞大不相同,也与孔孟不同,他是要通过批判乡愿来提倡一种具有冲决囚缚意义的"狂者"精神:

第一,作为王畿思想之哲学基础的是与王阳明的"四句教法"相区别的"四无教"。王阳明晚年提出的"四句教法"为:"无善无恶心之体,有善有恶意之动,知善知恶是良知,为善去恶是格物。"王畿与王艮一样亦"时时不满其师说",王畿提出的"四无教"为:"心是无善无恶之心,意即是无善无恶之意,知即是无善无恶之知,物即是无善无恶之物。"②在此"四无教"看来,人按照自己的天性行事,乃是十分自然而然的,不需要刻苦的"工夫",不需要条教禁约,无往而非与自然生机合一的"自性之流行",何等洒脱自在!天泉桥上证道时,王阳明批评王畿只重自然流行的本体而不讲为善去恶的格物工夫,戒之"不宜轻以示人"。但在阳明去世后,王畿依然是重本体而不重工夫,蔑视条教禁约。其痛恶乡愿是为了以自然之真去对抗乡愿之伪,张大狂者胸次,与海瑞式的严守纲常伦理之条教禁约的痛恶乡愿不可同日而语。

第二,王畿在对乡愿的批判中,认为乡愿的显著特征之一是只管学成(圣人)"毂套"(毂套:有牢笼、圈套之意),只是外表像圣人,甚至比圣人还要圣人,其实是心中藏着奸恶,既媚君子,又媚小人,以遂其奸私,所以身为狂者的王畿庆幸地说:"所幸吾人学取圣人毂套尚有未全,未至做成真乡愿,犹有可救可变之机。"他打着学圣人的"精神命脉"的堂皇旗帜,要跳出作为条教禁约的圣人"毂套",认为这才是学问的正道,否则就会走入乡愿的歪门邪道,——"学术邪正路头,分决在此"。王畿痛斥的乡愿,正是当时早期市民阶层和民间的傲诞士人们骂的"假道学"。

第三,在"狂"、"狷"、"中行"三者中,王畿着重提倡并极力为之辩护的

---

① 王畿:《与梅纯甫问答》,《王畿集》,凤凰出版社2007年版,第4—5页。
② 王畿:《天泉证道记》,《王畿集》,凤凰出版社2007年版,第1页。

是"狂"。他热烈地讴歌狂者道：

> 夫狂者志存尚友，广节而疏目，旨高而韵远，不屑弥缝格套，以求容于世。其不掩者，虽是狂者之过，亦其心事光明特达、略无回护盖藏之态，可进于道。天下之过与天下共改之，吾何容心焉？若能克念，则可以进于中行，此孔子所以致思也。①

他以狂者自居，自云"贤者自信本心，是是非非一毫不从人转换"②。在王畿看来，狂者之所以可贵，就在于有高迈远举之志，有旨高韵远之襟怀，有自己的意志和主见，有独立特行的精神，因而不受囚缚，不盲从权威和世俗，不牺牲自己的独立人格以求容于世；狂者的可贵之处还在于他的"真"，心思光明特达，因而能够堂堂正正地做人，从不隐瞒自己的真实思想，不需要用层层伪装来包裹自己。正因为狂者"真"，所以能够与天道自然的精神相契合。狂者纵然有"过"，亦可改之。反之，一个充满了虚伪的社会，纵然道德的高调唱得再高，也不过是相欺相瞒相骗而已，又有何道德可言。王畿对乡愿的批判，是对伦理异化的虚伪氛围的揭露；王畿对狂者的赞美，更是对个性解放的呼唤。

豪杰精神

"狂者胸次"发展到颜山农、何心隐一派，遂演变成敢作敢为、意气风发的豪杰精神。黄宗羲《明儒学案》言"山农游侠，好急人之难"，③耿定向说何心隐"其意学孔，其行类侠"。④ 古来游侠任意气，颇为后世儒者所诟病，为此，何心隐作《答战国诸公孔门师弟之与之别在落意气与不落意气》一文，为侠义精神辩护。他说：

> 意与气，人孰无之，顾所落有大小耳。战国诸公之与之落意气，固也。而孔门师弟之与，曷常非意气之落耶？战国诸公之意之气，相与以成侠者

---

① 王畿：《与阳和张子问答》，《王畿集》，凤凰出版社2007年版，第126页。

② 王畿：《与阳和张子问答》，《王畿集》，凤凰出版社2007年版，第127页。

③ 黄宗羲：《明儒学案》卷三十二《泰州学案一》，《黄宗羲全集》第7册，浙江古籍出版社2005年版，第821页。

④ 耿定向：《耿天台先生文集》卷十二《祭李同野》，《四库全书存目丛书》集部第131册，齐鲁书社1997年版，第320页。

也,其所落也小。孔门师弟之意之气,相与以成道者也,其所落也大。①

何心隐认为,圣贤与游侠皆意气之落而成,意气落于大可以成道,意气落于小可以成侠。又说,圣贤与侠皆诚其意、养其气。圣贤诚其明德于天下之诚,养其塞乎天地之间之气,而侠诚其一己之侠之意,养其一己之侠之气;二者的差别只在大小,不在诚养与否。因此,任意气乃无可非议。何心隐的讲学和社会活动的实践,是要将战国诸公的侠者意气与孔门师弟志在天下的儒者意气结合起来。他仗义疏财,以阖族来作实现"大同"理想的试验;他为民请命,反抗官府征收"皇木银两";他以布衣干政,设计扳倒奸相严嵩;他不畏强暴,公然与禁止讲学的权相张居正相对抗,宣称"必学必讲";他奔走四方,进行宣传和组织活动,广结天下奇士,联络民间社会,欲"聚英才而育之,将使英才布满天下,以待上用"。陈士业《答张谪宿书》,具体描述了何心隐在这方面的活动情况:

> 弟又闻:心隐之门人有吕光午者,浙之大侠也。其人与文之奇,不减心隐。心隐尝以金数千畀光午,使走四方,阴求天下奇士。光午携蒯缑,衣短后之衣,挟健儿数辈,放浪湖海,穷九塞,历郡邑。所至凡缁衣黄冠,与夫商贾驵侩,佣夫厮养,以至椎剽掘冢之流,备一节之用,擅一得之长者,皆籍记而周旋之。以故心隐所识奇士,尽于海宇。②

专制政治是禁止人民的结社自由的,可是何心隐却秘密地进行其结社活动,联络天下的豪杰之士,以实现其政治抱负,这在数百年前是何等胆识!

颜山农、何心隐等泰州学派的学者,都具有不畏强暴的坚强个性和反抗精神,黄宗羲《明儒学案》卷三十二《泰州学案》说:

> 泰州(王艮)之后,其人多能以赤手搏龙蛇,传至颜山农、何心隐一派,遂复非名教之所能羁络矣。……诸公掀翻天地,前不见有古人,后不见有来者。释氏一棒一喝,当机横行,放下拄杖,便如愚人一般;诸公赤身担当,无有放下时节。③

---

① 何心隐:《答战国诸公孔门师弟之与之别在落意气与不落意气》,《何心隐集》,中华书局1960年版,第54页。

② 周亮工:《因树屋书影》(上)第三卷,《周亮工全集》第3册,凤凰出版社2008年版,第308—309页。

③ 黄宗羲:《明儒学案》卷三十二《泰州学案》,《黄宗羲全集》第7册,浙江古籍出版社2005年版,第820页。

如侯外庐先生所指出,所谓"非名教之所能羁络",就是反映了他们要求冲决"封建"制度的网罗,而"一棒一喝,当机横行",说明他们反"封建"统治制度的坚决和机智,"赤身担当,无有放下时节",更说明这派人物为实现其理想不惜以身殉之的精神。[1] 他们丝毫也不畏惧专制统治者的迫害,敢于发表和坚持自己的独立见解,即使在遭囚禁和毒打时也毫不屈服,史载:

> 颜山农……好意见为奇袤之谈。……捕之官,笞臀五十,不哀祈,亦不转侧。[2]

何心隐在万历七年(1579 年)被捕从江西押往湖北途中,坚持"上书"与专制统治者作斗争。李贽对这 20 余封上书评论说:

> 何心老英雄莫比,观其羁绊缧绁之人,所上当道书,千言万语,滚滚立就,略无一毫乞怜之态,如诉如戏,若等闲日子。今读其文,想见其为人。其文章高妙,略无一字袭前人,亦未见从前有此文字,但见其一泻千里,委曲详尽,观者不知感动,吾不知之矣。[3]

何心隐被押解至武昌后,宁死不屈,终被毒打致死:

> 何心隐……见抚臣王之垣,坐不肯跪。……择健卒痛笞之百余,干笑而已。已狱,门人涕泣而进酒食,亦一笑而已。……遂死。[4]

颜山农、何心隐不畏强暴的反抗精神,是中国古代墨者"赴汤蹈火,死不还踵"的精神在晚明新的历史条件下的继承、发扬和光大,是豪杰精神的光辉写照。他们的英雄形象,充分表现了志士仁人冲决囚缚的大无畏战斗气概和为真理而献身的高风亮节。

(二)李贽论人的平等和自由

左派王学学者的讲学,虽然表现出对下层民众与达官贵人一视同仁的

---

[1]　侯外庐:《中国思想通史》第 4 卷下册,人民出版社 2004 年版,第 1003 页。

[2]　王世贞:《弇州史料后集》卷三十五《嘉隆江湖大侠》,《四库禁毁书丛刊》史部第 49 册,北京出版社 1997 年版,第 703 页。

[3]　李贽:《与焦漪园太史》,《李贽文集》第 1 卷,社会科学文献出版社 2000 年版,第 27 页。

[4]　王世贞:《弇州史料后集》卷三十五《嘉隆江湖大侠》,《四库禁毁书丛刊》史部第 49 册,北京出版社 1997 年版,第 703—704 页。

平等态度,提倡反对"乡愿"的"狂者胸次",但严格说来,其平等尚且是"道德面前的人人平等",以致一些学者片面地把它看作是从"礼不下庶人"到"礼下庶人"的道德礼教下移运动的组成部分,反对"乡愿"的"狂者胸次"也因此得不到合理的解释而被混同于当时海瑞等人从维护传统道德的立场对"乡愿"的斥责。然而,又正因为左派王学的讲学强调了道德面前的人人平等以及以人的良知排斥外在的条教禁约,发展到李贽就突破了左派王学的局限,从道德面前的人人平等发展出人的天赋本能和天赋权利的近代平等论,从"狂者胸次"发挥出近代式的个性自由解放的学说。

"庶人可言贵,侯王可言贱"

李贽与左派王学家一样,也讲人的"天赋德性"的平等,他所提出的"天下无一人不生知",就是一个"天赋德性"平等的命题。他说:

> 天下无一人不生知,无一物不生知,亦无一刻不生知者。……(若否认生知——引者注)既无以自立,则无以自安。无以自安,……吾又不知何以度日,何以面于人也。吾恐纵谦让,决不肯自谓我不成人也审也。既成人也,又何佛不成,而更待他日乎? 天下宁有人外之佛,佛外之人乎?①

所谓"生知",原本是儒家的一个先验论范畴。《中庸》曰:"或生而知之,或学而知之,或困而知之。"宋儒朱熹就曾根据《中庸》的这一观点,说明人的气禀不同,以此来为等级制度辩护。专制统治者更给尊卑贵贱的等级制度罩上了一层道德的光环:似乎在上位者道德一定高尚,似乎社会地位的等级是按照人的天赋德性和道德境界的等级来确定的。李贽在"童心说"的基础上肯定"天下无一人不生知",确认"生知"是人所以自立、所以自安、所以与他人同成其为人的天生禀赋,强调在人格问题上无"谦让"可言,谦让了就意味着"自谓我不成人"。这就确认了每一个人的人格生来平等,推倒了等级制度的理论依据和现实依据。从"生知说"出发,他认为人的德性是生来平等的:

> 故圣人之意若曰:尔勿以尊德性之人为异人也,彼其所为亦不过众

---

① 李贽:《答周西岩》,《李贽文集》第 1 卷,社会科学文献出版社 2000 年版,第 1 页。

人之所能为而已。人但率性而为,勿以过高视圣人所为可也。尧舜与途人一,圣人与凡人一。①

盖人人各具有大圆智镜,所谓我之明德是也。是明德也,上与天同,下与地同,中与千圣万贤同,彼无加而我无损者也。②

自古以来,无论是孟夫子讲的"人皆可以为尧舜",还是宋明理学家讲的"存天理,灭人欲"、"道问学"、"尊德性",都是要人上同于圣人。而在李贽看来,民众天生就是圣人,其德性与千圣万贤同。既然"德性"平等,那么,道德上的"能为"也必然是平等的:

世人但知百姓与夫妇之不肖不能,而岂知圣人之亦不能也哉? ……自我言之,圣人所能者,夫妇不肖可以与能,勿下视世间之夫妇为也。……夫妇所不能者,则虽圣人亦必不能,勿高视一切圣人为也。③

李贽认为,在道德上,下层民众所能够做到的,圣人才能做到;下层民众所不能做到的,圣人也决不可能做到;因此,决不能把圣人看得高,把民众看得低。他认为这一道理是千万世都适用的:

言而曰近,则一时之民心,即千万世之人心,而古今同一心也。中而曰民,则一民之中,即千万民之中,而天下同一民也。大舜无中,而以百姓之中为中;大舜无善,而以百姓之迩言为善;则大舜无智,而唯合天下、通古今以成其智。④

也就是说,不是民众上同于圣人,而是圣人下同于民众,只有与民众同心同德的人,才是圣人。这就把"圣人"的标准由统治者的标准变成了民众的标准。

李贽又强调,人的天赋德性固然平等,但是,人的德性又不是永恒不变的。反映社会发展对变革旧的德性的要求,李贽提出了他的"德性日新论"。他说:

---

① 李贽:《道古录》卷上,《李贽文集》第7卷,社会科学文献出版社2000年版,第361页。

② 李贽:《与马历山》,《李贽文集》第1卷,社会科学文献出版社2000年版,第3页。

③ 李贽:《道古录》卷下,《李贽文集》第7卷,社会科学文献出版社2000年版,第371页。

④ 李贽:《道古录》卷下,《李贽文集》第7卷,社会科学文献出版社2000年版,第369页。

> 德性之来，莫知其始，是吾心之故物也，是由今而推之于始者，然也。更由今而引之以至于后，则日新而无敝，今日新也，明日新也，后日又新也。同是此心之故物，而新新不已，所谓日月虽旧而千古常新也是矣。①

这也就是为后来王夫之所继承和发挥了的"性日生日成说"的最初表述。李贽认为，以圣人大舜之好察迩言，就要察一察如今"市井小夫"、"作生意者"的迩言；也就是说，下层民众的德性变了，圣人也要跟着变，否则，也就不成其为圣人了。

从"德性"及"能为"的平等，李贽逐渐推出了他否定一切尊卑贵贱等级的"致一之理"。他说：

> 侯王不知致一之道，与庶人同等，故不免以贵自高。高者必蹶，下其基也；贵者必蹶，贱其本也。何也？致一之理，庶人非下，侯王非高。在庶人可言贵，在侯王可言贱，特未知之耳。……人见其有贵、有贱、有高、有下，而不知其致之一也，曷尝有所谓高下、贵贱者哉？彼贵而不能贱，贱而不能贵，据吾所见，而不能致之一也。②

所谓"致一之理"，无非说人是生来平等的，本无所谓高下贵贱可言。他的平等观不仅包括圣人与凡民的平等、王侯与庶人的平等，也包括男女两性的平等。如前面所提到的，他主张"大道不分男女"，认为男女并无见长见短之别，女子也应和男子一样具有读书和受教育的权利，等等。他认为，"泛爱容众，真平等也"③，明确表示反对儒家的"爱有差等"说。所有这一切，都具有否定传统社会的等级制度的历史进步意义。

"各从所好，各骋所长"

李贽讲"尊德性"，改造了传统的"德性"内涵，赋予了其作为现实的人

---

① 李贽：《道古录》卷上，《李贽文集》第 7 卷，社会科学文献出版社 2000 年版，第360 页。

② 李贽：《老子解》下篇，《李贽文集》第 7 卷，社会科学文献出版社 2000 年版，第16—17 页。

③ 李贽：《罗近溪先生告文》，《李贽文集》第 1 卷，社会科学文献出版社 2000 年版，第116 页。

的"不齐之物情",即个体的各种不同的爱好和倾向的意义。他说:

> 夫天下至大也,万民至众也,物之不齐,又物之情也。①

> 一物各具一乾元,是性命之各正也,不可得而同也。万物统体一乾元,是太和之保合也,不可得而异也。……然则人人各正一乾元也,各具有是首出庶物之资也。②

> 夫道者路也,不止一途;性者心所生也,亦非所一种已也。③

既然"物情"是多样化的,心性亦不止一种,人人都各具有其独特的"首出庶物之资",且"道"亦不止一途,所以,这世界理所当然应该是一个各得其所的多样化的世界。然而,现实的世界却恰恰相反:

> 夫天下之人得所也久矣,所以不得所者,贪暴者扰之,而"仁者"害之也。"仁者"以天下之失所也而忧之,而汲汲焉欲贻之以得所之域。于是有德礼以格其心,有政刑以絷其四体,而人始大失所矣。④

一方面,是贪暴者实行霸道害得人民不能发展其个性;另一方面,是"仁者"实行王道也害得人民不能发展其个性;二者都是强加于人民头上的专制压迫,在压制人的个性发展方面可谓殊途而同归。人民憎恶贪暴者,却不易识破那"仁者"。所以,李贽着重揭露那"仁者"或"君子"以礼教来束缚人民的不合理性。他说:

> 君子之治,本诸身者也,至人之治,因乎人者也。本诸身者必取于己,因乎人者恒顺于民,其治效固已异矣。夫人之与己不相若也。有诸己矣,而望人之同有;无诸己矣,而望人之同无。此其心非不恕也,然此乃一身之有无也,而非通于天下之有无也,而欲为一切有无之法以整齐之,惑也。于是有条教之繁,有刑法之施,而民日以多事矣。其智而贤者,相率而归吾之教,而愚不肖则远矣。于是有旌别淑慝之令,而君子小人从此分矣。岂非别白太甚,而导之使争乎?至人则不然,因其政不异其俗,顺其性不拂其能。闻见熟矣,不欲求知新于耳目,恐其未瘳而

---

① 李贽:《道古录》卷上,《李贽文集》第 7 卷,社会科学文献出版社 2000 年版,第 364 页。

② 李贽:《九正易因》卷上,《李贽文集》第 7 卷,社会科学文献出版社 2000 年版,第 94 页。

③ 李贽:《论政篇》,《李贽文集》第 1 卷,社会科学文献出版社 2000 年版,第 81 页。

④ 李贽:《答耿中丞》,《李贽文集》第 1 卷,社会科学文献出版社 2000 年版,第 15—16 页。

　　惊也。动止安矣,不欲重之以桎梏,恐其絷而颠且仆也。①

他认为,传统的礼教是按照"君子"(统治者)个人的利益和愿望制定的,是一家之礼法而非天下之礼法,因而并不能代表人民的愿望和利益。因此,所有一切"条教之禁"、"刑法之施"、"旌别淑慝之令"等,都不过是套在人民头上,用以巩固专制统治秩序、防止人民背离的枷锁而已。他所推崇的"至人之治"是听由人民"自治":

　　　　君子以人治人,更不敢以己治人者,以人本自治。……若欲有以止之而不能听其自治,是伐之也。②

　　　　既说以人治人,则条教禁约,皆不必用。③

李贽也讲"礼",但他所说的"礼"不是统治者制定的强加于人民的"条教禁约",而是在人民的生活中自然地形成的一种人人皆得自由的社会状态。他针对统治者本于一己之私的所谓"礼",指出:

　　　　人所同者谓礼,我所独者谓己。学者多执一己定见,而不能大同于俗,是以入于非礼也。……盖由中而出者谓之礼,从外而入者谓之非礼;从天而降者谓之礼,从人得者谓之非礼;由不学不虑、不思不勉、不识不知而至者谓之礼,由耳目闻见、心思测度、前言往行、仿佛比拟而至者谓之非礼。语言道断,心行路绝,无蹊径可寻,无涂辙可由,无藩卫可守,无界量可限,无扃钥可启,则于四勿也当不言而喻矣。④

这段话讲的就是人的个性自由发展的问题。侯外庐先生曾引方以智《一贯问答》语作为对李贽以上论述的评论。方以智一反道学家释"克己复礼"之"克己"为克去私欲的说法,释"克己"为"尽己"、"能己"、"为其克而能生也",并指出:"心不直,即不自由,不自由即非礼,自由之几在乎自克,李卓吾说亦近似,然太现成。"⑤李贽的以上论述又是对其"童心说"的进一步发挥。他认为,人人从童心出发,自由自在地发展其个性,这也就是"礼"了,这种"礼",是"不学不虑、不思不勉、不识不知而至者"。方以智批评这种说

　　① 李贽:《论政篇》,《李贽文集》第 1 卷,社会科学文献出版社 2000 年版,第 81—82 页。
　　② 李贽:《道古录》卷下,《李贽文集》第 7 卷,社会科学文献出版社 2000 年版,第372 页。
　　③ 李贽:《道古录》卷下,《李贽文集》第 7 卷,社会科学文献出版社 2000 年版,第373 页。
　　④ 李贽:《四勿说》,《李贽文集》第 1 卷,社会科学文献出版社 2000 年版,第 94、95 页。
　　⑤ 转引自侯外庐:《中国思想通史》第 4 卷(下),人民出版社 1960 年版,第 1074 页。

法"太现成",是有道理的。然而,李贽似乎又没有完全否定在人民的自由生活中自然形成的道德规范的存在:这"礼"虽然是"无蹊径可寻,无涂辙可由",然而却是"于四勿也当不言而喻"。揣度李贽的本意,他是说:道德乃是人类精神的自律,而不是外在的他律;自由地发展着其个性的人,自然也会自觉地对自己的行为有所约束。

正因为李贽把"德性"改造成为"吾人不齐之物情",所以他说:

> 能尊德性,则圣人之能事毕矣。于是焉,或欲经世,或欲出世;或欲隐,或欲见;或刚或柔,或可或不可,固皆吾人不齐之物情,圣人且任之矣。①

这是说每一个人都可以自由地选择自己的生活道路和人生态度。圣人对于人们的不同爱好和倾向,只能"任之",而不能"强而齐之"。所以他批评"世儒既不知礼为人心之所同然,本是一个千变万化活泼泼之理,而执之以为一定不可易之物,故又不知齐为何等,而故欲强而齐之",得人们不能"因材"而发展其个性,不同的爱好和倾向不能"并育",于是也就造成了人与人之间"不免相害"、社会亦"不免于政刑之用"。因此,只有使"天下之民各遂其生、各获其所愿"②,才能造就一个"并育而不相害"的和谐社会。因此,他力主政府对人民追求其个性发展和自我价值之实现的活动采取不干涉主义,儒家的"君子"们也大可不必整日在那里为"人心不古"而扼腕痛心,因为道学家们的那一套也不过是一种谋利和发展自己的途径,与"市井"无异。"圣人"的胸怀是宽广的,他能容纳持各种不同人生态度的人:

> 夫天下之民物众矣,若必欲其皆如吾之条理,则天地亦且不能。……是故圣人顺之,顺之则安之矣。是故贪财者与之以禄,趋势者与之以爵,强有力者与之以权,能者称事而官,愞者夹持而使。有德者隆之虚位,但取具瞻;高才者处以重任,不问出入。各从所好,各骋所长,无一人之不中用。何其事之易也?虽欲饰诈以投其好,我自无好之可投;虽欲掩丑以著其美,我自无丑之可掩。何其说之难也?是非真能

---

① 李贽:《道古录》卷上,《李贽文集》第 7 卷,社会科学文献出版社 2000 年版,第361 页。

② 李贽:《道古录》卷上,《李贽文集》第 7 卷,社会科学文献出版社 2000 年版,第365 页。

明明德于天下,而坐致太平者欤!①

李贽认为,只要能使天下人"各从所好,各骋所长",各得其所,就能少去许多诈伪,当然是有道理的。但他认为这样就能"坐致太平",未免把他向往的未来社会看得太简单了些。中世纪式的诈伪消失以后,近世的诈伪又会产生,这是李贽尚且缺乏认识的。因此,他的观点仍然是当时尚不发达的社会关系的产物。然而,他所倡导的"各从所好,各骋所长"的个性发展,毕竟是代表了社会发展的方向。

对奴性的批判

为了唤起人们的个性自觉,李贽对专制和蒙昧所造成的人们的奴性作了深刻的批评。他在《别刘肖川书》中着重批评了缺乏独立人格、处处托庇于人的奴才性格。他写道:

> "大"字,公要药也。不大则自身不能庇,安能庇人乎?且未有丈夫汉不能庇人而终身庇于人者也。大人者,庇人者也;小人者,庇于人者也。凡大人见识力量与众人不同者,皆从庇人而生;若徒庇于人,则终其身无有见识力量之日矣。今之人,皆庇于人者也,初不知有庇人事也。居家则庇于父母,居官则庇于官长,立朝则求庇于宰臣,为边帅则求庇于中宫,为圣贤则求庇于孔孟,为文章则求庇于班马,种种自视,莫不皆自以为男儿,而其实则皆孩子而不知也。豪杰凡民之分,只从庇人与庇于人处识取。②

在以上论述中,李贽既揭露了中国传统社会中人的奴性的一般表现,如居家托庇父母、当官托庇上司等,也揭露了奴性在晚唐和明代社会的特殊表现,如边关将帅要巴结朝中的太监和监军的太监。至于"为圣贤则求庇于孔孟,为文章则求庇于班马",则集中概括了传统社会中知识分子的奴性。传统社会的读书人绝大多数是根本不懂得学术独立的道理的,如五四学者陈独秀所指出:"中国学术不发达的最大原因,莫如学者自身不知学术独立之

---

① 李贽:《答耿中丞》,《李贽文集》第1卷,社会科学文献出版社2000年版,第16页。着重号为引者所加。

② 李贽:《别刘肖川书》,《李贽文集》第1卷,社会科学文献出版社2000年版,第53—54页。

神圣,……必欲攀附六经,妄称'文以载道'、'代圣贤立言',以自贬抑。学者不自尊其所学,欲其发达,可乎?"①李贽认为,专制制度及其伦理信条使一般人和学者皆丧失了作为人的自尊心,以至于处处依附于人,而没有独立自主的人格,就像不能自立的儿童必须托庇于父母一样。黑格尔《历史哲学》论中国文化时亦指出,中国的伦理使人们像儿童一样地服从父母,而没有自己的意志和主见;康德在《什么是"启蒙"》一文中亦指出:启蒙就是要使人摆脱那种未成年的状态。他们的论述,正衬托出李贽的特识。李贽的论述,比康德、黑格尔要早得多了。

抨击"男子多化为妇人"这一病态社会中的病态现象,是晚明个性解放思潮中的又一朵璀璨的浪花。针对传统文化氛围对人性的扭曲,李贽责问道:

> 然天下多少男子,又谁是真男子者?②

汤显祖据此发挥道:

> 此时男子多化为妇人,侧行俛立,好语巧笑,乃得立于时。不然,则如海母目虾,随人浮沉,都无眉目,方称盛德。想自古如斯,非今独抚膺也。③

这种批判,看似谐谑,其实是既机智而又深刻的。从人的一般的天性来说,男子刚强,女子温柔。但在专制政治下,却迫使男子改变了自己的天性,献媚于主子,献媚于上司,献媚于权贵。不献媚,就难以在专制政治体制中立足安身;反之,献媚有方、扮女人有术者,则可以步步高升。专制政体迫使和诱使男人变女人,社会的文化观念则教男人们如何扮女人。老子"贵柔"、"守雌",喋喋不休地讲那一套"柔弱胜刚强"、"强暴者不得其死"的道理;孔子在《论语》中更为人们规定了在君上面前要表现出的种种特别奴性的非常肉麻的丑态,诸如在君主面前要"屏气似不息",行走时要"足缩缩",用手提着衣缝,手拿东西的时候要"如不胜",像拿不动的样子,说话时要做出"如有不足"、欲言又止的样子,如此等等。男人做到这种份上,真是丑

---

① 陈独秀:《独秀文存·学术独立》,《陈独秀文章选编》,三联书店1984年版,第274页。

② 李贽:《李贽文集》第5卷,社会科学文献出版社2000年版,第35页。

③ 汤显祖:《答马心易》,《汤显祖诗文集》下册,上海古籍出版社1982年版,第1402—1403页。

死了!

在李贽以后400年,中国新文化运动的巨人鲁迅在进行社会批评和国民性批评的时候,曾经辛辣地讽刺道:"中国最伟大最永久的艺术就是男人扮女人。"李贽对奴性的批判,乃是近代国民性批评的先声。

(三)崇"真"尚"奇"的晚明文论

崇真尚奇,是晚明文风的重要特征,也是晚明个性解放时代思潮的集中体现。归有光开明代文坛反对复古主义文风的风气之先,进而在左派王学明狂狷乡愿之辨和李贽"童心说"与个性解放思想的影响下,"公安派"和"竟陵派"学者接踵而起,进一步突破统治文坛的复古主义文风的束缚,以"性灵"为创作的源泉,辨别真假与奇正而崇尚真奇,有力地冲击了以"假"为根本特征的虚伪的社会道德氛围和种种"正统"观念,将李贽所提倡的复真心、做真人、说真话的个性解放精神推向高潮。

"扫台阁之庸肤,斥伪体之恶浊"

明代中叶,李攀龙、王世贞主持文坛,提倡"文必秦汉,诗必盛唐",一时拟古之风大炽。李攀龙去世后,王世贞独操文柄20年,拟古文风,如日中天。当时一般士大夫及山人词客莫不奔走于王世贞门下,得其片言褒赏,声价骤起。在这种情况下,归有光不惑于群言,亦不慑于势利,首先站出来向复古主义文风挑战,成为中晚明文坛开风气之先的人物。

针对所谓"文必秦汉,诗必盛唐"说,归有光指出:"仆文何能为古人?但今世相尚以琢句为工,自谓欲追秦、汉,然不过剽窃齐、梁之余,而海内宗之,翕然成风,可谓悼叹耳!"①归有光以一个举子的身份公然面斥俨然一代文宗的南京刑部尚书王世贞为"庸妄巨子"。王世贞辩解说:"妄则有之,庸则未敢闻命。"归有光寸步不让,说:"惟妄,故庸。未有妄而不庸者也。"②

① 归有光:《与沈敬甫十八首》,《震川先生集》,上海古籍出版社2007年版,第869页。
② 钱谦益:《题归太仆文集》,《钱牧斋全集》第3卷,上海古籍出版社2003年版,第1760页。

归有光为文自发机杼,独抒胸臆,不事雕琢,"以妙远不测之旨,发其澹宕不收之音"①,作诗亦"似无意求工,滔滔自运,要非流俗可及。"②颇有雅量的王世贞终亦心服归文的造诣,赞扬归文"不事雕饰而自有风味,超然当名家矣"③。

清代史学家王鸣盛高度评价了归有光在明代文学史上开风气之先的地位,指出:"明自永、宣以下,尚台阁体;化、治以下,尚伪秦汉;天下无真文章者历数十年。震川归氏……扫台阁之肤庸,斥伪体之恶浊,而于唐宋七大家及浙东道学体,又不相沿袭,盖文之超绝者也。"④

袁宏道继承了归有光、徐渭等人对复古主义文风的批判,把这一批判推向了一个更高的水平,并通过这一批判阐明了富有历史感的文学演化论,洋溢着个性解放的时代精神。他指出:

> 诗文至近代而卑极矣,文则必欲准于秦、汉,诗则必欲准于盛唐,剿袭模拟,影响步趋,见人有一语不相肖者,则共指以为野狐外道。曾不知文准秦、汉矣,秦、汉人曷尝字字学六经欤?诗准盛唐矣,盛唐人曷尝字字学汉、魏欤?秦、汉而学六经,岂复有秦、汉之文?盛唐而学汉、魏,岂复有盛唐之诗?唯夫代有升降,而法不相沿,各极其变,各穷其趣,所以可贵,原不可以优劣论也。⑤

他认为,一个时代有一个时代的文学,正因为秦汉人不模拟《六经》,方才有秦汉之文,盛唐人不模拟汉魏,方才有盛唐之诗;人情之常,贵古而贱今,贵远而贱近,殊不知时代氛围不同,创作方法不相沿袭,贵在能各极其变,本无优劣可论,又岂可以独以秦汉文、盛唐诗为优,让天下人皆步入模拟一途呢?他进一步指出:

> 唐自有诗也,不必选体也;初、盛、中、晚自有诗也,不必初、盛也。李、杜、王、岑、钱、刘,下迨元、白、卢、郑,各自有诗也,不必李、杜也。赵宋亦然。陈、欧、苏、黄诸人,有一字袭唐者乎?又有一字相袭者乎?至

---

① 王鸣盛:《钝翁类稿序》,转引自《归震川年谱》附录,商务印书馆1936年版,第95页。

② 张传元、余梅年:《归震川年谱》,商务印书馆1936年版,第76页。

③ 王世贞:《弇州山人四部续稿》卷一百五十《归太仆像赞》,《四库全书》第1284册,第179页。

④ 王鸣盛:《钝翁类稿序》,转引自《归震川年谱》附录,商务印书馆1936年版。

⑤ 袁宏道:《叙小修诗》,《袁宏道集笺校》,上海古籍出版社1981年版,第188页。

其不能为唐,殆是气运使然,犹唐之不能为《选》,《选》之不能为汉魏耳。今之君子,乃欲概天下而唐之,又且以不唐病宋。夫既以不唐病宋矣,何不以不《选》病唐,不汉、魏病《选》,不三百篇病汉,不结绳鸟迹病三百篇耶?①

在这段论述中,袁宏道进一步揭露了复古主义观点的荒谬性。从作家的创作个性立论,他认为每一个作者都有表现其独特个性的权利,不应强制推行一种风格而排斥其他的风格。袁宏道反对文坛上的专制主义,更反对作为这种专制主义基础的奴性,提倡学者应有"见从己出,不曾依傍半个古人"的顶天立地的气概,他说:

昔老子欲死圣人,庄生讥毁孔子,然至今其书不废;荀卿言性恶,亦得与孟子同传。何者?见从己出,不曾依傍半个古人,所以他顶天立地。今人虽讥讪得,却是废他不得。不然,粪里嚼渣,顺口接屁,倚势欺良,如今苏州投靠家人一般。记得几个烂熟故事,便曰博识;用得几个现成字眼,亦曰骚人。计骗杜工部,囤扎李空同。一个八寸三分帽子,人人戴得。以是言诗,安在而不诗哉!②

在袁宏道看来,学者只有敢于破除依傍,独抒己见,充分显示自己的思想和创作个性,才能在历史上具有不朽的价值;反之,处处依傍古人,依傍主张复古的权势者,不过是"粪里嚼渣,顺口接屁,倚势欺良"的卖身投靠的奴才,又有什么思想和创作可言!学问到此,真成涂炭!他谴责复古主义既严重束缚了有个性的学者的创造力,使之不能自由地表现其个性;又迎合了奴才们的奴性,使之得以附庸风雅,跻身学界,败坏学术和创作风气。他说:

近代文人,始为复古之说以胜之。夫复古是已,然至以剿袭为复古,句比字拟,务为牵合,弃目前之景,摭腐烂之辞,有才者诎于法,而不敢自伸其才,无之者,拾一二浮泛之语,帮凑成诗。智者牵于习,而愚者乐其易,一唱亿和,优人驺子,共谈雅道。吁!诗至此,抑可羞哉!③

他表示完全赞成友人梅子的以下观点:

诗道之秽,未有如今日者。其高者为格套所缚,如杀翮之鸟,欲飞不得;而其卑者,剽窃影响,若老妪之傅粉;其能独抒己见,信心而言,寄

① 袁宏道:《丘长孺》,《袁宏道集笺校》,上海古籍出版社 1981 年版,第 284 页。
② 袁宏道:《张幼于》,《袁宏道集笺校》,上海古籍出版社 1981 年版,第 501—502 页。
③ 袁宏道:《雪涛阁集序》,《袁宏道集笺校》,上海古籍出版社 1981 年版,第 710 页。

口于腕者,余所见盖无几也。①

为了使文学家的创作个性从复古主义的束缚下解放出来,袁宏道极力强调文学的发展自有由繁、晦、乱、艰向简、明、整、流丽痛快发展的规律性,认为今人胜于古人,今人亦不必摹拟古人。他说,正如古代"衣之繁复、礼之周折、乐之古质、井田封建纷纷扰扰",这一切都不可行于今日一样,古代文学的繁、晦、乱、艰也全然不适用于当今。"古之不能为今者,势也",是不以复古主义者的意志为转移的。他责问复古主义者:

> 夫岂不能为繁,为乱,为艰,为晦,然已简安用繁? 已整安用乱? 已明安用晦? 已流丽痛快,安用聱牙之语、艰深之辞? 譬如《周书》"大诰"、"多方"等篇,古之告示也,今尚可作告示不?《毛诗》郑、卫等风,古之淫词媟语也,今人所唱《银柳丝》、《挂针儿》之类,可一字相袭不? 世道既衰,文亦因之,今之不必摹古者也,亦势也。……人事物态,有时而更,乡语方言,有时而易,事今日之事,则亦文今日之文而已矣。②

袁宏道的新兴气锐的文字,给予了统治明代文坛的复古主义有力的批判,赢得了一大批少年英俊豪举之士的广泛响应,从而起到了扭转文坛风气的巨大作用。如晚明时期的著名学者们所指出,自中郎之论出,王、李之雾霾为之一扫,天下人始知"疏瀹性灵,披剔慧性"③,出现了"芽甲一新,精彩八面……丽典新声,络绎奔会"④的创作新局面。

崇"真"

在李贽提倡的"绝假纯真,最初一念之本心"、呼唤"复真心"、"做真人"的个性解放学说的直接影响下,袁宏道举起了"公安派"的旗帜,提出了"不拘格套,独抒性灵"的创作新主张。这一主张得到了当时许多学者的响应。

---

① 袁宏道:《叙梅子马王程稿》,《袁宏道集笺校》,上海古籍出版社 1981 年版,第 699 页。

② 袁宏道:《江进之》,《袁宏道集笺校》,上海古籍出版社 1981 年版,第 515—516 页。

③ 钱谦益:《袁稽勋宏道小传》,《列朝诗集小传》,上海古籍出版社 1983 年版,第 567 页。

④ 陈继儒:《文娱初集序》,见郑元勋辑:《媚幽阁文娱二集》卷二,《四库禁毁书丛刊》集部第 172 册,北京出版社 1997 年版,第 288 页。

袁中道称"性灵"为人之"精光"。其《解脱集序》曰："夫文章之道,本无今昔,但精光不磨,自可垂后。"①

江盈科称"性灵"为"一段元神"。其《白苏斋册子引》云："吾尝睹夫人之身所为流注天下,触景成象,惟是一段元神。元神活泼,则抒为文章,激为气节,泄为名理,竖为勋猷,无之非是。"②

汤显祖称"性灵"为"英雄之所不能晦"的"情致"。其《调象庵集序》曰："情致所极,可以事道,可以忘言。而终有所不可忘者,存乎诗歌序记词辩之间。固圣贤之所不能遗,而英雄之所不能晦也。"③

钟惺称"性灵"为"心之所不能不有"的"性情"。其《陪郎草序》云："夫诗,道性情者也。发而为言,言其心之所不能不有,非谓其事之所不可无,而必欲有言也。"④

谭元春称"性灵"为"胸中之所流"的"才情"。其《汪子戊巳诗序》曰："诗随人皆现,才触情自生。……夫作诗者一情独往,万象俱开,口忽然吟,手忽然书。即手口原听我胸中之所流,手口不能测……"⑤

……

然而,无论是袁宏道所讲的"性灵",江盈科所讲的"元神",袁中道所讲的"精光",汤显祖的"情致",钟惺的"性情",还是谭元春的"才情",等等,其核心都是提倡一个"真"字,即发自人性的真实的思想、情感、天趣的流露。袁宏道《与江进之》称许江盈科写的游记无一字不"真",其言曰:

越行诸记,描写得甚好,谑语居十之七,庄语十之三,然无一字不真。把拟如今作假事假文章人看,当极其嗔怪,若兄决定绝倒也。⑥

为了提倡"真",袁宏道主张文人们应该向民歌学习,认为民歌是"任性而发"的"真人所作,故多真声"。⑦ 他强调无论是文人还是"哲匠"都必须是敢讲真话的人,只有"真人"发出的"真声"才具有不朽的价值,指出:

---

① 袁中道:《解脱集序》,《珂雪斋集》,上海古籍出版社 1989 年版,第 452 页。
② 江盈科:《白苏斋册子引》,《江盈科集》(增订本),岳麓书社 2008 年版,第 291 页。
③ 汤显祖:《调象庵集序》,《汤显祖全集》,北京古籍出版社 1999 年版,第 1098 — 1099 页。
④ 钟惺:《陪郎草序》,《隐秀轩集》,上海古籍出版社 1992 年版,第 275—276 页。
⑤ 谭元春:《汪子戊巳诗序》,《谭元春集》,上海古籍出版社 1998 年版,第 622 页。
⑥ 袁宏道:《江进之》,《袁宏道集笺校》,上海古籍出版社 1981 年版,第 510—511 页。
⑦ 袁宏道:《叙小修诗》,《袁宏道集笺校》,上海古籍出版社 1981 年版,第 188 页。

> 物之传者必以质,文之不传,非曰不工,质不至也。树之不实,非无花叶也;人之不泽,非无肤发也,文章亦尔。行世者必真,悦俗者必媚,真久必见,媚久必见,自然之理也。①

他说自己之所以不爱读所谓"名公"、"哲匠"们的著作,就在于其"古者如膺,才者如莽……模拟之所至",根本就没有传世的价值。雷思霈在《潇碧堂集序》中亦强调,"真"乃是文学作品能激发广泛的社会化情感共鸣的首要条件,他说:

> 真者,精诚之至,不精不诚,不能动人。强笑者不欢,强合者不亲。②

提出"元神"说的江盈科,对作为袁宏道"性灵说"之核心的"真"有很透彻的认识。他在《敝箧集》的序文里赞同地转述了袁宏道的以下论说:

> 诗何必唐? 何必初与盛? 要以出自性灵者为真诗尔。夫性灵窍于心,寓于境。境所偶触,心能摄之;心所欲吐,腕能运之。心能摄境,即蝼蚁、蜂虿皆足寄兴,不必雎鸠、驺虞矣;腕能运心,即谐词谑语皆足观感,不必法言庄什矣。以心摄境,以腕运心,则性灵无不毕达,是之谓真诗。③

然而,人性虽相近,但人的才情不同,个性各异,对于"真"的强调必然带来一个思想解放、创作个性解放的局面,导致百家异说,蠭出并作,其中是否有高下优劣之别呢? 公安派学者以多元开放的文化心态来欢迎、接纳这种现实,以平等的态度来对待一切"真声",袁宗道《论文下》云:

> 爇香者,沉则沉烟,檀则檀气。何也? 其性异也。奏乐者钟不籍鼓响,鼓不假钟音,何也? 其器殊也。文章亦然,有一派学问,则酿出一种意见。有一种意见,则创出一般言语。④

因此,他比袁宏道更深刻地指出了王世贞、李攀龙的复古文风的病源所在:"其病源则不在模拟,而在无识。若使胸中的有所见,苟塞于中,将墨不

---

① 袁宏道:《行素园存稿引》,《袁宏道集笺校》,上海古籍出版社 1981 年版,第 1570 页。
② 雷思霈:《潇碧堂集序》,转引自《袁宏道集笺校》,上海古籍出版社 1981 年版,第 1695 页。
③ 江盈科:《敝箧集引》,《江盈科集》(增订本),岳麓书社 2008 年版,第 275 页。
④ 袁宗道:《论文下》,《白苏斋类集》,上海古籍出版社 2007 年版,第 285 页。

暇研,笔不暇挥,兔起鹘落,犹恐或逸。"①与袁宗道的观点相一致,陶望龄亦认为,人性虽然总的来说是相通的,但各个人的禀赋却有所不同,"性有所蔽,材有所短";因此,各人不妨按其才情禀赋自由发展,独树一帜。其《马曹稿序》云:

> 刘劭志人物尝言:具体而微,谓之大雅;一至而偏,谓之小雅。盖以诗喻人耳。予尝覆引其论,以观古今之所谓诗辞,求其具体者不可多见。因妄谓自屈、宋以降,至于唐、宋,其间文人韵士,大抵皆小雅之流,而偏至之器。惟人就其偏,而后诗之大全出焉。……斯人之生久矣,其状貌有同而莫辨者耶? 童而老,辰而暮,醻对论说,有穷而莫继者耶? 此不求异而异,无意为新而时出焉。人之材如其面,而情如其言。诗也者,附材与情而有者也,欲不新与异得耶?②

陶望龄认为,正如人的相貌言语千差万别,世界上没有两个同样相貌言语的人一样,人的才情的差异也是如此,只有每一个人都顺其自然,各"就其偏"地表现自己的创作个性,才能体现出"诗之大全",这"大全"也就是异彩纷呈的诗的世界的总体风貌。这种观点,既完全破除了魏晋六朝人物品藻中的贵贱雅俗之别的区分,也冲决了强纳天下人之性情于一轨的伦理异化的囚缚,表现了一种肯认个性的多样化发展的新的时代精神。

尚 "奇"

尚"奇"是晚明性灵文论的又一重要特色,它继承发扬光大了左派王学的"狂者胸次",以发自真性灵的新奇风格去对抗伦理异化、载道文学的平庸,提倡言人所不能言,言人所不敢言,以冲决旧思想的囚缚,弘扬精神的个体性原则,造就奇士,奇文。

首先,"奇"必须以"真"为前提。在公安派以前的古代文论中,也并非不讲"奇"的风格,但由于缺乏"真"作为前提,所以往往流于用词造句的奇险孤峭,如同"口吃"。这种所谓的"奇"是公安派所排斥的。袁宏道说:

---

① 袁宗道:《论文下》,《白苏斋类集》,上海古籍出版社2007年版,第285页。
② 陶望龄:《歇庵集》卷三《马曹稿序》,《续修四库全书》第1365册,上海古籍出版社2002年版,第237—238页。

　　文章新奇,无定格式,只要发人所不能发,句法字法调法,一一从自己胸中流出,此真新奇也。近日有一种新奇套子,似新实腐,恐一落此套,则尤可厌恶之甚。①

在这里,袁宏道明确区分了真新奇与"似新实腐"的假新奇,他认为假新奇依然使人不脱模拟古人的格套束缚,而真正的新奇乃是不受格套束缚的真性情的自然流露,是发自性灵的戛戛独造。

　　娄坚《书程孟阳诗后》亦云:

　　　　近世之论非拘拘步趋,求面目之相肖,即苟为新异,抉摘句字为悟解,如是而已。昔予尝闻长者之论,凡为诗若文,贵在能识真耳,苟真也,则无古无今,有正有奇,道一而已矣。②

娄坚明确认为,只有"真",才能"奇";在"真"的前提下,"正"与"奇"不妨同道。汤宾尹在《删选房稿序》中亦持同样的观点,他说:

　　　　证圣者,至奇也,故至平,无平者,故无奇。其次,能言自胸之所欲言,出之条达,则亦平矣,能言所欲言,则亦奇矣。子之所谓平奇,分言之也;我之所谓平奇,合言之也。③

在这里,他强调只要"能言自胸中所欲言","奇"与"平"不妨合言之,至奇者往往又是至平者。由此亦可见,公安派所崇尚的"奇"与其所提倡的"宁今宁俗"的风格又是并不矛盾的。汤宾尹又说:

　　　　凡吾者自性自灵,自本自末,极拙者之一得,可以圣;而竞巧者之百岐,不可以至。莫病于今之为文者,奇也,怪也,平也,庸也,悉拾也;莫病于今之为政者,厉也,和也,清也,浊也,悉伺也。伺与拾,己则无一焉,连牍以进,而未尝自置一语;挟策去矣,而不知所作何事。④

"奇"不是"竞巧",而是"自性自灵"之一得,而以往之所谓"奇"也好,"平"也好,都不过是拾古人之余唾而已。在这段论述中,汤宾尹更将批判的矛头指向了"为政者",说他们的所谓"厉"与"和"、"清"与"浊",都不过是窥伺

---

　　①　袁宏道:《答李元善》,《袁宏道集笺校》,上海古籍出版社1981年版,第786页。
　　②　娄坚:《书程孟阳诗后》,载黄宗羲编:《明文海》,中华书局1987年版,第2812页。
　　③　汤宾尹:《删选房稿序》,《睡庵稿》卷三,《四库禁毁书丛刊》集部第63册,北京出版社1997年版,第51页。
　　④　汤宾尹:《王季重松龛稿序》,《睡庵稿文集》卷四,《四库禁毁书丛刊》集部第63册,北京出版社1997年版,第63页。

揣摩皇帝和上司的意图而已。官员和文人们写了那么多的官样文章,都不过是"伺与拾"罢了,其实他们的脑袋全不长在自己的肩上,丝毫也没有自己的意志和主见。这种全无个性可言的官场风气与文人士大夫的腐朽文风正是一路货色,都是传统社会的政治伦理异化的产物。

在强调有"我"之"真"的前提下,公安派学者建立起自己的"平"、"奇"观。"平"是"宁今宁俗",文理晓畅。"奇"是崇尚个性的发抒和独特性,以冲决旧伦理的囚缚。但他们更强调的是"奇"的方面。江盈科认为唯"奇"始能言文,其《壁纬编序》曰:

> 夫近世论文者辄称复古,贵崇正而讳言奇,然有不奇而可言文者耶?夫正者,文之脉;理从脉而生息变化,时隐时见,时操时纵,时阖时辟,时阴时阳,时短时长,有自然之奇,然后尽文之态,而极虚明之变。……亦以其(指唐人)穷心之变,而自见其奇。故一段精光闪烁炳朗,如宝在地,其气上耀,虽欲终泯,不可得已。[1]

其《耳谭引》又云:

> 世所常见,虽奇亦常;则世所不常见,虽常亦奇矣。[2]

在江盈科这里,"奇"是个体性灵所发出的光辉("精光"),而"正"作为"文之脉理"只是体现"自然之奇"的手段或形式。"奇"就是要表现"世所不常见"而又体现着主体心灵的独创性的新事物、新思想和新感情;至于传统文人咬文嚼字的所谓"奇"、恪守和维护旧道德的典型人物之所谓"奇",在传统社会中乃是世所常见,纵然再"奇"也不值得称道。汤显祖更明确地认为,要作奇文,先要做奇士。其《序丘毛伯稿》曰:

> 天下文集所以有生气者,全在奇士。士奇则心灵,心灵则能飞动,能飞动则上下天地,来去古今,可以屈伸长短生灭如意,如意则可以无所不如。彼言天地古今之义而不能皆如者,不能自如其意者也。不能如意者,意有所滞,常人也。[3]

在汤显祖看来,文奇不奇,关键在于人奇不奇,如果一个人是"常人",其心灵受到种种的囚缚,自然其作起文章来也就不能、不敢"自如其意"地表达自己真实的思想感情,因而也就决不会写出充满勃勃生气的文章;反之,对

---

① 江盈科:《海蟊编序》,《江盈科集》(增订本),岳麓书社 2008 年版,第 281—282 页。
② 江盈科:《耳谭引》,《江盈科集》(增订本),岳麓书社 2008 年版,第 294 页。
③ 汤显祖:《序丘毛伯稿》,《汤显祖全集》,北京古籍出版社 1999 年版,第 1140 页。

于"奇士"来说，其心智不受束缚，灵慧而能"飞动"，所以能够纵横自如，尽情尽意地表达自己的思想感情，充分地发挥自己的聪明和才华，写出天下之奇文来。

　　公安派的学者们多以狂人、奇士自居，强调"言人所不能言"、"言人所不敢言"，去冲决囚缚，充分表现自己的个性。针对旧道德的卫道士们对狂者的攻击，袁宏道辩护道：

　　　　以圣斥狂者，是以横吹之声，刺空谷之响也。以古折今者，是以北冈之旧垒，难南冈之新垒也。……以中国非夷狄者，是以楚、蜀之土音，正闽、瓯之乡语也。①

这段文字，旗帜鲜明地为"狂者"张目，视狂者之声为空谷足音，称性灵文学的新文化营垒为"南冈之新垒"，明确反对"以圣斥狂"、"以古折今"，赋予了当时这批狂者的文学流派新的时代意义。当时这批狂者之狂，不仅表现在其行为不受礼法拘束，更主要地表现在他们反传统的振聋发聩之声、石破天惊之语之中。"言人所不能言，不敢言"成为这些狂者们的共同祈向。如袁宏道评江盈科：

　　　　进之才高识远，信腕信口，皆成律度，其言今人之所不能言，与其所不敢言者。②

又如雷思霈评袁宏道，其言曰：

　　　　夫惟有真人，而后有真言。真者，识地绝高，才情既富，言人之所欲言，言人之所不能言，言人之所不敢言。③

再如沈守正《凌士重小草小引》：

　　　　夫人抱迈往不屑之韵，耻与人同，则必不肯言侪人之所言，而好言其所不敢言，不能言。与其平也，宁奇；与其正也，宁偏；与其大而伪也，毋宁小而真。④

狂者们有自己独立的思想、独立的风格和气派，所以"耻与人同"，必不肯跟

---

①　袁宏道：《广庄·齐物论》，《袁宏道集笺校》，上海古籍出版社1981年版，第799页。

②　袁宏道：《雪涛阁集序》，《袁宏道集笺校》，上海古籍出版社1981年版，第710页。

③　雷思霈：《潇碧堂集序》，引自《袁宏道集笺校》，上海古籍出版社1981年版，第1695页。

④　沈守正：《凌士重小草引》，《雪堂集》卷五，《四库禁毁书丛刊》集部第70册，北京出版社1997年版，第648页。

在别人后面鹦鹉学舌，也不顾忌社会的非议，必要说出人所不能言、不敢言的话来。因此，在"平"与"奇"二者之中，宁可选择独抒己见的"奇"；在"正"与"偏"二者之中，宁可选择深刻的片面而不要那泯灭了"殊相"的"共相"的浅薄的全面；在"大而伪"与"小而真"二者中，宁可选择"小而真"去从事性灵小品的创作，决不去写"大而伪"的出卖灵魂的所谓载道文章——这一切，也就是晚明学者的"奇"之所在。然而，他们所发出的空谷足音，不正是预示着新的"道"的诞生吗？

六、"颠倒千万世之是非"的理性觉醒

明代中晚期学者理性精神的觉醒主要表现在两方面：其一，以李贽为代表，以"颠倒千万世之是非"为旗帜，宣扬"是非无定质、无定论"的怀疑论思想，反对以僵化的政治伦理信条作为衡量是非的标准，向专制制度和伦理异化争取人的独立思考的权利；其二，以杨慎、焦竑、陈第等人为代表，以独立思考的精神去从事学术研究，以考据作为诋排宋儒、解放思想的途径。这两方面呈互相呼应而发展的态势，如李贽崇拜杨慎，焦竑崇拜李贽，陈第以焦竑为知音，等等。他们共同倡导了一种反对迷信，反对盲从，主张自由地运用自己的理性去追求真理的精神。

（一）"不以孔子之是非为是非"
——李贽的怀疑论思想

李贽以"是非无定"的怀疑论的形式，表现了长期受中世纪独断所蒙昧的人们的理性觉醒和向专制蒙昧宣战的理论勇气。在他批判蒙昧主义的大量言论中，既包含了向专制主义的伦理异化争取人的独立思考的权利、提升人的尊严的思想，又包含了关于认识发展的辩证法思想，并且孕育着多元开放的现代文化心态。

"千百余年而独无是非"

　　长期以来,中国的专制统治者把孔子学说神化为万古不变的教条,更把宋明道学家的四书五经注释尊奉为"行赏罚"的"定本",只准信仰,不准怀疑,因此,无论是孔子的学说,还是宋明理学家的语录,都被利用来作了禁锢人民思想的工具。李贽揭露了统治者的文化专制主义所带来的蒙昧状况,他说:

　　　　人皆以孔子为大圣,吾亦以为大圣;皆以老、佛为异端,吾亦以为异端。人人非真知大圣与异端也,以所闻于父师之教者熟也;父师非真知大圣与异端也,以所闻于儒先之教者熟也;儒先亦非真知大圣与异端也,以孔子有是言也……儒先臆度而言之,父师沿袭而诵之,小子蒙聋而听之。万口一辞,不可破也;千年一律,不自知也。……至今日,虽有目,无所用矣。①

专制统治者以孔子的权威剥夺了人的独立思考的权利,由此而导致人人有耳目心思而无所用,只有千年一律、万口一辞地沿袭古训,背诵语录,以孔子之是非为是非,遂造成了"千百余年而独无是非"的局面:

　　　　前三代,吾无论矣。后三代,汉、唐、宋是也。中间千百余年而独无是非者,岂其人无是非哉! 咸以孔子之是非为是非,故未尝有是非耳。然则予之是非人也,又安能已!②

为了破除专制蒙昧,李贽乃极力推倒对于圣人的偶像崇拜,还古代经典以"六经皆史"的本来面目。他说:

　　　　《春秋》一经,春秋一时之史也。《诗经》、《书经》,二帝三王以来之史也;而《易经》则又示人以经之所自出,史之所以从来,为道屡迁,变易匪常,不可以一定执也,故谓《六经》皆史可也。③

---

　　① 李贽:《题孔子像于芝佛院》,《李贽文集》第1卷,社会科学文献出版社2000年版,第94—95页。
　　② 李贽:《藏书世纪列传总目前论》,《李贽文集》第2卷,社会科学文献出版社2000年版,第7页。
　　③ 李贽:《经史相为表里》,《李贽文集》第1卷,社会科学文献出版社2000年版,第201—202页。

他又说：

> 夫《六经》、《语》、《孟》，非其史官过为褒崇之词，则其臣子极为赞美之语。又不然，则其迂阔门徒，懵懂弟子，记忆师说，有头无尾，得后遗前，随其所见，笔之于书。后学不察，便谓出自圣人之口也，决定目之为经矣，孰知其大半非圣人之言乎？纵出自圣人，要亦有为而发，不过因病发药，随时处方，以救此一等懵懂弟子、迂阔门徒云耳。药病假药，方难定执，是岂可遽以为万世之至论乎？然则《六经》、《语》、《孟》，乃道学之口实，假人之渊薮也，断断乎其不可语于童心之言明矣。①

李贽认为，"六经"不过是上古史料，是历史研究的对象；《论语》、《孟子》所记载的孔孟的言论，亦不免"有头无尾，得后遗前"；即使真的出自圣人的言论，也不过是"因病发药，随时处方"的具体意见；治病要根据病情（"药医假病"），难以定执，又岂可以孔孟之言为"万世之至论"呢？宋明道学家不懂得这一道理，将古代典籍加以神化，使得这些古代史料成了"道学之口实，假人之渊薮"，既禁锢了人民的思想，又使人异化成为"假人"，从而败坏了社会道德风气。

李贽更在《赞刘谐》一文中对道学家的顽固、偏执、虚妄加以嘲讽：

> 有一道学，高屐大履，长袖阔带，纲常之冠，人伦之衣，拾纸墨之一二，窃唇吻之三四，自谓真仲尼之徒焉，时遇刘谐。刘谐者，聪明士，见而哂曰："是未知我仲尼兄也。"其人勃然作色而起曰："天不生仲尼，万古长如夜。子何人者，敢呼仲尼而兄之？"刘谐曰："怪得羲皇以上圣人尽日燃纸烛而行也！"其人默然自止。

> 李生闻而善，曰："斯言也，简而当，约而有余，可以破疑罔而昭中天矣。……盖虽出于一时调笑之语，然其至者百世不能易。"②

李贽认为，如果没有孔子，也决不会万古长如夜，人民照样按照自己的是非、善恶的准则生活；反倒因为孔子被神化，人们独立思考的权利被剥夺了，弄得好好的人成为人云亦云的假人。因此，只有推倒对于孔子的崇拜，才能"破疑罔而昭中天"，使人类理性的太阳重新升起。所谓人类的理性，并不是一个从外部强加于人的抽象类精神，每一个人都有自由地运用其理性的

---

① 李贽：《童心说》，《李贽文集》第 1 卷，社会科学文献出版社 2000 年版，第 93 页。
② 李贽：《赞刘谐》，《李贽文集》第 1 卷，社会科学文献出版社 2000 年版，第 121 页。

权利,所以他批判孟子之所谓"乃所愿则学孔子"为非,指出:

夫天生一人,自有一人之用,不待取给于孔子而后足也。若必待取足于孔子,则千古以前无孔子,终不得为人乎?故为"愿学孔子"之说者,乃孟子自所以止于孟子,仆方痛憾其非夫,而公谓我愿之欤?①

他既认为人人皆有独立思考的权利,所以他认为天下的是非自在人心,是非在"耕稼陶渔之人"心中,在"市井小夫"、"作生意者"心中,在包括诸子百家在内的"千圣万贤"的心中,"吾惟取之而已,……又何必专学孔子而后为正脉也?"②根据这一文化多元论的观点,李贽对儒家的"道统论"作了深刻的批判,指出:

道之在人,犹水之在地也。人之求道,犹之掘地而求水也。然则水无不在地,人无不载道也审矣。而谓水者有不流,道有不传,可乎?顾掘地者,或弃井而逃,或自甘于浑浊咸苦,终身不见甘泉而遂止者有之,然而得泉者亦已众矣。彼谓轲之死不得其传者,真大谬矣。惟此言出而后宋人直以濂洛关闽接孟氏之传,谓为知言云。吁!自秦而汉而唐而后至于宋,中间历晋以及五代,无虑千数百年,若谓地尽不泉,则人皆渴死久矣。若谓人尽不得道,则人道灭矣,何以能长世也?终遂泯没不见,混沌无闻,直待有宋而始开辟而后可也,何以宋室愈以不竞,奄奄如垂绝之人,而反不如彼之失传者哉!好自尊大标帜,而不知其诟诬亦太甚矣。……要当知道无绝续,人具只眼云耳。③

李贽根本否认"道"有什么绝续,更否认宋儒杜撰的只此一家、别无分店的"道统说"。他认为"道"就在人民的生活之中,在社会发展的自然历史过程之中,"人无不载道"犹如"水无不在地",因而无所谓断续。他更以"宋室愈以不竞,奄奄如垂绝之人"来证明宋儒所谓"道"于国无利,于民无益,这种"道"越是强调得厉害,国家就越是衰弱以至灭亡,人也就越是活得累,活得痛苦,还不如那被宋儒称为道"失传"了的时代,这种所谓的"道"还是干脆失传了罢!李贽强调"人具只眼",是对每一个人以其特有的方式去寻求"道"的天赋权利的充分肯定,也就是肯定人的独立思考的权利,一句话,就

---

① 李贽:《答耿中丞》,《李贽文集》第1卷,社会科学文献出版社2000年版,第15页。

② 李贽:《答耿司寇》,《李贽文集》第1卷,社会科学文献出版社2000年版,第29页。

③ 李贽:《藏书·德业儒臣前论》,《李贽文集》第3卷,社会科学文献出版社2000年版,第595页。

是要把人当人看!

"是非无定论,无定质"

　　既然每一个人都有独立思考的权利,那么又如何看待天下之是非呢?李贽认为,是非无定论,亦无定质,人人都可以按照其理性对是非作出自己的独立判断,不同的思想学说、是非观念不妨并存。他说:

　　　　人之是非,初无定质;人之是非人也,亦无定论。无定质,则此是彼非并育而不相害;无定论,则是此非彼并行而不相悖矣。……夫是非之争也,如岁时然,昼夜更迭,不相一也。昨日是而今日非矣,今日非而后日又是矣。虽使孔子复生于今,又不知作如何非是也,而可遽以定本行赏罚哉?[①]

　　　　然则今日之是非,谓予李卓吾一人之是非,可也;谓为千万世大贤大人之公是非,亦可也;谓予颠倒千万世之是非,而复非是予之所非是焉,亦可也。则予之是非,信乎其可矣。[②]

真理和谬误的区别在一定的条件下是具有绝对性和确定性的,当然不能说"是非无定质,亦无定论"。但是,肯认真理和谬误在一定条件下的区分的确定性,不应成为排斥不同意见和学说的工具。必须看到,是非又是相对的,任何真理都具有相对性,真理中可能包含谬误,谬误中也可能包含着真理。从这一意义上来看,李贽所说的"此是彼非并育而不相害"、"是此非彼并行而不相悖"的观点,正是一种提倡百家争鸣的多元文化心态的表现。他反对以孔子之是非为是非的中世纪独断,要"颠倒千万世之是非",由此可见,他的是非观又是非常确定的,所谓"是非无定论",不过是他反对中世纪独断的战斗武器。然而,他又不把自己的观点绝对化,肯认他人"复非是予之所非是亦可",即认为他人也有批评自己的权利,这又是一种具有现代性的宽容精神的表现。在以上论述中,李贽更认为,人们对于是非的认识总是发展的,假如孔子生在今日,他的是非观念也会改变,这是很深刻的辩证

---

　　① 李贽:《藏书世纪列传总目前论》,《李贽文集》第2卷,社会科学文献出版社2000年版,第7页。
　　② 李贽:《藏书世纪列传总目前论》,《李贽文集》第2卷,社会科学文献出版社2000年版,第7页。

法思想。然而,他说是非观念如"昼夜更迭不相一",又过于夸大了是非的相对性,使辩证法成了通向怀疑论或诡辩论的桥梁。但是,这种怀疑论或诡辩论,恰恰是理性觉醒的初步表现,起到了反对数千年专制独断的进步作用。

"是非无定论"固然是一种否认真理标准的唯心主义观点,然而,李贽是否完全不讲真理标准呢?当然不是。李贽是一位非常关心国计民生、重视社会功利的学者,亦是一位倡导经世致用的"实学"的学者。如前所说,他曾经指出在宋儒大讲"道统"的时代恰恰是国势衰弱的时代,宋儒学说无补于国计,无益于民生。此外,他更明确批评宋明道学家的学说蹈虚空谈:

> 平居无事,惟解打恭作揖,终日匡坐,同于泥塑,以为杂念不起,便是真实大圣人大贤人矣。其稍学奸诈者,又掺入良知讲席,以阴博高官一旦有警,则面面相觑,绝无人色,甚至互相推诿,以为能明哲。①

对于现实政治,他既反对张居正的文化专制主义,但却肯定其改革措施。他总是推崇那些对人民的利益作出过贡献的人物,而不管他是否违背过传统的君臣大义和礼教规范,反对道学家以僵化的道德伦理至上主义来批评时政。所以,李贽亦是晚明提倡实学之一人,他实际上是以现实的社会功利来作为检验一切言论和行为之是非的标准的。由此可见,与李贽同时或稍后的东林学派对蹈虚学风的批评,决非针对李贽而言。说李贽引人蹈虚,说晚明提倡人文主义觉醒的学者不讲实学,那是一种误解。提倡"实学"而不反对专制主义,只能起维护专制统治的作用,而不可能发展出新质的社会和文化形态。从这一意义上说,晚明以李贽为代表的宣传人文主义觉醒的一批早期启蒙学者,乃是使中国社会走出中世纪的、适乎时代需要的真正的"实学"的倡导者。

李贽虽然宣称"不以孔子之是非为是非",斥"六经"为"道学之口实,假人之渊薮",然而他也作经解,也时常引经据典。这岂不自相矛盾?就李贽自身来说,他自称这样做有其"不得已"的苦衷。他说:"无征不信久矣。苟不取陈语以相证,恐听者亦以骇愕。故凡论说必据经引传,亦不得已焉耳。"②

---

① 李贽:《因纪往事》,《李贽文集》第1卷,社会科学文献出版社2000年版,第147页。
② 李贽:《复宋太守》,《李贽文集》第1卷,社会科学文献出版社2000年版,第21页。

（二）"不以先入之见锢灵府"
——吕坤的"自家天趣"与陈第的知识论

"我只是我"

吕坤是万历年间又一位在学术上独树一帜的著名学者。他公然宣称自己不属于任何一派，"我只是我"：

> 人问：君是道学否？
> 曰：我不是道学。
> 是仙学否？
> 曰：我不是仙学。
> 是释学否？
> 曰：我不是释学。
> 是老、庄、申、韩学否？
> 曰：我不是老、庄、申、韩学。
> 毕竟是谁家门户？
> 曰：我只是我。①

为了表现"我只是我"的学术个性，吕坤强调学者要有追求真知的态度，要有"自家天趣"，反对依傍门户，人云亦云。他批评当时一位讲阳明学的学者说：

> 周伯时刻意讲学，尚是傍人脚跟走，无一副自家天趣，替宋儒添卷案。弟子谈论，每多乖驳，大都谈本体，宗上乘，不能接引后学。近来都是此等流派，不出姚江、黄安口吻耳。②

此处"姚江"指王阳明，"黄安"指被李贽痛斥为"假道学"的耿定向。吕坤对阳明学的认识是否全面是另外一回事，值得注意的乃是他对学者的"自家天趣"的强调，以及他对"傍人脚跟走，替宋儒添卷案"的因袭僵化的学风

---

① 吕坤：《呻吟语》卷一《谈道》，《吕坤全集》中册，中华书局 2008 年版，第 664 页。
② 吕坤：《去伪斋集》卷四《答大宗伯孙月峰》，《吕坤全集》上册，中华书局 2008 年版，第 153 页。

的批评。吕坤在批评他人的同时也鲜明地表达了自己的治学态度,他说:

> 此心果有不可昧之真知,不可强之定见,虽断舌可也,决不可从人
然诺。①

由此论述可见,他的勇于追求真理的精神是何等坚定执着。也正因为他敢于坚持自己的真知定见,不倚傍门户,所以他的学问堂庑宽广,出入古今上下各种学说,有集千古之智而折中其间的气概,作出了富有独创性的思想贡献。如汪永端所说:"吕先生之学以自得为宗,不切切训诂,而于古六艺之旨博综贯串,驰骋上下,皆有以穷其旨趣而通其大意。至于天地鬼神阴阳之变、山川风土之宜、兵谋权术、浮屠老子之所记载,靡不抉择而取衷焉,盖合内外之道也。"②

吕坤运用自己的理性,以超越儒释道三教以上的姿态,对三教作批判的审视。他认为儒释道三教都是"边见"(即偏见),都只是各得其一端,所以吕坤自称"无所依著,不儒不道不禅,亦儒亦道亦禅"③,从三教中吸取合理因素,来构建自己的思想体系。然而,他的思想宗旨又决不同于儒释道三教合一的宋明道学。他用"伪"、"腐"二字来论定道学,指斥道学家言行不一,空谈无用;他自称"去伪斋",表明了他与道学相对立的思想立场。他所主张的"自家天趣",是见之于实际事功的经世致用的实学。

在吕坤看来,只有实际事功才是检验一种学说的真理性的标准。他认为儒家学说之所以走上宋明道学的蹈虚空谈之途,实在是由于儒家学说本身就有不重实际事功的弊病。他说:

> 儒者唯有建业立功是难事。自古儒者成名多是讲学著述。人未尝
尽试所言,恐试后,纵不邪气,其实成个事功,不狼狈以败者,定不
多人。④

这样一种经不起实际事功检验的学说,也就足以导致"晋唐而后,借吾道以酝酿瞿昙"、"明道、阳明,皆自禅悟入"⑤,从而使儒学向禅学蜕变的结果。

---

① 吕坤:《呻吟语》卷一《存心》,《吕坤全集》中册,中华书局 2008 年版,第 616 页。
② 汪永端:《吕沙随先生祠记》,《吕坤全集》下册,中华书局 2008 年版,第 1731 页。
③ 吕坤:《阴符经注序》,《吕坤全集》下册,中华书局 2008 年版,第 1395 页。
④ 吕坤:《呻吟语》卷四《品藻》,《吕坤全集》中册,中华书局 2008 年版,第 810 页。
⑤ 吕坤:《去伪斋集》卷四《答礼部康庄衢》,《吕坤全集》中册,中华书局 2008 年版,第 171 页。

对于宋明道学的蹈虚空谈，吕坤有很犀利的批判。他认为宋儒的"冥目端坐，见性明心"是"释氏之寂"，而"只说'无声无臭'"则是"俗儒之幻"①；他甚至把道学形容为"讲学衙门"中的无用的案卷，不仅无益于国计民生，而且也无益于道德，他说：

> 一门人向予数回穷问无极、太极及理气同异、性命精粗、性善是否。予曰：此等语，予亦能剿先儒之成说及一己之谬见以相发明，然非汝今日之急务。假若了悟性命、洞达天人，也只于性理书上添了"某氏曰"一段言语，讲学衙门中多了一宗卷案。后世穷理之人信彼驳此，服此辟彼，百世后汗牛充栋，都是这椿话说，不知于国家之存亡、万姓之生死、身心之邪正，见在得济否？②

吕坤直斥宋明道学为"吾儒之异端"，他说：

> 人皆知异端之害道，而不知儒者之言亦害道也。见理不明，似是而非，或骋浮词以乱真，或执偏见以夺正，或狃目前而昧万世之常经，或徇小道而溃天下之大防，而其闻望又足以行其学术，为天下后世人心害，良亦不细。是故有异端之异端，有吾儒之异端。③

正因为他视宋儒为异端，所以他告诫门生："学者若入道，且休著宋儒横其胸中。"④离开宋学是否意味着要返回汉学呢？他也不赞成，认为"汉儒杂道"⑤，若要"求道学真传，且高阁百氏之儒，先看孔孟以前胸次。"⑥如侯外庐先生在《中国思想通史》中所指出，所谓孔孟以前的"道学真传"或"孔孟以前胸次"，显然不过是吕坤为自己的学术所虚设的一种凭借而已。

吕坤的哲学思想，既反对程朱的天理本体论，也反对王阳明的心本论，坚持和发展了唯物主义的元气本体论学说。他强调"天地万物只是一气聚散，更无别个。""气化没有底，天地定然没有；天地没有的，万物定然没有。"⑦具体的有形的事物有成有毁，但物质不灭："乾坤是有毁底，故开辟后

---

① 吕坤：《去伪斋集》卷七《日用说寄门人杨启昧》，《吕坤全集》上册，中华书局 2008 年版，第 364 页。
② 吕坤：《呻吟语》卷一《谈道》，《吕坤全集》中册，中华书局 2008 年版，第 644 页。
③ 吕坤：《呻吟语》卷一《谈道》，《吕坤全集》中册，中华书局 2008 年版，第 645 页。
④ 吕坤：《呻吟语》卷四《品藻》，《吕坤全集》中册，中华书局 2008 年版，第 788 页。
⑤ 吕坤：《呻吟语》卷四《品藻》，《吕坤全集》中册，中华书局 2008 年版，第 788 页。
⑥ 吕坤：《呻吟语》卷一《存心》，《吕坤全集》中册，中华书局 2008 年版，第 629 页。
⑦ 吕坤：《呻吟语》卷四《天地》，《吕坤全集》中册，中华书局 2008 年版，第 767 页。

必有混沌;所以主宰乾坤是不毁底,故混沌还成开辟。主宰者何? 元气是已。元气亘万亿岁年,终不磨灭,是形化气化之祖也。"① 作为宇宙之"主宰"的,是物质性的"元气",物质的永恒运动、变化和创造,此外更没有任何"主宰",这也就否定了程朱所鼓吹的"天理"主宰一切的观点。他认为物质是永恒的存在,其运动变化是守恒的:"气化无一息之停","天地万物所赖以常存者,恒故耳"。② 他坚持了彻底的唯物主义一元论,排斥一切以"理"为独立存在的实体的谬说,断言:"宇宙内主张万物底,只是一块气,气即是理理者,气之自然者也。"③

由本体论而至于人性论,吕坤强调义理之性与气质之性不能分离,具有气质之性一元论的倾向(见本书第二章第二节)。

吕坤除了在本体论上与程朱陆王相对立,在人性论上对朱熹学说作了修正以外,还专门写了两本书对朱熹进行批判。第一部书是对朱熹《家礼》的批判,原名《家礼疑》。在此书序中,吕坤说:

> 是礼也者,枝叶忠信,而后世之礼,则忠信之贼也。……礼之亡忠信者,吾不敢不辨之以为世道防。……不揣庸愚,尝就《仪礼》、《礼记》及《家礼》会成仪节所未解者,作《四礼疑》。④

这段话实际上是斥朱熹《家礼》为"忠信之贼"。尽管在他去世后其子知畏、知思将《家礼疑》改为《四礼疑》,剗改了序文而隐去了朱熹的名字,又加了一段表示不敢触动等级制度的文字,以及还可能作了其他的删改,但此书仍然被后世专制统治者指责"疏于考典,轻于论古"。吕坤的第二部批判朱熹的书题为《纲目是正》,其序言说:

> (《纲目》)自文公以一序冠篇,遂使后人奉若蓍蔡,噤不敢出一语。余小子沈酣此书及《宋元纲目》四十余年矣,每参验于《春秋》,无论凡例取义,未必尽合圣经。即《纲目》所书,未必尽合凡例。……有罪坐所由不当理见获者,有舍其重而罪所轻者;有迁怒而加以无罪之罪者,有劫于重大之名而乏南史之直者;……厘之共七百七十六则。脱稿矣,不敢以传。何者? 自有《纲目》以来,《纲目》如《春秋》重矣! 世儒不

---

① 吕坤:《呻吟语》卷四《天地》,《吕坤全集》中册,中华书局 2008 年版,第 768 页。
② 吕坤:《去伪斋集》卷六《明恒》,《吕坤全集》上册,中华书局 2008 年版,第 274 页。
③ 吕坤:《呻吟语》卷一《谈道》,《吕坤全集》中册,中华书局 2008 年版,第 655 页。
④ 吕坤:《四礼疑序》,《吕坤全集》下册,中华书局 2008 年版,第 1285—1286 页。

研文义之实,而震于不敢非议之名,又附于信而好古之君子。坤也独倡此语,即有万喙以张吾军,有一人者出,加以"诋訾先贤、变乱成法"之罪,则万喙短气。况以孤陋之独识,有倡无和,而置百年朽骨于不止一人之吻,何所苦而堕此口业,受千百人弹射乎?①

吕坤由于畏忌专制统治者以"诋訾先贤,变乱成法"的罪名对他加以迫害,所以自己将《纲目是正》这部书稿焚毁了,只留下了这篇序。但从这篇序中亦可看到吕坤的思想与专制统治者思想的尖锐对立,亦可看到专制统治集团仍能依靠其政权的力量对自由思想者予以镇压,有着"一人"降罪而使"万喙短气"的能量。尽管早期启蒙思潮蓬勃兴起,但依靠政权的力量而垄断学术的朱熹思想仍然是不可侵犯的。看来吕坤自己焚毁的著作远不止《纲目是正》这一部,他在自撰墓志铭中写道:"今已矣,欲有所言,竟成结舌;欲有所为,竟成赍志。卷独知之契于一腔,付独见之言于一炬。"②可见他的独见之言大多没有保存下来,保存下来的却不是他的思想中很重要的部分。与吕坤同时期的李贽虽称其著作为《焚书》,却偏要将其广为刊布,而吕坤却痛苦地将其"独见之言"付之一炬,这固然反映了吕坤性格的弱点,但罪责却在于统治者的文化专制,在这种残酷的制度下,不知有多少国学的精华被毁灭了。

陈第的知识论

与吕坤同时的福建学者陈第,亦是一位具有科学的知性精神的著名学者。陈第治学,以崇智、尊今、重致用、重证据为特征,倡导经世实学,提出了许多富于科学精神的见解;同时,他还用科学方法考证古音,以此批判宋儒学问的浅陋,处处表现出"拿证据来"的科学态度,开清初考据学的先河。

陈第在万历二十二年(1594年)至二十五年(1597年)所著的《松轩讲义》、《谬言》、《意言》三书,集中表现了他的崇智、尊今、重致用的思想特征。《松轩讲义》中有《学周论》,似可看作陈第思想的一个纲要:

① 吕坤:《去伪斋集》卷三《纲目是正序》,《吕坤全集》上册,中华书局2008年版,第86页。
② 吕坤:《去伪斋集》卷九《自篡墓志铭》,《吕坤全集》上册,中华书局2008年版,第533页。

丘生问："孔子自言学周之礼,子贡亦言学文武之道,他书多载孔子问礼问官,此皆礼仪法制之末,圣人倦倦用心,何也?"

曰:"此所以为圣人。识时务者在俊杰,若不达世务,终难致用。故孔子于文武之道数数焉。即夏殷之礼,亦皆能言之矣。"

客曰:"今之讲学者异于是,瞑目端拱而谈心性。问之诗赋不知,则曰词章之末;问之史传不知,则曰政事之末;问之璇玑九章不知,则曰度数之末;三末之说兴,天下事曚曚矣。不知生平何所事事,得此曚曚也?岂其借易简之学,文空疏之见乎?诵诗三百,授政犹有不达,此而入政,聩聩哉!"

曰:"斯固然矣。亦有高明之士,博极载籍,然于国朝典制之书,未尝弘览,故与之谈古则应,与之谈今则退。又有博雅之士,淹贯古今,然情性背违,不可施之政事,君子所以叹才难也。……贾谊通达国体,魏相条上故事,智乎智乎!故博古者贵通今,明理者贵达数,知道者贵治情,如此,庶得孔子学周之意。"①

在以上论述中,陈第明确表示他既反对"瞑目端拱以谈心性"的道学家,也反对当时的博雅君子知古而不知今。他呼唤精通当世之务的智,由数以达理的智,通晓治国之道的智,而总以致用为目的。在这里,陈第讲到"明理者贵达数",他提出这一观点是在徐光启和利玛窦合作翻译出版《几何原本》(万历三十五年,1607年)之前10年,可见"缘数以寻理"的知性精神也是不能视作舶来品的。

陈第以"通今"、"达时"为"智",他认为无论"事"还是"言"都有其时代性,因而反对泥古,反对是古而非今,他说:

今日之言非昨日之言,今日之事非昨日之事,况于千万世乎?故泥古者陋,达时者智。②

他又说:

识时达变,可与言道。拘儒多是古而非今,是远慕麟凤而近薄鸡狗也,不知鸡狗之用实当于晨夕。或问使其得志何如?曰:不可行古于

---

①　陈第:《松轩讲义·学周论》,《四库禁毁书丛刊》集部第57册,北京出版社1997年版,第282页。

②　陈第:《意言》,《四库禁毁书丛刊》集部第57册,北京出版社1997年版,第332页。

今,又不能通今于古,滋烦扰而已,乱之道也。①

他强调学者要有独立思考的精神,他自己也正是以这种精神去评论古今学术的。他认为宋明学者的学风都各有其弊:

> 宋人之诋訾汉儒也过甚,阴主其传注,而阳以为不知道也;今人之诋訾宋儒也抑又甚,心恧其力行而口以为不知变也。岂未闻夫子窃比之义乎?②

他虽然很佩服王阳明的学问事功,但亦指出王学有其流弊:

> 我朝二百余年,理学渊粹,功业炳耀,惟王文成。然文成之教,主于易简,故未及百年,弊已若斯。③

> 书不必读,自新会(指陈献章——引者注)始也;物不必博,自余姚(指王阳明——引者注)始也。④

他主张读书要直接读古代经典的原文,然后运用自己的理性去对后儒的各种传注作出自己的评判。他说:

> 余少受《尚书》家庭,读经不读传注。家大人责之曰:"传注,适经门户也,不由门户,安入堂室?"余时俯首对曰:"窃闻经者径也。门户堂室自具。儿不肖,欲思而得之,不敢以先入之说锢灵府耳。"⑤

> 余于传注异同,最喜参看。譬如两造具备,能以片言折之,使两情俱服固善。不然,如五色并列,五音并奏,亦见人心灵窍,此说之外,又有彼说,不为无益。⑥

可见他既不愿让传注的先入之见来禁锢其思想,又主张要以裁判两造、片言折狱的精神来明辨传注的是非曲直。即使不能尽废传注之说,亦以兼容并包的精神存其说而取益之。他特别强调学贵自得,自得之道在于"内体之

---

① 陈第:《意言》,《四库禁毁书丛刊》集部第57册,北京出版社1997年版,第335页。
② 陈第:《谬言·诸子》,《四库禁毁书丛刊》集部第57册,北京出版社1997年版,第321、322页。
③ 陈第:《书札烬存·答许抚台》,《四库禁毁书丛刊》集部第57册,北京出版社1997年版,第296页。
④ 陈第:《谬言·诸子》,《四库禁毁书丛刊》集部第57册,北京出版社1997年版,第322页。
⑤ 陈第:《尚书疏衍自序》,《四库禁毁书丛刊》集部第57册,北京出版社1997年版,第39页。
⑥ 陈第:《松轩讲义·笃恭辨》,《四库禁毁书丛刊》集部第57册,北京出版社1997年版,第283页。

心身，外验之时势"，这是他极深刻的思想命题之一，他说：

> 所贵乎士夫，能着实体验，有所自得，不随人口吻乃佳耳。阳明未起之先，即宋儒咳唾之末，皆以为珠玉蓍龟。至于今日，即大儒精粹之谈，亦往往吹毛洗垢，此皆非也。欲求自得，其道曷以？不过内体之心身，外验之时势而已矣。①

他认为只有运用自己的理性作独立的思考，才能获得既对身心有益且能适合时代变迁之需要的新知识、新见解。

从注重经世致用的观点出发，他反对那种脱离社会实践的讲学，主张把思想学说放到实践中去检验，而不是关起门来自吹自擂，让一批盲从的弟子们帮忙吹嘘此种学说如何高妙，却不付诸实践。以下这则故事，嘲讽道学家及其弟子，真令人忍俊不禁：

> 客曰："嘉靖中，有祭酒先生讲学，一发言，门生曰：'妙！'再发言，曰：'大妙！'三发言，曰：'更妙！'有一狂士，心不平也，趋而进曰：'老师亦闻酒家之尝酒者乎？'先生曰：'未闻。'曰：'吾邻家主母善酿酒，酒熟而饮其幼子女也，曰：'酒旨乎？'子女应曰：'旨。'一婢旁立亦曰：'旨。'主母曰：'未饮而旨之，可乎？'婢曰：'吾闻之而子女也。'今老师发言，诸生答曰妙，曰妙未必得之于躬行，意亦酒家之婢之应其主母也。'闻者皆绝倒。"余闻之亦笑。②

他又说：

> 尝忆少时游江湖间，数奉教于论学诸君子矣。大都比拟愈密而体验愈疏，解说愈玄而躬行愈薄，窃疑圣门之学，不若是判也。③

他特别反对静坐，认为宋儒主静之说使人废业，他说：

> 儒者因有求放心之说，遂疑心为易放之物，必欲操之使不放，于是有主静之说，有心在腔子里之说，有约之反复入身来之说，有静中养出端倪之说。种种立论，虽皆有益于学者，而简易直截，未见得孔门之宗

① 陈第：《松轩讲义·笃恭辨》，《四库禁毁书丛刊》集部第57册，北京出版社1997年版，第283页。
② 陈第：《松轩讲义·讲学辨》，《四库禁毁书丛刊》集部第57册，北京出版社1997年版，第275—276页。
③ 陈第：《书札烬存·答许抚台》，《四库禁毁书丛刊》集部第57册，北京出版社1997年版，第295—296页。

也。……初学入门,心猿意马未定,即静坐固宜。今有好古之士,穷年兀坐,百无猷为,存想虚明景界,以为真得。及其应接纷纭,遂失虚明所在,依然旧时伎俩矣,何益之有?且此学无分于士农工贾,皆可为也,故士而专于静坐,则士之业废矣;农工贾而静坐,则农工贾之业废矣,天下岂有废业而可以为道乎?①

他极力提倡躬行力践的兢业精神,指出:

夫兢业在心,而所以兢业在事。……今儒者之言曰:兢业,心体也,学者保此心体而已,事为之末,不足致意。是歧内外而为二,判心事而为两,故往往骛于虚谈而无当于实用,岂圣人之学乎?②

他既提倡兢业精神,所以反对宋儒的王霸义利之辨,主张功利主义,提出了"义即在利中,道理即在货财之中"的命题。同样是出于社会功利的考虑,他反对宋明以来普遍流行的重文轻武的偏见,指出:"不有文者,孰守社稷;不有武者,谁捍牧圉,奈何妄分别于其间乎?……盖道无不在,学无不在。如必以文为道为学,而以武为非道非学,是浅之乎其论道学也已。"③陈第少喜谈兵,22 岁投笔从戎,曾率军镇守北方边关,对军事深有研究。他把军事纳入"道"的范畴,乃是对于传统思想的一个重要突破。

(三)考据学之滥觞

与从阳明心学中发展出以李贽为代表的"颠倒千万世之是非"、努力冲决传统观念囚缚的新思潮同时,学界亦出现了一股研究古学的潮流,以杨慎、胡应麟、焦竑、陈第等人为代表。这两股潮流从表面上看去是如此相反:前者以闻见道理为"童心"之障蔽,其末流竟以"束书不观,游谈无根"著称;后者则主张多闻多见,博学广览,以博洽著称。然而,二者实为同一思潮的

① 陈第:《松轩讲义·放心辨》,《四库禁毁书丛刊》集部第 57 册,北京出版社 1997 年版,第 261—262 页。

② 陈第:《书札烬存·又答郭道见》,《四库禁毁书丛刊》集部第 57 册,北京出版社 1997 年版,第 290—291 页。

③ 陈第:《书札烬存·答黄思贤》,《四库禁毁书丛刊》集部第 57 册,北京出版社 1997 年版,第 289 页。

两个侧面,这些学者们都是由于厌倦了烂熟的宋人格套,而纷纷独辟蹊径,自出手眼,争标新异,以便将"俗学之凡陋"一扫而空。他们共同代表了当时思想解放的时代潮流。

杨慎(1488—1567年,明弘治元年至隆庆元年),字用修,号升庵,四川新都人。师事李东阳,正德六年(1511年)进士,殿试第一,授翰林院编修。嘉靖皇帝以正德皇帝之堂弟的身份即帝位后,欲尊其亲生父母为帝、后,是为"大礼议",遭到一批朝臣的反对,不能实行;嘉靖皇帝又在宫中设坛打醮,宠信一批道士,闹得乌烟瘴气,朝臣屡谏,不听。嘉靖三年(1524年),"大礼议"的矛盾激化,为了反对嘉靖皇帝"顾私亲"的行为,对皇权的日益腐败予以遏制,杨慎与何孟春等发动朝臣228人到承天门(今天安门)前去请愿,慷慨高呼:"国家养士百五十年,仗节死义,正在今日。"[1]嘉靖皇帝派锦衣卫围捕142人,杨慎遭廷杖,死而复生,被谪戍云南永昌卫。嘉靖三十二年(1553年)他回到四川,然而到嘉靖三十七年(1558年),这位古稀老人又被当局押解到永昌戍所。《明史》说,他卒于嘉靖三十八年秋,但据陆复初先生博考论定,杨慎是"以死为烟幕"而又回到四川,过了八年,到隆庆元年(1567年)才去世的。

杨慎早在青年时代就以学问渊博闻名,"凡宇宙名物,经史百家,下至稗官小说,医卜技能,草木虫鱼,靡不究心多识,阐其理,博其趣,而订其讹谬焉。"[2]当时的内阁大臣蒋冕称赞他说:"用修之博,何减古之苏颂乎?"[3]杨慎的思想路线,以阳明学为"高",以程朱理学为"卑",但他对当时的王学学者和程朱派学者的学风都很不满:

> 其高者,凌虚厉空,师心去迹,厌观礼之烦,贪居敬之约,渐近清谈,遂流禅学矣!

> 卑焉者,则掇拾丛残,诵贯滥魄,陈陈相因,辞不辨正,纷纷竞录,问则呿口,此何异瞍矇诵诗,阉寺传令乎!

---

① 张廷玉等:《明史》卷一百九十一《何孟春传》,中华书局1974年版,第5068页。

② 陈文烛:《国朝献徵录》卷二十一《杨升庵太史慎年谱》,《续修四库全书》第526册,上海古籍出版社2002年版,第120—121页。

③ 陈文烛:《杨升庵太史慎年谱》,《国朝献徵录》卷二十一,《续修四库全书》第526册,上海古籍出版社2002年版,第121页。

穷高者既如彼,卑论者又如此,视汉唐诸儒且恧焉,况三代之英乎![1]

他既反对王学末流"渐近清谈,遂流禅学",也反对程朱后学"陈陈相因",如"阉寺传令"。他重实际,重实证,重视人民的生产实践。在谪居云南的漫长岁月中,他广泛接触了云南各族人民的社会生活,从而把原始的阴阳、五行观念和《易经》的起源放到特定背景下的人与自然的关系、人民的生产活动和社会生活中去加以考察,提出了许多富于启迪性的见解,开创了研究原始观念和中华文化起源的新思路。他更通过对云南少数民族社会结构的考察,得出了历史进化的结论:"欲目睹封建之利害,何必反古? 今有之矣! 川、广、云、贵之土官是也。……曰:如此,则三代圣人,犹有弊法耶? 曰:……三代以上,封建,时也;封建,顺也。秦而下,郡县,时也;郡县,顺也。"[2]

当然,杨慎的注重实际和实证的考据,更主要的是通过广泛采集文献资料的手段来进行的。杨慎一生,做了大量的抄撮众书、撮其精要、订讹正误的工作,自云"自束发以来,手所抄集,帙成逾百,卷计越千"[3]。他的《丹铅录》、《谭苑醍醐》等数十种著作,多属此类。他自述其治学方法云:

夫从乳出酪,从酪出酥,从生酥出熟酥,从熟酥出醍醐,犹之精义入神,非一蹴之力也,学道其可以忘言乎? 语理其可以遗物乎? 故儒之学有博有约,佛之教有顿有渐。故曰:"多闻则守之以约,多见则守之以卓,寡闻则无约也,寡见则无卓也。"佛之说曰:"必有实际而后有真空。实则扰长河为酥酪,空则纳须弥于介子。"以吾道而瓦合外道一也,以外道而印证吾道一也。[4]

他把求知看作是一个由博返约的过程,如同经过各种程序的炼制而使乳汁变为醍醐一样,所以确认多闻多见、广采实证的"博"乃是"约"的基础。博览方能言必有征。因此,他把博览群书、取其精粹看作是考据的基本功。后来顾炎武的"采山之铜"说和"著书不如抄书"说实滥觞于此。当然,抄书的目的在于由博返约,获取新知。杨慎亦正是通过广泛搜集各种关于古史和

---

① 杨慎:《云南乡试录序》,《升庵全集》(一),商务印书馆 1937 年版,第 33—34 页。
② 杨慎:《封建》,《升庵全集》(四),商务印书馆 1937 年版,第 525 页。
③ 杨慎:《丹铅别录序》,《升庵全集》(一),商务印书馆 1937 年版,第 28 页。
④ 杨慎:《谭苑醍醐序》,《升庵全集》(一),商务印书馆 1937 年版,第 28 页。

古代风俗的资料,指出了前人对古代经典解释的一些谬误。此外,他还独具慧眼地指出旧史书有不少记载前后矛盾,不可尽信;后世多以官修史书正笔记小说之误,殊不知笔记小说亦可以正官修正史之误;等等。

万历学者胡应麟继承杨慎的治学思路,对其治学成绩十分推崇,称赞说:"杨子用修拮据坟典,摘抉隐微,白首丹铅,厥功伟矣!今所撰诸书盛行海内,大而穹宇,细入肖翘,耳目八埏,靡不该综。即惠施、黄缭之辨,未足侈也。"①当然,他也指出杨慎治学有"命意太高"、"持论太果"的缺点,对杨慎的某些结论"稍为是正",但他说这"亡当大方","异日者求忠臣于杨子之门,或为余屈其一指也夫。"②胡应麟亦以考据见长,著有《少室山房笔丛》,所征引的典籍亦极为宏富,其中有《四部正讹》三卷,"皆考证古来伪书"之作,所以在考据学盛行的乾隆时代编撰的《四库全书总目》亦肯定他的成绩,说他"研索旧文,参校疑义,……可资考证者亦不少。"③

焦竑作为李贽的崇拜者,在专制统治者眼中也是一个异端人物。《四库全书总目》说:"竑师耿定向而友李贽,于贽之习气沾染尤深,二人相率而为狂禅。贽至于诋孔子,而竑亦至尊崇杨墨,与孟子为难。虽天地之大,无所不有,然不应妄诞至此也。"④孟子斥杨朱为我是无君,墨子兼爱是无父,无父无君是禽兽,而焦竑至于崇杨墨,与孟子为难,充分表现了他的异端性格和独立思考的精神。焦竑自己亦说:"学道者当尽扫古人之刍狗,从自己胸中辟取一片乾坤,方成真受用,何至甘心死人脚下!"⑤

焦竑是古音韵学研究的开创者,其《焦氏笔乘》(刊行于万历三十四年)中有"古诗无叶音"条,阐述了他对音韵学的精辟见解:

> 诗有古韵今韵,古韵久不传。学者于《毛诗》、《离骚》皆以今韵读之,其有不合,则强为之音曰,此叶也。予意不然。如"驺虞",一"虞"也,既音牙而叶"葭"与"豝",又音五红反而叶"蓬"与"豵";"好逑",一"逑"也,既音求而叶"鸠"与"洲",又音渠之反而叶"逑"。如此则东亦可音西,南亦可音北,上亦可音下,前亦可音后,凡字皆无正呼,凡诗皆

① 胡应麟:《丹铅新录引》,《少室山房笔丛》,上海书店出版社 2001 年版,第 53 页。
② 胡应麟:《丹铅新录引》,《少室山房笔丛》,上海书店出版社 1936 年版,第 53 页。
③ 《四库全书总目》,中华书局 1965 年版,第 1064 页。
④ 《四库全书总目》,中华书局 1965 年版,第 1077 页。
⑤ 焦竑:《支谈上》,《焦氏笔乘》,中华书局 2008 年版,第 287 页。

无正字矣,岂理也哉?①

这是说后世儒者不懂古韵,"而自以意叶之",就会造成种种荒谬的主观臆说。他通过缜密的考证,证明古韵为客观存在,问题在于要善于考证出它的准确读音,而不能"自以意叶之"。他证明了"下"的古音是"虎":

> 《击鼓》云,"于林之下",上韵为"爰居爰处";《凯风》云,"在浚之下",下韵为"母氏劳苦";《大雅·緜》,"至于歧下",上韵为"率西水浒"之类也。②

又证明了"降"字,古音皆作"攻"音:

> 《草虫》云:"我心则降",下韵为"忧心忡忡";《骚经》:"惟庚寅吾以降",上韵为"朕皇考曰伯庸"之类也。③

又如"泽"古音"铎","逑"古音"求",古韵本来如此。他以《诗》证《诗》,又以《离骚》和汉魏诗证《诗经》之古韵,指出:"《离骚》、汉魏去诗人不远,故其用韵皆同。"进而批评道:"世儒徒以耳目所不逮,而穿凿附会,良可叹矣!"认为世儒之论为"迁就之曲说"。④

陈第著《诗古音考》,把焦竑的古音韵学研究大大向前推进了一步,并且形成了一种考证古音的科学方法。清代《四库全书总目》论陈第《毛诗古音考》一书云:

> 言古韵者自吴棫。然《韵补》一书,庞杂割裂,谬种流传,古韵乃以益乱。国朝顾炎武作《诗本音》、江永作《古韵标准》,以经证经,始廓清妄论。而开除先路,则此书实为首功。大旨以为古人之音,原与今异。凡今所称叶韵,皆即古人之本音,非随意改读,辗转牵就。如母必读米,马必读姥,京必读疆,福必读逼之类,历考诸篇,悉截然不紊,又左国易象离骚楚词秦碑汉赋,以至上古歌谣箴铭颂赞,往往多与《诗》合,可以互证。于是排比经文,参以群籍,定为本证、旁证二条。本证者,《诗》自相证,以探古音之源;旁证者,他经所载,以及秦汉以下风雅未远者,以竟古音之委。钩稽参验,本末秩然,其用力可谓笃至。虽其中如素音为苏之类,不知古无四声,不必又分平仄;家又音歌、华又音和之类,不

---

① 焦竑:《古诗无叶音》,《焦氏笔乘》,中华书局 2008 年版,第 109 页。
② 焦竑:《古诗无叶音》,《焦氏笔乘》,中华书局 2008 年版,第 109 页。
③ 焦竑:《古诗无叶音》,《焦氏笔乘》,中华书局 2008 年版,第 110 页。
④ 焦竑:《古诗无叶音》,《焦氏笔乘》,中华书局 2008 年版,第 110 页。

知为汉魏以下之转韵,不可通三百篇,皆为未密;然所列四百四十四字,言必有征,典必探本,视他家执今韵部分妄以通转古音者,相去盖万万矣。……欲求古韵之津梁,舍是无由也。①

这段话以陈第《毛诗古音考》为古音考据"开除先路"之"首功",当然不甚准确,因为先于陈第者有焦竑,"以古人之音,原与今异",也是焦竑提出的。但陈第最大的贡献,在于正式建立起"本证"与"旁证"相结合来进行考据的科学的归纳法。在他的《诗古音考》一书写成以后,焦竑才对此方法作出评说而加以肯定。② 陈第考定古音,每一字下明确列出"本证"与"旁证"两项,本证以《诗经》证《诗经》,"旁证"用《易经》、《楚辞》及去古未远的汉魏诗来证《诗经》,条理秩然,精密纯粹。他每考定一个古音,都要寻求一二十条证据,这种追求真知的精神,实为中国自古以来所未有。他辛辛苦苦考定了 444 个字的古音,用力之勤,可以想见。试举一例,以见其科学方法和严谨的治学态度:

服(音逼)

本证:

《关雎》:求之不得,寤寐思服。优哉游哉,辗转反侧。

《有狐》:有狐绥绥,在彼淇侧,心之忧矣,之子无服。

《葛屦》:要之襋之,好人服之。

《蜉蝣》:蜉蝣之翼,采采衣服。心之忧矣,于我归息。

《候人》:维鹈在梁,不濡其翼。彼其之子,不称其服。

《采薇》:四牡翼翼,象弭鱼服,岂不日戒,玁狁孔棘。

《六月》:六月凄凄,戎车既饬,四牡骙骙,载是常服。

……(本证共 14 条,以下 7 条从略——引者注)

旁证:

《易》"谦"二三:鸣谦贞吉,中心得也,劳谦君子,万民服也。

《豫》彖:天地以顺动,故日月不过,而四时不忒;圣人以顺动,则刑罚清而民服。

成王《冠颂》:令月吉日,王始加元服。去王幼志,心衮职。

---

① 《四库全书总目》,中华书局 1965 年版,第 365 页。

② 参见焦竑:《毛诗古音考序》,《澹园集》(上册)卷十四,中华书局 1999 年版,第 128—129 页。

《仪礼》:令月吉日,始加元服。弃尔幼志,顺尔成德。

范蠡《寿辞》:四海咸承,诸侯宾服。觞酒既升,永受万福。

《离骚》:謇吾法乎前修兮,非世俗之所服。虽不同于今之人兮,愿依彭咸之遗则。

又:步余马于兰皋兮,驰椒丘且焉止息。进不入以离尤兮,退将修复吾初服。

秦《泰山刻石》(三句一韵):皇帝临位,作制明法,臣下修饬。廿有六年,初并天下,罔不宾服。

汉《天马歌》:天马徕兮从西极,经万里兮归有德。承灵威兮降万国(音役),涉流沙兮四夷服。

魏繁钦《定情诗》:日夕兮不来,踯躅长叹息。远望凉风至,俯仰正衣服。①

为了考出一个"服"字的古音,陈第就列举了24条证据,从而证明了"服"古音"逼",这是何等的功力,何等严谨的科学态度! 他之所以在古音考据方面花这么大的工夫,是为了以真知去排击唐宋以来的经学,并对此作了明白的、毫不隐晦的说明:

圣人之道,心术内也,形器外也,精神深也,声音浅也。唐宋名儒,匡坐而谈,瞑目而证,皆自谓得圣人之玄解也。然皓首穷经,曾音响节奏之未辨,如精神心术何?②

焦竑在为陈第《毛诗古音考》所作的序言中亦说,读陈第此书,一方面,"古音可明";另一方面,"今读者不待其毕,将哑然失笑之不暇"③。为何"哑然失笑"? 笑宋儒也。焦竑和陈第都想证明,宋儒连字都读错了,能得"圣人之玄解"吗? 他们对古字的读音"随意改读"、"穿凿附会",那么,他们的"精神心术"如何,不是大可令人怀疑吗? 以搜求证据的科学方法来排击宋儒,以考据学为思想解放的工具,实在是晚明学者的一大发明,不仅使晚明五光十色的思想界更显辉煌,而且为清代考据学的大发展开辟了道路。

---

① 陈第:《毛诗古音考》,中华书局2008年版,第15—16页。
② 陈第:《读诗拙言》,《四库禁毁书丛刊》集部第57册,北京出版社1997年版,第108页。
③ 焦竑:《毛诗古音考序》,《澹园集》(上册),中华书局1999年版,第128页。

七、"开发学人心灵"的科学思想

　　资本主义萌芽的生长必然带来一个"天工开物"的新时代。16 世纪的一部分先进的中国知识分子,以朦胧的历史自觉顺应了这一新的时代要求,产生了探求真知的纯粹的科学兴趣,使中国自然科学冲破儒家道统、中古神秘主义的束缚而获得了独立的发展,并且在科学方法论上作出了新的突破。

　　从 16 世纪中期到 17 世纪 40 年代,中国的自然科学大致分两途发展。一是因时代的召唤而纯粹从中国本土产生的以探求科学真知为鹄的的自然科学家和科学著作,如李时珍的《本草纲目》和朱载堉的科学思想皆产生于 16 世纪末西方传教士来华之前;徐宏祖的《徐霞客游记》、宋应星的《天工开物》,虽产生于西方传教士来华之后,但几乎没有受到西方传来的自然科学的影响。二是早年受中国本土风气影响而产生科学兴趣,又因西学传入而在科学的道路上更加激扬踔厉、试图会通中西的一批自然科学家,如徐光启、李之藻、李天经、王徵等。

　　从这一时期中国自然科学的发展中,依稀可见传统的自然科学方法逐步变革的轨迹。李时珍使医学从道教的束缚下解放出来,既注重科学的实证,且重视"明变求因"以求"窥天地之奥而达造化之权"的理性思维;徐宏祖冲破"谶纬术数家言"及"昔人志星官舆地"的"承袭附会"之说,注重"峰峰手摩足抉"的地理现象观测,更注重对地理自然现象的"所以然"作出科学的解释。宋应星以不怕"既犯泄漏天心之戒,又罹背违儒说之讥"的气概去探索自然奥秘,其科学方法既强调"凡事皆须试验而后详之",同时亦注重从理论上把握自然规律的哲学论说。而徐光启等人适逢西方自然科学的公理演绎方法的传入,遂在中国本土近代科学方法萌芽的基础上,全面扬弃传统的、笼罩于中古神秘主义迷雾中的经验论的思维方式,而开出一以"缘数以寻理"为基本导向,以科学实证与公理演绎并重为特征的新思路。

（一）科学精神的本土之萌蘖

——李时珍、朱载堉、徐宏祖、宋应星的科学思想

"窥天地之奥而达造化之权"

李时珍（1518—1593 年，明正德十三年至万历二十一年），字东璧，号濒湖，湖北蕲春人，是我国 16 世纪的伟大科学家。他出身医学世家，祖父和父亲因为社会地位很低，备受豪绅欺凌而希望他进入仕途，他 14 岁中秀才，但三次考举人均未考中，于是继承父业，专攻医学，以医术闻名于世。朝廷知其名，招他到太医院供职，但他对朝廷重道教不重医学十分不满，就托病请辞了。他发现前代本草药物分类不详，名目错讹，不少新药有待补录，乃有重修本草之志。他从 35 岁起开始进行这项工作，遍走中南数省，采集标本，向民众请教，披阅八百余种文献，历时 27 年，三易其稿，终于在万历六年（1578 年）撰成《本草纲目》一书。全书五十二卷十六部六十二类，载药 1892 种（其中新增 347 种），插图 1160 幅，附方 11096 则，共 190 万字。这本医学巨著写成后 18 年，即万历二十四年（1596 年），才由金陵胡承龙刊刻问世，当时李时珍已经去世三年了。除《本草纲目》外，李时珍还著有《濒湖脉学》、《七经八脉考》、《花蛇传》等医学著作。

《本草纲目》打破了本草学中流传达一千多年的"三品"分类法，对药物给予了合乎科学的自然分类。全书分水、火、土、金石、草、谷、菜、果、木、服器、虫、鳞、介、禽、兽、人等十六部，每部下又详分为若干类，如"草部"有山草、芳草、隰草、蔓草、毒草、水草、石草、苔、杂草等九类，这是更科学的分类系统。书中正文首标正名为纲，将同类各部分列为目，继以"释名"、"集解"，说明各药别名、产地、形态、采集方法，更以"正误"考订品种真伪及历代文献记载，"修治"栏说明药物炮制，而"主治"、"发明"及"附方"各栏则详述药物性能及功用。全书纲举目张，层次清晰，"博而不繁、详而有要"，表现了李时珍严谨的科学精神。

中国中古医学多与道教思想相结合，医学家陶弘景、葛洪、孙思邈都是道士，李时珍极力要使医学摆脱宗教的束缚，从本草学中驱逐道教思想，因

此,其《本草纲目》一书对陶弘景、葛洪、孙思邈等都有批判。他特别憎恶作为道教真祖的秦汉方士的服食求仙之说,指出,所谓"丹砂化为圣金,服之升仙"的说法,乃是秦皇汉武时方士传流而来,"岂知血肉之躯,水谷为赖,可能堪此金石重坠之物久在肠胃乎? 求生而丧生,可谓愚也矣。"①当时在西方,新兴的医化学学派也开始了对中世纪炼金术的批判。中西学者虽不相闻问,但却不谋而合,遥相呼应。

他批判地继承和总结了中国古代医学的成就,更表现了追求真知的科学探索精神。他提出:"天地之造化无穷,人物之变化亦无穷……肤学之士,岂可恃一隅之见,而概指古今六合无穷变化之事物为迂怪耶?"②"古今之理,万变不同,未可一辙论也。"③他注意到科学认识发展的三种情形:一是古人已经认识了而后人不复知;二是古人和今人各认识事物属性的某一方面;三是古人未认识,而后人有认识。因此,他在《本草纲目》中,既注重发掘古代本草学的成就,强调"不可以今之不识,使废弃不收",今人不识者"安知异时不为要药",又注重将古今人对事物不同属性的认识加以概括总结,将昔人所知而后世不复知,后世所知而昔人亦未言及的同一药物的不同属性全面地加以叙述,更注重对古今人未认识的事物及其道理作新的探索。《本草纲目》中不仅新增加药物 374 种,而且还提出了"必伏其所立而先其所因"④、"同药异佐而入经有别"、"相恶相反者,乃不为害"⑤等具有新意的辨证施治原则。他强调认识自然规律的重要性,认为只有对病因和药性及其相互作用的原理有深刻的认识,才能"窥天地之奥而达造化之权"⑥。在李时珍对病理、药理和辨证施治的论述中,占主导地位的已不是古代医学的朦胧直觉,而是科学的实证和细致辨析的明晰理性,展示了近代科学的曙光。

《本草纲目》在万历二十四年(1596 年)刊行以后,又多次再版,很快风行全国。万历三十五年(1607 年)传入日本。1735 年法文摘译刊于巴黎,

---

① 李时珍:《本草纲目》第 1 册,人民卫生出版社 1975 年版,第 461 页。
② 李时珍:《本草纲目》第 4 册,人民卫生出版社 1982 年版,第 2975 页。
③ 李时珍:《本草纲目》第 2 册,人民卫生出版社 1979 年版,第 1335 页。
④ 李时珍:《本草纲目》第 1 册,人民出版社 1975 年版,第 51 页。
⑤ 李时珍:《本草纲目》第 2 册,人民卫生出版社 1979 年版,第 692 页。
⑥ 李时珍:《本草纲目》第 1 册,人民卫生出版社 1979 年版,第 73 页。

旋即被转译成英、德、俄文,受到西方科学界的重视。19 世纪的大科学家达尔文在论证生物进化论和物种变异学说时,引证了《本草纲目》,并誉之为"中国古代的百科全书"。著名的英国科学技术史家李约瑟指出:"无疑地,明代最伟大的科学成就是李时珍的《本草纲目》。""李时珍在和伽利略、凡萨利乌斯的科学活动完全隔绝的情况下能在科学上获得如此辉煌的成就,这对任何人来说都是难能可贵的。"①

"天运无端,惟数可以测其机"

朱载堉(1536—1611 年,明嘉靖十五年至万历三十九年),字伯勤,号句曲山人。青年时自号"狂生"、"山阳酒狂仙客"。他是明仁宗朱高炽的第六代孙,他的父亲朱厚烷被册封为"郑恭王",他出生后被封为世子,是王位的继承者,郑王封地原在陕西凤翔,正统九年(1444 年)迁河南怀庆府,至朱载堉已历百年。朱载堉自幼酷好音律、数学。15 岁时,其父因规谏嘉靖皇帝迷信道教而被削爵禁锢在安徽凤阳,载堉乃"筑土室宫门外,席槀独处者十九年"②,潜心于科学研究。隆庆元年(1567 年)其父复爵,载堉亦恢复了世子名义。此后,他继续从事乐律、数学和天文历法的研究。万历十九年(1591 年)其父去世后,朱载堉本可继承王位,但他却坚决辞去了王位,决心献身科学事业。著有《瑟谱》、《律学新说》、《律吕精义》、《乐学新说》、《算学新说》、《律历融通》、《律吕正论》、《律吕正疑辨惑》、《嘉量算经》、《圜方勾股图解》等科学著作。他的最重要的科学发明是十二平均律及其计算原理,至今全世界都在使用他的这一科学发明,没有人能够超越他。此外,他又是一位具有诗人气质的人,著有通俗歌曲集《醒世词》,被早期市民阶层广泛传唱。

以数学来总结自然科学研究的成果,是朱载堉的科学方法与传统方法相区别的最重要的特征。他认为"理"必须通过"数"的研究才能得到明晰的阐发:他所说的"数",是"六艺"之数,即作为各门具体科学之基础的数学,而不是《周易》用以占卜吉凶的"数"和北宋道学家邵雍的先天象数学的

---

① 李约瑟:《中国科学技术史》第 1 卷,科学出版社 1975 年版,第 314 页。
② 《明史》第 12 册,中华书局 1974 年版,第 3628 页。

神秘的"数";他所说的"理",也不是宋明道学家讲的道德伦理之理,而是自然事物的"自然天成之理"。因此,他主张学者必须具备数学的知识,认为"数在六艺之中,乃学者常事耳"①;强调用精确的数学语言、严密的推导来揭示自然奥秘、总结科学成果的重要性。他指出:

> 理由象显,数自理出,理数可相依而不可相违。凡天地造化,莫能逃其数。②

> 天运无端,惟数可以测其机;天道至玄,因数可以见其妙。理由数显,数自理出,理数可相倚而不可相违,古之道也。③

也就是说,一切关于自然现象的道理,自然的本质和规律性,都可以用数学来加以表达。自然现象表现着自然之理,但只有数学才能将自然之理精确地加以揭示,量化的精确性可以测天地运行之机,可以见天道至玄之妙。在他看来,离开了数学的量化和合乎逻辑的推导,所谓自然之理不过是"臆说",大自然在人面前仍不过是迷离恍惚的一团浑浊而已。

将数学方法运用于音律学的研究,朱载堉指出:

> 夫音生于数者也,数真则音无不合矣。若音或有不合,是数之未真也。④

音是自然之音,要制作出与自然之音相合的律管就必须通过数学的计算,计算精确则能与自然之音相合;至于不合,则是由于"数之未真",即计算不精确的缘故。正是通过对将数学方法引入音律学的研究,将音乐的八度分为十二个相等的半度,并完美地计算出十分精确的十二平均律的每一个音,总结出十二平均律的科学计算公式,方才使音乐之理大白于天下。

将数学方法运用于天文历法的研究,朱载堉第一个站出来批判了传统的天体"失行"说,把天文历法从政治伦理道统的束缚下解放出来,把天文历法真正当作一门科学来研究。在朱载堉之前,天文学家都根据传统的

---

① 朱载堉:《圣寿万年历》卷首,《景印文渊阁四库全书》第786册,台湾商务书馆1986年版,第452页。

② 朱载堉:《律历融通》卷四《黄钟历议下·交会》,《景印文渊阁四库全书》第786册,台湾商务书馆1986年版,第651页。

③ 朱载堉:《圣寿万年历》卷首,《景印文渊阁四库全书》第786册,台湾商务书馆1986年版,第452页。

④ 朱载堉:《律学新说》卷一《密率律度相求之三》,《景印文渊阁四库全书》第213册,台湾商务书馆1986年版,第563页。

"天人感应"的谬说,把历法的误差归结为天体"失行",即天体突然偏离其正常运动的轨道,而认为根本原因是人间伦理政治的得失。如唐代的僧一行就认为"夫日月所以著尊卑不易之象,五星所以示政教从时之义,故日月之失行也,微而少;五星之失行者,显而多"①。以人间政教影响"日度变常"的谬论来为历法的不精确辩解。元代天文历学家郭守敬亦是如此,将历法与天象不合归结为"日度失行之验"。② 对于这一切荒谬的说法,朱载堉批评道:

> 唐志大衍历议曰:较前代史官注记,惟元嘉十三年十一月甲戌景长,皇极、麟德、开元历皆得癸酉,盖日度变常尔!元授时历所议亦同。今按前人考古,景长之验或不相合,则云日度失行,窃谓此言过矣。苟日度失行,当如岁差渐渐而移,今岁既已不合,来岁岂能复合耶?盖系前人所测或未密耳,非日度变行也。③

他正确地指出,天体运行自有其规律,"有一定之数","可推而知";至于历法与天象不合乃是计算不准确的缘故,根本就不存在所谓"日度失常"的问题。要制定出精确的历法,只有借助于高精密度的仪器,通过观测取得准确的数据,并借助于这些数据作精确的计算,不必以"日度失行"的谬说来自欺欺人。他还进一步批判了儒家"天人感应"的灾异谴告说,指出"日月之食于算可推而知,则是数自当然","固皆常理,实非灾异";④日月运行的"舒亟之度乃数使然,非由人事之应"⑤。可以说,中国的天文历算之学只是从朱载堉开始,才摆脱了儒家的"天人感应"的神秘学说,排除了政治伦理对科学的干扰,而真正具有了科学的性质。

必须强调指出的是,朱载堉的上述科学思想,已经对"缘数以寻理"的科学方法作了相当明确的表述,比徐光启和利玛窦合作翻译《几何原本》以后,学者们趋向"缘数以寻理"的科学方法要早十余年。这一事实充分说

---

① 《新唐书》卷二十七下《历志三下》,中华书局1975年版,第634页。

② 《历志一》,《元史》,中华书局1976年版,第1140页。

③ 朱载堉:《圣寿万年历》卷四《二至晷影考》,《景印文渊阁四库全书》第786册,台湾商务印书馆1986年版,第514页。

④ 朱载堉:《律历融通》卷四《黄钟历议下·定数》,《景印文渊阁四库全书》第786册,台湾商务印书馆1986年版,第654页。

⑤ 朱载堉:《律历融通》卷四《黄钟历议下·定朔》,《景印文渊阁四库全书》第786册,台湾商务印书馆1986年版,第647页。

明，即使没有西学东渐，中国的先进学者也能铸造出自己的科学新工具。

"直抉鸿蒙来未凿之窍"

　　徐弘祖（1586—1641年，明万历十四年至崇祯十四年），字振之，号霞客，南直隶江阴人，是我国明代伟大的旅行家和地理学家。

　　在中国历史上曾经产生过许多著名的旅行家，或出于政治上的原因，由国家所派遣而远到异邦；或出于宗教上的需要，为求真经而涉艰历险；或出于经济上的目的，为追求高额的商业利润而甘冒蛮烟瘴雨。但像徐霞客这样主要是由科学的兴趣所推动而从事旅行考察，却是亘古未有。这不能不说是明代中叶以后中国社会所出现的一个奇特的现象。

　　徐弘祖少年颖异，却不喜"括帖芹藻之业"，对传统文人用八股文作敲门砖敲开做官之门的科举道路不感兴趣，却"特好奇书，侈博览古今史籍，及舆地志、山海图经，以及一切冲举高蹈之迹，每私覆经书下潜玩，神栩栩动"。自云："丈夫当朝碧海而暮苍梧，乃以一隅自限耶？"[1]霞客亦"不喜谶纬术数家言"，谓："昔人志星官舆地，多承袭傅会；江、河二经，山川两纪，自记载来，多囿于中国一隅，欲为昆仑海外之游，穷流沙而后返。"[2]他从22岁开始出游，一生中遍访全国名山大川，海隅边陲。东边渡海到落迦山，西至云南腾冲西境，北游盘山，南达广东罗浮山。明代的两京十三布政司，都被他走遍了。足迹遍及今天的北京、天津、上海、江苏、山东、河北、山西、陕西、河南、安徽、浙江、福建、广东、江西、湖南、广西、贵州、四川、云南等十九个省市自治区。路上经历了说不尽的艰难困苦，风餐露宿，历深履险，三次被盗，多次绝粮，却丝毫也没有动摇他的意志。"峰峰手摩足抉"，处处细心观察，边走边依岩作记，一日千言或两三千言，最后汇成了《徐霞客游记》这部千古奇书。在旅行考察的途中，徐霞客还将他的新发现及时向江苏的友人通报，纠正沿袭数千年的古代地理书的谬误。据钱谦益说，徐霞客在四川托估客将《溯江纪源》一篇带给他，"其书数万字，皆订补桑《经》、郦《注》及汉、

---

[1]　陈函辉：《霞客徐墓志铭》，褚绍唐、吴应寿整理：《徐霞客游记》，上海古籍出版社1982年版，第1184页。

[2]　钱谦益：《徐霞客传》，褚绍唐、吴应寿整理：《徐霞客游记》，上海古籍出版社1983年版，第1193页。

宋诸儒疏解《禹贡》所未及"。①

　　徐霞客在地理学上的突出成就之一是对岩溶地貌的研究。他系统考察了从湖南到滇东磅礴数千里的石灰岩溶蚀地貌,对其分布状况、形成的原因、由于发育不同而出现的地区差异等,作了科学的说明,对峰林、岩洞、天生桥、盘洼、竖井、天池等各种岩溶现象加以定名,并作了详细记录。他深入考察的岩洞达一百多个,《游记》中记录的岩洞则更多。他对每个岩洞的考察力求准确全面,如他深入观察和描述了桂林七星岩的大小、深浅、洞内的复杂结构等各方面的情形。近代科学技术实测的结果,证明他的记录十分精确。徐霞客比欧洲最早描述和考察石灰岩地貌的爱士培尔早一百五十年,比欧洲最早对石灰岩地貌进行系统分类的罗曼要早二百多年②。

　　徐霞客在地理学上的又一突出成就是对江河源流的考察。他穿行于旁流杂出、水流湍急的西南水道,跋涉于云贵川的崇山峻岭,对江河源流作沿波讨源的实际考察。根据实测的结果,他冲破了《禹贡》"岷山导江"的传统观念,在历史上第一次论证了金沙江才是长江之源;他破除陈说,弄清了三分石系石分三岐,虽水分三方流,但皆入湘江,与两广无涉。他纠正了《明一统志》关于西南水道的许多错误,辨明了枯柯河南入潞江而不入澜沧江,碧溪江即漾濞河下游,龙川江即麓川江等。

　　徐霞客的科学考察还涉及水文、地热、气象、物产、政区、交通、地名等方面。在水文方面,他不仅留下了许多实地观察的记载,而且还对河流的流速与流程的关系、河水的侵蚀作用、喷泉发生的原因等,作了科学的解释。在地热的研究方面,对其分布和各种特征作了记载,并记录了利用地热提取硫黄和硝矾的经验。在气象的研究方面,他不仅留下了详细的气象观测的记录,而且还探讨了影响气候的诸要素,如地理位置、海拔与气温的关系等。在对各地物产的考察方面,徐霞客不仅对各地的林木、花卉、药材、动物、矿产及其特征、用途、地理分布等作了详细的记载,而且探讨了各地特有植物的地理分布与环境、气候的关系。

---

　　①　钱谦益:《徐霞客传》,褚绍唐,吴应寿整理:《徐霞客游记》,上海古籍出版社 1983 年版,第 1194 页。

　　②　朱惠荣:《徐霞客游记校注》前言,云南人民出版社 1985 年版,第 6 页。

明末清初的大学者钱谦益盛赞霞客其人其书,他在《嘱毛子晋刻游记书》中说:"徐霞客千古奇人,《游记》乃千古奇书。"①在《嘱徐仲昭刻游记书》中说:"霞客先生游览诸记,此世间真文字、大文字、奇文字,不当令泯灭不传。仁兄当急为编次,谋得好事者授梓。不惟霞客精神不磨,天壤间亦不可无此书也。"②

徐霞客的精神是科学的精神。《徐霞客游记》一书,完全是以求真的科学精神写成的。古来游记写作,目的在于抒发情志,而不在科学的客观考察,所以记叙描写多有失真,与此相反,在徐霞客那里,审美完全服从于客观的真实,求真始终是第一位的。他随身携带《明一统志》,又沿途广泛搜访地记、方志,将实地观察和文献记录认真校对,订正了文献记录中的不少错误。他有着精确的数量观念,也十分注意量的记录,道路远近、洞穴大小,都经过他实测,详记具体数字。中国现代地质学家丁文江于 1913 年考察云南,随身携带《徐霞客游记》一部,"独行滇东、滇北二百余日,倦甚则取游记读之,并证以所见闻。始惊叹先生精力之富,观察之精,记载之详且实。"③英国著名的科学技术史家李约瑟也说:"他的游记读来并不像是十七世纪的学者所写的东西,倒像是一部二十世纪的野外勘察家所写的野外考察记录。"④

徐霞客的科学精神,不仅表现在他对科学的经验事实的重视,而且还表现在他努力从自然现象的相互联系中去探寻特定的自然现象所产生的原因,努力对事物的"所以然"作出科学的解释。他对石灰岩地貌形成的原因、河流的流程与流速的关系、喷泉发生的原因、海拔与气温的关系、植物的地理分布与气候的关系等问题的研究就是证明。这一切同时还说明,徐霞客的思维已突破了传统的"知其然而不知其所以然"的思维方式的限制,开始了在科学实证的基础上深入探究自然的奥秘。

徐霞客的科学精神,还表现在他在求真的崎岖道路上不畏劳苦的攀登

---

①　钱谦益:《嘱毛子晋刻游记书》,朱惠荣:《徐霞客游记校注》,云南人民出版社 1985 年版,第 1232 页。

②　钱谦益:《嘱毛子晋刻游记书》,朱惠荣:《徐霞客游记校注》,云南人民出版社 1985 年版,第 1231 页。

③　丁文江:《重印徐霞客游记及新著年谱序》,朱惠荣:《徐霞客游记校注》,云南人民出版社 1985 年版,第 1305 页。

④　李约瑟:《中国科学技术史》第 5 卷,科学出版社 1975 年版,第 62 页。

精神。昔人有言:"夫夷以近,则游者众,险以远,则至者少,而世之奇伟瑰怪非常之观,常在于险远,而人之所罕至焉。故非有志者,不能至也。"①这还是就游山赏景立论。而霞客出于科学的兴趣,多次往返于"百蛮荒徼之地",为了求得真知,"登不必有径,荒榛密箐,无不穿也;涉不必有津,冲湍恶泷,无不绝也。峰极危者,必跃而踞其巅;洞极邃者,必猿挂蛇行,穷其旁出之窦,途穷不忧,行误不悔。暝则寝树石之间,饥则啖草木之实。不避风雨,不惮虎狼,不计程期,不求伴侣。以性灵游,以躯命游。亘古以来,一人而已!""造物者不欲使山川灵异,久秘不宣,故生斯人以揭露之耶?"②

明末清初的学者黄道周、钱谦益、吴国华、杨名时、潘耒、叶廷甲、赵翼等人,都对徐霞客探求自然奥秘的精神十分推崇,誉之为"洞见幽玄"、"契阔通神"③、"直抉鸿蒙来未凿之窍"④等,潘耒更叹息道:"惜吾衰老,不复能褰裳奋袂,蹑其清尘,遂令斯人独擅奇千古矣。"⑤官修的《四库全书总目》说徐霞客"未尝有意于为文",但霞客意在何处并未明言。当然,"总目"也指出,徐霞客"以耳目所亲,见闻较确;且黔滇荒远,舆志多疏,此书于山川脉络,剖析详明,尤为有资考证"⑥云云。

近人丁文江把徐霞客看作是中国近代地质学的开山,并且对徐霞客的历史地位作了这样的评论:"当明之末,学者病世儒之陋,舍章句而求实学,故顾亭林、王船山、黄梨洲辈,奋然兴起,各自成家,遂开有清朴学之门。然霞客先生于顾、黄、王诸公之前,而其工作之忠勤,求知之真挚,殆有过之无不及焉,然则先生者,其为朴学之真祖欤?"⑦

①　王安石:《游褒禅山记》,《王文公文集》,上海人民出版社 1974 年版,第 419 页。

②　潘耒:《徐霞客游记·序》,褚绍唐、吴应寿整理:《徐霞客游记》,上海古籍出版社1982 年版,第 1257 页。

③　黄道周:《遣奠霞客寓长君书》,褚绍唐、吴应寿整理:《徐霞客游记》,上海古籍出版社 1982 年版,第 1178 页。

④　吴国华:《圹志铭》,褚绍唐、吴应寿整理:《徐霞客游记》,上海古籍出版社 1982 年版,第 1182 页。

⑤　潘耒:《徐霞客游记·序》,褚绍唐、吴应寿整理:《徐霞客游记》,上海古籍出版社1982 年版,第 1258 页。

⑥　《四库全书总目》,中华书局 1965 年版,第 630 页。

⑦　丁文江:《重印徐霞客游记及新着年谱序》,朱惠荣:《徐霞客游记校注》,云南人民出版社 1985 年版,第 1307 页。

"天工开物"

宋应星(1587—1666年？明万历十五年至清康熙五年？)字长庚,江西奉新人。万历四十三年(1615年)举人,五上公车不第。曾任江西分宜教谕、福建汀州府推官、南京亳州知州等职。崇祯十七年(1644年)弃官回乡,后曾仕南明。崇祯七年任分宜教谕时,著《天工开物》一书,详细记录各地农业和手工业生产技术。该书初刊于崇祯十年(1637年)。现存的其他著作有《野议》、《论气》、《谈天》、《思怜诗》等。《野议》对明末政治、经济、军事、教育及社会陋俗,均有批评。《论气》、《谈天》可能是宋应星所著《卮言十种》中的两种,因为它们的标题分别是《论气第八种》、《谈天第九种》。其《画言归正》一书则已全部佚失。

在《天工开物》的序言中,宋应星宣告了与正统儒家的学问观的决裂,表达了他决心冲破儒家传统观念的束缚而致力于科学技术的研究,把治学方向引向科学,引向生产技术,引向生产实践的崭新思路。在正统儒家看来,研究科学技术是算不得"学问"的。按照朱熹的说法:"此是何学问,如此而望有得,是欲吹沙而成饭也。"科学技术既算不得学问,因而研究它也就与学者的身份不相称。宋应星对这种陈腐的学问观十分鄙视,并看透了儒家的所谓"学问"不过是做官发财的钓饵,他在《天工开物》序中愤然写道:"丐大业文人,弃掷案头。此书于功名进取,毫不相关也。"[1]这是公开声明:这本书不是供升官发财用的,也不幻想得到所谓"大业文人"们的青睐。他进而讽刺正统儒家虽然对科学技术一窍不通,却假充"博学",揭露他们脱离实际的玄谈乃是毫无学问根柢的空谈,因而毫无用处,他说:"世有聪明博物者,稠人推焉。乃枣梨之花未赏,而臆度楚萍;斧斨之范鲜经,而侈淡莒鼎。画工好图鬼魅而恶犬马。即郑侨晋华,岂足以烈哉!"[2]就是说,那些被人们推崇为"聪明博物"的人,连常见的枣梨之花都不认识,却像孔子那样在那里臆想揣度据说是楚王在江中见到的奇物("楚萍")是什么天命的吉祥之兆;连铸锅制罐的模子都未见过,却来妄谈古时的莒鼎,真好像画师

---

① 宋应星:《天工开物·序》,《天工开物》,中国社会科学出版社2004年版,第2页。
② 宋应星:《天工开物·序》,《天工开物》,中国社会科学出版社2004年版,第1页。

只爱画世间没有的鬼魅,而不愿画常见的犬马一样。这种不务实际的人,即使有郑国公孙侨和晋代张华那样的才华,也不可能做出什么实际的成就。

宋应星还发现,"圣之时也者"的儒生们出于"进身博官"的需要,有时也会侈谈科技,但其根本弊病,也还是空谈,却不肯实际去作科学的实验。崇祯年间,内忧外患,朝廷用兵急需火药火器,于是"妄想进身博官者,人人张目而道,著书以献",却"未必亲由试验"。宋应星真为他们惋惜,说这些人只知空谈,"而终生不见其形像,岂非缺憾也。"①宋应星力求把这些儒生们引向注重实际、注重科学实验的求知道路。

与正统儒家相反,宋应星重视科学技术,重视生产实验,尊重劳动人民的智慧和创造,亲身参加科学实践活动。他提出了一种新的技术哲学思想,即"天工开物"的思想,靠人工技巧从天然界开发出有用之物,这就要求发挥人的主观能动性去认识自然,用技术开发自然。在认识自然方面,宋应星认为,天是无意志的自然的天,是可以研究、可以认识、可以议论的,历代的星官、造历者、太史官业已这样做了;只是儒道佛诸宗把天神秘化了。他表示不怕他们的围攻:"既犯泄露天心之戒,又罹背违儒说之讥,然亦不惶恤也。"②他通过对日食原理和历史记载的分析,批判了儒家天人感应的谬论。他还在1637年写的《论气》一文中论述了关于物质不灭的一些初步思想。

认识自然的目的是为了开发自然,创造出对人类有益的事物来为人类服务,这就要发挥人工技巧的作用。宋应星称赞纺织工人:"凡工匠结花本者,心计最精巧,……天孙机杼,人巧备矣。"③他强调实验对认识事物和技术创造的重要性,认为凡事"皆须试验而后详之"④。他自己正是通过深入实际,实地观察,调查研究,"穷究试验",方才总结出许多劳动人民的发明创造,凝聚成《天工开物》这本杰出的科学技术著作。

《天工开物》一书共十八章,其内容分别是:乃粒(粮食作物栽培)、粹精(谷物加工)、作咸(制盐)、甘嗜(制糖)、膏液(榨油)、乃服(养蚕与纺织)、

① 宋应星:《天工开物·乃服》,《天工开物》,中国社会科学出版社2004年版,第53页。
② 宋应星:《谈天·序》,《野议·论气·谈天·思怜诗》,上海人民出版社1975年版,第99页。
③ 宋应星:《天工开物·结花本》,《天工开物》,中国社会科学出版社2004年版,第98页。
④ 宋应星:《天工开物·火药料》,《天工开物》,中国社会科学出版社2004年版,第392页。

彩施(染色)、五金、冶铸、锤锻、陶埏(陶瓷)、燔石(煤、石灰及矾石、砒石)、杀青(造纸)、丹青(颜料与墨)、舟车、佳兵(兵器)、曲蘖(酒母、酒曲)及珠玉。几乎论述了当时工农业所有部门的技术,有插图123幅,对这些部门的成就作了系统总结。书中在叙述各技术过程和设备时给出不少重要数据,详细报道不见于先前著录的技术成就,如蚕的人工杂交、砒霜拌种、丹曲防腐、炼锌及大型铸件铸造等。

《天工开物》入清后曾翻刻再版,该书于17世纪末传入日本,1771年再刊于大阪。在工业革命的浪潮席卷欧洲的19世纪,《天工开物》在欧洲广为流传。1830—1840年,法国汉学家儒莲(Stanislas Julien,1797—1873年)将其中五章译成法文,有的译文再转译为英、德、俄和意大利文。1869年,儒莲又出版了此书法文摘译本。20世纪以来,出现两种英文全译本和前四章的德文译本。儒莲称此书为"技术百科全书",李约瑟认为宋应星是"中国的狄德罗"①。

(二)中国的笛卡尔
——徐光启对传统"象数之学"方法的变革

徐光启(1562—1633年,明嘉靖四十一年至崇祯六年),字子先,号玄扈,明南直隶松江府上海县人。万历三十一年(1603年)在南京皈依基督教。万历三十二年中进士,选庶吉士,历任翰林院检讨、詹事府少詹事兼河南道监察御史及管理练兵事务、礼部左侍郎督领修历事务、礼部尚书兼东阁大学士、文渊阁大学士兼礼部尚书等职,谥文定。

徐光启在结识西方传教士利玛窦之前,即对科学有浓厚的兴趣。史载他12岁就开始读兵书,21岁开始留意水利。结识利玛窦之后,徐光启便与他研讨天文历算诸学并共同翻译西方科学著作。在引进西学、会通中西自然科学方面,他是开风气之先的第一人。他一生中以大量的时间和精力从事西方科学著作的翻译和科学研究,翻译《几何原本》和《泰西水法》,开设历局,督领翻译西方天文历算书籍和修历事务,与熊三拔(西方传教士)试

---

① 李约瑟:《中国科学技术史》第1卷,科学技术出版社1975年版,第25页。

制天文仪器,倡议制造望远镜等天文仪器 10 种(1629 年,我国制造天文望远镜即始于此),引进西洋大炮并负责监制;他还从事农学的科学实验和研究,自闽引种甘薯于上海,在天津办水利试种水稻,写作了六十卷的《农政全书》。他在 44 岁时,曾致力于改革手工业的旧工具,认为"智巧日穷不尽",必须"虚访勤求"①。

当然,对于一个科学家来说,新的科学方法的提出、思维范式的转换是比个别知识领域的发现、某种技艺的革新更为重要的。对于徐光启来说,他的最大贡献也不在于天文仪器的制造、农学研究和手工业工具的革新方面,而在于他对中国传统的自然科学方法的反思和新的科学思维工具的铸造。1934 年竺可桢曾撰文《近代科学先驱徐光启》,把徐光启与近代西方实验科学的始祖弗兰西斯·培根相比,称之为中国的弗兰西斯·培根,充分肯定了徐光启作为中国近代科学先驱者的历史地位。这一见解诚然有其独到的学术价值,但在我们看来,以徐光启之注重科学实验,固然与培根的唯物主义经验论和科学归纳法相一致;然而他对于"推其所以然"的公理演绎法的强调则远在对经验归纳法的重视之上,这倒更近于笛卡尔以强调公理演绎方法为特征的近代理性主义。依近代思想启蒙的民族特点来说,徐光启所铸造的"新工具",主要不是培根式的,而是笛卡尔式的;或者说,他的新工具虽然兼有培根和笛卡尔的优点,但以其启蒙意义来说,他在中国扮演的主要是倡导科学的公理演绎方法的笛卡尔的角色。

破"河洛邵蔡"之迷信

作为一个自然科学家,徐光启特别注重引进西方的自然科学知识,对此表现出了巨大的热情和博大的胸怀:取彼"三千年增修渐进之业,我岁月间拱受其成"②,岂不快哉!因此,他及时地向传教士们提出了译介西方科学书籍的要求。他认为:"既然已经印刷了有关信仰和道德的书籍,现在他们就应该印行一些有关欧洲科学的书籍,引导人们做进一步的研究,内容则要

---

① 徐光启:《农政全书》,上海古籍出版社 1979 年版,第 971 页。
② 徐光启:《简平仪说序》,《徐光启集》上册,中华书局 1963 年版,第 74 页。

新奇而有证明。"①徐光启的这一思想代表了当时先进的中国人理性主义的觉醒。《利玛窦中国札记》记叙并分析了当时中国人对《几何原本》的选择：

　　……中国人最喜欢的莫过于关于欧几里得的《几何原本》一书。原因或许是没有人比中国人更重视数学了，虽则他们的教学方法与我们的不同；他们提出了各种各样的命题，却都没有证明。这样一种体系的结果是任何人都可以在数学上任意驰骋自己最狂诞的想象力而不必提供确切的证明。欧几里得则与之相反，其中承认某种不同的东西；亦即，命题是依序提出的，而且如此确切地加以证明，即使最固执的人也无法否认他们。②

利玛窦告诉徐光启，要想翻译《几何原本》，除非是有突出天分的学者，否则没有人能承担这项任务并坚持到底。因此，徐光启自己就担负起这项工作。经过日复一日的勤奋学习和长时间听利玛窦讲述，徐光启终于能用优美的中国文字写出他所学到的一切。一年之内，一套很像样的《几何原本》前六卷就以清晰而优美的中文体裁出版了。徐光启和利玛窦在合作过程中都注意到这样的事实：中文当中并不缺乏成语和词汇来恰当地表达西方人所有的科学术语。徐光启还要继续翻译《几何原本》的其他部分，但利玛窦认为就适合他们的目的而言，有这六卷已经足够了。徐光启为这六卷的出版写了两篇序言：第一篇题为《译几何原本引》，是以利玛窦神父的名义撰写的；第二篇题为《刻几何原本序》，被传教士们认为是"对欧洲的科学和学术文艺写了一篇真正出色的赞颂"③。这本书出版后，大受中国学者们的推崇。"为了更好地理解这本书，有很多人都到利玛窦神父那里求学，也有很多人到徐宝禄（即徐光启——引者注）那里求学，在老师的指导之下，他们和欧洲人一样很快就接受了欧洲的科学方法，对于较为精致的演证表现出一种心智的敏捷。"④

----

① ［意］利玛窦原著，［比］金尼阁整理：《利玛窦中国札记》，中华书局1983年版，第516—517页。

② ［意］利玛窦原著，［比］金尼阁整理：《利玛窦中国札记》，中华书局1983年版，第517页。

③ ［意］利玛窦原著，［比］金尼阁整理：《利玛窦中国札记》，中华书局1983年版，第518页。

④ ［意］利玛窦原著，［比］金尼阁整理：《利玛窦中国札记》，中华书局1983年版，第518页。

在中国,由于秦汉以后墨辨中衰,中华民族注重实践经验的精神就渐渐被禁锢到缺乏理性思维的狭隘经验论的桎梏之中。我国文明开化甚早,自然科学积累特别丰厚,并且由于勤劳勇敢的中国人民的辛勤劳动,明代中叶以前科学技术一直在世界上居于领先地位;但秦汉以来千余年缺乏理性思维,特别是由狭隘经验论所导致的保守、迷信和偏见的潜滋暗长,使得到了明代中叶以后,传统的自然科学思维方式的弊病,已成为我国科学技术继续前进的障碍。在此种国情下,如果像培根似的特别强调自然科学的实验方法,虽然不乏其积极意义,但却很可能被极善于使新事物同化于自身的老大帝国的国民们纳入狭隘经验论的轨道,唯有以演绎法来补传统的经验方法之不足,用理性精神来破除中世纪蒙昧,才是救治祖传老病的良药。徐光启的贡献也就在这里。

徐光启把中西自然科学方法进行对比,对中国自然科学的传统方法作了深刻的反思和批判。在徐光启看来,中国自然科学在思想方法上的落后比在实际事功上的落后要早些。中国科学技术的传统师承方式似乎可以归结为古人所讲的两句话,叫"鸳鸯绣出从君看,不把金针度与人"。与此相反,西方自然科学的师承方式是"金针度去从君用,未把鸳鸯绣与人",其目的是要"使人人真能自绣鸳鸯而已"①。与此根本区别相应,中国传统的自然科学为狭隘的经验方法所束缚,"能知其然而不知其所以然";相反,运用几何学方法的西方自然科学却能"一一从其所以然处,指示确然不易之理"②。徐光启从数学、天文学等方面论证了他的上述观点。

在数学领域,徐光启认为,自唐虞至于周,一切生产和工程技术事项,"非度数不为功";所谓"六艺",亦"以度数为宗"。而自秦始皇焚书后,度数之学渐衰。"汉以来多任意揣摩,如盲人射的,虚发无效;或依拟形似,如持萤烛象,得首失尾。"③不用说当时算术之书十分之八是"多谬妄"的"闭关之术",即使是千余年来颇为重要的数学著作,如《周髀算经》、《九章算术》等,"亦仅仅具有其法,而不能言其立法之意"④。例如,把《周髀》、《九

①　徐光启:《几何原本杂议》,《徐光启集》上册,中华书局1963年版,第78页。
②　徐光启:《修改历法请访用汤若望罗雅谷疏》,《徐光启集》下册,中华书局1963年版,第344页。
③　徐光启:《刻几何原本序》,《徐光启集》上册,中华书局1963年版,第75页。
④　徐光启:《刻同文算指序》,《徐光启集》上册,中华书局1963年版,第80页。

章》中的计算方法与《几何原本》相比，结论虽然并没有什么不同，而前者纯粹是感性经验积累的产物，"言大小勾股能相求者，……不言何以必等能相求也"①；与此相反，欧氏几何学则有一套演绎推理的方法，不仅知其然，而且能说明其所以然。在中国，儒生们热衷于论证专制统治的合理性和阐扬圣人的微言大义，脱离社会实践，不但从来不提倡自然科学的理论思维，而且以唯心主义、形而上学和神学迷信来阻挠科学理论的发展。徐光启以数学为例来说明这种现象的危害：

> 算数之学特废于近世数百年间尔。废之缘有二：其一为名理之儒土苴天下之实事；其一为妖妄之术谬言数有神理，能知来藏往，靡所不效。卒于神者无一效，而实者无一存。②

这里的"近世数百年"，指宋代以来每况愈下的后期皇权官僚专制社会；"名理之儒"，指空谈心性的程朱理学家；"谬言数有神理"的"妖妄之术"，指宋代邵雍的先天象数学。宋代以来的数学之近于荒废，直接的原因正在于宋明道学和象数迷信的影响。徐光启从后期皇权官僚专制社会占统治地位的意识形态来寻找科学落后的原因，反对作为道学偶像的名理之儒，亦表现了明清之际早期启蒙思潮的一般特点。

从天文历法上看，其弊病正与数学上的"不能言其立法之意"相同。徐光启认为，中国几乎每一朝代都要修改历法，但改的方法总是老一套："不过截前至后，通计所差度分，立一加减乘除，均派各岁之下。谓之改矣，实未究其所以然也。"③不出狭隘经验论的窠臼。至于改历所依据的"革"和"故"的原理，不用说刘洪、姜岌、何承天、祖冲之说不出，就是郭守敬也没有更深入的研究。千百年来虽然积累了一些改历经验，但对于基本原理还是昏昏冥冥的"似法非法"和"似理非理"。而西洋利玛窦"讲论天地原始，七政运行，并及其形体之大小远近，与夫度数之顺逆迟疾，一一从其所以然处，指示确然不易之理，较我中国往籍，多所未闻。"④

---

① 徐光启：《题测量法议》，《徐光启集》上册，中华书局 1963 年版，第 82 页。

② 徐光启：《刻同文算指序》，《徐光启集》上册，中华书局 1963 年版，第 80 页。

③ 徐光启：《修改历法请访用汤若望罗雅谷疏》，《徐光启集》下册，中华书局 1963 年版，第 344 页。

④ 徐光启：《修改历法请访用汤若望罗雅谷疏》，《徐光启集》下册，中华书局 1963 年版，第 344 页。

为了改变中国天文学方法落后的状况,徐光启主张"参西法而用之",认为只有首先"从历法之大本大原,阐发明晰",然后才谈得上修改历法。他特别强调"革"和"故"的原理的研究。"革者,东西南北,岁月日时,靡所弗革",所谓"革",即是指天体运行和变迁的普遍规律;"故者,二仪七政,参差往复,各有所以然之故"①,所谓"故",即是指日月星辰各自运行和变迁的内在原因,是对于"革"的反思。千百年来,由于狭隘经验论的束缚,人们不但不去探究这些深奥的科学道理,反而沿着狭隘经验论而滑向唯心主义和形而上学的泥坑;而这些唯心主义和形而上学的谬误又反过来阻碍着科学的历法理论的发展,如徐光启所抨击的:

> 臣惟古来言历者有二误:其一,则《元史》历议,言考古证今,日度失行者十事,夫已则不合,而归咎于天,谬之甚也。其一,则宋儒言天必有一定之数,今失传耳。夫古之历法当时则合者多矣,非不自谓已定,久而又复不合,则岂有一定可拘哉!②

《元史》历议,把历法不合归咎于日度失行,殊不知天体运行是有其客观规律的,不以历法去合乎天体运行的客观规律,反倒要让天体运行来合乎人们所制定的历法,这就颠倒了主客体关系,陷入了唯心主义。宋明道学家认为先验的"天数"是一定不变的,有一个永恒不变的历法,只是被后人改来改去而不准确了,这更是赤裸裸地宣扬唯心主义和形而上学。因此,从事天文历法研究的人们既要冲破狭隘经验论的内在束缚,又要摆脱道学唯心主义和形而上学的外在影响,去深入探索天体运行和变迁的规律性,以此来作为修改历法的依据。

"一义一法,必深言所以然之故"

通过比较中西科学方法,和对中国自然科学传统方法的反思,徐光启对在中国推广几何学方法的重要意义有了更为明晰的认识。

首先,它促使人们以科学的态度审视旧的传统,追求新的知识:"几何之学,深有益于致知。明此,知向所揣摩造作,而自诡为工巧者皆非也,一

---

① 徐光启:《简平仪说序》,《徐光启集》上册,中华书局1963年版,第73页。
② 徐光启:《条议历法修正岁差疏》,《徐光启集》下册,中华书局1963年版,第332—333页。

也。明此,知吾所已知不若吾所未知之多,而不可算计也,二也。明此,知向所想象之理,多虚浮而不可接也,三也。明此,知向所立言之可得而迁徙移易也。"①

其次,它能提高人们的理论兴趣,锻炼人们的理论思维能力:"此书为益,能令学理者祛其浮气,练其精心,学事者资其定法,发其巧思,故举世无一人不当学。"徐光启还指出:"凡他事,能作者能言之,不能作者亦能言之",唯有几何之学,"言时一毫未了,向后不能措一语,何由得妄言之。以故精心此学,不无知言之助。"②

再次,它"兼能为万务之根本",是促使人们注重实际事功的必由之路:"能精此书者,无一事不可精;好学此书者,无一事不可学。"这是因为"若此书者,又非止金针度与而已,直是教人开矿冶铁,抽线造针;又是教人植桑饲蚕,练丝染缕。有能此者,其绣出鸳鸯,直是等闲细事。"③其原因还在于,它的严谨方法是普遍适用的,"人具上资而意理疏莽,即上资无用;人具中材而心思缜密,即中材有用,能通几何之学,缜密甚矣!"所以,"率天下之人而归于实用者,是或其所由之道也。"④在明清之际,认为宋明道学空疏无用,主张返本蹠实,是当时颇为普遍的心理,但其中亦须明辨:一些人是从维护纲常名教的角度认为空谈心性无用,强调行于君臣父子夫妇之间的所谓"实学",主张绝去一切形而上的学说;一些人是从思想启蒙的角度认为宋明道学禁锢人心,脱离实际,误国殃民,主张发展科学,发展生产,求国家富强,徐光启是属于后一种人。

徐光启把新的科学方法运用于科学研究的实践之中。在修订历法的过程中,他坚持了"理不明不能立法;义不辨不能著数"⑤的科学方法,"一义一法,必深言所以然之故"。⑥ 但是,他并没有像笛卡尔那样强调了演绎法就把感性经验看成是靠不住的,更没有把"理性心灵"看成是物质力量之外的实体。他批判了狭隘经验论,但并没有抛弃实践经验这一唯物主义的前

---

①　徐光启:《几何原本杂议》,《徐光启集》上册,中华书局 1963 年版,第 77—78 页。
②　徐光启:《几何原本杂议》,《徐光启集》上册,中华书局 1963 年版,第 76 页。
③　徐光启:《几何原本杂议》,《徐光启集》上册,中华书局 1963 年版,第 78 页。
④　徐光启:《几何原本杂议》,《徐光启集》上册,中华书局 1963 年版,第 76—77 页。
⑤　徐光启:《测候月食奉旨回奏疏》,《徐光启集》,中华书局 1963 年版,第 358 页。
⑥　徐光启:《历书总目表》,《徐光启集》下册,中华书局 1963 年版,第 377 页。

提:在天文学方面,他坚持"用表、用仪、用晷,昼测日,夜测星"①;在农学方面,他坚持"亲载耒耜"、"手自树艺"、"引例拟断,推原其故"②,以科学实验的事实作为逻辑反思的前提。徐光启所试图锻造的这一新工具无疑是兼有培根和笛卡尔的特点的,但依近代思想启蒙的民族特点来说,他在中国扮演的是试图建立一个理性法庭的笛卡尔的角色。特别是他把宋代以来的中国在数学上的逐渐落后归因为"名理之儒土苴天下之实事"和"妖妄之术谬言数有神理",具有根本推倒自"河图洛书"到"邵蔡象数"的传统迷信和反对道学偶像的启蒙意义。

"度数旁通十事"

依据数理科学是一切科学门类和实用技术的基础的观点,徐光启提出了在中国发展十项科学技术事业的规划:

其一,历象既正,除天文一家言灾祥祸福,律例所禁外,若考求七政行度情性,下合地宜,则一切晴雨水旱,可以约略预知,修救修备,于民生财计大有利益。其二,度数既明,可以测量水地,一切疏浚河渠,筑治堤岸,灌溉田亩,动无失策,有益民事;其三,度数与乐律相通,明于度数则能考证音律,制造器具,于修定雅乐可以相资;其四,兵家阵营器械及筑治城台池隍等,皆须度数为用,精于其法,有裨边计;其五,算学久废,官司计会多委任胥吏,钱谷之司,关系尤大。度数既明,凡九章诸术,皆有简当捷要之法,习业甚易,理财大臣尤所亟须;其六,营建屋宇桥梁等,明于度数者力省功倍,且经度坚固,千万年不圮不坏;其七,精于度数者能造作机器,力小任重,及风水轮盘诸事以治水用水,与凡一切器具,皆有利便之法,以前民用,以利民生;其八,天下舆地,其南北东西纵横相距,纡直广袤,及山海原隰,高深广远,皆可用法测量,道里尺寸,悉无谬误;其九,医药之家,宜审运气,度数既明,可以察知日月五星躔次,与病体相视乖和顺逆,因而药石针砭,不致差误,大为生民利益;其十,造作钟漏以知时刻分秒,若日月星晷,不论公私处所,南北东西,欹斜坳

---

① 徐光启:《测候月食奉旨回奏疏》,《徐光启集》下册,中华书局1963年版,第356页。
② 徐光启:《农政全书》,上海古籍出版社1979年版,第219页。

突,皆可安置施用,使人人能分更分漏,以率作兴事,屡省考成。①

以上十个方面,几乎遍及 17 世纪的全部科学技术门类,包括气象、水利、乐律、经济、建筑、机械制造、测绘、医学和钟表制造业。他认为这十个方面与国计民生关系极大,因而主张"接续讲求"、"分曹述就",②以培养各方面的专业人才,这又是一个在中国建立科学院的构想了。

＊　　　　＊　　　　＊

最后还必须指出,徐光启提倡西方的自然科学方法,不仅是为了变革传统的自然科学方法,把自然科学从"河洛邵蔡"的东方神秘主义传统的枷锁中解放出来,而且是为了变革传统的"义理之学"的方法,把人文学科也从专制蒙昧主义的统治下解放出来。他说得很清楚,几何学的方法不仅学事者要学,学理者也要学,普天下无一人不当学。可见,他并未把几何学方法看作纯属自然科学的方法,而是要用它来改变全体中国人的中世纪思维方法,因为科学的理性精神在任何一个领域中都是必不可少的。虽然在当时思想方法的变革还主要表现在自然科学领域中,但它一旦影响到人文学科领域,那对于中国古代圣人以顺逆来统一是非真假、善恶、美丑的逻辑判断、价值判断和审美判断的思维方式,对于用前提与结论无必然联系的"帽子"、"棍子"来抵排异端的专制恶习(孟子斥杨墨就是一例),无疑将是致命的一击。

作为 17 世纪中国的早期启蒙学者和向西方寻找真理的先行者,徐光启希望从外来文化中寻找一种美好的文明景象。但由于时代的局限和对当时的西方社会缺乏真正的了解,他不可能认识基督教会与中世纪政治制度的关系,不可能看到基督教会统治下的西方中古社会的真相。他把教义中的理想世界当成了现实中的理想世界,企图通过使全国人皈依基督教来更新中国社会的世道人心,尽管这种主张对中国的旧传统不无冲击作用,但说到底亦不过是一种天真的幻想。徐光启的真正贡献在于,他所代表的早期启蒙学者在引进西方自然科学,特别是科学方法方面所做的努力。这种努力不仅在当时具有重大的进步意义,而且在今天对于中国人养成尊重自然和社会的公理的科学精神,仍然具有重大的进步意义。

---

① 徐光启:《度数旁通十事》,《徐光启集》,中华书局 1963 年版,第 337—338 页。
② 徐光启:《度数旁通十事》,《徐光启集》,中华书局 1963 年版,第 338 页。

（三）"因西法以求进"
——李之藻、李天经、王徵对科学方法的倡导与应用

"宇宙公理非一身一家之私物"

李之藻（1569—1630 年，明隆庆三年至崇祯三年），字振之，号我存，又号凉庵、存园叟，浙江仁和人，万历二十六年（1598 年）进士，官至太仆寺少卿。他是明末著名的自然科学家，致力于研究和会通中西自然科学的杰出学者。同时，他又和徐光启、杨廷筠一起，被称为"明末天主教在华三大柱石"。

然而，从李之藻的一生来看，促使他去追求西学的，首先并不是宗教的信仰，而是对科学的热情。他很早就与传教士们交上了朋友，了解到很多自然科学知识。万历二十九年（1601 年），李之藻访利玛窦，见"大地全图，画线分度甚悉"，"乃悟唐人画方分里，其术尚疏"①。"而且他有点惊奇地发现，在利玛窦神父来到之前，中国人根本没有听说过欧几里得。"②在徐光启和利玛窦合译《几何原本》的同时，李之藻亦从利玛窦问学，会通中西天文学说，撰《浑盖通宪图说》，根据西方天文学来阐释周髀"浑天"、"盖天"之说。他说："秘义巧术，迺得之乎数万里外来宾之使。……夫经纬淹通，代固不乏玄、樵，若吾儒在世善世，所期无负霄壤，则实学更自有在。藻不敏，愿从君子砥焉。"③在这段话中，他明白地表示，他所要向西方传教士学习的主要是自然科学的"实学"。在他看来，利玛窦能"精及性命，博及象纬舆地，旁及勾股算术，有中国儒先累世发明未晰者"④。基于这种追求实学的愿望，他对传统士大夫浮夸、怠惰、故步自封的不良学风进行了批评，指出：

---

① 李之藻：《刻职方外纪序》，《职方外纪校释》，中华书局 1996 年版，第 6 页。

② ［意］利玛窦原著，［比］金尼阁整理：《利玛窦中国札记》，中华书局 1983 年版，第 584 页。

③ 李之藻：《浑盖通宪图说自序》，载朱维铮主编：《利玛窦中文著译集》，复旦大学出版社 2001 年版，第 319 页。

④ 李之藻：《畸人十篇序》，载朱维铮主编：《利玛窦中文著译集》，复旦大学出版社 2001 年版，第 501 页。

"学者之病有四:浅学自夸一也,怠惰废学二也,党所锢习三也,恶闻胜己四也。"①主张以谦虚诚挚的态度、沉潜的学风去学习、研究西方的自然科学学说。

李之藻将其从利玛窦那里学来的西方数学知识写成《圜容较义》和《同文算指》两本书,并进行中西比较,强调研究数学对于使"人心归实"的重要性。万历三十六年(1608年)12月,李之藻撰《圜容较义》,演述利玛窦口授的"测圜"、"割圜"、"穷研天体"、"表里算术,推演几何"之法。万历四十一年(1613年),李之藻又将以往从利玛窦那里学来的数学知识演辑成《同文算指》一书,分为"前"、"通"、"别"三编。"前编举要,……通编稍演其例,以通俚俗。间取九章补缀,而卒不出原书之范围。别编则测圜之术"。李之藻自序,将中西数学进行比较,他说:

> 加减乘除,总亦不殊中土,至于奇零分合,特自玄畅,多昔贤未发之旨。盈缩勾股,开方测圜,旧法最难,新译弥捷。夫西方远人,安所窥龙马龟畴之秘,隶首商高之业?而十九符其用,书数共其宗,精之入委微,高之出意表,良亦心同理同,天地自然之数同与!②

他强调研究数学,特别是学习几何学"缘数寻理"的公理演绎方法的重要性,指出"数于艺,犹土于五行,无处不寓;耳目所接已然之迹,非数莫纪,闻见所不及,六合而外,千万世而前而后,必然之验,非数莫推,……缘数寻理,载在《几何》,本本元元,具存《实义》。"其中道理可以"使人心心归实,虚矫之气潜消;亦使人跃跃含灵,通变之才渐启"。他慨叹"古学既邈,实用莫窥。……士占一经,耻握纵横之算;才高七步,不娴律度之宗",以致"吏治民生,阴受其敝。"自谓"尝试为之,当亦贤于博弈矣"③云云。徐光启对这本书极为赞赏,说:"若乃山林吷亩有小人之事,余亦得挟此往也,握算言纵横矣。"④

李之藻还致力于介绍西方天文学,协助徐光启修订历书,为会通中西自

---

① 许胥臣:《〈西学凡〉引》,徐宗泽编:《明清间耶稣会士译著提要》,上海书店2006年版,第229页。

② 李之藻:《同文算指序》,朱维铮主编:《利玛窦中文著译集》,复旦大学出版社2001年版,第649—650页。

③ 李之藻:《同文算指序》,朱维铮主编:《利玛窦中文著译集》,复旦大学出版社2001年版,第649页。

④ 徐光启:《同文算指序》,《徐光启集》上册,中华书局1963年版,第81页。

然科学作出了杰出的贡献。与徐光启的观点一致,他指出西方天文学"有我中国昔贤谈所未及者",其优点就在于"不徒论其度数而已,又能言其所以然之理",正因为其旨在探究所以然之理,所以其观测工具也日益精密,"其所制窥天窥日之器,种种精绝。"①而中国的天文学则是"二千年来推论无征,漫云存而不论,论而不议;夫不议则论何以明? 不论则存之奚据?"②他认为西洋天文学所以渐渐超过了中国,"在于彼国不以天文历学为禁",大家都可以研究,"五千年来,通国之俊曹,聚而讲究之,窥测既核,研究亦审,与吾中国数百年来,始得一人,无师无友,自悟自是,此岂可以疏密较长哉?"③这里实际上是说中国的专制统治者把天文历学看作与皇权递嬗的秘密相关而禁止人们自由地研究,阻碍了天文历学的发展,其寓意是很深刻的。他对《几何原本》建构公理体系的演绎法倾注了极大的兴趣。

李之藻的最大贡献是与西方传教士合作翻译介绍西方哲学著作上。他用先秦诸子和魏晋玄学的术语来表述西方哲学原理的,旨在达义传神。在他去世的前几年,他与葡萄牙传教士傅汛际合作翻译亚里士多德的逻辑学著作《名理探》,傅汛际译义,李之藻达辞,历时五载,译出十卷,1631 年在杭州刊印,其时李之藻已去世一年。李之藻与傅汛际合译的亚里士多德著作还有《宇宙学》,李之藻给它题名为《寰有诠》,于 1628 年在杭州刊印。在《译〈寰有诠〉序》中,李之藻认为,"彼中先圣后圣所论天地万物之理,探原究委,步步推明,由有形入无形,大抵有惑必开,无微不破","盖千古以来所未有者"④。由此可见,李之藻译介西方哲学著作的目的亦在于介绍西方公理演绎的逻辑方法,以此弥补中国传统的自然科学方法之不足。

就在李之藻去世这一年,他还辑刻了《天学初函》丛书来专门介绍西方的知识,并撰写了《刻天学初函题辞》,题辞说:"丛诸旧刻,胪作理器二编,编各十种,以公同志。"告诉后继者"近岁西来七千卷,方在候旨,将来问奇

---

① 李之藻:《请议西洋历法疏》,载《增订徐文定公集》卷六附《李之藻文稿》,徐家汇天主堂民国二十二年版,第 27 页。
② 李之藻:《译〈寰有诠〉序》,载《增订徐文定公集》卷六附《李之藻文稿》,徐家汇天主堂民国二十二年版,第 17 页。
③ 李之藻:《请议西洋历法疏》,载《增订徐文定公集》卷六附《李之藻文稿》,徐家汇天主堂民国二十二年版,第 27 页。
④ 李之藻:《译〈寰有诠〉序》,载《增订徐文定公集》卷六附《李之藻文稿》,徐家汇天主堂民国二十二年版,第 18 页。

探赜尚有待云"①。

李之藻生前还想把世界的自然地理和人文地理作系统的介绍。1613年,李之藻利用万历皇帝五十一寿辰的机会,呈《请译西洋历法等书疏》,指出西方传教士"言天文历数,有我中国圣贤所未及者,凡十四事"。这十四事中,包括地圆、气候变化、经纬里差……同时,他还指出西洋传教士"有测望之书,能测山岳江河远近高深","有万国图志之书,能载各国风俗山川险夷远近"②。天启三年(1623年),杨廷筠与艾儒略用利玛窦、庞迪我旧稿,加上艾儒略从西方带来他自己辑录的"方城梗概",增补成《职方外纪》一书,李之藻为这本书作序,序中借记录金尼阁之言表达了自己的愿望:

> 艾子之友金子则又曰:"……吾欲引伸其说,作《诸国山川经纬度数图》十卷,风俗、政教、武卫、物产、技艺又十卷,而后可以当职方之一镜也。"金子者,赍彼国书籍七千余部,欲贡之兰台麟室,以参会东西圣贤之学术者也。……异国异书梯航九万里而来,盖旷古于今为烈。③

他希望有一本比《职方外纪》更详备的书,拟分前十卷和后十卷,前十卷是世界自然地理,后十卷是世界人文地理。他热烈赞颂金尼阁携带西方书籍七千余部"梯航八万里而来"这一西学东渐的空前盛况,希望朝廷能够组织翻译出版,以广流传。这表现了先进的中国人放眼世界的宽广胸怀,可惜这本书未能写成。

此外,据利玛窦说,李之藻在担任福建省的主考官时,曾写过一篇对欧洲文学研究的颂词公开发布出来。④

李之藻是利玛窦神父的最后一个皈依者,虽然他早就了解并表示赞成基督教义,但在是否接受宗教洗礼上却一直踌躇不定。杨廷筠为基督教义辩护,作《代疑篇》,李之藻为之作序曰:"道之近人者,非其至也,及其至,圣人有不知不能焉。……一翻新解,必一翻讨论;一翻异同,必一翻疑辨,然后

---

① 李之藻:《刻天学初函辞》,载《增订徐文定公集》卷六附《李之藻文稿》,徐家汇天主堂民国二十二年版,第21页。

② 李之藻:《请议西洋历法疏》,载《增订徐文定公集》卷六附《李之藻文稿》,徐家汇天主堂民国二十二年版,第28页。

③ 李之藻:《刻职方外纪序》,《职方外纪校释》,中华书局1996年版,第7页。

④ [意]利玛窦原著,[比]金尼阁整理:《利玛窦中国札记》,中华书局1983年版,第492—493页。

真义理从此出焉。"①从这一段颇能真切地表达真理发展的辩证法的议论
中,可见他并没有把基督教义看作绝对的真理,尽管他允许他的全家人和下
属都成为基督教徒,甚至于规劝他们信教,他也总是在谈论基督教的教义。
然而,在相当长的时间内——在他皈依基督教之前,他在传教士们的心中,
"仍然是那些既把真理捧上天却又并不接受它的人们中间的一个"②。但他
后来还是接受了基督教的洗礼,成了一个虔诚的基督教徒。他在去世前两
年作的《译〈寰有诠〉序》中,更明确地表达了他虔信基督教的心情:"鞬鞬灵
明,既甘自负,更负造物主之恩,且令造物主施如许大恩于世,而无一知者,
则其特注爱于人类,亦何为也!"③李之藻之所以接受传教士的宗教洗礼,与
徐光启一样,是"企图从这里寻找一种美好的文明景象"④。

"比《名理探》于太阳"

李天经(1579—1659 年,明万历七年至清顺治十六年),字仁长,又字性
参、长德,河北吴桥人。万历四十一年(1613 年)进士,担任过陕西按察使、
山东参政。曾从邢云路"讲究历理,颇闻其概"。徐光启于崇祯五年(1632
年)十月二十二日上《修历缺员谨申前请以竣大典疏》,荐李天经参与修历,
未果;崇祯六年,徐光启病重,于去世前八日(十月三十一日)上《历法修正
告成、书器缮治有待,请以李天经任历局疏》,再次保荐李天经继承未竟事
业,"以讨论修饰之任,更兼承前启后之责"⑤。次年五月,李天经到京任
"督修历法"事,经过朝见、领取督修历法关防文书等手续,到七月六日才就
职,办手续花去两个月。但李天经本人则办事效率极高,到任仅一个月,就
呈上历书二十九卷,五个月后(崇祯八年—月,1635 年 2 月),又进呈历书最

---

① 李之藻:《代疑篇序》,徐宗泽编:《明清间耶稣会士译著提要》,上海书店 2006 年版,
第 121 页。

② [意]利玛窦原著,[比]金尼阁整理:《利玛窦中国札记》,中华书局 1983 年版,第
584 页。

③ 李之藻:《译〈寰有诠〉序》,载《增订徐文定公集》卷六附《李之藻文稿》,徐家汇天主
堂民国二十二年版,第 17 页。

④ 侯外庐:《中国思想通史》第 4 卷下,人民出版社 1956 年版,第 1204 页。

⑤ 徐光启:《历法修正告成、书器缮治有待,请以李天经任历局疏》,《徐光启集》下册,
中华书局 1963 年版,第 425 页。

后三十卷,从而使徐光启"尽瘁以成"的共一百三十七卷的《崇祯历书》全部告竣。所上疏文至谦,其辞略云:"臣奉命接管,不过为之督写代进,完辅臣(指徐光启——引者注)未尽之绪耳,况辅臣积学深思,呕心此道数十年,其所撰述,……皆依新法测定,精心纂辑,足阐前人所未发而补中原所未备。"①

李天经不仅完成了徐光启未竟的修历事业,而且在科学哲学思想上亦有其贡献。还在进京修历之前,他就曾为李之藻和傅汎际合译的亚里士多德的逻辑学著作《名理探》一书作序。他指出,人们要求认识事物之理,而"研理者须设法推之论之";所谓"推论之法,名理探是也"。所以,他把西方形式逻辑比喻为照亮人们探求事物之"理"的道路的太阳。他认为,如同众星赖太阳之光而生明一样,"名理探在众学中,亦施其光焰,令无舛迷,众学赖之以归真实,此其为用固不重且大哉!"②他认为中国科学要有大发展,就应该像西方"格致"学那样,以形式逻辑的"名理"作为"格物穷理之大原本"③,这一论断与徐光启的思想完全一致,但比徐光启的论述更具概括力,亦更明确。这一论断,完全改造了宋儒之所谓"格物穷理"的内涵,从而将"格物穷理"创造性地转化为研究新兴质测之学的科学的知性精神。

清嘉庆四年(1799年),阮元主持编纂的《畴人传》成,书中有《李天经传》,附论云:"天经之学,亚于光启,其在西局,谨守成法,毕前人未毕之绪,十年如一日。光启荐以自代,可谓知人矣。"④徐光启固然知人,但并不意味着徐光启是"武大郎开店",只选"亚于己"的人;李天经也确实是谨守成法,但这并不意味着他不能开拓进取,只是在当时的历史条件下,能够继承和捍卫徐光启的事业就已属不易了。阮元所论,不免带有庸人气息。

"开发学人心灵"

王徵(1571—1644年,隆庆五年至崇祯十七年),字葵心,又字良甫,自

① 李天经:《新法算书·缘起三》,《景印文渊阁四库全书》第788册,台湾商务印书馆1986年版,第46页。
② 李天经:《名理探序》,《名理探》,三联书店1959年版,第4页。
③ 李天经:《名理探序》,《名理探》,三联书店1959年版,第3页。
④ 阮元:《畴人传》卷三十三《李天经》,商务印书馆1935年版,第417页。

号了一道人或了一子、支离叟,教名斐里伯(Phlippe),陕西省泾阳县人。他是明末著名的机械学家,中国历史上第一批注意学习和推广西方科学技术的学者之一,第一批学习拉丁语,并用西方语言知识研究汉语音韵学的学者之一,也是16世纪末西学东渐以来第一批接受基督教的士大夫之一。万历二十二年(1594年)举人,天启二年(1622年)进士,曾先后任直隶广平府推官,南直隶扬州府推官,山东按察司佥事等职。

王徵自幼受舅父张鉴影响,酷好机械制造,青年时代"思书传所载化人奇肱、璇玑指南及诸葛氏木牛、流马、更枕、石阵、连弩诸奇制,每欲臆仿而成之",以至"累岁弥月,眠思坐想,一似痴人"[①]。42岁(1612年)游京师,与徐光启的学生、习西洋火器之术的孙元化相交游。万历四十二年(1614年)西洋传教士庞迪我(Didace de Pantoja,1517—1618年)所著《七克》一书出版,王徵读后,于万历四十四年春诣都门晤庞迪我问学。王徵皈依基督教,当在此年。天启元年(1621年),为号称"天主教在华三大柱石"之一的杨廷筠所撰《徵信篇》作序。天启五年(1625年),为金尼阁刊刻《西儒耳目资》一书作序言释疑,并将己作《三韵总考》收入该书。天启六年(1626年)在京结识西方传教士龙华民、邓玉涵、汤若望,编译《远西奇器图说录最》三卷,著《诸器图说》一卷,于次年合刻于扬州。此外,王徵还著有《畏天爱人论》、《额辣济亚牖造诸器图说》、《西仪书》、《事天实学》、《西书》、《圣经直解》、《西书释译》、《西洋音诀》、《西儒缥缃要略》等著作,除前两种尚存外,其余皆散佚。

继徐光启译《几何原本》之后,王徵进一步将"由数达理"的科学方法运用到机械力学之中。王徵作《远西奇器图说录最》,在该书序言中,他在盛赞西方机械力学"种种妙用,令人心花开爽"的同时,亦强调"由数达理"的数理之学乃是机械力学和"奇器"制造的基础。他引西方传教士邓玉涵的话说:"此道虽属力艺之小技,然必先考度数之学而后可。盖凡器用之微,须先有度、有数。因度而生测量,因数而生计算,因测量、计算而有比例,因比例而后可以穷物之理,理得而后法可立也。不晓测量、计算,则必不得比例;不得比例,则此器图说必不能通晓。测量另有专书,算指具在《同文》,

① 王徵:《两理略自序》,《王徵遗著》,陕西人民出版社1987年版,第12页。

比例亦大都见《几何原本》中。"①在这段论述中,"穷物之理"不再是体现专制主义的抽象类精神的"天理",而是关于客观存在的自然事物的科学真知,这种科学真知乃是一切有益于民生的实用技术的基础。

王徵作《远西奇器图说录最》,最早向中国人介绍西方的机械力学,当时有人批评他说:"君子不器,子何教? 焉于斯!"王徵回答说:"学原不问精粗,总期有济于世人;亦不问中西,总期不违于天。兹所录者,虽属技艺末务,而实有益于民生日用,国家兴作甚急也。倘执不器之说而鄙之,则尼父系《易》胡以? 又云备物制用,立成器以为天下利,莫大乎圣人。且夫畸人罕遘,纪学希闻,遇合最难,岁月不待。明睹其奇而不录以传之,余心不能已也。故向求耳目之资,今更求为手足之资而已耳,他何计焉。夫西儒在兹多年,士大夫与之游者,靡不心醉神怡。彼且不骗、不吝,奈何当吾世而觌面失之。古之好学者裹粮负笈,不远数千里往访。今诸贤从绝徼数万里外赍此图书以传我辈,我辈反忍拒而不纳欤!"②

王徵又作《额辣济亚牗造诸器图说》一书,以"开发学人心灵",除介绍"日用寻常"之机械以外,还备陈坚船利炮之制造技艺。然而该书一出,又遭质疑。有人批评该书"可裨世用者固多,而毒人者亦不少也。如火船、兵车、炮台、云梯等类,似是杀人第一毒器,于救世乎何居!"王徵回答说:"以杀止杀,从古已然。夫敌加于己,不得已而用之。止杀匪杀,其胡能应? 况我人不伤,而船与车自伤、自战,用力最捷,而炮与梯可击可登,其所默救于众者,不既多耶? 又况偶而出奇,足以破敌人之胆而慑其神,虑无不倒戈而归命。其所全活于敌人者或亦多多矣。"他的这一番论说,使得质疑者亦辗然嘉叹:"良工苦心哉! 良工苦心哉! 古人尚象制器,开物成务本意,从此可概见也已。"③

王徵在 17 世纪对科学精神的提倡和"师夷之长技"的努力,发 19 世纪 40 年代魏源所提出的"师夷之长技以制夷"的先声,且比后来"师夷长技"

---

① 王徵:《远西奇器图说录最·序》,《王徵遗著》,陕西人民出版社 1987 年版,第 219 页。

② 王徵:《远西奇器图说录最·序》,《王徵遗著》,陕西人民出版社 1987 年版,第 220 页。

③ 王徵:《额辣济亚牗造诸器图说·自记》,《王徵遗著》,陕西人民出版社 1987 年版,第 230—231 页。

而排斥其科学精神的"买椟还珠"式的洋务派人物更高明百倍。王徵的思想,不能不使至今仍在为提倡科学精神而呐喊的人们感到惊讶,感到由衷的敬佩!

八、以友朋代君臣、以众论定
国是的政治思想

"君臣朋友相为表里"

中国传统政治的原则是家族制原则的延伸,即从家族制的原则引申出国家的原则,从父子关系引申出君臣关系。与此相反,何心隐则从讲学的社会团体的原则中引申出国家的原则,从平等的友朋关系引申出君臣关系,从而形成了一种具有近代政党政治萌芽色彩的理论。

首先,何心隐认为,在夫妇、父子、昆弟、君臣、友朋五种伦理关系中,唯友朋之道为大:"天地交曰泰,交尽于友也。友秉交也,道而学尽于友之交也。昆弟非不交也,交而比也,未可以拟天地之交也。能不骄而泰乎?夫妇也,父子也,君臣也,非不交也,或交而匹,或交而昵,或交而陵、而援。八口之天地也,百姓之天地也,非不交也,小乎其交者也。能不骄而泰乎?"①在何心隐看来,夫妇之交,父子之交,昆弟之交,君臣之交等四种伦理关系,都分别或同时具有交而昵、交而匹、交而比、交而陵而援等等的弊端,而且都很狭隘,"小乎其交",把天地变为"八口之天地"、"百姓(似为宗族意义上的所谓'百姓'——引者注)之天地",唯有友朋之交才是至大至广的天地之交,天地之交尽于友,天地之道亦尽于友,友朋关系远远大于其他各种伦理关系,大于从家族制的原则引申出的君臣之交的国家政治原则。

其次,何心隐指出,既然"道"与"学"乃尽于友,因此,友朋之交乃是讲学团体的"师友之交",师友之交是一种平等的关系。"师非道也,道非师不帱;师非学也,学非师不约。不帱不约则不交。不交亦天地也,不往不来之

---

① 何心隐:《论友》,《何心隐集》,中华书局1960年版,第28页。

天地也。"①师的作用固然是很重要的;然而,所谓"师道"乃是"相友而师",亦友亦师,亦师亦友:"可以相交而友,不落于友也。可以相友而师,不落于师也。"②彼此间如同朋友,师不独尊,这就突破了以师生关系比拟父子关系的传统观念,同时也是对专制帝王的以"君"与"师"的双重身份凌驾和支配一切的传统观念的冲击。

再次,何心隐认为,友朋关系乃是政治伦理的基础,"天下统于友朋"。他说:

> 达道始属于君臣,以其上也;终属于朋友,以其下也。下交于上,而父子、昆弟、夫妇之道自统于上下而达之矣。夫父子、昆弟、夫妇,固天下之达道也,而难统乎天下。惟君臣而后可以聚天下之豪杰,以仁出政,仁自覆天下矣,天下非统于君臣而何? 故唐虞以道统统于尧舜。惟朋友可以聚天下之英才,以仁设教,而天下自归仁矣。天下非统于友朋而何?③

他认为,君臣的政治关系旨在"聚天下之豪杰,以仁出政",从而以仁"覆天下";然而,"惟朋友可以聚天下之英才,以仁设教",以此指导政治运作,达于"天下归仁"的目的。因此,从表面看固然是天下统于君臣;然而从根本上看,则是天下统于友朋。

最后,从友朋的原则引申出君臣的原则,得出"君臣友朋,相为表里"的政治结论。他指出:

> 君臣友朋,相为表里者也。昔仲尼祖述尧舜,洞见君臣之道,惟尧舜为尽善矣。而又局局于君臣以统天下,能不几于武之未尽善耶? 此友朋之道,天启仲尼,以止至善者也。古谓仲尼贤于尧舜,谓非贤于此乎! 且君臣之道,不有友朋设教于下,不明。友朋之道,不有君臣出政于上,不行。行以行道于当时,明以明道于万世,非表里而何?④

在这段论述中,何心隐批评儒家理想的开明君主尧舜,"局之于君臣以统天下",因而不能说是"尽善";而孔子之所以贤于尧舜,就在于倡友朋之道,到处去宣扬他和他的团体的政治主张,企图以此指导现实的政治运作。这样,

---

① 何心隐:《师说》,《何心隐集》,中华书局1960年版,第27页。
② 何心隐:《师说》,《何心隐集》,中华书局1960年版,第28页。
③ 何心隐:《与艾冷溪书》,《何心隐集》,中华书局1960年版,第66页。
④ 何心隐:《与艾冷溪书》,《何心隐集》,中华书局1960年版,第66页。

友朋的政治学术团体"设教于下",君臣"出政于上",其政令亦皆合乎"友朋"所提出的政治主张。因此,"君臣友朋,相为表里。"

从表面上看,历代君主尊崇孔子之道,并且把一个广泛的"士"阶层作为连接上层统治集团与下层民众的桥梁,以"士"作为统治集团的主要来源。因此,论者或以此贬低何心隐的政治主张,认为其主张并无新意。然而,必须看到,何心隐于五伦中独重友朋之道,且将其置于君臣之伦以上,这与从家族制的原则引出国家的原则,以君臣、父子、夫妇三纲统御天下的伦理政治原则是根本不同的;同时,还应看到,何心隐这一主张的提出又是针对"局之于君臣以统天下"的现实政治而发的。明代统治者尊孔重道,且借助于政治力量不遗余力地推行道德礼教下移运动,为什么何心隐还要作这样的批判呢?显然,何心隐是由于不满于以家族制的原则为治国原则的专制政治而作出这样的批判的,他所反对的不仅是压制士人讲学的现实政治,而且是专制主义的治天下之道。至于何心隐认为君臣的原则应该遵循"师友"的平等原则,必须以"师友"即民间学术团体的主张来指导政治运作,更是明显的主张布衣干政、要求普遍的政治参与的近代民主思想的萌芽。

"以众论定国是"

万历年间,以东林党人为代表的反内阁派与内阁派展开了激烈的斗争,争论的问题不仅是国本问题(立皇太子问题)和国防问题,更重要的是依据什么来决定国家的大政方针(即"国是")的问题。

站在东林党人对立面的内阁首辅赵志皋认为,当时政治上的重大问题在于"人心不测,议论横生,摇惑其言,倒置国是"。内阁次辅张位更明确表达了其排斥"众论"的态度:

> 所谓国是者,是而是焉,可无辨也。有是而似非,有非而似是也。有始是而卒非,有始非而终是也。众以为是而莫知其非,众以为非而莫知其是也。①

为了防止众论"倒置国是",张位极力强调政事的最高决定权在皇帝,无论是

---

① 《万历邸钞》万历二十年十月"大学士张位陈言国是",《万历邸钞》(上),学生出版社(台湾)1968年版,第711—712页。

作为各主管部门的六部,还是九卿科道会议,都无权对政事作出最终决定,而只能把九卿科道会议上的意见上奏皇帝,由皇帝作最终裁定。为了保障以皇权为中心的专制政治体制,张位进一步强调要以"纪纲"来统御群僚的必要性。

与内阁派的主张相反,东林党人则极力标榜"天下之公"而揭露内阁派的"一己之私",主张依靠"众论"来确定国是,甚至认为天下之是非在"愚夫愚妇",而官僚应该是"愚夫愚妇"的代言人。

顾允成揭露张位的"定国是振纲纪"一疏说:"究其所谓定国是者,不过欲尽锢天下之公;所谓振纪纲者,不过欲恣行一己之私而已。"①

赵南星更明确地以"众所共以为是"来规定"国是"。他说:"臣等窃惟国之有是,众所共以为是者也。众论未必皆是,而是不出于众论之外。夫论至于众,则必有合吾意者,亦必有不合吾意者,合有二,有迎合,有暗合。要之,天下自有真是,不在乎合吾意与否也。若非至虚至明,徒就众论之中,取合吾意者而决行之,以为定国是,于是众哗而不服,朝更夕改从此生矣。"②在赵南星看来,离开"众论"不会有"国是",也不能把是否与己意相合作为判断众论是非的标准,国是应依据众论来确立,即使是皇帝也不能仅仅选择众论之中的合吾意者。

缪昌期的说法就更具有民主性了。他指出:

> 夫天下之论,不过是非两端而已。一是一非,一非一是谓之异,不谓之公。一是皆是,一非皆非,谓之同,不谓之公。公论出者于人心之自然而一似有不得不然。故有天子不能夺之公卿大夫,公卿大夫不能夺之愚夫愚妇者。夫愚夫愚妇何与于天下之事? 而唯其无与于天下之事,故其待之也虚,见之也明,率然露于臆,薄于喉而冲于口,率以定天下之是非。夫愚夫愚妇之论,必出愚夫愚妇之口哉? 其在公卿大夫,而不立意见,不逞意气,无依附,无迂回,无嗫嚅,无反复,任其率然之偶发,而与天下万世合符;此所谓愚夫愚妇也。③

① 顾允成:《辅臣晚节不终党诬同事乞戒饬以杜奸萌疏》,《万历疏钞》卷六国是类,《四库禁毁书丛刊》史部第58册,北京出版社1997年版,第373页。
② 赵南星:《覆新建张相公定国是正纪纲疏》,《赵忠毅公诗文集》卷十八,《四库禁毁书丛刊》集部第68册,北京出版社1997年版,第541页。
③ 缪昌期:《公论国之元气》,《从野堂存稿》卷二,《四库禁毁书丛刊》集部第67册,北京出版社1997年版,第161页。

在缪昌期看来，皇帝不能剥夺官僚的言论自由，官僚也不能剥夺老百姓的言论自由。虽然老百姓没有参与国家大事，但他们对政治的是非最有发言权，最终"定天下之是非"的乃是老百姓的言论；由于老百姓不可能直接将他们对国家大事的意见反映到朝廷，所以公卿大夫理应以无私无畏的气概来充当老百姓的政治代言人。

于是，要求广开言路，实行言论自由，也就成为东林党人政治主张中最富于民主色彩的特色。"开言路"不仅仅是要保障朝廷的言官（六科给事中和御史）的言论自由，更重要的，是言官以外的一般人民的言论自由。在东林党人看来，朝廷的言官是替"愚夫愚妇"陈述意见、反映"公论"的；同时，言官能否真正做到这一点，也应受到言官以外的人的舆论制约。因此，东林党人主张把言论自由开放于言官以外，尽量扩大言论的渠道，并且保证言路的畅通无阻。顾宪成说：

> 国家之患，莫大于壅，壅者，上下各判之象也。是故大臣持禄不敢言，小臣畏罪不敢言，则壅在下。幸而不敢言者敢言矣，究乃格而不报，则壅在上。壅在下则上孤，壅在上则下孤，之二者，皆大乱之道也。①

在顾宪成看来，如果一个政府使人不敢讲真话，听不到人民真正的声音，那么，不仅会导致政治腐败，而且会导致天下大乱。东林党人极力争取言论自由的目的，是为了以社会舆论来干预和左右现实政治。他们明确地把"长安"（指朝廷）与地方、"缙绅之风闻"与"细民之口碑"对立起来，认为真正代表"公论"的，是"地方"、"细民"的舆论。万历三十年代，东林党人进行了支持淮抚李三才进入内阁的斗争，针对反东林党人对李三才的攻击，顾宪成借记叙淮安客人的话来表达自己的见解：

> 乃漕抚发淮之日，诸父老群呼队拥，相与顶舆号哭不得行。既抵舟，复号哭而随之，相与夺缆不得行，亦以钱买耶？不然，彼何利于漕抚而恋恋若是耶？将长安有公论，地方无公论耶？抑缙绅之风闻是实录，细民之口碑是虚饰耶？②

顾宪成明确认为，对于人物的臧否，必须以"地方"、"细民"的舆论为转移，

---

① 顾宪成：《万历疏钞序》，《四库禁毁书丛刊》史部第 58 册，北京出版社 1997 年版，第 4 页。

② 顾宪成：《自反录》，《四库全书存目丛书》子部第 14 册，齐鲁书社 1997 年版，第 497 页。

而不能以朝廷和缙绅的看法为转移。推而广之,对于"天下"、"国家"的是非判别也是如此。事实上,当时东林党人几乎无处不以"外论"为后盾来对抗"内阁",借助民间舆论的支持来与执掌朝政的专制统治者作斗争。

对于异端思想家何心隐被专制统治者迫害而死,东林党人从其反对专制主义、争取言论自由的立场给予了同情。顾宪成在《重刻〈怀师录〉题辞》中感慨地说:"呜呼! 昔一时也,为江陵(指张居正——引者注)献媚者,杀永丰(何心隐——引者注)如杀鸡豕,盖若斯之蔑也,布衣固无如宰相何也! 今一时也,为永丰雪愤者,疾江陵如疾豺狼,盖若斯之凛也,相君亦无如布衣何也! 然则是录也,一是以示屈于势者不得为屈,究必伸;一是以示伸于势者不得为伸,究必屈;一是以发明斯民之直道,宛如三代,即欲百方磨灭之而不能也!"①何心隐是因反对文化专制,尤其是反对张居正禁书院、禁讲学而献身的,顾宪成在这段话中亦对专制统治者以权势钳制言论、扼杀言论自由的行为表示了愤怒的谴责,认为公道自在民心,是任何权势也扼杀不了的。

"民又君之主也"

在东林党人反对矿监税使,为早期市民阶层请命,为天下百姓请命的正义呼声中,已开始表现出从传统的民本思想发展出近代民主思想的先兆,孕育着后来出现的"不以天下私一人"和"天下为主君为客"等民主命题的胚芽。顾宪成提出要区别帝王的一家之公与天下之公,认为帝王的一家之公,"就天下看来,犹未离乎私也。"②

李三才鲜明地提出了"民又君之主","百姓亦长为人主之主"的命题。他在上疏中责问明神宗:"皇上之天下,祖宗所授之天下也。……岂以崇高富贵独厚一人? ……祖宗以大统传之皇上,亦岂以崇高富贵私其所亲?"③他引《尚书》"天视自我民视,天听自我民听"之句,认为"民虑之于心而宣之

①　顾宪成:《重刻〈怀师录〉题辞》,《泾皋藏稿》卷十三,《景印文渊阁四库全书》第1292册,台湾商务印书馆1986年版,第165页。
②　顾宪成:《小心斋札记》卷五,《四库全书存目丛书》子部第14册,齐鲁书社1997年版,第279页。
③　李三才:《政乱民离目击真切恳乞圣明承天念祖救之水火以自尽君道疏》,《万历疏钞》卷二十九矿税类,《四库禁毁书丛刊》史部第59册,北京出版社1997年版,第372页。

于口"者就是皇帝必须绝对服从的天意。他认为,《尚书》所说的"天佑下民作之君",固然是说君主是人民的主人,但《孟子》所说的"得乎丘民而为天子",即得民心者才能为天子,从这一意义上来说,人民也是君主的主人,"民又君之主也";也正因为君主只有得到人民的拥戴才能成其为君主,所以"百姓亦长为人主之主"。按照李三才的逻辑,既然人民也是皇帝的主人,所以当皇帝违背人民的愿望,侵害人民的利益的时候,人民也就有权反抗。尽管这一命题在给皇帝的上疏中是不便明确提出的,但是,李三才明确地告诉明神宗"人民之离叛"是决定国家命运的根本力量,而人民的反抗斗争也正是"百姓之不肯为朝廷主也",而要行使自己作为主人的权利的表现。①

吕坤作为东林党人的同情者,在政治上与东林党人基本一致。与东林党人一样,吕坤的思想中亦包含了一些带有民主性的思想萌芽。他说:

> 天之生民非为君也,天之立君以为民也,奈何以我病百姓?夫为君之道无他,因天地自然之利而为万民开导撙节之,因人生固有之性而为民倡率裁制之,足其同欲,去其同恶,凡以安定之使无失所,而后立君之意终矣。岂其使一人肆于民上而剥天下以自奉哉?②

在这里,所谓"天之生民,非为君也",已突破了以人民为君主祖传之家产的传统民本主义的局限性,而初步确立了民众作为社会主体的地位;以此为出发点,进而论证"立君"的目的是为民,而不是为君主;君主的职能仅在于为民"开导"和"撙节""天地自然之利",即组织社会生产和调节社会经济生活;而那种"一人肆于民上而剥天下以自奉"的制度是与立君的初衷相违背的。吕坤固然没有否认"势尊",然而他认为真理的尊严更大于权势,他说:"天地间,唯理与势为最尊。虽然,理又尊之尊也。庙堂上言理,则天子不得以势相夺,即相夺焉,而理则常伸于天下万世。"③这更是公然为当时正在朝廷上为早期市民阶层的利益而据理力争的东林党人张目,也是对有权就有"理"、权势大于真理的专制传统的公然否定。

吕坤认为,民众是国家的基础,"势"如果失去了其民众基础,是决不可

① 参见李三才:《万民涂炭已极乞赐省览以救天下疏》,《万历疏钞》卷二十九矿税类,《四库禁毁书丛刊》史部第59册,北京出版社1997年版,第376页。
② 吕坤:《呻吟语》卷五《治道》,《吕坤全集》中册,中华书局2008年版,第845—846页。
③ 吕坤:《呻吟语》卷一《谈道》,《吕坤全集》中册,中华书局2008年版,第648页。

能长久的：

> 势有时而穷。始皇以天下全盛之势力受制于匹夫，何者？匹夫者，天之所以恃以成势者也。自倾其势，反为势所倾。①

吕坤反复强调，对人民采用高压政策是不能治理好国家的，人民受压迫久了，其反抗的力量就会势不可当，所以他说：

> 民情甚不可郁也。防以郁水，一决则漂屋推山；炮以郁火，一发则碎石破木。桀纣郁民情而汤武通之，此存亡之大机也，有天下者之所以夙夜孜孜者也。②

民情不可郁，不能采用高压政策去对付民众，所以吕坤主张治天下者应顺从民意，"以天下人行天下事"；"推自然之心，置同然之腹，不恃其顺我者之迹，而欲得其无怨我者之心。"③吕坤对明王朝的经济和政治危机有非常深刻的认识，根据当时"农怒于野，商叹于途"的情形，他指出，明王朝的统治已经到了"民心如实炮，捻一点而烈焰震天；国势如溃瓜，手一动而流液满地"④的地步，在这种情况下，如果再不肯主动地实行一定的政治改革，那就只能走上自取灭亡一途。

　　吕坤的思想，还在一定程度上突破了传统的道德伦理至上主义的局限。他认为对于社会上流行的所谓"清议"要作具体分析，"清议"具有两重性：一方面，清议可以使专制制度所造成的大量冤假错案得以平反昭雪，这是它的积极方面；但另一方面，从维护传统道德的角度来看，以传统的道德标准去裁量人物，又适以使"清议"成为以理杀人的工具。所以他指出："清议酷于律令。清议之人，酷于治狱之吏。律令所冤，赖清议以明之，虽死犹生也；清议所冤，万古无反案矣！"⑤这一观点，确实是吕坤的特识。晚明东林党人的"清议"，常常以泛道德主义去衡量一切，严君子小人之辨，不免做出一些"为渊驱鱼，为丛驱雀"的蠢事，甚至为一些本来不该争论的礼仪问题而在朝廷上聚讼不休。可惜，吕坤的这一思想并未能为当时社会所接受。后来，

① 吕坤：《呻吟语》卷五《治道》，《吕坤全集》中册，中华书局2008年版，第822页。
② 吕坤：《呻吟语》卷五《治道》，《吕坤全集》中册，中华书局2008年版，第845页。
③ 吕坤：《呻吟语》卷五《治道》，《吕坤全集》中册，中华书局2008年版，第821页。
④ 吕坤：《去伪斋集》卷五《答孙月峰》，《吕坤全集》上册，中华书局2008年版，第215页。
⑤ 吕坤：《呻吟语》卷二《修身》，《吕坤全集》中册，中华书局2008年版，第684页。

南明弘光年间,江南"清议"又对在李自成攻入北京期间投靠农民军、后来回到南京的周钟等东林人士发起猛烈攻击,阉党也就乘此机会向党社人士全面反攻,导致很多不属于东林的南归士大夫重新回到北方为满清效力,很多东林、复社一系的党社人士被杀害。吕坤的特识就在于,如果不彻底破除传统的泛道德主义,所谓"清议"就会带来很大的弊害。

中　篇

深沉反思　推陈出新

（南明弘光、永历—清康熙、雍正，
17世纪40年代至18世纪20年代）

九、明末清初的时代背景
与思想的内在理路

中国社会各地区间经济政治发展的不平衡性造成了中西社会发展的巨大时代落差。公元 1644 年，英国发生了资产阶级革命；而在东方大地上，则是中国西部落后地区的农民军攻克北京城和接着而来的关外落后少数民族的军事首领在北京坐了龙辇。在中国发生的巨变被同时期的学者称为"天崩地解"、"海徙山移"。

1644 年中国历史充满了偶然性。如果占领北京的农民军将领不去夺明山海关总兵吴三桂的宠妾陈圆圆，也许不至于闹得吴三桂"冲冠一怒为红颜"而引清军入关；如果南明弘光政权的左都御史刘宗周不上疏以道德至上指责江北诸镇将领，也不至于闹得像陈子龙这样有远见卓识的英雄豪杰之士也被迫辞去兵部之职，兵部尚书史可法被迫离朝而出镇江北，大批复社志士遭到迫害，导致时局益发不可收拾。然而，这偶然性中实在也有必然：明王朝的腐败政治实在难以继续维持，儒家狭隘的道德至上主义也已走上了成事不足、败事有余的穷途末路。1645 年 5 月扬州城陷后，弘光皇帝和权奸马士英、阮大铖辈带着他们的"十车细软，一队妖娆"逃出南京，剩下东林人士礼部尚书钱谦益等人以使南京免遭"扬州十日"惨祸的堂皇理由，"舍名节"而向清军奉表称臣。此后，虽有一批晚明党社人士奉鲁王于舟山、奉隆武帝于浙闽、奉永历帝于西南，将南明残局支撑了二十几年，但终究是大势已去，满清王朝终于在全国建立起它的统治，将晚明已经全面失控的社会重新纳入新王朝的统治秩序的常轨。

社会的大变局将一切社会矛盾充分暴露出来，使中国思想界进入了一个特定的"自我批判"时期。在这样一个地域辽阔，经济政治和民众素质发展极不平衡的国度，如何和平、有序、稳健地推进社会的改革事业，成为哲人们自觉地加以思索的深沉的时代课题。在扬弃以李贽为代表的晚明早期启蒙思想的基础上，清初学者将早期启蒙思想推进到了一个新的阶段。

（一）清初的经济和政治

满清征服对经济的严重破坏及其后的缓慢恢复

明末农民大起义对于经济的破坏极其有限,李自成的农民军主要活动于北方,张献忠的势力亦只到达长江中游。江、浙、闽、广的商品经济发达地区并未受到大破坏。只是在满清的征服过程中,东南的商品经济发达地区才遭受了一场浩劫。

清军在比较顺利地占领了北中国以后,挥师南下,在扬州遭到了史可法率领的明朝军队的抵抗。这是自清军入关以来从未遭到的坚决抵抗。扬州城破后,清军对这一繁华的商品经济大都市的人民进行了野蛮的大屠杀,遭杀害的民众至少有 80 万人,很少有幸存者。这就是历史上有名的“扬州十日”。清军下江南,又发生了“嘉定三屠”以及对江阴居民的屠戮等事件,江南人民的生命、财产和经济生活受到严重的摧残。在征服南中国的过程中,清军所到之处,烧杀抢掠,广州等城市都先后遭到屠城的劫难。农业遭到的破坏也极其严重,顺治八年(1651 年)清王朝发布的在籍土地数额仅有二百九十余万顷,只相当于明朝的 37%—38%,大量的土地荒芜了。

在用血与火的野蛮方式征服了全国大部分地区以后,清王朝开始着手恢复被战争严重破坏的经济。顺治年间所推行的经济政策,主要是着手恢复农业生产,以保证国家的田赋收入,主要措施包括招民垦荒、军队屯垦,以及奖励地主垦荒等;康熙间继续实行以上措施,且在政策上进一步给予优惠,到康熙末年垦田数字已大致达到了明代的水平。被战争所破坏了的农业生产经过 80 年才得以恢复。与着手恢复农业生产的同时,清朝康熙年间曾制定了一系列有利于商业发展的政策。康熙四年(1665 年),制止各地溢额抽税,令各关悉照定额抽分,免溢额议叙之例;又严禁各关违例收税,或故意迟延指勒,并禁地方官吏滥收私派,科道督抚失察者并须坐罪。康熙五年,命于征收关税处,缮其税则,刊刻木版,以杜税吏滥收。二十三年(1684年),饬禁各处榷关稽留苛勒。二十四年(1685 年),谕江浙闽粤海关,免沿海捕采鱼虾及民间日用货物之税,洋船海船,但收货物正税,蠲免杂费。四十三年（1704 年），谕禁直省私设牙行，并饬户部造铁斛升斗颁行，以杜欺诈。然而，虽颁布了这些"恤商"的政令，但作为清朝的基本国策的仍是重本抑末、重农轻商。康熙二十九年（1690 年）上谕曰："阜民之道，端在重本。"①三十九年（1700 年）七月谕户部："国家要务，莫如贵粟重农。"②

康熙年间经济虽然有了一定程度的恢复，但人民的生活仍很痛苦，对此不能作过高估计。章太炎读唐甄《潜书》后指出："昔康熙中祀，名为家给人足，谀者直书，雷同无异词。独唐甄生其时，则曰'清兴五十余年，四海之内，日益困穷。中产之家，尝旬月不觌一金，不见缗钱，无以通之。故农民冻馁，丰年如凶。良贾行于都市，列肆焜燿，冠服华腴。入其家室，朝则囷无烟，寒则蜎体不伸。吴中之民，多鬻男女于远方，遍满海内。'（《潜书·存言篇》）由此言之，宽假之令，免赋之诏，皆未施行也。众谀之言，仰戴仁帝以为圣明，虽直者犹倾之，惟甄发其覆蒙。"③

晚明蓬勃发展的采矿业在清初遭到禁止，只有云南一省的采矿业破例得到了较大的发展。康熙二十一年（1682 年），当时任云贵总督的蔡毓荣上疏建议普遍开发滇省矿产资源，并且提出了客观上有利于民间资本主义萌芽生长的一些重要措施：一是明确主张"听民开采"，提倡民间投资和经营采矿业，扶民抑官，以民办矿场代替官办矿场。他认为官办矿场的经营方式不利于调动劳动者的积极性，而民营矿场由于"利不专于官"，矿工的报酬与矿场的兴衰相联系，因而能够调动矿夫们的积极性，这比让民夫应官差入矿服劳役的办法更为优越。二是明确主张要采取保护民营矿场的措施。为了鼓励地主和富商投资采矿业，蔡毓荣建议应明文规定："广示招徕，或本地殷实有力之家，或富商大贾，悉听自行开采，每十份抽税二份，仍委廉干官监收，务绝额外诛求、额内侵隐之弊。"另外，在民间采矿业兴起之后，要"严禁别开官峒，严禁势豪霸夺民硐，斯商民乐于趋事而成效速矣"④。蔡毓荣请开滇

①　王先谦：《东华录·康熙四十五》，《续修四库全书》第 370 册，上海古籍出版社 2002 年版，第 239 页。

②　王先谦：《东华录·康熙六十六》，《续修四库全书》第 370 册，上海古籍出版社 2002 年版，第 394 页。

③　章太炎：《訄书·哀清史第五十九》，《章太炎全集》（三），上海人民出版社 1982 年版，第 327 页。

④　蔡毓荣：《筹滇十疏·议理财》，《云南通志》卷二十九，《景印文渊阁四库全书》第 570 册，台湾商务印书馆 1986 年版，第 372 页。

矿的奏疏为康熙帝所采纳,因而云南采矿业中的资本主义萌芽得以生长。但在全国范围内,清政府仍实行矿禁政策,只是考虑到穷民生计等实际情况,才允许地方官在实行矿禁时有一定的灵活性,"使穷民获有微利养赡生命"。①

清初的对外贸易

清军入关后,清政府于 1656 年下禁海令,1661 年下迁界令,海禁政策一直延续到 1683 年清政府统一台湾为止。

在满清政府实行海禁政策的时候,大陆的对外贸易处于停滞状态,而由反清复明势力控制的台湾海峡地区的海上贸易却得到了长足的发展。1650—1661 年,中国到长崎的海船计 607 艘,每年平均 51 艘;荷兰热兰遮城日志 1655 年 3 月 9 日条载:"国姓爷从中国沿海派了 24 艘戎克船去几个地区贸易,即 7 艘去巴达维亚,2 艘去东京,10 艘去暹罗,4 艘去广南,1 艘去马尼拉。"②1661 年郑成功收复台湾,将荷兰人驱逐到印尼海域,西北太平洋海上贸易的控制权遂为中国人所掌握,形成了以台湾为中心、北至日本、南通南洋、西南达中南半岛的贸易网络。这时,郑成功还设想了更加宏伟的贸易蓝图,他准备以台湾为基地,联合南洋中国移民,进一步驱逐西方殖民势力,在日本以南的整个西太平洋上发展海上贸易。他在收复台湾后的第二年就派人赴吕宋,"阴檄华侨起事,将以舟师援也","华人闻者,勃勃欲动"③。只因他早逝而未能如愿以偿。

17 世纪清政府的海禁政策因反清复明势力的存在而设立,亦因反清复明势力的覆灭而取消。1683 年清政府统一台湾后,海禁政策遂告终结。从 1684 到 1717 年这三十多年,是清政府主动实行对外贸易的开放政策的时期。1684 年,康熙主动开放广州、漳州、宁波和云台山四个口岸,供外国人经商。实际上,在这些指定港口沿线及其邻近的其他中小港口也允许外国船只前来进行贸易,如当时广东的潮州、高州、雷州、廉州、琼州等有四十三

---

① 王先谦:《东华录·康熙九十一》,《续修四库全书》第 370 册,上海古籍出版社 2002 年版,第 557 页。

② 《热兰遮城日志》第 3 册,台南"市政府"(台湾)2003 年版,第 443 页。

③ 连横:《台湾通史》卷十四《外交志·吕宋经略》,广西人民出版社 2005 年版,第 205 页。

处允许来船;福建的厦门、泉州、台北等三十余处也可以来船;浙江、江苏沿海的情况类似。开港政策使海上贸易在 17 世纪最后 16 年和 18 世纪初获得迅速发展。1684 年大陆口岸赴日本的商船为 26 艘,1685 年为 25 艘,1686 年为 108 艘,1687 年为 136 艘,到 1688 年更激增至 194 艘;1685 年大陆开往巴达维亚的中国商船才十余艘,1703 年增至 20 艘左右。西方来华商船也日益增多,"岁不下十余船"。

然而对于专制王朝来说,经济是为政治服务的,为了政治既可致力于发展经济,也可以牺牲经济。决定康熙政府对外贸易政策是放开还是收紧的,主要的并不是经济发展的要求,而是清王朝统治的利益,所以即使在开放时期,也是开中有禁,一方面要做生意,另一方面又处处防备对其政治统治利益所可能带来的威胁。早在宣布开海时,清王朝就对出洋船只的大小和载重量作了严格限制。康熙南巡到苏州时,发现苏州造船厂每年可造成远洋船 1000 余艘,但出海后约有一半的船只卖给外国商人,遂以为是不得了的坏事。于是,出海船只不驶回中国有禁,每船水手人数、携带口粮数目有禁,所配备的供防卫用的小炮、抬枪等武器数量有禁;不许将船只卖给外国人;不许海员侨居外国;等等。康熙五十六年(1717 年),又下诏禁止通南洋,并收缩沿海通商口岸,使东南地区的经济和民生蒙受重大损失。

严禁士人集会结社的敕令与"文字狱"

清军征服江南后,知识分子的党社运动并没有中止。不仅明末的党社大多数依然存在,而且建立了新的党社,如顾炎武、归庄、潘柽章等一批不愿与清廷合作而谋求反清复明的人士所建立的"惊隐诗社"等;此外,也有一批试图与清廷合作,从而恢复晚明江南党社操纵朝野舆论,支配政治运作局面的人,利用旧有的党社组织进行活动。这两股力量在江南的社会生活中都还发挥着很大的作用,使得清政府在江南不可能为所欲为。

顺治七年(1650 年),江南道御史上奏道:"士人风尚相沿明季余习,为文多牵缀子书,不遵传注。"①同时,又攻击江南士人操纵舆论、干预地方行

---

① 《江南通志》卷一百十二《职官志》,《景印文渊阁四库全书》第 510 册,台湾商务印书馆 1986 年版,第 297 页。

政诸端。此后,又有御史多人上疏要求对知识分子党社运动明令禁止。于是,清世祖乃于顺治九年(1652年)正式颁布禁止党社的敕令:"生员不许纠党多人,立盟结社,把持官府,武断乡曲。所作文字,不许妄行刊刻,违者听提调官治罪。"①

然而,这一禁令并未真正得到执行。就在这一禁令下达的第二年,江南人士又举行了虎丘大会。原复社人士吴伟业企图将反清的党社和企图与清合作以干预政治的党社联合起来,重建明末复社式的"十郡大社",并进而通过自己入仕清廷,与在朝的江南人士相结合,来形成一支在中国政治舞台上具有举足轻重作用的力量。1653年春天,他主持召开了清初第一次也是唯一的一次虎丘大会,包括归庄在内的几千名学者参加了这次集会,宣布了重新开展各种活动的计划,但会议并没有能在是否同满清合作问题上达成共识。在会议就要结束时,一位年轻人突然站出来将一封信扔至吴伟业座前,信中的对联上写道:"千人石上坐千人,一半清朝一半明。"同时这位年轻士子又嘲讽地唱道:"两朝天子一朝臣。"②尽管大会并未达到吴伟业预期的目的,但大会的召开本身就显示了江南知识分子对皇权的蔑视。

顺治十七年(1660年)春,礼科给事中杨雍建上疏,说"纠集盟誓者所在多省,江南之苏杭,浙江之杭嘉湖为尤甚",建议"严禁结社订盟"③。顺治批准了杨雍建的奏章,重申并敕令各府县官实施1652年禁止组织盟社的命令,并严禁以标语、揭帖指斥政府的行为,宣布此类行为违背国朝的法规。在此新禁令下,当生员被发现为某一盟社的成员时,就不再予以豁免,而是由县府当局予以逮捕和惩办。就在该禁令下达后不到一年,在江苏发生了著名的"哭庙"案。顺治十八年(1661年),吴县诸生金圣叹、倪用宾等18人,因不满知县横征暴敛、草菅人命而聚于孔庙痛哭,并向清江宁巡抚进呈揭帖,控告知县的罪行。江宁巡抚朱国治将诸生反腐败的正义行动诬蔑为"县令催征招尤,劣生纠党肆横"的事件。经朝廷派大员查处,不分首从,一律定为死罪。据《研堂见闻杂录》载:"重辟者七十人,凌迟者十八人,……

---

① 《江南通志》卷八十七《学校志》,《景印文渊阁四库全书》第509册,台湾商务印书馆1986年版,第449页。

② 刘献廷:《广阳杂记》,中华书局1957年版,第10页。

③ 王先谦:《东华录·顺治三十四》,《续修四库全书》第369册,上海古籍出版社2002年版,第457页。

其余绞者数人。"①此事过后二十多年，即康熙二十五年（1686年），又查革社学。此后，虽然有时也发生小规模的学生运动，如康熙四十四年（1705年）南京诸生一千余人为抗议康熙皇帝逮捕江宁知府陈鹏年而准备进京请愿并由此引发市民罢市的事件等，但总的说来，知识分子的党社运动是基本上被禁止了，直到19世纪末。

清政府在严厉禁止和镇压知识分子党社运动的同时，还大兴"文字狱"。顺治十七年（1660年）八月，有御史上疏弹劾张缙彦为刘正宗的一部诗集所作的序言中有"将明之才"的词语，认为这一词语是"辅佐明朝之才"的含义。疏入，刘正宗被夺去大学士之职，籍没了一半家产；张缙彦被终身流放宁古塔。这大概是清朝文字狱的开始。三年后（康熙二年），发生了著名的庄廷鑨明史案，判决结果，庄廷鑨及其父庄允城被戮尸，子孙年在15岁以上者均斩，妻女发配沈阳给披甲人为奴。为庄廷鑨《明史辑略》一书作序的李令晳及列名参阅的14人被凌迟处死，子孙年在15岁以上者均斩，妻女等发边为奴；刻字匠、印刷匠、卖过此书的书商和收藏过此书的人均斩，祸及700家，杀人千余。康熙五十年（1711年），戴名世《南山集》被举报，该书揭露了清政府的凶残和伪善，因而刑部的判决亦按庄廷鑨明史案的先例量刑，因当时担任大学士的李光地进言，最后仅将戴名世一人处斩。

清政府对知识分子党社运动的禁止和镇压以及兴"文字狱"的暴行，既起到了维护其专制统治的作用，同时也否定了知识分子的良知和社会责任感，扼杀了社会公正和正义的呼声，严重阻滞了中国社会的进步。

"崇儒重道"的思想文化政策的确立

清政府为了巩固其统治，迫切需要确立其思想文化统治的重心。这经历了一个比较曲折的过程。

顺治八年（1651年），在南方战火尚未熄灭、江山尚未一统的情况下，初掌政权的清世祖就将新王朝的思想统治问题提上了日程。顺治九年（1652年）九月，举行尊孔的"临雍释奠"大典；翌年，颁谕礼部，提出要"崇儒重道"

---

① 无名氏：《研堂见闻杂录》，周光培编：《历代笔记小说集成》第48册，河北教育出版社1996年版，第368页。

("道"指周程张朱的道学)。这一原则过于抽象,包容性很大,只是表明了清王朝统治者对汉民族正统思想认同的意向,并没有真正把程朱理学定为一尊。

与此同时,朝廷中出现了重六经原义轻理学语录、重基本道德准则轻道学玄谈、重实学轻纯文学的呼声,以吏科给事中魏裔介为代表。魏裔介(1616—1686年)是西洋传教士汤若望的好友,一名秘密的天主教徒,年轻时就常与徐光启一起在教堂相聚,但并未做过明朝的官。汤若望在清朝定鼎北京时就已与清廷合作。魏裔介亦于1646年通过科举而入仕清廷,因此,他也将他的思想带到了清廷上。1653年(顺治十年)二月十一日,顺治帝认为"士气隳靡已久",诏令臣僚对此奏呈作答。魏裔介在其奏疏中借题发挥,认为要吸取明朝灭亡的教训,就必须培养文人学士效忠竭力的使命精神,使他们不是一心于科举,或者研读后人对经籍的注疏,而是靠经籍的本文进行自我修养,研究孔夫子手定的《六经》,同时要引导他们务于实学。魏裔介的这一观点,与同时期顾炎武等人的思想具有相似的倾向。在这种思想的影响下,1655年(顺治十二年),顺治皇帝又表示要"崇经术",以"经术为本",他在给礼部的上谕中说:"帝王敷治,文教是先,臣子致君,经术为本。……今天下渐定,朕将兴文教、崇经术,以开太平。"①1657年(顺治十四年)八月,举行了清代历史上第一次经筵大典;九月,"初开日讲",祭祀孔子于弘德殿。这一切言论和行动表明,顺治皇帝是企图把清王朝意识形态统治的重心放在作为中国古代文化思想源头的"六经"上的。

然而,顺治皇帝的思想文化政策,并没有得到贯彻落实。还在他活着的时候,他的政策就受到满清上层贵族的强烈抵制。顺治帝早逝后,其母孝庄皇后和鳌拜等辅政四大臣就伪造了一份顺治皇帝引咎自责的遗诏,其中最主要的一条就是所谓重用汉族官员胜过满人,以重用儒臣为过错。四大臣进而又以纠正"渐习汉俗"返归"淳朴旧制"为理由,撤销翰林院,罢黜、放逐乃至杀害了一些主张推行汉化政策的官员,并对残明遗老和心怀不满的汉族知识分子进行迫害。这种情形直到康熙八年清除鳌拜集团后才开始改变。

① 王先谦:《东华录》,《续修四库全书》第369册,上海古籍出版社2002年版,第396页。

康熙八年(1669年),清圣祖玄烨亲政。他亲临太学祭奠孔子。翌年八月,恢复翰林院;十月,颁谕礼部,重申"崇儒重道"的基本国策。康熙九年(1670年)十一月,日讲重开。十年(1671年)二月,中断十余年的经筵大典再度举行。此后,每年春秋二次的经筵讲学,便成为一代定制。然而,康熙年间朝廷中的理论论争亦很激烈。汤斌公然在朝堂上嘲讽朱熹,引得众人哄堂大笑:

> 汤潜庵亦向姚江(王阳明),张成武烈全主紫阳(朱熹)。张每于朝堂与汤辩,汤不甚与人争,但冷笑不然而已。一日,张在朝班向汤殷勤云:"何许时不见?"汤曰:"顷数日闭门格物。"(朝臣)哄然作笑。汤党大喜,以为妙语,至今笔之于书。其意盖谓朱子说格过物才好诚正修齐治平,必须闭门格物了,才好开门应事也。①

陈介眉亦公然在朝堂上鼓吹"名教罪人"李贽的"是非无定论":

> 浙东人大概主自立说。……陈介眉在朝堂与张京江辩论,云:"孔子后,孟子又自说出一段话,何尝与孔子一般?……若前人说过了,何须后人重说,前人说的是了,后人便不须异同,则孔子而后,便当闭口,并书可不读矣!是非有何一定,凭人说就是了。"②

当时信王学的人,尤其是受过晚明左派王学和李贽思想熏陶过的人,都主张学者应有独立的思想,不可跟在孔孟程朱后面人云亦云。朝中的思想论争,康熙皇帝也看到了。他在康熙二十八年九月十八日的上谕中说:"李光地、汤斌、熊赐履皆讲道学之人,然各不相合。"③但他更担心的是学者结党。康熙三十三年(1694年)闰五月,他将翰林官召至丰泽园,以《理学真伪论》为题让他们作文,然后又借题发挥,对这批学者发泄专制帝王的淫威,狠狠加以羞辱,连已故的汤斌都不放过。他要学者们都当皇权专制主义的"真道学",但这篇上谕仍是对程朱派和陆王派的学者各打五十大板,意识形态的统治重心并未确立。直到康熙四十五年(1706年),康熙皇帝才决定将朱熹

---

① 李光地:《榕村续语录》卷九《本朝人物》,《榕村语录 榕村续语录》,中华书局1995年版,第684页。

② 李光地:《榕村续语录》卷九《本朝人物》,《榕村语录 榕村续语录》,中华书局1995年版,第683页。

③ 蒋良骐:《东华录》卷十六,《续修四库全书》第368册,上海古籍出版社2002年版,第420页。

学说确立为清王朝思想统治的重心,敕令李光地主持编纂《朱子全书》;书成后,以"御纂"名义颁行全国。康熙五十一年(1712年),清廷决定将朱熹配享孔庙,升大成殿十哲之次。至此,朱熹学说才又重新像明初那样登上统治思想的宝座,这时离明朝灭亡已经七十多年了。

清初的历法之争

在清初三十年中,新旧历法之争的风潮不断,经过几番交锋,付出了血的代价,引进西洋新法治历的天文学家们才最终取得了胜利。

1644年,清朝定都北京,礼部提请颁行新历。当时在华的西方传教士汤若望适应这一需要,表示愿意重新修复被李自成军队破坏过的天文台,并用新法推算八月初一的日食,要求届期遣官测验以证明新法的正确性。到八月初一这一天,多尔衮令大学士冯铨与汤若望率钦天监官员到天文台测验,结果只有汤氏的新法吻合,《大统历》、《回回历》都不精确。摄政王多尔衮乃决定采用新法,正式任命汤若望为钦天监监正,"率属精修历法"。①1653年(顺治十年),清政府以汤若望修历有功,特赐号"通玄法师",上谕说:"尔汤若望来自西洋,精于象纬,阐通历法。(明)徐光启特荐于朝,一时专家治历如魏文魁等,实不及尔。但以远人,多忌成功,终不见用。朕承天眷,定鼎之初,尔为朕修《大清时宪历》,迄于有成。又能洁身持行,尽心乃事。今特锡尔嘉名,俾知天生贤人,佐佑定历,补数千年之阙略,非偶然也。"②这篇上谕虽然谴责了守旧派"但以远人,多忌成功"的阴暗心理,但因汤若望主持钦天监、撤销"回回科"而丢官失势的旧日星象家们并不甘心失败,仍不时对新历提出一些非难。于是,顺治皇帝决定对新历法的准确性再次进行测试,然而测试的结果再一次证明了依西洋新法推算的准确性。

守旧派既然在学术上失败了,便只有借助于政治陷害以卷土重来。康熙三年(1664年)七月,新安卫官生杨光先写了《请诛邪教疏》,攻击明人徐光启借鉴西方科学是"贪其奇巧器物,不以海律禁逐,反荐于朝,假以修历之名,阴行邪教";说汤若望"借历法以藏身金门,窥伺朝廷机密",而且"于

① 参见《清史稿》卷二七二《汤若望》,《清史稿》第33册,中华书局1977年版,第10020页。
② 《清史稿》卷二七二《汤若望》,《清史稿》第33册,中华书局1977年版,第10020页。

《时宪历》面敢书'依西洋新法'五字,暗窃正朔之权,以尊西洋,明白示天下,以大清奉西洋正朔",要求将汤若望等人"依律正法"。① 接着,杨光先又进京呈递所著《摘谬论》、《选择议》,指责汤若望的新法有"十谬",特别指责汤在选择荣亲王葬期上误用《洪范》五行,犯了大忌。杨光先的行为适合了主张复旧的鳌拜集团的需要,遂根据杨光先的诬告拟定了新派的罪名,其说曰:"天祐皇上,历祚无疆,汤若望只进二百年历。选荣亲王葬期不用正五行,反用《洪范》五行,山向年月俱犯忌杀,事犯重大。"②要求将汤若望与参与新历的杜如预、杨宏量、李祖白、宋可成、宋发、朱光显、刘有泰"凌迟处死",把刘必远、贾文郁、宋哲(宋可成之子)、李实(李祖白之子)、潘尽孝(汤若望义子)杀头。这场斗争的结果,除汤若望因康熙祖母的庇护侥幸不死外,其余李祖白、宋可成、宋发、朱光显、刘有泰等人均被处死。从此,废除新历,恢复《大统历》。而杨光先也用人血染红了顶子,被任命为钦天监监正。原"回回科"秋官正吴明炫之弟吴明烜被任命为监副。

杨光先和吴明烜以《大统历》治历,节气不应,错误屡出,在朝的新派人物不得不屡屡对杨光先之流提出批评。在此情况下,康熙帝决定让新旧两派一决优劣。康熙八年(1669年)正月测验的结果,南怀仁"逐款皆符",吴明烜"逐款不合"。③ 然而,杨光先仍然借助危言耸听的政治谣言来为自己的不学无术辩护,他称:"臣监之历法,乃尧舜相传之法也。皇上所正之位,乃尧舜相传之位也。……南怀仁欲毁尧舜相传之仪器,以改西洋之仪器,……使尧舜之仪器可毁,则尧舜以来之诗书礼乐、文章制度皆可毁也。""以百刻推算,系中国之法;以九十六刻推算,系西洋之法。若将此九十六刻历日颁行,国祚短了。如用南怀仁,不利子孙"④。这种荒唐的观点,当然不能说服需要一种实用历法的康熙皇帝。康熙八年(1669年)七月,趁着康熙皇帝已将鳌拜集团推倒之机,利类思、安文思、南怀仁等要求康熙帝惩办搞政治陷害欠下了血债的"恶棍"杨光先,并为已死的汤若望、李祖白等人

---

①　参见杨光先:《请诛邪教疏》,《不得已》,黄山书社2000年版,第6页。

②　《清史稿》卷二七二《汤若望》,《清史稿》第33册,中华书局1977年版,第10021页。

③　参见王先谦:《东华录·康熙九》,《续修四库全书》第369册,上海古籍出版社2002年版,第547页。

④　黄伯禄:《正教奉褒》,《熙朝崇正集　熙朝定案　外三种》,中华书局2006年版,第306—307页。

平反昭雪。康熙出于利用像杨光先这样的恶棍来维护专制统治的需要,仅同意为汤若望等人平反昭雪,对杨光先仅将其革职了事,而对吴明烜则仍留原任。同时任命南怀仁为钦天监监正,令他采用新法治历。清初的历法之争,遂以新派的胜利而告结束。

康熙十五年(1676年)八月,康熙帝下令叫钦天监官员学习新法,其上谕说:"钦天监专司天文历法,任是职者必当学习精熟。向者,新法、旧法是非争论。今既知新法为是,满汉官员务令加意精勤。此后习熟之人,方准升用;未习熟者,不准升用。"①

在康熙当政时期,有以"御纂"名义颁行的《历象考成》和《数理精蕴》等多种书籍。其中,《数理精蕴》五十三卷,大部分内容是介绍康熙二十四年(1685年)以后传入中国的西方数学。康熙时代"凡有一技之能者,往往召直蒙养斋"②,蒙养斋成为当时皇帝与学者一起讨论学术的一个小小中心,一个非正式的小型科学院。康熙皇帝对科学的重视,在一定程度上促进了清初科学的发展。

(二)道德礼教下移运动与士林风气

清政府扭转社会风气的努力

清王朝在取得对全国大部分地区的统治以后,朝中的一部分入仕满清的新贵就企图改变承明代而来的社会风习。顺治初虽然也颁布了种种禁约,但收效甚微。顺治九年(1654年),魏裔介上奏道:"今自明季以来,风俗颓靡,僭越无度,浮屠盛行,礼乐崩坏。臣数年来在都门见隶卒倡优之徒,服色艳丽;负贩市侩之伍,舆马赫奕;庶人之妻,珠玉炫耀。虽经禁约,全不遵行。""乡约六谕之教为虚文,千百中无一人奉行者。"③对此,尊崇明代制度的魏裔介提出,要恢复明初朱元璋的严法,全面推行传统的道德礼教,约束

---

① 《清朝文献通考》卷二五六《象纬一》,《景印文渊阁四库全书》第638册,台湾商务印书馆1986年版,第6页。
② 《清史稿》卷五百二《艺术一》,《清史稿》第46册,中华书局1977年版,第13866页。
③ 魏裔介:《兴教化正风俗疏》,《兼济堂文集》,中华书局2007年版,第23页。

人们对于私利的追求,并重新组织社会,使民众复归务农之本,"凡以一道同风,使民务于孝弟力田,而国家收富强之用"①。这一主张,总的说来当然是一种倒退;但事实上清政府是力图按照这一思路来扭转社会风气的。

在江南,顺治年间,清政府对苏州市民举行的一次盛大的选美活动进行了镇压。据《坚瓠集》记载:"顺治丙申(顺治十三年,1656 年——引者注)秋,云间沈某来吴,欲定花案,与下堡金又文重华,致两郡名姝五十余人,选虎丘梅花楼为花场,品定高下。以朱云为状元,钱端为榜眼,余华为探花;某某等为二十八宿。彩旗锦幰,自胥门迎至虎丘,画舫兰桡,倾城游宴。直指李公森先闻而究治,沈某责放,又文枷责,游示六门,……杖毙又文于狱。……松陵徐嵩《花场即事诗》云:'自是云岩色界天,绮罗箫鼓日纷然。骚人竟欲题红叶,冶女私曾寄白莲(选美成了自由恋爱的媒介——引者注),……无端一夜西风起,叶落枝头最可怜!'"②

民间戏曲小说亦在禁毁之列。顺治九年(1652 年),清政府正式下令:严禁"琐语淫词","违者从重纠治"。顺治十七年(1660 年),禁李渔《无声戏》和《无声戏二集》。康熙二年(1663 年),又颁布命令:"嗣后如有私刻琐语淫词,有乖风化者",必须查实议罪。康熙二十六年(1687 年),重申禁令;康熙四十八年(1709 年),再次下令严禁"淫词小说",并明确规定:"如不实心察究,……将该管官指名题参。"③康熙五十三年(1714 年),又再次下谕"严绝非圣之书",同时,对"造作刻印者"、"市卖者"、"买者"、"看者"的量刑以及对失察官员的处分标准作了具体规定,并将其收入《大清律例》卷二十三《刑律·贼盗上》。专制王朝是视民间戏曲小说为"贼盗"的。

一手是禁止和镇压,另一手则是大张旗鼓地推行传统的道德礼教下移运动,像当年明太祖曾经实行过的那样。康熙八年(1669 年),也就是清圣祖玄烨亲政这一年,就颁布了务使家喻户晓、人人皆知的"圣谕十六条":

> 敦孝弟以重人伦,笃宗族以昭雍睦,和乡党以息争讼,重农桑以足衣食,尚节俭以惜财用,隆学校以端士习,黜异端以崇正学,讲法律以儆愚

---

① 魏裔介:《兴教化正风俗疏》,《兼济堂文集》,中华书局 2007 年版,第 23 页。

② 褚人获:《坚瓠补集卷五·花案》,《续修四库全书》第 1262 册,上海古籍出版社 2002 年版,第 103 页。

③ 《大清会典则例·卷九十二礼部》,《景印文渊阁四库全书》第 622 册,台湾商务印书馆 1986 年版,第 886 页。

顽,明礼让以厚风俗,务本业以定民志,训子弟以禁非为,息诬告以全良善,诚窝逃以免株连,完钱粮以省催科,联保甲以弭盗贼,解仇忿以重身命。①

这十六条被广为宣传,是满清政府推行道德礼教下移运动的开端。这十六条的精神实质,是要使中国倒退到明代中叶以前的社会状况。除了颁布"圣谕十六条"外,清政府还效明之制,大肆表彰"节烈"。对于出了"烈妇"、"烈女"的家庭,除了由官府给予表彰外,给予免除赋役的特权。这种政策导向,使得某些地区逼迫妇女自杀的风气又盛行起来,即使在商品经济颇为发达的杭州、福州等地亦不能免此陋习。《旷园杂志》载:

> 湖州胡氏女,归杭州潘某,……未几,潘以疾卒。……康熙辛未六月坐龛中,遂请师来举火,俄顷火延龛顶,出五色香,烟四达,男女送者数百人。②

《闽杂记》卷八说:

> 福州旧俗,以家有烈女贞妇为荣,愚民遂有搭台死节之事。……女有不愿,家人或诟骂辱之,甚至有鞭挞使从者。③

然而,时代的发展毕竟不是礼教所能羁络的。尽管清王朝推行礼教有术也有效,然而,只要看一看康熙皇帝一而再、再而三地下禁书令,就可想见反映早期市民阶层新的情感方式的小说戏曲作品是多么受到社会的欢迎,社会的需要正是小说戏曲屡禁不止的原因。我们还可以看一看产生于康熙年间的短篇小说集——蒲松龄的《聊斋志异》,这些由"豆棚瓜架"、"街头路口"听来的材料所写成的小说中,有那么多敢于向礼教宣战,追求爱情、幸福、个性解放的人物,特别是妇女的形象,就可以想见,礼教禁锢人身自由和征服人心的力量已经大大削弱了。

清初的士风

清军南下,对南方知识分子是一场严峻的考验。在清军兵临江淮之时,

---

① 王先谦:《东华录·康熙十》,《续修四库全书》第369册,上海古籍出版社2002年版,第564页。

② 吴陈琰:《旷园杂志》卷下《守节自焚》,《四库存目丛书》子部第250册,齐鲁书社1997年版,第165—166页。

③ 施鸿保:《闽杂记·搭台死节》卷七,福建人民出版社1985年版,第106页。

南明王朝的昏君奸臣们仍然过着花天酒地的腐朽生活,同时继续对党社人士进行迫害,党社人士被迫纷纷逃离南京。不久,清军下江南,弘光朝廷也就迅速覆灭了。在此过程中,知识分子的队伍发生了迅速的分化,一类人,如冒襄、李渔辈,采取了及早退步抽身的态度。冒襄带着董小宛回到如皋城东风光旖旎的水绘园去享清福去了;李渔也带着"一队妖娆"回到如皋,此后或南京,或杭州,照旧按其固有方式流连于诗酒、戏曲、书坊和风花雪月之间。此类人有民族意识,如冒襄不仕满清,李渔亦险因文字中流露民族意识而获罪,但他们是决不参与血与火的战斗的。一类人如"江左三大家",其中钱谦益降了满清,但在他的爱妾柳如是的影响下,亦暗地里进行反清活动,对黄宗羲的抗清活动有所帮助,并曾营救过顾炎武等抗清人士;龚鼎孳以其爱妾顾横波"不让他死"为理由降清,但亦曾与顾横波掩护过抗清人士;吴伟业起初不愿出仕清朝,但在江南一批企图与清廷合作而支配政局的党社人士的反复劝说下终于北上去当国子监祭酒,但他晚年一直深以出仕满清为耻。回想当年好友侯方域劝他不要入仕清朝的往事时,他写下了"死生总负侯嬴诺"①的诗句。但作为"复社四公子"之一的侯方域,其实最终也走上了与清朝合作的路。这位侯公子曾受秦淮名妓李香君的激励,在南明弘光朝的阉党逮捕复社人士时,逃离南京到扬州史可法麾下效力,据说著名的《史可法复多尔衮书》就是出自他的手笔;他后来回到河南,最后还是参加了清朝的科考。再有一大部分人,如陈子龙、吴应箕、黄宗羲、顾炎武、归庄、方以智、王夫之、闫尔梅等,有"一堂师友,冷风热血,洗涤乾坤"的高风亮节。陈子龙、吴应箕为抗清壮烈牺牲。黄宗羲、顾炎武、方以智、王夫之等亦曾为抗清出生入死,备尝艰辛。

朝代的更迭使人们不胜兴亡之感、黍离之悲,赋予了这一时期的诗文创作凄怆的悲剧美。孟森《心史丛刊(外一种)·王紫稼考》云:

> 易代之际,倡优之风往往极盛。自命风雅者,又借沧桑之感,黍麦之悲,为之点染其间,以自文其荡靡之习,数人倡之,同时几遍和之,遂成薄俗焉。……追忆明清间事,颇多相类。②

这是否是"薄俗",姑置不论,但却真实地反映了当时一般文人学者的

---

① 吴伟业:《怀古兼吊侯朝宗》,《吴梅村全集》(上),上海古籍出版社1990年版,第428页。

② 孟森:《王紫稼考》,《心史丛刊(外一种)》,中华书局2006年版,第105页。

心理状态。吴伟业的《圆圆曲》，表面上看，是一种古老而浪漫的模式——
诸如商纣因妲己、吴王因西施而亡国的模式等——的再现：

> 君不见馆娃初起鸳鸯宿，
>
> 越女如花看不足。
>
> 香径尘生鸟自啼，
>
> 屧廊人去苔空绿。
>
> 换羽移宫万里愁，
>
> 珠歌翠舞古梁州。
>
> 为君别唱吴宫曲，
>
> 江水东南日夜流。①

诗的主题固然是说对于时局的变化具有举足轻重之影响的政治人物，在情
感与理性的悲剧矛盾冲突中让情感战胜了理性，从而导致了亡国的惨剧，但
这诗篇中不仅有对吴三桂的批判，也有对南明昏君奸臣的批判，产生"同时
几遍和之"的影响力，正反映了当时人们的民族意识。歌咏明末秦淮名妓，
亦成为文人们表达民族意识的方式。当时的秦淮名妓，多具有"天下兴亡，
匹妇有责"的情操，且比一般的文人更具民族气节。《青楼小名录》云：

> 明秦淮多名妓，柳如是、顾横波，其尤著者也。俱以色艺受公卿知，
> 而所适钱、龚两尚书，又都少夷、齐之节，两夫人恰礼贤爱士，侠骨棱嶒。
> 阎古古被难，夫人匿之侧室中，卒以脱祸。②

阎古古即阎尔梅，徐州奇士，世称"白耷山人"。据《坚瓠集》，阎尔梅在明亡
后依然奔走国事，进行反清活动。"当事物色之，祸将及"，顾横波倾身营
救，乃得免于难。借才子佳人离合之事，写明清易代兴亡之感，成为文人的
时尚。虽然满清政府花了几十年时间不遗余力地企图泯灭人们的民族意
识，但却没有什么效果。康熙间，孔尚任遍访残明遗老，并特别到如皋访问
冒襄，写成反映南明历史的《桃花扇》剧本，于1699年秋在北京上演，场场
爆满。孔尚任记叙当时情况时写道："长安之演《桃花扇》者，岁无虚
日，……然笙歌靡丽之中，或有掩袂独坐者，则故臣遗老也；灯炧酒阑，唏嘘
而散。"③《桃花扇》所反映的思想感情，获得了广泛的社会共鸣。

---

① 吴伟业：《圆圆曲》，《吴梅村全集》（上），上海古籍出版社1990年版，第79页。
② 赵庆帧：《青楼小名录》卷八，中国图书公司和记1915年版，第2页。
③ 孔尚任：《桃花扇本末》，《桃花扇》，人民文学出版社1959年版，第6页。

这是一个反省的时代。明朝的灭亡，极大地改变了许多富于反省精神的知识分子的生活。许多人在明末都曾流连于秦淮河畔的画舫烟柳，过着浪漫奢华的贵公子生活。然而，明亡以后，他们的心中充满了对明朝灭亡的负罪感，并毅然放弃昔日的享乐。在斗争失败后，他们过着极清苦的沉思和著述的生活。著名的文学家和史学家张岱就是颇为典型的一例：

> 陶庵国破家亡，无所归止，披发入山，駴駴为野人。……因思昔日生长王、谢，颇事豪华，今日罹此果报。以笠报颅，以篑报踵，仇簪履也；以衲报裘，以苎报绨，仇轻煖也；以藿报肉，以粝报粮，仇甘旨也……①

张岱并非不能再过往日的阔绰生活，他有属于自己的山庄别墅、娈童美女，然而他却舍弃这一切。著名的人物画家陈洪绶，在明亡以后更改了自己的名字，曰"悔迟"；另一著名画家龚贤在明亡后亦感叹："吾侪真小人。"②此种人物在清初当不是少数。连早年自律较严的黄宗羲亦说："始学于子刘子，其时志在举业，不能有得，聊充蕺山门人之一数耳。天移地转，僵饿深山，尽发藏书而读之近二十年，胸中碍窒解剥，始知曩日之孤负为不可赎也。"③

黄宗羲云："予观当世，不论何人，皆好言作史。"④他认为其原因盖出于不甘心"国灭而史亦随灭"，同时又欲借修明史来对一代兴亡"追叙缘因，以显来世"⑤。从顺治到康熙十八年以前的三十多年间，出现了大量的私家编纂的明史著作。其中，谈迁的《国榷》、张岱的《石匮书》和《后集》、查继佐的《罪惟录》、谷应泰的《明史记事本末》、傅维麟的《明书》、万斯同的《明史稿》、潘柽章和吴炎的《明史记》等，都是贯通一代史事的著作；计六奇的《明季南略》和《明季北略》、王秀楚的《扬州十日记》、温睿临的《南疆逸史》、黄宗羲的《行朝录》和《海外恸哭记》、王夫之的《永历实录》、顾炎武的《圣安纪事》、钱澄之的《所知录》、邵廷采的《东南纪事》、杨英的《先王实录》等、

---

① 张岱：《自序》，《陶庵梦忆》，上海书店出版社 1982 年版，第 3 页。
② 龚贤：《乞竹诗》，载朱绪曾编：《金陵诗徵》卷三十四，光绪壬辰（1892 年）刻本。
③ 黄炳垕：《黄梨洲先生年谱》，《黄宗羲全集》第 12 册，浙江古籍出版社 2005 年版，第 42 页。
④ 黄宗羲：《谈孺木墓表》，《南雷文定前集》卷七，《黄宗羲全集》第 10 册，浙江古籍出版社 2005 年版，第 269 页。
⑤ 黄宗羲：《谈孺木墓表》，《南雷文定前集》卷七，《黄宗羲全集》第 10 册，浙江古籍出版社 2005 年版，第 269 页。

则是专记明清更迭时期史事的著作。康熙二年(1663年),清王朝通过庄廷鑨私修《明史》案而大兴文字狱,并且杀害了年轻的江南史学家潘柽章、吴炎,宣布私修《明史》为非法,然而许多民间学者并没有被吓倒。到康熙十八年(1679年),清王朝乃采取开明史馆的办法,来编纂一部适合官方要求的明史。然而,仍有学者私修明史,有人因此而遭杀身之祸,如康熙五十年(1711年)的戴名世《明史》狱案就是著名的一例。

(三)学术的多维透视与思想的内在理路

清初学术,在形式上是按照复归经学以通经致用、注重史学以推明大道、扬弃程朱陆王以总结宋明道学、复兴先秦诸子之学以对抗儒家道统、重视质测之学以格物穷理的方向而发展的。这五个方面,或多或少都有承于晚明,但同时又打上了鲜明的时代烙印:以清代明,学者们震惊于当时的政治变局,把先进汉民族的自取败辱引为沉痛教训,"哀其所败,原其所剧"①,因而利用他们的文化教养,对他们认为导致民族衰败、学风堕落的专制主义和蒙昧主义,进行了检讨和批判,并把批判的矛头指向了作为专制统治思想、支配思想界达五百年的宋明道学。尽管每个人的自觉程度不同,批判的侧重面有异,甚至各自的思想倾向还存在矛盾,但当时社会前进运动的客观要求,毕竟是透过各种相互交织的矛盾的合力、透过当时特定社会关系下的思想三棱镜,十分曲折但又十分合理地反映出来了。

学术的多维透视

清初学术,以顾炎武、黄宗羲、王夫之、傅山、方以智为代表。顾炎武代表了复归经学以"通经致用"的治学思路;黄宗羲代表了注重史学以推明大道的治学思路;傅山代表了以研究先秦诸子学说来对抗儒家"道统"的治学思路;王夫之代表了扬弃程朱陆王以总结宋明道学的思路;方以智则代表了重视新兴"质测之学"以格物穷理的思路。当然,这只是大致的区分,其实

① 王夫之:《黄书·后序》,《船山全书》第12册,岳麓书社1992年版,第539页。

相互间是有很多交叉的,除顾炎武倡导通经致用外,黄宗羲也提倡学者当"以《六经》为根柢",并从事经学考据;方以智也从事古音韵学的研究;王夫之讲"六经责我开生面",借解释六经来发挥其哲学思想。除黄宗羲重视史学外,顾炎武、王夫之、傅山、方以智都从事史学研究。除方以智重视新兴"质测之学"外,黄宗羲、王夫之、顾炎武、傅山也都十分重视质测之学。所以清初学术呈现出非常博大的气象,几乎当时每一位学者都能在不同的领域中作出成就。

顾炎武继承中晚明杨慎、焦竑、陈第的考据学风,开创了清代朴学研究的风气,提倡"博学于文","通经致用",主张经学即理学,学者应舍弃宋明理学的思路而直探六经本原。他说:

> 古今安得别有所谓理学者,经学即理学也。自有舍经学以言理学者,而邪说以起。不知舍经学则其所谓理学者,禅学也。①

他之所谓"博学于文",涉及极广泛的内容,主旨皆在于经世致用。《清史稿》称:"炎武之学,大抵主于敛华就实。凡国家典制、郡邑掌故、天文仪象、河漕兵农之属,莫不穷原究委,考正得失。"②他主张"采铜于山",从最原始的资料出发来从事考据研究。继晚明学者之后,他进一步为考据学奠定了本证、旁证、理证相结合,文献资料与实物证据相结合的方法论基础;同时,他所提出的"读九经自考文始,考文自知音始"的考据门径,亦成为后来考据学家所遵循的从声音、训诂以求经义的入门手段。在清初从事考据学的学者有黄宗羲、黄宗炎、阎若璩、胡渭、毛奇龄等,其中阎若璩、毛奇龄专趋于经学考据一途,使考据成为专门之学;而颜元、李塨则继承了顾炎武"经世致用"的思路,以提倡"实学"著名。开吴派考据学之先河的惠士奇,一方面有承于顾炎武,另一方面其独重汉学似亦有承于钱谦益在晚明就已提出的"以汉人为宗主"的经学主张。

浙东学术,将经学与史学研究结合起来,可以追溯到王阳明的"五经皆史"说。从王阳明到刘宗周,再到黄宗羲,浙东重史学的传统逐渐光大。黄宗羲遵其师刘宗周之教诲,特重史学,强调"言性命者必究于史",开创了清代浙东史学的新学风。他年轻时,"自明十三朝实录,上溯二十一史,

---

① 全祖望:《顾亭林先生神道碑》,《全祖望集彙校集注》,上海古籍出版社 2000 年版,第 227 页。

② 《清史稿》卷四八一《顾炎武》,《清史稿》第 43 册,中华书局 1977 年版,第 13167 页。

靡不究心。"①明亡以后,他为了探讨明王朝的治乱之源,更以治史为毕生志愿。他写了很多关于南明历史的书,又立志要写一部《明史》,并为此做了大量的资料准备。他尤其精于学术史的研究,著《明儒学案》62卷,并与其子黄百家和弟子们编纂《宋元学案》。他的治史方法,强调真实,以真实为史学之生命。注重史料真伪的鉴别,摒弃《春秋》义法。在学术史方面,他更提出一套至今依然适用的写学术史的方法,而且特别强调要注意保存"一偏之见,相反之论"。他的弟子万斯同以毕生精力献身明史研究和写作,在编写《明史稿》的过程中,坚持"直载其事与言而无所增饰"的原则,特重识别史料真伪的"裁别之识",并且形成了一套对历朝"实录"中伪造和篡改史实的记载作出鉴别和考查历史事实真相的方法。这种实事求是的精神后来为全祖望所继承,而黄宗羲通过研究历史以"穷究性命"的哲学精神则为后来章学诚所发展。当然,清初提倡经史研究相结合者不局限于浙东。比黄宗羲资格更老的晚明党社领袖江苏常熟人钱谦益在入清后提出:"六经,史之宗统也,六经之中皆有史,不独《春秋》三传也。"②浙东学术,本非封闭,且黄宗羲亦与钱谦益相友善,未必不受其影响。

宋明道学按照其发展的内在逻辑而进入了它的总结和终结的阶段。在清初,除少数学者或坚守程朱门户(如陆陇其),或坚守陆王门户之外,很多原先的程朱派和陆王派学者都趋向于打破门户之争而总结道学。直隶学者孙奇逢本是极服膺王学的,亦说:

> 门宗分裂,使人知反而求诸事物之际,晦翁之功也。然晦翁没,天下之实病不可不泄。词章繁兴,使人知反而求诸心性之中,阳明之功也。然阳明没,天下之虚病不可不补。③

但决非是由王返朱,而是主张"平心探讨,各取其长"④。关中大儒李颙试图融道学于传统儒学之中,强调:"道学即儒学,非于儒学之外别有所谓道学也。"⑤流

① 全祖望:《梨洲先生神道碑文》,《全祖望集彙校集注》,上海古籍出版社2000年版,第214页。

② 钱谦益:《再答杜苍略书》,《钱牧斋全集》第6卷,上海古籍出版社2003年版,第1310页。

③ 汤斌:《徵君孙先生年谱》卷下,清康熙间刻本,第8页。

④ 汤斌:《徵君孙先生年谱》卷上,清康熙间刻本,第31页。

⑤ 李颙:《匡鳌答问》卷十四,《二曲集》,中华书局1996年版,第120页。

寓扬州的四川学者费密主张"专守古经,从实志道"①。他们都是企图超越程朱陆王的门户之争来扬弃宋明道学,即使是原先讲王学、后来又因政治原因而标榜尊朱的"理学名臣"李光地,亦明确主张"象山之说也与程朱之说相助"②,提倡"尊德性"与"道问学"的统一。但是,真正从哲学上总结和终结宋明道学的则是王夫之。他以"六经责我开生面"的气概,"希张横渠之正学","推故而别致其新",以同时代的学者无可企及的广度和深度,对宋明道学乃至整个中国古代哲学作了批判的总结,并由此建立起成熟形态的朴素唯物辩证法的理论体系,以其深刻而完备的理论思维方式,反映了时代精神的精华,逻辑地标志着宋明道学的终结。

傅山是清代子学研究的开创者。他继承和发扬了晚明兴起的"酷尚诸子"的风气,通过对诸子学说作精心研究和别出新解、"云雷鼓震"的阐发,来批判以诸子为异端、以儒学为正宗的所谓"千古之道统",体现出反对专制蒙昧、倡导学术思想多元化的新的时代精神。他对于"不许人瞒过"的理性精神的阐扬,对于"理"为"成物之文"的"本义"的揭示,对于公孙龙子《白马论》"作求才绎之"的崭新诠解,对于"尽情"、"复情"的人文觉醒的呼唤,以及对于"道本无封,言本无常"的真理发展辩证法的论述,等等,都无不是通过研究先秦诸子学说来加以阐发的。他的诸子学研究,于经、史之外另辟蹊径,不仅在清初具有"独树一帜新"的鲜明特征,而且对诸子学说在清代的复兴产生了深远的影响。

清初的科学思潮,是晚明科学思潮的继续。以方以智为代表,将晚明徐光启会通中西自然科学和对中国古代狭隘经验论方法的变革继续向前推进。方以智明确区分了"质测"、"宰理"与"通几",充分肯定了"质测"作为专门学科的独立性,将传统的以体验伦理异化的"天理"为目的的所谓"格物致知"改造、转化成为新兴质测之学的"即物以穷理",从而改变了自然科学作为道统的奴仆和婢女的依附地位,宣告了科学对道统的独立。他肯定西方自然科学的传入"补开辟所未有",为了推动西方自然科学的传播,他以带有"中源西流"论色彩的"以泰西为郯子"的说法,要求国人以孔子问礼

---

① 费密:《弘道书》卷中《圣门传道述》,《续修四库全书》第 946 册,上海古籍出版社 2002 年版,第 45 页。

② 李光地:《榕村集》卷一《观澜录》,《景印文渊阁四库全书》第 1324 册,台湾商务印书馆 1986 年版,第 806 页。

于东夷的郯子的谦虚态度去学习和接受西方的自然科学。他提倡科学的怀疑精神，主张以批判的态度去对待传统的"象数之学"；他反对狭隘经验论的传统思维方式和以揣测来代替科学探索的臆说，主张对自然现象要"深究其所自来"，"精求其故，积变以考之"。他探讨了"质测"与"通几"的关系，提出了"质测即藏通几，通几护质测之穷"的科学哲学观，认为哲学应以自然科学为基础；同时，哲学又可以不为自然科学的水平所局限，可以帮助克服各门经验科学的局限和片面性。王夫之高度评价方以智的质测之学，亦达到了"惟质测"能"即物以穷理"的科学认识。与此同时，黄宗羲、梅文鼎、刘献廷等一大批学者皆致力于新兴质测之学的研究，特别是天文历算的研究，他们既致力于会通中西自然科学，同时又注意明辨西方自然科学与古代东方神秘主义的区别，坚持"求故"、"明因"、"缘数以寻理"的科学方法，从而使中国自然科学（主要是天文历算之学）在清初出现了一个超迈往昔的蓬勃发展的局面。

思想的内在理路

清初学术在思想内容上是明中叶以后早期启蒙思潮的继承和发展，是思想的递进和认识的深化。但是，要肯定和论证这一点，我们首先就面临一个严峻的、不容回避的事实，即被我们称为"早期启蒙思潮代表人物"的王夫之、顾炎武等人，乃是同样被我们称为"早期启蒙思想家"的李贽的激烈批判者；李贽特重"私"，高高举起了个性解放的旗帜，而清初学者则特重"公"，而所谓"公"数千年来一直充当着皇权专制主义抽象类精神的代名词；无论是王夫之、顾炎武，还是清朝统治者，都把李贽看作是败坏晚明社会风气的罪魁祸首，王夫之、顾炎武对李贽的攻击谩骂似乎与满清统治者扭转晚明社会风气、重建伦理异化的社会秩序的祈向完全一致。——这一切，都是否认王夫之、顾炎武等人的思想具有启蒙意义的学者们十分热衷于谈论的。

于是，如果按照简单化的思维方式，既然李贽为早期启蒙学者，那么，痛骂李贽的王夫之、顾炎武等人就不仅不是早期启蒙学者，甚至是反启蒙的；既然李贽的思想是进步的，那么痛骂李贽的王夫之、顾炎武等人的思想就是一种倒退和反动。这种简单化的理解当然不能说明复杂的思想史。我们要看看王夫之、顾炎武等人为什么骂李贽,从何种观点立论来骂李贽,对具体问题作具体的分析。

王夫之说:

> 自古小人淹没宠利、不恤君亲者,即无所不至,未敢以其所为,公然标榜,与天理民彝相抗,其良心尚不尽亡也。自龙溪窃中峰之说,以贪嗔痴治戒定慧,惑世诬民。李贽益其邪焰,奖谯周、冯道而诋毁方正之士。时局中邪佞之尤者,依为安身之计。猖狂之言,正告天下而无复惭愧。①

这段话中的关键一句是"奖谯周、冯道而诋毁方正之士",这是王夫之尤为深恶痛绝的,为什么呢? 因为谯周、冯道都是历史上的"贰臣",而李贽则在《藏书》中为他们说话,亲眼目睹明末降官如毛、降将如潮的景况的王夫之,又怎能不痛骂李贽? 所以他说"李贽《藏书》为害尤烈"。② 王夫之又说:

> ……闻其(指李贽——引者注)说者,震其奇诡,歆其纤利,惊其决裂,利其呴呕,而人心以蛊,风俗以淫,彝伦以斁,廉耻以堕。若近世李贽、钟惺之流,导天下于邪淫,以酿中夏衣冠之祸,岂非逾于洪水,烈于猛兽者乎?③

这段话仍然是立足于"酿中夏衣冠之祸"的亡国哀痛来攻击李贽的。这亡国的哀痛使王夫之讲了许多情绪性的话,甚至对李贽的横遭迫害也一点不表同情,而认为是"刑戮之民",咎由自取;"其书抵今犹传,乌容不亟诛绝之耶!"④李贽的学说固然有片面强调"欲"而排斥"理"、片面强调"私"而排斥"公"等偏颇,这当然是冲决囚缚的时期所不可避免的不成熟之处,他生前也没想到在他去世数十年后会发生满清入主的剧变,王夫之骂他的话当然是说得太过头了。但这些骂李贽的话毕竟"情有可原",我们不能由此得出王夫之反启蒙的结论。

同样,顾炎武也批判左派王学,痛骂李贽。他说:

> 王尚书(世贞)发策,谓今之学者,偶有所窥,则欲尽废先儒之说而

① 王夫之:《搔首问》,《船山全书》第 12 册,岳麓书社 1992 年版,第 648 页。
② 王夫之:《俟解》,《船山全书》第 12 册,岳麓书社 1992 年版,第 478 页。
③ 王夫之:《读通鉴论》卷末《叙论》三,《船山全书》第 10 册,岳麓书社 1988 年版,第 1178 页。
④ 王夫之:《搔首问》,《船山全书》第 12 册,岳麓书社 1992 年版,第 636 页。

出其上;不学,则借一贯之言以文其陋;无行,则逃之性命之乡使人不可诘。此三言者,尽当日之情事矣! 故王门高弟为泰州(王艮)、龙溪(王畿)二人。泰州之学,一传而为颜山农(钧),再传而为罗近溪(汝芳)、赵大洲(贞吉)。龙溪之学,一传而为何心隐(本名梁汝元),再传而为李卓吾(贽),陶石篑(望龄)。若范武子论王弼何晏二人之罪深于桀纣,以为一世之患轻,历代之害重,自丧之恶小,迷众之罪大。[1]

顾炎武《日知录》卷十八又照录万历三十年礼科给事中张问达弹劾李贽的上疏,并且加了按语:

　　　　愚按:自古以来,小人之无忌惮,而敢于叛圣人者,莫甚于李贽。[2]

这些话,皆从道德风俗人心立论,不免使人怀疑顾炎武是一个维护伦理异化的人。然而,如果全面地看顾炎武的思想,却大不然。李贽讲"人必有私",顾炎武亦讲"私"乃人之常情,主张应该允许人民"自私自为"。顾炎武与李贽的真正区别在于:顾氏认为作为"士"不应该混同于一般民众,而应该像东汉"党锢之流,独行之辈"一样,"依仁蹈义,舍命不渝,风雨如晦,鸡鸣不已"[3];像北宋靖康之变以后的英雄豪杰一样,"以名节为高,廉耻相尚,……起而勤王,临难不屈";[4]这一切恰恰是李贽之所忽视的,他认为"天下尽市道之交",使一切崇高的道德行为皆失去了神圣的光彩,这当然不免要被亲身感受了亡国之痛的顾炎武一顿痛斥;骂得过火了,这是另外一回事。

　　就连黄宗羲的《明儒学案》也悄悄地回避了为李贽及其学说立案,这大概也是出于与王夫之、顾炎武大致相同的心态。

　　这是思想史的悲剧,使得为启蒙而洒热血的先驱者遭到了他的实际上的继承者的无情谩骂和摒斥。然而,只要冷静地审视一下顾、黄、王等清初学者的思想,就可发现,他们的思想中无不是扬弃地包含了李贽学说的合理因素。

　　在社会政治哲学方面,黄宗羲、顾炎武都以李贽的"人必有私论"作为

　　① 顾炎武:《日知录》卷十八《朱子晚年定论》,《日知录集释》,岳麓书社1994年版,第666页。

　　② 顾炎武:《日知录》卷十八《李贽》,《日知录集释》,岳麓书社1994年版,第667页。

　　③ 顾炎武:《日知录》卷十三《两汉风俗》,《日知录集释》,岳麓书社1994年版,第469页。

　　④ 顾炎武:《日知录》卷十三《宋世风俗》,《日知录集释》,岳麓书社1994年版,第472—473页。

其"公天下"的社会理想的逻辑起点。黄宗羲认为"有生之初,人各自私,人各自利",是专制君主剥夺了人们追求其正当利益的权利,因而"向使无君,人各得自私,各得自利"。他并且十分注意区别自己所讲的合众人之私的"公"与专制统治者所标榜的"公"的区别,指出专制统治者所谓的"公"实质上是"一己之私"。顾炎武肯定人民具有"自私自为"的权利,提出了"合天下之私以成天下之公"的深刻命题和"众治"的原则。王夫之"依人建极",从人的族类生存的自然权利出发,反对"以天下私一人",而主张"必循天下之公",他所讲的"公"显然也就是对天下人人皆得其正当之"私"的肯定,即他所讲的"公天下而私存"。因此顾、黄、王等清初早期启蒙学者所讲的"公"已经不是皇权专制主义的抽象类精神所谓"公",而是新时代的"公"了。

在理欲关系方面,清初学者提倡"公欲",从表面上看,他们提倡的"公欲"与李贽大讲"私欲"是对立的,其实不然。公欲首先是对人欲的肯定,"人欲非恶",从而与"存天理、灭人欲"的宋明道学相对立。其次,"公欲"又是建立在对每一个人皆得其欲的"私欲"的肯定的基础上的:"人欲之各得即天理之至正","人欲之大公即天理之大同。"最后,以"公欲"为"天理",这就改变了宋明道学所讲的"天理"的内涵,使敌视"人欲"的"天理"一变而为容纳"人欲"、肯定"人欲"的"天理";朱熹讲充饥是天理、要求美味即为人欲,而清初学者如王夫之等则认为追求美味、美色既是"人欲",也是"天理",从而从人与动物共有的食色行为中提升了人的尊严。这一切,既继承了李贽学说肯定人欲的合理因素,又考虑到社会的整体和谐的方面,而强调了使人人皆得其欲的"公欲"的必要性,因而又比李贽的学说更为成熟和深刻。

十、以人的"自然权利"为出发点的政治哲学

批判君主专制制度,是明清之交早期启蒙思想的时代最强音。它既是晚明东林党人政治改革思想的继承和发展,同时又将这一思想奠定在近代

式的人的"自然权利"的哲学基础之上,并且力图从社会政治哲学的层面来解决君与民、公与私、个体与类等哲学问题。黄宗羲的《明夷待访录》,十分明确地以人的自然权利为逻辑起点,层层推演,反复论证,以实现人的自然权利为归宿,堪称是 17 世纪中国的"民权宣言"。他在《明夷待访录》中所提出的许多观点,也同时存在于他的许多同时代人的思想中,唐甄、顾炎武、王夫之、刘献廷、吕留良,乃至康熙朝的"理学名臣"李光地,都或多或少地具有某些与黄宗羲相同的观点和思想倾向。

（一）17 世纪中国的"民权宣言"
——黄宗羲的《明夷待访录》

黄宗羲(1610—1695 年,明万历三十八年至清康熙三十四年),字太冲,号南雷,学者称梨洲先生,浙江余姚人,是王阳明的同里后学。其父黄尊素是东林名士,为阉党所害。宗羲十九岁就与诸生赴京为父申冤。阉党伏诛后,他隐然成为东林子弟的领袖,积极参加了复社活动,此间师事蕺山刘宗周。清军入关后,南京弘光政权仍大兴党狱,迫害持不同政见的东林子弟及复社人士,黄宗羲遭通缉而避难日本。弘光元年(1645 年),清军占领南京,黄宗羲回国起义兵守浙江抗清,失败后退守四明山寨,旋又随鲁王在舟山,图谋匡复,时常往来于舟山与内地之间,谋划抗清活动,备极艰险,自云"濒于十死":"悬书购余者二,名捕者一,守围城者一,以谋反告讦者二三,绝气沙墠者一昼夜,其他连染逻哨之所及,无岁无之。"①晚年归隐从事讲学和著述活动,设"证人讲会",讲蕺山之学。清政府诏征博学鸿儒,宗羲以死力拒。著有《明夷待访录》、《明儒学案》、《南雷文定》等著作。其《明夷待访录》(作于清康熙元年,即 1662 年),是明清之际最富于战斗的民主精神的启蒙著作。它既是一部最深刻、最尖锐地声讨和批判君主专制制度的檄文,也是一部设计中国未来民主政治的改革方案。

---

① 黄宗羲:《南雷余集·怪说》,《黄宗羲全集》第 11 册,浙江古籍出版社 2005 年版,第 70 页。

"向使无君,人各得自私,各得自利"

近世论黄宗羲政治思想者,或将其《明夷待访录》比拟为 17 世纪中国的《民约论》,但由于对这一观点缺乏充分的论证,尤其是没有将《明夷待访录》与西方近代民主政治学说的基本特征作具体的比较分析,所以不免有评价过高之嫌;或虽然肯定黄宗羲对君主专制的批判,但却认为"他并未找到新的出路","没有跳出以'明君,贤相,清官'来'平治天下'的模式","没有能进入近代的堂奥"等。其实,视《明夷待访录》为 17 世纪中国的《民约论》,并没有过高地估计它的意义和价值。

黄宗羲《明夷待访录》的逻辑起点和理论架构与近代民主政治理论极其相似。近代民主政治的逻辑起点是对于现实的人性和人的"自然权利"的直接肯认,犹如几何学公理是不证自明的一样,关于现实的人性和人的自然权利的原理在"人的重新发现"的时代也被看作是不证自明、不言而喻而具有绝对性和至上性的。以肯认现实的人性和尊重人的自然权利为逻辑起点,以建立一个合乎人性的民主社会为归宿,正是近代民主政治理论的根本特征。黄宗羲对君主专制制度的批判和对中国社会民主改革方案的设计,就是以肯认现实的人性和天下人皆有"各得自私,各得自利"的自然权利为逻辑起点的。《明夷待访录》一开始就指出:

> 有生之初,人各自私也,人各自利也,天下有公利而莫或兴之,有公害而莫或除之。有人者出,不以一己之利为利,而使天下受其利;不以一己之害为害,而使天下释其害。①

在黄宗羲看来,"各得自私,各得自利"本是人不可剥夺的自然权利,人们只是为了自身的生存和发展才组织起社会,建立起国家,所以君主或国家的责任仅在于"使天下受其利"和"使天下释其害"。所谓"天下之大公",亦不过是使普天下人皆"各得其私,各得其利"而已。然而,实际情况却是君主以天下为私产,成了"人各得自私,各得自利"的最大障碍和"天下之大害":

> 古者以天下为主,君为客,凡君之所毕世而经营者,为天下也;今也

---

① 黄宗羲:《明夷待访录·原君》,《黄宗羲全集》第 1 册,浙江古籍出版社 2005 年版,第 2 页。

以君为主，天下为客，凡天下之无地而得安宁者，为君也。是以其未得之也，屠毒天下之肝脑，离散天下之子女，以博我一人之产业，曾不惨然，曰"我固为子孙创业也"；其既得之也，敲剥天下之骨髓，离散天下之子女，以奉我一人之淫乐，视为当然，曰："此我产业之花息也。"然则为天下之大害者，君而已矣。①

黄宗羲进而痛斥专制统治者以虚伪的"公"来掩盖其一己之私利，痛斥"小儒"粉饰专制政治、助纣为虐的罪恶：

后之为人君者……以天下之利尽归于己，以天下之害尽归于人，……使天下之人，不敢自私，不敢自利，以我之大私为天下之大公。……视天下为莫大之产业，传之子孙，受享无穷……

今也天下之人怨恶其君，视之为寇仇，名之为独夫，固其所也。而小儒规规焉以君臣之义无所逃于天地之间，至桀纣之暴，犹谓汤、武不当诛之，……欲以如父如天之空名禁人之窥伺……②

黄宗羲揭露专制统治者所标榜的"天下之公"实为"一己之私"，同时把批判的矛头直指专制主义的"君臣之义"，揭露帝王"以如父如天之空名"来维护其专制统治的实质，肯定了人民奋起反抗君主专制统治的合理性。

在黄宗羲看来，帝王即使是为"私"计，也不应以天下为一己之私产。他说："一人之智力不能胜天下欲得之者之众，远者数世，近者及身，其血肉之崩溃，在其子孙矣。昔人愿世世无生帝王家，而毅宗（崇祯皇帝——引者注）之语公主，亦曰：'若何为生我家！'痛哉斯言！回思创业时，其欲得天下之心，有不废然摧沮者乎！是故明乎为君之职分，则唐虞之世，人人能让，许由、务光非绝尘也；不明乎为君之职分，则市井之间，人人可欲，许由、务光所以旷后世而不闻也。然君之职分难明，以俄顷淫乐不易无穷之悲，虽愚者亦明之矣。"③中国君主专制时代想当皇帝的人实在不少，连贩夫走卒，引车卖浆者流和乡间的土地主们都在做皇帝梦，《西游记》中的猴王宣称："皇帝轮

———————————

① 黄宗羲：《明夷待访录·原君》，《黄宗羲全集》第1册，浙江古籍出版社2005年版，第2—3页。

② 黄宗羲：《明夷待访录·原君》，《黄宗羲全集》第1册，浙江古籍出版社2005年版，第2—3页。

③ 黄宗羲：《明夷待访录·原君》，《黄宗羲全集》第1册，浙江古籍出版社2005年版，第3页。

流做，明年到我家"，所反映的就是这种许多人都想做皇帝的心理。之所以如此，在黄宗羲看来就在于君之职分不明，君以天下为一己之私产，因此就会产生那么多的"阿Q"式的革命者。这当然不是什么好事，折腾来折腾去，不过是演出了一场场争权夺利的轮回把戏而已。因此，以天下为一己之私的"君"的存在，实在是天下之大不幸，也是生在帝王家的人的大不幸。

那么真正的"天下之公"是什么呢？黄宗羲回答道：

> 向使无君，人各得自私也，人各得自利也。①

这才是真正的"天下之公"。为了实行这一真正的天下之公，就必须以真正为"公"的君代替以天下为一己之私产从而为天下之大害的"君"，而要做到这一点，就必须以"天下之法"代替并无合法性的"一家之法"，就必须重新厘定君臣关系以明君主的职分，就必须实行反映民意的"学校议政"，使政治跟着学术走而不是使学术跟着政治走。

以"天下之法"代"一家之法"

中国的传统政治是特权人治，其所谓"法"是特权者所制定、并为维护特权者的利益服务的。黄宗羲对此有痛切的认识：

> 后之人主，既得天下，唯恐其祚命之不长也，子孙之不能保有也，思患于未然以为之法；然则其所谓法者，一家之法，而非天下之法也。②
>
> 夫非法之法，前王不胜其利欲之私以创之，后王或不胜其利欲之私以坏之，坏之者固足以害天下，其创之者亦未始非害天下也。……论者谓有治人无治法，吾谓有治法而后有治人。③

在这段论述中，包含了对专制法制的根本否定，同时也提出了近代民主法治的根本指导原则，具有极其重要的意义。

第一，专制法制是维护特权者利益而并不具有合法性地位的"非法之

---

① 黄宗羲：《明夷待访录·原君》，《黄宗羲全集》第1册，浙江古籍出版社2005年版，第3页。

② 黄宗羲：《明夷待访录·原法》，《黄宗羲全集》第1册，浙江古籍出版社2005年版，第6页。

③ 黄宗羲：《明夷待访录·原法》，《黄宗羲全集》第1册，浙江古籍出版社2005年版，第7页。

法"。专制法制是帝王为了其利欲之私,并使其子孙永远享有特权而创立的,因此这种所谓"法"乃是一家之法,而非天下之法,说穿了,是"非法之法",并没有真正合法性;人们只是指责后世帝王为了一己之私欲破坏法制,殊不知前代帝王也是为了一己之私欲而建立起专制法制;人们只是指责后世帝王破坏法制对社会所造成的危害,却没有看到其法制的创建本身就是害天下的,其立法本身就是没有合法性的。如果引申一下,也就是说,人民不应该服从本身就是非法的专制法制的统治。

第二,也是最重要的一点,就是"有治法而后有治人",这从根本上来说,是对儒家"修身齐家治国平天下"的伦理政治理论的否定,是一个近代民主政治的命题。"有治人而无治法",是传统的儒家政治思想;"有治法而后有治人",是近代民主政治的法治思想。由古希腊城邦民主制发展而来的近代西方的民主政治思想,即奠基于此。依历史前进的逻辑来说,这二者的区别本质上是时代性的区别,是专制政治思想与民主政治思想的区别。

"天下为主君为客"

黄宗羲从"天下为主君为客"的观点出发,提出了一种新的君臣观。

首先,从君臣关系的起源来说。黄宗羲认为:"缘夫天下之大,非一人之所能治,而分治之以群工。故我之出而仕也,为天下,非为君也;为万民,非为一姓也。"①人民的利益高于一切,"天下之治乱,不在一姓之兴亡,而在万民之忧乐。""为臣者轻视斯民之水火,即能辅君而兴,从君而亡,其于臣道固未尝不背也。"后世人臣不明此义,是"宦官宫妾之心","私昵者之事"②。

其次,既然君臣皆为治天下而设,君臣关系就应该是一种平等的关系。他譬喻说:"治天下犹曳大木然,前者唱邪,后者唱许,君与臣,共曳木之人也。"既然臣与君同为天下万民服其劳,所以"臣之于君,名异而实同"③。

---

① 黄宗羲:《明夷待访录·原臣》,《黄宗羲全集》第 1 册,浙江古籍出版社 2005 年版,第 4 页。

② 黄宗羲:《明夷待访录·原臣》,《黄宗羲全集》第 1 册,浙江古籍出版社 2005 年版,第 5 页。

③ 黄宗羲:《明夷待访录·原臣》,《黄宗羲全集》第 1 册,浙江古籍出版社 2005 年版,第 5 页。

"官者,分身之君也。"①君臣之间的高低等级是相对的而不是绝对的。臣不仅不是"君之仆妾";相反,在臣作为"君之师友"的意义上,其地位比君更高。

再次,既然君臣本为治天下而设,就不应以父子关系比拟君臣关系,讲什么"移孝作忠"、"事君犹事父"等。在黄宗羲看来,父子血缘关系之不能更改是不言而喻的,但君臣则不然。"君臣之名,从天下而有之者也,吾无天下之责,则吾在君为路人。"②所以臣不与子并称。

从世界历史的进程来看。把血缘关系与政治关系分别看待,将血缘情感排斥于政治关系之外,乃是近代政治学说的一个显著特征;与此相反,中国传统社会的政治结构则是以家族血缘关系为联系纽带的,国家政治的原则乃是家族制原则的延伸,君臣父子夫妇之纲密不可分。由此看来,黄宗羲之所谓"臣不与子并称"的观点,不仅是对传统政治观念的一个重大突破,而且是中国政治思想史上破天荒地出现的一个具有划时代意义的近代命题。

黄宗羲这一新的君臣观,在晚清末年遭到顽固派的激烈攻击。李滋然《明夷待访录纠谬》认为黄宗羲所申说的君臣之义最为"离经畔道,贻误后学","宗羲因恶天下之君,而并欲天下无一臣,是亦后世之各结团体竞争权力,蔑视君王,监督政府之悖说所由仿也。"又说:"比君于天,比臣于地,天尊地卑,君尊臣卑。君为民所归往,臣事君主屈服,名分既殊,等级自别。载于经籍,述自圣人。宗羲乃谓君与臣名异而实同,是即后世逞逆谋者谓天下以民为主人,君与臣皆国民之代表之悖论也。""后世肆言欲废君臣之等级而归于平权,皆宗羲此言阶之厉也。"

"公是非于学校"

在黄宗羲设计的政治改革方案中,"学校"在政治运作中具有举足轻重的地位。黄宗羲特别推崇中国历史上的学生运动,如东汉太学生的清议、宋代太学生伏阙上书、明代东林书院将讲学与评议时政相结合等,认为知识分子乃是社会的良知,纠绳政治乃是学者的本分,"使当日之在朝廷者,以其

---

① 黄宗羲:《明夷待访录·置相》,《黄宗羲全集》第 1 册,浙江古籍出版社 2005 年版,第 8 页。

② 黄宗羲:《明夷待访录·原臣》,《黄宗羲全集》第 1 册,浙江古籍出版社 2005 年版,第 5 页。

所非是为非是,将见盗贼奸邪慑心于正气霜雪之下!"①为了使中国知识分子的这一优秀传统能够发扬光大,黄宗羲突破了以往士人议政仍囿于传统的"君臣之义"的局限性,极力主张使学校议政制度化为决定国是、对皇权和行政权力具有制约作用的民意机关和权力机构。他认为:

第一,学校不仅是培养人才的场所,更重要的,"必使治天下之具皆出于学校,而后设学校之意始备。"②学校不同于古代政教不分、官师合一的辟雍,它并不承担行政机构的职能,而起着决定国家大政方针的作用。

第二,学校议政是为了培养普遍的民主空气,以形成对皇权的制约力量:"盖使朝廷之上,间阎之细,渐摩濡染,莫不有诗书宽大之气,天子之所是未必是,天子之所非未必非。"③也就是说,通过学校议政,可以使上至朝廷命官,下至里巷平民,都逐渐地养成普遍的议论国家政治是非的社会风气,造就不以天子之是非为是非的独立人格。在这样的民主氛围之下,也就使得"天子亦遂不敢自为非是,而公其非是于学校"④,学校遂成为制约皇权、决定国是的民意机关。

第三,中央设太学,其权力与中央行政权相平行,太学祭酒的地位"与宰相等"。太学独立于行政权之外,而又发挥着监督行政权的作用,即使是皇帝也要服从。"每朔日,天子临幸太学,宰相、六卿、谏议皆从之。祭酒南面讲学,天子亦就弟子之列。政有缺失,祭酒直言无讳。"郡县亦设学官,"郡县朔望,大会一邑之缙绅士子,学官讲学,郡县官就弟子列,北面再拜""郡县官政事缺失,小则纠绳,大则伐鼓号于众"⑤。这样,反映民意的"学校"已俨然成为上至中央、下至地方的最高权力机关。它上不以天子之是非为是非,下不以地方官的是非为是非,天子和地方官都只是学校的"弟

① 黄宗羲:《明夷待访录·学校》,《黄宗羲全集》第1册,浙江古籍出版社2005年版,第11页。

② 黄宗羲:《明夷待访录·学校》,《黄宗羲全集》第1册,浙江古籍出版社2005年版,第10页。

③ 黄宗羲:《明夷待访录·学校》,《黄宗羲全集》第1册,浙江古籍出版社2005年版,第10页。

④ 黄宗羲:《明夷待访录·学校》,《黄宗羲全集》第1册,浙江古籍出版社2005年版,第10页。

⑤ 黄宗羲:《明夷待访录·学校》,《黄宗羲全集》第1册,浙江古籍出版社2005年版,第12页。

子",这就使行政权接受学校的监督制度化了。

第四,使政治跟着学术走。是政治指挥学术,还是学术指导政治,是专制政治与民主政治的根本区别之一。因而最使近代西方启蒙者感到不可思议的,就是在中国居然连学者也要服从皇帝的命令。然而,黄宗羲却主张"公是非于学校",以学校"所非是为非是",即不仅包含了改变天子决定天下是非的专制政体,使政治决策民主化的要求,而且还蕴涵着使政治决策跟着科学的学术研究走的强烈愿望。由于学校是传授知识、研究学术的机构,集中了各类专门人才,所以"公是非于学校",也就是希望将国家的大政方针交由硕学鸿儒和各方面的专家来讨论决定,这正是现代精英民主政治以学术指导政治的思想。精英民主与普遍的民主制原则并不矛盾,而是为了使民主决策科学化。如前所说,黄宗羲之主张学校议政,正是为了使平民们也能"渐摩濡染",祛除其奴性而培养其独立人格,激发其政治参与意识和义务感,而真正实现其"公天下"的政治理想。

(二)"各得自私自为"的"众治"论
——顾炎武论"三代之治"

顾炎武(1613—1682年,明万历四十一年至清康熙二十一年),初名绛,明亡后改名炎武,字宁人,学者称亭林先生,江苏昆山人。出身世家大族。其貌怪异,瞳子中白而边黑;性亦"怪异",与里中人多不合,唯与归庄相友善。青年时代便潜心经世之学,撰《天下郡国利病书》。清军下江南,他纠合同志起义兵守吴江。兵败后又与在舟山的鲁王联系,志图匡复。家中世仆向清军告密,他手刃内奸,被清军捕去,友人求助于原东林名士、为使南京城免遭涂炭而降清的钱谦益,钱谦益要他自称门生,他不从,但钱谦益仍营救他出了狱。南明隆武帝在福建,遥授他职方司主事。但隆武朝大学士黄道周被悍将郑芝龙排挤不得不离开朝廷募义兵抗清,兵败被杀,以及郑芝龙率所部降清,八闽望风瓦解的事实教训了他,他认定南方民气、地利皆不足以成事,于是乃瞩目华夏先民崛起之西北,弃家北游。沿途于苏北淮安、山东章丘、山西雁门关之北及五台之东,招募屯垦,交同志经理;同时一路观察山河关隘,直走到俯视天下、"有建瓴之势"的陕西,才认定这是一个作根据地的理想所在。他广结天下豪杰,在太原,与以"朱衣道人"为掩护进行反清活动的傅山过往甚密。他做这一切的目的,都在意图恢复。可惜天不假他以年,清王朝的统治亦日趋巩固,晚年的顾炎武亦只能像其他残明遗老一样,以死抗拒清廷"博学鸿儒"的征召。他晚年流寓京城,眼见明朝恢复无望,不时将火气倾泻到在朝廷做阔官的外甥徐乾学、徐元文兄弟们的头上。一次徐氏兄弟留他吃晚饭,他入座不久便要还寓,乾学等请终席张灯送归,他作色道:"世间惟有淫奔纳贿二者皆于夜行之,岂有正人君子而夜行者乎?"徐氏兄弟亦只好曲意随顺他。他怀着一腔孤愤,赍志而殁。他的主要著作有《日知录》、《天下郡国利病书》、《肇域志》、《菰中随笔》、《音学五书》等。

"治天下必自人道始"

顾炎武对黄宗羲的《明夷待访录》十分赞赏。他在给黄宗羲的信中说:"因出大著《待访录》读之再三,于是知天下未尝无人,百王之敝可以复起,而三代之盛可以徐还也。"又说:"炎武以管见为《日知录》一书,窃自幸其中所论,同于先生者十之六七。"①

与黄宗羲相一致,顾炎武的政治思想的逻辑起点是"自私"、"自为"的"人道"。他说:"圣人南面而治天下,必自人道始矣。"②这"人道"的具体内容就是客观存在着的现实的人性。他说:

> 人之有私,固情之所不能免矣。故先王弗为之禁,非惟弗禁,且从而恤之。……合天下之私,以成天下之公,此所以为王政也。……世之君子必曰有公而无私,此后代之美言,非先王之至训矣。③

> 天下之人各怀其家,各私其子,其常情也。为天子、为百姓之心,必不如其自为。……圣人者,因而用之,用天下之私,以成一人之公而天下治。④

---

① 顾炎武:《与黄太冲书》,《顾亭林诗文集》,中华书局1959年版,第238—239页。
② 顾炎武:《日知录》卷七《子张问十世》,《日知录集释》,岳麓书社1994年版,第235页。
③ 顾炎武:《日知录》卷三《言私其豵》,《日知录集释》,岳麓书社1994年版,第92页。
④ 顾炎武:《郡县论五》,《顾亭林诗文集》,中华书局1959年版,第14页。

这就是说,有"私"乃是人的常情,要老百姓破除其"私"而要达到天下大治,是不现实的;同样,以所谓"为百姓之心"去强行将天下人纳入专制政治统治的轨道,也不适合社会发展的需要;唯一可行的是按照人皆有私的"常情",让人民"自为"。这也就是圣人的"一人之公",——所谓"公",不过是"天下之私"的集合;使天下人各得自私、各得自利,各得因其私心而自为,这也就是"公"了。——这种思想,在经济上,是近代自由主义的经济理论的基础;在政治上,是近代由个体的自治而达于群体的自治的自由主义的政治理论的基础。

是什么使得人民不能"自为"呢?与黄宗羲一样,顾炎武把批判的矛头指向了君主专制,他反对专制统治者尽收天下之权而归之君主一人。他说:"古之圣人,以公心待天下之人,胙之土而分之国;今之君人者,尽四海之内为我郡县犹不足也,人人而疑之,事事而制之。"①他反对君主"肆于民上以自尊"、"厚取于民以自奉",借发挥"周室班爵禄之义"说:"班爵之意,天子与公侯伯子男一也,而非绝世之贵。……是故知天子一位之义,则不敢肆于民上以自尊;知禄以代耕之义,则不敢厚取于民以自奉。"②他认为皇帝并不是至高无上、绝对尊贵的,按爵禄而言,不过是比公侯高一级而已。在当时的历史条件下,他虽然不主张废除君主政体,但他明确表示反对君主独裁,提倡"众治"而反对"独治"。他说:"人君于天下,不能以独治也,独治之而刑繁矣,众治之而刑措矣。"③"独治"是皇帝一人肆于民上,滥用刑罚;"众治"则是"以天下之权,寄天下之人",使皇帝不能言出法随而肆其暴虐。

实行"众治"的三大对策

顾炎武提出了实行"众治"的三大对策:

第一,实行分权,即分天子之权。顾炎武说:"所谓天子者,执天下之大权者也。其执大权奈何?以天下之权,寄天下之人,而权乃归之天子。自公

① 顾炎武:《郡县论一》,《顾亭林诗文集》,中华书局1959年版,第12页。
② 顾炎武:《日知录》卷七《周室班爵禄》,《日知录集释》,岳麓书社1994年版,第257—258页。
③ 顾炎武:《日知录》卷六《爱百姓故刑罚中》,《日知录集释》,岳麓书社1994年版,第222页。

卿大夫至于百里之宰,一命之官,莫不分天子之权,以各治其事,而天子之权乃益尊。"①他主张"寓封建于郡县之中",扩大地方政府的权力,让郡县官掌握地方的军民财政等一切大权。这一主张是针对明王朝"将天下之权收之一人"的绝对君权而言的。他把实行分权、使君主不能"厚取于民以自奉"看作是实现他的富国之策的关键。他的富国之策用一句话来概括,就是"利尽山泽而不取诸民"。他认为"今天下之患,莫大于贫",要使人民的生活达到"小康"乃至"大富"的水平,就必须废除超经济强制式的干涉和剥夺,放权给地方和人民,使人民能够自私自为地从事经济活动:"省耕敛,教树畜,而田功之获,果蓏之收,六畜之孳,林木之茂,五年之中必当倍益。"②农业是如此,其余山泽之利,如采矿业等等,亦是如此,与其天子尽收采矿之利,不如让地方自营矿业。顾炎武总结说:"利尽山泽而不取诸民,故曰此富国之策也。"③他对此策十分自信,断言:"用吾之说,则五年而小康,十年而大富。"④

第二,为了体现"众治"的原则,应该实行按人口比例推选人才的选举法。顾炎武看到了科举制度的弊病,他在《生员论》中指出,天下生员不下五十万人,这些人在未登科第以前,勾结胥吏,武断乡曲,包揽词讼;一登科第,即攀援声气,依傍门户,结成一股"朋比胶固、牢不可解"的官僚特权势力;如果说他们除了作八股文以邀取功名之外就没有什么用世的真才实学的话,那么这批人在以权谋私方面则是极为能干的。因此,通过科举选拔人才没有也不可能体现"众治"的原则。有鉴于此,顾炎武力主废除科举制度,而实行按人口比例推选人才的选举制度。这种选举制度是具有普选性质的,所谓"天下之人,无问其生员与否,皆得举而荐之于朝廷"⑤,即近乎是说,凡公民皆有选举权和被选举权。

第三,为了体现"众治"的原则,还必须确认人民有"不治而议论"的言论自由权利。众所周知,在专制政治下,政治问题是不可以自由讨论的,也不允许人民有议论政治的自由。而顾炎武则把有无言论自由上升到关系国

① 顾炎武:《日知录》卷九《守令》,《日知录集释》,岳麓书社1994年版,第327页。
② 顾炎武:《郡县论六》,《顾亭林诗文集》,中华书局1959年版,第15页。
③ 顾炎武:《郡县论六》,《顾亭林诗文集》,中华书局1959年版,第15页。
④ 顾炎武:《郡县论六》,《顾亭林诗文集》,中华书局1959年版,第15页。
⑤ 顾炎武:《生员论下》,《顾亭林诗文集》,中华书局1959年版,第24页。

家治乱兴亡的高度来认识，所以他特重"清议"，认为透过"清议"可以知政治得失及人才邪正，从而可以使政治清明，并避免社会的动乱。孔子说的"天下有道，则庶人不议"，本来是一个带有原始氏族民主制遗风的命题，但这句话却常被专制统治者加以歪曲来作为反对庶民议政的口实：你若要议政，就是恶毒攻击天下无道。而顾炎武则恢复了孔子这句话的本意并加以发挥，他说："'天下有道，则庶人不议'，然则政教风俗苟非尽善，即许庶人之议矣。"①除了极其昏妄的君主外，谁能说政治"尽善"呢？因此，"庶人之议"是必须存在的。

当然，顾炎武虽然提出了"众治"的原则以及实行这一原则所必需的"分权"、"选举"和"清议"三大要素，但是，从顾炎武思想的全体看，与其说他倾向于民主，毋宁说他更倾向于从帝王的绝对专制向完全的近代式民主过渡的一种中间的政治形式，即贵族政治的形式。他主张削弱君主权力，实行郡县守令世袭制，并予以辟官、莅政、理财、治兵的权力。他以为通过这样的形式，就可以使郡县守令像管理家事那样尽其责任；同时，在这样一个相对独立的经济实体中，人民的自私自为也会得到可靠的保证。这种主张当然是幼稚的，但我们不能简单地说它是一种"倒退"的主张，直到 19 世纪初，英国的古典政治经济学家在探讨东方社会的出路时，也曾提出过类似的设想，并将其看作是从"东方专制主义"政体过渡到近代民主的中间环节。尽管顾炎武的设想在大一统的中国并无实现的现实可能性，但却反映了早期市民阶层摆脱集权政治的超经济强制的控制，在相对自由的小邦中以求自身发展的愿望。

（三）"顺天下之意"的"抑尊"说
——唐甄的政治哲学

唐甄（1630—1704 年，明崇祯三年至清康熙四十三年），原名大陶，字铸万，后更名甄，别号圃亭，四川达州人。他出身于官僚地主的书香门第，八岁起随父唐阶泰出川，先后宦居江苏吴江及江西、北京、南京等地。清军攻占

---

① 顾炎武：《日知录》卷十九《直言》，《日知录集释》，岳麓书社 1994 年版，第 678 页。

南京后,随父避居浙江山阴和新昌,后又还居吴江。顺治十四年(1657年),回川应试,于阆中考中举人。又经吏部考试,分发山西,当过十个月的长子县知县,因与上司意见不合而被革职。后定居苏州府城,变卖田地经营商业,经商失败后又去为牙,充当货物买卖的经纪人,最后牙行倒闭,尽丧其资,靠设馆授徒维持生活。史载唐甄当此穷厄之际,衣败絮,陶陶然著书不辍,曰:"君子当厄,正为学用力之时;穷厄生死,外也,小也。岂可求诸外而忘其内,顾其小而遗其大哉!"(《清史列传·唐甄传》)所著《潜书》九十七篇,历时三十年写成,是一部集中反映其政治思想和学术思想的重要著作。该书初名《衡书》,示志在权衡天下。后以连蹇不遇,更名《潜书》。此外,唐甄还著有《毛诗传笺合义》、《春秋述传》、《潜文》、《潜诗》、《日记》等。

"自秦以来,凡为帝王皆贼也"

唐甄的政治哲学的逻辑起点亦是一种自然人性论和人的自然权利论。他说:"天地之大,其道惟人;生人虽多,其本惟心;人心虽异,其用惟情;虽有顺逆刚柔之不同,其为情则一也。"[1]"凡兹庶民,……亦为求其所乐,避其所苦。"[2]人人皆有其不可剥夺的生命和财产权,人人亦有其平等的满足其欲求、追求幸福的权利,因此,治天下者必须"因人情之相尚","养天下之耳","养天下之目"、"养天下之口","养天下之体","养天下之心","苟达其情,无不可为"[3];人人亦皆有其表达思想和言论的权利:"士议于学,庶人谤于道,皆谏官也。"[4]

从人的生存权和财产权不可剥夺的观点出发,唐甄对几千年来牢不可破的君主"受命于天"、"君权神授"的中古政治哲学的荒谬观点作出了深刻的批判,揭示了君主通过杀人抢劫而得天下的历史真相,破天荒地得出了"自秦以来,凡为帝王者皆贼也"的结论。他说:

> 杀一人而取其匹布斗粟,犹谓之贼;杀天下之人而尽有其布粟之富,而反不谓之贼乎!三代以后,有天下之善者莫如汉。然高帝屠城

---

① 唐甄:《潜书·尚治》,《潜书注》,四川人民出版社1984年版,第304—305页。
② 唐甄:《潜书·柅政》,《潜书注》,四川人民出版社1984年版,第433页。
③ 唐甄:《潜书·尚治》,《潜书注》,四川人民出版社1984年版,第301—304页。
④ 唐甄:《潜书·省官》,《潜书注》,四川人民出版社1984年版,第387页。

阳,屠颍阳;光武帝屠城三百。①

　　大将杀人,非大将杀之,天子实杀之;偏将杀人,非偏将杀之,天子实杀之;卒伍杀人,非卒伍杀之,天子实杀之;官吏杀人,非官吏杀之,天子实杀之。杀人者众手,实天子为之大手。天下既定,非攻非战,百姓死于兵与因兵而死者十五六。②

在唐甄看来,抢得天下而登上皇位的人都是些灭绝人性、杀人如麻的盗贼,帝王的宫殿正是建立在人民的累累白骨之上的。天下既定,人民"暴骨未收,哭声未绝,目眦未干",而屠杀人民的元凶却登上了皇位,"服衮冕,乘法驾,坐前殿,受朝贺";同时,"高宫室,广苑囿,以贵其妻妾,以肥其子孙"。唐甄愤怒地责问道:"彼诚何心,而忍享之!"③在这里,唐甄揭穿了所谓"君权神授"、"天子受命于天"的谎言,将专制帝王作为窃国大盗、独夫民贼的本来面目大白于天下。

"乱天下惟君"

　　君主既得天下,但君主专制又何尝能够"因人情之相尚""顺天下之意"以治天下,非但不能顺天下之意,简直是完全不把人当人看;而一切社会动乱之所以发生,都是专制政治不把人当人所导致:

　　世多明达之才,但见圣人正天下之法,不识圣人顺天下之意。沮于时势之难行,习于刑法之苟安,举天下之民,絷之,策之,如牛马然。民失其情,诈伪日生,文饰日盛,嗜欲日纵。于是富贵之望胜,财贿之谋锐,廉耻之心亡,要约之意轻,攘窃之计巧,争斗之气猛。六邪易性,非贤,师奸,比离,闲决,不可以安,不可以动。安则为奸,动则为寇,此天下之乱所以相继而不已也。④

唐甄十分明确地认为,导致社会动乱的罪责在君主,导致亡国之祸的罪责也在君主:

　　川流溃决,必问为防之人;比户延烧,必罪失火之主。至于破家亡

---

① 唐甄:《潜书·室语》,《潜书注》,四川人民出版社1984年版,第530页。
② 唐甄:《潜书·室语》,《潜书注》,四川人民出版社1984年版,第530—531页。
③ 唐甄:《潜书·室语》,《潜书注》,四川人民出版社1984年版,第531页。
④ 唐甄:《潜书·室语》,《潜书注》,四川人民出版社1984年版,第304页。

国，流毒无穷，孰为之而孰主之？非君其谁乎！世之腐儒，拘于君臣之
分，溺于忠孝之论，厚责其臣而薄责其君。彼乌知天下之治，非臣能治
之也；天下之乱，非臣能乱之也。①

治天下者惟君，乱天下者惟君。治乱非他人所能为也，君也。小人
乱天下，用小人者谁也？女子、寺人乱天下，宠女子、寺人者谁也？奸雄
盗贼乱天下，致奸雄盗贼之乱者谁也？②

他认为明朝之所以灭亡，罪责在崇祯皇帝。这一观点超出了明末清初许多
人的认识水平。李自成的檄文称"君非甚闇，孤立而炀蔽恒多；臣尽行私，
比党而公忠绝少"，他也是只反贪官而不反皇帝的；直至辛亥革命时期，革
命军进城时还白盔白甲地为崇祯皇帝吊孝呢。因为唐甄骂皇帝，特别是将
崇祯皇帝亦斥为"独夫"，同唐甄有过几十年交往的王源亦因此而与他"划
清界限"，说什么："其所著《潜书》中盛毁烈皇，暗目为独夫，似与从贼之徒
相倡和者。……又谓亡国之罪，在君不在臣，以为罪在臣者，皆溺于忠孝之
言也。种种悖谬，真不可解。"③直到唐甄去世几年后，王源还拒绝给他写墓
志。然而，这一切恰恰证明了唐甄的胆识过人之处。与18世纪的多数法国启
蒙学者一样，唐甄并没有设想出一个没有皇帝的社会，而是主张实行一种限
制君主权力，提倡君民平等，改革官僚体制，确认言论自由的开明专制政体。

"抑　尊"

为了限制君主权力，唐甄提出了"抑尊"的主张，即要求抑制君主的至高
无上的尊严。他认为，国君与臣僚和民众之间的尊卑等级的日益扩大，是导
致"贤人退，治道远"和国家衰亡的根本原因。尊卑等级的存在，使得"为上易
骄，为下易谀，君日益尊，臣日益卑"，乃至"人君之贱视其臣民，如犬马虫蚁之
不类我"，国君"势尊自蔽"，既"瞽于官"，又"聋于民"，不仅脱离了他赖以治
天下的公卿百官，更完全脱离了民众，又怎能分辨是非善恶，又怎能不亡国！

唐甄描绘帝王的"势尊"和公卿大臣在皇帝面前的奴才地位，以及这种

---

① 唐甄：《潜书·远谏》，《潜书注》，四川人民出版社1984年版，第362页。
② 唐甄：《潜书·鲜君》，《潜书注》，四川人民出版社1984年版，第206页。
③ 王源：《居业堂文集》卷十《书唐铸万〈潜书〉后》，《潜书注》，四川人民出版社1984年
版，第570页。

不平等关系的危害，说得十分生动："人君之尊，如在天上，与帝同体。公卿大臣，罕得进见；变色失容，不敢仰视；跪拜应对，不得比于严家之仆隶。于斯之时，虽有善鸣者，不得闻于九天；虽有善烛者，不得照于九渊。臣日益疏，智日益蔽，伊尹、傅说不能诲，龙逢、比干不能谏，而国亡矣。"①

为了抑制帝王的尊严和威权，唐甄极力主张君臣平等乃至君民平等，他说：

> 天子之尊，非天帝大神也，皆人也。是以尧舜之为君，茅茨不翦，饭以土簋，饮以土杯。虽贵为天子，制御海内，其甘菲食，暖粗衣，就好辟恶，无异于野处也，无不与民同情也。②

> 位在十人之上者，必处十人之下；位在百人之上者，必处百人之下；位在天下之上者，必处天下之下。古之贤君，不必大臣，匹夫匹妇皆不敢凌；不必师傅，郎官博士皆可受教；不必圣贤，闾里父兄皆可访治。③

唐甄认为，在一个等级森严，使人不敢讲真话的政治体制中，好人会变成坏人；相反，在一个君臣平等、君民平等、人人可讲真话的政治体制中，坏人也会变成好人：

> 尊贤之朝，虽有佞人，化为直臣；虽有奸人，化为良臣，何贤才之不尽，何治道之不闻！是故殿陛九仞，非尊也；四译来朝，非荣也。海唯能下，故川泽之水归之；人君唯能下，故天下之善归之，是乃所以为尊也。④

唐甄的以上论述，敏锐地洞见到了君主专制政体的主要弊病，包含了改革君主专制政体的初步民主要求。直到戊戌维新时期，康有为在论述君臣之间和君民之间因地位悬绝所造成的危害时，仍然使用着与当年唐甄的论述差不多相同的语言。

"天下难治，非民也，官也"

唐甄对专制官僚政治的腐朽性亦有痛切的认识，他认为专制官僚政治

---

① 唐甄：《潜书·抑尊》，《潜书注》，四川人民出版社 1984 年版，第 212—213 页。
② 唐甄：《潜书·抑尊》，《潜书注》，四川人民出版社 1984 年版，第 211—212 页。
③ 唐甄：《潜书·抑尊》，《潜书注》，四川人民出版社 1984 年版，第 214 页。
④ 唐甄：《潜书·抑尊》，《潜书注》，四川人民出版社 1984 年版，第 214 页。

具有以下弊病:

一是"见政不见民"。他说:"为政者多,知政者寡。政在兵,则见以为固边疆;政在食,则见以为充府库;政在度,则见以为尊朝廷;政在赏罚,则见以为叙官职。四政之立,盖非所见。见止于斯,虽善为政,卒之不固,不充,不尊,不叙,政日以坏,势日以削,国随以亡。国无民,岂有四政!封疆,民固之;府库,民充之;朝廷,民尊之;官职,民养之,奈何见政不见民也!"①他认为官僚们心不在民,是造成国势衰弱,以致亡国的根本原因之一。

二是上下隔绝不通,相欺相蒙。他指出"朝廷所寄予牧民之任者,大官小官,自内至外",都是些"但知仕宦,不知道义"②的人。"上以文责下,下以文蒙上,纷纷然移文积于公府,文示交于路衢。始焉羽逝,既而景灭,卒不知其纷纷者何为也。如是千万职,外塞九州,内塞五门,君臣上下,隔绝不通。虽有仁明之君,欲行尧舜之政,其何所藉以达于天下乎!"③"虽有仁政,百姓耳闻之而未尝身受之。"④

三是官僚的贪污和凭借权力所实施的在国家赋税以外的敲诈勒索。唐甄认为,这种对人民的残害远比寇盗更为残酷。由于唐甄身在社会下层,目睹并亲身体验过下层民众的生活,所以对这一点有特别深切的认识。他说:"虐取者谁乎?天下之大害莫如贪,盖十百于重赋焉。……彼为吏者,星列于天下,日夜猎人之财,所获既多,则有陵己者负箧而去。既亡于上,复取于下,转亡,转取,如填壑谷,不可满也。夫盗不尽人,寇不尽世,而民之毒于贪吏者,无所逃于天地之间。是以数十年以来,富室空虚,中产沦亡,穷民无所为赖,妻去其夫,子离其父,常叹其生之不犬马若也。"⑤

根据以上论述,唐甄认为,天下难治在于官难治。他驳斥了专制统治者关于天下难治在于民难治的论调,提出了"治民必先治官"的主张。他说:"天下难治,人皆以为民难治也,不知难治者,非民也,官也。凡兹庶民,苟非乱人,亦唯求其所乐,避其所苦,曷尝好犯上法以与上为难哉!论政者不察所由,以为法令之不利于行者,皆梏于民之不良,释官而罪民,此所以难与

---

① 唐甄:《潜书·明鉴》,《潜书注》,四川人民出版社1984年版,第315—316页。
② 唐甄:《潜书·柅政》,《潜书注》,四川人民出版社1984年版,第434页。
③ 唐甄:《潜书·柅政》,《潜书注》,四川人民出版社1984年版,第434—435页。
④ 唐甄:《潜书·柅政》,《潜书注》,四川人民出版社1984年版,第434页。
⑤ 唐甄:《潜书·富民》,《潜书注》,四川人民出版社1984年版,第311—312页。

言治也。"①"然则治民先治官乎!"②

如何治官呢? 他提出了两点主张:

一是通过行政改革裁减官员,借以提高官员的俸禄,使其不必贪。他说:"官多,则禄不得不薄;禄薄,则侵上而虐下,为盗臣,为民贼。故养民之道,必以省官为先务焉。"③这是针对明清时代官僚队伍膨胀,朝廷对各级官僚实行低薪制所提出的改革主张。

二是把国家的法律由治民为先改变成以治官为先,使官僚不敢贪污,不敢对人民进行敲诈勒索。他说:"善为政者,刑先于贵,后于贱;重于贵,轻于贱;密于贵,疏于贱;决于贵,假(宽容)于贱,则刑约而能威。反是,则贵必市贱,贱必附贵。是刑者,交相为利之物也,法安得行,民安得被其泽乎! ……刑不可为治也,而亦有时乎为之者,以刑狐鼠之官,以刑豺狼之官,而重以刑匿狐鼠养豺狼之官。"④唐甄提出这一主张的真正目的,是主张法律面前人人平等。

"士议于学,庶人谤于道"

向君主专制争取言论自由,是明清之际早期启蒙者为限制君权、争取实行有限的民主改革的一个重要内容。有了言论自由,未必会有一切;但是,没有言论自由,也就绝对没有一切。所以,早期启蒙者几乎无一不把言论自由作为最迫切的要求而提出,并把它提到关系国家兴亡的高度来认识。唐甄也不例外,他说:"直言者,国之良药也;直言之臣,国之良医也。除肤疡,不除症结者,其人必死;称君圣,谪百官过者,其国必亡。所贵乎直臣者,其上,攻君之过;其次,攻宫闱之过。其下焉者,攻帝族,攻后族,攻宠贵,是疡医也;君何赖乎有此直臣,臣何贵乎有此直名! 是故国有直臣,百官有司莫不畏之;畏之,自天子始。"⑤一句话,要使天子以至百官懂得害怕"直臣"的议论。唐甄还强调,言论自由不仅是谏官的自由,而且是包括上至六卿,下

---

① 唐甄:《潜书·梐政》,《潜书注》,四川人民出版社1984年版,第433页。
② 唐甄:《潜书·梐政》,《潜书注》,四川人民出版社1984年版,第435页。
③ 唐甄:《潜书·省官》,《潜书注》,四川人民出版社1984年版,第385页。
④ 唐甄:《潜书·权实》,《潜书注》,四川人民出版社1984年版,第339页。
⑤ 唐甄:《潜书·抑尊》,《潜书注》,四川人民出版社1984年版,第213页。

至士子、百工、庶民在内的一切人的言论自由："六卿六贰进讲陈戒,师箴,瞍诵,百工谏,士议于学,庶人谤于道,皆谏官也。天子特不纳谏尔,苟能纳谏,何患直言之不闻?"①当然,唐甄还只是把舆论监督的功能寄托在皇帝能够"纳谏"上,并没有像黄宗羲那样公然提出由"学校"来决定大政方针,更没有提出言论自由的法律保障问题,这又是他的局限性之所在。

（四）"必循天下之公"的"自畛其类"说
——王夫之的政治哲学

　　王夫之(1619—1692 年,明万历四十七年至清康熙三十一年),字而农,号薑斋,湖南衡阳人。因晚年隐居于湘西之石船山,学者称他为船山先生。21 岁组织"匡社",参加明末知识分子党社运动。24 岁中湖广乡试举人。清军进入湖南时,他在衡山起兵抗清,失败后走桂林,由大学士瞿式耜荐于永历帝,授行人司行人。当时永历帝在肇庆,王化澄当国,政治极其黑暗,给谏金堡等五人志在振刷,不为王化澄所容,被逮捕下狱,行将杀害。王夫之仗义直言,三次上疏弹劾王化澄,险遭其诬害,幸有前农民军将领高必正慕义营救,使他逃去桂林瞿式耜麾下。不久因母病返湖南。瞿式耜壮烈殉国后,夫之遂不复出。为抵抗清廷的薙发令,夫之伏处瑶人之中,过着流亡生活。晚年才在湘西石船山营草堂定居。夫之治学,以"六经责我开生面"自许,"希张横渠之正学",志在"推故而别致其新",一生著述宏富。主要著作有《张子正蒙注》、《周易外传》、《尚书引义》、《诗广传》、《读四书大全说》、《思问录》、《读通鉴论》、《宋论》、《黄书》、《噩梦》等。

论立君的目的

　　王夫之的政治哲学,"因人建极"。所谓"因人建极",包括多重含义,但首先是指人的生存的自然权利。华夏大地是中国人生存的家园,人们生于斯,长于斯,劳作于斯,歌舞于斯,生息繁衍于斯,这种自然权利不依赖于

_____

①　唐甄:《潜书·省官》,《潜书注》,四川人民出版社 1984 年版,第 387 页。

"王者",不以"改姓受命"为转移:

> 若土,则非王者之所得私也。天地之间,有土而人生其上,因资以养焉。有其力者治其地,故改姓受命而民自有其恒畴,不待王者之授之。①

然而,这自然自在地生存着的人们为什么要建立起国家、为什么要有"君长"呢? 王夫之的回答说,为了"自畛其类":"人不自畛以绝物,则天维裂矣;华夏不自畛以绝夷,则地维裂矣;天地制人以畛,人不能自畛以绝其党,则人维裂矣。"所以,"圣人审物之皆然而自畛其类,尸天下而为之君长",以"保其族"、"卫其类"②。也就是说,人类只是为了自身的生存和发展才建立起国家,以维护自身的具有一定文明的族类生活;对于中国人来说,也就是要维护和发展其作为"文化中国"而存在的族类生活,使之不为落后民族所侵扰和破坏。这一观点与西方近代自然法学派的学说有近似之处,所不同的是,由于以清代明所导致的民族压迫,王夫之所侧重的是人的族类生存的自然权利。

从人的族类生存的自然权利出发,王夫之认为民族大义高于君臣之义,使以往被看作是至高无上的君臣之义退居次要的地位。王夫之强调:"不以一时之君臣,废古今夷夏之通义。"③由于民族大义是第一位的,所以王夫之以能否"保其族"、"卫其类"作为衡量政治好坏的标准。

"不以天下私一人"

总结宋亡于元、明亡于清的历史教训,王夫之亦认为专制帝王将天下之权收之一己是导致汉民族不能自固其族类的重要原因之一。所以他强烈地批判专制帝王之"私天下",而主张"公天下"。他揭露专制帝王视天下为一己之私产,"以一人疑天下",使得地方政府没有任何实权,加以上上下下关节横生,互相掣肘,造成"形隔势碍,推委以积其坏"④,一旦外族入侵,根本就不能组织有效的抵抗。他还揭露专制帝王不择手段地聚敛私财,却不肯拿出来作国家的财政开支:

① 王夫之:《噩梦》,《船山全书》第12册,岳麓书社1992年版,第551页。
② 王夫之:《黄书·原极第一》,《船山全书》第12册,岳麓书社1992年版,第501页。
③ 王夫之:《读通鉴论》卷十四,《船山全书》第10册,岳麓书社1988年版,第536页。
④ 王夫之:《黄书·宰制第三》,《船山全书》第12册,岳麓书社1992年版,第509页。

有天下者而有私财,则国患贫以迄于败亡,锢其心,延及其子孙,业业然守之以为固,而官天地、府万物之大用,皆若与己不相亲,而任其盈虚。鹿桥、钜台之愚,后世开创之英君,皆习以为常,而贻谋不靖,非仅生长深宫、习阉人污陋者之过也。灭人之国,入其都,彼之帑皆我帑也,则据之以为天子之私。……奢者因之以侈其嗜欲,吝者因之以卑其志趣,赫然若上天之宝命,祖宗之世守,在此怀握之金赀而已矣。祸切剥床,而求民不已,以自保其私。垂至其亡,而为盗资,夫亦何乐而有此哉!①

李自成攻下北京后,皇帝私人的府库中尚有白银数百万两,明末国库空虚,无钱赈济各地饥民,崇祯皇帝却不肯拿钱出来赈灾救荒,弄得灾民们起来造反,关外的清也趁火打劫,使社会生产力遭到严重破坏,说到底都是"私天下"的专制帝王的罪过。王夫之揭露"有天下者而有私财",是极有针对性的。

与专制主义的"私天下"相对立,王夫之鲜明地提出了"公天下"的主张。他说:"以天下论者,必循天下之公,天下非夷狄盗逆之所可尸,而抑非一姓之私也。"②所谓"公天下",主要是指中央与地方分权而治。他认为"上统之则乱,分统之则治","上侵焉而下移,则大乱之道也。"理由即在于君主高居于上,"智之不及察,才之不及理"③,因此,必须扩大地方政府的权力,"分兵民而专其治"④,特别是要扩大县一级政府的权力,"唯县令之卑也而近于民,可以达民之甘苦而悉其情伪。"郡守的责任仅在于"察令之贪廉敏拙而督以成功",州牧刺史的责任仅在于"察守之张弛宽猛而节其行政","故天子之令不行于郡,州牧刺史之令不行于县,郡守之令不行于民,此之谓一统"。否则,天下之权尽归天子一人,"以天子下统乎天下,则天下乱。"⑤王夫之声称,他提出这一主张的目的,主要是为了防止"暴君污吏恒下求以迫应其所欲"而导致"懦民益困而国必亡"的结果。这一主张,从表面上看似乎仍是为了维护传统的社会制度,但在实质上则具有削弱中央

---

① 王夫之:《读通鉴论》卷二,《船山全书》第 10 册,岳麓书社 1988 年版,第 76 页。
② 王夫之:《读通鉴论》卷末,《船山全书》第 10 册,岳麓书社 1988 年版,第 1177 页。
③ 王夫之:《读通鉴论》卷十六,《船山全书》第 10 册,岳麓书社 1988 年版,第 599—600 页。
④ 王夫之:《黄书·宰制第三》,《船山全书》第 12 册,岳麓书社 1992 年版,第 508 页。
⑤ 王夫之:《读通鉴论》卷十六,《船山全书》第 10 册,岳麓书社 1988 年版,第 600 页。

集权的君主专制政体,特别是取消帝王和州牧刺史以至郡守向下越级对人民横征暴敛的超经济强制的进步意义。

　　为了固其族类而反对绝对君权的"私天下",倡导分权而治的"公天下",是王夫之政治哲学的核心,但在王夫之看来,"公"与"私"的关系也是辩证的。秦废封建而立郡县,是顺应时代的要求,"以私天下之心而成天下之大公",但随着时代的推移,高度集权的绝对君权已不适应民族生存的需要了,因而夫之斥秦为"孤秦",要"濯秦愚";宋以专制集权而亡于蒙古,因而夫之斥宋为"陋宋",要"刷宋耻";到如今,实行分权的地方自治已是势在必行,如果当皇帝的"圣人"仍想维护其统治天下之"私",就必须实行分权而治的"公天下":"天地之产,聪明材勇,物力丰犀,势足资中区而给其卫。圣人官府之,公天下而私存,因天下用而用天下,故曰'天无私覆,地无私载,王者无私以一人治天下',此之谓也。今欲宰制之,莫若分兵民而专其治,散列藩辅而制其用。"①专一己之私而私亦亡,无私而公天下则私亦存。这是王夫之为了实现其"公天下"的理想而向他所期待的后世"王者"说教呢。但夫之的本意决不是要维护帝王之"私",更不是为帝王家谋子孙万世之计,而是为了民族的生存和振兴:帝王之位"可禅,可继,可革",而唯独"不可使夷类间之"!② 他在《黄书·宰制》篇末明确地表达了他的"公天下"以求"固其族类"的理想:

　　　　是故中国财足自亿也,兵足自强也,智足自名也。不以一人疑天下,不以天下私一人,休养厉精,士佻粟积,取威万方,濯秦愚,刷宋耻,此以保延千祀,博衣、弁带、仁育、义植之士盯,足以固其族而无忧矣!③

(五)吕留良、刘献廷论"天下之公"

论"公"与"私"、"君"与"臣"

　　吕留良(1629—1683 年,明崇祯二年至清康熙二十二年),字用晦,号晚

---

① 王夫之:《黄书·宰制第三》,《船山全书》第 12 册,岳麓书社 1992 年版,第 508 页。
② 王夫之:《黄书·原极第一》,《船山全书》第 12 册,岳麓书社 1992 年版,第 503 页。
③ 王夫之:《黄书·宰制第三》,《船山全书》第 12 册,岳麓书社 1992 年版,第 519 页。

村,浙江嘉兴人。顺治年间因应清朝科考为诸生,被当时江南清议所非。后受黄宗羲思想影响,服膺其"华夷大防之义",故康熙五年(1666年)避不应试,并从此过隐居生活。"其议论无所发泄,以寄之于时文评语,大声疾呼,不顾世所讳忌。穷乡晚进有志之士,闻而兴起者甚众。"(《年谱》)康熙十九年(1680年),又拒清廷山林隐逸之征。年五十五而卒。所著述评选之书近五十种,大半列入《清代禁书总目》,幸存者仅有《吕晚村文集》八卷,《吕晚村续集》四卷,《四书讲义》四十三卷(门人陈鏦编)。

吕留良思想的基调是民族大义高于君臣伦理。他解释孔子所谓"微管仲,吾其披发左衽矣"一句时发挥道:"看微管仲句,一部《春秋》大义,尤有大于君臣之伦,为域中第一事者。"①这大于君臣之伦的第一事就是民族大义。然而,为什么二千年来此义不明呢? 吕留良将罪责归之于君主专制和陋儒之曲学,由此而展开了其政治哲学关于"公"与"私"的论说。

他激烈地抨击君主专制之"私",指出:"自秦汉以后许多制度",其本心"纯是一个自私自利,惟恐失却此家当"②;就臣与君的关系而言,"天下统于一君,遂但有进退而无去就。嬴秦无道,创为尊君卑臣之礼,上下相隔悬绝,并进退亦制于君而无所逃,而千古君臣之义为之一变"③。儒者沉溺于此谋取利禄富贵的专制政治体制之中,遂成为专制政治之附庸和工具:"后世事君,其初应举时,原为门户温饱起见。一片美田宅,长子孙无穷嗜欲之私。先据其中,而后讲如何事君。便讲到敬事,也只成一种固宠、患失学问。"④为了固宠,遂一味迎合,揣摩君主自私不仁之心思,助纣为虐,且为之文过饰非。君主"只多与十万缗塞破屋子,便称身荷国恩矣。谏行言听,膏泽下民,与彼却无干涉"⑤。

他热烈地讴歌"三代以上"之"公",以为改革现实政治之参照。他说:

---

① 吕留良:《吕晚村先生四书讲义》卷十七,《续修四库全书》第946册,上海古籍出版社2002年版,第505页。
② 吕留良:《吕晚村先生四书讲义》卷二十九,《续修四库全书》第946册,上海古籍出版社2002年版,第585页。
③ 吕留良:《吕晚村先生四书讲义》卷三十七,《续修四库全书》第946册,上海古籍出版社2002年版,第634页。
④ 吕留良:《吕晚村先生四书讲义》卷十八,《续修四库全书》第946册,上海古籍出版社2002年版,第520页。
⑤ 吕留良:《吕晚村先生四书讲义》卷三十七,《续修四库全书》第946册,上海古籍出版社2002年版,第634页。

"三代以上圣人制产明伦以及封建、兵刑许多布置","都只为天下后世区处","不曾有一事一法从自己富贵及子孙世业上起一点永远占定、怕人夺取之心"①。他认为欲求三代之治就必须正君臣之伦,然而如何正君臣之伦呢? 按传统的政治学说,君臣之义等同于父子之亲,臣之事君如子之事父,乃至于"君叫臣死,臣不得不死;父叫子亡,子不得不亡"。吕留良则认为,君臣之关系非同父子之亲,三代之世,君臣以义合,列国并存,为臣者得有择君之自由。志同道合,则就君以辅成其养民之"公";志不同,道不合,则去之以全其独善之志。② 欲正君臣之伦,就必须以此为楷模,否则,"此一伦不正,上体骄而下志污,欲求三代之治未易得也"③。

　　吕留良的思想在当时及以后曾产生巨大影响。史载雍正时有湖南人曾静读吕留良书,"大好之",乃与吕留良门人及后裔联络,并派人投书岳飞的后裔、时任川陕总督的岳钟琪,劝其反清,但被岳钟琪出卖,雍正皇帝下令戮吕留良及其子吕葆中尸,吕毅中斩立决,孙辈发宁古塔为奴。吕留良的弟子严鸿逵、沈在宽等人或被戮尸,或遭凌迟,均诛灭九族;唯曾静当时受"特赦",但在乾隆皇帝即位而未及更改年号时即被处死。当案发时,吕留良及其门人所著一切书籍均在禁毁之列。雍正皇帝专为驳吕留良而著《大义觉迷录》一书,称吕留良为"悖逆","不顾纲常之倒置",这从反面道出了吕留良思想的民族主义及其反对专制制度的实质。

论"开诚布公"

　　刘献廷(1648—1695 年,清顺治五年至康熙三十四年),字君贤,号继庄,顺天大兴人。先世本吴人,因在明朝廷当太医官而在顺天定居。刘献廷自 19 岁至吴中,遂以吴江为寓。为万季野所推重,引参明史馆事,又曾与顾祖禹、黄子鸿、阎若璩、胡东樵同修《大清一统志》。但他一生中的大部分时

---

　　① 吕留良:《吕晚村先生四书讲义》卷二十九,《续修四库全书》第 946 册,上海古籍出版社 2002 年版,第 585 页。
　　② 参见吕留良:《吕晚村先生四书讲义》卷三十七,《续修四库全书》第 946 册,上海古籍出版社 2002 年版,第 633—634 页。
　　③ 吕留良:《吕晚村先生四书讲义》卷六,《续修四库全书》第 946 册,上海古籍出版社 2002 年版,第 422 页。

间是在"栖栖于吴头楚尾间"度过的。曾游湖南,访王夫之于湘西,"当时知有船山者,他一人而已。"(梁启超语)至于他为何奔走于四方,至今还是一个谜。全祖望作《刘继庄传》,对此亦不能不存疑,他说:"予独疑继庄出于改步之后,遭遇昆山兄弟(指徐元文、徐乾学——引者注),而卒老死于布衣。又其栖栖于吴头楚尾间,漠不为枌榆之念,将无近于避人亡命者之所为,是不可以无稽也,而竟莫之能稽。"①又说:"盖其人踪迹非寻常游士所阅历,故似有所讳而不令人知。"②刘继庄的著作,现存的只有一部《广阳杂记》和一部《广阳诗集》。

刘继庄《广阳杂记》中有一段话,数百年来人们熟视无睹,亦无人提及,然而这段话却触及了政治运作的根本问题,其深刻性至今也不能不使人们感到惊讶:

> 泾野先生尝言:"居要有九病。见善忘举者妒,知恶不劾者比,依违是非者谲,借公行私者佞,意存觊觎者狡,惧祸结舌者偷,指摘疑似者刻,怒人傲己盖其所长而论者忿,喜人奔竞护其所短而荐者贪。九者有一于此,终一必亡而已矣。"开诚布公,九病可以勿药而愈矣!③

"开诚布公",是专制政治的大敌,是民主政治的精髓。专制政治的一切弊病,无论是见善忘举、知恶不劾、依违是非、借公行私、惧祸结舌、指摘疑似、怒人傲己而盖其所长、喜人奔竞而护其所短,还是意存觊觎所导致的宫廷政变的频繁发生等,都无不是铁筒式的封闭的黑幕政治下的产物。在这种情况下,充斥于官场上的乃是妒、比、谲、佞、偷、狡、刻、贪等恶行,官场上所标榜的所谓正心诚意的道德修养、礼义廉耻的高头讲章,不啻是鬼脸上的雪花膏或娼妓的贞节牌坊。这样一种政治,又怎能使政治得以清明、国家得以长治久安?刘继庄认为,医治这种种弊政的唯一的药方就是"开诚布公",将一切政治运作置于众目睽睽之下。这一思想是何等深刻!可惜,继庄未能对这一触及政治体制的根本问题及其所包括的丰富内涵加以阐发,或者曾加阐发而竟至失传。然而,如每一个现代人所应该懂得的,现代民主政治,"Republic"——共和国,其政治运作和吸引广泛的政治参与的根本前提就是"开诚布公"!

---

① 全祖望:《刘继庄传》,《全祖望集彙校集注》,上海古籍出版社 2000 年版,第 523 页。
② 全祖望:《刘继庄传》,《全祖望集彙校集注》,上海古籍出版社 2000 年版,第 527 页。
③ 刘献廷:《广阳杂记》,中华书局 1957 年版,第 29 页。

（六）李光地论"合众人之公"

李光地（1642—1718 年，明崇祯十五年至清康熙五十七年），字晋卿，号厚庵，别号榕村，福建安溪人。康熙九年（1670 年）进士，选翰林院庶吉士，授编修。在历任侍读学士、内阁学士、翰林院掌院学士诸职后，于康熙二十八年（1689 年）被贬为通政使，历任兵部侍郎、顺天学政、工部侍郎等职，康熙三十七年（1689 年）升任直隶巡抚，后来又加吏部尚书衔仍管直隶巡抚事。康熙四十四年（1705 年）任文渊阁大学士，直到康熙五十七年（1718 年）去世。他是一位"在朝"的思想家，然而又是一位深受"在野"的早期启蒙者影响的思想家。当他为康熙皇帝编纂《朱子全书》、《性理精义》等著作时，他不可能显示自己的真实思想；但在他自己的《榕村全书》中，却显示出这位"理学名臣"不同于一般御用文人的显著特征。

李光地的政治思想继承了中国古代民本思想的传统，基本上是属于中国古代民本主义政治思想的范畴；但由于受明清之际早期启蒙思想的影响，也或多或少地打上了那个时代的先进社会思潮的印记，如反对"一人横行于天下"，肯定人民推翻暴君的合理性，要求"使二千年相沿之秦酷一旦尽濯"，主张为政要"征诸庶民"、"合众人之公便是一圣人"、"君臣朋友皆尊贤，君择臣，臣亦择君"，"当官为救民，非为其君"等，又如认为从以农为本的农业经济到"金币之重"的商品经济是势之必然，反对官僚以权经商；再如主张扩大地方自主权等，都是颇有新意的政治主张。

反对"以一人横行于天下"

民本思想是中国传统政治的基本指导思想。这种思想与现代的民主思想虽然不可同日而语，但在传统社会中却具有历史的合理性。中国传统政治当其遵照常轨运行的时候，总是以民本思想为指导的，由此而出现国泰民安的"太平盛世"；而当其背离了民本思想的时候，政治的运作也就会脱出常轨，导致民不聊生、天下大乱。

康熙皇帝和李光地都是具有民本思想的政治家，康熙皇帝总是劝谕官员要勤政爱民,南巡时屡屡叹息"天下官员真心为民的实在太少"。如果说康熙皇帝的民本思想还只是一些零星言论的话,那么,李光地的民本思想则是比较成系统的,有相当的理论深度,而有些话则是当皇帝的人所不喜欢的、触忌讳的。

李光地继承了中国历史上的民本思想,认为"立国以民为邦本",①从这一观点出发,他发挥了孟子的重民思想:

> 天生民而立之司牧,非徒以荣之,将使助天而生养斯民也。苟以救民为心,虽汤、武之放伐,大易以为顺天应人;管仲之事仇,圣人以为仁。孟子曰:"民为贵,社稷次之",所见精矣。②

在绝对君权的明清时代,孟子讲的"民为贵,社稷次之,君为轻"这句话,很少有人敢引用。李光地虽然没有提"君为轻"三个字,但称赞孟子"民为贵,社稷次之"的观点精当,"君为轻"之意也就寓于其中了。当然,后世的皇帝常常误解孟子这句话的意思,把"民为贵,君为轻"理解为"民贵君贱",其实孟子的意思是说老百姓的事情重要,君的事情不重要而已。

孟子说:"汤武革命,顺乎天而应乎人。"所谓"汤武革命",是指商汤领导民众起来推翻暴君夏桀的统治,周武王领导民众起来推翻暴君殷纣的统治。孟子说:"闻诛一独夫纣也,未闻弑君也",说人民起来推翻的是独夫民贼,而不是弑君,这就在一定程度上肯定了人民反抗暴政的合理性。李光地如何看待这一十分敏感的问题呢? 他说:

> (孟子)答汤武放伐的说话,语吻似觉诧异,然推到最上一层,道理本是如此。"天生民而立之君",非要其坐享富贵也,要其抚养天下耳,苟自绝于天,则人亦不戴之为君矣。③

> 由孟子之论,见得天为民立君,原以治安百姓,非为君一家欲其富贵久长,世世子孙享受也。故汤、武革命,受命于天,绝无不是处。孟子

---

① 李光地:《榕村语录》卷二十七《治道一》,《榕村语录 榕村续语录》,中华书局 1995 年版,第 477 页。

② 李光地:《榕村语录》卷二十二《历代》,《榕村语录 榕村续语录》,中华书局 1995 年版,第 397 页。

③ 李光地:《榕村语录》卷四《下论》,《榕村语录 榕村续语录》,中华书局 1995 年版,第 69 页。

　　　　直是从天立论,得最上一层道理。①

李光地肯定孟子关于"汤武革命顺乎天而应乎人"的说法,认为"天生民而立之君"是为了老百姓,而不是为君主一家子子孙孙享受富贵;既然"天意"是如此,那么,如果君主对人民实行暴政,那就是自绝于天,那么有人起来领导人民推翻暴君,那就是"顺乎天而应乎人"的正义行动了。李光地还强调"人心即是天心"。②

　　从肯定人民推翻暴君的合理性,合乎逻辑地推导出反对"一人横行于天下"的进步思想。李光地指出:

　　　　治天下,样样皆当讲求,第一是要有根本。汤曰:"朕躬有罪,无以万方,万方有罪,罪在朕躬。"武王曰:"作之君,作之师,有罪无罪,惟我在,天下何敢有越厥志。"一人横行于天下,武王耻之。有此,便要算他是圣人。③

中国上古时代的政治,或多或少带有一点原始民主制的遗风,例如当政治出现失误的时候,君王常常引咎自责。这种君主作自我批评的习惯一直延续下来,直到明末的崇祯皇帝还屡屡下《罪己诏》,向全国人民作检讨,将政治上的失误归罪于自身。尽管后世帝王这样做不过是一种表面文章,但有这种表面文章毕竟是比没有好一些。它至少向人们表明,君权并不是绝对的。李光地对上古时代的原始民主遗风十分推崇,并借此发挥出反对"一人横行于天下"的道理,认为这是治天下的道理中最根本的一条,只有懂得这一道理才能称为圣人。这一思想与王船山提出的"不以天下私一人"的著名命题,同样具有反对专制暴政的历史进步意义。

　　李光地在推崇上古三代原始民主制遗风的时候,还提到了周公。他借周公营建洛邑的事,批评君主世袭制,提出了"若子孙不贤,不如速亡"的进步思想。他说:

　　　　文中子说"公旦为周"一段甚精。周公之风雨绸缪,似欲使子孙相

---

　　①　李光地:《榕村语录》卷五《上孟》,《榕村语录　榕村续语录》,中华书局1995年版,第75页。

　　②　李光地:《榕村语录》卷二十二《历代》,《榕村语录　榕村续语录》,中华书局1995年版,第400页。

　　③　李光地:《榕村语录》卷二十七《治道一》,《榕村语录　榕村续语录》,中华书局1995年版,第476—477页。

继,天下永远属我家,迹近于私。不知世无圣贤,既不可行尧舜之事,若子孙之世及者,又不为启沃辅翼,使称其位,则害及于人矣。故曰:"安家者,所以宁天下也;存我者,所以厚苍生也。"……若是子孙不贤,不如速亡。故迁都之议曰:"洛邑之地,四达而平,使有德易以兴,无德易以衰。"①

李光地认为,如果周公想使"天下永远属我家",那就是为私家算计,而没有圣人"公天下"之心,但他认为周公不是这样的人,周公之所以营建洛邑,想把都城迁到这一没有任何山川险阻的地方,就是为了"使有德易以兴,无德易以衰",既免得"害及于人"的不肖子孙凭借山川之险来维护自己的统治,又使得"有德者"能够领导人民顺利地攻克暴君的都城而推翻其统治。周公是具有"若子孙不贤,不如速亡"的宽广襟怀的。显然,李光地在这里采用的是"六经注我"的手法,借歌颂古代圣人为名,而实际上宣扬的是自己的一套具有初步民主色彩的进步思想。

"合众人之公便是一圣人"

李光地推崇古代原始民主制的遗风,其思想中或多或少有点近代民主精神的微弱萌芽。他说:

伊尹云:"匹夫匹妇,不获自尽民主,罔与成厥功。"天地间道理是公共的,人说不妥,到底有些毛病。所以武侯(诸葛亮——引者注)只要人攻其短,不是故意如此。他高明,直见得事理无尽,非一人之见,便能至当不易。裁断虽是一人,众议必要周尽,竟是"以能问不能,以多问寡;有若无、实若虚"的本领。此却是圣贤穷理治事根本。王荆公只为少却这段意思,便万事瓦裂。……凡做事,与人商量有好处,推与众人,便是与人为善之意。②

在这段论述中,李光地引上古贤相伊尹的话,说普通老百姓如果不能对国事发表意见("民主"),事业就不可能成功。李光地将这一观点提到"圣贤穷

---

① 李光地:《榕村语录》卷二十《诸子》,《榕村语录 榕村续语录》,中华书局1995年版,第348—349页。

② 李光地:《榕村语录》卷二十二《历代》,《榕村语录 榕村续语录》,中华书局1995年版,第398—399页。

理治事根本"的高度来认识,对这句话作了详细的发挥:第一,从真理面前人人平等的观点来看,天下的道理是公共的,某项政策措施受人批评,就说明这项政策措施尚且有不完备之处,所以高明的统治者总是乐意接受人们的批评。第二,从认识的无穷发展的观点来看,天下的事理没有穷尽,一个人不能穷尽真理,更不能说某一个人的见解就是绝对正确的;所以在制定政策的时候,要广泛听取各方面的意见,使"众议必要周尽"。第三,从圣人所应具有的宽广胸怀来看,即使自己的意见是正确的,即使自己的意见拥有多数人的支持,也要尊重和听取少数人的意见。"以能问不能、以多问寡",这样做,对事业只有好处,没有坏处。在李光地看来,所谓圣人,无非是能够集中群众意见的人。他说:

> 《中庸》说得浑厚,云"百世以俟圣人而不惑",……然却有一层"徵诸庶民"的道理。盖论到全体,必俟圣人始可不惑,若零零星星凑拢将来,则合众人之公,便是一圣人。……韩公却不曾见到这一层。①

在这段论述中,李光地明确地对极端强调专制集权的韩愈提出了批评,认为他没有看到圣人治事总是"徵诸庶民",更不懂得"合众人之公便是一圣人"的道理。李光地的上述论述,是具有反对专制主义的进步意义的。

从民本思想出发,李光地反对"民可使由之,不可使知之"的愚民政策。他认为,《论语》中记载孔子所说"民可使由之,不可使知之"这句话是断章取义:"《论语》多是记录文字,多剪头去尾。……上面必有凡民都使之知的说话。"②而"民可使由之"的"民",乃是指智力特别低的人,"且教他'由',由得熟自然也知道些,非不许他知",而是说他智力低下不能知。李光地反问:"得令大家皆知,有何不可?"如果错误地理解孔子的话,"便可到老庄田地",而老庄是主张"常使民无知无欲"的愚民政策的。承认了"民"有知的权利,这就是一种进步。

李光地看到了商品经济的发展是一种必然的趋势,也看到了当时不少官僚们也卷入了商品经济的竞争,依仗其权势而与民争利、巧取豪夺的事实。对于官僚以权经商,他明确表示反对。他说:"古者安于邦域,人鲜轻

① 李光地:《榕村语录》卷二十三《学一》,《榕村语录　榕村续语录》,中华书局1995年版,第413页。
② 李光地:《榕村语录》卷三《上论二》,《榕村语录　榕村续语录》,中华书局1995年版,第40页。

赍远游之事,故务谷米麻丝而民自足。今也仕宦商旅万里纷然,金币之重亦势也。居官者不能率之务本而遏其分,方且与之攘夺而崇其竞,是胥上下而市也。"①他认为,从"以农为本"到"金币之重"是"势"之必然,做官的人纵然不能使人们回复到以农为本的生活,也不应该以权经商,与民争利,更不能把官场也变成市场,导致政治的普遍腐败。李光地还提出:"民无以耕,山泽关市之利与民共之可也。"②对于无地可耕的农民,国家应该允许他们开发山泽的财富和做买卖,与他们共享山泽关市之利。

"君臣朋友皆尊贤"

李光地民本主义政治思想中的新因素还表现在他对君臣伦理的论述上,他继承了何心隐以朋友论君臣的进步思想,批判了尊君卑臣的"秦家制度"和"叔孙礼乐萧何律",提出了"君臣朋友皆尊贤"、"君择臣,臣亦择君"的进步主张。

他把君臣关系提高到关系国家盛衰的高度来认识。他说:"古者君臣如朋友,情意相洽,进言亦易,畏惮亦轻。……'金人初起时,君臣席地而坐,饮食必共,上下一心,死生同之,故强盛无比。及入汴,得一南人教他分辨贵贱,体势日益尊崇,而势随衰。'高祖初得天下,群臣固无礼,叔孙通不过记得许多秦家制度耳。杜工部云:'叔孙礼乐萧何律',其实坏事就是此二件。"③在这段论述中,李光地明确表示反对令大臣畏惮的"秦家制度"和两千年相沿袭的"叔孙礼乐萧何律"。他以历史事实证明,当一个尚且保持着军事民主制原始遗风的游牧民族入主中原时是何等强盛,等到学会了汉民族的一套序尊卑、明贵贱的等级制度后也就随之而衰弱,由此可见,"秦家制度"和"叔孙礼乐萧何律"也正是汉民族在历史上屡次自取败辱的祸根。

鉴于历史的教训,李光地明确表示反对尊君卑臣的礼法,主张君臣关系

---

① 李光地:《榕村集》卷一《观澜录》,《景印文渊阁四库全书》第 1324 册,台湾商务印书馆 1986 年版,第 541 页。

② 李光地:《榕村集》卷一《观澜录》,《景印文渊阁四库全书》第 1324 册,台湾商务印书馆 1986 年版,第 541 页。

③ 李光地:《榕村语录》卷二十七《治道一》,《榕村语录 榕村续语录》,中华书局 1995 年版,第 485 页。

应该像朋友一样平等,互相尊重,互相规劝,而不应等级森严,使臣僚充满畏惧。李光地有一句名言:"君臣、朋友皆'尊贤'也。君择臣,臣亦择君,朋友同德同术,劝善规过,都是'尊贤'。"①这实际上也就是说,君臣关系应该是平等的关系,臣不应该对君做奴隶般的服从,也不存在所谓"天下无不是的君上"。君臣既是平等的朋友关系,那么,正如朋友是可以互相选择的一样,不仅君可以择臣,而且臣亦可以择君,彼此之间都有选择的权利。当君主昏聩暴虐的时候,臣应该"不苟合于时而守吾道之正"②;当君主还能听得进不同意见的时候,就要善于"以下变上"③。李光地是这样说的,也是尽可能地这样做的。当康熙皇帝大肆卖官、痛骂反对者说"蛮子(指汉人)哪有一个好人"、动辄加以流放时,李光地就持不合作的态度;当康熙皇帝显得开明、以"义虽君臣、情同朋友"对待他时,他就在力所能及的范围内劝康熙皇帝做一些好事,如赦免了许多人的"死罪"和流放之罪、"遇蠲免之岁,概停旧逋之征"、调整国内民族关系、革除卖官弊政、严惩贪官污吏等。

李光地将对待人民、对待社稷、对待君主的态度区分为三种不同的思想境界。他说:

> 安社稷臣只知社稷为重;天民却见得百姓要紧,要匹夫匹妇无不与披尧舜之泽,实实见到"天之生斯民也,使先知觉后知,先觉觉后觉"一段道理。

> ……

> 问:社稷臣功岂不及于百姓?

> 曰:如霍子孟与民休息,天下富庶,岂无恩泽于民? 只是起念为安社稷耳。即事君人者,岂无有益社稷之处,只起意为容悦耳。④

在这段话中,李光地划分的三种不同的境界是:天民境界、安社稷臣境界、事君人者境界。他认为"天民"的思想境界最高,是真心实意地为百姓谋福利

---

① 李光地:《榕村语录》卷七《中庸一》,《榕村语录　榕村续语录》,中华书局1995年版,第126页。

② 李光地:《周易观象》卷三,《景印文渊阁四库全书》第42册,台湾商务印书馆1986年版,第648页。

③ 李光地:《周易观象》卷三,《景印文渊阁四库全书》第42册,台湾商务印书馆1986年版,第651页。

④ 李光地:《榕村语录》卷六《下孟》,《榕村语录　榕村续语录》,中华书局1995年版,第106页。

的;其次是安社稷臣境界,安社稷臣虽也有恩泽及于人民,但其动机是为了维护君主的统治,因而其思想境界不及"天民";再次是"事君人者"境界,虽然不能说这种人对国家没有一点益处,但其主观动机不过是为了取悦于皇帝而已,因而其思想境界最为低下。李光地最推崇"天民"的境界,所以他强调指出:"仕以救民,……非为君也。"①既然做官是为了人民,那就要真心实意地为老百姓干实事,而不能只讲空话,所以李光地又指出:"圣人老吾老、幼吾幼,以及人之老幼,一毫无所勉强。但至要做实事,便到底是他的老幼,不在一家住,这里便要安排。须是替他制田里,教树畜,有许多事。"②在李光地看来,只有为老百姓做实事,把圣人推崇的"大同"理想落实到具体的行动上,才称得上是圣道的实践者,称得上是"天民"的境界。

十一、以提倡"公欲"为特征的新理欲观

清初的新理欲观,蔚为大观。王船山"因人建极",揭露理学禁欲主义"灭情而息其生"的反人道性质,主张"人欲之各得即天理之大同";唐甄从"生于血气"、"避苦求乐"的自然人性论出发,大声疾呼"人之情,孰能无欲",进而探讨人之"血气"与"心之智识"之调和,开乾嘉时期戴震"血气心知"的新理欲观之先河;陈确从"气质之性"一元论出发,以"生机之自然不容已者"来定义"人欲",提出"天理皆从人欲中见",并以此反对僵化的道德伦理至上主义。此外,陆世仪论"气质之外无性"和费密论"欲不可禁"、颜元论"非气质无以见性"和"极耳目之娱而非欲",连康熙朝的理学名臣李光地亦说"人欲非恶",并主张"公天下之欲"。他们的论述虽因各人的学养、性格和社会地位的差别而稍见异同,但都不约而同地把批判矛头指向了程朱理学"天命之性"和"气质之性"对立的二元论和"存天理灭人欲"的禁欲

---

① 李光地:《榕村语录》卷二十七《治道一》,《榕村语录 榕村续语录》,中华书局1995年版,第478页。

② 李光地:《榕村语录》卷十一《周易三》,《榕村语录 榕村续语录》,中华书局1995年版,第203—204页。

主义,而努力建立一种使天下人人皆得其欲的"公欲"观。

（一）王夫之论"人欲之大公"

与明清之际其他早期启蒙学者相比,王夫之的理欲观具有一个鲜明的特点,这就是他的巨大历史感。他尊重人的感性生命欲求,并且把它看作是人类文明赖以发生和进化的原动力;他以此为出发点来探讨理欲关系,力求使社会的规范有利于个体与他人、个体与类的关系的动态协调和人类文明的进化。

"甘食悦色,天地之化机也"

在王船山看来,要使社会充满"健"与"动"的蓬勃生机,"善天下之动",就必须"珍生",满足共同的"人欲"。"既有是人也,则不得不珍其生"①;"甘食悦色,天地之化机也。……天之使人甘食悦色,天之仁也。"②然而,朱熹所鼓吹的理学禁欲主义则要求人们仅仅满足于充饥避寒而已,而要求"美味"等也就是"人欲"了,这"人欲"罪大恶极,应该斩灭无孑遗。王夫之的看法恰恰相反,他认为"甘食悦色"恰恰是"天"赋予人的欲望特征。人的物质欲望不同于动物,动物只需满足充饥避寒等本能,而对于人来说,"饮食男女之欲"中还有"美"的要求,"苟其食鱼,则以河鲂为美,亦恶得而弗河鲂哉? 苟其娶妻,则以齐姜为正,亦恶得而弗齐姜哉?"③他深刻揭露宋明理学家所鼓吹的窒欲论的实质,在于"灭情而息其生"④,是对感性生命和人格尊严的扼杀,是使社会失去进化的动力;更有甚者,"亏减之归,人道以息",使具有真善美追求的人沦为中世纪人类动物学肆虐下的家畜:"断甘食悦色以为禽兽,潦草疏阔,便自矜崖岸,则从古无此苟简径截之君子,而充

---

① 王夫之:《周易外传》卷二,《船山全书》第 1 册,岳麓书社 1988 年版,第 869 页。
② 王夫之:《思问录·内篇》,《船山全书》第 12 册,岳麓书社 1992 年版,第 405—406 页。
③ 王夫之:《诗广传》卷二,《船山全书》第 3 册,岳麓书社 1992 年版,第 374 页。
④ 王夫之:《周易外传》卷三,《船山全书》第 1 册,岳麓书社 1988 年版,第 924—925 页。

其类,抑必不婚不宦、日中一食、树下一宿而后可矣!"①他明确反对程朱理学"灭人欲"的说教,指出:"孔颜之学、见于六经四书者,大要在存天理,何尝只把这人欲做蛇蝎来治,必要与他一刀两断,千死千休?"②

王夫之还认为,宋儒以"天理"责人亦无异于申韩之以法杀人。他曾借评论宋史指出:"以己之所能为,而责人为之,且以己之所不欲为,强忍为之,而以责之。于是抑将以己之所固不能为,而徒责人以必为。为是者,其心恣肆,而持一'敬'之名以鞭笞天下之不敬,则疾入于申韩而为天下贼也甚矣。"③

肯定人欲不等于否认一切社会规范,然而,"有欲斯有理"④,"是礼虽纯为天理之节文,而必寓于人欲以见(自注:饮食,货;男女,色)。虽居静而为感通之则,然因乎变合以章其用(自注:饮食变之用,男女合之用)。唯然,故终不离人而别有天,终不离欲而别有理也"⑤。理在欲中,因此,从有利于社会"健"、"动"的高度立论,王船山不仅反对禁欲、灭欲,而且反对"薄于欲":"吾惧于薄于欲者之亦薄于理,薄于以身受天下者之薄于以身任天下也!"⑥理不是先验的,而应该通过对人欲与社会进化之关系的研究而引出:"入天下之声色而研其理者,人之道也。"⑦

"人欲之大公即天理之至正"

通过对人欲与社会进化之关系的审慎研讨,王船山提出了"人欲之大公即天理之至正"、"人欲之各得即天理之大同"的深刻命题。他说:

> 理尽则合人之欲,欲推则合天之理,于此可见人欲之各得,即天理之大同。⑧

> 人之施诸己者不愿,则以此度彼,而知人之必不愿也,亦勿施焉。

---

① 王夫之:《读四书大全说》卷九,《船山全书》第6册,岳麓书社1991年版,第1025页。
② 王夫之:《读四书大全说》卷五,《船山全书》第6册,岳麓书社1991年版,第673页。
③ 王夫之:《宋论》卷三,《真宗》六,《船山全书》第11册,岳麓书社1992年版,第94页。
④ 王夫之:《周易外传》卷二,《船山全书》第1册,岳麓书社1988年版,第882页。
⑤ 王夫之:《读四书大全说》卷八,《船山全书》第6册,岳麓书社1991年版,第911页。
⑥ 王夫之:《诗广传》卷二,《船山全书》第3册,岳麓书社1992年版,第374页。
⑦ 王夫之:《读四书大全说》卷七,《船山全书》第6册,岳麓书社1991年版,第850页。
⑧ 王夫之:《读四书大全说》卷四,《船山全书》第6册,岳麓书社1991年版,第639页。

以我自爱之心而为爱人之理,我与人同乎其情,则又同乎其道也。人欲
之大公,即天理之至正矣。①

人欲之各得的大公即是天理,而要做到人欲之各得,就必须"于天理人情上
絜著个均平方正之矩,使一国率而由之"。针对当时中国社会特权者纵一
己之私欲而遏天下人之欲的情形,王船山特别强调要反对统治者的"私
欲",揭露他们"纵其目于一色,而天下之群色隐","纵其耳于一声,而天下
之群声阒","纵其心于一求,而天下之群求塞"②。王船山提倡的是"公
欲",这"公欲"不是抽象的,而是以"人欲之各得"为前提,要使"天下之群
色"显,"天下之群声"发,"天下之群求"皆得到满足。然而,如何才能通过
"絜矩"而实现"人欲之各得"、"人欲之大公"呢? 这当然是一个难题,"倘
以尽己之理压伏其欲,则于天下多有所不通;若只推其欲,不尽乎理,则人己
利害,势将扞格"③。对此,王夫之提出要"尽己"、"推己"合而用之的原则,
"尽己"就是要在追求自己欲望的时候严于自律,"推己"就是要多想别人的
欲望,让别人的欲望也得到满足。

当然,"人欲"不限于饮食男女、耳目声色之娱,还包括人的"志",例如
想"治国平天下"等。于是,王夫之就对这些想当官,想有一番作为的人们
说教了:"盖凡声色、货利、权势、事功之可欲而我欲之者,皆谓之欲"④;要
"行天理于人欲之内,而欲皆从理"⑤。他又以这些想"治国平天下"的人所
尊奉的偶像孔子来教训这帮人:"孔子曰:'吾其为东周乎',抑岂不有大欲
焉? 为天下须他作君师,则欲即是志。人所必不可有者私欲尔。"⑥"天理人
欲,只争公私诚伪"⑦。真想"与国家出力",而不是想满足一己之贪欲,是
"天理";如果"将天理边事以人欲行之",假公济私,那便是"人欲"了。在
此意义上,王夫之强调"人欲净尽,天理流行"。当然,所谓"天理",亦无非
是要使天下人人皆得其欲的"公欲"的代名词而已。

在理欲关系上,王船山既反对专制统治者自己奉行纵欲主义而要求人

---

① 王夫之:《四书训义》卷三,《船山全书》第 7 册,岳麓书社 1990 年版,第 137 页。
② 王夫之:《诗广传》卷四,《船山全书》第 3 册,岳麓书社 1992 年版,第 439 页。
③ 王夫之:《读四书大全说》卷五,《船山全书》第 6 册,岳麓书社 1991 年版,第 640 页。
④ 王夫之:《读四书大全说》卷六,《船山全书》第 6 册,岳麓书社 1991 年版,第 671 页。
⑤ 王夫之:《读四书大全说》卷六,《船山全书》第 6 册,岳麓书社 1991 年版,第 799 页。
⑥ 王夫之:《读四书大全说》卷八,《船山全书》第 6 册,岳麓书社 1991 年版,第 899 页。
⑦ 王夫之:《读四书大全说》卷六,《船山全书》第 6 册,岳麓书社 1991 年版,第 763 页。

民实行禁欲主义的虚伪说教,但也反对由批判禁欲主义而走向纵欲主义的另一个极端,既肯定了人的正常生活欲求和追求功利的合理性,也针砭了由于取消一切道德规范所导致的社会病态,将理欲关系的解决诉诸人的平等。这一近乎理想主义的解决方案展示了哲人的宽广襟怀和宏伟抱负。遗憾的是,船山没有去探讨一下人的自由问题、自由与平等的矛盾以及解决这一矛盾的现实途径等问题,所以他所说的"公欲"的理想又不免是一个乌托邦。但是,他的"公欲"思想和对中古禁欲主义蒙昧主义的批判,仍具有促进"伦理之觉悟"的启蒙意义,是建立健全的现代人格的起点。

(二)唐甄论"气血"与"心智"相参

"生于气血""避苦求乐"的人性论

唐甄的人性论,立足于对人的自然生理的考察,是一种"生于气血"、"避苦求乐"的自然人性论。

他认为"人欲"的存在根源于人的自然生理:

> 盖人生于气血,气血成身,身有四官,而心在其中。身欲美于服,目欲美于色,耳欲美于声,口欲美于味,鼻欲美于香。其为根为质具于有妊之初者,皆是物也。及其生也,先知味,次知色,又次知服,又次知声,又次知香。气血勃长,五欲与之俱长;气血大壮,五欲与之俱壮。①

在这段论述中,唐甄认为人的五欲根源于人的"气血",气血乃是人欲赖以存在的自然生理基础。然而,人的五欲与禽兽不同,人的自然生理高于禽兽,因而人的五欲从一开始就包含了对于美的要求,人不能像禽兽那样只满足于充饥避寒。因此,理学家斥要求"美味"为"人欲"而必欲加以灭除,实际上是使人堕落为禽兽。——这正是唐甄所要向我们暗示的。

唐甄认为,人除了根于气血的五欲之外,还具有"心之智识";但心之智识,并非是脱离五欲而存在的,而是与五欲相依存的,是人性的自然存在和自然发展的不可分割的组成部分:

---

① 唐甄:《潜书·七十》,《潜书注》,四川人民出版社1984年版,第106—107页。

心之智识,皆为五欲之机巧;五欲之机巧,还以助心之智识。五欲逐心而篡其位,心既失位,欲为之主,则见以为生我者欲也,长我者欲也。人皆以欲为心,若更无所以为心者。……于斯之时,舍欲求道,势必不能,谓少壮之时不能学道者,以是故也。①

那么,学道之心何时才能从五欲的陷溺中超拔出来呢? 唐甄认为,此事不可强求,它只能出现于人性的自然发展的最后阶段,即每一个体生命的老年阶段:

血气既衰,五欲与之俱衰。久于富贵,则心厌足;劳于富贵,则思休息。且以来日不长,心归于寂。不伤位失,以身先位亡也;不忧财匮,以身先财散也。贫贱之士,亦视之若浮云而非我有。此六十七十之候也。②

到了这时候,血气衰而五欲衰,貂狐之温同于布褐之衣,蛾眉之女同于龋孪之妻,王侯之馐同于闾里之食,丝竹不如无声,馨香不如无味,一切的欲望都没有了。也只有到了这时候,人才能够视富贵如浮云,视死生为旦暮,少壮时所诵读闻见的那些圣人的道德才成为"有用"的。在唐甄看来,所谓圣人之道不过是"心归于寂"的垂暮之人的精神寄托而已。它可以使老年人感到老有所学的安慰,却是不能,也不可能用来规范"血气既壮,五欲与之俱壮"的青壮年的。

"欲"是人类活动的原动力

人欲既然是"根于血气",而"血气壮,五欲亦因之俱壮","血气衰而五欲与之俱衰",因此,青年人、青年的民族是最充满着欲望的冲动的,这欲望也正是人类活动的原动力。对于特定民族、特定的社会形态来说,肯定还是否定"人欲",是衡量其是处于朝气蓬勃的青年期、抑或是处于衰弱不堪的老年期的根本标志。

唐甄讴歌青壮年人"求遂其五欲"的活动:

二十以上,为士者贡举争先,规卿希牧而得贵;其为众者,营田置廛,居货行贾而得富;其贫贱者,亦竭精敝神以求富贵。若是者奚为也?

---

① 唐甄:《潜书·七十》,《潜书注》,四川人民出版社1984年版,第107页。
② 唐甄:《潜书·七十》,《潜书注》,四川人民出版社1984年版,第107—108页。

将以求遂其五欲也。……凡所以奉身者无不为也。……凡所以奉目者无不为也。……凡所以奉口者无不为也。……凡所以奉耳者无不为也。……凡所以奉鼻者无不为也。①

对于"人欲"的种种表现，唐甄并没有加以斥责，而是视之为人性的自然表现，是人类社会充满着生机和活力的表现。反之，如果要全民族所有的人都奉行"存天理，灭人欲"的禁欲主义教条，那就只能使全民族都像垂暮的老人一样"心归于寂"，使社会的发展陷于停滞和僵化。

唐甄揭露了理学禁欲主义的虚伪性和非人道的性质，指出："人皆曰'我轻富贵，我安贫贱'，皆自欺也。"②他说那些口口声声讲"天理"，要为统治者治国平天下的人亦非无欲，"吾之所患者，欲挟理而处，挟义而行，岂惟人不能辨，亦且不能自辨。是学也者，藏欲之薮也。"③他认为对于这些以"理"来掩盖其欲而处于"治天下"之位的人倒是要讲讲"除欲"的："有欲不除，除之不尽，而欲治天下，欺天下乎！"④这当然是针对统治者和理学家的虚伪所发出的愤激之论。他又指出，禁欲主义除了助长了部分人的虚伪之风以外，还在于它摧残人性，违背人性的自然法则："揵锢闭幽者，忧之象也；启辟涣散者，乐之情也。"⑤"人未有舍其必为而不为者也，未有必不可为而为之者也。必为而不为，非人道矣。"⑥所以他认为治天下的"君子"们应该顺应人们"求遂其五欲"、"求其所乐、避其所苦"的人情而有所作为："君子不拂人情，不逆众志，是以所谋易就，以有成功。"⑦这实际上就是说，只有善于顺应人们追求幸福的欲望，才能造成一个充满生机和活力的社会，以利于社会的发展和进步，——"欲"是文明进步的杠杆。

反对纵欲主义

唐甄的以上论述，皆旨在说明欲不可禁，事实上也禁不了，善用"人欲"

---

① 唐甄：《潜书·七十》，《潜书注》，四川人民出版社 1984 年版，第 107 页。
② 唐甄：《潜书·格定》，《潜书注》，四川人民出版社 1984 年版，第 174 页。
③ 唐甄：《潜书·格定》，《潜书注》，四川人民出版社 1984 年版，第 176 页。
④ 唐甄：《潜书·格定》，《潜书注》，四川人民出版社 1984 年版，第 176 页。
⑤ 唐甄：《潜书·善游》，《潜书注》，四川人民出版社 1984 年版，第 422 页。
⑥ 唐甄：《潜书·劝学》，《潜书注》，四川人民出版社 1984 年版，第 140 页。
⑦ 唐甄：《潜书·善游》，《潜书注》，四川人民出版社 1984 年版，第 422 页。

有利于社会进步;而鉴于"人欲"的过度膨胀对社会的负面影响,唐甄也明确表示反对纵欲主义、反对不择手段地满足一己之私欲。因此,他强调"智识"、个体的人格尊严和社会群体的整体利益对人欲的制约。

首先,他根据中医学的知识指出纵欲对人体健康的危害,指出:"人有五情:思、气、味、饮、色也,过则为灾。思淫心疾,气淫肝疾,味淫脾疾,饮淫肺疾,色淫肾疾。此五者,内自贼者也。"[1]仅从身体健康的角度考虑,人亦不可纵欲。

其次,他认为人应该有自己的人格尊严,对于有损于自己人格尊严的欲望满足应该推而拒之。他说:"人之情,孰无所欲! 得其正而安之,不得其正而弃之,是为君子;得其正而溺之,不得其正则强遂之,是为鄙夫。人所欲者,食色衣处是也。藜藿之菜,不如羊豕之味;布褐之衣,不如貂狐之温;穷巷之妾,不如姬姜之美;芦壁之屋,不如楠栋之居。此数者,君子岂不欲有之哉! 然非其时,则丑其美而甘其恶者,是何也? 盖以食其肉,是豢我也;束其带,是械我也;衣其锦绣,是涂墨我也。"[2]在这一意义上,即维护自身人格尊严的意义上,唐甄强调"制欲"、"知耻"是为学之先务。

再次,他根据晚明社会纵欲主义盛行而造成汉民族百万生灵涂炭的惨剧,揭露纵欲主义对社会整体利益所造成的危害,认为人的欲望的实现必须以不危害社会整体利益为前提。他说晚明社会纵欲主义流行,"小民攘利而不避刑,士大夫殉财而不知耻,谄媚惛淫,相习成风",讲学的不如唱歌的,读书的不如做投机生意的,弄得"人心陷溺,不知所底",却习于苟安、文饰,"于是富贵之望胜,财贿之谋锐,廉耻之心亡,要约之意轻,攘窃之计巧,……此天下之乱所以相继而不已也。"[3]唐甄见解的独到之处在于:他认为纵欲主义是对禁欲主义的一种惩罚,"诈伪日出,嗜欲日盛"的纵欲主义是由于专制统治者"举天下之民,縶之、策之,如牛马然"[4]所导致的。因此,罪责不在下层民众,而在推行禁欲主义的统治者。当然,这并不是意味着对纵欲主义的回护,而是要揭露纵欲主义赖以产生的根源。

总之,唐甄不再以纲常名教的"天理"来与"人欲"相对立,而是以关于

---

① 唐甄:《潜书·厚本》,《潜书注》,四川人民出版社 1984 年版,第 538 页。

② 唐甄:《潜书·贞隐》,《潜书注》,四川人民出版社 1984 年版,第 281 页。

③ 唐甄:《潜书·尚治》,《潜书注》,四川人民出版社 1984 年版,第 304 页。

④ 唐甄:《潜书·尚治》,《潜书注》,四川人民出版社 1984 年版,第 304 页。

生理学和医学的知识、个体的人格尊严和社会的利益来制约人欲,既肯定"人欲"的合理性而又反对禁欲主义,反对有损个体生命存在、人格尊严和社会利益的纵欲主义,这样就把人所固有的"欲"与新的"理"的内涵在有益于个体、亦有益于社会的基础上统一了起来。

(三)陈确的"两欲相参"说

陈确(1604—1677年,明万历三十四年至清康熙十六年),字乾初,浙江宁海人。自小"不悦理学家言","始崇尚乎风流,继绚烂乎词章",年近三十才补为庠生,却因率县学诸生控告"墨吏殃民"而受追究,失去了考举人的机会。崇祯十六年(1643年),经同乡祝渊介绍,成为刘宗周的弟子。清军下江南后,陈确请"永削儒籍",并将原名筮永、字原季弃置,独取《易传·文言》中释"乾卦""初九"爻"确乎其不可拔,潜龙也"一句中的"确"字为名,"乾初"为字,以潜龙自励。著有《葬书》、《大学辨》、《瞽言》等著作,今有中华书局版《陈确集》传世。

"真无欲者,除是死人"

陈确反对宋儒将人性分为"天命之性"与"气质之性"的二元论,而持"气质之性"一元论的立场。他说:宋儒"强分个天地之性、气质之性,谓气情才皆非本性,皆有不善,另有性善之本体,在'人生而静'以上,奚啻西来幻指!一唱百和,学者靡然宗之,如通国皆醉,共说醉话,使醒人何处置喙其间? 噫,可痛也!"[1]陈确看到举世皆宗宋儒之说,于气质外另寻所谓"性善之本体",嗤之为"通国皆醉,共说醉话",因而,他决心以"举世皆醉我独醒"的气概去破除这种蒙昧。他问道:"不知离却气质,复何本体之可言耶?"[2]他把气、情、才看作是人性的三要素,人性的自然表现:"今夫心之有思,耳目之有视听者,气也;思之能睿,视听之能聪明者,才也";"由性之流露

---

[1]　陈确:《性解》下,《陈确集》,中华书局1979年版,第451页。

[2]　陈确:《气情才辨》,《陈确集》,中华书局1979年版,第452页。

而言谓之情,由性之运用而言谓之才,由性之充周而言谓之气,一而已矣"①。在陈确看来,人性就是气质之性,在此之外别无所谓"天命之性"或"义理之性"的"性善之本体";他反对宋儒说"气质之性皆有不善",而强调人性之"善"也就体现在气质之性之中,"性之善不可见,分见于气、情、才。"②

从"气质之性"一元论出发,陈确进而揭露宋儒杜撰"天命之性"与"气质之性"的对立,贬抑"气质之性"的实质。他认为这种理论的实质是"贼性",即戕贼、摧残人的本性,并且是"贼性之大者"! 他说:"气、情、才而云非性,则所谓性,竟是何物? 非老之所谓无,即佛之所谓空矣。故张子谓'性通极于无',程子谓'才说性便不是',其供状也。彼自以为识得本然之性,而已流于佛、老而不自知,斯贼性之大者。"③

陈确承认人的气质有差异,即"气禀"有不同,但反对宋儒赋予"气禀"以先天的道德属性,反对以"气禀"来说明人的善恶、贤愚、贫富、贵贱的命定论,而强调人性天赋平等的观念。他说:"气之清浊,诚有不同,则何乖性善之义乎? 气清者无不善,气浊者亦无不善。有不善,乃是习耳。若以清浊分善恶,不甚通矣。斯固宋人之蔽也。气清者,非聪明才智之谓乎? 气浊者,非迟钝拙呐之谓乎? 夷考其归:聪明材辨者,或多轻险之流;迟钝拙呐者,反多厚重之器。何善何恶,而可以此诬性哉!"④陈确认为,人的"气禀"的自然属性是先天的,善恶的道德属性则是后天的,二者不可混为一谈;无论气禀清浊,先天的自然属性皆无不善,它不能决定人的后天的道德好坏;气质之性无不善,每一个人都是生而平等的。

依今日之眼光看,人的先天的自然属性本无善恶可言,陈确说"气质之性无不善",仍不脱儒家"性善论"的影响;然而,陈确却从人性中排斥了先天的伦理道德属性,把人性看作纯粹的自然属性,肯定"气质之性"之"善",确认人性的平等,这就逻辑地导致对于宋儒的"存天理,去人欲"的禁欲主义说教的否定。

陈确继承了他的老师刘宗周的观点,以"生机之自然不容已者"来定义

---

① 陈确:《气情才辨》,《陈确集》,中华书局 1979 年版,第 452—453 页。
② 陈确:《气情才辨》,《陈确集》,中华书局 1979 年版,第 452 页。
③ 陈确:《气情才辨》,《陈确集》,中华书局 1979 年版,第 454 页。
④ 陈确:《气禀清浊说》,《陈确集》,中华书局 1979 年版,第 455 页。

人欲,以"无过无不及"来规定"理",将对于理欲关系的哲学论说建立在"气质之性"一元论的自然人性论的基础之上。他认为人欲作为"生机之自然不容已者"是普遍存在的人的生理要求,是人类社会充满生机和活力、生生不已的源泉,"所欲与聚,推心不穷,生生之机,全恃有此";人欲是不可遏抑的,更不可能加以灭绝,"真无欲者,除是死人!"①"但云绝欲者,必犹有欲于中,故绝也,则是徒绝以形,而未绝之以心。苟徒绝之以形而未绝之以心,则其不能绝也益甚。"②心理要求反映着生理的要求,越是遏抑则欲求越甚,常人是如此,圣人也是如此:"圣人之心无异于常人之心,常人之所欲亦即圣人之所欲。"③佛、道二家表面上脱离尘俗,以求清静,其实是"无欲之欲,更狡于有欲",且不说那些酒肉和尚、酒肉道士,即使是那些守山门清规的人,或求成佛,或求长生,亦是"妄莫大焉,欲莫加焉。正齐宣所云将以求吾所大欲者,何云无欲?"④这位陈确夫子甚至还在给友人的信中以切身体验说明自己亦未能绝欲,只是没有实现"欲"的对象而已:"若弟妇老丑而病,去死人不远,虽与乾初时共衾席,正自萧然有旅馆风味,无绝之形而有绝之实,非真能绝欲也,以无可欲故。"⑤总之,人欲的存在是客观的、普遍的,遏欲、绝欲是反乎自然的,因而是根本不可能做到的。

"人欲正当处即是理"

在肯定人欲的天然合理性的基础上,陈确进而论述了"天理"与"人欲"的关系,通过"理在欲中"的理论阐述,改变了"天理"的内涵,将在人之外、与人为敌的"天理"变为在人欲之中而善解人意、顺乎人情的欲中之理。他说:"盖天理皆从人欲中见,人欲正当处,即是理。无欲又何理乎? 孟子曰:'可欲之谓善。'佛氏无善,故无欲。生,所欲也;义,亦所欲也,两欲相参,而后有舍生取义之理。富贵,所欲也;不去仁而成名,亦君子所欲也;两欲相

① 陈确:《与刘伯绳书》,《陈确集》,中华书局 1979 年版,第 469 页。
② 陈确:《与韩子有书》,《陈确集》,中华书局 1979 年版,第 65 页。
③ 陈确:《无欲作圣辨》,《陈确集》,中华书局 1979 年版,第 461 页。
④ 陈确:《与刘伯绳书》,《陈确集》,中华书局 1979 年版,第 469 页。
⑤ 陈确:《与韩子有书》,《陈确集》,中华书局 1979 年版,第 65 页。

参、而后有非道不处之理。推之凡事,莫不皆然。"①在陈确看来,"人欲"本身就体现着"理",理不在欲外,而在欲中,因此,禁欲非理,纵欲亦非理,而人欲之恰到好处才是理。在实际论证中,陈确大大扩展了人欲的内涵,把欲义、欲仁以成名亦看作是人欲,与何心隐论"育欲"相似。"人欲"的构成既包括"饮食,男女",也包括"功名富贵"。满足"人欲",使人欲的实现恰到好处,是"义理"的出发点,亦是"道德"的归宿。正如陈确所说:"饮食男女皆义理所从出,功名富贵即道德之攸归。"②

陈确的理欲观,具有反对传统的道德伦理至上主义的意义。传统的道德伦理至上主义,实即政治伦理至上主义,是全部专制主义意识形态的基石,道德高于一切,压倒一切,冲击一切。为了维护那体现特权者利益的道德,广大人民的生活欲求可以牺牲,经济的发展可以牺牲,社会的进步可以牺牲,但赋予了"天理"的神圣光环的伦理政治的基本原则却万万不可放弃。陈确改变了"天理"的内涵;使理从属于欲,这就表明,道德伦理并非是至上的,而人,人的欲求、人的权利、人的发展等才是至高无上的。为了造成一个有利于人的发展和社会发展的氛围,陈确明确表示反对"君子小人别辨太严"和"天理人欲分别太严"的道德至上主义,而主张社会的道德规范应该具有一定的弹性和包容性:"君子小人别辨太严,使小人无站脚处,而国家之祸始烈矣,自东汉诸君子始也。天理人欲分别太严,使人欲无躲闪处,而身心之害百出矣,自有宋诸儒始也。"③这一见解亦正是陈确高于同时代其他学者之处。就道德论,东汉清流诸君子不可谓不高尚,但他们看不到道德伦理至上主义实在不利于社会的发展。只是经过魏晋南北朝394年间"洙泗之风,缅焉将堕"的伦理道德的重新调整,方带来了盛唐经济社会文化的蓬勃发展。宋儒重新确立伦理道德至上主义,严天理人欲之辨,"使人欲无躲闪处,而身心之祸百出",这种戕贼人性的伦理政治原则,当然也只能严重阻碍中国社会的发展。因此,任何对社会进步的要求,都不能不首先推倒扼杀人类社会的生机和活力的伦理道德至上主义。

---

① 陈确:《与刘伯绳书》,《陈确集》,中华书局1979年版,第468页。
② 陈确:《无欲作圣辨》,《陈确集》,中华书局1979年版,第461页。
③ 陈确:《近言集》,《陈确集》,中华书局1979年版,第425页。

（四）陆世仪论"气质之性"与颜元"唤迷途"

"气质之外无性"

陆世仪（1611—1672 年，明万历三十九年至清康熙十一年），字道威，号刚斋，晚号桴亭，江苏太仓人。出身于塾师家庭。崇祯五年（1632 年）入郡学为诸生。翌年，有感于时局动荡，乃与同里陈瑚从石敬岩习武，"横槊舞剑、弯弓注矢，击刺妙天下。"①崇祯九年（1636 年），与江士韶"相约为体用之学"②。崇祯十四年（1641 年），"大饥"，乃"约同志数人为同善会，日聚银、米散饥民"。著《论平流寇方略》。清军入关后，曾上书南明政府，"又尝参人军"③。清军入江南，遭通缉。后返乡隐居，"凿池，宽可十亩，筑亭其中，不通宾客"④。清顺治十七年（1660 年）以后，讲学于锡山东林书院与毗陵等处。著有《思辨录辑要》三十五卷及《陆子遗书》二十一种。全祖望谓其"上自周、汉诸儒，以迄于今，仰而象纬、律历，下而礼乐、政事异同，旁及异端，其所疏证剖晰，盖数百万言，无不粹且醇"⑤。

在人性理论上，陆世仪的思想经历了从信奉程朱的"天命之性"、"气质之性"二元论到确立"气质之性"一元论的转变过程。他自云："仪于性学工夫不啻数转。起初未学时，只是随时师说有义理之性，有气质之性。"到明崇祯十年（"丁丑"，1637 年），他开始怀疑程朱学说，到清顺治十六年（"己亥"，1659 年），才形成他的气质之性一元论的思想，"然未敢与世昌言"；"至庚子（顺治十七年，1660 年）讲学东林而始微发其端"，"丙午（康熙五

---

① 李元度：《国朝先正事略》卷二十八，同治八年刻本。
② 《直隶太仓州志》卷五十三《艺文二》，《续修四库全书》第 698 册，上海古籍出版社 2002 年版，第 113 页。
③ 全祖望：《鲒埼亭集内编》卷二十八《陆桴亭先生传》，《全祖望集汇校集注》，上海古籍出版社 2000 年版，第 517 页。
④ 全祖望：《鲒埼亭集内编》卷二十八《陆桴亭先生传》，《全祖望集汇校集注》，上海古籍出版社 2000 年版，第 517 页。
⑤ 全祖望：《鲒埼亭集内编》卷二十八《陆桴亭先生传》，《全祖望集汇校集注》，上海古籍出版社 2000 年版，第 516 页。

年,1666年)论性毗陵而始略书其概"①。他的气质之性一元论,是在他的晚年才加以阐述的。

程朱理学的一个根本观点,是"理一分殊","天理"作为至高无上的宇宙伦理本体现于人性及一切事物的本性之中,人性和物性都是"天理"的承担者,"天理"无有不善,人性、物性皆无有不善。陆世仪虽然没有否定人性"善"的说法,但他却似乎是有意要改变"天理"作为普遍的宇宙伦理本体的内涵,他否定其"善"的伦理道德属性的普遍意义,而将其仅仅看作是体现于个别特殊的事物中的"常理"。他说:"程子曰:'性即理也。'此'理'不可作'善'字看,只是作常理看。若作'善'字看,则人性上便说得去,物性上便说不去。岂可谓人有性、物无性乎? 性作常理看,故火之理热,水之理寒,……人之理善,此'理'字方一贯无碍。"②在这里,具有普遍的道德伦理属性的纯粹至善的"天理"被化作"火之理热,水之理寒"之类的事物的特殊性质,"理"不再具有宇宙伦理本体的含义,这实际上也就否定了程朱关于人性是宇宙伦理本体的体现的观点,同时也为"气质之外无性"的气质之性一元论的观点作了理论的铺垫。

程朱理学以孟子的性善说作为其"天命之性"与"气质之性"二元论的理论依据,断言孟子之所谓"性善"只是指"天命之性","下面却不曾说得气质之性"③。陆世仪明确表示不同意朱熹的这一观点,他说:"诸儒谓孟子道性善,只是就天命上说,未落气质。予向亦主此论,今看来亦未是。若未落气质,只可谓之命,不可谓之性,于此说善,只是命善,不是性善。且若就命上说善,则人与万物同此天命,人性善则物性亦善,何从分别? 孟子所云性善,全是从天命以后说,反复七篇中可见。"④在这段论述中,陆世仪区分了先天的"命"与后天的"性",强调"命"非"性",实际上就是说程朱所讲的"天命之性"不是"性",而"性"只能"从天命以后说",即只能从气质上说。这样,也就排除了"天所命于人以是理"的"天命之

①　陆世仪:《思辨录辑要》卷二十七,《景印文渊阁四库全书》第724册,台湾商务印书馆1986年版,第252页。

②　陆世仪:《思辨录辑要》卷二十七,《景印文渊阁四库全书》第724册,台湾商务印书馆1986年版,第247页。

③　朱熹:《朱子语类》卷四,《朱子语类》,中华书局1986年版,第70页。

④　陆世仪:《思辨录辑要》卷二十六,《景印文渊阁四库全书》第724册,台湾商务印书馆1986年版,第239页。

性"，为只从气质上说"性善"的"气质之性"一元论进一步奠定了理论基础。

在否定了程朱关于道德根源于客观的宇宙和性善出于天命的唯心主义先验论的前提下，陆世仪论述了他的"气质之性"一元论的观点。他认为，"性"不是脱离人的形体和气质而独立存在的精神实体："形生质也，神发气也，有形生神发而五性具，是有气质而后有性也。不落气质，不可谓之性，一言性便属气质。"①他强调："论性断离不得气质。一离气质，便要离天地。盖天地亦气质也。""性离不得气质"，"气质之外无性"，"离气质而论性必至入于禅。"②性在气质之中，气质之性即气质之理："性者，气质之理也。"③"气质中间所具之理则谓之性。"④这"理"已不是先验的"天理"，而是气质之中的理："非于气质之外别有所谓义理，……然则何以谓之义理也？曰：是即气质中之合宜而有条理者指而明之也。……而非于阴阳形气之外，别有一物焉，谓之义理，而人可得之以为性也。"⑤根据陆世仪"气质之性"一元论的思路，性与理即寓于气质之中，气质之外无性亦无理，以此作合理性的推论，亦势必得出"天理"即寓于"人欲"之中，"人欲"之外无"天理"的结论。尽管陆世仪仍持性善论的观点，并且认为，"气质"中的"合宜而有条理"者即"恻隐、羞恶、辞让、是非之四端"，以此四端为人性之所固有，仍带有先验论的色彩，但他否定了程朱的"天命之性"，把人性归结为"气质之性"，在当时是一种具有思想解放意义的学说。当时的一般学者视他的气质之性一元论为"殊新奇骇人"⑥；非程朱之言不敢言的陆陇其亦批评他，说

① 陆世仪：《思辨录辑要》卷二十六，《景印文渊阁四库全书》第724册，台湾商务印书馆1986年版，第241页。
② 陆世仪：《思辨录辑要》卷二十六，《景印文渊阁四库全书》第724册，台湾商务印书馆1986年版，第242—243页。
③ 陆世仪：《思辨录辑要》卷二十七，《景印文渊阁四库全书》第724册，台湾商务印书馆1986年版，第248页。
④ 陆世仪：《思辨录辑要》卷二十七，《景印文渊阁四库全书》第724册，台湾商务印书馆1986年版，第254页。
⑤ 陆世仪：《性善图说》，《丛书集成三编》第15册，新文丰出版公司（台湾）1997年版，第228页。
⑥ 颜元：《存学编》卷一《上太仓陆桴亭先生书》所引"南方诸儒手书"，《颜元集》，中华书局1987年版，第49页。

他论人性之善正要从气质上看的《性善图说》"甚不必作"①。当时尚年轻（比陆世仪小24岁）的颜元对陆世仪却很推崇，当他得知陆世仪《性善图说》中关于"气质之外无性"的观点后，在致陆世仪的信中说："先生……悟孔孟性旨，已先得我心矣！"②

"气恶理亦恶"

颜元(1635—1704年，明崇祯八年至清康熙四十三年)，字浑然，号习斋，河北博野人。清初颜李学派的创始者。他19岁中秀才，因遇讼事家道衰落，而不得不亲自"耕田灌园，劳苦淬砺"(《年谱》)。劳作之暇，阅《通鉴》，学医，学兵法及武艺，读陆王之书。24岁以后以教书为生，26岁读《性理大全》，始信程朱之学，直到34岁那年，因为遵《朱子家礼》为养祖母治丧尽哀而几乎送命，方才幡然醒悟，认识到朱学"有违性情"，因而对自己过去笃信程朱及所受陆王思想影响作了一次总清算，从此以"周公之六德、六行、六艺，孔子之四教"为"正学"。先后著《存性编》、《存学编》、《存人编》、《存治编》对理学进行批判，并阐明自己的学术主张。45岁(康熙十八年，1679年)收李塨为弟子，共同研讨"实学"。57岁(康熙三十年，1691年)南游中州，宣传"实学"思想。62岁(康熙三十五年，1696年)时曾应邀主持肥乡漳南书院。临终前一年，收王源为弟子，病逝前犹嘱咐门人："天下事尚可为，汝等当积学待用。"③今有《颜元集》传世。

颜元的人性论，以"生"或"生理"为核心，可视为自然人性论。他反对程朱关于性理的玄谈，从现实的人生去考察人性。他认为，人性就是实有的"生"："'生之谓性'，若以'天生烝民，有物有则'，'人之生也直'等'生'字解去，亦何害？"④宋儒不是讲"性即理"吗？颜元认为，所谓"理"也就是"生理"："宇宙真气即宇宙生气，人心真理即人心生理，全其真理，自全其生理。

---

① 陆陇其：《三鱼堂賸言》卷七，《丛书集成续编》第77册，上海书店出版社1994年版，第854页。
② 颜元：《存学编》卷一《上太仓陆桴亭先生书》，《颜元集》，中华书局1987年版，第49页。
③ 李塨：《颜习斋先生年谱》卷下，《颜元集》，中华书局1987年版，第794页。
④ 颜元：《四书正误》卷六《告子》，《颜元集》，中华书局1987年版，第236页。

微独自全其生理,方且积其全真理者而全宇宙之真气,以扶宇宙生生之气。"①

既以现实的人之"生理"为性,所以颜元反对程朱理学关于"天命之性"(或"义理之性")与"气质之性"的区分,提出"性即气质之性"、"舍形即无性"的命题。他指出:"若谓气恶,则理亦恶;若谓理善,则气亦善。盖气即理之气,理即气之理,乌得谓理纯一善而气质偏有恶哉?"他进而以人眼为例来驳斥程朱理学说:眶疱睛是"气质",若认为"气质之性有恶",势必导致"无此目然后可全目之性"的结论。因此,"更不必分何者是天命之性,何者是气质之性。"②他通过驳斥朱熹关于区别天命之性与气质之性的某些不伦不类的比喻,反复申说了气质之外无性的道理:例如,朱熹以纸喻气质,以光喻性,认为"拆去了纸便自是光"。颜元驳斥说:"此纸原是罩灯火者,欲灯火明必拆去纸。气质则不然。气质拘此性,即从此气质明此性,还用此气质发用此性。何为拆去?且何以拆去?"③他强调"非气质无以为性,非气质无以见性"④,谴责程朱理学视"至尊至贵至有用"之气质为"累碍赘余",认为这种观念乃是从佛教思想中窃取而来。

"唤迷途"

颜元既视人的气质为"至尊至贵至有用",认为气质之外无性,因而也就极力反对程朱及佛道二氏的禁欲主义说教。颜元著《存人编》,"将为天地扫荡妖氛以救生民"⑤。其中有《唤迷途》,共分五唤。其一,唤僧道;其二,唤修静者;其三,唤西域僧人;其四,唤高谈性命之儒;其五,唤妖邪杂教。召唤为中世纪的宗教异化和伦理异化所迷失了的人性。

他召唤僧侣离开那青灯古佛的寺院,回到现实的人生中来,或经商,或做工匠和其他劳动者。他对僧侣们说:

---

① 颜元:《习斋记余》卷一《烈香集序》,《颜元集》,中华书局1987年版,第409页。
② 颜元:《存性编》卷一《驳气质性恶》,《颜元集》,中华书局1987年版,第1页。
③ 颜元:《存性编》卷一《性理评》,《颜元集》,中华书局1987年版,第12页。
④ 颜元:《存性编》卷一《性理评》,《颜元集》,中华书局1987年版,第15页。
⑤ 颜元:《习斋记余》卷七《癸亥季秋祭孔子文》,《颜元集》,中华书局1987年版,第525页。

　　(你们)不当穿天下人的衣,吃天下人的饭,……我劝你有产业的僧人,早早积攒些财物,出了寺,娶个妻,成家生子。无产业的僧人,早早抛了僧帽,做生意、工匠,无能者与人佣工,挣个妻子,成个人家。①
他毫不隐晦地去引发僧侣们的欲念,声言:"岂人为万物之灵而独无情乎?故男女者,人之大欲也,亦人之真情至性也。你们果不动念乎?想欲归伦,亦其本心也。"②颜元26岁时,曾寓白塔寺椒园;有一个名叫无退的僧人对颜元侈谈佛理,颜元说:"只一件不好。"僧问之,颜元道:"可恨不许有一妇人!"僧惊曰:"有一妇人更讲何道?"颜元回答道:"无一妇人更讲何道?当日释迦之父,有一妇人,生释迦,才有汝教;无退之父,有一妇人,生无退,今日才与我有此一讲。若释迦父与无退父无一妇人,并释迦无退无之矣,今世又乌得佛教?白塔寺上又焉得此一讲乎?"无退无言以答。③
　　他批评佛道二家的"修静者"所追求的"空"、"无"境界是"灭人道",宣扬"极耳目之娱而非欲"。他对佛学的信奉者说:"有耳目则不能无视听,佛……不能使人无耳目,安在其能空乎?……即使……佛者之心而果入定矣,空之真而觉之大矣,洞照万象矣,此正如空室悬一明镜,并不施之粉黛妆梳,镜虽明亦奚以为?……天地间亦何用此洞照也?且人人而得此空寂之洞照也,人道灭矣,天地其空设乎?"④他又批评道家的"修静者"说:"道……不能使耳目不视听,安在其能静乎?……道者之心而果死灰矣,嗜欲不作,……正如深山中精怪,并不可以服乘致用,虽长寿亦两间一蠹。曰真人,曰至人,曰太上,而不可推之天下国家,方且盗天地之气以长存。……乾坤中又何赖有此太上也?且人人而得此静极之仙果也,人道又绝矣,天地其能容乎!"⑤他反对佛道二家以修静灭人道,而主张借助感官以扩充人道:"目彻四方之色,适以大吾目性之用,……耳达四境之声,正以宣吾耳性之用,推之口、鼻、手、足、心、意咸若是,……故礼乐缤纷,极耳目之娱而非欲也,位育乎成,合三才成一性而非侈也。"⑥

---

① 颜元:《存人编》卷一《第一唤》,《颜元集》,中华书局1987年版,第122页。
② 颜元:《存人编》卷一《第一唤》,《颜元集》,中华书局1987年版,第124页。
③ 参见李塨:《颜习斋先生年谱》卷上,《颜元集》,中华书局1987年版,第713页。
④ 颜元:《存人编》卷一"第二唤",《颜元集》,中华书局1987年版,第125—126页。
⑤ 颜元:《存人编》卷一"第二唤",《颜元集》,中华书局1987年版,第126页。
⑥ 颜元:《存人编》卷一"第二唤",《颜元集》,中华书局1987年版,第128页。

他进而批评宋明道学家"一闻禅僧之谈心性,遂倾心服之",批评他们"误言气质有恶,又言气质为吾性害","所谓与贼通气者,此也。"①揭露了宋明道学家鼓吹的禁欲主义说教的理论来源。正是通过对佛道及宋儒的批判,颜元建立起他的以人欲扩充人道的新理欲现。

(五)李光地"人欲非恶"说和费密论"欲不可禁"

"人欲非恶"

李光地是在左派王学及李贽学说风行福建的文化氛围中成长起来的,年轻时虽也在其父、"笃嗜正学"的李兆庆的督促下读了一些程朱理学的书,但王学及王门后学对他的影响亦实在不可低估。康熙皇帝曾说,汤斌、李光地、许三礼俱言王学,唯熊赐履独尊朱熹。虽然李光地后来写过《尊朱要旨》,但其实私下里却有许多批评朱熹学说的言论。他在人性论和理欲观方面就对朱熹学说作了很大的修正,从而顺应了批判理学禁欲主义的时代思潮。

李光地讲"性本论",明确表示不同意程朱讲的"天理"本体论。他所讲的"性"虽然没有摆脱先天道德论的束缚,但却具有更多的自然人性论的特点。他曾与恪守程朱学说的陆陇其讨论过"鸢飞鱼跃"的问题。李光地问:"鸢飞鱼跃是道否?"陆陇其回答:"不是。飞跃好的是道,翔而后集是道,自投罗网不是道。"李光地认为陆陇其说得不对:"不消如此讲,飞跃便是道。"②他认为"天地之性"是"生物之本体":"天地之为天地,无有他事,生万物而已。"③天地之性是"博爱"、"兼爱":"夫人物亦天地之子也,惟天地

---

① 颜元:《存人编》卷二"第四唤",《颜元集》,中华书局 1987 年版,第 136—137 页。

② 李光地:《榕村语录》卷七《中庸一》,《榕村语录 榕村续语录》,中华书局 1995 年版,第 119 页。

③ 李光地:《榕村集》卷七《太极篇》,《景印文渊阁四库全书》第 1324 册,台湾商务印书馆 1986 年版,第 621 页。

能广生人物而兼爱之。"①"程子谓退之(韩愈——引者注)以博爱为仁为非,盖谓其举用而遗体。然以愚观之,欲以一言尽仁体,未有善于博爱者也。《易》曰'天地之大德曰生',又曰大生,广生,夫此即博爱之谓也。"②这里讲的"兼爱"是明显的墨家语言,程颐曾指出以"博爱"释"仁"是以墨学冒充孔学,而李光地不仅坚持以"兼爱"、"博爱"释"仁",称为"体用具举",而且还明确表示反对孔门的"爱有差等"说:

> 今人说是仁有厚薄,……义有轻重,……不知仁如何说得薄,义如何说得轻。③

李光地以"仁"释"性",以"博爱"释"仁",从而形成了他的"性—仁—博爱"的本体论学说。他甚至说:"天地神人,以至鸟兽草木,总是一个性情。"④这种种说法都带有极浓厚的自然人性论的色彩。

李光地又进而对"存天理灭人欲"的理学禁欲主义的一些理论前提进行批判。"存天理、灭人欲"作为宋明理学的根本信条,其理论前提是所谓"阳善阴恶"、"神善形恶"、"道心善人心恶"等基本观点。要修正乃至批判、推倒"存天理、灭人欲"的蒙昧主义、禁欲主义的信条,就必须首先推倒其理论前提,破除"阳善阴恶"、"神善形恶"、"道心善人心恶"等荒谬观念。

这首先是要向朱熹宣战。李光地说:

> 善固本之性,恶亦必寻其根。朱子谓"阳主生,阴主杀"。"主"字觉得太重。如形体阴也,心思阳也,岂有形体主于为恶之理?然恶却从形体而生,故人以心思为主,而贯彻形体,则形体亦善;以形体为主,而役使天君,则心思亦恶。善出于心,恶亦出于心。……如此看,恶字有根,而亦不碍于本性之善矣。⑤

---

① 李光地:《榕村集》卷七《人物篇》,《景印文渊阁四库全书》第1324册,台湾商务印书馆1986年版,第624页。
② 李光地:《榕村集》卷六《孟子篇》,《景印文渊阁四库全书》第1324册,台湾商务印书馆1986年版,第614页。
③ 李光地:《榕村语录》卷七《中庸一》,《榕村语录 榕村续语录》,中华书局1986年版,第125页。
④ 李光地:《榕村语录》卷十三《诗》,《榕村语录 榕村续语录》,中华书局1986年版,第223页。
⑤ 李光地:《榕村语录》卷二十五《性命》,《榕村语录 榕村续语录》,中华书局1986年版,第445页。

按照朱熹的逻辑,从"阳主生,阴主杀"可推出"心思阳,形体阴",进而又推出"形体主于为恶之理",李光地则大以为不然,认为形体既可为善,亦可为恶,心思也是如此,既可以是善的,也可以是恶的。心思与形体都有为善和为恶两种可能性,不可以把恶专门归于形体。

李光地进而又对"阳善阴恶"、"道心善人心恶"之说提出批评。他说:

> 当年与德子谔、徐善长所言皆错。其时于一切天理人欲,都从动静分看,便不是。阴与阳都是好的,如何说阳善阴恶。阳,气也;阴,形也;气非理也,然气与理近,犹之心非性也,然心与性近。……虞廷说道心,是从天理而发者,说人心,是从形体而发者。饥渴之于饮食,是人心也,呼蹴不受,则仍道心也。人心、道心、大体、小体,都从此分别,能中节则人心与道心一矣。①

这段话的前半部分是反驳"阳善阴恶"说,认为阴与阳都是好的,不能机械地将其作善与恶的区分。李光地在翰林院庶常馆读书时,受德子谔、徐善长影响,亦曾相信"阳善阴恶"说,但他经过自己的独立思考,终于发现这一观点是错误的。后半部分是针对所谓"道心善、人心恶"的观点而言,既然阴阳不可作善与恶的机械区分,那么,"道心"与"人心"也不应作此善彼恶之分,道心固然是纯粹至善,而人心也不全是恶,二者在一定的条件下可以而且能够融为一体。李光地的这一观点,实际上推倒了所谓"人心惟危,道心惟微"的道学心传,对程朱理学来说,是一个巨大的冲击。

"存天理、灭人欲"的道学说教的理论前提既已被推倒,那么,"存天理、灭人欲"的命题也就根本不能成立了。在推倒程朱天理人欲之辨的理论依据的基础上,李光地指出:

> 人欲者,耳目口鼻四肢之欲,是皆不能无者,非恶也。徇而流焉,则恶矣。②

在这一论述中,"人欲"——"耳目口鼻四肢之欲"——被看作是"不能无"的正常欲望,而不是罪恶,这就否定了二程与朱熹视"人欲"为罪恶的观点;同时,人的欲望又必须借助理性来加以节制,否则,就会导致人欲横流而陷

---

① 李光地:《榕村语录》卷二十五《性命》,《榕村语录 榕村续语录》,中华书局 1986 年版,第 451 页。

② 李光地:《榕村集》卷二《读书笔录》,《景印文渊阁四库全书》第 1324 册,台湾商务印书馆 1986 年版,第 550 页。

于罪恶,这就与一味追求物质享乐的纵欲主义观点划清了界限。因此,在李光地这里,"人欲"和"天理"就不再是互不相容的对立的两极,人欲亦有其正当性,人的任务只在于用"天理"去调节人欲,而不是"革尽人欲"。这样一种观点合情合理,也就比较容易为一个正常的人所接受了。在这里,李光地是比二程和朱熹更为高明的。

　　李光地还认为,正确处理好天理与人欲的关系的关键,在于"公天下之欲"。不能要老百姓存天理、灭人欲,而统治者自己则奉行纵欲主义;而只有"公天下之欲",才能建立起良好的社会道德秩序。如何"公天下之欲"呢? 李光地主张要明辨"人欲之私"与"天理之实"。他说:

　　　　夫公天下之欲不为恶,惟有己则私耳。①

他认为"公天下之欲"乃是"天理之实",而一心只想着实现自己的私欲的才是"人欲之私"。这一观点与同时代的王船山提出的"人欲之大公即天理之大同"的观点如出一辙。李光地与王船山,虽然一个身在朝廷,一个身在草野,不相闻问,但都在其思想中调整了天理与人欲的关系,而曲折地反映了当时中国社会行将走出中世纪的某种时代要求。

"欲不可纵,亦不可禁"

　　费密(1623—1699年,明天启三年至清康熙三十八年),字此度,号燕峰,四川新繁人。南明永历帝时曾以中书舍人参与四川军事。清军入蜀后,避乱陕西,寻即东下,流寓江淮间四十余年。著有《弘道书》、《荒书》、《燕峰诗钞》等。

　　对于宋儒的禁欲主义,费密持明确的批判态度。他说:

　　　　饮食男女,人之大欲存焉。众人如是也,贤哲亦未尝不如是也。……欲不可纵,亦不可禁者也。不可禁而强禁之,则人不从,遂不禁任其纵,则风俗日溃。于是因人所欲而以不禁禁之。②

他又说:

---

　　① 李光地:《榕村集》卷七《人心篇》,《景印文渊阁四库全书》第1324册,台湾商务印书馆1986年版,第627页。

　　② 费密:《弘道书》卷上《统典论》,《续修四库全书》第946册,上海古籍出版社2002年版,第5页。

生命人所甚惜也,妻子人所深爱也,产业人所至要也,功名人所极慕也,饥寒困辱人所难忍也,忧患陷阱人所思避也,义理人所共尊也。然恶得专取义理,一切尽舍而不合量之欤?论事必本于人情,议人必兼之时势,功过不相掩,而得失必互存,……不以难行之事徒侈为美谈,不当以必用之规定指为不肖。①

这两段论述集中表明了费密的理欲观,即:饮食男女、产业功名皆是普天下人之所欲,饥寒困辱、忧患陷阱皆是普天下人之所不欲,求乐而避苦乃是人之本性,因而欲不可禁,强禁之则人不从,故禁欲乃"难行之事",徒"侈为美谈"耳;然而,欲又不可纵,纵欲会导致风俗的日益败坏。因此,治天下者"必本于人情"、"因人所欲",用"圣人"的"礼乐"来感化民众,这就叫"以不禁禁之",——所禁者乃禁人纵欲,而非人的正当欲求的满足。

此外,在上述所引费密专讲理欲关系的论述中有所谓"论事必本于人情,议人必兼之时势"之语,似亦有深意在。他之所以对宋儒的禁欲主义提出批判亦正是"本于人情"而又顺乎"时势"呵!

十二、清初新情理观的发展

清初新情理观的发展,大致可分三途:一是继承晚明的"至情"观,呼唤"复情"、"尽情"的人性复归和个性解放,以人间至情去对抗礼教的"天理",如傅山、傅眉父子的纯情观;二是在情中注入丰富的历史文化内涵和适乎时代要求的理性,寓理于情,如黄宗羲、王夫之;三是善于将哲人们关于情理关系的抽象论述还原为感性的具体,直接对传统的"节烈"观、惨无人道的阉宦制度和女御制度等进行批判,呼唤男女平等、废除阉宦和女御制度、主张婚姻恋爱自由等。

---

① 费密:《弘道书》卷上,《弼辅录论》,《续修四库全书》第 946 册,上海古籍出版社 2002 年版,第 10 页。

（一）傅山、傅眉的情理观

"情为天地生人之实"

傅山（1607—1684 年，明万历三十五年至清康熙二十三年），初名鼎臣，字青竹，后改青主，山西阳曲人。傅山 30 岁时，就成功地领导了一次声闻全国的学生运动。崇祯九年（1636 年），因山西提学袁继咸被阉党诬陷下狱，傅山乃约集全省生员一百余人赴京请愿，上书受阻后，傅山等就在北京散布揭帖，并且率众拦截大学士温体仁坐轿，呼号请愿，最终迫使朝廷将袁继咸无罪释放。明亡后，自号"朱衣道人"，从事抗清的地下活动。清顺治十一年（1654 年），因参与策划南明总兵宋谦在晋豫边界的起义，以"叛逆钦犯"被捕入狱，但他极懂得斗争策略，坚决不承认参与策划起义之事，并以绝食抗议，当局无法定罪，又经友人营救，乃得出狱。康熙十七年（1678 年）开"博学鸿词科"，傅山被荐，但他严词拒绝。次年，当局派人强行将他抬往北京，在离京 30 里的地方，他以死拒不入城，清政府不得已将他放归。现存的傅山著作有《霜红龛集》四十卷以及《荀子评注》、《淮南子评注》、《庄子翼批注》、《杂著录》、《杂抄》以及一些零散的手稿等。

傅山自称"学老庄者"[1]，对理学的最高范畴"理"极为反感，屡屡称引老庄来反对程朱的所谓"理"。他说："《老子》八十一章绝不及理字。《庄子》，学《老》者也，而用理字皆率不甚著意。"[2]他甚至主张"无理始足以平天下"，说："无理胜理，故理不足以平天下，而无理始足以平天下。"[3]他反对朱熹以"理"释"性"，说："《中庸注》'性即理也'亦可笑，其辞大有漏。……理之有善有恶，犹乎性之有善有恶，不得谓理全无恶也。"[4]在《庄

---

① 傅山：《书张维遇志状后》，《傅山全书》第 1 卷，山西人民出版社 1991 年版，第383 页。

② 傅山：《杂记六·老子不言理》，《傅山全书》第 1 卷，山西人民出版社 1991 年版，第758 页。

③ 傅山：《圣人为恶篇》，《傅山全书》第 1 卷，山西人民出版社 1991 年版，第 540 页。

④ 傅山：《理字考》，《傅山全书》第 1 册，山西人民出版社 1991 年版，第 537 页。

子翼批注》中,他对宋儒讲的"理"和"性"一概予以唾弃。《逍遥游第一》眉批云:"好文章,不见理字性字。"①接着,又在《齐物论第二》、《人间世第四》、《德充符第五》、《大宗师第六》、《应帝王第七》诸篇中,或眉批,或旁批,皆曰:"通篇无理字、性字。"②

傅山唾弃程朱理学之"理",却对一个"情"字极为推崇。其《庄子批点》中,凡有"情"字处皆作标注,关于"情"的批语有二十多条,如《大宗师》:"夫道,有情有信";《骈拇》:"骈枝于五脏之情"、"不失其性命之情";《天地》:"毕见其情事"、"致命尽情"、"万物复情";等等。在《天地第十二》的旁批中,更有下列比较明显地反映出傅山的情感本体论思想的文字:

> 尽情。复情。
>
> 上言德容,是天地间之人之乐耳,未为天地乐也。至此纯是天地,并人而无之,复何德之足云?
>
> 情为天地生人之实,如上文所谓一也。复乎一而塞天地皆人。不见人也,天地而已矣,是谓混冥。③

自古以来,人们都将所谓"一"视为"道"、视为"理",所谓"贵一"、"抱一"、"王者得一以为天下尊"等,而傅山则将这神圣的"一"释为"情",视之为"天地生人之实"的大本大原,人"复乎一而塞天地",则"复乎一而塞天地"者皆情,不见情也就是不见人,不见人则天地为混沌;情为人之乐,故傅山呼唤"尽情"、"复情"。

傅山的美学思想,以"情"为核心,强调"情真自然"、"纯任天机",继承袁宏道以"真情"和"天趣"释"性灵"的观点,又发袁枚以"真情"和"灵机"释"性灵"的先声。他说:"文者,情之动也。情者,文之机也。文乃性情之华,情动中而发于外,是故情深而文精,气盛而化神,才挚而气盈,气取盛而才见奇。"④这就是说,只有情真、情深,方有气盛、才奇;没有真情、深情的人,则其才气必定平庸。他反对矫情雕琢,提倡"不可炉锤,纯任天机","天

---

① 傅山:《庄子翼批注·逍遥游第一》,《傅山全书》第2册,山西人民出版社1991年版,第1065页。

② 傅山:《庄子翼批注·齐物论第二》,《傅山全书》第2册,山西人民出版社1991年版,第1067页。

③ 傅山:《庄子翼批注·天地第十二》,《傅山全书》第2册,山西人民出版社1991年版,第1110页。

④ 傅山:《文训》,《傅山全书》第1册,山西人民出版社1991年版,第509页。

机适来，不刻而工"，只有将真情与天地之自然相结合，方才有"妙道情真语"①。

傅山强调创作要表现"真情"，具有冲破"以理抑情"的中古教条束缚的进步意义。他认为无论何人作诗，都必须反映人的真情实意，即便是僧诗也不例外，"宁花柳勿瓶钵"②。其子傅眉亦持此观点，雪峰和尚去江南，傅眉劝他作艳诗，其说云："江南烟树，莫非法眼，诗当大进，……若能于六朝花柳里面讨一个真空实相，不妨多作几首艳诗；担在概栗上，拿归塞上。……江山之助，助才助兴，无才不足见性。江山正不助庸人也。"③傅山认为，无真情必为庸才，庸人又岂能作好诗耶？法国启蒙学者狄德罗亦曾指出，在一个奉行伦理道德至上主义、压抑人的情感的社会中，是不可能出大艺术家的。傅山的观点正有见于此。

"爱穷板子直爱到底"

傅山作《犁娃从石生序》，歌颂了犁娃与石生的纯洁爱情，表达了一种超乎任何功利要求之外的美好的纯情观。

犁娃与石生皆实有其人。犁娃是倚于晋水之门的妓女，石生是穷秀才。在婚姻必出于"父母之命，媒妁之言"的旧礼教统治下，穷秀才们往往只能在妓女中才能觅得意中人，不幸而沦落风尘的女子也只有自觅佳偶才能跳出火坑。石生到妓女中去觅偶，这是违背礼教的行为，因而为"诸老腐奴"所指责；妓女犁娃嫁给石生，"诸老腐奴"们出于"酸葡萄"心理，又说犁娃不是能过苦日子的人。傅山以犁娃许嫁后与石生同甘共苦的事实，驳斥了"老腐奴"们的指责。犁娃许嫁石生时说："不爱健儿，不爱衙豪，单爱穷板子秀才。"傅山由此询问：穷板子有何可爱？为什么犁娃独能人弃我取？"为你酸溜溜意儿难割舍"，"但得山花插满头，莫问奴归处"④。确实，穷秀

---

① 傅山：《诗训》，《傅山全书》第 1 册，山西人民出版社 1991 年版，第 509 页。

② 傅山：《复雪开士》，《傅山全书》第 1 册，山西人民出版社 1991 年版，第 494 页。

③ 傅眉：《草草付》，《傅山全书》第 7 册附录一《傅眉集》，《傅山全书》第 7 卷，山西人民出版社 1991 年版，第 4898 页。此篇是晋祠文管所据傅眉手稿整理，《霜红龛集》卷二十二误以此篇为傅山作。

④ 傅山：《犁娃从石生序》，《傅山全书》第 1 册，山西人民出版社 1991 年版，第 373 页。

才表达爱情的方式不免"酸溜溜",不如风月场中的豪门阔少那么潇洒;跟随穷秀才也只能头上插山花,而不能头插金钗、珠光宝气。然而,爱情之所以为爱情,就在于它是不包含任何"实际"的考虑的,爱就是一切,高于一切;一包含任何利益的算计,就不能叫爱情了。穷秀才能觅得一个风尘知己,远比中状元举人更值得宝贵;这种精神上的富有,也远远胜过了"富有四海,拥蛾眉皓齿千千万"的物质上的富有。傅山认为,犁娃许嫁石生,"长穷板子志气"。"穷不铜臭,板亦有廉隅"①。"穷板"二字,真值得写成匾额而高悬门楣。在傅山看来,男女的结合,只有不仅具有冲破礼教束缚的勇气,而且也具有冲破金钱和荣华富贵等世俗观念束缚的崇高品德,才称得上是至高至贵的纯洁爱情。

傅山之子傅眉在读了其父撰写的《犁娃从石生序》后撰文,进一步讴歌犁娃"爱穷板子直爱到底"的崇高品质,对傅山的情爱观作了进一步的开掘和发挥。他指出,在中国历史上,卓文君和红拂女,都是为风流名士们所称道的能自觅佳偶的女子的典型。人们说卓文君有眼力,在司马相如尚且贫贱时以身相许,而司马相如后来果然做了大官;人们又称赞红拂女有眼力,在李靖尚且是平民百姓的时候,毅然脱离她所侍奉的位居极品的当朝显贵杨素,深夜私奔跟随李靖,而李靖后来果然被唐太宗封为卫国公。这些赞美,虽然在一定程度上肯定了卓文君、红拂女冲破礼教束缚的行动的合理性,但并没有摆脱向往荣华富贵的世俗观念的束缚。犁娃从石生,而石生以穷板子终其身,人们说石生未能"为具眼英雄一吐气",因而为犁娃惋惜。针对这种说法,傅眉指出:这些人都不是真知犁娃的人。犁娃许身石生时,只知石生是穷板子秀才,何曾有一丝一毫的"富贵想"在其心中眼中。无论富贵贫贱,都不为所动,才是真正的犁娃。犁娃是真正有"识力"的人,堪称是"当世巾帼丈夫"。傅眉还提出了一个发人深省的问题:为什么爱穷板子秀才的人,偏偏出在风尘女子之中呢?为什么世间堂堂须眉男子,其识力反而不如妓女呢?傅眉认为,人世间的世俗女子和须眉男子们几乎都被功名利禄、荣华富贵的思想迷了心窍,倒是身为下贱的某些风尘女子更懂得人间真情的珍贵。②

---

① 傅山:《犁娃从石生序》,《傅山全书》第1册,山西人民出版社1991年版,第374页。
② 参见《犁娃从石生序》篇末"傅眉曰",《傅山全书》第1册,山西人民出版社1991年版,第374—375页。

（二）黄宗羲、王夫之、刘献廷的 情理观

"非情亦何从见性"

黄宗羲批判了宋明理学家将"性"（"理"）与"情"相分离、相对立的所谓"性、情之辨"，阐发了性与情不可离而为二、性在情中亦即理在情中的情理观。

性情之辨，是宋明理学的一大论题。"性即理"，这是程颐对"性"所作的规定。性情之辨亦即理情之辨。性情之辨是围绕着《礼记·中庸》关于"未发"、"已发"的问题而展开的。其实《中庸》所说的"未发"、"已发"都是指人的喜怒哀乐的情感，其"未发"谓之"中"，已发而中节谓之"和"，二者合起来叫做"致中和"。宋儒强将"未发"释为"性"，"已发"释为情，要人"于静中体认未发时气象"，这种叫人不要动的"未发时气象"就是"本然之善"的"性"，亦即"天理"。这样，就将性情之辨与天理人欲之辨联系了起来，使性情之辨从属于天理人欲之辨。

黄宗羲明确表示反对理学家的所谓性情之辨。他指出："自来儒者以未发为性，已发为情，其实性情二字，无处可容分析。性之于情，犹理之于气，非情亦何从见性？"①他认为，性与情是不可分离的；性依存于情，正如理依存于气；性因情而见，没有外在于情的所谓性，性（理）就在情中。他进而指出理学家将《中庸》所谓"喜怒哀乐之未发"释为性是错误的，"未发"亦是情；要人于"未发之中"去体认"性"或"天理"，实际上是将人类导向寂灭一途。他说："（《中庸》）于未发言喜怒哀乐，是明明言未发有情矣，奈何分析性情？则求性者必求之未发，此归寂之宗所由立也。"②这"归寂之宗"不仅是指明确主张"归寂"的江右王门中的聂豹一派，而且也是指标榜"主静"叫人不要动的程朱派理学家。宗羲又指出："情贯于动静，性亦贯于动静，

① 黄宗羲：《明儒学案》卷十九《江右王门学案·黄宏纲传》，《黄宗羲全集》第7册，浙江古籍出版社2005年版，第518页。
② 黄宗羲：《明儒学案》卷十九《江右王门学案·黄宏纲传》，《黄宗羲全集》第7册，浙江古籍出版社2005年版，第518页。

故喜怒哀乐,不论已发未发,皆情也,其中和则性也。"①以"中和"为性,是对性不离情、性在情中的进一步论说。"中和"是指情的"未发之中"与"发而中节之和"两种状态,因而"中和"贯动静,不得以"未发之中"的静态为性、为理,而以情之"已发"的动态为无性、无理。总之,性在情中,理在情中,离情而另外杜撰所谓无情之性、无情之理,都是违背现实的人性的错误观念。

黄宗羲对艺术创作的"情感—审美"特质有深刻的认识。他说:"诗人萃天地之清气,以月露风云花鸟为其性情,其景与意不可分也。月露风云花鸟之在天地间,俄顷灭没,而诗人能结之不散。常人未尝不有月露风云花鸟之咏,非其性情,极雕绘而不能亲也。"②他强调艺术创作必须表现真实的情感,批判专制教化对人的情感的扭曲和扼杀,指出:"情者,可以贯金石、动鬼神。古之人情与物相游而不能相舍,……即风云月露、草木虫鱼,无一非真意之流通。故无溢言曼辞以入章句,无谄笑柔色以资应酬。……今人亦何情之有? 情随事转,事因世变,干啼湿哭,总为肤受。……今人之诗,非不出于性情也,以无性情之可出也。"③宗羲以有无真性情衡量诗的优劣,亦以有无真性情来衡量"文"的优劣,这里的"文"是广义的文,包括一切诉诸语言文字的创作。

黄宗羲在《明夷待访录》中曾经把小说、戏剧与八股时文同等看待而一概予以排斥,这是他早年对小说戏剧的启蒙价值缺乏认识的一种表现,是其理性化的头脑和严格自律的道德人格对文艺家所作出的一种隔膜的挪揄和谬误的判断。然而,当他后来编撰《明文案》(该书编撰始于康熙八年,完成于康熙十六年)一书的时候,他的这一观点就发生了根本的转变。他在《明文案》的序言中说:

> 凡情之至者,其文未有不至者也,则天地间街谈巷语、邪许呻吟,无一非文,而游女、田夫、波臣、戍客,无一非文人也。④

① 黄宗羲:《明儒学案》卷四十七《诸儒学案·罗钦顺传》,《黄宗羲全集》第8册,浙江古籍出版社2005年版,第409页。
② 黄宗羲:《南雷文案》卷一《景州诗集序》,《黄宗羲全集》第10册,浙江古籍出版社2005年版,第16页。
③ 黄宗羲:《南雷文案》卷二《黄孚先诗序》,《黄宗羲全集》第10册,浙江古籍出版社2005年版,第31—32页。
④ 黄宗羲:《南雷文案》卷一《明文案序上》,《黄宗羲全集》第10册,浙江古籍出版社2005年版,第19页。

在这段论述中,黄宗羲明显地表现出他对晚明公安三袁、汤显祖、冯梦龙等人的"至情观"的继承,并且使之与民主主义的思想相结合,从而对人民大众天然流露的思想感情和创作表现出高度的重视。鲁迅赞美"杭唷杭唷派",黄宗羲亦称许"邪许呻吟"派!他所选编的《明文案》,完全打破了传统的价值标准,不仅使有的"诓家鸿笔以浮浅受黜,稀名短句以幽远见收",而且收录了诸如《舵师记》、《渔记》、《塼埔记》、《张琴师传》、《马伶传》、《汤琵琶传》、《记女医》等专门反映下层人民的生活和聪明才智的作品。正因为如此,所以黄宗羲受到来自官方的和来自传统文人的攻击。清代官修的《四库全书总目》说他"虽游戏小说家言,亦为兼收并采,不免失之泛滥";李慈铭《受礼庐札记》亦批评黄宗羲"所选颇泛滥驳杂,多非雅言"。这些批评正好从反面映衬出黄宗羲的选择标准与传统观点的根本对立,说明了黄宗羲的思想所具有的冲破中世纪传统的历史进步意义。

作为一位以天下为己任的志士仁人,黄宗羲特别注重把个人的情感与天下之治乱、时代之变迁相联系,呼唤"风雷之情",提倡以这种激情去改革社会,推动社会的进步,从而将"情"提升到一个新的境界。

"天理人情,元无二致"

在情理关系上,王夫之持情理统一观,认为"天理人情,元无二致"[1]。他从本体论上把情看作是本体的功能和属性,又从人的主体性立论,把情看作是人性的基本内涵之一,论证了人类情感的普遍性和共通性;进而分析"性"、"情"、"欲"三者之关系,既肯定情欲的合理性,而又主张"性为情节"、"情以显性",提倡内在的情感要求与道德自律的和谐统一。

从自然本体化生万物的观点来看,王夫之扬弃了李贽关于"细缊化物,天下亦只有一个情"的观点,吸取了其合理性的内核,以"阴阳之几"来规定"情",他说:

> 情者,阴阳之几也;物者,天地之产也。阴阳之几动于心,天地之产应于外。故外有其物,内可有其情矣。内有其情,外必有其物矣。[2]

---

[1]　王夫之:《读四书大全说·孟子梁惠王上》,《船山全书》第6册,岳麓书社1991年版,第896页。

[2]　王夫之:《诗广传》卷一《邶风》,《船山全书》第3册,岳麓书社1992年版,第323页。

与晚明的情感本体论相比，王夫之虽然并不以情为本体，但把情看作是本体的功能和属性，即"阴阳之几"，这实际上并没有降低情的地位，而只是把对于情的解说建立在朴素唯物论的基础之上。在王夫之的以上论述中，还包括一层含意，即从主客体的相互关系来界说情，人固然秉受了天地"阴阳之几"，但作为人的情感的"阴阳之几"，乃为外物所引发，是在主客体的相互作用中产生的。所以王夫之又说，人情"于物有所攻取"，亦是"自然之势"①。然而，再回到本体论上去，人情又与天地阴阳之几相通："君子之心，有与天地同情者，有与禽鱼草木同情者。"②于是，"临水而悠然自得其昭旷之怀"，"入山而怡然自遂其翕聚之情"③。这实际上是主体赋予了自然"情感—审美"的属性，然而从本体论的观点看，乃是人作为自然的产物，与自然本体具有"阴阳之几"的同构性。

从人的主体性立论，王夫之给"情"下了一系列的定义：

> 夫情，则喜怒哀乐爱恶欲是已。④
>
> 发乎其不自已者，情也。⑤
>
> 情发乎性之所不容已。⑥

王夫之认为，"情"具有沟通人类心灵的普同性。只要是人，便会有喜怒哀乐的情感，有"发乎性之所不容已"的情感：

> 人情者，君子小人所共有之情也。⑦

因此，岂有以"情"专属于"小人"，而提倡君子必须无情之理？"小人"有情，"君子"亦不可无情：

> 盖人与万物相通者，心也。而君子之心，非小人所能有；小人之心，抑君子所不可无；小人之心而君子所不可无者，情也。⑧

他进一步指出：

---

① 王夫之：《礼记章句》卷十九，《船山全书》第 4 册，岳麓书社 1991 年版，第 898 页。

② 王夫之：《诗广传》卷一《召南》，《船山全书》第 3 册，岳麓书社 1992 年版，第 310 页。

③ 王夫之：《四书训义》卷八，《船山全书》第 7 册，岳麓书社 1990 年版，第 466 页。

④ 王夫之：《读四书大全说》卷十，《船山全书》第 6 册，岳麓书社 1991 年版，第 1065 页。

⑤ 王夫之：《诗广传》卷一，《船山全书》第 3 册，岳麓书社 1992 年版，第 325 页。

⑥ 王夫之：《读四书大全说》卷五，《船山全书》第 6 册，岳麓书社 1991 年版，第 689 页。

⑦ 王夫之：《四书训义》卷二十六，《船山全书》第 8 册，岳麓书社 1990 年版，第 90—91 页。

⑧ 王夫之：《四书训义》卷二十六，《船山全书》第 8 册，岳麓书社 1990 年版，第 118 页。

　　　　人之有情有欲,是天理之宜然。①

人的情感得于天而具于心,"天理"是并不排斥人类情感的;如果灭弃情欲,那恰恰是违背王夫之的所谓"天理"了。

　　然而,王夫之又认为,并不是情的任何形式的表现都是好的,"任其情而违其性,则乐之极而必淫,哀之至而必伤"②。因此,"情"必须受到"性"的节制,即"性为情节"、"情以显性"。在"性"制约情感的意义上,"性"是指人的道德心理,体现着对于情感的道德要求,对于情感的实现起着制约的作用:

　　　　故以知恻隐、羞恶、恭敬、是非之心,性也,而非情也。③

　　　　仁义礼智,亦必于喜怒哀乐显之,性中有此仁义礼智以为之本,故遇其攸当,而四情以生。④

这里虽然说"性"中以仁义礼智为本,似乎难以与宋儒划清界限;然而,又必须看到,王夫之所说的"性"或"理"又不单纯是道德规范。"性"中已包含了对于人的欲望的肯定,这恰恰又是与宋儒的显著区别。他说:

　　　　盖性者生之理也,均是人也,则此与生俱有之理,未尝或异;故仁义礼智之理,下愚所不能灭,而声色臭味之欲,上智所不能废,俱可谓之为性。⑤

"性"或"天理"已经悄悄地被改造了。这"性"或"理"并不是敌视"情"、"欲"的,而是肯定了情、欲的合理性的,情、欲皆是"生之理"的组成部分,人的自然欲求和由此产生的情感("阴阳之几")与道德的要求共同构成了人性的基本内涵。在把"性"仅仅看作是道德心理的意义上,人性内包含着"性"、"情"、"欲"三者,"情"介乎"性"与"欲"之间,故王夫之说:

　　　　情上受性,下授欲。⑥

在这里,"欲"处于最基本的层次,"情"处于中间层次,而作为道德心理的"性"处于最高层次。所谓情"下授欲",是说"情"作为"阴阳之几"本来就

---

① 王夫之:《周易内传》卷四,《船山全书》第 1 册,岳麓书社 1988 年版,第 421 页。
② 王夫之:《四书训义》卷七,《船山全书》第 7 册,岳麓书社 1990 年版,第 344 页。
③ 王夫之:《读四书大全说》卷十,《船山全书》第 6 册,岳麓书社 1991 年版,第 1065 页。
④ 王夫之:《读四书大全说》卷二,《船山全书》第 6 册,岳麓书社 1991 年版,第 473 页。
⑤ 王夫之:《张子正蒙注》卷三,《船山全书》第 12 册,岳麓书社 1992 年版,第 128 页。
⑥ 王夫之:《诗广传》卷一《邶风》,《船山全书》第 3 册,岳麓书社 1992 年版,第 327 页。

是由物质性的感应所产生的,"人情依于食色之中"①,而欲既是情得以产生的生理基础,又受情的分配或制约;所谓"上受性",是说恻隐、羞恶、辞让、是非等道德心理作为人的自我完善的要求,亦对情感起着制约的作用。将三者联系起来看,也就是说:一种健全的人类情感应该体现着道德的要求与欲望的满足之完美的统一。因此,王夫之说:

> 以自爱之心,而为爱人之理,我与人同乎其情也,则亦同乎其道也。②
>
> 若犹不协于人情,则必大违于天理。③
>
> 人情之通天下而一理者,即天理也。④

协于人情,以自爱之心爱人,亦即天理。于是,人情的普遍性和共通性也就成为天理的表现。这"天理"是反对人的恣情纵欲的,因而比晚明学者的观点显得更成熟。同时,它又与晚明学者的唯情主义一样,照旧是带着物质的、诗意的感性光辉向人的全身心发出微笑。

　　从情理统一的观念出发,王夫之主张应尊重艺术的"情感—审美"特质和艺术创作的特殊规律,反对宋明理学排斥审美表现的情感内容和片面强调审美的政治伦理意义。他认为诗歌的最根本的美学特性在于它的抒情性:

> 情之所至,诗无不至;诗之所至,情以之至。⑤

这是诗歌与政治伦理文章的根本区别之所在,如果将情感排斥,所谓"诗"就成了押韵的道学语录,也就无审美可言了。正因为他特别强调诗歌的抒情性,所以他对历来被尊称为"诗圣"的杜甫颇有微词:

> 诗以道性情,道性之情也。性中尽有天德、王道、事功、节义、礼乐、文章,都分派于《易》、《书》、《礼》、《春秋》去,彼不能代诗而言性之情,诗亦不能代彼也。决破此疆界,自杜甫始,桎梏人情,以掩性之光辉,风雅罪魁,非杜其谁邪?⑥

这种对杜甫的过火的批评,实际上是针对企图强行把诗纳入政治伦理轨道

---

① 王夫之:《尚书引义》卷五,《船山全书》第2册,岳麓书社1988年版,第381页。
② 王夫之:《四书训义》卷三,《船山全书》第7册,岳麓书社1990年版,第137页。
③ 王夫之:《四书训义》卷二十一,《船山全书》第7册,岳麓书社1990年版,第935页。
④ 王夫之:《四书训义》卷二六,《船山全书》第8册,岳麓书社1990年版,第120页。
⑤ 王夫之:《古诗评选》卷四,《船山全书》第14册,岳麓书社1996年版,第654页。
⑥ 王夫之:《明诗评选》卷五,《船山全书》第14册,岳麓书社1996年版,第1440—1441页。

的程朱派理学家而言的,因为他们才是真正的"桎梏人情"者,杜甫的创作不过是他自己所独有的一种风格而已。尽管如此,杜诗由于带有了较多的政治伦理意味而受到王夫之的激烈批评,可见王夫之是多么强调诗的"情感—审美"的独立价值。他以"道性之情"修正了晚明公安派的"性灵说",但仍保留了性灵说的合理内核。

"六经之教,原本人情"

刘献廷继承了冯梦龙关于"六经皆以情教"的思想。他以人们爱唱歌看戏、爱看小说听说书来论证这一观点:"余观世之小人,未有不好唱歌看戏者,此性天中之《诗》与《乐》也;未有不看小说、听说书者,此性天中之《书》与《春秋》也……"①所以,情乃为人的天赋之性之所固有,是《六经》之教之所本。

以"情"为出发点,刘献廷对遏抑人情的理学禁欲主义做了深刻的批判。他指出后世儒者不能因人情而利导之,"百计禁其遏抑,务以成周之刍狗,茅塞人心,是何异壅川使之不流,无论其决裂溃败也"②。他明确地认为,对人情只能因势利导,而不能加以遏抑,遏抑的结果只能走向其反面,明末社会纵欲主义的泛滥就是对宋明理学"以理抑情"的禁欲主义的一种惩罚。他更痛切地指出,由于以理抑情,"今之儒者之心,为刍狗之所塞也久矣,而以天下大器使之为之,不亦难乎"③。他认为由于抑情而变得不通人情、麻木不仁的儒者们,是不能担当起治理天下的大任的。

刘献廷反对"以理抑情",主张对人情应"因势而利导之",这一"势"字殊堪玩味。"势"大概就是指明代中叶以来个性解放的时代潮流,"因势而利导之"就是不要使"情"的解放走向纵欲主义。从刘献廷以人无不爱唱歌、听戏、看小说来证明人"性天"中有"诗与乐",可见,他是深明文艺作品的"情感—审美"特质的。为了对人情"因势而利导之",他十分重视明中叶以来因受早期市民阶层之欢迎而得到空前繁荣发展的戏曲小说的作用,誉之为"明王转移世界之大枢机"。他在《广阳杂记》卷二中说:

① 刘献廷:《广阳杂记》卷二,《广阳杂记》,中华书局1957年版,第106页。
② 刘献廷:《广阳杂记》卷二,《广阳杂记》,中华书局1957年版,第107页。
③ 刘献廷:《广阳杂记》卷二,《广阳杂记》,中华书局1957年版,第107页。

> 余曾与韩图麟论今世之戏文小说。图老以为败坏人心,莫此为甚,最宜严禁者。余曰:"先生莫作此说,戏文小说,乃明王转移世界之大枢机。圣人复起,不能舍此而为治也。"图麟大骇。余为之痛言其故,反复数千言。图麟拊掌掀髯,叹未曾有。①

可惜刘献廷没有将其论证"戏曲小说乃明王转移世界之大枢机"这一观点的"反复数千言"记录下来,但有一点可以断定,自明中叶以来戏曲小说充满了个性解放的时代精神。刘献廷既反对后世儒者以理抑情,主张对情要因势利导,他是不会主张通过戏曲小说而将情重新纳入专制政治伦理的轨道的;否则,岂不是又成了他所批判的以人性为刍狗的"以理抑情"了吗?

全祖望作《刘继庄传》,认为继庄"有一大不可解者",就是:"其生平极许可金圣叹,故吴人不甚知继庄,间有知之者,则以继庄与圣叹并称,又咄咄怪事也。圣叹小才耳,学无根柢,继庄何所取而许可之?乃以万季野尚有未满,而心折于圣叹,则吾无以知之。然继庄终非圣叹一流,吾不得不为别白也。"②这位全祖望先生实在是太不能神交刘献廷了,刘献廷称许金圣叹又有何可非!从治正统学问的观点来看,金圣叹确实如全祖望所说是"学无根柢",然而他却以评点小说、戏曲而闻名于世,是当时的一位了不起的文艺美学家。

胡适在倡导新文化运动时曾指出:"金圣叹是十七世纪的一个大怪杰,他能在那个时代大胆宣言,说《水浒》与《史记》、《战国策》有同等的文学价值,说施耐庵、董解元与庄周、屈原、司马迁、杜甫在文学史上占有同等的位置,说:'天下之文章无有出《水浒》右者,天下之格物君子无有出施耐庵先生右者!'这是何等眼光!何等胆气!……这种文学眼光,在古人中很不可多得。"③这一评论应该说是公允的,刘献廷之称许金圣叹,也正表现出他的特识。

(三)清初学者对"礼教"的批判

具有进步思想的清初学者除了致力于从哲学上论证新的情理观以外,

---

① 刘献廷:《广阳杂记》卷二,《广阳杂记》,中华书局 1957 年版,第 107 页。
② 全祖望:《刘继庄传》,《全祖望集彚校集注》,上海古籍出版社 2000 年版,第 528 页。
③ 胡适:《〈水浒传〉考证》,《胡适文集》第 2 册,北京大学出版社 1998 年版,第 374 页。

还努力将抽象的哲理还原为感性的具体,批判专制社会的礼教和陋俗。他们从人道主义的观点立论,反对传统的节烈观,提出废除嫔妃制度和阉宦制度的主张,肯定人们对于爱情和幸福的追求,提倡男女平等,批判"女人祸水论",讴歌女性的优秀品质;此外,还提出了与传统的"长者本位"相对立的重视幼者的观念。除傅山、傅眉父子的新婚恋观已如前述外,其他学者的观点对于考察这一时代思想界的新动向亦具有重要的价值。

废阉与废除嫔妃制度的主张

自黄宗羲在《明夷待访录》中谴责专制帝王"离散天下之子女以供一人淫乐"、痛陈阉宦之害以后,先有魏禧提出了废除阉宦的主张,进而又有唐甄提出了既废除阉宦、又废除嫔妃制度的主张。

魏禧(1624—1680年,明天启四年至清康熙十八年),字冰叔,江西宁都人。是清初隐居于江西宁都翠微峰的"易堂九子"之一,著有《魏叔子文集》、《诗集》、《左传经世》等书。魏禧在《变法》一文中明确提出了废阉的主张。他说:"用奄人始于周,夏商以前无闻焉。唐昭宗尽诛宦官,其出监诸务者,皆令方镇杀之。至庄宗即位,乃复求宦官。则此一二十年间,不用宦官亦明矣。然则奄人固未始不可革也。奄人既革,宫中之事,选粗健女子充之,以给力役,备非常。若出纳命令,则于内外各设一庐,男子给事于外,女子给事于内。又于内外之间,选寡妇五十六十者居之,以司出纳。如是,则奄人可革也。"①

唐甄既主张废除阉宦制度,同时又主张要废除导致使用阉宦的女御嫔妃制度。

以人道立论,他认为设置阉宦这种罪恶的制度乃使人不成其为人,"望之不似人身,相之不似人面,听之不似人声,察之不似人情,……而人君亲之爱之,苟不侍侧,则饮食不乐,是诚何心哉!"进而言之,"原其所以自宫者,使我心悸。肾为身根,掘身之根,其痛非常痛也,其害非常害也。今使人断一指以易王侯,虽有悍者不愿为之,而彼奴则为之。其求太监能忍若此,则

① 魏禧:《变法》,转引自唐甄《潜书·去奴》,《潜书注》,四川人民出版社1984年版,第462—463页。

其谋富贵何所不为?"①在唐甄看来,君主需要用太监,民间则有愿意自宫以进,以谋富贵者,这两方面都是极不人道的。阉人乱政,自古已然,于明为烈。故唐甄认为,阉人不可以不革;革之之道,在于除根,即"不用阉人";既不用阉人,则民间也就"无自宫以幸进者"②。

不用阉人,宫中之事怎么办? 唐甄的回答是:"贵为天子,亦可以庶人之夫妇处之。"关键是要进一步废除那离散天下之子女而供帝王一人之淫乐的嫔妃女御制度。从阉宦的起源来说,"唐虞夏商女御少,故不用阉人;周女御多,故用阉人"③。《周礼》将帝王的女御增至百人以上,阉宦也就由此产生,"降及末世,宫中女子常数千人,多至万人",所用阉宦也相应大增。为了彻底废除阉宦制度,唐甄主张亦废除由《周礼》所定下来的嫔妃女御制度,使帝王的私生活亦与"庶民"或"农夫"的家庭生活一样,这样也就可以从此不用阉宦了。

唐甄关于废除阉宦制度和嫔妃女御制度的主张,直至清末还受到顽固派文人的激烈攻击。李慈铭说唐甄《潜书》"其论亦或迂谬不可行。如谓天子亦可效庶人夫妇居家之法,……而阉人宫女之患永绝。此足笑倒千人矣!"④晚清顽固派的攻击笑骂,从反面映衬出清初早期启蒙者思想的进步意义。

"男女,一也"

唐甄继承了晚明学者的男女平等思想并加以发挥,批判了传统的"夫为妻纲"说,提出了"夫妻相下"的家庭伦理的新准则。他指出,"人伦不明,莫甚于夫妻",由于受"夫为妻纲"、"男尊女卑"的礼教观念的毒害,"今人多暴其妻,屈于外而威于内,忍于仆而逞于内,以妻为迁怒之地","人之无良,至此其极。始为夫妇,终为仇雠,一伦灭矣。"⑤他从"男女,一也"的平

---

① 唐甄:《潜书·丑奴》,《潜书注》,四川人民出版社1984年版,第460页。
② 唐甄:《潜书·去奴》,《潜书注》,四川人民出版社1984年版,第463页。
③ 唐甄:《潜书·去奴》,《潜书注》,四川人民出版社1984年版,第465页。
④ 李慈铭:《越缦堂日记》第四十三册《荀学斋日记》已集下,转引自《潜书注》,四川人民出版社1984年版,第573页。
⑤ 唐甄:《潜书·内伦》,《潜书注》,四川人民出版社1984年版,第240页。

等观出发，认为夫妇关系不应当是“夫尊妻卑”，而应当是“夫妻相下”。他委婉曲折地对这一主张作出论证，指出：

> 夫天高地下，夫尊妻卑，若反高下，易尊卑，岂非大乱之道？然《诗》之为义，《易》之为象，何以云乎然？盖地之下于天，妻之下于夫者，位也；天之下于地，夫之下于妻者，德也。①

他用“德”去对抗夫尊妻卑的“位”，强调“夫不下于妻，是谓夫亢；夫亢，则门内不和，家道不成”②。以此推论，“君不下于臣，是谓君亢；君亢，则臣不竭忠，民不爱上，……则国必亡”③。因此，想要治国平天下的君子们，必须“行之自妻始”④，首先要做到“下于妻”才行。他提出要以“互敬”和“互睦”作为处理夫妻关系的道德准则；特别是对于男子来说，要做到“妻忧我亦忧也，妻喜我亦喜也”⑤；即使妻有过错，也要以“恕”道待之，理由是：“不恕于妻而能恕人，吾不信也。”⑥所有这些观点，都突破了“夫为妻纲”的传统伦理，表达了一种尊重妇女的新观念。

唐甄对数千年来流行的“女人祸水论”亦提出了批判。在《女御》一文中，唐甄开门见山地指出：“好色者，生人之恒情，好之不以礼，有以丧家亡国者。罪好之者而并罪色，何不思之甚也！”⑦他认为，亡国的责任在于君主，而不在那处于既“微”且“弱”的地位的女子。他认为天下的贤女子是很少的，正如天下的贤士是很少的一样。处于有德之世，女子“可与为善”；处于无德之世，亦“可与为不善”。而天下之有德或无德，在男性中心、皇权至上的社会中，责任在男子和君主，是不可将亡国之罪推于微弱的女子的。他比方说：“玉，美物也，君子佩以比德。然桀爱玉，载其宝玉以奔三𪩘；纣爱玉，衣其宝玉衣以入火。若曰‘亡夏殷者玉也’，其可乎？”⑧唐甄的这一思想，与李贽在《初潭集》中批判所谓“妹喜亡夏”、“西施亡吴”的观点时所阐发的道理不仅完全一致，而且更多地表现出对于妇女的同情。

---

① 唐甄：《潜书·内伦》，《潜书注》，四川人民出版社1984年版，第238—239页。
② 唐甄：《潜书·内伦》，《潜书注》，四川人民出版社1984年版，第239页。
③ 唐甄：《潜书·内伦》，《潜书注》，四川人民出版社1984年版，第239页。
④ 唐甄：《潜书·夫妇》，《潜书注》，四川人民出版社1984年版，第243页。
⑤ 唐甄：《潜书·明悌》，《潜书注》，四川人民出版社1984年版，第235页。
⑥ 唐甄：《潜书·夫妇》，《潜书注》，四川人民出版社1984年版，第243页。
⑦ 唐甄：《潜书·女御》，《潜书注》，四川人民出版社1984年版，第470页。
⑧ 唐甄：《潜书·女御》，《潜书注》，四川人民出版社1984年版，第470页。

康熙年间,孔尚任作《桃花扇》,作品围绕明末复社名士侯方域与秦淮名妓李香君的爱情故事,既向人们展示了一幅明清易代之交中国社会变迁的广阔历史画卷,也塑造了一位侠义女子李香君的美好形象,讴歌了中国妇女的优秀品质。诚然,如作者在《桃花扇小识》中所说,男女私情与整个社会的变局相比,是"事之细焉者也",然而,又正如作者所说:

> 桃花扇何奇乎?其不奇而奇者,扇面之桃花也;桃花者,美人之血痕也;血痕者,守贞待字,碎首淋漓不肯辱于权奸者也;权奸者,魏阉之余孽也;余孽者,进声色,罗货利,结党复仇,隳三百年之帝基者也。帝基不存,权奸安在?惟美人之血痕,扇面之桃花,啧啧在口,历历在目,此则事之不奇而奇,不必传而可传者也。人面邪?桃花耶?虽历千万世,艳红相映,问种桃道士,且不知归何处矣。

这是为李香君所写的一篇出色的赞颂。李香君,一个卖艺为生的弱女子,竟然有宁可碎首淋漓而不可辱于权奸的英雄气概,既表现了她对爱情的忠贞,也表现了她明黑白、辨是非的卓识。她的高贵品质,胜过剧中多少男子,不仅使权奸更形丑恶,也使复社名士侯方域和天下多少男儿为之汗颜。孔尚任所塑造的李香君的形象,使人想起李贽的话:"谓人有男女可,谓识有男女岂可乎?谓见有长短可,谓男子之见尽长,女人之见尽短岂可乎?"可见孔尚任亦具有一种新的妇女观。孔尚任的友人顾彩在读了《桃花扇》以后写道:"当其时,伟人欲扶世祚,而权不在己;宵人能覆鼎铄,而溺于宴安。扼腕时艰者,徒属之席帽青鞋之士;时露热血者,或反在优伶口技之中。"①李香君也正是顾彩所赞颂的"时露热血者"。

在清初统治者大力推行道德礼教下移运动、且特别注重表彰"节烈"的时候,也有学者对礼教的"节烈"观提出了抗议。康熙五十年(1711年),以擅长考据学著称的毛奇龄作《禁室女守志殉死文》,针对民间流行的逼迫未婚女子为未婚夫守志殉死的恶俗提出批评,说这种习俗不合乎古礼,既然未嫁即不成夫妇,因此,就不应强迫未婚女子守志,更不应该逼其殉死。他的观点与明代归有光的观点差不多。由于毛奇龄在当时学界颇有名气,他的这篇文章亦曾在当时产生过一定的影响。

---

① 顾彩:《桃花扇序》,引自《桃花扇》,人民文学出版社1980年版,第267页。

"幼者本位"论的萌芽

中国传统思想素以长者为本位,所谓"郭巨埋子"、"割股疗亲"、"卧冰求鲤"等宣扬孝道的说教,无不以戕贼幼者以奉长者为无上的美德。归庄作《赠小儿医王君序》,认为拯救儿童的功德胜于医治中年以后的人,其具体论述已包含了近代式的"幼者本位"论的萌芽,具有反对传统社会牢不可破的长者本位的进步意义。

归庄(1613—1673 年,明万历四十一年至清康熙十二年),一名祚明,字玄恭,江苏昆山人,是明代著名散文家归有光的曾孙。他 19 岁时就与同学顾炎武一起参加复社。清军渡江后,他参加了昆山人民反对薙发的义举,鼓动民众杀死降清县丞闫茂才;又与顾炎武联系,策动两淮志士进行反清斗争。晚年隐居乡野,佯狂玩世,穷困以终。现有中华书局上海编辑部所辑成的十卷本的《归庄集》传世。

归庄在《赠小儿医王君序》一文中,首先指出"天下技艺之士莫善于医"和"充位宰相不如医"的观点,这已经是对传统的"学而优则仕"、以做官为荣耀、以技艺为卑下的观念的一种公然挑战了。更有甚者,作者于医之中独推崇小儿医,认为医治中年以后之人不如医治小儿的功德大。其理由是:"中年以后之人,前途有限,善医者不过余龄耳,小儿则为人之始,医能除其疾,救其患,则自少而壮,以至于耄耋,皆医之赐也。""孩提赤子,天真未凿,未有不善者也。故小儿医视他医独有功而无罪。"①归庄特别强调中年以后之人前途有限,而小儿之前途"未可量",如"百围之木,始于勾萌;万里之途,起于跬步"。所以,小儿科的医生"为德尤大",可谓功德无量。小儿科医生的医术参差不齐,若遇庸医,导致小儿不幸夭折,乃比中年以后之人死去更可悲哀。所以,归庄认为,"为小儿医者,能则功多,不能则罪亦大"②。归庄提出的这些观点,实际上是以幼者为本位,在清初社会中还是空谷足音。它有力地针砭了"长者本位"的传统观念和社会病态,是五四启蒙学者大声疾呼"救救孩子"、宣扬"幼者本位"思想的先声。

---

① 归庄:《赠小儿医王君序》,《归庄集》,上海古籍出版社 1984 年版,第 233—234 页。
② 归庄:《赠小儿医王君序》,《归庄集》,上海古籍出版社 1984 年版,第 234 页。

十三、清初新义利观的发展

清初新义利观的根本特点是反对传统的伦理道德至上主义,表现出明显的功利主义特征。傅山提出要在国家利益与私人利益之间划一道合理的界限,以保障私人利益不受侵犯,并主张以社会功利而不是以"道德"的蹈虚空谈作为衡量人才的标准;唐甄把"为利"说成人类一切活动的最终目的,把"利"看作是"义"的基础,并主张以社会功利去检验一切道德说教的合理性;陈确从人性有私论出发,认为中国知识分子首先必须有独立的经济基础而后才能有独立的道德人格;归庄亦从人性有私论出发,斥宋儒企图通过泯灭人们的利欲之心而造成一个人人为善的世界为迂腐,肯定人们为求名利而注重社会公利的正当性;颜元一反传统的义利之辨,明确地提出了一个与传统的"正其谊不谋其利,明其道不计其功"相对立的反命题,主张"正其谊而谋其利,明其道而计其功"。所有这一切,都大大发展了晚明的新义利观,是中国早期启蒙思想的深化。

(一)傅山的明确划分群己权界的新义利观

"天下之利弗能去"

傅山的义利观与明清之际其他早期启蒙学者的义利观相比,别具特色。传统社会的中国人向来缺乏个人权利的意识,晚清时严复翻译的《群己权界论》,将西方近代学者关于个人权利与社会利益的学说输入中国。但他不知道早在清初,傅山就从哲学义利观的层面,破天荒地提出了个人权利与社会利益的界限问题。这一要求明确划分利益关系上的群己权界的学说,虽然明清之际的其他早期启蒙学者似乎也有此种朦胧的意识,但却是心中所有而口中和笔端所无,是傅山明确地表达了这一新的时代要求。

傅山的义利观,首先表现为对于个人利益的尊重,他要在国家利益和私人利益之间划一道合理的界限，正如"墙所以障护也，又堵御不可过也"①。也就是说，必须先着眼于私人利益的保护，国家不得越过这条界限而侵害普天下之人的私人利益。他说：

> 天下之利弗能去也。……墙也者，人所依以为障庇者也。圣人知为人之障庇，而非为一人之墙也，又非为人有时墙、有时不墙也。今日之知，则爱此人时墙此，爱彼人时墙彼，非昔圣人之知之公普之墙，故所以利人者，偏矣。贵为天子者，其利人莫厚于正，正则普而不偏矣。正，又犹反正为乏之正。取诸民者有定，不横征以病之也。②

傅山要在国家与人民之间筑一道"圣人公普之墙"，以保障人民的私人利益，这是一种反映早期市民阶层对于保护私有财产之要求的新思想。东方专制主义的一个基本特征，就是国家作为全国财产的最高所有者可以任意地剥夺任何个人的生命和财产，而从来就没有过"个人权利神圣不可侵犯"和"私有财产神圣不可侵犯"这样一条法律。傅山要求明确划分国家利益与私人利益的界限，强调"天下之利弗能去"，每一个人都应有一道"墙"来保护自己的私人利益。当然，傅山亦并不否认私人作为国家的纳税人有自己应尽的义务，但他强调，国家必须在保护私人利益的前提下，按照"取之有度"的原则行事，使"取诸民而有定，不横征以病之"，这是对于以超经济强制为特征的专制法权的否定。

时代的发展，使传统的纯粹以血缘关系和纲常名教的所谓"义"来维护家国的凝聚日益成为不可能的事。傅山反对"讳言财"，认为群体的聚和以"财"为纽带，正反映了这一时代变迁的新动向。他说："'何以聚人？曰：财。'自然贫士难乎有群矣。家国亦然。故讳言财者，自是一教化头骨相耳。常贫贱骄语仁义之人大容易做也。"③傅山认为，要使群体聚和，就必须给人民以实际利益，而不能空谈仁义："义者，宜也，宜利不宜害。兴利之事，须实有功，不得徒以志为有利于人也。"④在这一意义上，"义"也就是"利"，兴天下之利，利天下之人。他继承了墨子的"兼爱"思想和"贵义"、"尚利"的义利统一观，主张"爱众"，反对统治者之"偏爱"，即为维护少数

① 傅山：《墨子大取篇释》，《傅山全书》第 2 册，山西人民出版社 1991 年版，第 981 页。
② 傅山：《墨子大取篇释》，《傅山全书》第 2 册，山西人民出版社 1991 年版，第 965 页。
③ 傅山：《聚人以财》，《傅山全书》第 1 册，山西人民出版社 1991 年版，第 637—638 页。
④ 傅山：《墨子大取篇释》，《傅山全书》第 2 卷，山西人民出版社 1991 年版，第 958 页。

特权者和一己之私利而侵害人民的私人利益;同时又提倡志士仁人应该为了人民的利益而发扬墨者赴汤蹈火、死不还踵的精神,"使尽爱天下之义,苟可以利天下,断腕可也,死可也"①。个人为了利天下而不惜赴汤蹈火的献身精神与个人权利神圣不可侵犯并不矛盾,个人权利神圣不可侵犯是个体的人格尊严的体现,个体献身于"利天下"的事业则是个体的道德选择和道德人格的表现,二者是可以而且能够统一起来的。

"人惟其才"

对于那些志在"治国平天下"的人来说,傅山以实际的社会功利来作为检验其道德之高下的标准。他提出了"人惟其才"②的观点,从社会功利的观点反对传统的"德、才之辨"和道德伦理至上主义的观点,例如他根据朱熹的实际事功不如王阳明,而断言朱熹的精神境界不如王阳明。他说:

> 往在西河时,曾与胡重子兄弟论新建擒宁濠之功,问于野曰:"且道朱晦翁当新建之任,能擒得濠否"? 于野曰:"能"。予笑曰:"必不能。必不能。晦翁掺切簿书间有余耳,精神四射处正欠在。"③

他甚至认为,苟可以利天下,虽"为恶"亦未尝不可;在此种情形下,"恶"即是善! 他专门写了一篇《圣人为恶篇》,来阐明这一观点,其辞略云:

> 圣人无为善之时,而有为恶之时;君子有为善之时,而无为恶之时;小人无为恶之时,而有为善之时。夫圣人无为善之时,非不善也,非知其善之为善而为之者也,不可以时择也;有为恶之时者,知其为恶而不得不为之,即能为之,即敢为之,圣人之所以救天下,天下所以望于圣人之时也。君子有为善之时者,知善之为善而为之者也,可以时择之也;无为恶之时者,无圣人能为恶、敢为恶之才力,遇有所不过,叹息而已,不得已言以抒怨而已。④

结论是:"圣人不辞恶"。也就是说,圣人为了利天下,必须以"恶"制恶,而

---

① 傅山:《墨子大取篇释》,《傅山全书》第 2 卷,山西人民出版社 1991 年版,第 973 页。
② 傅山:《傅史》,《傅山全书》第 4 卷,山西人民出版社 1991 年版,第 2855 页。
③ 傅山:《朱熹与王守仁》,《傅山全书》第 1 卷,山西人民出版社 1991 年版,第 779 页。
④ 傅山:《圣人为恶篇》,《傅山全书》第 1 卷,山西人民出版社 1991 年版,第 539—540 页。

决不为腐儒之所谓善恶之辨的道德戒律所束缚,这种所谓"恶"合乎人民的愿望,其实也就是善。圣人能为之,而又敢为之,才成其为圣人。至于那些自命为"君子"的腐儒们,"无圣人能为恶、敢为恶之才",因而就不能以"恶"制恶,只能面对邪恶而叹息,而发发牢骚罢了。傅山所讲的这些话,言下之意就是说,如果道德不能战胜邪恶,这样的道德还有什么用处呢? 这也就从根本上否定了传统的道德伦理至上主义的合理性。

(二)唐甄论"利"为检验"义"之标准

唐甄的义利观,以"为利"为自然人性,倡导以"富民"为基本内容的功利主义,并以社会功利作为检验一切伦理道德的合理性的标准。

"万物之生,毕生皆利"

如同一切启蒙者皆从自然中去寻求人性的根源一样,唐甄也从自然中发现了人的"为利"的本性。他说:"万物之生,毕生皆利,没而后已,莫能穷之者。若或穷之,非生道矣。"①既然自然万物毕生皆利,只有无生命的事物才不为利,所以"利"即是"生道",否认"利"即是"非生道",那么,人类要生存,要发展,又岂能没有衣食住行、布帛黍粟、钱粮财货之"利"? 不为利,人类岂能生存,岂能发展? 因此,唐甄明确认为,人类的一切活动无一不是为了追求实利,利是人类活动的动力。譬如植树:"彼树木者,厚壅其根,旦暮灌之,旬候粪之。其不惮勤劳者,为其华之可悦也,为其实之可食也。使树矣不华,华矣不实,奚贵无用之根? 不如掘其根而炀之。"②

"利"为人类生存之根本,所以百姓不能不言利,学者也不能不言利。唐甄也和陈确一样,具有"学者以治生为本"的思想。为了保持自己不屈从于专制政治的独立人格,又不被饿死,他经过商,当过经纪人。俗儒批评他不该"自污于贾市",他理直气壮地回答:"天下岂有无故而可以死者哉!"③

①　唐甄:《潜书·良功》,《潜书注》,四川人民出版社 1984 年版,第 167 页。
②　唐甄:《潜书·辨儒》,《潜书注》,四川人民出版社 1984 年版,第 4—5 页。
③　唐甄:《潜书·食难》,《潜书注》,四川人民出版社 1984 年版,第 262 页。

俗儒劝他去当寄食于人的"幕府之宾"或"司郡之馆客",他答以"降志屈身,士道亦既丧矣"①。俗儒又云:"君子不言货币,不问赢绌。一涉于此,谓之贾风,必深耻之。夫贾为下,牙为尤下,先生为之,无乃近于利乎?愿先生舍此而更图为生之计。"唐甄回答说:"吕尚卖饭于孟津,唐甄为牙于吴市,其义一也。"②

对于个人来说,独立的经济基础是独立人格的前提;对于整个社会来说,物质生活亦是精神生活的基础。所以唐甄指出:"衣食足而知廉耻,廉耻生而尚礼义,而治化大行矣。"③"尧舜之治无他,耕耨是也,桑蚕是也,鸡豚狗彘是也。百姓既足,不思犯乱,而后风教可施,赏罚可行。"④他认为圣人之所以为圣人,就在于他们能为民众谋利益:"人之生也,身为重。自有天地以来,包牺氏为网罟;神农氏为耒耜,为市货;轩辕氏、陶唐氏、有虞氏为舟楫,为服乘,为杵臼,为弓矢,为栋宇;禹平水土,稷教稼穑,契明人伦,孔氏孟氏显明治学,开入德之门,皆以为身也。""圣人好生之德,保人之身,……即不吝施者,饥与之一饭,寒推之一衣,亦有功焉。道者,道此;学者,学此;岂有他哉!泽被四海,民无困穷,圣人之能事毕矣,儒者之效功尽矣!"⑤千言万语,说到底就是一句话:圣人之道是使"民无困穷"的功利主义之道。

社会功利是检验道德的标准

既然圣人之道是功利主义之道,那么,就必须把能否"救民"、"富民"作为检验道德的最高标准,即必须把道德("义")与社会功利("利")统一起来。

所谓"救民",是针对中国传统社会治世少而乱世多、人民欲求生存而不得的状况而言,特别是针对明末清初的社会动乱、满清入主、百万生灵涂炭的惨祸而言。理学家空谈道德,置社会功利于不顾,一旦满洲人的金戈铁马南来,"小人儒"固然是觍颜事仇,为虎作伥;即所谓"君子儒"亦是"愧无

---

① 唐甄:《潜书·食难》,《潜书注》,四川人民出版社 1984 年版,第 263 页。
② 唐甄:《潜书·食难》,《潜书注》,四川人民出版社 1984 年版,第 264 页。
③ 唐甄:《潜书·厚本》,《潜书注》,四川人民出版社 1984 年版,第 541 页。
④ 唐甄:《潜书·宗孟》,《潜书注》,四川人民出版社 1984 年版,第 22 页。
⑤ 唐甄:《潜书·有归》,《潜书注》,四川人民出版社 1984 年版,第 543 页。

半策匡时艰,惟余一死报君恩"。"小人儒"固然难逃罪责,即"君子儒"们又岂不该痛切反省! 唐甄对此痛心疾首,他说:"儒者不言事功,以为外务。海内之兄弟,死于饥馑,死于兵革,死于虐政,死于外暴,死于内残,祸及君父,破灭国家。当是之时,束身铜心,自谓圣贤。世既多难,已安能独贤!"① 他痛斥理学家之所谓"内尽即外治"之说是脱离实际、脱离实践的空话、蠢话。他反复强调,道德与功利不能割裂:"虽为美带,割之遂不成带。修身治天下为一带,取修身害治天下,不成治天下,亦不成修身。"② 以修身而害治天下,这种道德还能算是道德吗? 这样的所谓贤者还有存在的必要吗? "车取其载物,舟取其涉川,贤取其救民。不可载者,不如无车;不可涉者,不如无舟;不能救民者,不如无贤。"③ 他又说:"为仁不能胜暴,非仁也;为义不能用众,非义也;为智不能决诡,非智也。"④ 这种通过对宋明理学的批判而阐明的鲜明的功利主义道德观,使人想起了 18 世纪法国启蒙学者卢梭关于中国的一段著名论述:"在亚洲就有一个广阔无垠的国家,在那里文章得到荣誉就足以导致国家的最高禄位。……然而,如果没有一种邪恶未曾统治过他们,如果没有一种罪行他们不曾熟悉,而且无论是大臣们的见识,还是法律所号称的睿智,还是那个广大帝国的众多居民,都不能保障他们免于愚昧而又粗野的鞑靼人的羁轭的话,那么,他们的那些文人学士又有什么用处呢? 他们所满载的那些荣誉又能得到什么结果呢? 结果不是充斥着奴隶和为非作歹的人们吗?"⑤ 卢梭在 18 世纪认识到的这一切,唐甄在 17 世纪就已明确地认识到了。

以能否"救民"来衡量是否道德是针对专制暴政和乱世而言,而在天下相对安宁的所谓"治世",则应以能否"富民"来作为衡量是否道德的最高标准:"立国之道无他,惟在于富。自古未有国贫而可以为国者。夫富在编户,不在府库。若编户空虚,虽府库之财积如丘山,实为贫国,不可以为国矣。"⑥ 在这里,唐甄一反儒家传统的"以德治国"的道德伦理至上主义,而

① 唐甄:《潜书·良功》,《潜书注》,四川人民出版社 1984 年版,第 163 页。
② 唐甄:《潜书·有为》,《潜书注》,四川人民出版社 1984 年版,第 55 页。
③ 唐甄:《潜书·有为》,《潜书注》,四川人民出版社 1984 年版,第 157 页。
④ 唐甄:《潜书·有为》,《潜书注》,四川人民出版社 1984 年版,第 157 页。
⑤ 卢梭:《论科学与艺术》,商务印书馆 1963 年版,第 13 页。
⑥ 唐甄:《潜书·厚本》,《潜书注》,四川人民出版社 1984 年版,第 332 页。

主张以富国为治国之根本；同时，唐甄也不是抽象地讲国家的"富"，而是把"富"落实到每一具体的"编户"，即落实到每一私人的利益上，这又是与专制国家至上的抽象类精神相对立的。至于富民的途径，唐甄主张"为政之道，必先田市"①，即实行农业与工商业并重的经济政策，而不是传统的以农为本、重农抑商，这更明显地反映了中国社会走出中世纪的时代要求和新兴的市民阶层的利益。

"贫富相资"说

为了达到富民的目的，唐甄提出了工商业者的"贫富相资"说，这一学说与近代资产阶级的经济学说大致相同。他指出：

> 海内之财，无土不产，无人不生，岁月不计而自足，贫富不谋而相资，是故圣人无生财之术，因其自然之利而无以扰之，而财不可胜用矣。②

他认为经济的发展有其自然规律，虐取于民的行径乃是破坏经济的自然规律而绝民生路的做法。以柳树的生长为例：

> 今夫柳，天下易生之物也，折尺寸之枝而植之，不过三年而成树。岁翦其枝，以为筐筥之器，以为防河之物，不可胜用也，其无穷之用，皆自尺寸之枝生之也。若其始植之时，有童子者拔而弃之，安望岁翦其枝以利用哉！其无穷之用，皆自尺寸之枝绝之也。不扰民者，植枝者也，生不已也；虐取于民者，拔枝者也，绝其生也。③

他认为经济的发展也和植物的生长一样，必须"因以自然之利而无以扰之"。他所说的经济，已不是自给自足的传统的农业经济，而是为交换而生产，使各行业各地区间互通有无的商品经济："陇右牧羊，河北育豕，淮南饲鹜，湖滨缲丝，吴乡之民，编蒉织席，皆至微之业也。然而日息岁转，不可胜算。此皆操一金之资，可致百金之利者也。"④

所谓"贫富不谋而相资"，是说雇佣劳动者可赖店主或矿主以谋生，一

---

① 唐甄：《潜书·善施》，《潜书注》，四川人民出版社 1984 年版，第 253 页。
② 唐甄：《潜书·富民》，《潜书注》，四川人民出版社 1984 年版，第 311 页。
③ 唐甄：《潜书·富民》，《潜书注》，四川人民出版社 1984 年版，第 311 页。
④ 唐甄：《潜书·富民》，《潜书注》，四川人民出版社 1984 年版，第 311 页。

个店主"食之者十余人",而一个矿主"藉而食之者常百余人"。但是,如果专制统治者用"虐取"的手段来遏制其发展,其结果必然是"取之一金,丧其百金;取之一室,丧其百室"。一个店主或一个矿主在虐取下破产,即可导致借以谋生的雇佣劳动者们失业而"无所得食"。例如:"潞之西山之中有苗氏者,富于铁冶,业之数世矣。多致四方之贾,推凿鼓泻担辇,所藉而食之者,常百余人。或诬其主盗,上猎其一,下攘其十,其冶遂废。向之藉而食之者,无所得食,皆流亡于河漳之上。此取之一室,丧其百室者也。"①

在唐甄看来,财在民间,"操一金之资可致百金之利","藉一室之富可为百室养";反之,"输于幸臣之家,藏于巨室之窟",也就使得民间的经济失去了发展的必要条件,使得"富室空虚,中产沦亡,穷民无所为赖","此穷富之源、治乱之分也"②。所以唐甄坚决反对抑制工商业发展的"虐取"政策,主张让社会经济按其自然规律而发展,使"官不扰民,民不伤财"。这当然不是说国家要一毫无取于民,而是应尊重经济发展的自然法则,"因生以制取,因取以制用,生十取一,取三余一"③,这样才能使经济发展,财用日出,人民殷富,达于天下大治的目的。

（三）陈确论"学者以治生为本"和 归庄的功利主义道德观

"有私所以为君子"

如前所述,陈确的理欲观是以"生机之自然不容已"的自然人性论为出发点的,同样,他的义利观的出发点也是自然人性论,是自然人性论的一个具体的层面——"私":

或复于陈确子曰:"子尝教我治私矣。无私实难。敢问君子亦有私乎?"确曰:"有私。""有私何以为君子?"曰:"有私所以为君子。……惟君子知爱其身也,惟君子知爱其身而爱之无不至也。"曰:

---

①　唐甄:《潜书·富民》,《潜书注》,四川人民出版社 1984 年版,第 310 页。
②　唐甄:《潜书·富民》,《潜书注》,四川人民出版社 1984 年版,第 310 页。
③　唐甄:《潜书·富民》,《潜书注》,四川人民出版社 1984 年版,第 313 页。

"焉有(爱)吾之身而不能齐家者乎！不能治国者乎！不能平天下者乎！君子欲以齐、治、平之道私诸其身，而必不能以不德之身而齐之治之平之也。……彼古之所谓仁圣贤人者，皆从自私之一念，而能推而致之以造乎其极者也。而可曰君子必无私乎哉！"①

陈确认为，"私"是人类活动的动力，君子有私，圣贤有私；有私，而后知爱其身，而后能齐家、治国、平天下；一切仁圣贤人，一切惊天动地的事业，"皆从自私一念而能推而致之以造乎其极者也"！这真是一个惊世骇俗之论！

"治生尤切于读书"

人既有私，岂能不言利？没有物质基础，哪里谈得上所谓"义"？1656年，陈确作《学者以治生为本论》，着重阐明了学者必须先有独立的经济生活而后才能有独立人格的观点。他说：

> 学问之道，无他奇异，有国者守其国，有家者守其家，士守其身，如是而已。所谓身，非一身也。凡父母兄弟妻子之事，皆身以内事。仰事俯育，决不可责之他人，则勤治生洵是学人本事。……确尝以读书、治生为对，谓二者真学人之本事，而治生尤切于读书。……唯真志于学者，则必能读书，必能治生，天下岂有白丁圣贤、败子圣贤哉？岂有学为圣贤之人而父母妻子之弗能养，而待养于人者哉？②

元初儒者许衡(鲁斋)曾倡言"学者以治生为先"之说，这是由于当时学者的社会地位低下，逼得许多学人不能不下海经商的缘故。可是明代以来的情形就不同了。特别是明代中叶以后，许多学人纷纷弃儒经商，乃是由于商品经济的大潮冲击，学者们的主体意识觉醒，再也不愿在经济上依附专制国家，而要取得自己独立的经济地位，于是许鲁斋的"学者以治生为先"的学说又风行起来。连王阳明和他的学生们也屡屡对此展开讨论。在第一次讨论这一问题时，阳明坚执"许鲁斋谓儒者以治生为先之说，亦误人"③，认为士不可以从事商业活动。但在第二次讨论时，阳明的观点就发生了极大的

---

① 陈确：《私说》，《陈确集》上册，中华书局1979年版，第257—258页。
② 陈确：《学者以治生为本论》，《陈确集》上册，中华书局1979年版，第158—159页。
③ 王阳明：《传习录》，《王阳明全集》，上海古籍出版社1992年版，第19页。

变化：

> 直问："许鲁斋言学者以治生为首务，先生以为误人，何也？岂士之贫，可坐守不经营耶？"先生曰："但言学者治生上尽有工夫，则可。若以治生为首务，使学者汲汲营利，断不可也。且天下首务，孰有急于讲学耶？虽治生亦是讲学中事，但不可以之为首务，徒启营利之心。果能于此处调停得心体无累，虽终日做买卖，不害其为圣为贤，何妨于学？学何贰于治生？"①

这真是一个巨大的让步，一个理论上的历史性的退却！治生成为讲学中事，治生无妨于讲学，讲学不贰于治生！然而，阳明仍然十分不彻底，他虽然把治生纳入了讲学之中，却仍不肯承认治生为首务。陈确的《学者以治生为本论》，置治生于读书之先，正是对阳明的不彻底性的突破。他指出在"治生"与"读书"二者之中，"治生尤切于读书"；没有独立的经济地位的"待养于人者"决不能成为有独立人格的"圣贤之人"。但取得了独立经济地位的人还能继续受纲常名教之羁络吗？这种真正有独立人格的"圣贤"恐怕就不是传统道德意义上的所谓"圣贤"了。此陈确之所以区别于王阳明，真可谓毫厘千里也！

陈确以"治生"为学者之首务，为学者弃儒从贾辩护，强调有独立的经济基础而后能有独立的人格，这是对以身份等级原则为核心的道德伦理至上主义的有力冲击，因而是一种对专制社会极具破坏性、具有启蒙性质（首先是启中国知识分子之蒙）的理论。

不可以义利之辨律当世之人

如前所述，归庄是一位以天下为己任、坚守民族气节的仁人志士；同时，在义利观的问题上，他也是一位功利主义道德观的提倡者。他直面"人必有私"的社会现实，将他的道德观建立在"人性有私论"的基础之上。他说：

> 古之言为善者多矣。《书》曰："吉人为善，惟日不足。"孟子曰："鸡鸣而起，孳孳为善。"汉东平王曰："为善最乐。"此盖出于中心之诚然，

---

① 王阳明：《传习录拾遗》，陈荣捷：《王阳明传习录详注集评》，华东师范大学出版社2009年版，第237页。

无所为而为之者也。顾《易》有成名之言,《书》有降祥之训,于是有好名而为善者,有求福而为善者。儒者之论,惟取无所为而为者,好名求福则非之。盖志圣贤之学,为克己之功,义利之辨,不得不严,若概以此律当世之人则迂矣!为善非空言,必将有实事,大抵须损己以益人。夫损己之事,谁肯为之,惟好名之心、求福之念甚,故或时出于此;若病其好名求福,遂并其善而没之,谁劝于为善者哉?①

在这段论述中,归庄首先指出古代经典一方面要人为善"出于中心之诚然,无所为而为之";另一方面亦不否认人们为求名利而为善的正当性,如《尚书》讲为善可以"降祥",《易经》讲为善可以"成名"等。之所以如此,其根本原因就在于人性中是有私的:为善须损己而利人,但损己的事是一般的人所不愿意做的,只有在追求名利之心的驱使下,人们才会或多或少地做点损己利人的事。如果连人的名利之心也予以痛斥,那靠什么来鼓励人们做好事呢?因此,儒者的所谓"克己之功"、"义利之辨",企图将人们的利欲之心统统泯灭来建立一个人人为善的世界,其实是迂腐的,特别是在商品经济发展起来的情况下,"概以此律当世之人",也就更不切实际。

归庄进而揭露了官场上、市场上金钱势力横行的现实,认为在这种情况下,对于损己以利人、体恤民众疾苦的为善者,不管其动机是求名还是为子孙求福,抑或是出于"无所为而为"的真诚的道德动机,都是值得表彰的。当时的社会状况,正如归庄所说,"举世没溺于货利仕宦之途,惟贿是求,视民之阽危而不知恤;铜臭之夫,知入而不知出,视捐锱铢如剜其肉"②。一方面是传统政治下的官场腐败,贿赂公行;另一方面是新兴的"铜臭之夫"只顾自己发财而不关心社会的公益。归庄认为,在这种社会状况下,愿意损己益人者实在是难能可贵的。

中国历古圣贤只是大讲人性中的"善端",而不愿正视现实的人性,归庄则反其道而论之;中国历古圣贤离开现实的人性而侈谈一般人难以做到的道德,既导致虚伪,又导致任何道德也不讲的普遍腐败,归庄则敢于痛陈其弊。而归庄基于人性有私的现实,承认合理的利己主义,同时又鼓励人们注重社会公益的功利主义道德观,乃趋近于19世纪以边沁为代表的英国功

---

① 归庄:《善人周君旌奖记》,《归庄集》,上海古籍出版社1984年版,第366页。
② 归庄:《善人周君旌奖记》,《归庄集》,上海古籍出版社1984年版,第366页。

利主义的道德学说。这一切,表现了归庄积学求真的勇气和非凡识见。

（四）颜元论"正其谊以谋其利"

"破千古同迷之局"

颜元以功利之学来对抗程朱的性理之学,继承和发展北宋王安石重视《周礼》"乡三物"（正德、利用、厚生）和南宋事功派学者陈亮"义利双行、王霸并用"的观点,鲜明地提出了"正其谊以谋其利,明其道而计其功"的新义利观。《习斋言行录》记载:

> 郝公函问:"董子'正谊明道'二句,似即'谋道不谋食'之旨,先生不取,何也?"曰:"世有耕种而不谋收获者乎? 世有荷网持钩而不计得鱼者乎? 抑将恭而不望其不侮,宽而不计其得众乎? 这'不谋、不计'两'不'字,便是老无释空之根。惟吾夫子'先难后获','先事后得','敬事后食'三'后'字无弊。盖正谊便谋利,明道便计功,是欲速,是助长;全不谋利计功,是空寂,是腐儒。"
>
> 公函曰:"悟矣,请问'谋道不谋食'。"曰:"宋儒正从此误,后人遂不谋生,不知后儒之道全非孔门之道。孔门六艺,进可以获禄,退可以食力,如委吏之会计,简兮之伶官可见。故耕者犹有馁,学也必无饥。夫子申结不忧贫,以道信之也。若宋儒之学不谋食,能无饥乎?"①

从以上论述可见,颜元并非是一般地反对"正谊"、"明道",他是反对急功近利的所谓"欲速"、"助长"的。但他又明确指出,正谊的目的是为了谋利,明道的目的是为了计功,正如耕者谋收获,荷网者计得鱼,学孔门六艺进可以获禄、退可以自食其力一样,所谓"君子谋道"其实也正是为了更好地"谋食"（"耕者犹有馁,学也必无饥"）;空谈正谊明道,要么是堕入释老的空无,要么便是腐儒。

通观历史、且亲身经历了明清易代之交的社会大变乱的颜元,深感程朱理学和陆王心学都有空疏的弊病。他说程朱以主敬致知为宗旨,以静坐读

---

① 《习斋言行录》,"教及门第十四",《颜元集》,中华书局 1987 年版,第 671 页。

书为工夫,以讲论性命天人为授受,以释经注传纂、集书史为事业。陆王之学以致良知为宗旨,以为善去恶为格物,无事则闭目静坐,遇事则知行合一。而程朱之学之所以不能服陆王之心,陆王之学之所以不能服朱子及其后继者之心,都在于离开了实际的社会功利的讲求,"原以表里精粗,全体大用,诚不能无憾也"①。特别是程朱理学,其学兼训诂、清谈、禅宗、乡愿四者,所以"晦圣道误苍生"②。他说天生圣贤,是为了使他们有益于社会,成就社会的功业,可是实际情况却与此相反,自宋以来,出了那么多"圣贤",却不见他们对国家人民做了什么有益的事情,反而弄得国势愈来愈弱,亡国之祸接踵而来:

> 偏缺微弱、兄于契丹、臣于金、元之宋,前之居汴也,生三四尧、孔、六七禹、颜;后之南渡也,又生三四尧、孔、六七禹、颜,而乃前有数十圣贤,上不见一扶危济难之功,下不见一可相可将之材,两手以二帝畀金,以汴京与豫矣。后有数十圣贤,上不见一扶危济难之功,下不见一可相可将之材,两手以少帝付海,以玉玺与元矣。多圣多贤之世,而乃如此乎?③

他更说到明朝灭亡的惨祸:"吾读《甲申殉难录》,至'愧无半策匡时艰,惟余一死报君恩',未尝不凄然泣下也!"④这些话讲得是何等沉痛!

在颜元看来,宋明儒者言心言性的所谓义理之学乃是空疏无用之学,既害国家,又害自身:"今天下兀坐书斋人,无一不脆弱,为武士、农夫所笑者,此岂男子态乎!"⑤他更将批判的矛头直指作为理学之集大成者的朱熹,痛斥:

> 千余年来,率天下入故纸中,耗尽身心气力,作弱人、病人、无用人者,皆晦庵为之。⑥

他批评朱熹要人读尽天下书,而且要每篇读三万遍,实在是害人不浅;加上历代统治者以爵禄诱天下于章句浮文之中,才造成了天下读书人奄奄无生

---

① 颜元:《存学编》卷一《明亲》,《颜元集》,中华书局1987年版,第44页。
② 颜元:《习斋记余》卷三《寄桐乡钱生晓成书》,《颜元集》,中华书局1987年版,第439页。
③ 颜元:《存学编》卷二《性理评》,《颜元集》,中华书局1987年版,第67—68页。
④ 颜元:《存学编》卷二《性理评》,《颜元集》,中华书局1987年版,第62页。
⑤ 颜元:《存学编》卷三《性理评》,《颜元集》,中华书局1987年版,第73页。
⑥ 颜元:《朱子语类评》,《颜元集》,中华书局1987年版,第251页。

气的局面。他慨叹："此局非得大圣贤大豪杰,不能破矣!"

"艺精则行实,行实则德成"

在颜元看来,程朱理学与孔孟之学是根本不同的:前者蹈虚空谈,后者讲求实用。他以生动形象的语言来描述这种区别,据《习斋年谱》记载:

> 安州陈天锡来问学,谓程、朱与孔、孟,隔世同堂,似不可议。曰:"请画二堂,你们且看看:一堂上坐孔子,他老人家穿了整整齐齐的衣裳,束了腰带,挂了宝剑。那七十二位生徒,有的习礼,有的鼓瑟弹琴,有的弯弓射箭,有的挥戈练武,有的跟老师谈仁孝,有的谈兵农政事,服装上也是如此。两壁上挂着弓箭、箫磬、算器、马鞭等等。另一堂上坐着那位程明道老夫子,他峨冠博带,垂目坐如泥塑,如游(酢)、杨(时)这样的生徒,聚在那儿,或返观静坐,或执书呻唔,或对谈静敬,或执笔写作,壁上放着书籍字卷。试问此二堂同否?"天锡听了,默然而笑。①

孔孟与程朱既如此不同,所以颜元宣称:"必破一分程朱方入一分孔孟。"他以破"千古同迷之局"的"大圣贤大豪杰"自命,提出"彼以其虚,我以其实"②,以"尧舜三事、周孔三物"教人的教育方针。在所谓"尧舜三事"和"周孔三物"中,既有"义",亦有"利"。但在颜元看来,"义"或"德"是必须落实到"利"或"见之事"、"征诸物"上的。他说:"尧舜之正德、利用、厚生,谓之三事;不见三事,非德、非用、非生也。周公之六德、六行、六艺,谓之三物;不征诸物,非德、非行、非艺也。"③颜元崇尚艺能,特别强调"礼乐射御书数"六艺及兵农、钱谷、水火、工虞、天文、地理等学问。他认为"艺精则行实,行实则德成"④,只有"道艺一滚加功",才能使学问有裨于实用,实现其"正谊谋利、明道计功"的社会功利目的。

由以上论述可见,颜元的思想体系是以"正谊谋利、明道计功"为核心的功利之学,这种学说与程朱的性理之学是根本对立的,其主导方面的反理学性质是明显的。颜元的功利之学与程朱的性理之学完全是两条不同的思

---

① 李塨:《颜习斋先生年谱》卷上,《颜元集》,中华书局 1987 年版,第 749 页。
② 颜元:《存学编》卷一《由道》,《颜元集》,中华书局 1987 年版,第 40 页。
③ 李塨:《颜习斋先生年谱》卷下,《颜元集》,中华书局 1987 年版,第 786—787 页。
④ 颜元:《四书正误》卷三《述而》,《颜元集》,中华书局 1987 年版,第 194 页。

想路线。诚然,提出功利主义来与程朱理学相对立不自颜元始,在北宋就有李觏、王安石的功利主义与二程义理的对立,在南宋有陈亮、叶适起来反对朱熹"严王霸义利之辨",这两条思想路线的对立是由来已久的。所以清初理学家、清政府的封疆大吏张伯行将颜元的学说追溯到王安石和陈亮:"颜习斋以霸学起于北,……其学以事功为首,谓身心性命非所急,虽子思《中庸》亦诋訾无其顾。呜呼,如此人者,不用则为陈同甫,用则必为王安石。"[1]然而,颜元在明清之际新的历史条件下继承和发展早已被程朱理学湮没了的王安石、陈亮等人的功利主义学说,把自宋以来五百年已成定案的"王霸义利之辨"彻底翻了过来,更具有新的历史意义。这新的历史意义虽然难以在颜元著作的字面上寻觅(与陈确、傅山、唐甄等人不同),但却寓于明代中叶以后中国社会发展的新动向之中。

十四、批判奴性的个性解放学说

清初个性解放的学说,是晚明个性解放学说的继承和发展。傅山以其独有的深邃目光,审视以清代明的历史剧变,认为民族的败亡并非由于晚明冲决囚缚的个性解放思潮,而恰恰是由于专制主义的等级、礼法、意识形态等对人的个性和创造力的扼杀,由于专制和蒙昧所造成的普遍的奴性,特别是无用的奴儒误国害民、无耻的降奴为虎作伥等。他继承和发展李贽的学说,继续高举个性解放的旗帜,对奴性展开全面的批判,提出了以解除专制束缚为根本和一"觉"二"改"的旨在唤起人的觉悟、改造国民性的历史任务。傅山、顾炎武、黄宗羲都对禁锢思想、扼杀人才的八股取士制度进行了激烈的批判,倡导士人应具有豪杰精神。顾炎武还特别着重批判"士大夫不知耻"及专制教化所造成的种种国民劣根性,以豪杰精神来改造儒学,致力于唤起知识分子的人格觉醒,并倡导"天下兴亡,匹夫有责"的民族使命感和责任感。王夫之则从哲学人性论的层面对晚明李贽的学说做了肯定式的扬弃,提出了"性日生日成"说和"继善成性"说,批判专制制度"摧抑英尤

---

① 张伯行:《论学》,《正谊堂文集》,商务印书馆 1937 年版,第 117 页。

而登进柔顿"，揭露专制主义意识形态扼杀人的生气，呼吁重估既往的价值和人的知能的全面发展，提倡"大公之我"，在一定程度上弥补了李贽个性观的某些不足。这一时期的文论和画论，亦继承了晚明性灵说的传统，强调表现真实的自我，充满了桀骜不驯的气概和反抗精神。

（一）"将奴俗龌龊意见打扫干净"
——傅山对平等自由的追求

傅山对奴性的批判，是清初个性解放思想的时代最强音。在他的笔下，维护旧礼教的"腐奴"、充当专制主义帮凶的"骄奴"、依傍程朱的"奴儒"、投降清朝的"降奴"等，统统受到了无情的揭露和批判。他大声疾呼一要"觉"（觉悟），二要"改"（改造奴性），"将奴俗龌龊意见打扫干净"；呼唤医治国民奴性之"神医"，来将造成人们"腹疾"的"奴物"驱除扫荡；又进而呼吁一切人的平等和自由，呼唤一个彻底扫荡了奴性、每一个人都堂堂正正地做人的新时代。在鼓舞人们冲决专制网罗的斗争方面，他的思想乃是清初最激进、最富于战斗性的思想。

对"奴俗"的批判

傅山与一般清初学者有一个最大的区别，就是他不肯骂李贽。他很清楚地看到，读书人的奴性由来已久，高居庙堂而空谈无用的奴儒，祸国殃民的专制主义的骄奴，向其他民族的统治者屈膝投降的降奴，以及其他种种导致沦为奴隶的奴性，并非是在明末才出现，更不是个性解放学说的产物，而恰恰是与个性解放学说相对立的。因此，傅山这位看似最激烈的人，其实又恰恰是一位头脑最清醒、最富于洞察力，而又最少情绪性言论的人。

他认为，宋朝之所以亡于蒙古，就是空谈无用的奴儒们长期把持朝政的结果。他愤慨地指出，"奴儒"们尽是"庸奴"，他们自己没有经邦济世的真本领，只知用大话、空话来哗众取宠，而一见到有真本领而想有一番作为的人出现，就拿出所谓"王霸义利之辨"、"天理人欲之辨"来加以围攻、扼杀，弄得朝廷上下尽是无用的庸奴，国家又哪能不亡！他痛心疾首地谴责这批

"庸奴"们说：

> 本无实济，而大言取名，尽却自己一个不值钱的物件，卖弄佝斫犹可言，又不知人有实济，乱言之以沮其用，奴才往往然。而奴才者多，又更相推激，以争胜负，天下事难言矣！偶读《宋史》，暗痛当时之不可为，而一二有廉耻之士又未必中用。奈何哉！奈何哉！天不生圣人矣，落得奴才混账。所谓奴才者，小人之党也；不幸而君子有一种奴君子，教人指摘不得。①

> 自宋入元百年间，无一个出头地人，号为贤者，不过依傍程朱蒙袂，侈口居为道学先生，以自位置，……真令人齿冷！②

南宋是出"大圣贤"朱熹的时代，可尊朱三十年后竟亡于蒙古，因而在傅山看来，这其实是一个"天不生圣人，落得奴才混账"的时代。傅山独具只眼地看到，在南宋朝廷的庸奴中，不仅有奴小人，也有奴君子，奴小人是假道学，奴君子是真道学，但二者都是奴才。程朱理学的道德伦理至上主义，只不过充当了奴小人和奴君子"以自位置"的官禄之钓饵和打人的棍子，并没有造就出大批的志士仁人，反倒造出了大群的投降蒙古统治者的"降奴"：

> 当时中国不振，奸妖主和，使衣冠士大夫屈膝丑虏，习以为常，碌碌庸奴无足言，即天子者，苟图富贵视肉耳。……可惜以学士名贤往往充此奴役！……使老夫千古牙痒！③

傅山对于宋朝亡国史的论述，实际上是对于明朝亡国史的论述。其对于南宋奴儒和降奴的谴责，也就是对于明朝奴儒和降奴的谴责；对于宋朝灭亡教训的总结，其实也就是对于明朝灭亡教训的总结。他十分鲜明地把明朝的灭亡归罪于专制统治集团的"奴儒"和"降奴"，而不是归罪于民间的。

傅山进而指出，奴儒之奴性的表现在于"依傍"、"义袭"，而绝无自己的真知灼见。其《学解》一文，批评程朱理学家一派"奴儒"。他说：

> ……世儒之学无见。无见而学，则瞽者之登泰山泛东海，非不闻高深也，闻其高深，则人高之深之也。

> 荀子非子思、子舆氏也，……荀子以此非思孟则不可，而后世之奴儒实中其非也。……奴儒尊其奴师之说，闭之不能拓，结之不能觸，其

---

① 傅山：《书宋史内》，《傅山全书》第1册，山西人民出版社1991年版，第725页。
② 傅山：《道学先生》，《傅山全书》第1册，山西人民出版社1991年版，第778页。
③ 傅山：《傅察》，《傅山全书》第4册，山西人民出版社1991年版，第2890页。

所谓不解者，如结襫也，如縢箧也。……本无才也，本无志也，安得其剧
大？本无闻见也，安得博杂也。"沟犹瞽儒"者，所谓在沟渠中而犹犹
然自以为大，盖瞎而儒也。

后世之奴儒，生而拥皋比以自尊，死而图从祀以盗名，其所谓闻见，
毫无闻见也，安有所觉也？不见而觉几之微，固难语诸腐奴也。若见而
觉，尚知痛痒者也；见而不觉，则风痹死尸也。①

奴儒本无识见，其所以"尊其奴师之说"，依傍门户，不过是因为统治者独尊
儒术，因而奴儒们可以将其奴师之说当作"皋比"（虎皮），包着自己去吓唬
别人，并且还期待着死后被请到孔庙的两庑去吃冷猪肉。思想僵化，神经麻
木得如同"风痹死尸"，却存有一颗欺世盗名之心。傅山又进而指出。奴儒
之所谓学有本原，不过是死守经传章句注脚，诵说语录而已。他说：

读理书尤著不得一依傍之意。大悟底人，先后一揆，虽势易局新，
不碍大同。若奴人，不曾究得人心空灵法界，单单靠定前人一半句注
脚，说我是有本之学，正是咬人脚后跟底货，大是死狗扶不上墙也。②

明王道，辟异端，是道学家门面，却自己只作得义袭工夫。③

在傅山看来，正是由于读书人的奴性，使他们本身丧失了人格尊严，成为专
制偶像和教条的奴才；同时，由于这些人身居高位，也不止一次地使得民族
丧失了尊严，成为游牧民族铁蹄下的奴隶。"奴儒"与"降奴"，本质上都
是奴。

傅山深恶专制主义的"骄奴"，他们上至朝廷命官，下至衙役听差，对上
是奴才，对下是暴君。傅山一针见血地指出了他们作为专制主义帮凶的奴
才本质："顾彼骄强者，气皆奴婢扬"④。别看他们在羊面前露出一副虎狼
相，可是在虎狼面前他们马上就会露出羊相，这当然又是在中国社会中十分
常见的一种奴性。

傅山斥恪守专制礼法、极力维护礼教统治的人为"腐奴"。他认为礼教
无益于世，且有害于世，甚至会导致"丧世"。他说："夫世儒所谓礼者，治世
之衣冠，而乱世之疮也。不知剷刮其根，而以膏药涂之，又厚涂之，曰'治疮

① 傅山：《学解》，《傅山全书》第 2 册，山西人民出版社 1991 年版，第 903—905 页。
② 傅山：《读理书》，《傅山全书》第 1 册，山西人民出版社 1991 年版，第 778 页。
③ 傅山：《道学门面》，《傅山全书》第 1 册，山西人民出版社 1991 年版，第 782 页。
④ 傅山：《耐贫》，《傅山全书》第 1 册，山西人民出版社 1991 年版，第 97 页。

之礼也'。不柄亢钜以足民之耳目,而脂韦跪拜以贪其利禄,曰'治世之礼当如是'。礼丧世,世丧礼,礼与世交相丧也,悲夫!"①他认为儒家所谓"君为臣纲",只是让做官的仅对其君负责,而不是对国家和人民负责,忠君不过是苟图衣食者的"区区福禄之计"。儒家所谓"孝",不过是为了"立身扬名",而不是出于真诚的情感,为了扬名的人"必有贼其亲之心"②。傅山更痛恶程朱理学家关于"饿死事极小,失节事极大"的说教,他愤激地谴责道:"'饿死事小,失节事大',如此真有饿不杀底一个养法!"③对于用礼教杀人的"老腐奴",他抨击不遗余力。

"把奴俗龌龊意见打扫干净"

面对奴性在中国社会中的普遍存在这种现实状况,如何改造人们的奴性也就成为傅山为之深思的一个问题。傅山已经意识到,对于奴性的改造,一方面需要唤起人们的觉悟,促使其痛改其奴性;另一方面,要解除等级名分和礼法对人的束缚,即从制度上铲除孳生奴性的根源。傅山诗云:

> 天地有腹疾,奴物生其中。神医须武圣,扫荡奏奇功。金虎亦垂象,宝鸡谁执雄。太和休妄颂,笔削笑王通。④

在这首诗中,傅山要扫荡的"奴物",不仅是人们的奴性,而且是造成奴性的社会制度。以"武圣"来扫荡为虎作伥的"降奴"和"骄奴",以华夏"宝鸡"的高鸣来唤起"奴儒"、"腐奴"各色人等的良知和觉悟,推倒造成奴性的社会制度,正是傅山的向往和追求。

傅山要人们把"奴俗龌龊意见打扫干净",堂堂正正地做人。"不拘甚事,只不要奴,奴了,随他巧妙雕钻,为狗为鼠已耳。"⑤傅山对于"奴俗"的批判,在 17 世纪的中国乃是惊世骇俗之论,因而不可避免地遭到围攻,就像鲁迅在 20 世纪仍遭围攻一样。不肯自省的"正人君子"们说傅山"好骂

---

① 傅山:《礼解》,《傅山全书》第 2 册,山西人民出版社 1991 年版,第 905 页。
② 傅山:《讲游夏问孝二章》,《傅山全书》第 2 册,山西人民出版社 1991 年版,第 909 页。
③ 傅山:《颐卦》,《傅山全书》第 1 册,山西人民出版社 1991 年版,第 635 页。
④ 傅山:《读史》,《傅山全书》第 1 册,山西人民出版社 1991 年版,第 192 页。
⑤ 傅山:《不要奴》,《傅山全书》第 1 册,山西人民出版社 1991 年版,第 878 页。

人"，这罪名也正是后来的"正人君子"们加给鲁迅的。对此，傅山说："天下虚心人莫过我，怜才人亦莫过我，而谬膺一'好骂人'之名，冤乎哉！即使我真好骂人，在人亦当自反。骂不中耶，是仰面唾天。若骂中耶，何不取以自省，以我为一味药何如？"①傅山要人们打破那文过饰非、死要面子的心理，在对奴性的斥骂声中痛自反省，吞下这苦口的良药，治愈那千年的奴疾。

为了治愈奴疾，傅山对人们提出了两点要求：

第一是要觉悟，要确立起个体人格的尊严和主体性。傅山对"奴儒"说法："学本义觉，而学之鄙者无觉。盖觉以见而觉，而世儒之学无见。……至于效先觉而效，始不至于日卑。其所谓先觉者，非占哔训诂可以为童子师而先之也，乃孟子称伊尹为先觉，……是觉也，谁能效之，谁敢效之？……学如江河，绝而过之，不沉没于学也，觉也。不沉没于效也，觉也。"②傅山认为，学的本义是"觉悟"，是为了启发愚蒙，而只知依傍门户、迷信盲从的"学之鄙者"则不但不能通过学而达于觉悟，反而陷入愚昧；"觉"固然要效法先知先觉，但值得后人效法的先知先觉者决非程朱理学家，而是古代贤相伊尹式的人物；"学"和"效"如同大江大河，学者要不沉没于学与效的江河，就必须有清醒的自我意识和主见，即"觉"。否则，终不免于被学与效的江河所吞没，成为只知拾人余唾、傍人脚跟的奴儒。

第二是要痛改其奴性。他指出："'改'之一字，是学问人第一精进工夫，……吃紧底是小底往大里改，短底往长里改，窄底往宽里改，躁底往静里改，轻底往重里改，虚底往实里改，摇荡底往坚固里改，龌龊底往光明里改，没耳性底往有耳性里改。"③强调做人要胸怀宽阔、意志坚定、光明磊落，知耻自尊。傅山曾作《窝囊》一文，他说：

> 俗骂龌龊不出气人曰"窝囊"。窝，言其不离其窝，无四方远大之志也；囊，言其知有囊橐，包包裹裹，无光明取舍之度也。亦可作膁，膁是多肉而无骨也。大概人无远大光明之志，则言语行事，无所不窝囊也。而好衣好饭不过图饱暖之人，与猪狗无异。④

傅山认为，要克服"龌龊不出气"即受压迫而又不敢反抗的奴性，不再当"多

---

① 傅山：《说我好骂人》，《傅山全书》第1册卷，山西人民出版社1991年版，第891页。
② 傅山：《学解》，《傅山全书》第2册，山西人民出版社1991年版，第903页。
③ 傅山：《杂训》，《傅山全书》第1册，山西人民出版社1991年版，第518页。
④ 傅山：《窝囊》，《傅山全书》第1册，山西人民出版社1991年版，第876页。

肉而无骨"的人肉宴席的材料,就必须破除只知保住自己的"窝"和"囊"、维持温饱的最低生存条件的狭隘眼界和中世纪利己主义的心态,确立"光明取舍之度"、"四方远大之志",去冲决囚缚,充分体现人之所以不同于猪狗、而属于人所特有的尊严,实现人作为社会和历史的真正主人的崇高价值。

另一方面,傅山还看到,要真正扫除奴性、实现个性解放,还必须改造那造成奴性的社会制度,解除尊卑贵贱的等级名分和专制主义的礼法对人的束缚。

关于尊卑贵贱的等级名分,傅山认为,这一切原本没有,而是后起的,它不应被视作"常有"而长久地存在下去。他说:"始制有名,制即制度之制,谓治天下者,初立法制,则一切名从此而起","而有天下者之名于是始尊。圣人念斯名也,非本初所有也,亦既有而已。"可是,"后世之据崇高者,只知其名之既立,尊而可以常有",殊不知,"天下者,非一人之天下,天下之天下也"①。他认为,尊卑贵贱的等级名分造成的是"礼乐何多士,崇高尽独夫"②,"处上而民重之,则民难戴;处前而民害之,则民不利"③的社会状况,因而极力主张要改变既往的君民关系,变君主在民之上、之前为"下之,后之"④。他赞扬李太白不肯摧眉折腰事权贵的精神,说:"李太白对皇帝只如对常人,作官只如作秀才"⑤。他反对把忠君的心理归结为人性,反对把人看作生来是侍奉主子的材料,他说如果把忠君视作人性,则作君主的无所事其忠,岂不是没有人性了吗? 他通过研究《墨子》,继承了墨家的"兼爱"思想,反对儒家区分等级贵贱的"等差之爱",主张"爱无差等"。⑥ 他似乎已经看到,只有从制度上铲除滋生奴性的根源,奴俗的彻底扫除才是可能的。

在圣凡关系上,傅山反对盲目崇拜古圣,认为"作经者"和普通著作者一样,不是超人或神。他甚至揭露和批判"圣人"是帮助独夫民贼"骗帝王之位"的"乡愿"。他在《读老子》中指出:"若不细推乐求不厌之义,则是圣人以乡愿之法骗帝王之位耳。民若无乐,推不厌之主,则'时日曷丧'而乱

---

① 傅山:《老子解》,《傅山全书》第 2 册,山西人民出版社 1991 年版,第 915 页。
② 傅山:《与眉仁夜谈》,《傅山全书》第 1 册,山西人民出版社 1991 年版,第 152 页。
③ 傅山:《庄子解》,《傅山全书》第 2 册,山西人民出版社 1991 年版,第 918 页。
④ 傅山:《庄子解》,《傅山全书》第 2 册,山西人民出版社 1991 年版,第 919 页。
⑤ 傅山:《李白》,《傅山全书》第 1 册,山西人民出版社 1991 年版,第 721 页。
⑥ 傅山:《墨子大取篇释》,《傅山全书》第 2 册,山西人民出版社 1991 年版,第 970 页。

矣。故以乐推验圣人之在宥耳。"①他提出衡量圣人的标准是能否做到使人民快乐，如果不能做到，而只是"以虚嘴憩舌，卑躬劬劳，哄著做帝王"②，并且制定出一套礼法来束缚人民，那么，这样的所谓圣人还值得人们崇敬吗？

傅山十分痛恨专制礼法对个性的束缚，热烈地讴歌人的自由。在他的诗中，屡有"自由"二字出现。他抗议专制礼法使志士仁人不能施展自己的才智和抱负，故诗中有"知属仁人不自由"③之句；他讴歌恋爱自由，其《方心》诗并序历历叙述方姬爱而不得、为爱而死的经过，诗结尾处曰："黄泉有酒妾当垆，还待郎来作相如，妾得自由好奔汝。"④诗中充满了追求自由的精神。傅山对自由的讴歌，体现了启蒙思潮的本质特征，它与其他学者要求自由的呼声一起，汇合成为中国早期启蒙思潮的交响乐章中的最强音。

（二）反对"禁防束缚"，倡导豪杰精神
——顾炎武的个性解放思想

顾炎武在《日知录》申斥李贽为"小人之无忌惮者"，照录张问达疏劾李贽的罪状，似乎是一种与以往的所谓"名教罪人"划清界限的举动，但究其与李贽的分歧，其实却不在于要不要个性的发展，而在于对于个性发展的度的把握。李贽主自由放任，主张通过个体的自由竞争自然而然地形成社会的秩序，而顾炎武似乎更强调要预设一个秩序的界限，使个性的发展适乎其平均主义乌托邦的理想。前者重自由，后者重平均，以至自相水火，不能相容。但在明清之际的中国社会历史条件下，二者既然都能不同程度地肯认个性的发展，也都不同程度地对专制主义的条教禁约持批判的态度，因而都具有历史的进步意义。且由于历史并未给顾炎武提供一个建立其乌托邦的条件，反倒是将反对民族压迫问题凸显在他的面前，因而顾炎武实际上强调的是一种使发展个性与实现类的目的高度统一起来的豪杰精神，这种既反对专制主义的禁防束缚又反对民族压迫的反抗精神，实际上与李贽的个性

---

① 傅山：《庄子解》，《傅山全书》第 2 册，山西人民出版社 1991 年版，第 919 页。
② 傅山：《庄子解》，《傅山全书》第 2 册，山西人民出版社 1991 年版，第 919 页。
③ 傅山：《与某令君》，《傅山全书》第 1 册，山西人民出版社 1991 年版，第 221 页。
④ 傅山：《方心》，《傅山全书》第 1 册，山西人民出版社 1991 年版，第 18 页。

解放学说具有更多的重合点,同时又比李贽学说更多地照顾到特定历史条件下的类的整体利益。由于豪杰精神的提倡,使儒家学说开始从"货与帝王家"的学问向"不欲使在位之人知之"而着眼于未来的学问转型,从侍奉权贵者的学问向不与统治者合作的独立特行的学问转型。

"禁防束缚,人才不振"

首先,顾炎武反对专制主义的禁防束缚,表现了具有个性解放意义的新思想。《日知录》卷九《人材》条引宋叶适言:

> 法令日繁,治具日密,禁防束缚,至不可动,而人之智虑自不能出于绳约之内,故人才亦以不振。①

顾炎武"采山之铜"而著《日知录》,他所抄录的话其实也正代表了他自己的思想。从他抄录的以上叶适的话可见,他认为人才不振的根本原因在于专制主义的禁防束缚。由于专制统治者的防民之术、治民之具日益繁密,不仅使人不可动,动辄得咎;甚至连想也不能想,思想言论亦有罪。既不可动,又不能想,也就根本谈不上聪明才智的发挥和能力的增长。因此,在顾炎武看来,要造就人才,就需要一个有利于人发展其个性的社会环境,因而也就必须废除那些摧抑人的才智发挥的法令和治具。当然,顾炎武又并非说不要任何社会规范,而是说除了一般的伦常纲纪外,不需要更多的禁防束缚。

顾炎武又认为,八股取士制度对于人才的摧残,其酷烈的程度远远超过秦始皇焚书坑儒。他说:

> 八股之害,等于焚书,而败坏人才,有甚于咸阳之郊所坑者但四百六十余人也。②

明朝以八股文取士,天下读书人只要诵习千篇一律的八股时文,熟读朱熹的《四书章句集注》,就可以应付科举考试了,除此以外,再不需要读书,这无异于秦始皇之焚书,驱天下读书人于作八股文一途,禁锢思想,蔽塞灵性,成为无用之人,无异于坑杀天下读书之人,当然远远胜过秦始皇坑杀460多个儒生了。

---

① 顾炎武:《日知录》卷九《人材》,《日知录集释》,岳麓书社1994年版,第313页。

② 顾炎武:《日知录》卷十六《拟题》,《日知录集释》,岳麓书社1994年版,第591页。

　　顾炎武又批判儒家的功名利禄思想，指出这种教育不但不能造就志士仁人，反而败坏人才，造成普遍的腐败。他批判当时社会对儿童的教育：

　　自其束发读书之时，所以劝之者，不过所谓千钟粟、黄金屋。而一旦服官，即求其所大欲。君臣上下，怀利以相接，遂成风流，不可复制。①

他引述历史记载，结合自己所亲见的当时社会普遍腐败的情形来说明这一点：

　　司马迁作《史记·货殖传》谓："自廊庙朝廷岩穴之士，无不归于富厚。等而下之，至于吏士，舞文弄法，刻章伪书，不避刀锯之诛者，没于赂遗。"而仲长敖《核性赋》谓："倮虫三百，人最为劣。爪牙皮毛，不足自卫，唯赖诈伪，迭相嚼啮。等而下之，至于台隶僮竖，唯盗唯窃。"乃以今观之，则无官不赂遗，而人人皆吏士之为矣；无守不盗窃，而人人皆僮竖之为矣。②

他指出："自神宗以来，黩货之风日甚一日。"③"人之不廉，而至于悖礼犯义，其原皆生于无耻也。故士大夫之无耻，是谓国耻。"④所谓无耻，也就是不知自尊。丧失了自尊心的人也就不需要维护自己的人格尊严，因而也就无所谓个性可言了。

　　顾炎武还着重批判了中国知识分子的门户之习，认为编织门户关系网乃是凭借人身依附关系和通过不正当手段来谋取私利的恶习，是"士大夫之无耻"的又一表现。他说：

　　生员之在天下，近或数百千里，远或万里，语言不通，姓名不通，而一登科第，则有所谓主考官者谓之座师，有所谓同考官者谓之房师，同榜之士谓之同年，同年之子谓之年侄，座师房师之子谓之世兄，座师房师之谓我谓之门生，而门生之所取中者谓之门孙，门孙之谓其师之师谓之太老师。朋比胶固，牢不可解，书牍交于道路，请托遍于官曹，其小者足以蠹政害民，而其大者至于立党倾轧，……故曰废天下之生员而门户

————————
①　顾炎武：《日知录》卷十三《名教》，《日知录集释》，岳麓书社1994年版，第478页。
②　顾炎武：《日知录》卷十三《名教》，《日知录集释》，岳麓书社1994年版，第478页。
③　顾炎武：《日知录》卷十三《贵廉》，《日知录集释》，岳麓书社1994年版，第492页。
④　顾炎武：《日知录》卷十三《廉耻》，《日知录集释》，岳麓书社1994年版，第481—482页。

之习除也。①

顾炎武的这段论述,正是中国社会无限发达的人身依附关系的表现之一。在如此盘根错节的准宗法关系网、名目繁多的人身依附关系之中,滋生着奴性、奴俗和种种社会罪恶,以今天的眼光来看,此种编织人身依附和人情关系网的奴性和庸俗心理不改造,就会导致现代政党政治的蜕化,成为政治现代化——理性化的严重障碍。

顾炎武对专制主义的禁防束缚和八股取士制度扼杀人才、败坏人才的批判,对"士大夫不知耻"等陋习的批判,是清初颇具特色的社会批判理论,并且是嘉庆以后学者,特别是龚自珍的社会批判理论的先声。

"保天下,匹夫之贱有责"

如本书中篇第二章所说,顾炎武反对以一种抽象的类精神——抽象的"公"来抹杀个体的正当利益,认为自私乃是人之常情,应该肯认每一个体有其"自为"的权利。他提倡以个人的正当利益的满足为前提的具体的"公",使人主观为自己,而客观为社会。他认为即使是很高尚的道德,也离不开实际利益的推动,如保家卫国的"效死勿去之守",究其动机乃是人民为了保护自己的和平生活和身家的利益,"非为天子也,为其私也,为其私,所以为天子也。故天下之私,天子之公也"②。

从以上公私观出发,于是有"天下兴亡,匹夫有责"的观点。顾炎武说:

> 有亡国,有亡天下。亡国与亡天下奚辨?曰,易姓改号,谓之亡国。仁义充塞,而至于率兽食人,人将相食,谓之亡天下。……是故知保天下,然后知保其国。保国者,其君其臣肉食者谋之。保天下者,匹夫之贱,与有责焉耳矣。③

顾炎武认为:"目击世趋,方知治乱之关必在人心风俗"④,人心风俗与民族存亡密切相关,因此,所谓"保天下",也就是要正人心风俗;正人心风俗,与每一人有关,因而每一个普通人都有责任;人心风俗既正,民族复兴方有

---

① 顾炎武:《生员论中》,《顾亭林诗文集》,中华书局1959年版,第23页。
② 顾炎武:《郡县论五》,《顾亭林诗文集》,中华书局1959年版,第15页。
③ 顾炎武:《日知录》卷十三《正始》,《日知录集释》,岳麓书社1994年版,第471页。
④ 顾炎武:《与人书九》,《顾亭林诗文集》,中华书局1959年版,第93页。

希望。

为了扭转被数百年宋明道学弄得颓败不堪的士林风气,顾炎武试图以豪杰精神来改造儒学,把读书人从"半日静坐,半日读书"、"闭门格物"、空谈心性的道学桎梏中解放出来。他说:

> 天生豪杰,必有所任。……今日者,拯斯人于涂炭,为万世开太平,此吾辈之任也。仁以为己任,死而后已。①

顾炎武特别推崇东汉清议派士大夫和宋代主战派士大夫不屈不挠的英雄气概,指出:

> (东汉)末造,朝政昏浊,国事日非,而党锢之流,独行之辈,依仁蹈义,舍命不渝,风雨如晦,鸡鸣不已。三代以下风俗之美,无尚于东京者。故范晔之论,以为桓灵之间,君道秕僻,朝纲日陵,国隙屡启,自中智以下,无不审其崩离,而权强之臣息其阋盗之谋,豪俊之夫屈于鄙生之议。【原注】《儒林传》论。所以倾而未颓,决而未溃,皆仁人君子心力之为。【原注】《左雄传》论。可谓知言者矣。②

他又盛赞北宋抗辽派士大夫的高风亮节以及北宋末年金人南侵后志士仁人纷起反抗、临难不屈的大无畏气概,指出:

> 宋……真、仁之世,……诸贤以直言谠论倡于朝,于是中外荐绅知以名节为高,廉耻相尚,……故靖康之变,志士投袂,起而勤王,临难不屈,所在有之。③

他纵观天下大势,比较南北地理和民风的差异,崇仰有英雄豪侠慷慨悲歌之传统的西北民风,并将民族复兴的希望寄托于古来多豪杰、且自然地理有居高临下之势的陕西。他之所以定居关中,实有将陕西作为抗清根据地的远图:

> 秦人慕经学,重处士,持清议,实与他省不同。……华阴绾毂关河之口,虽足不出户而能见天下之人,闻天下之事。一旦有警,入山守险,

① 顾炎武:《病起与蓟门当事书》,《顾亭林诗文集》,中华书局 1959 年版,第 48 页。
② 顾炎武:《日知录》卷十三《两汉风俗》,《日知录集释》,岳麓书社 1994 年版,第 469 页。
③ 顾炎武:《日知录》卷十三《宋世风俗》,《日知录集释》,岳麓书社 1994 年版,第 472—473 页。

不过十里之遥。若志在四方,则一出关门,亦有建瓴之便。①

他一方面主张要有深谋远虑,广结天下豪杰,待时而动,乘时而作;另一方
面,强调要有"精卫填海"的精神,绝不妥协地与满清统治者抗争到底,其咏
"精卫"诗云:

> 万事有不平,尔何空自苦?长将一寸身,衔木到终古。我愿平东
> 海,身沈心不改!大海无平期,我心无绝时。呜呼!君不见:西山衔木
> 众鸟多,鹊来燕去自成窠?②

他十分看不起那些只知道衔木为自己经营安乐窠的燕雀,而提倡"精卫"
的填海之志,埋头苦干,拼命硬干,生命不止,奋斗不息。他认为这是豪杰
之士所必须具备的品格,有没有这样的品格,是豪杰与庸人的根本区
别——豪杰为实现远大理想和抱负而奋斗,而庸人则一心只为经营自己
的"窠"。

反映社会发展势必打破传统社会自给自足的"小康"生活对人的局限,
变"狭隘地域性的个人"为志在天下的"真正普遍性的个人"的时代要求,顾
炎武极力主张青年人要走出故乡的狭隘天地,把自己造就成志在天下的豪
杰之士。他对故乡的父老们说:

> 顷过里第,见家道小康,诸郎成立,甚慰。然自此少游之计多,而伏
> 波之志减矣。况局守一城,无豪杰之士可与共论,如此则志不能帅气,
> 而衰钝随之。敢以一得之愚献诸执事。某虽学问浅陋,而胸中磊磊,绝
> 无阉然媚世之习,贵郡之人见之,得无适适然惊也?③

中国文化传统,不仅重言教,更重身教,顾炎武以其"胸中磊磊,绝无阉然媚
世之习"的崇高人格,以其足行万里、广结志士、坚韧不拔、图谋民族复兴的
豪杰精神,为中国学者树立了一个与传统的道学偶像周、程、张、朱绝然相异
的新的人格风范。

此外,顾炎武还继承了晚明学者对明代文坛复古文风的批判,对清初
文坛再度兴起的复古文风展开批判,以促进学者创作个性的解放。他
指出:

---

① 顾炎武:《与三侄书》,《顾亭林诗文集》,中华书局1959年版,第87页。
② 顾炎武:《精卫》,《顾亭林诗文集》,中华书局1959年版,第279页。
③ 顾炎武:《与人书十一》,《顾亭林诗文集》,中华书局1959年版,第93—94页。

> 近代文章之病,全在摹仿。即使毕肖古人,已非极诣,况遗其神理
> 而得其皮毛者乎?①

他要使学者的心智的创造力和个性从一味模仿古人的偶像崇拜中解放出来。他规劝一位诗学杜甫、文学韩欧的友人说:

> 君诗之病在于有杜,君文之病在于有韩、欧。有此蹊径于胸中,便
> 终身不脱依傍二字,断不能登峰造极。②

在顾炎武看来,杜甫之诗,韩愈、欧阳修之文,当然都有很高的造诣,甚至是那个时代的不可企及的典范("极诣"),然而却不可以作为后世模仿的对象,一来所处的时代不同,二来学者亦有其个性差异,纵然模仿得极像,不过是得其皮毛而遗其神理的假古董而已,毫无价值可言。因此,学者立言,贵在独创,"其必古人之所未及就,后世之所不可无,而后为之"③,如此才能充分发挥其创造的潜能,表现其独特的思想见识,以及作为一个独一无二的个体的创作风格和个性特征。

(三)"我者,大公之理所凝也"
——王夫之对"明日之吾"的呼唤

　　王夫之与李贽的分歧,与顾炎武同李贽的分歧基本相同,近似于平均主义的乌托邦主义者与自由主义者的分歧。自由主义倡导的是个体的独特性、殊异性的发展,强调"各从所好,各骋所长",价值多元,意志多元,风格多元;而早期乌托邦主义者倡导的主要是个体能力的发展和道德人格的完善,强调这种发展和完善有利于实现类的整体利益。前者强调每一个体都有其独特的价值,后者则强调个体只有在作为类精神的承载者时才能实现其价值;前者强调多,后者强调一。但后者之"一"由于容纳了前者之"多"的某些因素,因而虽然在形式上表现为对前者的异乎寻常的激烈批判,但在

---

① 顾炎武:《日知录》卷十九《文人摹仿之病》,《日知录集释》,岳麓书社 1994 年版,第685 页。
② 顾炎武:《与人书十七》,《顾亭林诗文集》,中华书局 1959 年版,第 95—96 页。
③ 顾炎武:《日知录》卷十九《著书之难》,《日知录集释》,岳麓书社 1994 年版,第677 页。

内容上则表现为对前者的肯定式的扬弃。尽管这种扬弃在部分地反映启蒙的时代要求的同时，还更多地反映了清初的民族矛盾以及农民的社会理想等因素。王夫之的大公之我说，就是一种把个体作为类精神的承载者，强调个体能力的发展和道德人格之完善，着眼于类的整体发展来引导个性发展的学说。

"大勇浩然，亢王侯而非忿"

王夫之学说中所蕴含个性解放的思想因素，首先表现在他对于摧残人才的专制制度、主张"返朴"的道家学说，以及宋明道学的"主静"和"惩忿窒欲"说的批判等方面。

有感于明王朝灭亡的历史教训，王夫之对传统的道德伦理至上主义摧残人才的恶果有一定程度的认识。在《读通鉴论》一书中，他借总结南朝刘宋政权由兴盛走向衰败的历史教训而发挥道：

> 当世之士，以人主之意指为趋，而文帝、孝宗之所信任推崇以风示天下者，皆拘葸巽谨之人，谓可信以无疑，而不知其适以召败也。道不足消逆叛之萌，智不足驭枭雄之士，于是乎摧抑英尤而登进柔顿，则天下相戒以果敢机谋，而生人之气为之坐瘗；故举世无可用之才，以保国而不足，况欲与猲房争生死于中原乎？①

这段话虽然是对南朝刘宋时期历史的评论，但亦可看作是对明朝灭亡教训的总结。在这段论述中，王夫之明显地突破了传统的伦理道德至上主义的局限，指出专制统治者以"拘葸巽谨"作为道德人格之样板，"摧抑英尤而登进柔顿"，是一种鼓励人们当奴才、磨灭天下豪杰之气、严重摧残民族生机和活力的做法，其结果也就导致天下无可用之才，给国家和民族带来灾难。专制帝王需要奴才，为的是维护其一己之私；而民族则需要有英雄豪杰气概和建功立业的真本领的人才，为的是实现"天下之公"。因此，为国家和民族的利益计，就不应该以"拘葸巽谨"作为道德人格的样板，而应鼓励和造就智勇双全的杰出人才，以实现民族振兴的大业。

王夫之把人类社会的发展看作是一个通过发挥人的主观能动性，在尽

---

① 王夫之：《读通鉴论》卷十五，《船山全书》第10册，岳麓书社1988年版，第562页。

器、制器的认识和实践活动中不断提高其文明程度的过程。所以他反对复古主义者的"返朴"之说，认为此种主张既使人"本自条达荣茂"的自然生机遭到斫丧，又使人不能各尽其用而"人事又废"，最终会导致人类倒退到狭义动物界去。他说：

> 朴之为说，始于老氏，后世习以为美谈。朴者，木之已伐而未裁者也。已伐则生理已绝，未裁则不成于用，终乎朴则终乎无用矣。如其用之，可栋可楹，可豆可俎，而抑可涸可牢，可柤可柶者也。人之生理在生气之中，原自盎然充满，条达荣茂，伐而绝之，使不得以畅茂，而又不施以琢磨之功，任其顽质，则天然之美既丧，而人事又废。君子而野人，人而禽，胥此为之。若以朴言，则唯饥可得而食，寒可得而衣者，为切实有用。养不死之躯以待尽，天下岂少若而人耶？自鬻为奴，穿窬为盗，皆以全以朴，奚不可哉？养其生理自然之义，而修饰之以成乎用者，礼也。①

王夫之认为，天地生化既赋予人"天然之美"，那就不应"伐而绝之"，而应全其生理，使其得以条达荣茂地生长；另一方面，人的"天然之美"，又需要借助于"礼"来加以修饰以成乎其用。人之所以为人，不能只是以"唯饥可得而食，寒可得而衣者为切实有用"，不能只是"养不死之躯以待尽"，更不能为了生存而为奴、为盗，而应意识到作为人的尊严，从要么当奴才、要么当土匪这两种可耻而可悲的境况中超拔出来。

王夫之尊重人的感性生命存在和实践活动，因而反对宋明道学的"主静"说。他认为，"动"是绝对的，而"静"只是相对的，"真静原知动不销"，"不动之常，惟待动验，既动之常，不待反推"②。自然界是如此，人也是如此：

> 人之有心，昼夜用而不息，虽人欲杂动，而所资以见天理者，舍此心而奚主；其不用而静且轻，则癏寐之顷是也。……才以用而日生，思以引而不竭。③

人之所以为人，就在于有自觉的能动性。如果塞性于静，那么"禹之抑洪水，周公之兼夷驱兽，孔子之作《春秋》，日动以负重，将且纷胶瞀乱而言

---

① 王夫之：《俟解》，《船山全书》第 12 册，岳麓书社 1992 年版，第 486—487 页。
② 王夫之：《周易外传》卷二，《船山全书》第 1 册，岳麓书社 1988 年版，第 888 页。
③ 王夫之：《周易外传》卷四，《船山全书》第 1 册，岳麓书社 1988 年版，第 947—948 页。

行交绌;而饱食终日之徒,使之穷物理,应事机,抑将智力沛发而不衰。是圈豕贤于人,而顽石、飞虫贤于圈豕也"①。主静,也就是要使本来具有自觉能动性的人变成饱食终日之徒,乃至圈豕或顽石飞虫;然而,饱食终日之徒或圈豕顽石又岂能穷物理、应事机、智力沛发而不衰? 因此,宋明道学家讲的"主静",实际上是一种要人脱离活生生的生活与实践、扼杀人的自觉能动性的理论;而在王夫之看来,只有"动",即投身于穷物理、应事机的实践活动中去,方能"才以用而日生","智力沛发而不衰。"

王夫之认为,人应该是生气蓬勃的,具有"大勇浩然"的"强固之气质"和乐生善感的"才情"的,因此,他极力反对宋儒的"惩忿窒欲"说,他说:

> 性主阳以用壮,大勇浩然,亢王侯而非忿。情宾阴而善感,好乐无荒,思辗转而非欲。而尽用其惩,益摧其壮,竟加以窒,终绝其感。一自以为马,一自以为牛,度才而处于辖。一以为寒岩,一以为枯木,灭情而息其生。彼佛老者,皆托损以名其修,而岂知所谓损者,……岂并其清明之嗜欲,强固之气质,概衰替之,以游惰为否塞之归也哉! 故尊性者必录其才,达情者以养其性。故未变则泰而必亨,已变则损而有时,既登才情以辅性,抑凝性以存才情。损者,衰世之卦也。处其变矣,而后惩窒之事起焉。若夫未变而亿其或变,早自贬损,以防意外之迁流,是惩羹而吹齑,畏金鼓之声而自投车下,不亦愚乎?②

在这段论述中,王夫之极为明确地指出宋儒的"惩忿窒欲"论的实质是使人不成其为人,是要人不把自己当人,"一自以为马,一自以为牛",心甘情愿地受羁轭,当侍奉主子的材料;"一以为寒岩,一以为枯木",做供主子任意搬用的木石砖瓦。而在王夫之看来,人之所以为人,就在于他是有自己的意志和主见的,有"强固之气质",有"清明之嗜欲",所以他公然站在程朱理学的对立面上为人的"忿"和"欲"辩护,认为"大勇浩然,亢王侯而非忿","好乐无荒,思辗转而非欲"。他坚决反对"托损以名其修"的佛老之说和程朱理学,认为根于天地阴阳的现实的人性不可以"损",而应遵循"惟主阳而用壮"、"情宾阴而善感"的自然之理,去捍卫自己的尊严,去抒发自己的情感。对于统治者来说,也应尊重人的"性用壮"、"情善感"的自然之理,对有个性

---

① 王夫之:《周易外传》卷四,《船山全书》第 1 册,岳麓书社 1988 年版,第 948 页。
② 王夫之:《周易外传》卷三,《船山全书》第 1 册,岳麓书社 1988 年版,第 924—925 页。

的人"录其才"、"养其才",而不应该加以桎梏和压制。至于所谓"损"的说法,王夫之明确指出:"损者衰世之卦也";当人们的个性和情感、欲望还受到严重压抑的时候,是不应该讲所谓的"损",要人们"惩忿窒欲"的。对于绝大多数的中国人来说,是个性发展得不够,而不是发展得过头了。在这种情况下,讲惩忿窒欲是愚昧的表现。

"性日生日成","已成可革"

王夫之以历史的眼光去考察人性,把人性看作是一个在历史中生成、发展、变化着的动态的存在,它"日生日成"、"未成可成,已成可革",不断扬弃自身而进入新的境界。这一观点反映了明清之际中国社会的发展对于重新塑造国民性、造就具有新的精神风貌的新人的时代要求。

王夫之说:

> 夫性者,生理也,日生则日成也。则夫天命者,岂但初生之顷命之哉!……夫天之生物,其化不息,初生之顷,非无所命也。……幼而少,少而壮,壮而老,亦非无所命也。……形日以养,气日以滋,理日以成,方生而受之,一日生而一日受之,受之者有所自授,岂非天哉?故天日命于人,而人日受命于天,故曰性者生也,日生而日成之也。……惟命之不穷也而靡常,故性屡移而易,抑惟理之本正也,而无固有之疵,故善来复而无难,未成可成,已成可革。性也者,岂一受成侀,不受损益也哉?……形气者,亦受于天者也,非人之能自有也,而新故相推、日生不滞如斯矣。①

在王夫之看来,人性并不是永恒不变的,人性作为人之"生理"是"日生日成"的。从个体来说,每一个人自幼年至少年,自少年而壮年、而老年,其人性的具体表现都是不同的。"天"在赋予人形气的同时,亦赋予人"生理";人的形气在不断地变化,其"生理"当然也在不断地变化;因此,人性不仅是"初生之顷命之",不是"一受成侀而不受损益",而是"日生而日成之"的。社会的变化发展没有穷尽——"命之不穷也而靡常",所以人性也是屡移屡易,以往所没有的可以形成,已经形成的也可以革除。正如形气受之于天一

---

① 王夫之:《尚书引义》卷三,《船山全书》第2册,岳麓书社1988年版,第299—302页。

样,"新故相推,日生不滞"的人性之自然历史进化乃是客观存在的事实。

以上一段讲人性的自然历史进化很强调"天日命于人而人日受命于天"的决定论的一面;然而,在另一方面,王夫之又是很强调人的自觉能动性、人的实践对于人性进化的重大意义的。他说:

> 成必有造之者,得必有予之者也,臻于成于得矣,是人事之究竟,岂生生之大始乎?①

如同制器,"天"只是给予了人类土木,而要使之成为器,必经过人"揉之斫之埏之埴之"的活动始能成就,人性也是在实践中"日生日成"的。王夫之讲"继善成性",他说:

> 甚哉!继之为功于天人乎! 天以此显其成能;人以此绍其生理者也。……不继不能成。天人相绍之际,存乎天者莫妙于继,然则人以达天之几,存乎人者,亦孰有要于继乎! 夫繁然有生,粹然而生人,秩焉、纪焉、精焉、至焉,而成乎人之性,惟其继而已矣。②

"继"如侯外庐先生所指出,相当于认识论上的实践意义。人通过实践,不断地发挥其认识和实践的潜能。在改造对象世界的同时也不断改造和完善人类自身,扬弃既往形成的人性,从而将人性不断向着新的境界提升。在这里,王夫之猜测到了人性的进步乃是人类历史实践的产物的真理。

强调实践的能动性对于人性进步的意义,当然并不排斥思想的力量。在此,王夫之强调个人的独立思考的重要性,他说:

> 致知之途有二,曰学、曰思。学则不恃己之聪明而一唯先觉之是效。思则不徇古人之陈迹而任吾警悟之灵。……学于古而法则具在,乃度之于吾心,其理果尽于言中乎? 抑有未尽而可深求者也? 则思不容不审也。乃纯固之士,信古已过而自信轻。但古人有其言而吾即效其事,乃不知自显而入于微,自常而推于变者,必在我而审其从违;而率然效之,则于理昧其宜,而事迷其几,为罔而已矣! 尽吾心以测度其理。乃印之于古人,其道果可据为典常乎? 抑未可据而俟裁成者也? 则学不容不博矣。③

王夫之要人们在学与思的过程中,更多地作独立的思考,"不徇古人之陈迹

---

① 王夫之:《周易外传》卷一,《船山全书》第1册,岳麓书社1988年版,第825页。
② 王夫之:《周易外传》卷五,《船山全书》第1册,岳麓书社1988年版,第1007页。
③ 王夫之:《四书训义》卷六《船山全书》第7册,岳麓书社1990年版,第301页。

而任吾警悟之灵"。他要人们问一问:古人的话说得都对吗? 他反对"信古已过而自信轻",要人们问一问:古人之所谓"道"真的是可以永远尊奉吗? 还是再也不可以照旧尊奉下去而有待于新的创造呢? 所有这些言论,都在一定程度上肯认了个体的主体精神。

当然,王夫之在肯认个体的主体性的同时,似乎又更多地强调类的"主体性",强调个体作为类精神的承载者的意义。但是,由于在类精神中注入了个体的主体性的因素,类精神就不再是敌视和排斥个体的了。中国传统社会伦理意识的核心,是把纲常伦理绝对化,从而否定个体的独立价值,只有"事父事君"、"尽伦尽职"才使个人的存在获得意义,对群体的义务压倒一切自我意识,"无我"成为理想的道德境。王夫之则在强调类的整体利益的同时,反对"无我",肯定"有我",认为有了独立的自我,才能体现"大公之理",发挥道德主体的能动作用。他说:

> 我者,大公之理所凝也。……于居德之体而言无我,则义不立而道迷。①

> 已消者,皆鬼矣。且息者,皆神也。……则吾今日未有明日之吾而能有明日之吾者,不远矣。②

王夫之用哲学语言呼唤的体现"大公之理"的"明日之吾",乃是一个早期启蒙者所向往的自我意识的觉醒,尽管仍然有对于个体的独特性与殊异性重视不够的弊病,——因为任何类精神的抽象都是不可能概括和包容个体的一切特点和特征的。

(四)"不以庸妄者之是非为是非"
——黄宗羲对学界奴性的批判

黄宗羲的个性解放思想,集中表现在他对八股时文和复古文风的批判和对晚明性灵文学流派的创作思想的继承和发展方面。

---

① 王夫之:《思问录·内篇》,《船山全书》第 12 册,岳麓书社 1992 年版,第 418 页。
② 王夫之:《思问录·外篇》,《船山全书》第 12 册,岳麓书社 1992 年版,第 434 页。

"务得于己,不求合于人"

黄宗羲认为,"科举抄撮之学,陷溺人心"①,读书人要发展自己的个性,就必须从八股时文的举业制艺的束缚下解放出来。他说:

> 举业盛而圣学亡。举业之士,亦知其非圣学也,第以仕宦之途寄迹焉尔,而世之庸妄者,遂执其成说,以裁量古今之学术,有一语不与之相合者,愕眙而视曰:"此离经也,此背训也。"于是六经之传注,历代之治乱,人物之臧否,莫不各有一定之说。此一定之说者,皆肤论瞽言,未尝深求其故,取证于心,其书数卷可尽也,其学终朝可毕也。……仲升之学,务得于己,不求合于人,故其言与先儒或同或异,不以庸妄者之是非为是非也。②

他认为八股时文把读书人的思想束缚于专制主义意识形态的"一定之说",而此种"一定之说",不是十分浅薄的"肤论",就是胡说八道的"瞽言"(瞎话)。天下再没有比说瞎话更容易的了,因为它不必"深求其故",亦不必"求证于心"。以此"一定之说"去衡量文章优劣、选拔人才,则败坏人才、坏人心术;以此裁量古今之学术,则禁锢思想、扼杀智慧、窒息学术生机,所以说"举业盛而圣学亡"。黄宗羲认为真正的学者,决不可有"科举场屋之心胸",不可以执八股文坛之牛耳、操天下士子进取之权的庸妄者之是非为是非,而要努力破除官方意识形态的"一定之说"的束缚,敢于运用自己的理性作独立的是非判断,"务得于己,不求合于人"。如此才是一个学者所应具有的独立品格,如此方能实现作为学者的人生价值。

黄宗羲继承了晚明学者对复古主义文风的批判,反对清初文坛依然存在的拟古、复古文风,认为复古主义的文风有依傍、作伪、空虚三大弊端。他认为,学者依傍门户、盲从与模拟古人乃是"奴仆挂名于高门巨室之尺籍"的奴性,与明代下层社会盛行的投靠和"自鬻为奴"的风气无异。他说:

---

① 黄宗羲:《姚江逸诗序》,《黄宗羲全集》第 10 册,浙江古籍出版社 2005 年版,第 11 页。

② 黄宗羲:《恽仲升文集序》,《黄宗羲全集》第 10 册,浙江古籍出版社 2005 年版,第 4—5 页。

党朱、陆,争薛、王,世眼易欺,骂詈相高。有巨子以为之宗主,则巨子为吾受弹射矣。此如奴仆挂名于高门巨室之尺籍,其钱刀阡陌之数,府藏筐箧所在,一切不曾经目,但虚张其喜怒,以哃喝夫田骏纤子。高门巨室,顾未尝知有此奴仆也。①

投靠名门,依傍门户,拉大旗作虎皮,包着自己去吓唬别人,其伎俩正如投靠高门巨室充当家人,借主人之威以逞其凶焰。专制时代文人的奴性与巨室家人、市井恶仆的奴性和伎俩如出一辙。他又指出,一味模拟古人,终不免导致剿袭古人陈言的作伪,他说:

夫文章之传世,以其信也。弇州、太函,陈言套括,移前掇后,不论何人可以通用,鼓其矫诬之言,荡我秽疾,是不信也。②

可悲的是,世间的大人先生们居然以此手法教育儿童,让其从小学会作伪:

有所谓神童者,写字作诗,周旋应对于达官之前。……原其教法,唯令学书大字;诗以通套零句排韵而授之,东移西换,不出此数十句而已。问以四书,则茫然不识为何物也。……今以教胡孙禽虫之法教其童子,使之作伪,将奚事而不伪?③

当然,明代文坛提倡“文必秦汉、诗必盛唐”的复古论者的初衷并非要人依傍门户,甚至堕入剿袭作伪,而只是提倡学习古人的文法和风格,注重字句法式的讲求。他们认为作文之法已为古人所尽得之,后人只有通过模仿古人去求作文的法式,别无他途。黄宗羲认为这种观点完全是形式主义的,其结果必然是导致以死的形式和陈旧的内容排斥了自家的真气、真情与灵性,只有“唯之与诺”,而没有新鲜活泼的思想感情和创作个性。他说:

欧、曾谓学文之要在志道穷经者,若人亦知经之与欧、曾,其相似在何等乎?故其持论虽异,其下笔则唯之与诺也。有如假潘水为鼎实,别器而荐之,曰此觳蒸也,曰此折俎也,吟唱虽异,其为潘水则同也。④

今人无道可载,徒欲激昂于篇章字句之间,组织纫缀以求胜,是空

---

① 黄宗羲:《李杲堂文钞序》,《黄宗羲全集》第10册,浙江古籍出版社2005年版,第27页。

② 黄宗羲:《辞祝年书》,《黄宗羲全集》第10册,浙江古籍出版社2005年版,第166页。

③ 黄宗羲:《七怪》,《黄宗羲全集》第10册,浙江古籍出版社2005年版,第651页。

④ 黄宗羲:《七怪》,《黄宗羲全集》第10册,浙江古籍出版社2005年版,第650页。

无一物而饰其舟车也,故虽大辂玙璜,终为虚器而已矣。①

他要求学者们破除只知"唯之与诺"、"如奴仆挂名于高门巨室之尺籍"的奴性,以"务得于己,不求合于人"的气概,勇敢地表达自己的思想,抒发自己的真情,让思想和创作插上自由的翅膀而凌空飞翔。

"高张绝弦,不识忌讳"

为了扫除文人依傍、作伪和只知"唯之与诺"的奴性,黄宗羲极力主张要造就一种充溢着个性解放精神的新文风。

其一,文章"要皆自胸中流出"。这本是晚明公安派学者袁宏道提出的命题,黄宗羲沿用了这一提法。所不同的是,袁宏道以读书为独抒性灵之障蔽,而黄宗羲则认为学者应具有深厚的历史文化素养,然后能独抒己见。他说:

> 杲堂之文……要皆自胸中流出,而无比拟皮毛之迹。……余尝谓文非学者所务,学者固未有不能文者。今见其脱略门面,与欧、曾、史、汉不相似,便谓之不文,此正不可与于斯文者也。……但使读书穷经,人人可以自见。高门巨室,终不庇汝,此吾东浙区区为斐豹焚丹书之意也。②

黄宗羲认为,学者不须依傍门户,亦不必模拟古人,人人可以有独到的见解,只要是自胸中流出,确有真知灼见,就是好文章,若以一种模式去衡量天下文章,则不可与言文。

其二,学者不能为权势所指挥。山林之文,"高张绝弦,不识忌讳",正可显示学者的创作个性;而台阁之文,则处处为权势所左右,使学者无独立人格和个性可言。他说:

> 盖文章之道,台阁山林。……台阁之文,拨乱治本,缠幅道义,非山龙黼黻,不以设色,非王霸损益,不以措辞,而卒归于和平神听,不为矫激;山林之文,流连光景,雕镂酸苦,其色不出于退红沈绿,其辞不离于

---

① 黄宗羲:《陈葵献偶刻诗文序》,《黄宗羲全集》第 10 册,浙江古籍出版社 2005 年版,第 30 页。

② 黄宗羲:《李杲堂文钞序》,《黄宗羲全集》第 10 册,浙江古籍出版社 2005 年版,第 28 页。

叹老嗟卑,而高张绝弦,不识忌讳。……今夫越郡之志,地逾千里,时将百年,所谓台阁之文也。既有明府名公巨卿以为之主,当世之词人才子,孰不欲附名末简,分荣后祀?……某闻梓人之造室也,大匠中处,众工环立向之。大匠右顾曰斧,则执斧者奔而右,左指曰锯,则执锯者趋而左。……某自视不知斧锯安在,明府右顾,则某将空手而奔左,明府左指,则某将空手而趋右,又何待环立而知其不胜任哉!小儒山林之手,其无当于台阁也明矣。①

晚明袁宏道提倡文章要有"真趣",认为趣在童子,趣在山林之人,表现了晚明学者为维护独立人格而不愿与统治者合作的倾向,黄宗羲肯定"山林之文"而蔑视"台阁之文",与袁宏道同一旨趣。

其三,评论诗文,"但当辨其真伪,不当拘以家数。"黄宗羲强调:

> 夫其人不能及于前代而其文反能过于前代者,良由不名一辙,惟视其一往深情。②

> 有平昔不以文名,而偶见之一二篇者,其文即作家亦不能过。盖其身之所阅历,心目之所开明,各有所至焉,而文遂不可掩也。然则学文者,亦学其所至而已矣,不能得其所至,虽专心致志于作家,亦终成其为流俗之文耳。③

> 夫诗之道甚大,一人之性情,天下之治乱,皆所藏纳。古今志士学人之心思愿力,千变万化,各有至处,不必出于一途。……而必欲一之以盛唐,盛唐之诗……亦未尝归一,将又何适所从耶?是故论诗者,但当辨其真伪,不当拘以家数。④

文不必马班欧曾,诗不必李杜元白,只要有真实的性情,有丰富的生活感受,有深湛的学养,自能写出好的诗文;而人之性情、感受、学养,千差万别,千变万化,各有所至,发为诗文亦各有其风格。因此,强制推行一种风格而排斥

---

① 黄宗羲:《辞张郡侯请修郡志书》,《黄宗羲全集》第 10 册,浙江古籍出版社 2005 年版,第 162—163 页。

② 黄宗羲:《明文案序上》,《黄宗羲全集》第 10 册,浙江古籍出版社 2005 年版,第 19 页。

③ 黄宗羲:《钱屺轩先生七十寿序》,《黄宗羲全集》第 10 册,浙江古籍出版社 2005 年版,第 673 页。

④ 黄宗羲:《南雷诗历题辞》,《黄宗羲全集》第 10 册,浙江古籍出版社 2005 年版,第 204—205 页。

其他的风格,必欲天下诗文出于一途、合于一辙,是反乎自然、扼杀个性、窒息创造活力、违背艺术创作规律的。

黄宗羲对奴性的批判,主要是针对中国传统社会的知识分子的,不如傅山对奴性的批判涉及面那么广大。然而,对中国传统社会知识分子奴性的批判,在某种意义上可以说是抓住了问题的根本。启蒙,首先就是要启知识分子之蒙。如果连这些人都是那么愚昧无知,每一个毛孔和骨节中都渗透着"为五斗米而折腰",或者想进孔庙去吃冷猪肉、一心想把自己"售于帝王家"的奴性,那么,光凭少数几位"高张绝弦之士"的呐喊,又岂能唤起不幸而又不争的民众?光凭几位"哲学的烈士"的血肉之躯燃起的火光,又岂能照亮广阔的夜空?

(五)"我之为我,自有我在"
——"堪留百代之奇"的石涛画论

清初追求个性自由解放的思想,还表现在这一时期的绘画理论和创作之中,以著名画家石涛为代表。

石涛(约 1642—1717 年,明崇祯十五年至清康熙五十六年或稍后),明宗室靖江王朱守谦的后裔,广西桂林府全洲清湘县人。明朝灭亡后,在清政府大肆捕杀朱明宗室后裔的情况下,石涛不得不出家为僧,以多达数十种名字、别号来隐瞒其身份,过着云游四海的生活。与八大山人朱耷、梅瞿山、屈翁山、黄仙裳、施愚山等为好友,与钱谦益、萧伯玉、龚半千、吴苗次、孔尚任、曹寅等著名学者亦多有交游。以擅长山水画闻名于世,与八大山人朱耷齐名,时人推许其画为大江以南第一,稍后郑板桥更认为石涛"比之八大山人殆有过之无不及者"。

"我自发我之肺腑"

石涛的画论和创作,反对元明以来特别是清初画坛占统治地位的"四王"集团的复古画风和依傍门户的腐朽风气,洋溢着追求个性自由解放的精神,开清初画坛新风气之先。

针对清初画坛"四王"集团鼓吹的作画须"刻意师古"、与古人"同鼻孔

出气"、"一树一石皆有原本"的复古主张,石涛公然声称:

> 我之为我,自有我在,古之须眉不能生我之面目,古之肺腑不能入我之腹肠,我自发我之肺腑,揭我之须眉。①

他责问并谴责复古主义者:

> 古人未立法之前,不知古人法何法;古人既立法之后,便不容今人出古法。千百年来,遂使今之人,不能一出头地也。师古人之迹,而不师古人之心,宜其不能一出头地也。冤哉!②

有人说,不师法某家,就不能在画坛立足;画不似某家,就不能流传久远。石涛回答说:依据此种观点,"是我为某家役,非某家为我用也。纵逼似某家,亦食某家残羹耳,于我何有哉?"③有人又说:"能使我即古而古即我。"石涛回答说;"如是者,则知有古而不知有我者也。"④石涛认为,泥古不化的人是受了其识见狭隘的局限,而有识见的人则致力于"借古以开今",既吸取古人成法中的有用部分而又能摆脱那些足以障蔽画家知能之发挥的"法障"。

石涛还强调,画家的创作活动不要迁就庸人的嗜好,不要因顾虑庸人们的毁誉而自己贬损艺术的价值,不要被庸俗见识所纠缠蔽塞而束缚了自己的创作个性。他说:

> 人为物蔽,则与尘交;人为物使,则心受劳。劳心于刻画而自毁,蔽尘于笔墨而自拘,此局隘人也,但损无益。终不快其心也。我则物随物蔽,尘随尘交,则心不劳;心不劳则有画矣。⑤

他认为,人的智慧被物议是非所蔽塞,就会跟庸俗的见识相纠缠;人的智慧被物议是非所支配,那就心中无主见而被动地受劳役;在创作活动中劳心于多余的刻画以求迎合于物论,而自己毁损了创作,被庸俗见识所蔽塞而笔墨受到无谓的拘束,这样便成为很局隘的人了,只有损害没有益处,这样来作

---

① 道济:《石涛画语录·变化章第三》,《石涛画语录》,人民美术出版社1962年版,第5页。
② 《石涛题画选录》,《石涛画语录》,人民美术出版社1962年版,第76页。
③ 道济:《石涛画语录·变化章第三》,《石涛画语录》,人民出版社1962年版,第4—5页。
④ 道济:《石涛画语录·变化章第三》,《石涛画语录》,人民美术出版社1962年版,第5页。
⑤ 道济:《石涛画语录·远尘章第十五》,《石涛画语录》,人民美术出版社1962年版,第11页。

画心中总是不能畅快的。石涛说，他对于庸人们的议论的办法是：听任那些说是道非的人去互相蔽塞，让那些庸俗的见识去自相纠缠，那我的心就不受他们的劳役；心不受他们的劳役纷扰，就有了自己的绘画了。也就是说：走自己的路，让别人去说吧！

"一画之法，乃自我立"

石涛认为，画家要表现自己的创作个性，就必须破除蒙昧，而要破除蒙昧，就必须有通达事理、明辨是非的智慧。他说：

> 愚者与俗同讥，愚不蒙则智，俗不溅则清。俗因愚受，愚因蒙昧。故至人不能不达、不能不明，达则变，明则化。……愚去智生，俗除清至也。[1]

他认为愚昧与庸俗同样可耻，能够不为愚昧的社会氛围所蒙蔽就是智慧，能够不沾染世俗的下流习气就是清新。而就愚昧与庸俗二者言，庸俗根源于愚昧，愚昧则根源于不明事理。所以杰出的人不能不是通达事理的，不能不是明辨是非的；通达事理便能变愚昧为智慧，明辨是非便能化庸俗为清新。

石涛认为山水画乃是借助自然形象来表达人的内心世界的一门艺术，其目的是为了表现人的自我。他从儒家的"吾道一以贯之"和道家的"万物得一以生"引申出绘画艺术的"一画之法"：

> 法于何立，立于一画。一画者，众有之本，万象之根，见用于神，藏用于人，而世人不知，所以一画之法，乃自我立。立一画之法者，盖以无法生有法，以有法贯众法也。[2]

所谓"一画之法"，其意蕴与康德之所谓"人为自然立法"极相似：

> 山川使余代山川而言也。山川脱胎于余也，余脱胎于山川也，搜尽奇峰打草稿也。山川与余神遇而迹化也，所以终归之于大涤也。[3]

---

[1] 道济：《石涛画语录·脱俗章第十六》，《石涛画语录》，人民美术出版社1962年版，第12页。

[2] 道济：《石涛画语录·一画章第一》，《石涛画语录》，人民美术出版社1962年版，第3页。

[3] 道济：《石涛画语录·山川章第八》，《石涛画语录》，人民美术出版社1962年版，第8页。

"一画之法"即"我法"：

> 今问南北二宗：我宗耶？宗我耶？一时捧腹曰："我自用我法。"①

"一画之法"既自我立，所以艺术中所表现的既不是古人，也不是当今的名家，而是自己，因此，

> 不可雕凿，不可板腐，不可沉泥，不可牵连，不可脱节，不可无理。
> 在于墨海中立定精神，笔锋下决出生活，尺幅上换去毛骨，混沌里放出光明。纵使笔不笔，墨不墨，画不画，自有我在。②

他坚决反对泥古不化，而主张借助于"一画"这个一以贯之的至理大法所具有的功能，努力突破"古今法"的障蔽，来表现自我的憧憬和追求：

> 然则此任者，诚蒙养生活之理，以一治万，以万治一。不任于山，不任于水，不任于笔墨，不任于古今，不任于圣人。是任也，是有其资者也。③

他认为，只有运用这一努力表现自我的"一画之法"来进行创作，才能创造出寓自我于自然山水的堪称不朽的作品：

> 天地絪缊秀结，四时朝暮垂垂；
>
> 透过鸿蒙之理，堪留百代之奇。④

所谓"百代之奇"，说到底，也就是艺术家的自我之奇。石涛的画论及其创作，表现着他对于精神的个体性原则的执着坚持和追求，是晚明学者崇真尚奇的精神在清初的继续和发展。

十五、"质测之学"研究中的知性精神

　　清初学者继承晚明学者的知性精神，冲破道统的束缚，以纯粹的科学兴

①　道济：《石涛题画选录》，《石涛画语录》，人民美术出版社 1962 年版，第 72 页。

②　道济：《石涛画语录·絪缊章第七》，《石涛画语录》，人民美术出版社 1962 年版，第 38 页。

③　道济：《石涛画话录·资任章第十八》，《石涛画语录》，人民美术出版社 1962 年版，第 68 页。

④　道济：《大涤子题画诗跋》卷一，《美术丛书》（三集第十辑）艺文印书馆（台湾）1975 年版，第 144 页。

趣和求知态度去从事新兴质测之学的研究,将传统的以体悟伦理道德之"天理"为目的的所谓"格物致知"改造、转化为新兴质测之学的"即物以穷理","格致"亦因此成为自然科学的称谓。方以智对于"质测"、"宰理"、"通几"的学科区分,王夫之关于"惟质测能即物以穷理"的论述,继徐光启之后进一步宣告了自然科学与道统的决裂,是中国自然科学的"独立宣言"。方以智、方中通、黄宗羲、梅文鼎、刘献廷等学者对"精求其故"、"缘数以寻理"的科学方法的提倡,黄宗羲、刘献廷对东方神秘主义的批判,明辨西方自然科学与古代东方神秘主义的区别,都将徐光启对传统的狭隘经验论和神秘主义思维方法的变革继续推向前进,促进了科学精神在中国的传播。在这一时代风气的影响和推动下,即使是号称"理学名臣"的康熙朝文渊阁大学士李光地,也为奖掖和提倡新兴质测之学的研究作出了重要贡献。

(一)方以智论"质测即藏通几"

方以智(1611—1671 年,明万历三十九年至清康熙十年),字密之,号曼公、浮山愚者,安徽桐城人。出生于东林名士家庭。十四岁流寓南京,以东林子弟主盟复社,"文豪誉望动天下",为明末复社四公子之一。与陈贞慧、吴应箕、侯方域等相友善,"日从诸子画灰聚米,筹当世大计,或酒酣耳热,慷慨呜咽,拔剑砍地,以三尺许国,誓他日不相背负"[①]。三十岁举进士,任翰林院检讨。南明弘光朝大兴党狱时,他逃到南海,以卖药为生。永历时,为詹事府左中允,又被权阉诬劾免职。清军入广东后,遭通缉而在梧州出家,1671 年 3 月在江西庐陵被捕,同年 5 月在押解途中死去。

方以智是明末清初的大科学家和哲学家。他的科学兴趣,首先来自明中叶后在中国本土兴起的科学思潮的影响。方以智自述家学渊源曰:"先曾祖本庵公(方学渐,1540 — 1616 年)知医具三才之故,廷尉公(方大镇,1558—1628 年)、中丞公(方孔炤,1591—1635 年)皆留心征验,不肖以智有穷理极物之癖。"[②]方以智之子方中通云:"邓潜谷先生作《物性志》,收《函

---

① 徐芳:《愚者大师传》,《悬榻编》卷三,《四库禁毁书丛刊》集部第 86 册,北京出版社 1997 年版,第 99 页。

② 方以智:《医药类》,《物理小识》,商务印书馆 1937 年版,第 108 页。

史》上编。余曾祖廷尉公曰:此亦说卦极物之旨乎! 王虚舟先生作《物理所》,崇祯辛未,老父为梓之。"①邓潜谷,即邓元锡(1528—1593 年),是江右王门的健将,其所著《物性志》极为方以智的父亲方孔炤所推崇;王虚舟即王宣,字化卿,是方以智的曾祖方学渐的学生,又是方以智的老师,所著《物理所》一书为方以智所刊刻。以上所论列的各位学者,都代表了一种从《易》学中开出新兴"质测之学"的新思路。他们所给予方以智的影响,是方以智科学兴趣的最初动因。

"盈天地间,皆物也"

在明清之际的学者中,方以智是最明显地摆脱道统的束缚而形成比较纯粹的认知态度的学者。其"格物致知"说,虽脱胎于儒家"格物致知"说的母体,但却赋予了其全新的内容,即以格物为格自然之物,以致知为致自然物之知。他说:"今日文教明备,而穷理见性之家反不详言一物者,言及古者备物致用、物物而宜之之理,则又笑以为迂阔无益,是可笑耳。卑者自便,高者自尊,或舍物以言理,或托空以愚物。学术日裂,物习日变,弁髦礼乐,灭弃图书,其有不坏其心者,但暗与道合而已。偶得物理之一端,则委之于术数者流。安得圣人复起,非体天地之撰,类万物之情,乌得知其故哉!"②

方以智虽然也以"气"作为"物"的本原,但他所注重的不再是前人所讲的"气"的种种虚渺的属性,而是"气凝为形,发为光声"的物理属性。他更注意的是实在的"物",他把人类活动所接触到的对象,甚至包括人类本身的特质都当作"物",当作人类的认识对象:

> 盈天地间皆物也。人受其中以生,生寓于身,身寓于世。所见所用,无非事也;事一物也。圣人制器利用以安其生,因表理以治其心。器固物也,心一物也。深而言性命,性命一物也。通观天地,天地一物也。③

既然一切都是"物",则当然都包含可以作为认知对象的"物理"。方以智把这种对于物理的认识称为"质测",他说:

① 方中通:《物理小识编录缘起》,《物理小识》卷首,商务印书馆 1937 年版,第 1 页。
② 方以智:《物理小识总论》,《物理小识》卷首,商务印书馆 1937 年版,第 5—6 页。
③ 方以智:《物理小识自序》,《物理小识》卷首,商务印书馆 1937 年版,第 1 页。

物有其故,实考究之,大而元会,小而草木蠡蠕,类其性情,征其好恶,推其常变,是日质测。①

方以智明确地把研究自然科学的"质测"之学与研究政治和伦理的"宰理"之学,以及研究"所以为物之至理"的"通几"之学区别开来,特别是把自然科学与伦理化的政治学说区分开来:

考测天地之家,象数、律历、声音、医药之说,皆质之通者也,皆物理也。专言治教,则宰理也。专言通几,则所以为物之至理也。②

"质测"是研究"物理"的,"宰理"是研究"治教"的,而"通几"则相当于今日所谓哲学。方以智试图使自然科学摆脱政治伦理的束缚,强调科学的独立性,不再把物理与治教生拉硬扯到一起。他并非不知儒者赋予自然道德伦理属性,但在他看来,这种学说不过是"治教"或"宰理",而不是"物理"。他批评"儒者守宰理而已"③,又云"宋儒惟守宰理,至于考索物理时制,不达其实"④。由此可见,自然科学在方以智的思想中已具有了外在于政治伦理的独立地位。

"以泰西为郯子"

方以智的青少年时代,正处于徐光启、李之藻与传教士合作传播西学的高潮期。他九岁以前就读过当时刊印的介绍西学的书籍。九岁那年随父方孔炤到福建,曾向热心西学的福建金事熊明遇问学,"喜其精论"⑤。十九岁时游常熟,拜访热心倡导西学的开明士大夫瞿式耜。1634年寓居南京期间,读《天学初函》等西学书籍,然"多所不解"。1636年结识意大利传教士毕方济,意欲跟其学奇器、历算,但毕氏热衷教务,科学非其所长,方以智却以为毕氏不肯详言,自认并未得其奥秘。1641年进京,居京四年,有机会与德国传教士汤若望交往,学得不少西学知识。方中通(方以智子)在《与西

---

① 方以智:《物理小识自序》,《物理小识》卷首,商务印书馆1937年版,第1页。
② 方以智:《文章薪火》,《通雅》卷首之三,中国书店1990年版,第52页。
③ 方以智:《物理小识自序》,《物理小识》卷首,商务印书馆1937年版,第1页。
④ 方以智:《音义杂论》、《考古通说》,《通雅》卷首之一,商务印书馆1937年版,第21页。
⑤ 方以智:《天类》,《物理小识》,商务印书馆1937年版,第3页。

洋汤道未先生论历法》一诗附注中说:"先生……与家君交最善。"1651—1653年,方中通又遵父嘱,跟随住在南京的波兰传教士穆尼阁学习。方以智亦于1653年春到过南京,可能直接或间接地了解到穆氏所传之学。方以智《物理小识》卷一中有"穆公曰:地亦有游"①,可以为证。方以智所著《物理小识》十二卷,每卷都采纳了一些西方科学知识,而根据多出于传教士所撰写的《天学初函》等各种著作;又有《通雅》及《曼寓草》等书,屡称引利玛窦所介绍的科学知识。

在素来强调"夷夏之大防"的中国,提出"借远西为郯子",是方以智接受西学的一面堂而皇之的旗帜。当年周王朝式微,精通周礼的人们抱礼器奔窜于四方,孔子为了复兴周礼,问礼于东夷的郯子。方以智之所谓"借远西为郯子",即是认为中国古代人的科学知识失传,不得不借远西以复兴古代文明,所以,向西方人学习科学知识,不过是把中国本有的东西重新拿回来而已。但方以智并没有局限于这种认识,他已感到时代的变化并不单纯,西方的科学知识自有其独到的创新之处,实际上是远远超出古代人的狭隘眼界和认识水平的。他引邓元锡的话说:"区宇之内,土壤少殊,物生随异,而况分华夷,限山海,其诙诡傀怪之变,胡可胜纪? 古所无者,何知今非创产? 今狎见者,乌知后之不变灭乎?"②因此,方以智反对泥古,提倡尊重科学新知的启蒙精神。他说:

> 古今以智相积而我生其后,考古所以决今,然不可泥古也。古人有让后人者。③

> 世以智相积而才日新,学以收其所积之智也,日新其故,其故愈新。④

> 先辈岂生今而薄今耶? 时未至也,其智之变,亦不暇至此也。不学则前人之智非我有矣。学而徇迹引墨,不失尺寸,非《盐铁论》所谓呻吟枯简诵死人之句乎?⑤

---

① 方以智:《历类》,《物理小识》,商务印书馆1937年版,第23页。
② 方以智:《物理小识总论》,《物理小识》卷首,商务印书馆1937年版,第3页。
③ 方以智:《音义杂论》、《考古通说》,《通雅》卷首之一,商务印书馆1937年版,第20页。
④ 方以智:《文章薪火》,《通雅》卷首之三,商务印书馆1937年版,第57页。
⑤ 方以智:《文章薪火》,《通雅》卷首之三,商务印书馆1937年版,第57页。

方以智在《通雅》卷十一《天文》中,提到利西太(即利玛窦)历说,指出"今之法密于古","西图前所未有";在《地舆》中比较了中西地图;在《考古通说》中肯定"自泰西人,始为合图,补开辟所未有"。如此等等,都是对古之所无、今之新创的充分肯定。当他以自然地理条件,尤其是气候的因素来说明中西社会同有发达的文化的原因时,也就在实际上否定了所谓"以远西为郯子"的中源西流说。他说:

> 不独地气,天气亦然。如中国处于赤道北二十度起至四十度止,日俱在南,既不受其亢燥,距日亦不甚远,又复资其温煖,禀气中和,所以诗书礼乐,圣贤豪杰,为四裔朝宗。若过南逼日太暑,只应生海外诸蛮人;过北远日太寒,只应生塞外沙漠人;若西方人所处北极出地与中国同纬度者,其人亦无不喜读书,知历理;不同纬度便为回回诸国,忿鸷好杀,此又一端也。①

他认为人类在相同的地理条件下会产生相似的性格和文化,西方之所以"喜读书,知历理",就是因为在地理位置上与中国同纬度的缘故。这种观点在今天看来固然显得很幼稚,但却体现了方以智所具有的世界意识,说明了传统的"夷夏之辨"已在初具近代色彩的"地理环境决定论"的冲击下开始动摇,民族的片面性和狭隘性日益失去立足的地位。

深求其故,会通中西

方以智在努力接受西学的同时,力图从传统学术中找到新兴质测之学的源头活水。方中通《与梅定九书》云:"先君教之曰:《易》以象数为端几,而至精、至变、至神在其中。"然而,方以智具有科学的怀疑和批判精神,并不迷信传统的象数之学。他提倡怀疑,主张以"深求其故"的科学态度去满足求科学真知的最高要求。他说:

> 物理无可疑者,吾疑之,而必欲深求其故也。②
> 学不能观古今之通,又不能疑,焉贵书簏乎?③

---

① 方以智:《天类》,《物理小识》卷一,商务印书馆 1937 年版,第 2—3 页。
② 方以智:《通雅》钱澄序引方以智语,《通雅》,中国书店 1990 年版,第 3 页。
③ 方以智:《通雅·自序》,《通雅》,中国书店 1990 年版,第 6 页。

因前人备列以贻后人,因以起疑。①

他以怀疑和批判的精神去对待传统的学术,屡次指出大禹、周公的真学问在于"质测既藏通几",而不是如后儒的玄虚空谈。他批评离开"质测"而空谈玄虚,是"头上安头,凿空言高,而惩咽废食,浚恒自快,荀子所谓错人而思天,失万物之情。"②"儒者人事处分,株守常格,至于俯仰远近,历律医占,会通神明,多半茫然"③。批评庄子"不过以无吓有,以不可知吓一切知见而已"④,汉儒"考究家或失则拘,多不能持论,论尽其变"⑤,"晋人……诡随造驷,愈遁愈奇"⑥,宋儒只守"宰理","国失之弱"⑦。然而他对惠施提出的自然体系方面的问题却非常重视,将其与西方自然科学的优点相比拟,指出:"惠施……正欲穷大理耳。观黄缭问天地所以不坠不陷、风雨雷霆之故,此似商高之《周髀》与太西之质测,核物究理,毫不可凿空者也。"⑧在以上的论述中,方以智把从汉儒到宋明儒,从庄子到魏晋玄学全批评遍了,而只从先秦找出《周髀算经》和惠施等人的言论,认为其精神可与"核物究理,毫不可凿空"的西方自然科学相贯通。由此可见,他的批判精神和他追求的变革方向,与徐光启基本上是一致的。

方以智认为,"泰西质测颇精,通几未举"⑨,又说西学"详于质测,而拙于言通几。"⑩关于这一点,侯外庐指出:我们仔细推敲他在许多地方的论

---

① 方以智:《通雅·自序》,《通雅》,中国书店1990年版,第8页。
② 方以智:《名教说后》,《浮山文集前编》卷五《曼寓草中》,《续修四库全书》第1398册,上海古籍出版社2002年版,第269页。
③ 方以智:《示萧虎符学易》,《青原愚者智禅师语录》卷三,《嘉兴大藏经》第34册,新文丰出版公司(台湾)1987年版,第829页。
④ 方以智:《药地炮庄》卷五《秋水》,《续修四库全书》第957册,上海古籍出版社2002年版,第338页。
⑤ 方以智:《史断》,《浮山文集前编》卷五《曼寓草中》,《续修四库全书》第1398册,上海古籍出版社2002年版,第253页。
⑥ 方以智:《清谈论》,《浮山文集前编》卷五《曼寓草中》,《续修四库全书》第1398册,上海古籍出版社2002年版,第262页。
⑦ 方以智:《史统序》,《浮山文集前编》卷五《曼寓草中》,《续修四库全书》第1398册,上海古籍出版社2002年版,第252页。
⑧ 方以智:《药地炮庄》卷九《天下》,《续修四库全书》第957册,上海古籍出版社2002年版,第411页。
⑨ 方以智:《读书类略》,《通雅》卷首之二,中国书店1990年版,第37页。
⑩ 方以智:《物理小识自序》,《物理小识》卷首,商务印书馆1937年版,第1页。

断,就可以发现所谓西人"拙于言通几"的实质,多半是指基督教神学。方以智既受《寰有诠》、《名理探》等西学著作的影响而讲逻辑名理,又反对借逻辑推理来论证上帝的存在。他从唯物主义的一元论出发,强调"即器是道","道寓于器","物理在一切中,⋯⋯即性命生死鬼神只一大物理也"。因此,他反对离开形而下的器去讲形而上的"道",讲上帝存在的"灵学"。他认为传教士从中国古代典籍中寻章摘句来证明中国古人也信"上帝"是牵强附会,中国古籍中所谓"钦若昊天,昭事上帝",不过是假借"上帝"来"警予责己",作为人事的警策罢了,并非说真的有一个上帝存在。从词源学和训诂学的视角来考察,中国古代的"天"字读作汀因切,与"神"同韵,是后人妄加附会,以"天"为"神"。至于人类为什么要信神信鬼,方以智从心理分析出发,指出神鬼观念是一种心理作用的反射,同时又是治疗心理疾患的一种医方:"人情闻怪即骇,骇则肝气发而气上舒,或以恐伏之,或以喜引之,此治神之医方也。"①他反对基督教"灵魂不灭"的说法,认为从质测来看,"形神离则死",生死乃是物质守恒的运动。从这些观点来看,他批评西方传教士"拙于言通几",是不无道理的。

在批评西方"通几未举"的同时,方以智还认为,即使从自然科学方面来看,西方学说也还需要发展:"智士推之,彼之质测,犹未备也。"②在这里的"智士"可能是指波兰传教士穆尼阁("穆公曰:道未未精也。"③),他曾批评汤若望关于金水附日一周的说法。方以智也曾批评利玛窦的有关说法,《物理小识·历类》载:"利玛窦曰:地周九万里,⋯⋯日径大于地一百六十五倍又八分之三,距地心一千六百零五万五千六百九十余里。"④方以智按此数据计算出太阳中心到地球中心的距离是太阳"直径"的三倍多一点,说太阳离地球这样近,人是抵不住太阳烧烤的。然而,据有关学者考订,利玛窦在《乾坤体义》中说的是"日轮大于地球一百六十倍又八分之三",日轮与地球相比,比的是体积,而不是直径,因此也就得不出地球离太阳太近的结论,是方以智自己搞错了。尽管方以智对西学的批评并不全对,但他不盲

①　方以智:《药地炮庄》卷六《达生》,《续修四库全书》第 957 册,上海古籍出版社 2002 年版,第 345 页。

②　方以智:《物理小识自序》,《物理小识》卷首,商务印书馆 1937 年版,第 1 页。

③　方以智:《历类》,《物理小识》,商务印书馆 1937 年版,第 19 页。

④　方以智:《历类》,《物理小识》,商务印书馆 1937 年版,第 24 页。

从、不迷信的怀疑和批判的精神却是值得肯定的。

方以智虽然没有像徐光启那样突出地宣扬西方自然科学形式逻辑的公理化体系的优点,然而他之所谓"质测即藏通几"、"通几护质测之穷"的思想中即包含着"求所以然之理"、"缘数以寻理"的科学方法的内核。他强调对于自然现象要"深究其所自来"①,"精求其故,积变以考之"②,已经突破了"知其然,不复强求其所以然"的传统方法的局限。他治质测之学,如王夫之所说,遵循的乃是"即物以穷理"的途径,与邵雍、蔡沈"立一理以穷物"根本不同。至于他自己却偏要标榜什么"因邵蔡为嚆矢,征河洛之通符"③,这只能从 17 世纪中国社会旧的拖住了新的时代矛盾来加以解释。虽然他与徐光启的努力方向相一致,但他却缺乏徐光启那样的把河洛邵蔡的传统踩在脚下的气魄。由于旧思想的影响,在他的自然科学著作中还包含了一些"两间之象,无非类应配几"的迷信,如:"方士于东海见虹处,掘地得红虫,为媚药"④,彗星出现为"扫旧布新",日月食乃"君臣致儆"等。

方以智之子方中通最能传其父质测之学,并将其推向前进。方中通有《与梅定九书》云:"夫格物者,格此物之数也;致知者,致此知之理也。"⑤明确地以"数"、"理"来规定质测之学的"精求其故",从而将其质测之学汇入晚明徐光启开创的"缘数以寻理"的科学方法变革的潮流中。

（二）王夫之、黄宗羲论新兴"质测之学"

"惟质测"能"即物以穷理"

在新兴"质测之学"的影响和推动下,王夫之的哲学思想亦突破了传统伦理道德的认知和践履的束缚,表现出对于自然科学、对于认识自然和改造

---

①　方以智:《物理小识自序》,《物理小识》卷首,商务印书馆 1937 年版,第 1 页。
②　方中通:《物理小识编录缘起》,《物理小识》卷首,商务印书馆 1937 年版,第 1 页。
③　方以智:《物理小识总论》,《物理小识》卷首,商务印书馆 1937 年版,第 3 页。
④　方以智:《风雷雨旸类》,《物理小识》,商务印书馆 1937 年版,第 38 页。
⑤　方中通:《与梅定九书》,转引自侯外庐:《中国思想通史》第 4 卷,人民出版社 1960 年版,第 1286 页。

自然活动的浓厚兴趣,将传统的以体悟伦理道德之"天理"为主要内涵的所谓"格物致知"改造、转化成为新兴质测之学的"即物以穷理"。

王夫之十分重视和推崇新兴的"质测之学",即自然科学,提出了"盖格物者,即物以穷理,惟质测为得之"的深刻命题。他在《搔首问》中说:"密翁(方以智——引者注)与其公子(方中通——引者注)为质测之学,诚学思兼致之实功。盖格物者即物以穷理,唯质测为得之。若邵康节、蔡西山立一理以穷物,非格物也。"①在这段论述中,所谓"格物"明确地被规定为格自然之物,所谓"致知"或"穷理"亦被明确地理解为致自然物之知或穷自然物之理。王夫之《搔首问》有民国三年湖南浏阳刘人熙为之作序的本子,于上引格物致知说之下有注曰:"按近传泰西物理、化学,正是此理。"可见清末民初以"格致"指称自然科学,实有所本。

从"惟质测"能"即物以穷理"的观点出发,王夫之对中古神秘主义做了深刻的批判。他认为传统的用以解释具体事物生成的五行说是出于主观的臆断:"先儒言《洪范》五行之序……尚测度之言耳"②,而所谓阴阳八卦的搭配则是"略其真体实用以形似者强配而合之"③;至于邵雍的先天象数学更是"猜量比拟,非自然之理也"④。他反对"私为理以限天",而主张"即天以穷理"。例如,他在谈到日食问题时指出:以日食附会政治是荒谬的,"此古人学之未及,私为理以限天,而不能即天以穷理之说也。使当历法大明之日,……五尺童子亦知文伯(春秋时代的学者——引者注)之妄"⑤。他更把批判的矛头指向宋明理学,批评宋明理学家在具体事物之外设置一个"虚悬孤致之道"⑥,是"虚为之名而亡实"⑦。他把理学唯心主义关于"格物穷理"的蹈虚空谈转向研究新兴质测之学的"实功",因而特别推崇方以智、方中通父子对质测之学的研究,同时他自己也注意学习自然科学。他在继

---

① 王夫之:《搔首问》,《船山全书》第 12 册,岳麓书社 1992 年版,第 637 页。
② 王夫之:《思问录·外篇》,《船山全书》第 12 册,岳麓书社 1992 年版,第 433 页。
③ 王夫之:《尚书引义·洪范二》,《船山全书》第 2 册,岳麓书社 1988 年版,第 350 页。
④ 王夫之:《思问录·外篇》,《船山全书》第 12 册,岳麓书社 1992 年版,第 441 页。
⑤ 王夫之:《续春秋左氏传博议》卷下,《船山全书》第 5 册,岳麓书社 1993 年版,第 586—587 页。
⑥ 王夫之:《周易外传》卷三,《船山全书》第 1 册,岳麓书社 1988 年版,第 903 页。
⑦ 王夫之:《周易外传》卷五《系辞上传第十一章》,《船山全书》第 1 册,岳麓书社 1988 年版,第 1025 页。

承和发展张载的唯物主义学说的时候,也批评张载关于海水潮汐的假说
"不及专家之学以浑天质测及潮汐南北异候验之之为实也"①。又运用当时
质测之学的成果来批评朱熹关于自然现象的主观臆断:"朱子谓虹霓天之
淫气,不知微雨漾日光而成虹。"②他向往着"备于大繁"的物质之明之进
步,把生产活动和自然科学研究看作是发挥和增进人的知能、发展物质文明
的基本动力,达到了以往的中国哲人所不可能达到的思想高度。

王夫之既反对宋儒"私立理以限天"而主张"即天以穷理",既批判传统
"象数之学"的"洸洋"之臆想而主张科学之实证,因而不能不正视晚明自西
洋传入的"质测之学"。尽管他十分强调华夷之辨,缺乏方以智那样宽广的
胸襟,并且斥利玛窦传入的地圆说"如目击而掌玩之,规两仪为一丸,何其
陋也"③。但是,"即天以穷理"或"即物以穷理"的内在要求,也促使他对西
方自然科学作出一些寓褒于贬的论述。他承认西洋"远近测法"为"可取"
之术,依"远镜质测之法","西洋历家既能测知七曜远近之实","西夷以巧
密夸长"④;亦不能不承认,与此相形之下,中国古来"琐琐遁星命之流,辄为
增加以饰其邪说,非治历之大经",多为"以心取理,执理论天"的主观附会,
"凡为彼说,皆成戏论,非穷物理者之所当信"⑤。他也主张要把西洋历法与
中国古代的历法作"即今以顺古"的相互会通。当然,王夫之在对西学作出
某些肯定论述的时候还不免带有那种即使吃了葡萄还要说葡萄酸的奇怪心
态,但是,探求真知的科学精神毕竟战胜了他的华夷之辨的传统偏见,他对
于"即物以穷理"的质测之学的倡导,对于古代东方神秘主义的批判,对于
努力会通中西的方以智父子的推崇,表明他的思想的主流乃是一种走向新
时代的科学精神。

王夫之主要是一位哲学家,而不是一位专门研究"质测之学"的自然科
学家。他致力于吸取新兴质测之学的成就来为自然科学奠定认识论的基
础,对此,我们将在后面做全面的阐述。

---

① 王夫之:《张子正蒙注》卷一,《船山全书》第 12 册,岳麓书社 1992 年版,第 52 页。
② 王夫之:《张子正蒙注》卷八,《船山全书》第 12 册,岳麓书社 1992 年版,第 327 页。
③ 王夫之:《思问录外篇》,《船山全书》第 12 册,岳麓书社 1992 年版,第 459 页。
④ 王夫之:《思问录外篇》,《船山全书》第 12 册,岳麓书社 1992 年版,第 449 页。
⑤ 王夫之:《思问录外篇》,《船山全书》第 12 册,岳麓书社 1992 年版,第 444 页。

“关系一代之制作”

　　黄宗羲思想的启蒙性格在其科学思想中也有突出的表现。他所撰述的自然科学著作共22种,包括天文历算类16种,地理类5种,乐律类1种。其中天文历算类的著作,如《授时历故》、《大统历推法》、《授时历假如》、《泰西历假如》、《勾股图说》、《开方命算》、《割圜八线解》、《测圜要义》等,“皆在梅定九(文鼎)前多所发明”①。他的科学思想的启蒙性格,既表现在他的求真、求实的科学态度上,更表现在他为捍卫徐光启的科学成就、变革中世纪自然科学的传统方法所作出的不懈努力之中。

　　黄宗羲继承徐光启批判古代东方神秘主义的战斗唯物主义精神,对阻碍科学发展的象数迷信和主观臆说做了更全面更系统的批判。他认为科学研究的对象是客观存在的自然现象,一切关于自然现象的理论描述,都必须与其对象相符合,并且能够“施之实用”,有助于人们的生活和实践活动。以此为出发点,他极力反对一切强纳自然现象于某种先天图式的神秘主义,也反对一切脱离实际的主观臆说。他所作的《易学象数论》六卷,力辨河洛方位图说之非,既是徐光启向“河洛邵蔡”的传统迷信宣战的一个有力的呼应,也是后来胡渭作《易图明辨》的先导。在《答万贞一论明史历志书》中,他批判了朱熹、蔡季通的空谈和邵雍的象数迷信:“朱子与蔡季通极喜数学,乃其所言者,影响之理,不可施之实用。康节作皇极书,死板排定,亦是纬书末流。”②在《再答忍庵宗兄书》中,黄宗羲进一步批评邵雍的《皇极经世》,“成得一部兀突历书,不可施行”③。在《答范国雯问喻春山律历》一文中,黄宗羲更以明儒喻春山历书为典型,对象数迷信的虚妄进行深刻的揭露。喻春山历书以《周易》中的十二辟卦来分昼夜之长短,并用阳九阴六之数,规定“阳昼一时得九刻,阴昼一时得六刻”。黄宗羲驳斥说:“信如春山之说,将日遇阳昼而行迟,遇阴昼而行疾乎?……果天行而如此,孰不惊骇

---

　　① 梁启超:《中国近三百年学术史》,中国书店1985年版,第50页。
　　② 黄宗羲:《南雷文定后》卷一《答万贞一论明史历志书》,《黄宗羲全集》第10册,浙江古籍出版社2005年版,第213页。
　　③ 黄宗羲:《再答忍庵宗兄书》,《黄宗羲全集》第10册,浙江古籍出版社2005年版,第229页。

乎！……以卦画定昼夜长短，必不可通矣。"①在黄宗羲看来，不顾客观实在的天象变化，而硬用《周易》象数学阳九阴六的死板框架来规范客观的自然现象，乃是古老的东方神秘主义的穷途末路。他提出："舍明明可据之天象，附会汉儒所不敢附会者，亦心劳而术拙矣！"②所有这一切与徐光启批判"名理之儒土苴天下之实事"，"妖妄之术谬言数有神理"的观点是一致的。

此外，黄宗羲还极力反对以空疏不实的辞章之学来注释古代的地理学著作，认为这样的著作"不异汲冢断简，空言而无事实"。他希望自己所著之《今水经》，能够做到"不袭前作，条贯诸水"，"穷源按脉，庶免空言"。在《今水经》中，他以实地考察为依据，修正了郦道元《水经注》中的一些错误，指出："《水经》之作，亦《禹贡》之遗意也。郦善长注之，补其所未备，可谓有功于是书矣。然开章'河水'二字，注以数千言，援引释氏无稽，于事实何当？已失作者之意。"③他所作的《四明山志》，也是完全建立在对地形地貌实地考察的基础上的。

特别值得载入史册的是黄宗羲晚年为捍卫徐光启变革传统方法所取得的成果而作出的努力。清初皇家修《明史》，黄宗羲之子黄百家、学生万贞一参加修撰。《明史·历志》撰成后，总裁让万贞一将志稿寄给黄宗羲审阅，要他"去其繁冗，正其谬误"。在《答万贞一论明史历志书》中，黄宗羲首先对志稿忽略徐光启的科学方法提出了批评。他指出，历代历志不载推法，"令后人寻绎端绪无所籍于立成"，而徐光启主持编撰的《崇祯历书》的优点正在于其"所列恒年表、周岁平行表之类，犹之未来历也。……盖作者之精神，尽在于表，使推者易于为力"，并进一步主张"将作表之法藏于志中，使推者不必见表而自能成表，则尤为尽善"。由此可见，黄宗羲是十分明了徐光启所提倡"金针度与从君用，未把鸳鸯绣于人"这一新的思想方式的苦心的。其次，针对历志编修者所谓要"去其繁冗"的说法，黄宗羲认为，要充分肯定徐光启主持编撰《崇祯历书》的成就，是不应避其繁冗的。对于清初钦天监正汤若望将《崇祯历书》删后改名为《西洋新法历书》，将徐光启的成就

---

① 黄宗羲：《南雷文案》卷四《答范国雯问喻春山律历》，《黄宗羲全集》第10册，浙江古籍出版社2005年版，第190页。

② 黄宗羲：《南雷文案》卷四《答范国雯问喻春山律历》，《黄宗羲全集》第10册，浙江古籍出版社2005年版，第191页。

③ 黄宗羲：《今水经序》，《黄宗羲全集》第2册，浙江古籍出版社2005年版，第502页。

据为己有的行为,黄宗羲十分愤慨地批评道:"及《崇祯历书》既出,则又尽翻其说,收为己用,将原书弃置不道,作者译者之苦心,能无沉屈?"为了恢复历史的本来面目,黄宗羲亲自动笔对《明史·历志》作了增补,同时在给万贞一的信中指出:"某故于历议之后,补此一段,似亦不可少也。来书谓'去其繁冗者,正其谬误者',某之所补,似更繁冗,顾关系一代之制作,不得以繁冗而避之也。以此方之前代,可以无愧。"①根据黄宗羲信中所云和经他审正后定稿的《明史·历志》的内容来分析,黄宗羲亲笔增补的一段,正是专门叙述徐光启主持修撰《崇祯历书》的经过情形的,从崇祯二年徐光启受命开局修历,徐光启和李天经在修历过程中与顽固守旧派的斗争,一直讲到清廷把《崇祯历书》"用为时宪历"等,从而将这一"关系一代之制作"的重大历史事件的真相明白地揭示出来。在黄宗羲的影响下,《明史·天文志》亦指出:"明神宗时,西洋人利玛窦等入中国,精于天文、历算之学,发微阐奥,运算制器,前此未尝有也。"这无疑是对传统的"夷夏之大防"的观念的冲击,反映了世界性文化交流的时代要求。

经过黄宗羲审正的《明史·历志》保留了明末徐光启等人会通中西天文历算之学的成果,但却大大地鼓吹了一通"中源西流论",其说略云:"西洋人之来中国者,皆称欧罗巴人,其历法与回回同而加精密。尝考前代:远国之人言历法者,多在西域,而东、南、北无闻。盖尧命羲、和、仲、叔分宅四方:羲仲、羲叔、和叔则以隅夷、南交、朔方为限,独和仲但曰'宅西',而不限以地。岂非当时声教之西被者远哉?至于周末,畴人子弟,分散西域,天方诸国接壤西陲,非若东南有大海之阻,又无极北严寒之畏,则抱书器而西征,势固便也。欧罗巴在回回西,其风俗相类,而好奇喜新、竞胜之习过之,故其历法与回回同源而世世增修,遂非回回所及,亦其好胜之俗为之也。羲和既失其守,古籍之可见者只有《周髀》,而西人浑盖通宪之器、寒热五带之说、地圆之理、正方之法,皆不能出《周髀》范围,亦可知其源流之所自矣。夫旁搜博采以续千百年之坠绪,亦礼失求野之意也,故备论之。"这样的语言,就其气魄而言,确实非黄宗羲弟子的手笔不能写出。然而,其立论乃是基于想象而非基于历史科学的考证,并没有任何事实的根据。而这种想象之所以

---

① 黄宗羲:《南雷文定后》卷一,《答万贞一论明史历志书》,《黄宗羲全集》第10册,浙江古籍出版社2005年版,第214页。

造成，恐怕主要还是出自既不能不接受西学，又要维护"天朝上国"唯我独尊的面子的奇怪心理。经过黄宗羲审定的《明史·历志》，竟也保留了这样的奇文，是不能不使人为之惋惜、叹息的。

着眼于社会经济发展的需要，黄宗羲特别主张奖励研究"绝学"，即自然科学和技术科学，提出应将此纳入国家取士的范围。他说："绝学者，如历算、乐律、测望、占候、火器、水利之类是也。郡县上之于朝，政府考其果有发明，使之待诏。否则罢归。"①这一主张，既是对晚明徐光启提出的在中国发展十项科学技术事业的计划的继承，也是发晚清科举改革之先声。

（三）王锡阐、梅文鼎、李光地、刘献廷的"质测之学"研究

梁启超曰："自徐光启以后，士大夫渐好治天文算学，清初则王锡阐、梅文鼎专精，而大师黄宗羲、江永辈皆提倡之。……锡阐有《晓庵新法》，文鼎有《勿庵历算全书》二十九种，自尔以后，经学家什九兼治天算。……兹学中国发源甚古，而光大之实在清代，学者精研虚受，各有创获，其于西来法，食而能化，足觇民族器量焉。"②

"通于数之变而穷于理之奥"

王锡阐（1628—1682年）是一位"精究推步，兼通中西之学"③的杰出天文学家。康熙二年（1663年）十月，王锡阐撰《晓庵新法》成。他在自序中说："万历季年西人利氏来归，颇工历算，崇祯初令礼臣徐光启译其书，有《历指》为法原，《历表》为法数，书百余卷，数年而成，遂盛行于世。言历者莫不奉为俎豆。吾谓西历善矣，然以为测候精详可也，以为深知法意未可也，循其理而求其通可也，安其误而不辨不可也。""余故兼采中西，去其疵

① 黄宗羲：《明夷待访录·取士下》，《黄宗羲全集》第1册，浙江古籍出版社2005年版，第19页。
② 梁启超：《清代学术概论》，中华书局2010年版，第83页。
③ 孙静庵：《明遗民录》，浙江古籍出版社1985年版，第196页。

额,参以己意,著历法六篇。"①王锡阐认为,西洋天文历学测候精详,可以循其理而求其通,这是对西方自然科学方法的肯定。然而,正确的方法不一定能得出完全正确的结论,王锡阐又指出西洋天文历学并未能做到"深知法意",所谓法意就是天文学的基本立论。王锡阐的怀疑是有道理的。《崇祯历书》虽然系统介绍了天文学的原理和测量方法,虽然也谈到了哥白尼的日心说,但基本立论却是依据以地心说为主要内容的第谷体系的观点作出的。随着天文学的发展,这种立论理所当然地要受到怀疑。当时有人认为,王锡阐撰写此书"实为徐(光启)李(之藻)之诤臣"②。王锡阐继承了徐光启关于"理不明不能立法,义不辨不能著数"的观点,进一步指出:"有理而后有数,有数而后有法;然创法之人必通于数之变,而穷于理之奥。"③梅文鼎为王锡阐《圜解》一书作序,称赞他"能深入西法之堂奥而规其缺漏"④。

"深入西法之堂奥"

梅文鼎(1633—1721年),字定九,号勿庵,安徽宣城人,他是清初的一位会通中西天文历算之学的大学者。根据梁启超的评论,梅文鼎对于天文历算之学的贡献有以下几个方面:"第一,历学脱离占验迷信而超然独立于真正科学基础之上,自利(玛窦)、徐(光启)始启其绪,至定九乃确定;第二,历学之历史的研究——对于诸法为纯客观的比较批评,自定九始;第三,知历学并非单纯的技术而必须以数学为基础,将明末学者学历之兴趣移到算学方面,自定九始;第四,因治西算而印证以古籍,知吾国亦有固有之算学,因极力提倡以求学问之独立,黄梨洲曾倡此论,定九与彼不谋而合;第五,其所著述,除发表自己创见外,更取前人艰深之学理,演为平易浅近之小册,以力求斯学之普及,此事为大学者之所难能,而定九优为之。"⑤梅文鼎著有《勿庵历算全书》二十九种。

梅文鼎是在一种相当矛盾的心情中来致力于会通中西的。他在《寄怀

---

① 王锡阐:《晓庵新法序》,《晓庵新法》,商务印书馆1936年版,第1页。
② 钱熙祚:《晓庵新法跋》,《晓庵新法》,商务印书馆1936年版,第122页。
③ 阮元:《畴人传》卷三五《王锡阐》,《畴人传》,商务印书馆1935年版,第441页。
④ 梅文鼎:《〈圜解〉序》,《绩学堂诗文钞》,黄山书社1995年版,第66页。
⑤ 梁启超:《中国近三百年学术史》,岳麓书社2010年版,第158—159页。

青州薛仪甫先生》诗中说:"窃观欧罗言,度数为专功。思之废寝食,奥义心神通。……唯恨栖深山,奇书实罕逢。我欲往从之,所学殊难同。讵忍弃儒先,翻然西说攻。"①他一方面神往于西欧的"奇书"、"奥义";另一方面又时时眷恋于儒先的学说。为了解决内心的这种矛盾,他必须在一个堂而皇之的旗号下来接受西学,所以他力主"中源西流说"。《勿庵历算》"浑盖通宪图说"补订条曰:"浑盖之器,以盖天之法,代浑天之用,其制见于元史扎马鲁丁所用仪器中,窃疑为周髀遗法流入西方者也。"②在《历学疑问》中,梅文鼎更举出五条例证来说明西历之同于中法,以此证明西学源于中国。这五个方面是:"其言日五星之最高加减也,即中法之盈缩历也;在太阴则迟疾历也。其言五星之岁输也,即中法之段目。其言恒星东行也(地球自东转西),即中法之岁差也。其言节气之以日躔过宫也,即中法之定气也。其言各直省定气不同也,即中法之星差也。"③在这里虽说是讲"中源西流",但事实上却恰好是指出了中西天文历学的相通之处。在此前提下,梅文鼎才肯定了西方天文历学所具有的优点,他说:"中法言盈缩迟疾,而西法以最高最卑明其故;中法言段目,而西说以岁输明其故;中法言岁差,而西说以恒星东行明其故。是则中历所著者,当然之运;而西历所推者,乃所以然之源,此其可取者也。"④在这一段极为精辟的议论中,梅文鼎连续用了三个"明其故",最后指出,中国人重"当然之运",西方人重"所以然之源"。这种对于中西传统思维方式差异的概括,是甚为准确的。

借助于"中源西流说",梅文鼎在一定程度上冲破了夷夏之辨的束缚,不仅接受了许多来自西方的新知识,而且试图会通中西天文历算之学。从接受西方的新知识来说,他不仅接受了地圆的学说,并且还根据天象加以科学的证明,他关于历法方面"所著书皆欧罗巴之学"⑤。他著《中西经星同异考》,"南极诸星则据汤若望算书及南怀仁《仪象志》",并且"依南公(怀仁)志表稽其大小分为六等"⑥。从会通中西天文历算之学方面来看,《中

① 梅文鼎:《寄怀青州薛仪甫先生》,《绩学堂诗文钞》,黄山书社1995年版,第239页。
② 杭世骏:《道古堂全集·梅文鼎传》,《续修四库全书》第1426册,上海古籍出版社2002年版,第501页。
③ 阮元:《畴人传》卷三十八《梅文鼎》,《畴人传》,商务印书馆1935年版,第473页。
④ 阮元:《畴人传》卷三十八《梅文鼎》,《畴人传》,商务印书馆1935年版,第473页。
⑤ 阮元:《畴人传》卷四十《李光地》,《畴人传》,商务印书馆1935年版,第497页。
⑥ 阮元:《畴人传》卷三十九《梅文鼎》,《畴人传》,商务印书馆1935年版,第491页。

西经星同异考》"专以中西两家所传之星数星名,考其多寡异同",并且"以中西有无多寡分注其下,载古歌西歌于后,古歌即步天,西歌则利玛窦所撰《经天该》也"①。数学作为天文历算的基础,尤为梅文鼎所注重,他对此作出了突出的贡献。杭世骏谓:"自明万历中利玛窦入中国,制器作图颇精密,……学者张皇过甚,无暇深考中算源流,辄以世传浅术,谓古九章尽此,于是薄古法为不足观;而或者株守旧闻,遽斥西人为异学,两家遂成隔阂。鼎集其书而为之说,稍变从我法,若三角、比例等等,原非中法可该,特为表出;古法方程,亦非西法所有,则专著论以明古人精意。"②梅文鼎继承了徐光启关于"明理辨义,推究颇难;法立数著,遵循甚易"的观点,致力于会通中西数学,兼收并取,互相补益,"自言吾为此学,皆历最艰苦之后,而后得简易"③。如侯外庐所指出,从徐光启以来,"欲因西法求进"的主流,都是追求通过"数"以达到"理",以求能够进到一个"自然哲学之数学原理"的体系。④ 使梅文鼎感到遗憾的是,《几何原本》一书未能全译,其《几何通解》曰:"言西学者,以几何为第一义,而(利氏)传只六卷,其所秘耶?抑为义理渊深,翻译不易,而姑有所待耶?"⑤在这充满惆怅的语言中,可见梅文鼎如饥似渴地寻求新知识的欲望。

"通新法必于几何求其源"

讲到梅文鼎,也就不能不讲到李光地。李光地从青年时代起就注重研究天文历算之学;二十四岁辑《历象要义》,并在书末附上自己写的《历论八篇》。康熙十年(1671 年)三月,顾炎武在京从卫济齐处看到《历论八篇》,称赞道:"元人之文也!谁为为之者,幸一识之。"当时在翰林院庶常馆深造的李光地得以拜会顾炎武,受到顾炎武的教诲。康熙二十八年(1689 年)冬,梅文鼎到京访问在钦天监供职的西方传教士南怀仁,讲求天文历算之

① 阮元:《畴人传》卷三十九《梅文鼎》,《畴人传》,商务印书馆 1935 年版,第 491 页。
② 杭世骏:《道古堂全集·梅文鼎传》,《续修四库全书》第 1426 册,上海古籍出版社 2002 年版,第 508 页。
③ 阮元:《畴人传》卷三十二《徐光启》,《畴人传》,商务印书馆 1935 年版,第 394 页。
④ 侯外庐:《中国思想通史》第 4 卷,人民出版社 1960 年版,第 287 页。
⑤ 梅文鼎:《几何通解》,转引自朱维铮主编:《利玛窦中文著译集》,复旦大学出版社 2001 年版,第 294 页。

学,李光地前往会见梅文鼎,从此订交。同年,为梅文鼎刊刻《方程论》一书。十年后,梅文鼎再次北上谒见李光地,提出普及天文历学知识的建议,受到李光地的支持,鼓励他写一本普及性的小册子。同年冬,为梅文鼎校刻《历学疑问》一书。康熙四十一年(1702 年),李光地向康熙皇帝进呈梅文鼎的《历学疑问》,请康熙帝"御笔校订",以促进该书普及。康熙四十二年(1703 年),李光地又将梅文鼎请到其官署之中,为他提供科研和写作条件,且与他一起研讨欧几里得《几何原本》等著作,并请梅文鼎教授其门生十余人。李光地看到其门生在梅文鼎的指导下学业日进,写下了这样的诗句:"年运递奔驰,六艺缺复久,诸子兴未衰,斯文幸已厚。"康熙四十四年(1705 年),李光地再次向康熙皇帝推荐梅文鼎,由此梅文鼎得以被召见,并获康熙帝赐予"绩学参微"四字的褒奖,促进了全国学者对天文历算之学的研究。

　　在天文历法方面,李光地接受了近代西方科学家哥白尼的"日心说"、伽利略的地圆说和地动说,确认以这些理论为基础的新历的合理性。他首先将中西天文历法理论作了比较,指出中国古代历法之所以没有新历精密,就在于没有洞悉天体运行的规律,西方天文学对天体运行规律的揭示有"郭太史(郭守敬)之所未知者",有"古人之所未讲"者,"定历元之法,自汉前后志始,而历代沿焉。然历代之历,皆数十年而遂差,而能使万年之前千载之后人其轨辙乎?""郭太史……终局于地平之说,故其法不能通于四远。"在李光地看来,西历之所以精密,就在于它是建立在一套比较完整的天体运行理论的基础上的:

> 新历有理奇而法者数事,一曰天圆而地亦圆。四方上下皆人物所居,各以戴天为上,履地为下……一曰天有九重,最近者月天也,稍远则日天与金水天,……最远则恒星天,……一曰惟宗动天,行有常度,……一曰日月五星各有天而行皆有轮(按即运行轨道),……一曰月与五星有本轮又有次轮。……一曰月有倍离,……其法皆以实测而得之。①

李光地列举的上述理论中,既包括伽利略的地圆说和地动说,也包括哥白尼的太阳中心说。他认为以往的中国历法之所以过几十年就要发生误差,就

---

① 李光地:《榕村集》卷二十《西历》,《景印文渊阁四库全书》第 1324 册,台湾商务印书馆 1986 年版,第 808—809 页。

在于缺乏一套科学的理论,"不知消长者之根在最高之行故也";与此相反,正因为西方历法有这样一些经过"实测"而得出的科学理论为指导,所以才能有精密的历法:"新历(指西历——引者注)以地为圆体,南北东西随处转移,故南北则望极有高下,东西则见日有早暮。望极有高下,而节气之寒暑因之矣;见日有早暮,而节气之先后因之矣。推之四海之外,四方上下,可以按度而得其算,揆象而周其变,……不独自汉以下为浑天之术者所未到,而实则圣人之意,乃千载而一明也。"①在这段论述中,哥白尼的"曰心说"和伽利略的地圆说、地动说都融会在其中了,昼夜的更替和节气的推移都被看作是地球绕日自转和公转的结果;同时,哥白尼和伽利略的天文学说亦被李光地看作是"千载而一明"的"圣人之意"。与李光地相比,乾隆时代的大官僚、大学者阮元就显得十分保守了。阮元在接受西方科学之前,先要问一下是否合乎中国的纲常名教。对于哥白尼的"日心说",他批评说:"使上下易位、动静倒置,则离经叛道,不可为训,固未有若斯甚焉者也。"②

在数学方面,李光地极称赞徐光启所翻译的欧几里得《几何原本》。他认为《几何原本》"为万数之宗":"盖点引而成线,线联而成面,面积而成体,自此而物之多寡长短方圆广狭大小厚薄轻重悉无遁形,自此而物之比例参求变化附会悉无遁理。"③他将中国古代的勾股算法与《几何原本》中的三角学原理进行了比较,指出中国古代的勾股算法只是从直角三角形的已知两边而求其弦,其数起于边不起于角,而《几何原本》则通过分周天为 360 度,量角之度以为数之根,且有关于正矢、余矢、正弦、余弦、正切、余切、正割、余割的系统学说。八线相求,互为正余,举一可以反三,穷三可以知一。因此,《几何原本》的"立法加妙用之加广,则非古人之所及也",中国古代算法确实是"有待于新法以补其所未备"的。④

最后,李光地强调指出:"欲通新法者,必于几何求其原,以三角定其

① 李光地:《榕村集》卷二十《历法》,《景印文渊阁四库全书》第 1324 册,台湾商务印书馆 1986 年版,第 808 页。

② 阮元:《畴人传》卷四十六《蒋友仁》,《畴人传》,台湾商务印书馆 1986 年版,第 610 页。

③ 李光地:《榕村集》卷二十《算法》,《景印文渊阁四库全书》第 1324 册,台湾商务印书馆 1986 年版,第 806 页。

④ 参见李光地:《榕村集》卷二十《算法》,《景印文渊阁四库全书》第 1324 册,台湾商务印书馆 1986 年版,第 806 页。

度,较之以八线,算之以三率,则大而测量天地,小而度物计数,无所求而不得矣。"①在对待《几何原本》的态度上,李光地继承了徐光启的传统。

为了提倡会通中西天文历算之学,李光地写了一系列表彰梅文鼎的文章。他在《梅定九恩遇诗引》一文中说:

> 梅先生定九历算之学超越前代。昔者僧一行、郭太史之术至矣,然当时西学萌芽而未著,故二子不得兼取其长,为有恨也。近年徐文定公(按指徐光启)及薛仪甫、王寅旭(王锡阐)诸贤始深其道,然于中土源流反有忽遗,惟先生(梅文鼎)能会其全而折其中,故其学大以精,而其言公以当。②

在这段话中,李光地表达了他对中西学问的态度:一方面,他认为西方的天文历算之学有其长处,是应该取人之长来补己之短的;但另一方面,在努力接受西学的同时,不应忽略和遗忘源远流长的中国古代天文学的成就,而应该将中西天文历算之学加以融会贯通,"会其全而折其中"。他认为梅文鼎在这方面堪称典范,号召学者们效法梅文鼎的学风。

李光地排斥了中国儒家和道家把技术发明看作是"奇技淫巧"的错误观点。儒家经典《礼记·王制》明确规定:"作淫声、异服、奇技、奇器以疑众,杀。"道家亦反对一切技术发明,认为使用机械就"必有机心"。李光地乃一反传统的观点,指出:"西洋人不可谓之奇技淫巧,盖皆有用之物,如仪器、佩觿、自鸣钟之类。《易经》自庖牺没,神农作;神农没,尧、舜作,张大其词,却说及作舟车、耒耜、杵臼、弧矢之类,可见工之利用极大。《周官》一本《考工记》,全说车。……《中庸》说'九经'必言'来百工'。"③在这里,李光地以《易经》和《周官·考工记》谈到中华文明早期的科学技术发明为理由,反对把技术发明称为"奇技淫巧",赞扬西洋人的技术发明"皆有用之物",并明确肯定"工之利用极大"。尽管他采用的是一种在传统的范围内打破传统的方式,但通过这种方式却在保守的中国人面前为科学技术正了名;特

① 李光地:《榕村集》卷二十《算法》,《景印文渊阁四库全书》第1324册,台湾商务印书馆1986年版,第806—807页。
② 李光地:《榕村集》卷十三《梅定九恩遇诗引》,《景印文渊阁四库全书》第1324册,台湾商务印书馆1986年版,第714页。
③ 李光地:《榕村语录》卷十四《三礼》,《榕村语录　榕村续语录》,中华书局1995年版,第253页。

别是"工之利用极大"一语,更是表现出了非凡的远见卓识,在那个时代还是空谷足音。

刘献廷的科学思想

在清初,刘献廷亦是一位十分重视新兴质测之学研究的学者,一位具有科学精神的学者,一位具有超过他的同时代人的特识的学者。从他的《广阳杂记》和关于他的言论的其他零星史料看,他的"质测之学"研究涉及农学、水利、地理、气象、天文、历算、机械制造等广阔的领域。他既注重科学的实证,亦注重"推论其故"的科学演绎;他继承了徐光启的思想,视几何学为技术科学的基础;然而,他明确反对将西方传入的自然科学与古老的东方神秘主义相附会,反对借科学来宣传迷信,明辨科学与迷信的界限,宣告科学与迷信的决裂,则是他超过同时代的许多学者的特识。

刘献廷认为,学者不仅要知古之学,而且要知今之学,这"今之学"也就是指的新兴的"质测之学";而不知今日之新兴"质测之学",即使读了许许多多的书,也不能算是一个完全的学者。他以农学研究为例来说明这一道理,指出:

> 今之学者,率知古而不知今。纵使博极群书,亦只算半个学者。然知今之学甚难也。农政一事,今日所最当讲求者,然举世无其人矣。即专家之书,今日甚少。以予所闻,惟此帙耳。徐玄扈(徐光启——引者注)先生有《农政全书》,予求之十余年,更不可得。紫庭在都时,于无意中得之,予始得稍稍翻阅。①

他对徐光启的伟大著作《农政全书》受到热衷于功名利禄的士子们的冷落深致不满,为之嗟叹! 为了倡导农学研究,他对《农政全书》备极推崇,指出:

> 玄扈天人,其所著述,皆迥绝千古。然此书先生未竟之稿,而方国维、方岳贡重为编辑者也,故读之不能畅。人间或一引先生独得之言,则皆令人拍案叫绝。②

---

① 刘献廷:《广阳杂记》,中华书局 1957 年版,第 122 页。
② 刘献廷:《广阳杂记》,中华书局 1957 年版,第 122 页。

关于中国的水利建设,刘献廷亦提出了独到的见解,至今仍可资借鉴。全祖望在《刘继庄传》一文中保存了他对这一问题的主要观点,说:"其论水利,谓'西北乃二帝三王之旧都,二千余年未闻仰给于东南,何则? 沟洫通而水利修也。自刘、石云扰,以迄金、元,千有余年,人皆草草偷生,不暇远虑,相习成风,不知水利为何事。故西北非无水也,有水而不能用也。不为民利,乃为民害,旱则赤地千里,潦则漂没民居,无地可潴,无道可行,人固无如水何,水亦无如人何。虞学士始奋然言之,郭太史始毅然行之,未几竟废,三百年无过而问者。有圣人者出,经理天下,必自西北水利始。水利兴,而后足食,教化可施也。西北水利,莫详于《水经》郦注,虽时移势易,十犹可得其六七。郦氏略于东南,人以此少之,不知水道之当详,正在西北。'欲取《二十一史》关于水利、农田、战守者,各详考其所以,附以诸家之说,以为之疏,以为异日施行者之考证。"[1]又,刘献廷在其《广阳杂记》卷三中亦谈到他对荆楚水利的研究:"意将楚水图记所标古今沿革城池里至堤防等,更摘《水经注》中有合于今日者,更录一通,分为四册,以江汉沅湘为之经,而诸水纬之,亦稍可观矣。"[2]由上可见,刘献廷在水文学的研究方面亦是下过一番苦功的。

中国传统学问注重的是"治人"之学,自然科学只有在有利于"治人"的原则下才是允许的,自然科学的纯粹求知态度被排斥,而必须服从并服务于"治人"的目的。这既严重阻碍了科学的发展,也贻误了人类认识自然以更好地造福于人类的事业。刘献廷对这一状况十分不满,他要以求"天地之故"的纯粹求知态度来弥补这一不足。例如在地理学方面,他指出:"向来方舆之书,大抵详于人事,而天地之故,概未有闻。当于疆场之前,别添数则。先以诸方之北极出地为主,定简平仪之度、制为正切线表,而节气之后先,日蚀之分秒,五星之陵犯占验,皆可推矣。诸方七十二候,各各不同。如岭南之梅,十月已开,桃李腊月已开,而吴下梅开于惊蛰,桃李开于清明,相去若此之殊。今世之所传七十二候,本诸《月令》,乃七国时中原之气候;今之中原,已与七国之中原不合,则历差为之。今于南北诸方,细考其气候,取其核者,详载之为一则,传之后世,则天地相应之变迁,可以求其微矣。"[3]在

① 全祖望:《刘继庄传》,《全祖望集彙校集注》,上海古籍出版社 2000 年版,第 525—526 页。
② 刘献廷:《广阳杂记》,中华书局 1957 年版,第 123 页。
③ 全祖望:《刘继庄传》,《全祖望集彙校集注》,上海古籍出版 2000 年版,第 525 页。

这段由地理而论及天文、气象、物候、历算之学的论述中,刘献廷批评了传统的"方舆之书"详于人事而忽略"天地之故"的缺点,强调要以纯粹求知的态度去考察、记录和研究各种自然现象,并强调要以数学作为推算的基础,使后世之人能对"天地相应之变迁,可以求其微"。他的这一思想,与徐光启的思想是完全一致的。

刘献廷既十分重视数学在自然科学中的基础地位,因而对西方传入的数学知识持热烈欢迎的态度。他在《广阳杂记》中屡屡称赞西方数学知识之新、之奇。他说:"乘除之法,唐九执婆罗门,以书为计,其学不传久矣。回回土盘,未广流布,世亦无有知者。泰西来宾,书数始为合一。余别有序一通,推论其故。汤道未更制方筹,尤为奇创,与盘珠而三,皆绝世之奇构也。"[①]他充分肯定了西方数学的传入对中国科学发展的推动作用,并亲为作序,"推论其故",可惜他的这篇序文未能流传下来,不然我们就可以更多地了解其以数学为科学之基础、"推论其故"的科学哲学思想了。在《广阳杂记》中还有一条赞西方数学运算方法之简便:"符天乙以写算四例见示,其除法则泰西新式也。泰西除法,始见于《算旨前编》,发挥于《西镜录》。此新式大约创自南敦伯。旧法自上而下,逐层以法除实,每商一数,必一一勾抹。新法自下而上,惟记除余而已,颇为简便。"[②]在对待西学的态度上,刘献廷是没有任何民族的狭隘性和片面性的。

刘献廷对于几何学与机械制造的关系亦有深切的认识。《广阳杂记》卷三载有一条关于当时中国人模仿西洋人制造自鸣钟的例子,来说明通晓几何学对于机械制造工艺的重要性:"通天塔,即自鸣钟也,其式坦然创为之,形如西域浮屠。……予请坦然拆而示之,大小轮多至二十余,皆以黄铜为之,而制造粗糙,聊具其形耳,小用即坏矣。坦然未经师授,曾于崦答公处见西洋人为之,遂得其窾窾。然于几何之学,全未之讲。自鸣钟之外,他无所知矣。"[③]在刘继庄看来,坦然见西洋人造自鸣钟,即能仿而造之,并且能在外观上别出心裁地将其制成浮屠塔的形状,固然是颇具匠心;然而,由于坦然"未经师授"、"于几何之学,全未之讲",只是凭借模仿和揣摩而为之,因而不可能精通其内在结构的制造工艺,以致大小齿轮的制造极为粗糙,徒

---

① 刘献廷:《广阳杂记》,中华书局1957年版,第24页。
② 刘献廷:《广阳杂记》,中华书局1957年版,第68页。
③ 刘献廷:《广阳杂记》,中华书局1957年版,第141页。

然得其形似而小用即坏。由此可见,几何学乃是机械制造工艺的基础,而通晓几何学乃是精通机械工艺的必要前提。刘献廷的这一思想,也是对徐光启以几何学为一切技术科学之基础之思想的具体发挥。

刘献廷的知性精神还表现在他反对以西方自然科学来附会东方神秘主义。中国人向来善于把新思想、新学说纳入旧轨道,自明清之际西学传入始,就在一些陋儒中出现了以西方自然科学来附会东方神秘主义的愚风,此风至今未泯,然而早在清初刘献廷就对这种思想逆流作了批判。他说:

> 影余处有三悟书。三悟者,星悟、穴悟、人悟也。云其书出荣国姚恭靖手。人悟一书,为他人假去。余取星悟、穴悟二书观之。星悟则取神道大编天文实用之说,以地平环上星安命宫,而杂以中国五行生克之理而成之。穴悟则堪舆家言耳,而发端于地员经纬度,乃近时稍知西学者伪为之,托名荣国耳。术数之书,大抵太公、子房、武侯、药师辈无一得免,况荣国耶? 向者止于奇壬风角禽星阵图等,今又灾及泰西之学矣。……天文实用及地球经纬图,皆利氏西来后始出。姚荣国安得有此一副学问耶? 市井小人,被其愚弄,无足怪者。独是读书明理之儒,亦从而信之,凿凿言之,真不可解也。①

刘献廷明确指出,把西方自然科学与算命、看坟地风水之类的迷信相附会,借助自然科学来宣传迷信,是一种“灾及泰西之学”的做法,对于作之者来说是一种骗人的伎俩,对于信之者来说是愚昧无知。他强调,科学与迷信不容混淆,决不能将西方传来的自然科学纳入古老的东方神秘主义的轨道。这正是刘献廷的见识过人之处。鲁迅在五四时期曾对借助科学来宣传迷信的思想界之逆流作过与刘献廷同样深刻的批判。

十六、经、史、子学研究中的知性精神

清初的经、史、子学研究,有承于中晚明学术,但其中日益增多着的知性精神的因素、理论深度以及规模气势都大大超过了中晚明时期。

---

① 刘献廷:《广阳杂记》,中华书局1957年版,第98—99页。

从对中晚明学术的继承来看:经学研究,有承于晚明东林党人注重经世致用、陈子龙等纂集《皇明经世文编》的精神,以及杨慎、胡应麟、焦竑、陈第的考据学方法;史学研究,有承于王阳明、李贽、钱谦益的"五经皆史"说,以及"言性命者必究于史"的学术传统;子学研究,亦有承于中晚明学者杨慎、李贽、焦竑、袁宏道、王思任等重估诸子学说价值的多元文化心态。

清初学者的贡献在于,他们进一步弘扬、推广了中晚明学术中的知性精神的因素,使重实践、重实际、重实证的学术取向成为一种较为普遍的新学风。其中,以顾炎武为代表,提出了"经学即理学"的命题,清算宋明道学的空疏学风,使经学研究更明显地表现出成为各种专家之学的倾向;以黄宗羲为代表,开创浙东史学,破除"讲堂痼疾"而"别开天地",形成"殊途百虑"的多元学术史观;以傅山为代表,破除历古圣贤心心相传之所谓"道统",提出"不被人瞒过"的方法,出入诸子百家,开创了子学研究的新局面。此外,唐甄推崇"智之本体",颜元作格物新解,汤斌推崇顾炎武、黄宗羲之"实学",连康熙朝名臣李光地亦肯认怀疑精神,可见思潮之来,势不可当,乃至庙堂中人亦不能不受其浸染。

所有这一切,都表现着处于转型期的传统学术中日益增多着知性主体精神的因素,使"新的突破旧的"的时代特征展示得更为鲜明。

(一)顾炎武"明道救世"的经学
研究及其方法论

顾炎武是清初学术界一位开风气之先的人物。他一生"身涉万里,名满天下"①,以"行奇学博,负海内重望"②,有"清学开山"③之誉。他倡导了"明道救世"的经世实学和注重实证的科学方法,对于扭转数百年宋明道学造成的空疏学风,发挥了巨大的影响力。

---

① 归庄:《与顾宁人书》,《归庄集》,上海古籍出版社1984年版,第339页。
② 纽琇:《觚賸》卷六《蒋山庸》,上海古籍出版社1986年版,第107页。
③ 梁启超:《中国近三百年学术史》,岳麓书社2010年版,第59页。

"举危微精一之说一切不道"

顾炎武在《与友人论学书》中，鲜明地表达了他志在彻底推倒一切道学玄谈、扭转空疏学风、提倡经世实学的学术宗旨。他说：

> ……窃叹夫百余年以来之为学者，往往言心言性，而茫乎不得其解也。命与仁，夫子之所罕言也；性与天道，子贡之所未得闻也。性命之理，著之《易传》，未尝数以语人。其答问士也，则曰"行己有耻"；其为学，则曰"好古敏求"。其与门弟子言，举尧、舜相传所谓危微精一之说一切不道，而但曰"允执其中，四海困穷，天禄永终"。呜呼！圣人之所以为学者，何其平易而可循也。故曰"下学而上达"。……今之君子则不然，聚宾客门人之学者数十百人，"譬诸草木，区以别矣"，而一皆与之言心言性，舍多学而识，以求一贯之方，置四海之困穷不言，而终日讲危微精一之说。……是故性也，命也，天也，夫子之所罕言，而今之君子之所恒言也。出处、去就、辞受、取与之辨，孔子、孟子之所恒言，而今之君子所罕言也。……愚所谓圣人之道者如之何？曰"博学于文"；曰"行己有耻"。自一身以至于天下国家，皆学之事也，自子臣弟友以至出入、往来、辞受、取与之间，皆有耻之事也。①

这是顾炎武对宋明道学所作批判的一个总纲，也是他自己学术宗旨的一个集中的表述。在顾炎武看来，宋明道学的根本弊端就在于"置四海困穷不言，而终日讲危微精一之说"；与此相反，圣人则"举尧舜相传之危微精一之说一切不道"，只讲关系民生和人伦日用的学问。因此，如果要对所谓"圣人之道"的内容作简明而扼要的概括的话，那就只能是"博学于文"和"行己有耻"八个字，顾炎武称之为"修己治人之实学"。

为了扭转空疏学风，推倒道学玄谈，顾炎武首先从总结明朝灭亡的教训入手，来揭露道学玄谈和空疏学风所造成的危害，他说：

> 五胡乱华，本于清谈之流祸，人人知之。孰知今日之清谈，有甚于前代者。昔之清谈谈老庄，今之清谈谈孔孟。未得其精而已遗其粗，未究其本而先辞其末。不习六艺之文，不考百王之典，不综当代之务，举

---

① 顾炎武：《与友人论学书》，《顾亭林诗文集》，中华书局1959年版，第40—41页。

夫子论学论政之大端一切不问；而曰一贯，曰无言。以明心见性之空
言，代修己治人之实学。股肱惰而万事荒，爪牙亡而四国乱。神州荡
覆，宗社丘墟。昔王衍妙善玄言，自比子贡，及为石勒所杀，将死，顾而
言曰："呜呼！吾曹虽不如古人，向若不祖尚浮虚，戮力以匡天下，犹可
不至今日！"今之君子，得不有愧乎其言。①

他所说的"百余年"来的清谈，指的是明代中叶兴起的王阳明学派：

以一人而易天下，其流风至于百有余年之久者，古有之矣；……其
在于今，则王伯安之良知是也。……拨乱世反诸正，岂不在于后
贤乎！②

顾炎武把王阳明学说及王门后学笼统地看作是导致"神州荡覆，宗社丘墟"
的祸根，是一种思想文化决定论的观点，以此解释明朝的灭亡，当然是极其
简单化了的。王阳明学说及其学派极为复杂，并不全是空疏，因此，顾炎武
对于王学的愤激批判，只有局部的合理性。当然，顾炎武并没有局限于对王
学的批判；彻底推倒道学玄谈的内在要求，使他将批判的矛头直指宋儒：

今之言学者必求诸语录，语录之书始于二程，前此未有也。今之语
录几于充栋矣。而淫于禅学者实多，然其说盖出于程门。③

自宋以下，一二贤智之徒，病汉人训诂之学，得其粗迹，务矫之以归
于内，而达道达德、九经三重之事置之不论，此真所谓"告子未尝知义"
者也。④

对于朱熹，顾炎武也有许多批评。例如，对于朱熹《周易本义》以北宋刘牧、
邵雍关于河图洛书的象数之说来论证"天理"本体论，顾炎武就明确表示
反对。其《日知录》卷一《朱子〈周易本义〉》条，只字不提朱熹所列易图；
又在同卷《卦爻外无别象》条，指出"荀爽、虞翻之徒，穿凿附会，象外生

① 顾炎武：《日知录》卷七《夫子之言性与天道》，《日知录集释》，岳麓书社 1994 年版，
第 240 页。首句"刘石乱华"，钞本"刘石"作"五胡"，今据黄侃《日知录校记》改正。
② 顾炎武：《日知录》卷十八《朱子晚年定论》，《日知录集释》，岳麓书社 1994 年版，第
667 页。
③ 顾炎武：《下学指南序》，《顾亭林诗文集》，中华书局 1959 年版，第 131 页。
④ 顾炎武：《日知录》卷七《行吾敬故谓之内也》，《日知录集释》，岳麓书社 1994 年版，
第 259 页。

象"①的谬妄。同卷《孔子论易》更明斥图书象数之不合经义：

> 孔子论《易》，见于《论语》者二章而已。……是则圣人之所以学《易》者，不过庸言、庸行之间，而不在乎图书象数也。今之穿凿图像以自为能者，畔也！②

又如，朱熹把伪古文《尚书·大禹谟》"人心惟危，道心惟微，惟精惟一，允执厥中"作为圣人"传心"的要典，以此论证天命之性和气质之性的对立和"使道心常为一身主"的必要性。顾炎武指出：

> 心不待传也。……禅学以理为障，而独指其心曰："不立文字，单传心印。"圣贤之学，自一心而达之天下国家之用，无非至理之流行，明白洞达，人之所同，历千载而无间者，何传之云。俗说浸淫，虽贤者（指朱熹——引者注）或不能不袭用其语，……《中庸章句》引程子之言曰：此篇乃孔门传授心法，亦是借用释氏之言，不无可酌。③

顾炎武也讲"理"，但他的"理"乃是"活泼泼"的变化之理，具有一定的兼容性。所以他批评程朱派学者"执一而不化"。例如，他批评朱熹高足真德秀的《诗》学，"病其以理为宗，不得诗人之趣。……必以坊淫正俗之旨，严为绳削，虽矫《昭明》之枉，恐失《国风》之义。"他主张"有善有不善，兼而存之，……固不能使四方之风，有贞而无淫，有治而无乱也。……后之拘儒，不达此旨。"④他视"执一而不化"为学者之大患：

> 学者之患莫甚乎执一而不化。及其施之于事，有扞格而不通，则怨懥生而五情瞀乱，与众人之滑性而焚和者相去盖无几也。孔子恶果敢而窒者，非独处事也，为学亦然。……君子之学不然，廓然而大公，物来而顺应。⑤

此外，对于朱熹释孔子之所谓"吾道一以贯之"为"理一分殊"的"理

---

①　顾炎武：《日知录》卷一《卦爻外无别象》，《日知录集释》，岳麓书社 1994 年版，第6 页。

②　顾炎武：《日知录》卷一《孔子论〈易〉》，《日知录集释》，岳麓书社 1994 年版，第27 页。

③　顾炎武：《日知录》卷十八《心学》，《日知录集释》，岳麓书社 1994 年版，第 655 —656 页。

④　顾炎武：《日知录》卷三《孔子删诗》，《日知录集释》，岳麓书社 1994 年版，第 81 页。

⑤　顾炎武：《日知录》卷一《艮其限》，《日知录集释》，岳麓书社 1994 年版，第 16 —17 页。

一",顾炎武亦表示反对。他赞成曾子的说法:夫子之道,忠恕而已。忠恕即是"道",而朱熹"疑忠恕为下学之事,不足以言圣人之道也"。他强调"夫子之道,不离乎日用之间","知(忠恕)终身可行,则知一以贯之之义矣!"①因此,根本就不需要再"向上一层"去建构一个玄虚的"天理"本体了。

总之,一切道学玄谈,无论是陆王的玄谈,还是程朱的玄谈,都在顾炎武的排斥之列。他批判陆王,但并没有由陆返朱。他根本不赞成朱熹那种叠床架屋式的"下学而上达",而主张在人伦日用之中即包含着"下学而上达",因此,一切道学玄谈都可以弃置不道,而只讲经世致用的"修己治人之实学"。

"理学,经学也"

顾炎武是通过提倡经学来作为倡导经世致用的实学之号召的。他提出了"理学,经学也"的著名命题。关于这一命题,有两种不同的表述。其一见诸顾炎武《与施愚山书》:

> 理学之传,自是君家弓冶。然愚独以为理学之名,自宋人始有之。古之所谓理学,经学也,非数十年不能通也。……今之所谓理学,禅学也,不取之五经而但资之语录,校诸帖括之文而尤易也。又曰:"《论语》,圣人之语录也。"舍圣人之语录,而从事于后儒,此之谓不知本矣!②

其二见全祖望《亭林先生神道表》对顾炎武的话的转述:

> 谓古今安得别有所谓理学者? 经学即理学也。自有舍经学以言理学者,而邪说以起,不知舍经学则其所谓理学者禅学也。③

前者说"理学,经学也";后者说"经者即理学也",其实并无歧义,都是说经学外别无所谓理学,而宋以来之所谓理学乃是禅学,因此,学者要以研究古经为根柢,而不必到宋明理学家的语录中去讨生活。他通过直探古经而发挥出唯物主义的实学见解:

---

① 顾炎武:《日知录》卷七《忠恕》,《日知录集释》,岳麓书社 1994 年版,第 237—238 页。
② 顾炎武:《与施愚山书》,《顾亭林诗文集》,中华书局 1959 年版,第 58 页。
③ 全祖望:《亭林先生神道表》,《全祖望集彚校集注》,上海古籍出版社 2000 年版,第227 页。

邵氏(宝)《简端录》曰：聚而有体谓之物，散而无形谓之变。唯物也，故散必于其所聚；唯变也，故聚不必于其所散。是故聚以气聚，散以气散。昧于散者，其说也佛；荒于聚者，其说也仙。①

盈天地之间者，气也。气之盛者为神。神者，天地之气而人之心也。②

这是唯物主义的元气本体论的见解。他进而论道器关系，主张通过"求之象数"去认识"道"，他说：

"形而上者谓之道，形而下者谓之器。"非器则道无所寓，说在乎孔子之学琴于师襄也。……是虽孔子之天纵，未尝不求之象数也。③

当然，他所说的"物"或"器"主要还是指社会的伦理关系和当务之急，这从他对"格物致知"的解释可以看出：

致知者，知止也。知止者何？为人君止于仁，为人臣止于敬，为人子止于孝，为人父止于慈，与国人交止于信，是之谓止；知止然后谓之知；至君臣、父子、国人之交，以至于礼仪三百，威仪三千，是之谓物。

以格物为多识于鸟兽草木之名，则末矣。知者，无不知也，当务之为急。④

他主张的"博学于文"和"行已有耻"，二者都是向外探求和作脚踏实地的践履。他所说的"博学于文"的"文"，不是狭义的"文"，而是广义的"人文"：

君子博学于文，自身而至于家国天下，制之为度数，发之为音容，莫非文也。……传曰："文明以止，人文也。观乎人文以化成天下。"⑤

他所说的"行已有耻"之"耻"，是"耻匹夫匹妇无不被其泽"之"耻"：

耻之于人大矣，不耻恶衣恶食，而耻匹夫匹妇之不被其泽。⑥

他所说的"博学与文"与"行已有耻"二者是内在统一的："士而不先言耻，则为无本之人；非好古而多闻，则为空虚之学。以无本之人，而讲空虚之学，吾

---

① 顾炎武：《日知录》卷一《游魂为变》，《日知录集释》，岳麓书社1994年版，第22页。
② 顾炎武：《日知录》卷一《游魂为变》，《日知录集释》，岳麓书社1994年版，第22页。
③ 顾炎武：《日知录》卷一《形而下者谓之器》，《日知录集释》，岳麓书社1994年版，第23页。
④ 顾炎武：《日知录》卷六《致知》，《日知录集释》，岳麓书社1994年版，第227—228页。
⑤ 顾炎武：《日知录》卷七《博学于文》，《日知录集释》，岳麓书社1994年版，第241页。
⑥ 顾炎武：《与友人论学书》，《顾亭林诗文集》，中华书局1959年版，第44页。

见其日从事于圣人而去之弥远也"。①

他强调人的言行、事功、文章即是"性与天道",离开了文章事功别无所谓"性与天道":

> 夫子之教人文行忠信,而性与天道在其中矣,故曰:"不可得而闻。"……动容周旋中礼者,盛德之至也,孟子以为尧舜性之之事。夫子之文章莫大乎《春秋》,《春秋》之义,尊天王,攘戎翟,诛乱臣贼子,皆性也,皆天道也。

> 今人但以《系辞》为夫子言性与天道之书,愚尝三复其文,……所以教人学《易》者,无不在于言行之间矣。②

从以上所引顾炎武的论述看,他虽然排斥了宋明理学的玄谈,将"性与天道"还原于现实的人事,但其对于事物的理解似乎还局限于伦理道德的范畴。其实不然,他所理解的"格物"——从他的实际贡献来看——是大大超出了"礼仪三百,威仪三千"的伦理范畴的。全祖望《亭林先生神道表》论及顾炎武所作《天下郡国利病书》,曰:

> 历览二十一史、十三朝实录、天下图经、前辈文编、说部,以至公移、邸抄之类,有关于民生之利害者,随录之,旁推互证,务质之今日所可行,而不为泥古之空言,曰《天下郡国利病书》。③

如侯外庐先生所说,《天下郡国利病书》实在是一部中国经济史概论。这当然不是"礼仪三百,威仪三千"之"物"所能囊括。又如,顾炎武的弟子潘耒序《日知录》说:

> 《日知录》则其稽古有得,随时札记,久而类次成书者。凡经义史学、官方吏治、财赋典礼、舆地艺文之属,一一疏通其源流,考正其谬误。④

所谓"经义、史学、官方吏治、财赋、典礼、舆地、艺文之属",也都是各种专门学问,有的与"礼仪三百,威仪三千"有密切联系,但总体来说,也远远超出了道德和礼仪的范畴。

---

① 顾炎武:《与友人论学书》,《顾亭林诗文集》,中华书局1959年版,第44页。

② 顾炎武:《日知录》卷七《夫子之言性与天道》,《日知录集释》,岳麓书社1994年版,第238—239页。

③ 全祖望:《亭林先生神道表》,《全祖望集汇校集注》,上海古籍出版社2000年版,第227页。

④ 潘耒:《日知录原序》,《日知录集释》卷首,岳麓书社1994年版,第1页。

他提倡复返古经,并多以孔子学说为立论依据来抵排宋儒,似乎颇有点复古和"以孔子之是非为是非"的意味,其实也不然。他提倡研究古经,为的是"引古筹今","务质之今日所可行,而不为泥古之空言"。他尊六经、尊孔,但亦正如以往的研究者所指出,他对于诸子百家之学并不视为异端。他在《日知录》中一再引用《墨子·尚贤篇》,亦引老子《道德经》。他一再说:

> 有其识者,不必遭其时;而当其时者,或无其识。然则开物之功,立言之用,其可少哉。①

他在《日知录》卷十九《著书之难》条中指出:

> 子书自孟、荀之外,如老、庄、管、商、申、韩,皆自成一家言。至《吕氏春秋》、《淮南子》则不能自成,故取诸子之言汇而为书。②

因此,他明白主张要像研究"九经"一样地研究诸子百家学说:

> 故愚以为读九经自考文始,考文自知音始,以至诸子百家之书,亦莫不然。③

他甚至还打破了"夷夏之辨"的狭隘眼界,主张研究"外国风俗",肯定在风俗方面"中国之不如外国者有之",——虽然他所说的"外国",不过是今日中国境内的兄弟民族,但在历史上却是被称作"外国"或"夷狄"的:

> 历九州之风俗,考前代之史书,中国之不如外国者有之矣。……《邵氏闻见录》言:"回纥风俗朴厚,君臣之等不甚异,故众志专一,劲健无敌。自有功于唐,赐遗丰腴。登里可汗始自尊大,筑宫室以居,妇人有粉黛文绣之饰,中国为之虚耗,而其俗亦坏。"……《史记》言:"匈奴狱久者不过十日,一国之囚不过数人。"《盐铁论》言:"匈奴之俗略于文而敏于事。"宋邓肃对高宗言:"外国之巧在文书简,简故速。中国之患在文书繁,繁故迟。"《辽史》言:"朝廷之上,事简职专,此辽之所以兴也。"然则外国之能胜于中国者惟其简易而已。若舍其所长而效人之短,吾见其立弊也。④

---

① 顾炎武:《日知录》卷十九《立言不为一时》,《日知录集释》,岳麓书社1994年版,第680页。

② 顾炎武:《日知录》卷十九《著书之难》,《日知录集释》,岳麓书社1994年版,第677页。

③ 顾炎武:《答李子德书》,《顾亭林诗文集》,中华书局1959年版,第73页。

④ 顾炎武:《日知录》卷二十九《外国风俗》,《日知录集释》,岳麓书社1959年版,第1037—1038页。

他看到了历史上匈奴、回纥、辽等民族具有君臣之等不甚异、文书简而效率高、事简职专等优点，认为他们在这些方面不能向汉民族学习，相反却是汉民族应该向他们学习的。

"采铜于山"的方法论

顾炎武的治学方法是一种具有近代实证科学特点的治学方法，处处表现出"拿证据来"的科学精神。

注重实际的社会调查，是顾炎武方法论的最具有近代意义的特征。他的社会调查的范围很广泛，有考察民生疾苦利病这样的颇近于现代社会学家的调查，有考察山川地理这样的颇近于现代地理学家的调查，有寻觅秦汉古碑等历史文物证据这样的颇近于现代考古学家的田野考察。潘耒《日知录序》说：

> 先生……足迹半天下，所至交其贤豪长者，考其山川风俗、疾苦利病，如指诸掌。①

《清史稿》本传亦记其事说：

> 所至之地，以二骡二马载书，过边塞亭障，呼老兵卒询曲折，有与平日所闻不合，即发书对勘。②

他以田野考察的实物证据来订补文献之缺失。例如，他指出：

> 近代有好事者刻《九经补字》，并属诸生补此书之阙，以意为之。……予至关中，洗刷元石，其中一二可识者，显与所补不同，乃知近日学者之不肯阙疑而妄作如此。③

注重第一手资料，是顾炎武治学方法的又一特点。顾炎武反对在学问上贪图捷径，最反感班固、宋景文、朱熹式的改窜前人之书而为自作的行为，他说：

> 凡作书者，莫病乎其以前人之书改窜而为自作也。班孟坚之改《史记》，必不如《史记》也；宋景文之改《旧唐书》，必不如《旧唐书》也；

---

① 潘耒：《日知录序》，《日知录集释》，岳麓书社 1959 年版，第 1 页。
② 《清史稿·儒林传》，《清史稿》第 43 册，中华书局 1977 年版，第 13166 页。
③ 顾炎武：《日知录》卷十八《张参五经文字》，《日知录集释》，岳麓书社 1959 年版，第 645 页。

朱子之改《通鉴》,必不如《通鉴》也。至于今代而著书之人几满天下,
则有盗前人之书而为自作者矣。①

顾炎武从小受祖父之教,说"著书不如抄书"②。"抄书"不是改窜或抄袭前
人之作为己作,而是一种精心筛选提炼的搜集资料的工作;并非漫无目的地
随手札记,而是根据一定的学术宗旨去精心选择编排资料。顾炎武的《日
知录》就是这样一部著作,不仅资料皆明标原作者及出处,不以前人之功为
己功;而且所有的资料都分门别类地纳入了他自己设计的框架,每一条目的
内容都是合数条乃至数十条资料而成;但又不是纯粹的资料汇编,而是在其
中体现和贯彻自己的学术宗旨,在掌握丰富资料的基础上发表自己的见解,
如《日知录》各条目中的按语即是。他的《日知录》可以说是既讲求科学又
注重学术道德的典范。顾炎武把他的这种治学方法比作"采山之铜",在答
友人书中,他说:

> 尝谓今人纂辑之书,正如今人之铸钱。古人采铜于山,今人则买旧
> 钱,名之曰废铜,以充铸而已。所铸之钱既已粗恶,而又将古人传世之
> 宝,椎凿碎散,不存于后,岂不两失之乎?承问《日知录》又成几卷,盖
> 期之以废铜。而某自别来一载,早夜诵读,反复寻究,仅得十余条,然庶
> 几采山之铜也。③

采山之铜,犹如披沙淘金。古籍浩如烟海,不下一番别择提取的苦功是得不
到确实而丰备的第一手资料的,所以顾炎武积一年之功也仅得十余条。严
谨治学的人都有这样的体验,一种见解常常要经过反复修正,而且往往自己
苦思力索而形成的思想,无意中却发现前人早已有此见解,顾炎武亦不例
外。他决不肯弃前人的见解于不顾,而宁可将自己的同样见解从书中删去。
他说:

> 愚自少读书,有所得辄记之;其有不合,时复改定;或古人先我而有
> 者,则遂削之。④

他如此严格要求自己,所以一部《日知录》,竟至抄录别人的话占十之七八,
而他自己的见解则仅占十之二三。其实,前人的许多见解也正代表着他自

---

① 顾炎武:《钞书自序》,《顾亭林诗文集》,中华书局1959年版,第30页。
② 顾炎武:《钞书自序》,《顾亭林诗文集》,中华书局1959年版,第30页。
③ 顾炎武:《与人书十》,《顾亭林诗文集》,中华书局1959年版,第93页。
④ 顾炎武:《日知录》题解,《日知录集释·目录》,岳麓书社1994年版,第1页。

己的见解。

顾炎武提出了"读九经自考文始,考文自知音始"的治经门径;至于如何"知音",则有晚明陈第提出的以本证和旁证为主、以参伍推论的理证为辅的考据方法(见本书上篇第六章第三节)。顾炎武就是按照陈第提出的考据方法来研究古字音义的,凡讨论一字音义,必广求证据,决不肯以孤证立论。他通过研究古音,指出了朱熹的许多错误,如:

> 《易·渐》上九:"鸿渐于陆,其羽可用为仪。"范谔昌改陆为逵,朱子谓以韵读之良是;而不知古人读仪为俄,不与逵为韵也。《小过》上六:"弗遇过之,飞鸟离之。"朱子存其二说,谓仍当作"弗过遇之",而不知古读离为罗,正与过为韵也。①

他的广求证据的精神也表现在《日知录》的各条中,潘耒说他:"有一疑义,反复参考,必归于至当;有一独见,援古证今,必畅其说而后止。"②近代学者梁启超亦称道这一方法论:"论一事必举证,尤不以孤证自足,必取之甚博,证备然后自表其所信。"③

顾炎武治学,还极善于运用历史主义的方法去辨章学术,考镜源流。潘耒说他:

> 综贯百家,上下千载,详考其得失之故,而断之于心,笔之于书,朝章、国典、民风、土俗,元元本本,无不洞悉。凡经义史学,一一疏通其源流,考正其谬误。……学博而识精,理到而辞达。④

《四库全书总目》亦说:

> 炎武学有本原,博赡而能通贯,每一事必详其始末,参以证佐,而后笔之于书,故引据浩繁而抵牾者少。⑤

这些评论都是合乎实际的。他的《天下郡国利病书》、《日知录》、《音学五书》都贯彻着这种方法。如《日知录》卷十三论列周末风俗、秦纪会稽山刻石、两汉风俗、正始、宋世风俗、清议等十三条,俨然有一部中国风俗史概论的规模。他论音学,亦注重"审音学之源流",辨析"古今音之变,而究其所

① 顾炎武:《答李子德书》,《顾亭林诗文集》,中华书局 1959 年版,第 69 页。
② 潘耒:《日知录原序》,载《日知录集释》卷首,岳麓书社 1994 年版,第 1 页。
③ 梁启超:《清代学术概论》,中华书局 2010 年版,第 16 页。
④ 潘耒:《日知录序》,载《日知录集释》卷首,岳麓书社 1994 年版。
⑤ 《四库全书总目》,中华书局 1965 年版,第 1028 页。

以不同"：

> 于是据唐人以正宋人之失，据古经以正沈氏唐人之失，而三代以上之音，部分秩如，至赜而不可乱，乃列古今音之变，而究其所以不同，……自是而六经之文乃可读。其他诸子之书，离合有之，而不甚远也。①

他通过考镜源流去发现后人改经之误，而恢复古经的本来面目：

> 三代六经……多后人所不能通，以其不能通，而辄以今世之音改之，于是乎有改经之病。始自唐明皇改《尚书》，而后人往往效之。然犹曰：旧为某，今改为某，……至于近日……凡先秦以下之书率臆径改，不复言其旧为某，则古人之音亡而文亦亡，此尤可叹者也。②

对顾炎武来说，考镜源流既是一种订正前人失误的一种方法，也是客观地考察古今学术变迁的要求。他说：

> 经学自有源流，自汉而六朝，而唐，而宋，必一一考究，而后及于近儒之所著，然后可以知其异同离合之指。③

可见，"尚博雅"的顾炎武亦颇有"贵专家"的浙东史学的"通史家风"。所谓"浙西尚博雅，浙东贵专家"之说也只是相对的，二者并无绝对的界限。

顾炎武把求知看作是一个永无止境的过程。《日知录》卷七《朝闻道夕死可矣》条说：

> 有弗学，学之弗能，弗措也；有弗问，问之弗知，弗措也；有弗思，思之弗得，弗措也；有弗辨，辨之弗明，弗措也；有弗行，行之弗笃，弗措也。不知年数之不足也，俛焉日有孳孳，毙而后已。……有一日未死之身，则有一日未闻之道。④

他深知活到老、学到老的道理，学而不厌，因而能"老而益进"。在《日知录》刊刻数年后，他又"悔向日之学不博，见之不卓，其中疏漏往往而有"，因此，他又对《日知录》做了"渐次增改"。但是，他并不急于将增补修订本刊刻问世，而是"先以旧本质之同志"，广为征求意见，以便再做修改。他说：

---

①　顾炎武：《音学五书序》，《顾亭林诗文集》，中华书局 1959 年版，第 25—26 页。
②　顾炎武：《答李子德书》，《顾亭林诗文集》，中华书局 1959 年版，第 69 页。
③　顾炎武：《与人书四》，《顾炎武诗文集》，中华书局 1959 年版，第 91 页。
④　顾炎武：《日知录》卷七《朝闻道夕死可矣》，《日知录集释》，岳麓书社 1959 年版，第 237 页。

盖天下之理无穷,而君子之志于道也,不成章不达,故昔日之得不
足以为矜,后日之成不容以自限。……(天下之理)有不尽于是刻者。①
这种"天下之理无穷"的观念正是顾炎武的严谨治学精神的哲学基础。他
洞悉认识发展的辩证法,深知真理是一个过程。19世纪的德国学者席勒
说:"若有人一手执绝对真理,一手执永远追求,欲我择其一,我当取永远追
求。"顾炎武的治学精神,也正是一种向着真理永远追求的精神。这种精神
出现在中国的17世纪,表现了中国学者作为认知主体的精神觉醒,具有反
对以绝对真理自居的中世纪独断的进步意义。

(二)黄宗羲的学术史观

黄宗羲是清初浙东史学的开创者,他以博通经史、吞吐百家、抛弃"语
录糟粕"、破除"讲堂痼疾"的精神而取得了"别开天地"的巨大学术成就,成
为与顾炎武齐名的转变一代学风的带头人。其《明儒学案》,实开断代学术
史论的先河。疏观其综述有明一代的理学思想,"言行并载,支派各分,择
精语详,钩玄提要,一代学术源流,了如指掌"②,隐然把握到以心学的产生、
发展、分化到总结为时代思潮的主线;但又"论不主于一家"③,虽"以大宗
属姚江",而"凡宗姚江与辟姚江者,是非互见,得失两存"④,确系优秀史
作。如果密察其贯穿全书的指导思想和评判诸家得失是非的准则,参以其
他论学衡文之旨趣,则可发现其学术史论中寓有特别可贵的哲学观点,诸如
真理的探索是一个历史过程,学术真理是在"殊途百虑"的多元化形态中发
展,时代精神寓于文化创造的诸领域之中等观点,就如"明月之珠,尚沉于
大泽",值得珍视和发掘。

---

① 顾炎武:《日知录·初刻自序》,《日知录集释》,岳麓书社1959年版,第1页。
② 黄宗羲:《明儒学案》莫晋序,《黄宗羲全集》第12册,浙江古籍出版社2005年版,第172页。
③ 黄宗羲:《明儒学案》贾润序,《黄宗羲全集》第12册,浙江古籍出版社2005年版,第166页。
④ 黄宗羲:《明儒学案》莫晋序,《黄宗羲全集》第12册,浙江古籍出版社2005年版,第172页。

"言性命者,必究于史"

　　"言性命者,必究于史",这是章学诚经过博学慎思,对黄宗羲所开创的浙东学术所作的一句赞语,可谓片言居要,足以传神。

　　旧说多以黄宗羲的哲学思想为其政治思想的光华所掩;甚或以他在哲学路线中赞白沙、宗阳明、承蕺山,陷入心学窠臼,无可取;见其"盈天地皆心也"、"圣人之学心学也"等语,即斥为谬说。其实,黄宗羲的哲学思想正与其政治思想脉络贯通,互为体用。正因为敢于在政治上否定"以天子之是非为是非",所以能够在学术上提倡"殊途百虑"的真理史观,尊重"一偏之见",乐闻"相反之论",坚决反对"执定成局","好同恶异""必欲出于一途"①的传统的僵化思维模式。

　　他生当旧制度刚出现崩解征兆的"夷之初旦,明而未融"②的时节,只能在晨光熹微中自发地探索中国哲学启蒙的出路。这种探索的苦心及其新开辟的学术途径,前人直书所见,往往足资启发。如全祖望颇见其"于广大之中求精微"③的意旨,确有会心地指出:"有明以来学术大坏,谈性命者迂疏无当,穷数学者诡诞不精,言淹雅者贴讹杂丑,攻文词者不谙古今。自先生合理义、象数、名物而一之,又合理学、气节、文章而一之,使学者晓然于九流百家之可以返于一贯。"④若就理学一环而言,"公以濂洛之统,综会诸家,横渠之礼教,康节之数学,东莱之文献,艮斋止斋之经制,水心之文章,莫不旁推交通,连珠合璧。"⑤这里,两个"合而一之",一个"综会诸家",显示出他所见到的黄宗羲学术堂庑之广大,超出了汉学、宋学以及宋学诸流派的藩篱;至于"九流百家之可以返于一贯",则表露出黄宗羲所追求的新哲学体

---

　　①　黄宗羲:《明儒学案·自序》,《黄宗羲全集》第7册,浙江古籍出版社2005年版,第3页。

　　②　黄宗羲:《明夷待访录·题辞》,《黄宗羲全集》第1册,浙江古籍出版社2005年版,第1页。

　　③　全祖望:《甬上证人书院记》,《全祖望集汇校集注》,上海古籍出版社2000年版,第1060页。

　　④　黄宗羲:《二老阁藏书记》,《黄宗羲全集》第12册,浙江古籍出版社2005年版,第212页。

　　⑤　全祖望:《梨洲先生神道碑文》,《黄宗羲全集》第12册,浙江古籍出版社2005年版,第8页。

系,对于九流百家的思想都试图融摄包容,驰骋古今,不拘家派,"其于象数图纬,无所不工,以至二氏之藏,亦披抉殆尽"①。这正是启蒙学者的探索精神和恢弘气象。

章学诚似乎更透一层,意识到黄宗羲开创的浙东学风:"通今服古,绝不空言德性",谓"梨洲黄氏出蕺山刘氏之门,而开万氏兄弟经史之学,以至全氏祖望辈尚存其意,宗陆而不悖于朱",虽与顾炎武所创的浙西之学并峙,而"较之顾氏,源远而流长",不仅跳出了朱陆门户之争,而且强调"天人性命之学,不可以空言讲",应当与"经世史学"相结合。独具只眼地评判:"浙东之学,言性命者必究于史,此其所以卓也。"②"言性命者,必究于史"这句话,含义颇丰。此语似从黄宗羲的"不为迂儒,必兼读史"脱胎而来,实指浙东学术的基本路向在于寓义理于史学,与顾炎武的"经学即理学"、言性命必本之经、寓义理于经学的学术路向恰相对应;就其反对理学而言,且具同等意义,即都以一定的时代自觉力求摆脱统治思想界五百年的理学桎梏。尽管他们都脱胎于理学,所谓"顾氏宗朱,而黄氏宗陆"③,所承学脉不同,不免带上印记。顾氏恪守"读九经自考文始"的治学门径,"博学于文"、"援古证今",又重视亲身实地调查,反对"明心见性之空言",强调"见诸行事"、"验于事物",颇近于经验论的思路和方法。黄氏则坚信"学者不可不通知史事"④,以"读《明十三朝实录》、《二十一史》"为治学入门,虽声称"以六经为根柢",而实重史学⑤;但受过心学宗旨熏陶,而又能超出朱陆门户,故又主张"读书不多,无以证斯理之变化,多而不求于心,则为俗学",强调的是"深求其故,取证于心"⑥,则恰与顾氏相区别,而颇近于唯理论思路。章学诚一再申言,浙东的"史学"并非"史纂"、"史考"而在于"浙东贵专

　　① 全祖望:《鲒埼亭集外编》,《甬上证人书院记》,《全祖望集彙校集注》,上海古籍出版社 2000 年版,第 1059 页。
　　② 章学诚:《浙东学术》,《文史通义》,中华书局 1985 年版,第 523—524 页。
　　③ 章学诚:《浙东学术》,《文史通义》,中华书局 1985 年版,第 523 页。
　　④ 全祖望:《梨洲先生神道碑文》,《黄宗羲全集》第 12 册,浙江古籍出版社 2005 年版,第 3 页。
　　⑤ 浙东本有"五经皆史"之说,首发于阳明,《传习录上》:"以事言谓之史,以道言谓之经,事即道,道即事,《春秋》亦经,五经亦史。"经黄宗羲到章学诚大畅其旨,"六经皆史","经"不过是"三代之史",实有把"经学"降为史学之一分支的意味。
　　⑥ 黄宗羲:《恽仲升文集序》,《黄宗羲全集》第 10 册,浙江古籍出版社 2005 年版,第 4 页。

家"，得与"浙西尚博雅"（指亭林所倡考据之学）相区别。所谓"专家"之学，指的是"不徒以词采为文，考据为学"，"而独取三千年来，遗文故册，运以别识心裁，盖承通史家风，而自为经纬，成一家言者也。"①这是借褒扬郑樵，阐述浙东特有学风，所谓"别识心裁"，"自为经纬"，正与宗羲反对"肤论瞽言"而主张"深求其故，取证于心"的意旨相合。故前揭章氏"言性命者，必究于史"一语，可以理解为研究"天人性命之学"，决不能走宋明道学家的老路，停留于"朱陆异同"的争论或调和，必须另辟蹊径，改变学风，舍性理空谈而转向经世实学。也还可以再引申一层，理解为"义理"研究当与史学相结合，应坚持历史主义态度，运用历史分析方法，网罗文献资料而又特重"别识心裁"，以"通史家风"来对待学术异同，跳出门户圈子和道统偏见，把历史上各家各派"学术之不同"，看作是"此心之万殊"、"道体之无尽"的显现。《明儒学案》，正是这样"自为经纬，成一家言"的专著的标本。章学诚所见到的浙东"言性命者必究于史"的"专家之学"的卓越之处，正是黄宗羲在哲学启蒙方面推陈出新的独特贡献。

"心本无体，工夫所至，即其本体"

黄宗羲寓义理于史学、"运以别识心裁"的巨著《明儒学案》写成之后十七年（时年已八十四岁），他为北地贾醇庵刻印此书而郑重撰写的自序文，现存至少有三种稿本，说明曾经反复修改，堪称晚年哲学定论。序首开宗明义声言：

> 盈天地皆心也。变化不测，不能不万殊。心无本体，工夫（文集本作"功力"）所至，即其本体。故穷理者，穷此心之万殊，非穷万物之万殊也。[穷心则物莫能遁，穷物则心滞一隅。]（此据紫筠斋刻本，末二句无，今据文集本补。）

> 另德辉堂刻本作："盈天地间皆心也。人与天地万物为一体，故穷天地万物之理，即在吾心之中。后之学者，错会前贤之意，以为此理悬空于天地万物之间，吾从而穷之，不几于义外乎？此处一差，则万殊不能归一。夫苟工夫著到，不离此心，则万殊总为一致。"

---

①　章学诚：《申郑》，《文史通义》，中华书局 1985 年版，第 463 页。

这一段话,颇滋歧解,或以为宗羲承蕺山曾多次讲过"盈天地间皆气也"、"盈天地间一气而已",而此处又断定"盈天地间皆心也",足见其思想矛盾混乱,终于"陷入主观唯心主义"。或分析"盈天地皆心"与"盈天地皆气"这两个命题,在黄宗羲思想体系中并非对立而是统一的,因他认定"心即气"或"心即气之灵处",即心即气,把物质与精神视为一体,在本体观上趋向泛神论。或指出他沿着阳明心学思路,强调人心的主宰作用;而又修正阳明,否定了"心"是宇宙本体之说,把"心"作为认识主体,认为"心无体",通过"意"、"知"去认识事物,从而获得其内容,这在认识论上属于唯物主义反映论。在这里,可以暂不去较论判别唯心、唯物的准则与是非,也暂不去分解一个命题在本体论与认识论中是否有不同含义,明显的事实是,"盈天地皆心也"以及下文所展开的诸命题,出于《明儒学案》一书自序,其所论述的是学术思潮演变或真理发展过程的问题,实属于探讨哲学史上展示的精神发展的链条或人类理性的反思等方面的命题,似乎并未涉及世界本原或心物关系的问题。

按此理解,"盈天地皆心"这一命题,可否破译为:"充满哲学发展史(或哲学发展的天地里)乃是心灵的创造活动及其成果"。"天地"本可泛用,指特定时空范围;"心"系陆王心学的中心范畴,虽时有夸张失误之处,但不外乎因过分强调而夸大了认识主体的能动性和人类理性对外部世界的统摄作用。如阳明所谓"心即理"、"心之所以为心,不在明觉而在天理"、"致吾心良知之天理于事事物物,则事事物物皆得其理"、"向外寻理,终是无源之水,无根之木,纵使合得,本体上已费转手,故沿门乞火,与合眼见暗,相去不远"[1],这是黄宗羲推崇的阳明心学大旨。就其以"心"来泛指人类心灵(精神)的创造活动,运用于学术史领域则特指各个思想家的穷理工夫及其所达到的理论成就、精神境界等,并不难理解。下文推证,这种"心"的穷理活动,"变化不测,不能不万殊",即各家所达到的理论成就、精神境界不可能是一律的。进一步分析,这是由于"心无本体,工夫所至,即其本体"。阳明本有"心无体,以天地万物感应之是非为体"的说法,故强调"知行合一",以力行为工夫,富有合理因素。宗羲更承蕺山观点,明确认定:"心无体,以意

----

① 黄宗羲:《明儒学案》卷十《姚江学案》,《黄宗羲全集》第 7 册,浙江古籍出版社 2005 年版,第 202 页。

为体;意无体,以知为体;知无体,以物为体;物无用,以知为用;知无用,以意为用;意无用,以心为用。"①作为认识主体的"心",守此明觉,并无内容,必须通过"意"和"知"的积极活动,以对象物为内容,才能对"本体"("道体"、真理)的内容有所把握。"心以物为体,离物无知"②;但物又要"以知为用,……以心为用",即物的性能等,要通过人的认识才能显示出来,通过人的认识自在之物才能变成为我之物。所以,"心"的主体作用实现的过程,也就是"本体"(真理)被发现或被把握的过程。这就是"工夫所至,即其本体"的基本含义。

关于"工夫",由于宋明道学把认识论问题伦理化,把理性知识与道德意识糅混为一,故常涵两义:"成德"工夫与"致知"工夫。前者包摄存心、返约、发明本心、致广大、极高明等,属"尊德性"一义;后者包摄致知、博学、格物穷理、尽精微、道中庸等,属"道问学"一义。二者往往混杂不清,而学者又必然各有偏重,朱陆分歧,由此发轫。阳明把道德意识的主体作为"良知",其"致良知"、"知行合一"等议论,多偏重于"成德"工夫。蕺山虽主"慎独",为救阳明之失,已强调"离物无知","吾儒自心而推之意与知,其工夫实地却在格物。"③宗羲则更是强调博学,将其扩展为"儒者之学,经纬天地"④,"元元本本,可据可依"⑤,要求通过"读书"来"证斯理之变化";"格物务极其至"⑥,以求达到"深求其故"⑦的目的。其所讲"工夫",实偏重于"致知"、"道问学"方面。但又强调在博学的基础上还要独立思考,"务得于

① 黄宗羲:《子刘子学言》卷一,《黄宗羲全集》第 1 册,浙江古籍出版社 2005 年版,第 288 页。

② 黄宗羲:《子刘子学言》卷一,《黄宗羲全集》第 1 册,浙江古籍出版社 2005 年版,第 278 页。

③ 黄宗羲:《子刘子学言》卷一,《黄宗羲全集》第 1 册,浙江古籍出版社 2005 年版,第 265 页。

④ 黄宗羲:《赠编修弁玉吴君墓志铭》,《黄宗羲全集》第 10 册,浙江古籍出版社 2005 年版,第 433 页。

⑤ 全祖望:《甬上证人书院记》,《全祖望集汇校集注》,上海古籍出版社 2000 年版,第 1059 页。

⑥ 全祖望:《甬上证人书院记》,《全祖望集汇校集注》,上海古籍出版社 2000 年版,第 1060 页。

⑦ 黄宗羲:《恽仲升文集序》,《黄宗羲全集》第 10 册,浙江古籍出版社 2005 年版,第 4 页。

己"、"取证于心"①。全祖望赞之为"于广大之中求精微"、"杂而不越",有一定见地。但主要的是善于汲取陆王心学精华,又蕴含着理性觉醒的新意。

"工夫所至,即其本体",表明真理的被认识是一个过程。就个体说,"精神胚胎学"的发育有一个过程,"诸先生学不一途,师门宗旨,或析之为数家,终身学术,每久之而一变。"②经过对王阳明一生学术变化的细心个案研究,他揭示出王氏由"泛滥于词章"而"遍读考亭之书",又"出入于佛老者久之"然后才"忽悟格物致知之旨",形成"心即理"的系统观点,"其学凡三变而始得其门"。此后,思想继续发展,由"默坐澄心",到提出"致良知",再发挥为"知行合一"、寂感不二,达到圆熟。"是学成之后,又有此三变"③。这样,对个人思想发展的动态研究,使他体会到"夫圣学之难,不特造之者难,知之者亦难",因为"诸儒之言,有自得者,有传授者,有剽窃者,有浅而实深者,有深而实浅者",如果不是"工夫积久,能见本体",达到很高的思想境界和认识水平,是很难作出准确评断的。④ 纵观人类的认识史,就"精神的古生物学"而言,更是展开为一个复杂的过程。如他自叙:

> 羲为《明儒学案》,上下诸先生,深浅各得,醇疵互见,要皆功力所至,竭其心之万殊者而后成家,未尝以曚曚精神冒人糟粕。于是为之分源别派,使其宗旨历然。由是而之焉,固圣人之耳目也。⑤

> 德辉堂本另作:"诸先生不肯以曚曚精神冒人糟粕,虽或浅深详略之不同,要不可谓无见于道者也。余于是分其宗旨,别其源流,与同门姜定庵、董无休撮其大要,以著于篇,听学者从而自择。"⑥

可见,学术史上"竭其心之万殊而成家"的学者,"功力所至",浅深不同,只

---

① 黄宗羲:《恽仲升文集序》,《黄宗羲全集》第 10 册,浙江古籍出版社 2005 年版,第 4 页。

② 黄宗羲:《明儒学案》德辉堂本序,《黄宗羲全集》第 10 册,浙江古籍出版社 2005 年版,第 79—80 页。

③ 黄宗羲:《明儒学案》卷十《姚江学案》,《黄宗羲全集》第 7 册,浙江古籍出版社 2005 年版,第 201 页。

④ 参见黄宗羲:《移史馆论不宜立理学传书》,《黄宗羲全集》第 10 册,浙江古籍出版社 2005 年版,第 219 页。

⑤ 黄宗羲:《明儒学案·自序》,《黄宗羲全集》第 7 册,浙江古籍出版社 2005 年版,第 4 页。

⑥ 黄宗羲:《明儒学案》德辉堂本序,《黄宗羲全集》第 10 册,浙江古籍出版社 2005 年版,第 80 页。

要不是"以懵懂精神冒人糟粕",对于"道"或多或少总有所见。换言之,真理("本体"、"道体")之被发现,随学者们不同角度、不同层面的"工夫(功力)所至"而展开为一个过程。所谓"穷理者,穷此心之万殊,非穷万物之万殊","先儒之语录,人人不同,只是印我之心体变动不居"①。一方面,这是由"心即理"、"心外无理"所导出的关于认识成果的"理"的多样性的观点,纳入学术史观,是试图将各家思想宗旨的不同,解释为根源于"心之万殊",当然有其局限;但另一方面,着眼于认识主体心态的多样性,说明各个"成家"学者所取得的认识成果的多样性和"分其宗旨,别其源流"的可能性,也并不完全悖理。

学术真理展开为一个过程,是否有其固有的规律性?黄宗羲无力回答这一问题。但他在撰写学案的实践中,注意到"宗旨杂趣"、"风光狼藉"的学术思想史,并非杂乱无章,而是"苟善读之,未始非一贯也"②(借汤斌语)。他面对"各家自有宗旨"的经验事实,扬弃了前人固执"一人之宗旨"与"杂收不复甄别"两种偏向,花大工夫从"使其宗旨历然"入手,对"明室数百年学脉"做了清理,认为"白沙开其端,至姚江而始大明"③;此后,阳明心学经过大发展,大分化,而终于走向自我否定;最后,经东林师友"冷风热血"的洗礼,由蕺山总其成。《明儒学案》所展现这一合规律的过程,"导山导水,脉络分明"④,至今仍有参考价值。他从晚明思潮的起伏,似乎推测到思想运动往往是在补偏救弊中沿着"之"字路发展。蕺山曾论及晚明学术流弊说:"呜呼!学术之难言也。王守仁之言良知也,无善无恶,其弊也必为老、庄,顽钝而无耻,顾宪成之学朱子也,善善而恶恶,其弊也必为申、韩,惨刻而不情。佛、老之害,得宪成而救。臣惧一变复为申、韩,自今日始。"⑤宗羲也曾论及阳明和蕺山"皆因时风众势以立教","阳明当建安格物之学

①　黄宗羲:《明儒学案·自序》,《黄宗羲全集》第7册,浙江古籍出版社2005年版,第3页。
②　黄宗羲:《明儒学案》德辉堂本序,《黄宗羲全集》第10册,浙江古籍出版社2005年版,第80页。
③　黄宗羲:《移史馆论不宜立理学传书》,《黄宗羲全集》第10册,浙江古籍出版社2005年版,第221页。
④　汤斌:《交游尺牍》,《黄宗羲全集》第11册,浙江古籍出版社2005年版,第385—386页。
⑤　黄宗羲:《子刘子行状》卷上,《黄宗羲全集》第1册,浙江古籍出版社2005年版,第211页。

大坏,无以救章句训诂之支离,故以良知之说,倡率一时;乃曾未百年,阳明之学亦复大坏,无以绝葱岭异端之夹杂,故蕺山证人之教出焉。阳明圣门之狂,蕺山圣门之狷。"末二句,被全祖望赞为"其评至允,百世不可易"①。

其实,值得注意的是,他把思潮的更迭,看作针对流弊,代谢更新;不仅对"此亦一述朱,彼亦一述朱"的陈腐学风深恶痛绝,且对自己师承的阳明之学,也认为久必"大坏"。他利用"元亨利贞"传统范畴,在神秘的形式下朦胧地臆测到学术思想的发展通过否定性环节而形成某种"圆圈"。蕺山曾说:"贞下起元,是天道人心至妙至妙处。"②妙在何处,未加阐明。宗羲加以发挥说:

> 道之在天地间,人人同具,於穆不已,不以一人之存亡为增损。……然无添减而却有明晦,贞元之会,必有出而主张斯道者以大明于天下,积久而后气聚,五百岁不为远也。③

借孟子关于"五百年必有王者兴"的论题,阐述学术思想史似乎五百年也必有一次"贞元之会",出现继往开来的划时代的大思想家。按"贞下起元"的周期模式,他认为,从尧舜到孔孟是一个周期,"若以后贤论,周程其元也,朱陆其亨也,姚江其利也,蕺山其贞也"④,是又一个周期。在臆测中,大体勾画出宋明五百年道学发展的"圆圈"。然后,他以启蒙者的胸襟,面向未来,大声呼唤:"孰为贞下之元乎?"⑤

"圣贤之血路,散殊于百家"

《明儒学案·自序》还有一段关于学术真理多元化问题的论述:

> 学术之不同,正以见道体之无尽,即如圣门师、商之论交,游、夏之

---

① 全祖望:《甬上证人书院记》,《全祖望集彙校集注》,上海古籍出版社2000年版,第1059页。

② 黄宗羲:《子刘子学言》卷二,《黄宗羲全集》第1册,浙江古籍出版社2005年版,第318页。

③ 黄宗羲:《孟子师说》卷七,《黄宗羲全集》第1册,浙江古籍出版社2005年版,第165页。

④ 黄宗羲:《孟子师说》卷七,《黄宗羲全集》第1册,浙江古籍出版社2005年版,第166页。

⑤ 黄宗羲:《孟子师说》卷七,《黄宗羲全集》第1册,浙江古籍出版社2005年版,第166页。

论教,何曾归一? 终不可谓此是而彼非也。奈何今之君子必欲出于一途,剿其成说以衡量古今,稍有异同即诋之为离经叛道。时风众势,不免为黄茅白苇之归耳。

"心之万殊",形成"学术之不同",正显示真理展开为一个过程是无穷尽、无止境的。《论语》所载,孔门中子张与子夏论交,子游与子夏论教,就主张不一,互相争论,难于说"此是而彼非"。面临宋明以来道学内部的朱陆之争,阳明与朱门后学之争,阳明心学内部的分化和论争,当时不少人各陷门户,互相攻讦,造成所谓"使杏坛块土为一哄之市"的局面。黄宗羲虽也学宗阳明,师事蕺山,但由于他在真理观上有其独见,因而能够摆脱一些门户偏见和道统观念①,对专制传统文化意识的专断、庸妄、狭隘,有较多的突破,对指向未来的文化启蒙,有较多的开拓。

他以一种理论上的自信,特别反对"必欲出于一途"的专断和固守"一定之说"的愚昧。按他的观点,推动学术真理的发展,正是靠独立思考的学者"穷此心之万殊",由于他们"工夫所至"不同,所走途径不同,对于"本体"的体认把握只能是"深浅各得,醇疵互见";特别是具有创造性、开拓性的学者,"宁凿五丁之间道,不假邯郸之野马,故其途不得不殊"。因而,独断地坚持"必欲出于一途",就只能窒息创造性思维、扼杀智慧的生命,"使美厥灵根,化为焦芽绝港",最后出现的只能是"黄茅白苇"似的一片枯槁和萧条。② 扼杀真理的"一定之说",总是凭借"时风众势"特别是科举仕途的需要,"剿其成说以衡量古今,稍有异同即诋之为离经叛道"③;"执其成说,以裁量古今之学术,有一语不与之相合者,愕眙而视曰,'此离经也,此背训也',于是六经之传注,历代之治乱,人物之臧否,莫不各有一定之说"④。在

---

①　郑性、全祖望都认为黄宗羲"门户之见未化","党人之习气未尽"(见全祖望:《五岳游人(郑性)穿中柱文》、《答诸子问南雷学术贴子》)或指宗羲在政治上多为东林、复社辩护,写《汰存录》以驳夏允彝的《幸存录》等。恰好在《汰存录》中,宗羲提出了在学术上"议论不可专一"而在政治上必须分清"流品"的观点。学术上的门户偏见,宗羲似比亭林、船山还少一些。

②　参见黄宗羲:《明儒学案·自序》,《黄宗羲全集》第7册,浙江古籍出版社2005年版,第3页。

③　黄宗羲:《南雷文定三集》卷一,《明儒学案》德辉堂本序,《黄宗羲全集》第10册,浙江古籍出版社2005年版,第79页。

④　黄宗羲:《南雷文案》卷一,《恽仲升文集序》,《黄宗羲全集》第10册,浙江古籍出版社2005年版,第4页。

当时,这种"一定之说"就是钦定一尊、奉为科举考试准则的官方理学。宗羲尖锐地揭露:"此一定之说者,皆肤论瞽言,未尝深求其故,取证于心,其书数卷可尽也,其学终朝可毕也",实际是"庸妄"之学。① 这样的"庸妄"之学流行的恶果是,"数百年亿万人之心思耳目,俱用于揣摩勦袭之中,空华臭腐,人才阘茸"②"穿穴经传,形灰心死"③!

通观儒门内的学术分歧,虽学有宗主而不堕门户,鄙弃日趋僵化的"一定之说","不以庸妄者之是非为是非"④,当时进步的学术界大都能做到。但儒门外的学术派别,长期被视为"异端"的道家、佛家,以及"下至九流六艺切于民生日用者",能够被认为是真理发展的一环,在学术上获得平等的地位,这在当时就很难了。有的儒家学者虽也承认"出入于佛老"的意义,但旨在入室操戈,以破显立。刘宗周虽仍固执"圣学"与"异端"之辨,但提出"所谓异端,即近在吾心"之说,认为诸子各家,乃至"凡人"、"乡愿"都不过是"起念"不同而已。⑤ 黄尊素曾对《孟子》的"知言"一词意解为"全将自己心源,印证群迹","知得群心之变,亦只养得吾心之常"⑥。宗羲或由此出发,推衍出:"古今诸子百家,言人人殊,亦必依傍圣门之一支半解,而后得成其说,何曾出此范围!"⑦把"圣门"理想化为真理之全,但毕竟承认了"古今诸子"也是真理之分。更进一步,还发挥出了"圣贤之血路,散殊于百家"的创见。他说:

昔明道泛滥诸家,出入于老、释者几十年,而后返求诸六经;考亭于

---

① 参见黄宗羲:《南雷文案》卷一,《恽仲升文集序》,《黄宗羲全集》第 10 册,浙江古籍出版社 2005 年版,第 4 页。

② 黄宗羲:《南雷文定三集》卷一,《传是楼藏书记》,《黄宗羲全集》第 10 册,浙江古籍出版社 2005 年版,第 136 页。

③ 黄宗羲:《南雷文定前集》卷八,《进士心友张君墓志铭》,《黄宗羲全集》第 10 册,浙江古籍出版社 2005 年版,第 398 页。

④ 黄宗羲:《南雷文案》卷一,《恽仲升文集序》,《黄宗羲全集》第 10 册,浙江古籍出版社 2005 年版,第 5 页。

⑤ 《子刘子学言》卷一:"夫子所云异端,即近在吾心。从人欲起念者,是凡;从生死起念,便是佛;从成毁起念,便是老;从名实起念,便是申韩;从毁誉起念,便是乡愿;从人我起念,便是杨墨;从适莫起念,便是子莫。四下分消,粹然立中正之极,当下便是圣人体段。"

⑥ 黄宗羲:《孟子师说》卷二,《黄宗羲全集》第 1 册,浙江古籍出版社 2005 年版,第 66 页。

⑦ 黄宗羲:《孟子师说》卷七,《黄宗羲全集》第 1 册,浙江古籍出版社 2005 年版,第 154 页。

释、老之学,亦必究其归趣,订其是非:自来求道之士,未有不然者。盖道非一家之私,圣贤之血路,散殊于百家,求之愈艰,则得之愈真。虽其得之有至有不至,要不可谓无与于道者也。①

这里,对"出入于老、释"的肯定,再不是赞为迷途知返或研究乃是为了批判,而是另作新的解释,认为研究老释也是"求道"的一环。因为,"道非一家之私",学术真理并非某一家一派的垄断物;真理的追求,理想境界的攀登,途径是多样化的,分别体现在各家学说之中。佛、道各家,也都曾"竭其心之万殊者而后成家",也就不同程度地有见于道,"不可谓无与于道。"因此,必须重视"一偏之见",承认"相反之论",坚持"殊途百虑之学"②,才符合并有利于真理多元化的客观发展。否则,"成说在前,此亦一述朱,彼亦一述朱,宜其学者之愈多而愈晦也"③。

"圣贤之血路,散殊于百家"的观点,在 17 世纪中国,具有巨大的思想启蒙意义。它打破了儒家道统一尊以及"正宗"与"异端"的等级对立,试图改变"举一废百"、"好同恶异"的传统思维模式。黄宗羲以这种真理多元化的观点为指导,进而放眼于更广阔的学术原野,认为除了"散殊于百家"的哲学理论以外,文化思想各个领域里的创造性成果,都寄寓着反映时代脉搏的"豪杰精神"。他所说的"豪杰"也可以说就是历史上的文化巨人或知识精英:

从来豪杰之精神,不能无所寓。老、庄之道德,申、韩之刑名,左、迁之史,郑、服之经,韩、欧之文,李、杜之诗,下至师旷之音声,郭守敬之律历,王实甫、关汉卿之院本,皆其一生之精神所寓也。苟不得其所寓,则若龙挐虎跛,壮士囚缚,拥勇郁遏,垄愤激讦,溢而四出,天地为之动色,而况于其他乎?④

这段名文,以高度浓缩的信息表达了他的中国文化史观(或微型的"精神现

---

①　黄宗羲:《清溪钱先生墓志铭》,《黄宗羲全集》第 10 册,浙江古籍出版社 2005 年版,第 351 页。
②　黄宗羲:《明儒学案·自序》、《明儒学案·发凡》,《黄宗羲全集》第 7 册,浙江古籍出版社 2005 年版,第 3—6 页。
③　黄宗羲:《孟子师说·题辞》,《黄宗羲全集》第 1 册,浙江古籍出版社 2005 年版,第 48 页。
④　黄宗羲:《靳熊封诗序》,《黄宗羲全集》第 10 册,浙江古籍出版社 2005 年版,第 62 页。

象学")。这里列举的哲学、政治、史学、经学、科学、散文、诗歌以及音乐、戏剧等九个方面,代表了文化意识形式的诸方面,说明作为文化精英的不朽的精神创造,是通过多样化的文化形式表现出来。宛如龙腾虎跃,冲破"囚缚",惊涛激浪,汹涌而出,决不可能使其拘守某一种规格。如果"欲使天下之精神,聚之于一途,是使诈伪百出,止留其肤受耳"①。文化创造,精神生产,如果强使一律,只许唱一个调子,就只能制造出大量的虚伪、庸俗和肤浅。

值得注意的是,此处作为"豪杰之精神"的例证,不仅从老、庄哲学举到郭守敬的律历科学,而且,竟同时提到了"王实甫、关汉卿之院本",透露出一种 17 世纪中国才可能出现的新的文化价值观。他晚年另有《偶书》六绝之一,论及汤显祖剧作中表达的人性观:

> 诸公说性不分明,玉茗翻为儿女情,不道象贤参不透,欲将一火盖平生。(自注:"玉茗堂四梦以外,又有他剧,为其子开远烧却。")②

诗意灼然,对"玉茗堂四梦"所抒发的"儿女情",许为优越于理学家们的"说性";对汤显祖其他剧作遗稿得不到理解而被焚,深表惋惜和同情。

上述真理多元化观点及其所开拓的广阔的文化视野,是黄宗羲作为早期启蒙思想家中的佼佼者所特有的真理史观和文化价值观,至今仍保有"莫邪出匣"的光芒。

"此志无穷、海怒鹏搴"

基于上述真理发展观,黄宗羲针对时弊,对于阻滞真理发展的科举之学、语录之学、乡愿(特别是"道学之乡愿")之学,以及把"肤论瞽言"奉为"一定之说"的庸妄之学等,特别予以愤斥。

《明夷待访录》中,早对"学校害士"、"科举嚣争","取士之弊,至今日制科而极矣"的状况有所剖析;继又一再指出:

---

① 黄宗羲:《靳熊封诗序》,《黄宗羲全集》第 10 册,浙江古籍出版社 2005 年版,第 62 页。

② 黄宗羲:《偶书》,《黄宗羲全集》第 11 册,浙江古籍出版社 2005 年版,第 321 页。

　　举业盛而圣学亡，举业之士，亦知其非圣学也，第以仕宦之途寄迹
焉尔！①

　　嗟乎！自科举之学盛，世不复知有书矣。六经子史，亦以为冬华之
桃李，不适于用。……愈降愈下。传注再变而为时文，数百年亿万人之
心思耳目，俱用于揣摩剽袭之中，空华臭腐，人才圊茸，至于细民亦皆转
相模镂，以取衣食。遂使此物汗牛充栋，幛蔽聪明。②

科举考试制度早已使人奔竞于利禄，醉心于时文，不仅消磨许多人的聪明才
智，而且败坏了整个学风，培养出一大批不关心国计民生，而只热衷于卖弄
语录、空谈性命、欺世盗名的"道学之乡愿"。他痛切地指出：

　　儒者之学，经纬天地。而后世乃以语录为究竟，仅附答问一二条于
伊、洛门下，便厕儒者之列，假其名以欺世。……徒以"生民立极、天地
立心、万世开太平"之阔论钤束天下。一旦有大夫之忧，当报国之日，
则蒙然张口，如坐云雾。③

　　千百年来，糜烂于文网世法之中，皆乡愿之薪传也。即有贤者，头
出头没，不能决其范围，苟欲有所振动，则举世目为怪魁矣。以是诗文
有诗文之乡愿，汉笔唐诗，袭其肤廓；读书有读书之乡愿，成败是非，讲
贯纪闻，皆有成说；道学有道学之乡愿，所读者止于《四书》、《通书》、
《太极图说》、《近思录》、《东西铭》、《语类》，建立书院，刊注《四书》，衍
辑语录，天崩地坼，无落吾事。④

　　这番揭露，真够淋漓痛快，情见乎词。锋芒所向，直指宋明道学家们的
欺世丑态和腐朽学风，把"所读者止于《四书》……"、"刊注《四书》"也大胆
地列为嘲讽的对象，但贯注其中的，不仅是对"伊洛门下"的"道学之乡愿"
的鄙薄和批判，而且表现了一种理性的激情，要求冲决千百年来"弥缝周
至"的"文网世法"，向往着"有所振动"、"决其范围"的改革和创新。

---

　　①　黄宗羲：《南雷文案》卷一，《恽仲升文集序》，《黄宗羲全集》第 10 册，浙江古籍出版
社 2005 年版，第 4 页。
　　②　黄宗羲：《传是楼藏书记》，《黄宗羲全集》第 10 册，浙江古籍出版社 2005 年版，第
136 页。
　　③　黄宗羲：《赠编修弁玉吴君墓志铭》，《黄宗羲全集》第 10 册，浙江古籍出版社 2005 年
版，第 433 页。
　　④　黄宗羲：《孟子师说》卷七，《黄宗羲全集》第 1 册，浙江古籍出版社 2005 年版，第
165 页。

学术真理必须在创新中得到发展。"日新不已",才不致"以已往之理为方来之理",才能从"已往之理"中推陈出新,引出"方来之理"。① 因而,学术的钻研、真理的追求,是永无止境的。这是黄宗羲的真理观中一个可贵的卓见。他虽言之不详,但用以论学取友,身体力行,确乎是他"自用得著者为真"的重要宗旨之一。

《明儒学案》首列"师说"二十条,摘自刘宗周《皇明道统录》,显然表示对先师的尊重,但细察《学案》中对各家评断,与"师说"不同乃至抵牾者甚多。如引"师说"论陈白沙指其为"学宗自然",又斥其"欲速见小","似禅非禅,不必论矣"②;而《学案》则盛赞"有明之学,至白沙始入精微,其吃紧工夫,全在涵养","作圣之功,至先生而始明",并反驳"或者谓其近禅",竟称"此庸人之论,不足辩也"③,尊师而不盲从师说。至于他对刘宗周学术贡献的尊重和表彰,几乎全着眼于刘的学说中"不能不与先儒抵牾","与洛闽龃龉"④的创见。为了保护这些"先师所以异于诸儒"的创见,他坚决反对刘伯绅整理刘宗周遗书时拟将"其言有与洛闽龃龉者"加以"删削"的意见⑤;并拒绝给同门好友恽仲升所辑《刘子节要》一书作序,因为恽仲升迷信《论语》上有"勿意"一语,竟把"先师之言意者一概节去"。他从真理史观的高度,批评恽仲升说:"是则仲升于殊途百虑之学,尚有成局之未化也。"⑥

黄宗羲与同门陈确交谊特深,关于天理人欲问题二人曾有过争论(争论中黄曾站到"天理人欲正是相反"的旧说一边,来批驳陈确"天理正从人欲中见,人欲恰好处即天理"⑦的新解),可到晚年黄宗羲日益敬重陈确思

---

① 参见黄宗羲:《明儒学案》卷七《河东学案》,《黄宗羲全集》第 7 册,浙江古籍出版社 2005 年版,第 121 页。

② 黄宗羲:《明儒学案·师说》,《黄宗羲全集》第 7 册,浙江古籍出版社 2005 年版,第 12 页。

③ 黄宗羲:《明儒学案》卷五《白沙学案》,《黄宗羲全集》第 7 册,浙江古籍出版社 2005 年版,第 78—81 页。

④ 黄宗羲:《先师蕺山先生文集序》,《黄宗羲全集》第 10 册,浙江古籍出版社 2005 年版,第 54—55 页。

⑤ 参见黄宗羲:《先师蕺山先生文集序》,《黄宗羲全集》第 10 册,浙江古籍出版社 2005 年版,第 55 页。

⑥ 黄宗羲:《明儒学案·自序》,《黄宗羲全集》第 7 册,浙江古籍出版社 2005 年版,第 3—4 页。

⑦ 黄宗羲:《与陈乾初论学书》,《黄宗羲全集》第 10 册,浙江古籍出版社 2005 年版,第 159 页。

想,为陈确所写墓志铭,三易其稿,承认当初对陈确的创见"不能深究","今详玩遗稿,方识指归,有负良朋多矣,因理其绪言以忏前过"①;因而,充分表彰陈确"其学无所倚傍,无所瞻顾,凡不合于心者,虽先儒已有成说,亦不肯随声附和,遂多惊世骇俗之论"②的独立创新精神,赞其"力行所至,自信其心不须沿门乞火,即以《图》、《书》为怪妄,《大学》为别传,言之过当,亦不相妨,与剿袭成说者相去远矣"。③

这种不徒空言,见诸行事,在尊师重道,交友论学的实践活动中所形成的蔑视剿袭成说、支持立异创新的态度,在宗羲所撰学案中得到了体现,他强调:"学问之道,以各人自用得著者为真。凡倚门傍户、依样葫芦者,非流俗之士,则经生之业也。……学者于其不同处,正宜著眼理会,所谓一本而万殊也。以水济水,岂是学问!"④这种观点,也使他一生勤奋,直到晚年,仍笃学不倦(如对好友陈确遗著认真细读得到许多新的启发),决不停步自满。他有诗自警,足见风怀:"彭泽闲情付酒杯,孤山风韵契寒梅,老来文笔多枯槁,借取波澜向玉台。""六家指要灿陈编,每件应须数十年,却恨一生穷目力,自知尚在半途边。"⑤正因有这样的风怀,所以他能保持学术生命的活力,不断地开拓视野,借彼波澜,八十四岁高龄时,写出了《明儒学案·自序》这样新意盎然的文字,以海纳百川的妙喻,阐述了朴素辩证法的真理史观。他坚信学海无涯,真理无限,"学者穷年矻矻,仿佛其涯涘而不可得"。他曾这样表达自己跳出中世纪庸人意识和传统章句禁锢,走向真理追求的开放心态:

> 蹙蹙章句,锢人性命;
>
> 视一科名,以为究竟。
>
> 正如海师,针经错乱;

---

①　黄宗羲:《陈乾初墓志铭》定稿,《黄宗羲全集》第 10 册,浙江古籍出版社 2005 年版,第 376 页。

②　黄宗羲:《陈乾初墓志铭》初稿,《黄宗羲全集》第 10 册,浙江古籍出版社 2005 年版,第 360 页。

③　黄宗羲:《思旧录》,《黄宗羲全集》第 1 册,浙江古籍出版社 2005 年版,第 394 页。

④　黄宗羲:《明儒学案·发凡》,《黄宗羲全集》第 7 册,浙江古籍出版社 2005 年版,第 6 页。

⑤　黄宗羲:《偶书》,《南雷诗历》卷四,《黄宗羲全集》第 11 册,浙江古籍出版社 2005 年版,第 321 页。

妄认鱼背,指曰洲岸。

所以古人,举头天外;

些少得志,曾不芥蒂。

此志无穷,海怒鹏搴。①

(三)"不许人瞒过"
——傅山的子学研究及其真理观

　　傅山是清初又一位开风气之先的学者。他教给人"不许人瞒过"的方法,推倒宋儒自我神化的"千古之道统",将"《四书》、《五经》注"还原为"一代之王制",并将宋儒所讲的宇宙伦理本体之"天理"还原为具体事物的文理、条理和内在的结构规则;他反对伦理道德至上的蹈虚空谈,教人以"不管白马黑马,能够骑乘即是好马"的社会功利主义去检验一切学说的价值;他以千余年来被视作"异端"的诸子学说来与儒家的道统相对抗,以先秦诸子为中国学术的源头,倡导并身体力行地研究诸子学说,开创了清代子学研究的新局面。他的许多富于创见的宝贵思想,特别是关于真理发展的辩证法思想,就是通过子学研究来阐发的。他的好友顾炎武说:"萧然物外,自得天机,吾不如傅青主。"这"萧然物外,自得天机"八个字,生动地刻画出傅山比同时代的其他人更少受旧思想和旧传统束缚的学术个性。

"不许人瞒过"

　　冲决专制囚缚,以破除蒙昧主义为前提;而要破除专制蒙昧,就必须提升人的尊严,充分肯定人具有自由运用其理性的独立思考的权利。傅山鲜明地倡导了独立思考的近代理性精神。他说:

　　　　一双空灵眼睛,不唯不许今人瞒过,并不许古人瞒过。②

他主张以怀疑和批评的态度来对待既往的一切,加以分析、评判、取舍:"看

---

　　① 黄宗羲:《进士心友张君墓志铭》,《黄宗羲全集》第 10 册,浙江古籍出版社 2005 年版,第 400 页。

　　② 傅山:《看古人行事》,《傅山全书》第 1 卷,山西人民出版社 1991 年版,第 878 页。

古人行事,有全是底,有全非底;有先是后非底,有先非后是底;有似是而非,似非而是底。至十百是中之一非,十百非中之一是,了然于前,我取其是而去其非。其中更有执拗之君子,恶其人,即其人之是亦硬指为非。喜承顺之君子,爱其人,即其人之非亦私泥为是。千变万状,不胜辨别,但使我之心不受私蔽,光明洞达,随时随事,触著便了。"①他要用自己的标准重新审视以往的是非判断,破除"私蔽",把被颠倒了的是非重新颠倒过来,这正是李贽"颠倒千万世之是非"、"决于一己之是非"的怀疑和批判精神在明清之交历史条件下的继续。

　　傅山所特别强调的,是不被宋儒瞒过,首先是不被宋儒自我神化的"道统论"所瞒过。从重估一切价值的怀疑和批判态度出发,傅山极力要使人们从道统的束缚下解放出来。他说:

　　　　今所行《五经》、《四书》注,一代之王制,非千古之道统也。②

　　儒家以古代"圣人"经典作为道统之源头,以注释《四书》、《五经》为承续道统,认为"天不变,道亦不变",从而赋予了古代圣人经典以"千古之道统"的神圣性,傅山提出《五经》、《四书》注不过是"一代之王制",而不是圣贤心心相传的"千古之道统";"王制"是不可能不变的,因而也就不可能有千古不变的道统。他反对人们以道统自锢,而提倡一个"蜕"字,指出:"君子学问,不时变化,如蝉蜕壳,若得少自锢,岂能长进!"③所谓"蜕",狭义地说,是要从道统的束缚下解放出来;广义地说,是学问的不断地自我更新。

　　为了打破儒家独霸思想界千余年的局面,傅山搬出自统治者"独尊儒术"以来即被视为"异端"的诸子之学来与道统相对抗,认为经与子相同,有子而后有作经者,子是源,经是流。他说:

　　　　经子之争亦末矣。只因儒者知《六经》之名,遂以为子不如经之尊,习气之鄙可见。即以字论之,"经"本"巠"字,……古"子"字作"孚","巠""子"皆从"巛"者何也?"巛"即"川"者,水也。巛则无不流行之理。训诂者以"孚"上之"巛"为发形,亦浅矣。人,水也,"子"之从"巛"者,正谓得之一而为人也。与巠之从"巛"者同文。……孔子

────────────

① 傅山:《看古人行事》,《傅山全书》第1卷,山西人民出版社1991年版,第878页。
② 傅山:《五经四书注》,《傅山全书》第1卷,山西人民出版社1991年版,第631页。
③ 傅山:《十六字格言》,《傅山全书》第1卷,山西人民出版社1991年版,第517页。

孟子不称孔经孟经,而必曰孔子孟子者,可见有子而后有作经者也。①

在这段论述中,他煞费苦心地论证,经本是子,是子的一部分,子比经更根本。他谴责视诸子为异端而予以弃置的儒者为"失心之士",说他们对于"诸子著述云雷鼓震而不闻,盖其迷也久矣"②。像西欧近代学者为重新发现古希腊罗马文明而欣喜若狂、掀起一场以复古为革新的文艺复兴运动一样,傅山继承了晚明学者"酷尚诸子"③的风气,以自居异端的大无畏气概来向文化专制主义宣战,吸取和发挥诸子遗产中所包含的合理因素来为自己时代的历史开辟道路,成为清代子学研究的开创者。傅山一生的治学,几乎是倾其全力研究诸子著作,经他研究过的诸子著作有《老子》、《庄子》、《列子》、《墨子》、《荀子》、《公孙龙子》、《管子》、《鹖冠子》、《淮南子》、《鬼谷子》以及申、商、韩非的著作等。他的《荀子评注》、《淮南子评注》、《老子注》、《庄子解》、《墨子大取篇释》、《公孙龙子注》等,就是他对子学做精心研究的重要成果。

傅山通过注《荀子》,表达了他善于区分古代思想中的精华与糟粕的独到见识。他对《荀子》的总评说:"《荀子》三十二篇,不全儒家者言,而习称为儒者,不细读其书也。有儒之一端焉,是其辞之复而啴者也。但少精挚处,则即与儒远,而近于法家,近于刑名家,非墨而又有近于墨家者言。"④在这段论述中,他区分了《荀子》中的"复而啴者"与"精挚处"。他认为"复而啴者"即杂乱的糟粕是荀子思想中的儒家成分。他着力发挥《荀子》书中批评"偷儒"、"瞀儒"的种种说法,以此作为反对正统儒家的武器。他注释《非十二子》篇的"沟犹瞀儒"说:

> 儒字《荀子》屡见,皆与偷儒连言,而此则瞀儒,若儒如本音读,则谓之瞎儒也。儒真多瞎子。沟犹如本音读,则谓如在沟渎之中而讲谋猷,是瞀儒之大概也。⑤

---

① 傅山:《经子之争》,《傅山全书》第1卷,山西人民出版社1991年版,第631页。

② 傅山:《重刻释迦成道记叙》,《霜红龛集》(上),山西人民出版社1985年版,第476页。

③ 查继佐:《国寿录》卷三《陈子龙传》,中华书局1959年版,第92页。

④ 傅山:《荀子评注·尧问篇第三十》,《傅山全书》第2卷,山西人民出版社1991年版,第1307页。

⑤ 傅山:《荀子评注·非十二子篇第六》,《傅山全书》第2卷,山西人民出版社1991年版,第1259页。

他认为《荀子》书中的"精挚处"是近于法家、刑名家的地方以及"近于墨家者言",指出《荀子·天论》篇与后期墨家在反对儒家天命观方面的相通之处:"荀子屡有非墨之论,此篇'大天而思之,孰与物畜而制之? 从天而颂之,孰与制天命而用之? 望时而待之,孰与应时而使之?'与《墨子·大取篇》之语'为暴人语天之为,是也;而性为暴人歌天之为,非也',歌天之为,即'从天而颂之'之义。道固有至相左者,而与之少合者如此。"①他赞扬荀子不受儒家思想束缚、兼收并蓄的精神:"'君子之学如蜕,幡然迁之。'妙喻。"②他的使学问摆脱道统束缚,不断自我更新的"蜕"的提法和思想,就是通过研究《荀子》,吸取其"精挚处"发挥而来的。

"理者,成物之文也"

在知识论上,傅山将宋儒所讲的作为宇宙伦理本体的"天理"还原为具体事物之理。他首先从训诂学上揭露宋儒篡改了"理"字的本义。他说:

宋儒好缠"理"字。"理"字本有义,好字,而出自儒者之口,只觉其声容俱可笑也。如《中庸注》"性即理也",亦可笑。其辞大有漏,然其窍则自《易·系》"穷理尽性以至于命"来,似不背圣人之旨,不背则不背其字耳。③

他认为,从表面看去,《易》言理,宋儒亦讲"理",似乎不违背圣人之旨,然而亦仅仅是没有违背"理"这个"字"而已,"理"字的真正含义却被宋儒篡改了。那么,什么是"理"字的本义呢? 傅山从《易经》、《韩非子》中吸取思想营养并加以发挥,指出:

"理"之一字,在先圣赞《易》初见之:"君子黄中通理"。"理"从"里","里"从"田"从"土",皆属地者。坤卦,地道也,故言理。物之文理之缜密精微者,莫过于玉,故"理"从"玉"。玉,几于无理者也,言其细也。圣人于坤卦说理,而乾卦中无"理"字者,乾,天也,不可以"理"

①　傅山:《荀子评注·天论篇第十七》,《傅山全书》第2卷,山西人民出版社1991年版,第1282页。
②　傅山:《荀子评注·大略篇第二十七》,《傅山全书》第2卷,山西人民出版社1991年版,第1300页。
③　傅山:《理字考》,《傅山全书》第1卷,山西人民出版社1991年版,第537页。

字概也。……韩非曰:"理者,成物之文也。"解理字最明切矣。"乾知大始,坤作成物",故乾不言理而坤言理。黄中,地之德也。《象》曰:"黄裳元吉,文在中也。"有文而后见其理,黄中以通之。一土之色,而有青白赤黑,其色各有所自来,总在黄之中也。①

在傅山看来,所谓"理"只是具体事物之理,是事物的文理、条理或结构规则,即所谓"成物之文"。他强调:"文理密察之理,犹之乎条理之理,从玉从里,义实蕴藉。"②理只在具体事物的内部,而不在具体事物之外。为了推倒宋儒的"天理",他认为冥冥苍苍、渺茫恍惚的"天"不是具体事物,故孔子赞《易》时不以乾卦言理;地是具体事物,且各种事物无不载于地,故以坤卦言理。这种说法尽管有其局限性,没有看到自然科学亦探求宇宙空间的事物之理,但其把"理"字的本义还原为具体事物之理,反对宋儒赋予"天"伦理道德属性,则是完全正确的。

既然"理"只是具体事物之理,所以化生具体事物的"气"在"理"先,"理"在"气"后。他说:

老夫尝谓气在理先,气蒸成者始有理,山川、人物、草木、鸟兽、虫鱼皆然。若云理在气先,但好听耳,实无着落。③

他也不再讲迷离恍惚的"理在气中",而是强调理在实实在在可见的山川、人物、草木、鸟兽、虫鱼之中,按照他的理即"成物之文"的解释,这些具体事物都各有其"文理"或结构规则。这种观点比起讲"理在气中"来,是一种更为先进的理论,是戴震"分理"说的先声。正因为他把"理"还原为具体事物之理,而世界万物无穷尽,人们对于具体事物之理的认识尚且十分不足,更谈不上去穷尽事物之理,所以他认为理学家将事物之理偷换成伦理之理的所谓"穷理"不过是自欺欺人。他说:

唯于理有未穷,故其知有不尽。不知其知果有能尽时乎?圣人有所不知,则穷理之能事,断非鄙儒小拘者所能颟顸欺人也。④

傅山强调"理有未穷,知有不尽",通过揭露宋儒"穷理"说之自欺欺人,鼓励人们去研究实实在在的具体事物之理,而不是去穷研宇宙伦理本体的"天

---

① 傅山:《理字考》,《傅山全书》第 1 卷,山西人民出版社 1991 年版,第 538 页。
② 傅山:《理字考》,《傅山全书》第 1 卷,山西人民出版社 1991 年版,第 538 页。
③ 傅山:《理字考》,《傅山全书》第 1 卷,山西人民出版社 1991 年版,第 537—538 页。
④ 傅山:《理字考》,《傅山全书》第 1 卷,山西人民出版社 1991 年版,第 538 页。

理"，这就克服了宋儒"格物"与体认"天理"的矛盾，为人们认识真理开辟了广阔的道路。

不管白马黑马，能骑即是好马

为了"不许人瞒过"，傅山除了强调人必须自由运用自己的理性去作独立思考以外，还主张以社会功利作为检验一切理论的真理性的标准。傅山似已意识到，独立思考仍然是属于精神领域的事情，对一种学说的是非真伪的检验，不能在精神领域中完成。因此，人们在作独立思考的时候，必须有一个客观的标准，按照这种标准来决定对不同学说的取舍。这一标准，我们今天说是实践，傅山说是"实用"、"实济"、"救时"、"济世"。他根据宋明数百年的社会历史进程对宋明理学的检验来揭露其空疏学风，指出"宋人议论多而成功少"，其中"必有病根，学者不得容易抹过"①。这病根在傅山看来就在于脱离实际，脱离实践，一味地在故纸堆中讨生活，空谈道德而不讲实用。他说：

> 自宋入元百年间，无一个出头地人。号为贤者，不过依傍程朱皮毛蒙袂，侈口居为道学先生，以自位置。②

> 一切文武，病只在多言。言者名根，本无实济，而大言取名。尽却自己一个不值钱底物件卖弄俶斫犹可言，又不知人有实济，乱言之以沮其用，奴才往往然。③

他认为，道学家们自己在那里空谈也就罢了，——他们也有选择实现其自身价值之途径的权利，尽管是"本无实济而大言取名"；但可恶的是，他们还要迫使别人也像他们一样，谁要是讲求实际，讲求社会功利，就会将一大堆帽子扣到谁的头上，"乱言以沮其用"，非让你什么事情也办不成才肯罢休。精通"经术"的腐儒，非但不能救世，其满腹的文章却只能在外敌入侵时起草投降文书：

> 经术蔽腐儒，文章难救时，谯邻富典故，建议草降辞……④

① 傅山：《宋人成功少》，《傅山全书》第 1 册，山西人民出版社 1991 年版，第 784 页。
② 傅山：《道学先生》，《傅山全书》第 1 册，山西人民出版社 1991 年版，第 778 页。
③ 傅山：《书宋史内》，《傅山全书》第 1 册，山西人民出版社 1991 年版，第 725 页。
④ 傅山：《咏史感兴杂诗》，《傅山全书》第 1 册，山西人民出版社 1991 年版，第 26 页。

儒家的经典,理学家的语录,犹如重重罗网,将学者变成网中之鱼,然后将这"鱼"送到它应该去的地方:

> 依无典古佛,顿悟有仙儒。故纸亦网罟,痴人为佃鱼……①

为了扭转空疏学风,傅山力主要以实用,即社会功利来作为检验一切言论的准绳。傅山有诗云:"文章无实用,世界忌名高。"②反对骛虚名而无其实。他以是否实用作为学说取舍的标准,而不管这言论是出自谁之口。傅山为诸生时,曾听山西巡抚蔡忠襄讲课,他当时就对这位封疆大吏的空谈深致不满,评论道:"迂哉!蔡公之言,非可以起而行者也。"③他认为理论的目的只是为了指导"行",为了"济世",否则就毫无意义。在先秦诸子中,他酷好《管子》和纵横家言,借以发挥其注重社会功利的思想。他曾说:

> 老夫近来只好《管子》。无人能解,朱长春可谓薄有领会,超前人。读是书者万万,尚不能得四五耳。修身经世,无所不备。④

众所周知,《管子》一书是以注重社会功利著称的。傅山又赞扬战国时期的纵横家说:

> 人徒见战国之日乱于纵横之士,而不知无纵横之士之日,乱尤胜于战国也。呜呼!复何言?故论古人须破门面,不破门面而一味颟顸责之,期于事之不济而已。⑤

傅山晚年曾为著名的纵横之士鲁仲连作传,赞扬这位在秦军围赵都邯郸时,以利害劝说赵魏两国君臣坚持联合抗秦并最终取得胜利的义士。他又在诗中写道:

> 唐虞不可际,道德将焉陈?执经就腐朽,无益空中尘。纵横自一时,倾危成仪秦。柔舌亦有权,焉得逢人臣!鲁连真奇士,画策肆贱贫。⑥

---

① 傅山:《听道学者论归寓作》,《傅山全书》第1册,山西人民出版社1991年版,第153页。

② 傅山:《即事口占为友人劝》,《傅山全书》第1册,山西人民出版社1991年版,第183页。

③ 全祖望:《阳曲傅先生事略》,《全祖望集汇校集注》,上海古籍出版社2000年版,第479页。

④ 傅山:《管子》,《傅山全书》第1册,山西人民出版社1991年版,第754页。

⑤ 傅山:《子贡事》,《傅山全书》第1册,山西人民出版社1991年版,第782页。

⑥ 傅山:《咏史感兴杂诗》,《傅山全书》第1册,山西人民出版社1991年版,第29页。

这首诗亦借赞美鲁仲连,抨击了空言道德而无力胜暴的腐儒,以儒者的"腐朽"、"无益"来衬托纵横之士的豪迈性格和扶危定倾的功绩。诚然,纵横家言讲的是"利害",而不是道德,但在傅山看来,纵横家言能够战胜强暴,道德也就在其中了,历史的辩证法就是如此!

傅山不仅以实用,即实际的社会功利作为检验言论的标准,而且以此标准去衡量人才的优劣。傅山评公孙龙子的《白马论》说:

似无用之言,吾不欲徒以言之辨奇之,其中有寄旨焉。

若以此义作求才绎之,大有会通。白黄黑皆马,皆可乘,故识马者去其白而可已。其义病在一"白"字,必于不黄不黑,而马之道狭也。①

傅山说《白马论》是有"寄旨"的,这寄旨需要研究者以"求才"绎之,由此得出的结论是:不管白马、黄马、黑马,能够骑乘就是好马。他从逻辑上说明这一观点:"无去取是浑指马言,有去取是指白马言。""白者不定所白,忘之而可也。""不死执其色之白者而忘之,尚有马在也。""故识马者去其白而可已。"②将这一观点运用于人才论,就是说,不应以专制主义的政治伦理作为衡量人才的标准,而应以他的内在才干和现实的社会功利作为衡量人才的标准;专制统治者的政治伦理标准,"忘之而可也"。傅山的这种观点是十分彻底的社会功利主义观点,是一种推动社会进步的理论。尤其是在素来奉行儒家的伦理道德至上主义,因而严重阻碍了社会前进的中国,这种理论就更具有扫除历史惰性、推动社会发展的进步意义。

在"非儒"和注重社会功利方面,清末山西巡抚丁宝铨曾注意到傅山与稍后的颜李学派的关系,他指出傅山在清初巍然为北方学术大师者数十年,"傅、颜议论,先后一辙,由是以言,颜氏学风,啬庐(傅山)所渐渍者也。"③这一说法,沿波讨源,甚有见地。

"言未始有常"

傅山的学术贡献还在于,他通过研究《庄子》,吸取庄子学说中某些合

---

① 傅山:《公孙龙白马论》,《傅山全书》第 2 册,山西人民出版社 1991 年版,第 931、932 页。

② 傅山:《公孙龙白马论》,《傅山全书》第 2 册,山西人民出版社 1991 年版,第 932 页。

③ 丁宝铨:《霜红龛集序》,载《傅山全书》第 7 册,山西人民出版社 1991 年版,第 5095 页。

理的理论环节,将庄子的相对主义和怀疑主义创造性地改造、发挥而成为关于事物发展和真理发展的辩证法思想,提出了"世日变而治日异"、"是非变不穷"和"言未始有常"的辩证法观念。他在批点《庄子·天地篇》"天下均治,而有虞氏治之耶? 其乱而后治之欤"一段时说:

> 世日变而治日异,时然乎哉?①

他在批点《庄子·齐物论》时指出:

> 外而事,内而道,是是非非,是非非是,变不穷。②

说明社会在不断地变化,事在变,道在变,是非观念也在变。《庄子·齐物论》说:"大道未始有封,言未始有常,为是而有畛也。"傅山批点道:

> 此"言"是道言也,非漫然之言。

> 道本无封,言本无常,而畛何从生? 只为一个是而存畛。盖物各自是而遂,彼我之界斩矣。

> "言未始有常"五字,千古立言之妙,文章之士安足知之! 微文章之士,道学之士益发不知。③

傅山认为,道的变化永无止境,人们对于道的认识("言")也是如此,不可自设界限,故步自封;认识到这一道理,人们在立言时就不应非圣人之言不敢言,亦不应以前人之是非为是非,而应该根据时代的变化而提出新的思想和学说,所以这一道理堪称是"千古立言之妙"。他批评那些恪守圣人之道、代圣人立言、以文章为载道之工具的"文章之士"不懂得这一道理,而那些蔑视人类的生活与实践、抱残守阙的道学家们越发不懂得这一道理,因而他们的思想和学说也就不免僵化和陈腐。傅山强调"言未始有常"是"道言",即对于"道"的最根本的认识。这一关于认识发展永无止境的辩证法观点在他的诗文中多有发挥。例如《土堂杂诗》云:

> 读书如观化,今昨无所住。转眼为陈人,寸心谁当遇?④

又如《杂记》中所云:

---

① 傅山:《庄子翼批注·天道第十三》,《傅山全书》第2册,山西人民出版社1991年版,第1110页。

② 傅山:《庄子翼批注·齐物论第二》,《傅山全书》第2册,山西人民出版社1991年版,第1071页。

③ 傅山:《庄子翼批注·齐物论第二》,《傅山全书》第2册,山西人民出版社1991年版,第1072页。

④ 傅山:《土堂杂诗》,《傅山全书》第1册,山西人民出版社1991年版,第38页。

昨日新，前日陈；昨日陈，今日新；此时新，转眼陈。大善知识，无陈无新。①

除了"大善知识"是"无陈无新"的以外，一切认识都无不在遵循着新陈代谢的规律而变化。然而，这"无陈无新"的"大善知识"是什么呢？不是别的，正是"言未始有常"的"道言"或"千古立言之妙"。如同我们今日讲一切皆变，唯独揭示一切皆变的辩证法规律是永恒的；所谓"变中有不变者存"，这不变的只能是关于事物变化的辩证规律。

（四）唐甄的崇智论与颜元的格物新解及其他

"智之本体，同于日月"

唐甄从注重社会功利的观点出发，改造传统的性理之学，提出了崇尚知识和智慧的"性才"论，并且将"智"提高到"本体"、"真体"的高度。

唐甄认为，程朱所讲的"性"是"无才之性"，遂使"世知性德，不知性才"、"人人言性，不见性功"。他不承认传统的将"性"与"才"（或德与才）离析为二的观点，认为"才"并不是外在于"性"的，而是"性"的不可分割的组成部分，"别谓为才，似有歧见。正以穷天下之理，尽天下之事，莫尚之才，惟此一性；别谓为才，似有外见，正以穷天下之理、尽天下之事，皆在一性之内，更别无才。""四德无功，必其才不充；才不充，必其性未尽。"②什么是才？唐甄说，"才"就是烛照万物万事万理的"智"：

> 人有性，性有才，如火有明，明有光。……性浑无物，中具大明，智所由出。苟善修之，物无不通。智之本体，同于日月。③

他认为在仁义礼智"四德"中，"智"为"大机大要"，比仁、义、礼三德更根本，所以说"智之本体，同于日月"；如果没有智，也就没有仁义礼"三德之修"，更谈不上"德之功"。他说：

①　傅山：《昨日新前日陈》，《傅山全书》第1册，山西人民出版社1991年版，第896页。
②　唐甄：《潜书·性才》，《潜书注》，四川人民出版社1984年版，第42页。
③　唐甄：《潜书·性才》，《潜书注》，四川人民出版社1984年版，第47页。

　　三德之修，皆从智出。……智之真体，流荡充盈，受之方则成方，受之圆则成圆，仁得之而贯通，义得之而变化，礼得之而和同，圣以此而能化，贤以此而能大。其误者，见智自为一德，不以和诸德。其德既成，仅能充身华色，不见发用。以智和德，其德乃神。是故三德之修，皆从智入。①

　　所谓"三德之修，皆从智入"，是说"智"应该贯穿于仁、义、礼三德之中。没有穷天下之理、尽下下之事的"智"，所谓仁、义、礼就会成为狭隘、僵化、偏私的道德；反之，有了"智"，仁就能"贯通"而广大，义就能因时而"变化"，礼就能变通而"和同"，圣能"化"，贤能"大"；因此说，"智之真体，流荡充盈"，"以智和德，其德乃神"，智识的进步，就能带来道德的进步。唐甄又说：

　　德虽至纯，不及远大，皆智不能道之故。无智以道之，虽法尧舜之仁，不可以广爱；虽行汤武之义，不可以服暴；虽学周公之礼，不可以率世。有智以道之，虽不折枝之仁，其仁不可胜用；虽不杀枭之义，其义不可胜用；虽不先长之礼，其礼不可胜用。是故三德之功，皆从智出。此为大机大要。②

　　所谓"三德之功，皆从智出"，是说只有凭借知识和智慧的引导才能实现仁、义、礼的社会功能。没有知识和智慧，所谓尧舜之仁，汤武之义，周公之礼，统统都不过是空谈，仁而不能广爱，义而不能胜暴，礼而不能济世；反之，有了知识和智慧的引导，只要有一些仁义礼的道德之心，不必把道德吹得那么神圣广大，也能给天下人带来巨大的利益，使仁义礼三德不可胜用。

　　唐甄的上述观点，正是对民智大开的新时代的呼唤：只有崇尚知识和智慧，才能把人们从愚昧中唤醒；也只有通过崇尚知识而使科学昌明，才能使人类摆脱贫穷与疾病的折磨，增进人类的福祉，从而真正实现"广爱"的"仁"的思想；只有通过崇尚知识和智慧，才能使"礼"不再是束缚人类身心的桎梏，而是进化成为每一个教养有素的人自觉遵行的优雅的行为规范。尽管现代社会发展凸显了科学与道德价值的矛盾，但这种矛盾之发生归根结底只能归咎于某种特定的社会关系中的弊端，而不能归咎于人类知识和

---

① 唐甄：《潜书·性才》，《潜书注》，四川人民出版社1984年版，第47页。
② 唐甄：《潜书·性才》，《潜书注》，四川人民出版社1984年版，第48页。

智慧的进步。

唐甄在学术上主张"宗孟"、"法王","宗孟"即以孟子学说为宗,"法王"即师法王阳明。他综合孟子的"学贵自得"说和王阳明的"致良知"学说,将"致良知"改造成为具有破除迷信的思想解放意义的学说。他说"学贵自得"就是要运用自己的理性去做独立的思考。"造道之方无他,贵其自得之也。父之所得,不可以为子之所得,师之所得,不可以为徒之得。疾病在己,饥渴在己,为治,为疗,宜饮,宜食,我自知之,未可专恃讲习也。"①他甚至讲到人们之所以不能"致良知"是由于"拘于礼义"。在他看来,求知不必拘于前人的训诲,亦不能拘于礼义,也不可专恃讲习,而在于自己的切身体验和独立思考的心得。他强调,"学由自得,则得为真得;良知可致,本心乃见,仁义礼智俱为实功。直探性体,总摄无外,更无疑误。措之于天下,人我无隔,如处一室,各遂其恶欲矣。"②正如唐甄论"三德之功,皆从智出"一样,此处论"学由自得,……仁义礼智俱为实功",二者的内在精神是相通的,"学由自得"乃是"智之本体"中的应有之义。

"虽百千年同迷之局,我辈亦当以先觉觉后觉"

以提倡"实学"著称的颜元,之所以能在清王朝重新确立程朱理学思想统治地位的情况下大声疾呼"必破一分程朱,方入一分孔孟",在学术上独树一帜,也在于他具有不迷信、不盲从、尊重实践、尊重事实、独立思考的科学精神。他曾经这样鲜明地表达其独立的具有启蒙性质的学术品格,指出:

> 立言但论是非,不论异同。是,则一二人之见,不可易也;非,则虽千万人所同,不随声也。岂惟千万人,虽百千年同迷之局,我辈亦当以先觉觉后觉,不必附和雷同也。③

在知识论上,颜元与傅山一样,把宋明理学家所讲的作为宇宙伦理本体之"天理"还原为具体事物的"统理"、"条理"、"生理",他说:

> 理者,木中纹理也,其中原有条理,故谚曰"顺条顺理"。④

---

① 唐甄:《潜书·宗孟》,《潜书注》,四川人民出版社 1984 年版,第 22 页。
② 唐甄:《潜书·宗孟》,《潜书注》,四川人民出版社 1984 年版,第 22 页。
③ 《颜习斋先生言行录》"学问第二十",《颜元集》,中华书局 1987 年版,第 696 页。
④ 颜元:《四书正误》卷六《尽心》,《颜元集》,中华书局 1987 年版,第 246 页。

　　　　宇宙真气即宇宙生气，人心真理即人心生理。全其真理，自全其生
　　理。微独自全其生理，方且积其全真理者而全宇宙之真气，以扶宇宙生
　　生之气。①

他认为"理"即体现于具体事物的构造之中，"人性"就体现在人的形体所具
有的生理、心理活动之中，除此以外，更没有离开具体事物而独立存在的
"理"或"性"。他以"画鬼"来比喻宋儒所讲的"性理"，以"画马"来比喻数
学与物理的研究：

　　　　空谈易于藏丑，是以舍古人六府六艺之学而高谈性命也。予于友
　　人法乾王子初为程朱之学，谈性天似无龃龉。一旦从事于归除法，已多
　　艰误，况礼乐之精繁乎？昔人云：画鬼容易画马难，正可喻此。②

颜元从宋儒"画鬼"的幽冥世界走向现实的物质世界、经验科学的分工世
界，倡导研究具体事物之理的实学。他紧紧抓住"格物致知"这一古老命
题，赋予新解，阐发了自己对知识来源问题的独见卓识。

　　"格物致知"，初见于《大学》"致知在格物，物格而后知至"的命题。汉
儒训"格"为"来"，物来而知亦至，似有朴素反映论的意味。宋以后，朱熹训
"格"为"至"，将"格物致知"解为"即物而穷其理"，由于他认定天地万物是
"理"的体现，所以要人们在应事接物中，首先去领悟先于天地万物而存在
的"理"，这样所谓"即物以穷其理"就不是对于具体事物之理的认识。王阳
明训"格"为"正"，解"格物"为"正物"，由于其主张心外无物，所以就要人
们通过去恶归善，致其先天所有的"良知"，这同样是取消了对于具体事物
之理的认识。即使是以往的唯物主义者，仍然停留于认识来源于感性直观
的理解。颜元对"格物致知"的新解，既驳斥了朱王的唯心主义观点，又弥
补了以往唯物主义者的被动、直观的反映论之不足。他说：

　　　　"格物"之"格"，王门训"正"，朱门训"至"，汉儒训"来"，似皆未
　　稳。……元谓当如史书"手格猛兽"之"格"、"手格杀之"之"格"，乃犯
　　手捶打搓弄之义，即孔门六艺（指礼、乐、射、御、书、数）之教，是也。③

所谓"格"，要如同格杀猛兽一般，必须奋力加之于外物，必须亲手捶打操

────────────

　　① 颜元：《习斋记余》卷一《烈香集序》，《颜元集》，中华书局1987年版，第409页。
　　② 颜元：《存性编》卷一《性理评》，《颜元集》，中华书局1987年版，第14页。
　　③ 颜元：《习斋记余》卷六《阅张氏王学质疑评》，《颜元集》，中华书局1987年版，第
491页。

作。因此，他把"格物"解释为"犯手实做其事"①，即要求见之于行动。他说："宋、元来儒者皆习静，今日正可言习动。"②"心中醒，口中说，纸上作，不从身上习过，皆无用也。"③因而，他对"格物致知"的阐述是：

> 知无体，以物为体，犹之目无体，以形色为体也。故人目虽明，非视黑视白，明无由用也。人心虽灵，非玩东玩西，灵无由施也。今之言致知者，不过读书、讲问、思辨已耳，不知致吾知也，皆不在此也。……譬如欲知乐，任读乐谱几百遍，讲问、思辨几十层，总不能知，直须搏拊击吹，口歌声舞，亲下手一番，方知乐是如此。知乐者，斯至矣。是谓物格而后知至。④

这里，颜元首先唯物地回答了认识的基础，肯定"物"是独立于人的感官之外的客观存在。人们要获得知识，"目虽明"，而不视黑视白，也就不会有所见；"人心虽灵"，也仅仅是具备一种认识能力，若不以感官接触外物，也不可能具备相应的知识。同时，颜元由于训"格"为"犯手实做其事"，这就与程朱陆王的认识论形成显明对立。他反对程朱以"致知"为"读书"和"讲问"；也反对陆王以内省求"致知"。他主张只有"亲下手一番"，"是谓物格而后知至"。他以学习音乐为例，强调亲自习行，方知音乐。否则，"读书谱几百遍"，或"讲问、思辨几十层"，仍是茫然不知音乐为何物。

颜元强调感性经验的重要，反对道学家"不知梅枣，便自言酸甜"⑤。他举例说："如此蔌蔬，虽上智、老圃，不知为可食之物也，虽从形色料为可食之物，亦不知味之如何辛也，必箸取而纳之口，乃知如此味辛。故曰：手格其物，而后知至。"⑥

他认为只有通过"犯手实做其事"的实践所获得的知识才是真知识，亦只有通过实践检验证明是正确的知识才是真知识。他说：

> 譬之于医，黄帝《素问》、《金匮》、《玉函》，所以明医理也；而疗疾救世，则必诊脉、制药、针灸、摩砭为之力也。今有妄人者，止务览医书

① 《颜习斋先生言行录》，《颜元集》，中华书局1987年版，第645页。
② 《颜习斋先生言行录》，《颜元集》，中华书局1987年版，第686页。
③ 颜元：《存学编》卷二《性理评》，《颜元集》，中华书局1987年版，第56页。
④ 颜元：《四书正误》卷一《大学》，《颜元集》，中华书局1987年版，第159页。
⑤ 颜元：《存治编》《重征举》，《颜元集》，中华书局1987年版，第115页。
⑥ 颜元：《四书正误》卷一《大学》，《颜元集》，中华书局1987年版，第159页。

千百卷,熟读详说,以为予国手矣,视诊脉、制药、针灸、摩砭,以为术家之粗,不足学也。书日博,识日精,一人倡之,举世效之,岐黄盈天下,而天下之人,病相枕、死相接也,可谓明医乎? 愚以为从事方脉、药饵、针灸、摩砭、疗疾救世者,所以为医也,读书取以明此也。若读尽医书而鄙视方脉、药饵、针灸、摩砭,妄人也! 不惟非岐黄,并非医也,尚不如习一科、验一方者之为医也![①]

这段论述,不仅有力地针砭了由传统的重"劳心者"而轻"劳力者"的偏见所导致的"以为术家之粗不足学"的陋习,而且包含了以实践来验证书本知识的意味。他认为对人才的考察也是如此,不能只听他的高言宏论,更要看他的高言宏论是否经得起实践的检验,所以他明确表示反对朱熹"重心而轻行",主张在实践中来考察人才:

朱子看理多,重心而轻行,故将"以"训"为"也,"由"训"意之所从来"(《论语》"视其所以,观其所由"章句注)。予妄谓,人尝有主意如何,而毕竟做不来、行不出的,看人主意还定不得人。故先看他"所以",是主意如何。"所由",所行也,次看他所行如何。"所安",所乐也,终看他如此是所安否。[②]

通过考察宋元以来数百年的历史,特别是总结明王朝灭亡的教训,颜元深感宋儒所讲的那一套腾云驾雾的性命之学和教人读死书、死读书的治学方式,只能造就弱人、病人、无用之人,而社会亦深受其害。他指出:

汉宋以来,徒见训诂章句,静敬语录与帖括家,列朝堂,从庙庭,知郡邑,塞天下;庠序里塾中白面书生微独无经天纬地之略,礼乐兵农之才,率柔弱如妇人女子,求一腹豪爽倜傥之气亦无之。[③]

吾读《甲申殉难录》,至"愧无半策匡时艰,惟余一死报君恩",未尝不凄然泣下也! 至览和靖《祭伊川》"不背其师有之,有益于世则未"二语,又不觉废卷浩叹,为生民怆惶久之。[④]

为了匡正时弊,同时亦适乎社会发展的客观需要,颜元极力主张学习一切有益于国计民生并能够付诸实际操作的知识学问,造就大批的专业技术

---

① 颜元:《存学编》卷一《学辩一》,《颜元集》,中华书局1987年版,第50页。
② 颜元:《四书正误》卷三《为政》,《颜元集》,中华书局1987年版,第178页。
③ 颜元:《习斋记余》卷一《泣血集序》,《颜元集》,中华书局1987年版,第399页。
④ 颜元:《存学编》卷二《性理评》,《颜元集》,中华书局1987年版,第62页。

人才。他强调：

> 博学之,则兵、农、钱谷、水火、工虞、天文、地理,无不学也。①

然而,人要做到全才是很难的,所以颜元又说：

> 学须一件做成,便有用,便是圣贤一流。②

他认为并非高谈性命才是圣贤,人的一艺一技之能皆有造就于性命,而精通一技一艺的专业人才也就是圣贤。他的这一观点,改造了传统的以"人伦之至"为圣贤的观念,把专业技术人才提高到圣贤的地位,这又是儒家思想在明清之际发生适乎时代要求的新转向的一个有力证明。M.韦伯在论述中国不具备走向现代化的文化背景时曾指出：儒教强调君子受教育是为了改善自我而成为完人,这种古老的教育观反对为了专门致用的目的而训练人,因此在实践上亦与经济理性主义所需要的技术和管理的专业化、合理化相冲突。韦伯的这一观点用于宋明理学尚且合乎实际,但运用于论定明清之际的中国学术,则是极其片面的了。

"存实心,明实理,行实事"

清朝初期,不仅在野的知识分子致力于总结明王朝灭亡的经验教训,努力开创重实际、重实证、重实践的新学风,而且清朝统治集团内部具有某些进步倾向的思想家也在总结明朝灭亡的教训,为在野的知识分子所开创的新学风推波助澜,虽然其批判的锋芒不及在野的学者,但却共同反映出学风变迁的趋向。李光地就是一位在朝的提倡"实学"的思想家。

李光地总结明朝灭亡的教训,除了谴责那帮依附阉党的下流无耻的读书人外,也是着重从上流的读书人自身的不足处找原因。他说：

> 明代士大夫如黄石斋辈,炼出一股不怕死风气,名节果厉。第其批鳞捋须,九死不回者,都不能将所争之事,于君国果否有益,盘算个明白。大概都是意见意气上相竞耳,行有余而知不足,其病却大。③

这段总结明王朝灭亡教训的话,在清初学者中是别出新意的。明朝末年,东

① 颜元:《四书正误》卷二《中庸》,《颜元集》,中华书局 1987 年版,第 169 页。

② 《颜习斋先生言行录》,《颜元集》,中华书局 1987 年版,第 667 页。

③ 李光地:《榕村语录》卷二十二《历代》,《榕村语录　榕村续语录》,中华书局 1995 年版,第 405—406 页。

林党人砥砺气节,讲求品行,冷风热血、洗涤乾坤,其高风亮节如光月风霁,芳菲匝地,确实是可敬可佩。然而,要论治国经邦的真知识、真本领,却远不如他们的祖师爷、被李光地称为"一代贤豪"的王阳明。那帮只知巴结太监的下流文人,固然是些阘茸无能之辈;而这些品格高尚的上流文人,说到底也是些"无事袖手谈心性,临危一死报君王"的八股先生。李光地说他们是"行有余而知不足",实在并不过分。这两派文人在朝廷中吵闹了二十多年,吵来吵去都只是纠缠于什么"议礼案"、"红丸案"、"梃击案"、"移宫案"。这些事号称"明末四大案",实际上都只是宫廷中的一些鸡毛蒜皮的小事,双方却为此吵得不可开交,丝毫也没有想一想争这些小事于国家民族有没有什么益处。黄道周与崇祯皇帝屡屡发生激烈的争论,用李光地的话来说,他确有"批逆麟"、"捋龙须"的一股不怕死的气概,但崇祯皇帝只觉得他迂腐可笑。而另一边,却是陕西饥荒,树皮草根吃光了就吃人肉,逼得李自成、张献忠起来造反;满洲的努尔哈赤也在厉兵秣马,随时准备趁火打劫抢天下。对这些大事,上流社会的八股先生们却很少过问,只知道打口舌笔墨官司。这些党派门户之争,直闹到崇祯皇帝在北京上吊还不罢休,清军即将渡江,南京弘光政府的八股先生们还在打所谓"南渡三疑案"("僧大悲冒充崇祯皇帝案"、"童妃案"和"伪太子案")的官司,直到南明弘光王朝也随后覆亡才一起拉倒。

在李光地看来,明朝不讲实学虽以嘉万以后为甚,但实在说来又是由来已久的事。由南明弘光政权覆亡上溯243年,即明惠帝建文四年(1402年)发生了一次重大的历史事变,即"靖难之变"。李光地认为,这次事变也是由于不讲实学造成的。当时,作为建文皇帝的老师和所信赖的心腹重臣的,是著名理学家方孝孺,此人也是只知空谈心性而无真本领。燕王朱棣从北京率军南下争夺皇位,方孝孺的对策处处失误,结果朱棣攻克南京,建文皇帝只好放一把火把自己烧死(或说逃亡后当和尚去了),方孝孺本人也被割舌头,凌迟处死,并且被灭十族。凌迟处死俗称俗"杀千刀",明成祖朱棣将他杀一千零一刀;灭族通常是灭有直系血缘关系的九族,朱棣还要灭方孝孺的"师族",将他的学生也一起杀光。李光地总结这一惨痛的教训时,除了谴责明成祖"摧残太甚"之外,着重从作为辅佐大臣的方孝孺身上找原因,他说:

> 方正学就所著文字,便有许多糊涂处。当时皆以为旷世一见之人,

国家留为伊、周者,后用起来,当靖难时,著著都错。这就是他学问有
病,才高意广,好说大话,实用处便少。①

这段话实在是说得非常公平。明朝学风不正,由来已久,是不能完全归咎于
阳明学派的。理学家方孝孺还讲气节,后来讲理学的人则大多是先依附阉
党,后投降满清;倒是许多讲王学的人是不屈不挠的抗清义士。所以李光地
不肯否定王阳明的良知说,强调做人不可不讲良心;只是在讲道德气节之
外,还得有治国安邦的真本领。

即使是王阳明,李光地也推崇他有真本领,决不是迂腐无用之辈。
他说:

正学迂腐无用,若以王姚江处其位,恐永乐未必成事。姚江满腹机
权,故是英物。其平宁王,皆教官、典史、知县、知府,驱市人而战,真是
大才。②

若姚江为武穆,恐十二金牌召他不回。③

在李光地看来,王阳明的本领岂但是方孝孺不能望其项背,即使是岳飞也不
如他。如果是王阳明处在方孝孺的位置上,燕王朱棣就打不下南京,抢不走
建文皇帝的皇位;如果是王阳明处在岳飞的位置上,就不会理睬宋高宗和秦
桧之流的十二道金牌,而可以直捣黄龙府,收复中原。

当然,在中国历代人物中,李光地最推崇的还是有真本领、堪称儒者风
范的诸葛亮。刘备三顾茅庐,诸葛亮为他定三分天下、联孙抗曹、进取中原
的决策;白帝城刘备托孤,诸葛亮受命于危难之际,却能北抗曹魏,南抚诸
夷;街亭之战,虽然错用马谡,功亏一篑,但却能从容保护汉中人民三千户随
军撤退,"能令司马懿老奸宿猾不敢动手,为儒者吐气! 不然,那一辈盗贼,
以为儒者竟无用,但空言夸大耳。"④李光地还引三国时诸葛亮和徐庶的话
来斥责不知世务的俗儒:

① 李光地:《榕村语录》卷二十二《历代》,《榕村语录　榕村续语录》,中华书局1995年
版,第403页。
② 李光地:《榕村语录续编》卷八《历代》,《榕村语录　榕村续语录》,中华书局1995年
版,第667—668页。
③ 李光地:《榕村语录续编》卷八《历代》,《榕村语录　榕村续语录》,中华书局1995年
版,第667页。
④ 李光地:《榕村语录》卷二十二《历代》,《榕村语录　榕村续语录》,中华书局1995年
版,第291页。

徐元直说:"俗儒不知世务,识时务者为俊杰。"武侯云:"刘繇、王良各据州郡,论安言议,动引圣人,今岁不战,明年不征,使孙策坐大,遂据江东。"正所谓俗儒也。①

在这段话中,李光地借诸葛亮之口说出了他对什么是"俗儒"的看法:俗儒是一些只知道引用圣人语录、不识世务、贻误国事的人。这种没有真才实学的人是不能用来治理天下国家的。此外,李光地还表彰诸葛亮十分讲求实际,甚至能够亲自作出木牛流马那样的技术发明来,等等。

鉴于明王朝灭亡的教训,李光地极力主张学者要务实,要有真本领,要干实事,而不要说大话,说空话,讲虚文,更不能像明末的某些学者那样"端坐竟日,心了不动",弄得"不佛不儒"。他强调:

虚文多一件,实事便少一件。②

吾学大纲有三:一曰存实心;二曰明实理;三曰行实事。③

李光地借提倡孔子的"六艺"来提倡实学。他说:

今人动言小学只习礼、乐、射、御、书、数,到入大学便专讲心性。从来无此说。……童子不知礼、乐、射、御、书、数所以然之理,但诵其文词。到后来成人时便已熟惯而知其用,日用而益明,精义入神,下学上达,不离乎此。非大学后便不提起六艺之事也。④

李光地反驳了成人只讲心性、不讲六艺的说法,强调人的一生都不能不研究六艺,并且要将其付诸日用实践。李光地还十分提倡"专门之学"的研究。他说:"今峝(专)门之学甚少,古来官制、田赋、冠服、地理之类,皆无精详可据之书,此等必实实考究得源源本本,确有条贯,方好。"⑤他所提倡的这些专门之学,亦是前辈学者顾炎武、王船山所十分注重的,是清初实学的一个重要组成部分。

———————————

①　李光地:《榕村语录》卷二十二《历代》,《榕村语录　榕村续语录》,中华书局1995年版,第395页。

②　李光地:《榕村语录》卷二十七《治道》,《榕村语录　榕村续语录》,中华书局1995年版,第474页。

③　李光地:《榕村语录》卷二十三《学一》,《榕村语录　榕村续语录》,中华书局1995年版,第409页。

④　李光地:《榕村语录》卷一《经书总论》,《榕村语录　榕村续语录》,中华书局1995年版,第7页。

⑤　李光地:《榕村语录》卷二十四《学二》,《榕村语录　榕村续语录》,中华书局1995年版,第428页。

李光地一生提倡实学,他自己也身体力行地研究实学。他研究天文和历算,主张会通中西天文历算之学;他从圣人经典中发现了《考工记》,十分重视"工"在社会经济发展中的作用,主张引进西方技术发明;他研究水利,在指导治河方面发挥了重要作用;他研究军事,注释古代军事著作《阴符经》等;他研究政治,总结历代治国经验,以指导当代的政治实践;此外,他还研究声韵、乐律等,真可以说是那个时代的一位百科全书式的学者。清代重实证、重实际、重实践的学术风气的开创,与李光地的推波助澜是分不开的。

"读书最怕是无疑"

《国朝文录》说:"文贞之学本之朱子而能心知其意,极推透以畅其旨,不阿附以盖其失。"又说:"安溪宗朱子而能别白其是非。"作为统治阶级的思想家,李光地一方面致力于维护孔孟之道作为正统意识形态的权威地位,认为圣人的言论是"放之四海而皆准"的普遍真理,其统治地位不容动摇;但另一方面,他又从认识是不断深化的的观点立论,认为不能把认识停留在圣人经典的个别原理和个别结论上。他甚至说:

> 读书最怕是无疑。道理本平常,看去不过如此,其实进一步,又一层。①

李光地反对"泥古",而倾向于"疑古",肯定孔子对于古礼的"多闻阙疑"的态度。他说:

> 虽圣人亦有所不知,只是他不知的就不说。如"夏礼吾能言之,杞不足徵;殷礼吾能言之,宋不足徵。"他原晓得,因无徵便歇了。②

李光地本人亦有疑古倾向,他说:

> 《礼记》中圣人议论亦多,但大半出自汉人,不尽是圣人之笔。③

---

① 李光地:《榕村语录》卷一《经书总论》,《榕村语录 榕村续语录》,中华书局1995年版,第14页。
② 李光地:《榕村语录》卷一《经书总论》,《榕村语录 榕村续语录》,中华书局1995年版,第1页。
③ 李光地:《榕村语录》卷一《经书总论》,《榕村语录 榕村续语录》,中华书局1995年版,第2页。

在当时疑古考据之学兴起，学者们致力于推倒对于以往被认为是圣人经典的某些古书的迷信的时候，李光地容忍怀疑，肯定怀疑，并且说"最怕是无疑"，客观上是具有积极意义的。

对于经学研究，李光地主张不同学派、不同学术观点并存，他说：

> 《春秋》因有三传，故抵牾处得失互见；《诗》自齐、鲁、韩氏之说不传，而毛氏孤行，则无以见诸家之异同，而以序为经也。①

他认为各种学术观点都有其长处和短处，各有其得失，只有让不同学术观点并存，才能使人们有所比较鉴别，取各家之长而避其所短，从而有利于学术的发展，例如《春秋》三传并存就是如此。反之，由于《诗经》齐、鲁、韩三家学说失传，而只有西汉人毛亨、毛苌给《诗经》作的序流传下来，遂导致了后人以序为经的失误。对于经学研究中的汉宋之争，李光地亦持比较平允的态度，认为汉学与宋学都各有其长处和短处。他指出：

> 解经在道理上明白融会，汉儒自不及朱子。至制度名物，到底汉去三代未远，秦所渐灭不尽，尚有当时见行的。即已不存者，犹可因所存者推想而笔之，毕竟还有些实事。不似后来礼坏乐崩，全无形似，学者各以其意杜撰，都是空言。此汉儒所以可贵。②

李光地一生治学，对汉学和宋学都持兼收并蓄的态度。清初人注重"实学"，考据学（汉学）是"实学"的重要组成部分。

把圣人作为人格样板来加以歌颂、膜拜，是传统社会"正统"意识形态的一个重要特征，尧、舜、禹、汤、文、武、周公、孔子等，都被加以神化，供人们顶礼膜拜和效法。然而，在李光地看来，圣人也是人，也有不知不能，也有"不近人情"的缺点，并不是那么尽善尽美的。他在给门人弟子讲学时屡屡讲到圣人们的短处：

> 若说圣人于五伦岂有"不知不能"，却大不然。尧舜之子不肖，周公致辟管叔，相传孔子、子思皆出妻。圣人之心未必不谓毕竟是我德不足以化之。若强于我者，自然变化有道。所谓"尧舜犹病"，都

---

① 李光地：《榕村语录》卷十三《诗》，《榕村语录 榕村续语录》，中华书局1995年版，第243页。

② 李光地：《榕村语录》卷十九《诸儒》，《榕村语录 榕村续语录》，中华书局1995年版，第341页。

是此意。①

（四）夫（四）妇之知能即子臣弟友也，圣人之不知不能，亦子臣弟友也。一落形器，便不能尽道之分。孔子不能格定、哀之非，化三家之僭；周公不能弭管、蔡之乱……②

圣贤有似不近人情处。朱子断妓女，施以严刑，判使从良，其实罪不关妓女也。人至今以为口实，朱子彼时宁过于严。孔子将景公梨园子弟付之极刑，太公蒙面而杀妲己，何妨同道。③

在李光地的这些言论中，圣人贤人的人格有时还不如普通老百姓，他们虽然讲伦理、讲道德，但做起来还不如普通老百姓做得好，所以他对陆九渊的一句名言极表赞成："圣人之不知不能即夫妇之所知所能"。他认为，圣人的优点主要在于他们能够反省自己的缺点和不足，"兢兢业业，自强不息"④，如此而已。这样，李光地就把历来被神化的圣人的古老人格样板还原为一些有缺点的人，一些需要不断地自我反省、以此鞭策自己不断上进的人。李光地的这些言论，对于破除几千年来形成的对于圣人的迷信，也是具有积极意义的。

李光地反对思想上的僵化和绝对化，他从不隐瞒自己对程朱学说所持的保留态度。他曾多次指出：

程朱大段与孔孟若合符节，所谓先圣后圣，其揆一也。若微字碎义，安能处处都不差？若使不差，伊川何以亦有不依明道处，朱子何以亦有不依二程处？盖主于发明道理，不为人也。即朱子于《四书注》垂绝犹改，可见他亦不以自己所见为一定不移，何况于人！⑤

李光地指出，以二程论，程颐对程颢的观点也不完全同意；以朱熹与二程的

---

① 李光地：《榕村语录》卷七《中庸一》，《榕村语录　榕村续语录》，中华书局1995年版，第118页。

② 李光地：《榕村语录》卷七《中庸一》，《榕村语录　榕村续语录》，中华书局1995年版，第119页。

③ 李光地：《榕村语录》卷十九《宋六子二》，《榕村语录　榕村续语录》，中华书局1995年版，第335页。

④ 李光地：《榕村语录》卷七《中庸一》，《榕村语录　榕村续语录》，中华书局1995年版，第119页。

⑤ 李光地：《榕村语录》卷十七《孝经》，《榕村语录　榕村续语录》，中华书局1995年版，第303页。

关系论，朱熹对二程的观点也不是完全尊奉的；即使是同一个人，一生中的思想也是变化的，朱熹之所以直到临死前还要修改他的《四书注》，就在于他并不把自己的观点看作永恒不变的绝对真理。从这一观点立论，李光地批评二程学说有自我神化的绝对主义的弊病。他说：

> 程子传圣学，功甚大，但往往以绝学为言，却起后来菲薄前贤、自我作古一辈人流弊。①

有人说，学问到了朱子，已经都说得明明白白了，现在的问题只是将朱子的学说付诸实行。李光地不同意这种看法，他指出："此语似是而非。……如所谓'阙疑'、'阙殆'，择善而从，不是见古不论是非，一概深信不疑也。"②在李光地看来，圣贤的学问也不是完美无缺、完全没有任何可以怀疑之处的，宗信朱子的学说不等于盲从这种学说，不能对朱子讲的所有的话都深信不疑；治学的目的是为了"发明道理"，判断是非也不能以是谁讲的话为转移，即使是圣人讲的话，也要论个是非明白。这种治学态度是理性主义的，在一定程度上具有反对盲从迷信、破除中世纪独断的积极意义。

十七、总结和终结宋明道学的王夫之哲学

王夫之是我国明清之际崛起的早期启蒙思潮中的哲学代表。他在哲学上的突出贡献，在于他深研《易》理，熔铸老、庄，旁及佛学、道教，出入程、朱、陆、王，博取新兴质测之学，自觉继承张载的朴素辩证法，并善于综合大量先行思想资料；而主要是他对自己所经历的大动荡的社会现实所展开的社会矛盾，勇于正视，进行了哲学概括，从而把我国朴素形态的唯物辩证法推进到时代条件所允许的高度。

从总体上看王夫之哲学的特点，可说是沿着"即事穷理"、"以理御心"、

---

① 李光地：《榕村语录》卷二十四《学二》，《榕村语录　榕村续语录》，中华书局 1995 年版，第 429 页。

② 李光地：《榕村语录》卷二十四《学二》，《榕村语录　榕村续语录》，中华书局 1995 年版，第 430 页。

"入德以凝道"、"要变以知常"的认识途径,对自然和人类社会的客观矛盾
运动进行了"会其参伍,通其错综"的辩证考察,形成了所谓"极物理人事之
变"的辩证的自然史观和人类史观。同时,对这种辩证考察的认识运动本
身,也进行了某些辩证考察,形成了其辩证的认识理论。王夫之辩证法思想
的这三个方面是互相涵摄的,却又各有其范畴体系,因而可以分别加以
研究。

王夫之的辩证法思想,富有时代特色,虽仍属朴素形态,但其理论实质,
是中国君主专制社会及其统治思想已经进入自我批判阶段的历史产物,预
示着新的哲学动向。

（一）纲缊生化的自然史观

中国古代哲学传统中的气一元论,从本体论的意义上大抵都把自然和
人类看作统一的气化过程。这种朴素的自然观(天道观)所要说明的哲学
问题主要有两个:第一,天地人物的共同本质是什么？第二,天地人物的共
同规律是怎样的？用王夫之的话说,就是要弄清"物所众著"与"物所共由"
这两大问题。王夫之认为,"天人之蕴,一气而已"[1],天地人物的共同本质
就是永恒运动着的物质实体——"气",他对"气"范畴的新规定,超出了实
物性,而概括出了"诚＝实有"的最高范畴,用以标志统一物质世界的最根本
性质,对"物所众著"的问题作了朴素唯物主义的回答。而对"物所共由"的
问题,王夫之则通过他的"纲缊生化"的自然史观,作了朴素辩证法的阐发。

关于"纲缊"

王夫之在其哲学论纲——《思问录》中概括性地指出:"天不听物之自
然,是故纲缊而化生。乾坤之体立,首出以屯,雷雨之动满盈,然后无为而
成。"[2]这是"纲缊化生"的自然史观的一个总纲。"纲缊"一词来自《易传》:

---

① 王夫之:《读四书大全说》卷十,《船山全书》第6册,岳麓书社1991年版,第1052页。
② 王夫之:《思问录·内篇》,《船山全书》第12册,岳麓书社1992年版,第402页。

"天地絪缊,万物化醇",王夫之赋予新的哲学规定,并以此作为其自然史观的逻辑起点。

从本体意义上,他把"絪缊"规定为"太和未分之本然","絪缊太和之真体"或"太和絪缊之实体",意指"阴阳未分,二气合一"的宇宙本原状态。王夫之修正张载"野马絪缊"("野马":田野间游气,张载沿袭《庄子》,解作"生物以息相吹"的空气)的提法,而肯定其"太虚即气则无无"的论断,强调指出"太虚之流动洋溢,非仅'生物之息'也"①,即"太虚即气"之"气",作为"絪缊不可象"的实有,比"生物之息"的实物(空气)更根本。这种"充满两间皆一实之府"的"絪缊之本体",是"不可象"的,"非目力所及,不可得而见",但它却是形成和展开宇宙万物整个气化过程的始基,即他所说:"凡物,皆太和絪缊之气所成"②,"言太和絪缊为太虚,以有体无形为性,可以资广生大生而无所倚,道之本体也。二气之动,交感而生,凝滞而成物我之万象。"③可见,"絪缊"范畴一开始就与"太和"、"太虚"相联系而具有本体实有的规定。

从功能意义说,"絪缊"又被规定为"敦化之本","必动之几",意指宇宙万物"生生无穷"的内在动因。他对"絪缊"所下的明确定义即"二气交相入而包孕以运动之貌"④,并指明:"絪缊不息,为敦化之本"⑤;"人物之生,皆絪缊一气之伸聚"⑥;"絪缊不息,必无止机"⑦。这是因为,所谓"太虚"、"太和"的"絪缊之本体",本身固有阴阳二气,必然相感相交,相摩相荡,这就是"太虚之和气必动之几",也就是"絪缊"的功能,由此展开物质自然界"自成其条理"、"精密变化而日新"的无限的气化运动:"气化者,气之化也。阴阳具于太虚絪缊之中,其一阴一阳,或动或静,相与摩荡,乘其时位以著其功能,五行万物之融、结、流、止,飞、潜、动、植,各自成其条理而不妄。"⑧合

---

① 王夫之:《张子正蒙注》卷一,《船山全书》第 12 册,岳麓书社 1992 年版,第 27 页。
② 王夫之:《张子正蒙注》卷五,《船山全书》第 12 册,岳麓书社 1992 年版,第 195 页。
③ 王夫之:《张子正蒙注》卷一,《船山全书》第 12 册,岳麓书社 1992 年版,第 40—41 页。
④ 王夫之:《周易内传》卷六,《船山全书》第 1 册,岳麓书社 1988 年版,第 597 页。
⑤ 王夫之:《张子正蒙注》卷一,《船山全书》第 12 册,岳麓书社 1992 年版,第 76 页。
⑥ 王夫之:《张子正蒙注》卷一,《船山全书》第 12 册,岳麓书社 1992 年版,第 44 页。
⑦ 王夫之:《张子正蒙注》卷九,《船山全书》第 12 册,岳麓书社 1992 年版,第 364 页。
⑧ 王夫之:《张子正蒙注》卷一,《船山全书》第 12 册,岳麓书社 1992 年版,第 32 页。

规律的气化运动(即自然发展史)之所以可能,就在于"太虚絪缊之中"涵有阴阳对立统一的矛盾运动,而动静、聚散、虚实、清浊等都根源于阴阳对立的矛盾性。就宇宙总体说:"阴阳二气充满太虚,此外更无他物,亦无间隙","惟两端迭用,遂成对立之象,于是可知所动所静,所聚所散,为虚为实,为清为浊,皆取给于太和絪缊之实体。一之体立,故两之用行。"①就万物分殊说:"一惟阴阳之变合,乘时以各效,全具一絪缊之体而特微尔。"②因此,"取给于太和絪缊之实体"的任何事物,全都是"合两端于一体",而具有"絪缊"的功能,即"两之用"的功能。

这样,王夫之的辩证自然观以"絪缊"范畴为起点,必然地从中引出"两"与"一","分"与"合"的范畴。

关于"两、一","分、合"

王夫之认为:"絪缊之中,阴阳具足,而变易以出";"一气之中,二端既肇,摩之荡之,而变化无穷"③,由"絪缊"所含蕴的动因义而展开了他的矛盾观。

张载提出"一物两体"学说,强调"二端故有感,本一故能合"(《正蒙·乾称》);二程、朱熹都标榜"天地万物之理,无独必有对"(《河南程氏遗书》卷十一),"凡天下之事,一不能化,惟两而后能化",但又主张"二"必"致一","两所以推行乎一"(《朱子语类》卷九十八)。且不说朱熹讲得多的是理一而用分,理静而事动,所谓"一分为二,节节如此"(《朱子语类》卷六十七),乃是王夫之所抛弃的形而上学两分法;即使张载的"两不立则一不可见,一不可见则两之用息"④的规定,也只是概指统一体与对立面之间的一定依存关系,没有深入到统一体中对立面之间的矛盾关系,从而未能真正阐明"动非自外"的内在动因问题。

王夫之在矛盾观上发展了张载,扬弃了程、朱,较深入地揭示了"天下

① 王夫之:《张子正蒙注》卷一,《船山全书》第12册,岳麓书社1992年版,第36页。
② 王夫之:《张子正蒙注》卷一,《船山全书》第12册,岳麓书社1992年版,第42页。
③ 王夫之:《张子正蒙注》卷一,《船山全书》第12册,岳麓书社1992年版,第43页。
④ 王夫之:《张子正蒙注》卷一,《船山全书》第12册,岳麓书社1992年版,第35页。

之变万,而要归于两端,两端归于一致"①,"由两而见一"②,"非合两而以一为之纽"③的客观矛盾法则,运用"两一"、"分合"等范畴,进一步规定了任何统一体中矛盾着的对立面之间的二重关系。

首先,他以"乾坤并建","阴阳不孤行于天地之间"④,任何事物都是"合两端于一体"⑤,肯定了矛盾的普遍性和绝对性。他摒弃一切"抱一"、"执一"、"贵一"、"归一"以及"抟聚而合之一"、"分析而各一之"等排斥矛盾的形而上学谬说,认为"一阴一阳者,群所大因"⑥,没有矛盾就没有一切。"雷风不相薄,水火(不)相射,男女不相配,自有天地以来,未有能为尔者也。"⑦

其次,他以"非有一,则无两","由两而见一","二异致而一",进一步具体考察了一体中矛盾着的对立面之间的关系所固有的二重性。一方面,阴阳"相峙以并立","判然各为一物,其性情、才质、功效,皆不可强之而同"⑧,这是"分而为两"、"分一为二"的关系,表现为"阳之摈阴,先之以怒","阴阳异用,恶不容己","必相反而相为仇"⑨。另一方面,两者又"相倚而不离",不能"判然分而为二","反者有不反者存",绝非"截然分析而必相对待","截然分疆而不相出入"⑩,这是"自其合则一"、"合二以一"的关系,表现为"阴得阳,阳得阴,乃遂其化,爰不容已","合体之则会其通"⑪。王夫之认为,这两重关系,不可分割,"其理并行而不相拂",应当"会通于一"⑫。"合二以一者,既分一为二之所固有"⑬,"一之体立,故两之用行"。这个"一之体"中的"两之用",也就是"阴变阳合,乘机而为动静"

---

① 王夫之:《老子衍》,《船山全书》第 13 册,岳麓书社 1993 年版,第 18 页。
② 王夫之:《张子正蒙注》卷一,《船山全书》第 12 册,岳麓书社 1992 年版,第 37 页。
③ 王夫之:《思问录·内篇》,《船山全书》第 12 册,岳麓书社 1992 年版,第 411 页。
④ 王夫之:《周易外传》卷七,《船山全书》第 1 册,岳麓书社 1988 年版,第 1089 页。
⑤ 王夫之:《张子正蒙注》卷一,《船山全书》第 1 册,岳麓书社 1988 年版,第 37 页。
⑥ 王夫之:《周易外传》卷七,《船山全书》第 1 册,岳麓书社 1988 年版,第 1092 页。
⑦ 王夫之:《周易外传》卷五,《船山全书》第 1 册,岳麓书社 1988 年版,第 988 页。
⑧ 王夫之:《周易内传》卷五,《船山全书》第 1 册,岳麓书社 1988 年版,第 524 页。
⑨ 王夫之:《张子正蒙注》卷一,《船山全书》第 12 册,岳麓书社 1992 年版,第 41 页。
⑩ 王夫之:《周易外传》卷七,《船山全书》第 1 册,岳麓书社 1988 年版,第 1075 页。
⑪ 王夫之:《张子正蒙注》卷一,《船山全书》第 12 册,岳麓书社 1992 年版,第 27 页。
⑫ 王夫之:《张子正蒙注》卷二,《船山全书》第 12 册,岳麓书社 1992 年版,第 72 页。
⑬ 王夫之:《周易外传》卷五,《船山全书》第 1 册,岳麓书社 1988 年版,第 1027 页。

的功能,即整个气化过程的真正的内在动因。"盖阴阳者,气之二体;动静者,气之二几;体同而用异,则相感而动,动而成象则静。动静之几,聚散、出入、形不形之从来也。"①

由上述阴阳对立统一的矛盾观引出了"动静之几",从而展开"动、静"范畴的哲学分析。

关于"动、静"

王夫之的自然史观,明显地以主动论为基石。他强调:"太虚者,本动者也。动以入动,不息不滞。"②"天地之气,恒生于动,而不生于静。"③"气机物化,皆有往来,原于道之流荡,推移吐纳,妙于不静。"④他把自然界看作是永恒自我运动着的物质过程。由此,他批判了王弼以来的"静为躁君"、"静非对动"的形而上学的静止观,认定"静由动得"而"动不藉于静";"不动之常,惟以动验;既动之常,不待反推"⑤,即运动是绝对的、根本的,而静止是相对的、依存的。

但他并不否认静止的意义和作用,深刻地提出:"二气之动,交感而生,凝滞而成物我之万象","动而成象则静。"⑥相对的静止,是"物我万象"得以形成的必要条件。由此,他批判了庄周和佛教所谓"刹那生灭"、"行尽如驰"等割裂运动和静止的形而上学运动观。

王夫之把动和静互相联结起来,从而肯定"动静皆动"。他把运动分为两种形态:一是动态的动,即"动之动";一是静态的动,即"静之动"。他说:"止而行之,动动也;行而止之,静亦动也;一也。"⑦动和静都统一于动。"此'动'字不对'静'字言,动、静皆动也。由动之静,亦动也。"⑧"静者静

①　王夫之:《张子正蒙注》卷一上,《船山全书》第 12 册,岳麓书社 1992 年版,第 23 页。
②　王夫之:《周易外传》卷六,《船山全书》第 1 册,岳麓书社 1988 年版,第 1044 页。
③　王夫之:《读四书大全说》卷十,《船山全书》第 6 册,岳麓书社 1991 年版,第 1074 页。
④　王夫之:《老子衍》,《船山全书》第 13 册,岳麓书社 1993 年版,第 41 页。
⑤　王夫之:《周易外传》卷二,《船山全书》第 1 册,岳麓书社 1988 年版,第 888 页。
⑥　王夫之:《张子正蒙注》卷一,《船山全书》第 12 册,岳麓书社 1992 年版,第 23 页。
⑦　王夫之:《张子正蒙注》卷一,《船山全书》第 12 册,岳麓书社 1992 年版,第 36 页。
⑧　王夫之:《读四书大全说》卷十,《船山全书》第 6 册,岳麓书社 1991 年版,第 1053 页。

动,非不动也"①。一方面,"静即含动";另一方面,"动不舍静",总起来,"动静互涵,以为万变之宗。"②

这样,王夫之基本正确地阐明了运动的绝对性和静止的相对性以及二者的辩证联结。他进而提出,宋明道学家有所谓"禁动"的方针是完全错误的,从根本上违反了自然和社会发展的客观规律。如果人们用以治理自然和社会,"禁其必动,窒其方生"③,将造成极大的灾祸。他还尖锐地揭露,要求"禁动"的主静论者的自我修养方法,也只能导致"生而死,人而鬼,灵而蠢,人而物,其异于蚓之结而鳖之缩者几何耶?"④因此,他大力主张:"天下日动而君子日生;天下日生而君子日动"⑤,把动的自然观和动的人生观结合起来,认定"善体天地之化者,未有不如此者也"⑥。

王夫之的动静观,落足到"善体天地之化",由此推演出"化"与"变"的范畴。

关于"化、变"

在王夫之的自然史观中,化与变、生与死、新与故,是同一层次的范畴。

他认为,缊缊化生的过程,就是"天地之化日新"的过程,就是一个"已消"、"且息"的过程。所谓"化生"或"化变"(张载曾区别:"化言其渐","变言其著"),就是生死更迭,新故相代。任何自然过程,都有旧事物在"屈而消",新事物在"伸而息","其屈而消,即鬼也;伸而息,则神也。神则生,鬼则死。消之也速而息不给于相继,则夭而死。守其故物而不能日新,虽其未消,亦槁而死。……故曰'日新之谓盛德'。"⑦

王夫之否定佛道之教"据妄为真"、"颠倒生死"的宗教异化,而主张"尊生"、"珍生";认为"可依者有","至常者生","物情非妄,皆以生征"⑧。

---

① 王夫之:《思问录·内篇》,《船山全书》第 12 册,岳麓书社 1992 年版,第 411 页。
② 王夫之:《周易外传》卷四,《船山全书》第 1 册,岳麓书社 1988 年版,第 949 页。
③ 王夫之:《周易外传》卷六,《船山全书》第 1 册,岳麓书社 1988 年版,第 1031 页。
④ 王夫之:《读四书大全说》卷十,《船山全书》第 6 册,岳麓书社 1991 年版,第 1074 页。
⑤ 王夫之:《周易外传》卷六,《船山全书》第 1 册,岳麓书社 1988 年版,第 1033 页。
⑥ 王夫之:《思问录·外篇》,《船山全书》第 12 册,岳麓书社 1992 年版,第 431 页。
⑦ 王夫之:《思问录·外篇》,《船山全书》第 12 册,岳麓书社 1992 年版,第 434 页。
⑧ 王夫之:《周易外传》卷二,《船山全书》第 1 册,岳麓书社 1988 年版,第 887—888 页。

"天地之间,流行不息,皆其生焉者也。"①动动不已、生生不息的生命运动,是自然史和人类史的本质。

在他看来,总的宇宙生命,是无始无终、不生不灭的。而具体事物的生命过程,则可划分为五个阶段:胚胎、流荡、灌注、衰减、散灭。前三个阶段,生命体"阴阳充积","静躁往来","同类牖纳",是处于同化中的生长过程;后两个阶段,则"基量有穷","予而不茹",是处于异化中的衰亡过程。但就在"衰减之穷"到最终"散灭"的过程中,已经孕育着"推故而别致其新"的契机,开始了另一个新的生命过程。他强调:"由致新而言之,则死亦生之大造矣!"②旧事物的死亡,也正是新事物诞生的伟大开端。这是说,死中有生。从另一个侧面看,"新故密移,则死亦非顿然而尽"③。这是说,生中有死。但就其发展的总趋势而言,生命运动是永恒的、无穷的,是不可范围、不可阻止的。"推移吐纳,妙于不静"④;"荣枯相代而弥见其新"⑤。这样的"生化之理",正是宇宙的根本法则。

自然界由于推故致新而生机勃勃,气象万千。王夫之在解释《易经》的《复》卦时说:"天地之气恒生于动,而不生于静。故程子谓'《复》其见天地之心',乃初九一阳,数点梅花,固万紫千红之所自复。"⑥自然界的生化运动,不断自我更新,得以永葆青春,由此,王夫之力主"更新而趋时",认为只有随着时代不断前进,才会富有生命力,"日新而不困"⑦。从人类历史看来,生产日益发展,社会日益进步,"治地者有而富有,起功者有而日新","破块启蒙,灿然皆有"⑧,"前此之未有,今日之繁然而皆备"⑨;"道因时而万殊"⑩,"道莫盛于趋时"⑪,"汉唐无今日之道,则今日无他年之道者多

①　王夫之:《周易外传》卷六,《船山全书》第 1 册,岳麓书社 1988 年版,第 1042 页。
②　王夫之:《周易外传》卷二,《船山全书》第 1 册,岳麓书社 1988 年版,第 888 页。
③　王夫之:《读四书大全说》卷六,《船山全书》第 6 册,岳麓书社 1991 年版,第 750 页。
④　王夫之:《老子衍》,《船山全书》第 13 册,岳麓书社 1993 年版,第 41 页。
⑤　王夫之:《张子正蒙注》卷七,《船山全书》第 12 册,岳麓书社 1992 年版,第 312 页。
⑥　王夫之:《读四书大全说》卷十,《船山全书》第 6 册,岳麓书社 1991 年版,第 1074 页。
⑦　王夫之:《张子正蒙注》卷七,《船山全书》第 12 册,岳麓书社 1992 年版,第 276 页。
⑧　王夫之:《周易外传》卷二,《船山全书》第 1 册,岳麓书社 1988 年版,第 887 页。
⑨　王夫之:《周易外传》卷六,《船山全书》第 1 册,岳麓书社 1988 年版,第 1049 页。
⑩　王夫之:《周易外传》卷七,《船山全书》第 1 册,岳麓书社 1988 年版,第 1112 页。
⑪　王夫之:《思问录·内篇》,《船山全书》第 12 册,岳麓书社 1992 年版,第 416 页。

矣"①。从个人一生看来,"自吾有生以至今日,其为鬼于天壤也多矣。已消者已鬼矣,且息者固神也。则吾今日未有明日之吾而能有明日之吾者,不远矣!"②只要"善体天地之化"而能够自我更新,则"明日之吾"、一个具有新生命的新我,必将诞生。

黑格尔说过:"生命即有死亡的种子"。王夫之则宣称:"死亦生之大造"。他们从不同侧面揭示了生与死的辩证法,破除了中世纪关于"生死之狂惑"的宗教迷信。

关于"内成、外生"

王夫之通过生死关系的辩证法所阐述的"日新之化",触及量变和量变过程中部分质变到根本质变问题,但未展开。他进一步提出"内成"和"外生"这对范畴,用以概括和区别"日新之化"的两种类型:"变必通"和"穷必变"。

"内成",意指事物在某种规定性范围内的质和量的变化,其特点是"通而自成"。这时事物的内容虽也不断更新,但未发生根本质变而保持着原有的性状和规律。"质日代而形如一","日新而不爽其故","德不易"而"化相符"③。如大自然的日、月、江河,今日之光非昨日之光,今日之水非昨日之水;又如人体的官骸、毛发,也每天都新陈代谢,但保持原有的"规模仪象"。这种"变必通"、"通而自成"的变化,是一种自我更新。

"外生",意指事物超出某种规定性范围而发生的质变,其特点是"变而生彼"。这时,旧事物由内容到形式都归于"散灭",从而由此物变为彼物,这是"推故而别致其新"的伟大飞跃。这种"究必变"、"变而生彼"的变化,是一种"谢故以生新"④

事物通过"变必通","通而自成"和"穷必变"、"变而生彼"的变化繁衍,应当是一个由低到高、由简到繁的前进运动。王夫之承认"天地之生亦

---

① 王夫之:《周易外传》卷五,《船山全书》第1册,岳麓书社1988年版,第1028页。
② 王夫之:《思问录·外篇》,《船山全书》第12册,岳麓书社1992年版,第434页。
③ 王夫之:《思问录·外篇》,《船山全书》第12册,岳麓书社1992年版,第453—454页。
④ 王夫之:《周易外传》,《船山全书》第12册,岳麓书社1992年版,第943页。

繁矣！倮介、羽毛、动植、灵冥，类以相续为蕃衍，由父得子，由小向大，由一致万"①，"前此之未有，今日之繁然而皆备"②。但他却被一个问题所困惑：如果生物老是繁衍，"固宜今日之人物充足两间而无所容"，而他看到的事实不然。于是，他认为，从宇宙的总体上看，生命运动的消谢与生育是互相均衡的。"土足以居，毛足以养，邃古无旷地，今日无余物，其消谢生育，相值而偿其登耗者，适相均也。……无物不备，亦无物而或盈，夫惟大盈者得大虚，今日之不盈，岂虑将来之或虚哉？"③这种臆测性的盈虚均衡的思想，逻辑地触及了宇宙万物的"守恒"与"日新"的关系问题，宇宙发展的"有限"（"有始有终"）与"无限"（"无始无终"）的关系问题。局限于时代的科学水平，王夫之对这些问题只能按朴素形态的辩证逻辑的思维水平去给予回答。

关于"始、终"

均衡、守恒和变化日新的思想矛盾，并没有把王夫之引向宇宙有限论；他通过"始、终"范畴的分析，提出"积而成乎久大"的思想，探讨了宇宙发展的无限性问题。

王夫之认为，"细缊而化生"所标志的宇宙发展，既然是内部矛盾蓬勃展开的自己运动，当然就没有什么起点和终点；每一瞬间，既可以作为起点，又可以作为终点。"天地之始，天地之终，一而已矣。"④"天地之终，不可得而测也。以理求之，天地始者今日也，天地终者今日也。"⑤"未生之天地，今日是也；已生之天地，今日是也。"⑥天地万物处于"日生"过程中，过去和未来都包含在不断发展的"今日"之中；今日（现在）既是昨天及无穷过去的终点，又是明天及无穷未来的起点。因为"惟其日生，故前无不生，后无不至。"⑦

---

① 王夫之：《周易外传》卷四，《船山全书》第1册，岳麓书社1988年版，第976页。
② 王夫之：《周易外传》卷六，《船山全书》第1册，岳麓书社1988年版，第1049页。
③ 王夫之：《周易外传》卷四，《船山全书》第1册，岳麓书社1988年版，第976页。
④ 王夫之：《周易外传》卷四，《船山全书》第1册，岳麓书社1988年版，第953页。
⑤ 王夫之：《周易外传》卷四，《船山全书》第1册，岳麓书社1988年版，第979页。
⑥ 王夫之：《周易外传》卷二，《船山全书》第1册，岳麓书社1988年版，第885页。
⑦ 王夫之：《周易外传》卷二，《船山全书》第1册，岳麓书社1988年版，第885页。

由此,王夫之得出了宇宙无始无终的结论,认为一切寻找宇宙始端或预言宇宙终结的思想全是错误的。《庄子》、《乾凿度》等"层累而上求之",是"虚为之名而亡实"。① 至于道教的先天创世说,佛教的大劫末日论,更属谬论:"谓邃古之前,有一物初生之始;将来之日,有万物皆尽之终,亦愚矣哉!"②王夫之通过"始、终"范畴的分析所达到的关于宇宙无限的论证,表现了他的哲学机智。

自先秦以来,特别是汉代基于当时天文学的宇宙衍化思想,如《淮南》、《易纬》、扬雄、张衡等都认定宇宙有一个原始混沌的物质起点,然后"造分天地,化成万物"。在一定意义上,这是朴素唯物辩证法的思想,但有极大的局限性,因为有起点则必有终点,会给有神论和形而上学留下地盘。王夫之意识到这一点,力图克服这种思想局限。他否定了用衍化论的思路来描绘宇宙发展的图式,也反对用衍生论来解释"易有太极,是生两仪……"的传统论题。他认为宇宙无限,阴阳无始,不应当去设想任何原始的起点,如世界之外有"橐籥",阴阳之上有"太极"等。他另辟思路,把"易有太极,是生两仪"中的"是生"二字别开生面地解释为:"固有之则生,同有之则俱生","立于此而生,非待推于彼而生之"③。"太极",被他改造成为标志阴阳对立统一体的范畴,"合之则为太极,分之则为阴阳";"太极"—"阴阳之合"—"太和"—"绷缊之实体",宇宙就是"太和绷缊之实体"的自我运动所固有的内部蓬勃开展。他的哲学概括是:"阴阳相摩,……皆动之不容已者,或聚或散,或出或入,错综变化,要以动静夫阴阳。而阴阳一太极之实体,唯其富有,充满于虚空,故变化日新。"④"阴阳之本体,绷缊相得,和同而化,充塞于两间,此所谓'太极'也。张子谓之'太和'。"⑤

王夫之进一步对宇宙作了一个明确的哲学规定:"宇宙者,积而成乎久大者也。二气绷缊,知能不舍,故成乎久大。"⑥宇宙在时间上的无限

① 王夫之:《周易外传》卷五,《船山全书》第 1 册,岳麓书社 1988 年版,第 1025 页。
② 王夫之:《周易外传》卷四,《船山全书》第 1 册,岳麓书社 1988 年版,第 979 页。
③ 王夫之:《周易外传》卷五,《船山全书》第 1 册,岳麓书社 1988 年版,第 1023 — 1024 页。
④ 王夫之:《张子正蒙注》卷一,《船山全书》第 12 册,岳麓书社 1992 年版,第 23 — 24 页。
⑤ 王夫之:《周易内传》卷五,《船山全书》第 1 册,岳麓书社 1988 年版,第 561 页。
⑥ 王夫之:《思问录·内篇》,《船山全书》第 12 册,岳麓书社 1992 年版,第 420 页。

（"久"）和在空间上的无限（"大"），其内在根据在于"二气纲缊"的物质自我运动的持续和扩充（"积"）。"积而成乎久大"的深刻概括，多少触及了宇宙的时空无限性依存于物质存在的广延性和物质运动的持续性。

因此，王夫之依据"纲缊生化"的自然过程乃是"太极"本身"固有"、"自生"的持续运动，明确论断宇宙中只有阴阳二气互相依存转化的聚散、往来、隐显、屈伸诸形态，而没有始终、生灭的可能性。"生非创有而死非消灭，阴阳自然之理也。"[1]"聚而为庶物之生，自纲缊之常性，非幻成也"；"散而归于太虚，复其纲缊之本体，非消灭也。""纲缊合德，死而不亡。"[2]

这样，王夫之回复到他的自然史观的逻辑起点——"纲缊"。但这是理论思维螺旋上升、首尾玄合的回复。通过上述一系列范畴的推衍，"纲缊"之中所潜存的理论环节得以展开，由分析进到综合，由抽象上升到具体。"纲缊"，再不是一个贫乏的抽象，而与其必然引出的诸范畴互相联系，组成一面认识之网，表现出王夫之自然史观的丰富性及其理论深度。

（二）理势相成的人类史观

中国古代朴素形态的唯物辩证法，一般把自然史和人类史看作同一气化过程。从王充到张载，莫不如此。王夫之在承认此前提下，更多地注意到人从自然中产生和分化出来以后，人的类特性便与动物有"壁立千仞"的区别。"天道不遗于禽兽，而人道则为人之独"[3]；"人之异于禽兽，则自性而形，自道而器，极乎广大，尽乎精微，莫非异者"[4]。因而，强调不可"迷其所同而失其所异"[5]，反对"过持自然之说"[6]。由此，区别于自然史观而展开了他的人类史观。

王夫之的人类史观，就其把人及其类存在作为单独的考察对象，涵蕴着

---

[1]　王夫之：《周易内传》卷五，《船山全书》第 1 册，岳麓书社 1988 年版，第 520 页。
[2]　王夫之：《张子正蒙注》卷一，《船山全书》第 12 册，岳麓书社 1992 年版，第 19 页。
[3]　王夫之：《思问录·内篇》，《船山全书》第 12 册，岳麓书社 1992 年版，第 407 页。
[4]　王夫之：《读四书大全说》卷九，《船山全书》第 6 册，岳麓书社 1991 年版，第 1026 页。
[5]　王夫之：《俟解》，《船山全书》第 12 册，岳麓书社 1992 年版，第 478 页。
[6]　王夫之：《读四书大全说》卷九，《船山全书》第 6 册，岳麓书社 1991 年版，第 1144 页。

以下理论前提:

首先,肯定了人是自然的最高产物;而人一旦产生就成为自然的"主持者",成为"天地之心"。他并不神化人,认为"人者动物,得天之最秀者也"①;"乾坤怒气之生,为草木禽兽,其大成者为人"②。而人的生理发育特别迟缓,人的智慧和道德更必须在社会生活中"践形尽性",长期培育,"迟久而始成"③。但是,正因如此,"天地之生人为贵"④。人从自然界产生出来,自然界就成为人所认识和改造的对象,而人就以其"明聪睿哲"而成为混沌的开辟者,自然界的主人。他指出:

> 天地之生,以人为始。故其吊灵而聚美,首物以克家,明聪睿哲,流动以入物之藏,而显天地之妙用,人实任之。⑤

> 自然者天地,主持者人。人者,天地之心。⑥

人所面对的自然,已是人所主持、由人支配而显其妙用的自然。人一产生,就作为主体而与客体自然形成一种矛盾关系,"已成形则与物为对,而利于物者损于己,利于己者损于物,必相反而仇,然终不能不取物以自益也,和而解矣"⑦。所谓"取物自益",即是"金得火而成器,木受钻而生火,惟于天下之物知之明而合之离之、消之长之,乃成吾用。不然,物各自物,而非我所得用,非物矣"⑧。通过人的实践活动,天下之物才由"自在之物"变成"为我之物"。就这个意义说,"以我为人而乃有物,则亦以我为人而乃有天地","人之所自始者,其混沌而开辟也"⑨。这并非否认人类产生以前物质世界的存在,而是说人所面对的上天下地在人产生以后作为人的对象而存在,才由"混沌"而"开辟"。人类在自己所开辟的天地中,"存人道以配天地,保天心以立人极"⑩,从而开始了人类的历史。

其次,由上述思想,确立了"依人建极"的原则。他认为,"一阴一阳之

---

① 王夫之:《张子正蒙注》卷三,《船山全书》第12册,岳麓书社1992年版,第104页。
② 王夫之:《周易外传》卷五,《船山全书》第1册,岳麓书社1988年版,第987页。
③ 王夫之:《周易外传》卷五,《船山全书》第1册,岳麓书社1988年版,第987页。
④ 王夫之:《尚书引义》卷四,《船山全书》第2册,岳麓书社1988年版,第354页。
⑤ 王夫之:《周易外传》卷二,《船山全书》第1册,岳麓书社1988年版,第882页。
⑥ 王夫之:《周易外传》卷二,《船山全书》第1册,岳麓书社1988年版,第885页。
⑦ 王夫之:《张子正蒙注》卷一,《船山全书》第12册,岳麓书社1992年版,第41页。
⑧ 王夫之:《张子正蒙注》卷三,《船山全书》第12册,岳麓书社1992年版,第106页。
⑨ 王夫之:《周易外传》卷三,《船山全书》第1册,岳麓书社1988年版,第903页。
⑩ 王夫之:《周易外传》卷二,《船山全书》第1册,岳麓书社1988年版,第883页。

谓道"的宇宙普遍法则,必须通过人类社会生活表现出来,并由人按实践需要去加以把握,才对人具有意义。他说:

> 道行于乾坤之全,而其用必以人为依。不依乎人者,人不得而用之,则耳目所穷,功效亦废,其道可知而不必知。圣人之所以依人而建极也。①

"依人而建极",即是说,不应抽象地去讲"天道"、"物理",而应以"人"作为出发点来考察天地万物,考察人类在天地中的地位及其活动规律,"以人为依,则人极建而天地之位定也"。②

在这里,"开辟混沌"、"主持天地"的"人"和"以人为依"而建立的"人极",还是一个笼统的抽象;但在王夫之的精神胚胎学中,这正是他的历史辩证法所借以展开的逻辑起点。

关于"人极"

"人极"、"人纪"、"人维"、"人道",在王夫之的历史观中属于同一层次的范畴,大体指人的类特性,即人之所以为人,特别是文明人类之所以为文明人类的本质特征。但在王夫之思想中,所谓"人极",涉及从"人禽之辨"、"华夷之辨"以及"君子小人之辨"等方面来辨析所谓"人性"的标准和界限问题。

就"人禽之辨"来说,他强调人和动物都同样具有生命、知觉、情欲活动以及"甘食悦色"等自然本能;但"人之异于禽兽者几希"的"几希"二字,却是"严辞,亦大辞"③。这一严格的标准、重大的界限,即是人更具有社会生活中自觉的道德意识和道德活动。所谓"明伦、察物、居仁、由义四者,禽兽之所不得与。壁立万仞,只争一线"④。如果"视情皆善,则人极不立",乃至"自陷于禽兽"⑤。

就"华夷之辨"来说,他沿袭了华夏族才达到了文明人类这一传统偏

---

① 王夫之:《周易外传》卷一,《船山全书》第1册,岳麓书社1988年版,第850页。
② 王夫之:《周易外传》卷一,《船山全书》第1册,岳麓书社1988年版,第852页。
③ 王夫之:《读四书大全说》卷九,《船山全书》第6册,岳麓书社1991年版,第1023页。
④ 王夫之:《俟解》,《船山全书》第12册,岳麓书社1992年版,第478—479页。
⑤ 王夫之:《读四书大全说》卷十,《船山全书》第6册,岳麓书社1991年版,第1058页。

见,甚至把夷狄视为"异类",认为华与夷"地界分、天气殊而不可乱,乱则人极毁"。但他所强调的华夏与夷狄的区别,主要是由于地域不同而形成了文明与野蛮的界限,认为"均是人也,而夷、夏分以其疆"①,因为"夷狄不能备其文"。如果"中国之文,乍明乍灭",华夏族也可能倒退为夷狄。②

在《黄书·原极》中,他更提出"三维"的观点,试图规定"人极"的内容,集中到一点,就是"自畛其类":"人不自畛以绝物,则天维裂矣;华夏不自畛以绝夷,则地维裂矣。天地制人以畛,人不能自畛以绝其党,则人维裂矣。"所以,"圣人审物之皆然而自畛其类,尸天下为之君长",以"保其群"、"卫其类"③。透过其中民族偏见、阶级偏见的迷雾,可以发现王夫之所谓"自畛其类"的"人极",实即把人的特殊本质朦胧地看作具有一定文明的族类生活的群体。这样的群体,即是社会化了的现实的人类;这样的人类,有其由禽到人,由夷到夏(即由野到文),由文之不备到高度文明的发展历程。由此出发展开的人类史的考察,首先导出了"古"和"今"的范畴。

关于"古、今"

王夫之辩证地考察自然史,坚持了"气化日新"的观点;同样,他辩证地考察人类社会,着重发挥了今胜于古的思想,论证了人类史的发展方向,驳斥了一切"泥古过高而菲薄方今,以蔑生人之性"④的退化史观及复古理论。

他认为,"道之所行者时也","时之所承者变也","道因时而万殊也"⑤,"古今殊异者,时之顺也"⑥。时代变化中形成的"古今殊异",这就是历史进化的轨迹。"夫利害是非之辨,岂有常哉?或旬日而改,或旬月而改,或数十年而必改,百年而必大改,千年而尽易其故。……古之所贱,今之所贵,今之所是,后之所非"⑦。历史的进化是在古今变革中实现的。

王夫之把他的历史考察,限定在一定的时空范围。他欣赏庄子"参万

① 王夫之:《读通鉴论》卷十四,《船山全书》第 10 册,岳麓书社 1988 年版,第 503 页。
② 参见王夫之:《思问录·外篇》,《船山全书》第 12 册,岳麓书社 1992 年版,第 467 页。
③ 王夫之:《黄书·原极第一》,《船山全书》第 12 册,岳麓书社 1992 年版,第 501 页。
④ 王夫之:《读通鉴论》卷二十,《船山全书》第 10 册,岳麓书社 1988 年版,第 764 页。
⑤ 王夫之:《周易外传》卷七,《船山全书》第 1 册,岳麓书社 1988 年版,第 1112 页。
⑥ 王夫之:《宋论》卷一,《船山全书》第 11 册,岳麓书社 1992 年版,第 45 页。
⑦ 王夫之:《庄子解》卷二,《船山全书》第 13 册,岳麓书社 1993 年版,第 115 页。

岁而一成纯"的历史感,但指出:荒远的万岁,无从去参,但"数千年以内,见闻可及"的历史事实,"升降污隆治乱之数,质文风尚之殊,自可参其变而知其常,以立一成纯之局"①。同时,排斥各种"不能征其虚实"的"传闻",按"考古者以可闻之实而已"的原则,把自己所考察的对象限于"吾所知者,中国之天下"。尤可贵的是,他根据自己对当时湘桂一带少数民族社会生活的实地观察,对比历史文献进行研究,大胆地打破对三代古史的传统迷信,否定邵雍、朱熹等人的退化史观,断定人类史是由野蛮到文明的进化过程。他说:

> 三代沿上古之封建,国小而君多,……而暴君横取,无异于今川、广之土司,吸齕其部民,使鹄面鸠形,衣百结而食草木。②

> 自邃古以来,各君其土,各役其民,若今化外土夷之长,名为天子之守臣,而实自据为部落。③

唐虞三代的"国"被如实地描绘成原始的部落制和野蛮残暴的奴隶主统治。由此,他更进一步指出:

> 故吾所知者,中国之天下,轩辕以前,其犹夷狄乎!太昊以上,其犹禽兽乎!禽兽不能全其质,夷狄不能备其文。文之不备,渐至于无文。则前无与识,后无与传,是非无恒,取舍无据,所谓饥则呴呴,饱则弃余者,亦植立之兽而已矣。④

三百年前的王夫之,公然宣布我们的祖先是"植立之兽",明确论定文明人类的华夏族也有其史前史的发展阶段:禽兽—"植立之兽"("不全其质"而"无文")—夷狄("文之不备")—文明人类在中国的诞生("天开地辟于轩辕之代")。这是冲破历史蒙昧主义的卓越创见。

至于从轩辕时代开辟的文明史,也呈现出人类社会前进发展的诸阶段。从经济生活看,他认为由原始的"射生饮血",发展到燧人、神农时代开始"火食"、"粒食"而仍"鲜食艰食相杂",再进到后稷时代的农业普遍化,"来

---

① 王夫之:《俟解》,《船山全书》第 12 册,岳麓书社 1992 年版,第 485—486 页。
② 王夫之:《读通鉴论》卷二十,《船山全书》第 10 册,岳麓书社 1988 年版,第 746 页。
③ 王夫之:《读通鉴论》卷十五,《船山全书》第 10 册,岳麓书社 1988 年版,第 585—586 页。
④ 王夫之:《思问录·外篇》,《船山全书》第 12 册,岳麓书社 1992 年版,第 467 页。

牟率育而大文发焉"①;以后,"治地者有而富有,起功者有而日新"②,"世益降,物益备"③,直至"天地之产,聪明材勇,物力丰犀,势足以资中区而给其卫"④,物质文明不断提高。从政治组织看,他判定由古代的"万国分立"到三代时"渐有合一之势"的"封建之天下","风教日趋于画一,而生民之困亦以少衰"⑤;经过战国时期这一"古今一大变革之会",发展到秦以后的"郡县之天下",出现了汉、唐、宋、明这样统一强盛的朝代,终于成为一个"财足自亿,兵足自强,智足自名"⑥的伟大民族国家。从精神文明看,他认为唐虞以前"婚姻未别,丧祭未修,狉狉獉獉,人之异于禽兽无几也";而三代之季,还出现"朝歌之沈酗,南国之淫奔","卿大夫之父子相夷,兄弟相杀,姻党相灭"等混乱;直到孔子"删诗书、定礼乐而道术始明"⑦;唐宋以来的"后世之天下,幅员万里,文治益敷,士之秀者,不可以惮计"⑧,整个民族的文化、道德水准不断提高。

王夫之在坚持今胜于古的历史进化观的同时,更进一步通观古今,注意到华夷文野之分并非固定不变,而在一定条件下"彼此迭相易"。他从中国文化中心南移的一些事实,推论到"太昊"以前,中国人还处在野蛮时代,在"日照月临之下","必有一方焉如唐虞三代之中国也","此混沌而彼文明","迨此之盛则彼又衰",历史上华夷文野是迭相转化的。⑨ 由此,臆测到历史的前进运动并非直线,而是在总的向前发展中又有局部的倒退,在不断进化中又有暂时的洄流,充满着曲折和矛盾。

"古、今殊异"还只是从历史的外部表现来揭示人类社会进化的总趋势;为了探索人类社会是怎样进化的,有待于深入到历史的内部结构去剖析各种社会政治立法原则依存于相应的社会制度,即"道丽于器"的关系问题。

---

① 王夫之:《诗广传》卷五,《船山全书》第 3 册,岳麓书社 1992 年版,第 491—492 页。
② 王夫之:《周易外传》卷二,《船山全书》第 1 册,岳麓书社 1988 年版,第 887 页。
③ 王夫之:《读通鉴论》卷十九,《船山全书》第 10 册,岳麓书社 1988 年版,第 697 页。
④ 王夫之:《黄书·宰制第三》,《船山全书》第 12 册,岳麓书社 1992 年版,第 508 页。
⑤ 王夫之:《读通鉴论》卷二十,《船山全书》第 10 册,岳麓书社 1988 年版,第 754 页。
⑥ 王夫之:《黄书·宰制第三》,《船山全书》第 12 册,岳麓书社 1992 年版,第 519 页。
⑦ 王夫之:《读通鉴论》卷二十,《船山全书》第 10 册,岳麓书社 1988 年版,第 763 页。
⑧ 王夫之:《宋论》卷三,《船山全书》第 11 册,岳麓书社 1992 年版,第 80 页。
⑨ 参见王夫之:《思问录·外篇》,《船山全书》第 12 册,岳麓书社 1992 年版,第 467—468 页。

关于"道、器"

"道、器"范畴在王夫之哲学中具有多重含义。当其运用于人类史观，则从标志普遍规律与具体事物的含义中引申出社会政治、道德立法的原则与具体的社会关系、社会制度之间的关系。他试图运用"道器"范畴对社会历史进行横剖，触及了各种社会关系、制度、器物等具体存在（"器"）对依附于它们的政治立法原则、伦理道德规范以及一般原理（"道"）的决定作用问题。抽象地说："天下惟器"，"无其器则无其道"①，"尽器则道在其中"②，"据器而道存，离器而道毁"③。他虽强调"道器无异体"④，"器道相须而大成"⑤，但反复指明两者的关系只能是"道"依存于"器"，有了"器"才会有"道"。横剖历史，只能承认"形而上之道丽于器之中"⑥，"器"变则"道"亦随之而变。他具体地指出：

> 洪荒无揖让之道，唐虞无吊伐之道，汉唐无今日之道，则今日无他年之道者多矣。⑦

其所以如此，因为：

> 未有弓矢而无射道，未有车马而无御道，未有牢醴璧币、钟磬管弦而无礼乐之道。则未有子而无父道，未有弟而无兄道，道之可有而且无者多矣。⑧

这就是说，人类社会在发展中，具体的政治关系、伦理关系、经济生活、器物制造等都在变化，依存于"器"的"道"也必然随之而变。"事随势迁而法必变"⑨，"时移势易，而是非然否亦相反相谢而因乎化"⑩。社会的立法原则、道德规范、是非标准等都必然随着社会的变革而不断变革。

---

① 王夫之：《周易外传》卷五，《船山全书》第1册，岳麓书社1988年版，第1028页。
② 王夫之：《思问录·内篇》，《船山全书》第12册，岳麓书社1992年版，第427页。
③ 王夫之：《周易外传》卷二，《船山全书》第1册，岳麓书社1988年版，第861页。
④ 王夫之：《周易外传》卷五，《船山全书》第1册，岳麓书社1988年版，第1027页。
⑤ 王夫之：《周易外传》卷三，《船山全书》第1册，岳麓书社1988年版，第905页。
⑥ 王夫之：《张子正蒙注》卷六，《船山全书》第12册，岳麓书社1992年版，第232页。
⑦ 王夫之：《周易外传》卷五，《船山全书》第1册，岳麓书社1988年版，第1028页。
⑧ 王夫之：《周易外传》卷五，《船山全书》第1册，岳麓书社1988年版，第1028页。
⑨ 王夫之：《读通鉴论》卷五，《船山全书》第10册，岳麓书社1988年版，第191页。
⑩ 王夫之：《庄子解》卷二，《船山全书》第13册，岳麓书社1993年版，第115页。

王夫之基于他的"器道相须"、"道丽于器"的观点,就他的"见闻所及",从社会制度上把中国史分为先秦"封建制"和秦以后"郡县制"两大阶段,并对封建、学校、乡里选举、土地制度、兵农合一,乃至肉刑、职田、什一之税等具体政法制度的演变情况作了具体的分析研究,总结出了"封建不可复行于后世,民力所不堪,而势在必革也","郡县之与封建殊,犹裘与葛之不相沿矣"①的明确论断。他说:"就事论法,因其时而酌其宜"②。"汉以后之天下"只能"以汉以后之法治之"③。"道"随"器"变,法因时改。所以"道莫盛于趋时"④,"趋时应变者,……可以日新而不困"⑤。这是具有启蒙意义的政治结论。

但对历史研究来说,王夫之认为,对古今、道器怎样发展变化,还必须"推其所以然之由,辨其不尽然之实"⑥,即必须进一步探究历史运动的"所以然"(必然性、合理性)和"不尽然"(偶然性、现实性),对历史进行纵剖,剖视其发展的必然趋势和内在规律。这样,由"器道相须"的社会结构论过渡到"理势相成"的历史规律论。

关于"理、势"

在王夫之的人类史观中,"势"范畴标志历史发展的客观过程及其必然趋势,涵有"自然之气机"⑦、"不得不然"⑧诸义,近于"现实的"或"现实性";"理"范畴标志历史必然趋势中所表现的规律性,涵有"当然之宰制"⑨、"当然而然"⑩诸义,近于"合理的"或"合理性"。他认为,现实的历史过程,其"势

---

① 王夫之:《读通鉴论》卷三,《船山全书》第10册,岳麓书社1988年版,第124页。
② 王夫之:《读通鉴论》卷末,《船山全书》第10册,岳麓书社1988年版,第1180—1181页。
③ 王夫之:《读通鉴论》卷五,《船山全书》第10册,岳麓书社1988年版,第191页。
④ 王夫之:《思问录·内篇》,《船山全书》第12册,岳麓书社1992年版,第416页。
⑤ 王夫之:《张子正蒙注》卷七,《船山全书》第12册,岳麓书社1992年版,第276页。
⑥ 王夫之:《读通鉴论》卷末《叙论二》,《船山全书》第10册,岳麓书社1988年版,第1177页。
⑦ 王夫之:《四书训义》卷三十一,《船山全书》第8册,岳麓书社1990年版,第431页。
⑧ 王夫之:《读四书大全说》卷九,《船山全书》第6册,岳麓书社1991年版,第990页。
⑨ 王夫之:《四书训义》卷三十一,《船山全书》第8册,岳麓书社1990年版,第431页。
⑩ 王夫之:《读四书大全说》卷九,《船山全书》第6册,岳麓书社1991年版,第990页。

之必然"就表现了"理之当然",即使是"势之偶然"也表现了历史运动的内在规律;至于人们的历史实践,"得理自然成势",顺势也就合理,所以"理势不可以两截沟分"①,两者在现实的历史中是相涵互成的。

就王夫之的一贯思路,在自然观上坚持"理依于气"、"道寓于器",似乎在历史观上也会归结为"理因乎势"。但事实不然,他似乎意识到了历史运动的复杂情况,因而对历史辩证法中"理势相成"的复杂关系,试图展开多侧面的论证②。

首先,从"理成势"的侧面说,他强调的是:"理当然而然,则成乎势矣","势之顺者,则理之当然者已","凡言势者皆顺而不逆之谓也;从高趋卑,从大包小,不容违阻之谓也。夫然,又安往而非理乎?""迨已得理,则自然成势。"一句话:"势因理成"③。即是说,凡是合理的,必将成为现实的。人们合理的历史活动形成历史的现实过程,历史的必然规律也体现在人们合规律的历史活动之中。他以文王"以百里而兴"的史实为例,即使"势不便而受屈",但由于文王的行动合理,"道自我行",结果能够"易无道为有道","尽人事以回天",实现了"长诸侯而图王业"的历史使命。④ 又如宋太祖的"统一天下",似乎有"天命"在支配,实际上"天之命,有理而无心"⑤,宋太祖"惧以生慎"、兢兢业业的历史行动取得成功,正体现了"得理自然成势"的历史规律。

其次,再从"势成理"的侧面说,他着重说明:"理本非一成可执之物","只在势之必然处见理","势既然而不得不然,则即此为理矣"⑥,"时异而势异,势异而理亦异矣"⑦,一句话,"理因乎势"。即是说,凡是现实的,总

① 王夫之:《读四书大全说》卷九,《船山全书》第 6 册,岳麓书社 1991 年版,第 992 页。

② 有的研究者认为,王夫之关于理势互成之说,按其成书年代先后不同的著作中有不同论述,大体早年有"重理轻势",晚年有"屈理从势"的不同倾向。可备一说。但事实上,王夫之重要论著晚年都曾亲自重订,所谓"不同论述",又往往并存于同一篇中,故应另作逻辑的分析。

③ 王夫之:《读四书大全说》卷九,《船山全书》第 6 册,岳麓书社 1991 年版,第 990 页。

④ 王夫之:《四书训义》卷三十一,《船山全书》第 8 册,岳麓书社 1990 年版,第 432—433 页。

⑤ 王夫之:《读通鉴论》卷二十四,《船山全书》第 10 册,岳麓书社 1988 年版,第 934 页。

⑥ 王夫之:《读四书大全说》卷九,《船山全书》第 6 册,岳麓书社 1991 年版,第 992、990 页。

⑦ 王夫之:《宋论》卷十五,《船山全书》第 11 册,岳麓书社 1992 年版,第 335 页

有其合理性。王夫之试图区别历史现实所表现的"理"有两种:一为"有道之理"即"有定"之理或"当然而然"之理,或因势而成的"不得不然"之理。例如曹操以武力权术统一北中国,"乘势而处乎尊",尽管是强大役弱小,似乎"非理",但从旁旷观,在当时条件下"得以形成其相役之势","以戡其糜烂鼎沸之毒",曹操顺势成功,也就"合理"①。这样,无论"有道之理"或"无道之理"都依存于必然之势表现出来。而历史必然之势所实现的客观的规律性和合理性,并不以任何历史人物的主观意愿为转移。他在《读通鉴论》首章,对秦变封建为郡县之制这一重大历史事实的必然性和合理性的统一进行了卓越的分析,得出了"势相激而理随以易"的重要结论,认为"郡县之制,垂二千年而弗能改矣,合古今上下皆安之"的历史现实,表明了"势之所趋、岂非理而能然哉?"并指出"秦以私天下之心而罢侯置守",却实现了历史前进的"大公"之理。②

其次,王夫之根据"心有两端之用,而必合于一致"③的辩证思维方法,还进一步把"理成势"和"势成理"两方面综合起来,估计到理有"顺逆",事有"可否"等复杂情况,而概括为一个"理势相成"的论纲:

> 顺逆者,理也,理所制者,道也;可否者,事也,事所成者,势也。以其顺成其可,以其逆成其否,理成势者也。循其可则顺,用其否则逆,势成理者也。④

"理"作为客观的历史规律,在一定时期,人们可以顺理而行或逆理而行,因而对于"理",有顺或逆的问题。"势"则是由历史事变所形成的现实,在现实面前,只有可行或行不通的问题。因为"顺理"而形成可行之势,因为"逆理"而造成行不通之势,这都属于"理成势"的情态。反之,因为"势"已形成,只得循之而行,"循其可"就合乎"理",如果"用其否"也就违背"理",这都属于"势成理"的情态。把这两方面结合起来,实质上是力图全面阐明历史事变既是一个现实的客观过程,又是历史人物能动的实践过程。理有顺逆之别,势有可否之分,人们的历史活动有各种复杂情况,因而形成历史运动中偶然性和必然性、曲折性和前进性、现实性和合理性等的复杂联结。他

① 王夫之:《读通鉴论》卷一,《船山全书》第10册,岳麓书社1988年版,第67页。
② 参见王夫之:《读通鉴论》卷一,《船山全书》第10册,岳麓书社1988年版,第67页。
③ 王夫之:《尚书引义·益稷》,《船山全书》第2册,岳麓书社1988年版,第276页。
④ 王夫之:《诗广传》卷三,《船山全书》第3册,岳麓书社1992年版,第421页。

肯定"理、势"不可分,试图从"理成势"和"势成理",以及无论"成乎治之理"或是"成乎乱之理","均成其理",而"均成其理,则均成乎势矣"①等多方面的规定,来阐明人类史的必然趋势中有其客观规律性。

王夫之的"理势相成"的历史规律论,试图深入到历史运动的内部去探索古今道器演变的必然性和合理性,这就蕴涵着历史规律的实现,还在于人们在"顺势"、"合理"的历史活动中能够正确地把握"时"与"几"。

关于"时、几"

"时"和"几"是王夫之历史辩证法的重要范畴。"时"多与"势"相联系,主要指历史必然过程中转折变动的时机、时势、时代脉搏等。"几"则多与"理"相联系,主要指历史发展过程中屈伸消长的契机、比较隐微的征兆、矛盾转化的关节点等。两者同一层次,可以互通,"知时"也就是"知几",如说:"可与始时,殆乎知天矣;知天者,知天之几也。"②而"适当其可之几"也就是"得天之时"③。

关于"时",王夫之强调了"时"与"势"一样,具有"不可违"的客观性。"得天之时则不逆,应人以其时则志定。时者,圣人之所不能违也。"④一方面,不能"先时而动","时之未至,不能先焉"⑤;另一方面,也不能"过时犹执",如果"时已过而犹执者,必非自然之理"⑥。所以,必须"更新而趋时",如果"时驰于前,不能乘而有功",乃是"终身于悔之道"⑦,"亟违乎时,亡之疾矣"⑧。同时,他又提出"理势"均不是固定的,因而"时"更具有变化性。他说:

> 夫所谓理势者,岂有定理,而形迹相若,其势均哉?度之己,度之

① 王夫之:《读四书大全说》卷九,《船山全书》第6册,岳麓书社1991年版,第991页。
② 王夫之:《读通鉴论》卷二,《船山全书》第10册,岳麓书社1988年版,第117页。
③ 王夫之:《读通鉴论》卷二十,《船山全书》第10册,岳麓书社1988年版,第733页。
④ 王夫之:《读通鉴论》卷二十,《船山全书》第10册,岳麓书社1988年版,第733页。
⑤ 王夫之:《读通鉴论》卷三,《船山全书》第10册,岳麓书社1988年版,第138页。
⑥ 王夫之:《张子正蒙注》卷五,《船山全书》第12册,岳麓书社1992年版,第195页。
⑦ 王夫之:《思问录·内篇》,《船山全书》第12册,岳麓书社1992年版,第416页。
⑧ 王夫之:《春秋世论》卷五,《船山全书》第5册,岳麓书社1993年版,第509页。

彼,智者不能违,勇者不能竞,唯其时而已。①

　　难得而易失者,时也,……已去而不可追者,亦时也。……知时以
审势,因势而求合于理,岂可以概论哉!②

"时"的特点是伴随"理势"而变动不居,"难得而易失","已去而不可追"。
要做到"时将然而导之"、"时然而不得不然",即善于抓住时代脉搏,指导和
推进时代潮流,或至少能适应时代需要,也才可能完成某种历史功业。单凭
"智慧以立功"是不行的,"有智慧而无可为之势,则不如乘时者之因机顺
导,易用其智慧。"③

　　所谓"乘时者"要能"因机顺导",在于"见几"、"知几"。

　　关于"几",王夫之把它看作是"动静必然之介",即动静必然之理的一
种隐微表现。"几者,动静必然之介,伸必有屈,屈所以伸,动静之理然
也。"④"天下不可易者,理也;因乎时而为一动一静之势者,几也。"⑤可见,
"几"是历史运动中必然之理"因乎时"而在"动静之势"中表现出来,并不
神秘,是可以认识和把握的。他说:

　　夫几亦易审矣,事后而反观之,粲然无可疑者。而迂疏之士,执一
理以忘众理,则失之;狂狡之徒,见其几而别挟一机,则尤失之。……所
谓世间之英杰能见几者,如此而已矣,岂有不可测之神智乎!⑥

　　知天者,知天之几也。夫天有贞一之理焉,有相乘之几焉。知天之
理者,善动以化物;知天之几者,居静而不伤,物亦不能伤之。⑦

这里提出的"贞一之理",主要指历史前进发展的必然性和总规律;而"相乘
之几",则指历史运动中各种矛盾势力互相激荡而形成的转化契机。"贞一
之理"正是通过"相乘之几"而得以实现,"相乘之几"正是实现"贞一之理"
的历史前进运动的内在根据或"发动之由"。⑧

①　王夫之:《宋论》卷四,《船山全书》第 11 册,岳麓书社 1992 年版,第 140 页。

②　王夫之:《宋论》卷四,《船山全书》第 11 册,岳麓书社 1992 年版,第 142 页。

③　王夫之:《四书训义》卷二十七,《船山全书》第 8 册,岳麓书社 1990 年版,第 167 页。

④　王夫之:《张子正蒙注》卷五,《船山全书》第 12 册,岳麓书社 1992 年版,第 212 页。

⑤　王夫之:《读通鉴论》卷十四,《船山全书》第 10 册,岳麓书社 1988 年版,第 527 页。

⑥　王夫之:《读通鉴论》卷十四,《船山全书》第 10 册,岳麓书社 1988 年版,第 527 —
528 页。

⑦　王夫之:《读通鉴论》卷二,《船山全书》第 10 册,岳麓书社 1988 年版,第 117 页。

⑧　王夫之:《读四书大全说》卷一,《船山全书》第 6 册,岳麓书社 1991 年版,第 432 页。

王夫之据此深刻分析了秦变封建为郡县这一历史的前进步伐,正是两种社会势力"相乘以兴"的转化契机所决定的。在已经过时的世袭分封等级制下,"士有顽而农有秀,秀不能终屈于顽而相乘以兴",这样矛盾激化的结果,使"封建毁而选举行"①。秦以后历次农民起义的爆发、失败以及新旧王朝的代谢,都是由社会矛盾激化的"相乘之几"所决定,并由此而实现了历史不断前进的"贞一之理"。尽管"亡汉者黄巾而黄巾不能有汉","亡唐者黄巢而黄巢不能有唐"②,但是,"张角起而汉裂,黄巢起而唐倾"③,他们"犯天下之险以首事"的起义活动,正是一代又一代的残暴的专制王朝灭亡之"先征",是历史的"贞一之理"的体现"而适承其动机"④。在这里,王夫之朦胧地看到了中国历史上王朝更迭的基本规律和农民战争的历史作用。

既然"相乘之几"是使历史前进的"贞一之理"得以实现的内在根据或"动机",那么就需要对这个"相乘之几"的内容进行哲学剖析,王夫之由此提出一系列关于"人事之几"的对立范畴,展开了他的社会矛盾学说。

关于"相反而固会其通"

王夫之在缊缊生化的自然史观中,强调了"天下之变万,而要归于两端,两端归于一致","合二以一者,既分一为二之所固有"。在人类史观中,他也承认"同人者,争战之府也"⑤;"生之与死,成之与败,皆理势之必有"⑥;"治乱循环,一阴阳动静之几也"⑦;人类社会充满着尖锐的矛盾。但他强调,对于社会矛盾,不应"惊于相反",而应当看到"反者有不反者存","相反而固会其通"⑧。因为在他看来,人类社会作为一个"同者所以统

---

① 王夫之:《读通鉴论》卷一,《船山全书》第 10 册,岳麓书社 1988 年版,第 68 页。
② 王夫之:《读通鉴论》卷二十七,《船山全书》第 10 册,岳麓书社 1988 年版,第 1037 页。
③ 王夫之:《读通鉴论》卷二十六,《船山全书》第 10 册,岳麓书社 1988 年版,第 1017 页。
④ 王夫之:《读通鉴论》卷五,《船山全书》第 10 册,岳麓书社 1988 年版,第 206 页。
⑤ 王夫之:《周易外传》卷二,《船山全书》第 1 册,岳麓书社 1988 年版,第 859 页。
⑥ 王夫之:《读通鉴论》卷二十八,《船山全书》第 10 册,岳麓书社 1988 年版,第 1106—1107 页。
⑦ 王夫之:《思问录·外篇》,《船山全书》第 12 册,岳麓书社 1992 年版,第 431 页。
⑧ 王夫之:《周易外传》卷七,《船山全书》第 1 册,岳麓书社 1988 年版,第 1112 页。

异"，"异者所以贞同"的矛盾统一体，既不能"解而散之"，又不能"因而仍之"，而只能"斟酌其通"，调节矛盾，"善其交而不畏其争"①。他说：

> 反者有不反者存，而非积重难回，以孤行于一径矣。反者，疑乎其不相均也，疑乎其不相济也。不相济，则难乎其一揆；不相均，则难乎其两行。其惟君子乎！知其源同之无殊流，声叶之有众响也，故乐观而利用之，以起主持分剂之大用。是以肖天地之化而无惭，备万物之诚而自乐。下此者，惊于相反而无所不疑，道之所以违，性之所以缺，其妄滋矣。②

> 夫惟其一也，故殊形绝质而不可离也，强刑弱害而不可舍也。……夫同者所以统异也，异者所以贞同也，是以君子善其交而不畏其争。今夫天地，则阴阳判矣；雷风、山泽、水火，则刚柔分矣；是皆其异焉者也，而君子必乐其同。……其异焉中固有同然者，特忘本者未之察耳。③

这是他对人类社会中"异"与"同"、"反者"与"不反者"所作的辩证分析，承认了社会矛盾运动中差异的同一、对立的统一，并强调了从差异、对立中把握同一。"听道之运行不滞者，以各极其致，而不忧其终相背而不相通，是以君子乐观其反也。"④他基于这种"乐观其反"的辩证矛盾论，揭露了"规于一致而昧于两行"的"庸人"和"乘乎两行而执为一致"的"妄人"⑤，并深刻地批判了邵雍等"局于方、划于对、剖于两"的貌似辩证法的形而上学；也有力地驳斥了一切"忌阴阳而巧避之"的严"抱一"、"执一"、"贵一"、"归一"、"抟聚而合一"、"分析而各一之"以及"合两而以一为之纽"等反辩证法的谬说。

至于社会矛盾运动中的对立斗争乃至对抗性冲突，王夫之也试图加以概括。旷观历史，面对现实，他不得不承认历史上不少贪暴的统治者"迫民于死地，民乃视之如仇雠"，"货积于上而怨流于下"，"民安得不饥寒而攘臂以起哉？"⑥所以历代农民起义"皆自然不可中止之势"，冲翻了一个个末日

---

① 王夫之：《周易外传》卷四，《船山全书》第1册，岳麓书社1988年版，第980页。
② 王夫之：《周易外传》卷七，《船山全书》第1册，岳麓书社1988年版，第1113页。
③ 王夫之：《周易外传》卷四，《船山全书》第1册，岳麓书社1988年版，第980—981页。
④ 王夫之：《周易外传》卷十，《船山全书》第1册，岳麓书社1988年版，第1112页。
⑤ 王夫之：《周易外传》卷十，《船山全书》第1册，岳麓书社1988年版，第1113页。
⑥ 王夫之：《读通鉴论》卷二十六，《船山全书》第10册，岳麓书社1988年版，第1023、1018页。

王朝。至于明末，更是"鸷吏以其繁刑驱民而之死，民死亡而国因之益困，上狠下怨，成乎交逆，此谓以势之否，成理之逆，理势交违，而国无与立也"①。所以"闯、八、革、操，起于二十年之中而为天下裂"②。这样的客观矛盾运动，被王夫之概括为这样的历史辩证法命题：

> 天下之势，循则极，极则反。③

> 势极于不可止，必大反而后能有所定。故《易》曰："倾否，先否后喜。"否之已极，消之不得也，倾之而后喜。④

这里提出的"极"、"反"、"大反"等范畴，是对社会矛盾激化为对抗及其斗争形式的反映。王夫之认为，"极则反"、"极其至而大反"，乃是社会矛盾走向极端，成为对抗性，才出现的一种特殊形式，大量的社会矛盾并非如此。他认为，即使这种对抗性矛盾也可以通过调节，使之"会通为一"而"得其和平"。他说：

> 两间之化，人事之几，往来吉凶，生杀善败，固有其极至而后反者，岂皆极其至而后反哉？《周易》六十四卦，三十六体，或错或综，疾相往复，方动即静，方静旋动，静即含动，动不舍静，善体天地之化者，未有不如此者也。待动之极而后静，待静之极而后动，其极也惟恐不甚，其反也厚集而怒报之，则天地之情，前之不恤其过，后之偏迫以取偿，两间日构，而未有宁日矣。此殆以细人之衷测道者与！⑤

> 通者，化虽变而吉凶相倚，喜怒相因，得失相互，可会通于一也。推其情之所必至，势之所必反，行于此者可通于彼，而不滞于一隅，则夏之葛可通于冬之裘，昼之作可通之于夜之息，要归于得其和平，而变皆常矣。⑥

社会矛盾的对抗形式是"固有"的，但这是对立双方各走极端所造成，如果善于调节，不走向极端；善于会通，"不滞于一隅"，可以使之归于"和平"。他结合天道人事，进而分析矛盾状态大体有两种：一是"雷风相薄"的激烈

---

① 王夫之：《诗广传》卷三，《船山全书》第 3 册，岳麓书社 1992 年版，第 421 页。
② 王夫之：《春秋世论》卷四，《船山全书》第 5 册，岳麓书社 1993 年版，第 486 页。
③ 王夫之：《春秋世论》卷四，《船山全书》第 5 册，岳麓书社 1993 年版，第 491 页。
④ 王夫之：《宋论》卷八，《船山全书》第 11 册，岳麓书社 1992 年版，第 201 页。
⑤ 王夫之：《思问录·外篇》，《船山全书》第 12 册，岳麓书社 1992 年版，第 430 — 431 页。
⑥ 王夫之：《张子正蒙注》，《船山全书》第 12 册，岳麓书社 1992 年版，第 72 页。

斗争状态,二是"水火不相射"的和平共处状态。他认为,"阴阳者,恒通而未必相薄。薄者,其不常矣。"①矛盾双方"相薄"的状态是"反常"的,而互相联合、贯通,始终保持同一性的状态才是"正常"的。

这样,他由社会矛盾的分析,自然转到社会常变问题的探讨。

关于"变而不失其常"

"常"、"变"范畴经过长期衍化,内容不断丰富,而在王夫之哲学体系中也有多层次、多侧面的含义。但就其运用于社会历史,则主要标志社会矛盾运动中的常态与变态和社会制度演化中的常住性与变动性。

就社会矛盾运动说,他虽提出过"乐观其反"、"不畏其争"等命题,也承认了"雷风相薄"的矛盾斗争性的客观存在;但在理论上旨在论证矛盾同一性的普遍性和重要性,强调了"奉常以处变"②。

就社会制度演化说,他虽然提出过古今道器的变化,"今日无他年之道多矣"③。"当其未变,固不知后之变也奚若"④,并主张"于常治变,于变有常,夫乃与时偕行,以待忧患";但在思想上更多地倾向于"变在常之中","变而不失其常"⑤。

王夫之的人类史观的常变论中,有一个特殊的思想矛盾,即所谓"《易》兼常变,礼惟贞常"的矛盾。他说:

> 《易》全用而无择,礼慎用而有则。礼合天经地纬以备人事之吉凶,而于《易》则不敢泰然尽用之,……《易》兼常变,礼惟贞常,易道大而无惭,礼数约而守正。故《易》极变,而礼惟居常。⑥

这里的《易》,实指他自己坚持的哲学辩证法,"极物理人事之变",并要求普遍应用于一切对象,"全用而无择";"礼",则是他仍然迷信的政治道德原则,"天经地纬",只能"慎守"。他承认不敢把《易》的"极变"思想全面运用

① 王夫之:《周易外传》卷七,《船山全书》第1册,岳麓书社1988年版,第1077页。
② 王夫之:《周易外传》卷七,《船山全书》第1册,岳麓书社1988年版,第1112页。
③ 王夫之:《周易外传》卷五,《船山全书》第1册,岳麓书社1988年版,第1028页。
④ 王夫之:《读通鉴论》卷末《叙论一》,《船山全书》第10册,岳麓书社1988年版,第1174页。
⑤ 王夫之:《周易外传》卷六,《船山全书》第1册,岳麓书社1988年版,第1065页。
⑥ 王夫之:《周易外传》卷六,《船山全书》第1册,岳麓书社1988年版,第1057页。

于"礼"的原则,因而尽管《易》兼常变,而只能在礼的原则制约下讲变,保留"礼惟贞常"这一常住性的绝对性。因而,他只能强调:

　　　天下亦变矣,变而非能改其常。①

　　　变而不失其常,而后大常贞。②

　　　圣人反变以尽常,常立而变不出其范围。③

　　这里所谓"变不出其范围"的"大常"实即礼法制度的总原则。

　　王夫之思想中的易学辩证法的哲学锋芒,终于被局限在"礼惟贞常"的范围内,承认了社会生活的变动性,而不敢否认礼法制度的常住性。这是王夫之的人类史观不可能摆脱的历史局限。

关于"即民以见天"、"援天以观民"

　　王夫之的人类史观,经过"古今道器"的进化观、"理势合一"的规律观、"乐观其反"的矛盾观、"变不失常"的常变观诸理论环节,必然深入到支配社会历史发展的决定力量问题。他认为这就是"理势合一"的"天"。所谓"势字精微,理字广大,合而名之曰天"。"天"这一古老范畴被王夫之赋予了什么新的内容呢?

　　他利用"天视听自我民视听,天聪明自我民聪明,天明威自我民明威"等古老命题,对"天"的内涵作了新的分析,把作为客观支配力量的"天"分为五个层次:

　　　(一)"天之天"("统人物之合以敦化")

　　　(二)"物之天"("物之所知")

　　　(三)"人之天"("人之所知")

　　　(四)"己之天"(属于少数"贤智")

　　　(五)"民之天"(属于广大民众,被他称为"愚、不肖")

他强调指出:

　　　均乎人之天者,通贤智、愚不肖而一。圣人重用夫愚不肖,不独为贤智之天者,愚不肖限于不可使知,圣人固不自矜其贤智矣。……圣人

　　① 　王夫之:《周易外传》卷四,《船山全书》第 1 册,岳麓书社 1988 年版,第 946 页。

　　② 　王夫之:《周易外传》卷七,《船山全书》第 1 册,岳麓书社 1988 年版,第 1112 页。

　　③ 　王夫之:《周易外传》卷六,《船山全书》第 1 册,岳麓书社 1988 年版,第 1057 页。

> 所用之天,民之天也。不专于己之天,以统同也;不滥于物之天,以别嫌
> 也;不僭于天之天,以安土也。①

一方面,他反对了历代"滥于物之天"、"僭于天之天"的天人感应论及一切
神学史观;另一方面,他认为圣人应当"不专于己之天","不自矜其贤智",
而要体察民心,"统同"于民。因此,在他的历史观中,把所谓"天"的内涵基
本上规定为"人之所同然"或"民心之大同":

> 可以行之千年而不易,人也,即天也。"天视自我民视"者
> 也。……以理律天,而不知在天者之即为理;以天制人,而不知人之所
> 同然者即为天。②

> 天无特立之体,即其神化以为体;"民之视听明威",皆天之神也。
> 故民心之大同者,理在是,天即在是,而吉凶应之。③

这里,把"天"归结为"人之所同然"即"民心之大同",即归结为可视可听的
现实的客观力量,并注意到民心向背的历史作用。他所提出的"民之天"与
"己之天"的对比中,强调不能"以己之意见号之曰'天',以欺人之尊信",
而应当重用"民之天",肯定人民的"视听聪明"、"好恶德怨","莫不有理",
必须高度重视,不能违反。

但是,当作进一步分析时,他又认为"民之视听"复杂多变,并不可靠。
"一旦之向背","一方之风尚","一事之愉快","民之视听如是其伙也"。
特别是因为"万有不齐之民","旦喜夕怒,莫能诘其所终","一夫唱之,万人
和之"的盲目性,"忘大德,思小怨"的狭隘性等,即使形成一时"流风",也不
能去"诡随",而应当另找"定乎理之所在"的标准。因此,他又回到"己之
天",认为所谓"民之天"还需要圣人去加以鉴别和"慎用"。"天奚在乎?
在乎人之心而已。故圣人见天于心,而后世以其所见之'天'为神化之
主。"④这样,他又把"民之天"屈从于"圣人之见"。他在两难中还进一步
指出:

> 尊无与尚,道弗能逾,人不得违者,惟天而已。曰"天视自我民视,
> 天听自我民听",举天而属之民,其重民也至矣。虽然,言民而系之天,

---

① 王夫之:《尚书引义》卷一,《船山全书》第2册,岳麓书社1988年版,第271页。
② 王夫之:《读通鉴论》卷十九,《船山全书》第10册,岳麓书社1988年版,第697页。
③ 王夫之:《张子正蒙注》卷二,《船山全书》第12册,岳麓书社1992年版,第71页。
④ 王夫之:《宋论》卷六,《船山全书》第11册,岳麓书社1992年版,第161页。

其用民也尤慎矣。……征天于民,用民以天,夫然后大公以协于均平,而持衡者慎也。故可推广而言之曰"天视听自民视听",以极乎道之所察;因可推本而言之曰"民视听自天视听",以定乎理之所存。之二说者,其归一也,而用之者不一,展转以绎之,道存乎其间矣。

由乎人之不能重民者,则即民以见天,而莫畏匪民矣。由乎人之不能审于民者,则援天以观民,而民之情伪不可不深知而慎用之矣。①

由于"畏民"而"重民",也由于"畏民"而更需"深知而慎用之"。既肯定"即民以见天",更强调"援天以观民"。阶级的偏见、时代的局限,使他在"天"(神权、君权)和"民"(人权、民权)的夹缝中生长出的所谓"民心之大同"的思想,只能是一种极其稚弱的人文主义思想的萌芽。

"民之天",毕竟是一个新范畴。王夫之的人类史观,试图把支配社会历史发展的决定力量归之于"民之天"。在一定意义上,它区别于"天之天"、"物之天",以及少数特权者(圣贤)的"己之天",而具有了某种独立的内容。尽管刚从"人之天"中分化出来,还未能摆脱对少数圣贤的"己之天"的屈从地位,但"民之天"这一概念的内涵对于"人的类特性"这一历史范畴,显然有所充实和具体化。

从"人极"到"民之天",从"依人建极"到"即民见天",王夫之的历史辩证法呈现为一个首尾玄合的理论思维的圆圈。

(三)认识论的辩证法

如果说王夫之朴素唯物主义辩证法体系以自然史观为基石,而他的人类史观则从社会史的角度探讨了"人的类特性",那么,关于社会化了的人对于客观世界和人本身的认识的可能性、认识的深化过程和发展规律等问题的探讨,则构成了他的认识辩证法。

王夫之的认识辩证法,有其固有的逻辑起点,就是与自然物相区别的"人",这个"人"就是展开认识活动的主体。

---

① 王夫之:《尚书引义》卷四,《船山全书》第 2 册,岳麓书社 1988 年版,第 327—328 页。

什么是认识活动？"识知者,五常之性所与天下相通而起用者也。"①认识乃是人与客观外物交互作用的过程。"人者动物,得天之最秀者也,其体愈灵,其用愈广。"②人与狭义动物界的区别,就在于他作为自然进化的最高产物,具有能动地认识和统摄外部世界及其规律的能力:

> 原于天而顺乎道,凝于形气,而五常百行之理无不可知,无不可能,于此言之则谓之性。人之有性,函之于心而感物以通,象著而数陈,名立而义起,习其故而心喻之。形也,神也,物也,三相遇而知觉乃发。故由性生知,以知知性,交涵于聚,而有间之中统于一心,由此言之则谓之心。③

人的感官在思维活动的参与下和客观对象"相遇"而产生感觉、知觉和表象,经过多次反复,把感性认识条理化,通过"立名"、"起义"、"习故",即由概念、判断而推理,发挥"心"的统摄能力而达于对事物的理性认识。而所有这些认识活动得以展开,就在于人具有不同于物的特殊本质,即人的类特性("性"),因而能够"由性生知","以心尽性"。王夫之从自然进化的宏大视野来说明人的类特性及其起源:"人之有生,天命之也。……阴阳之良各以其知能为生之主。"④他认为作为认识主体的人的特殊性能、人的类特性,就是"知"与"能"。"知能者,人事也。"⑤这样对主体的规定,自然构成王夫之的认识辩证法体系的开端。

关于"知"与"能"

王夫之认为,尽性之"心"乃是"凝之于人而函于形中,因形发用以起知能者"⑥。足见"知"和"能"是认识主体的心所固有而尚待展开、实现出来的两种潜在的能动性。

> 夫人者,合知、能而载之一心也。……人合天地之用也。夫弥亘初

---

① 王夫之:《张子正蒙注》卷一,《船山全书》第1册,岳麓书社1988年版,第18页。
② 王夫之:《张子正蒙注》卷三,《船山全书》第12册,岳麓书社1992年版,第104页。
③ 王夫之:《张子正蒙注》卷一,《船山全书》第12册,岳麓书社1992年版,第33页。
④ 王夫之:《周易外传》卷三,《船山全书》第1册,岳麓书社1988年版,第934页。
⑤ 王夫之:《周易外传》卷五,《船山全书》第1册,岳麓书社1988年版,第983页。
⑥ 王夫之:《张子正蒙注》卷三,《船山全书》第12册,岳麓书社1992年版,第124页。

终，而持之一贯，亦至难矣。虚中忘我，以随顺乎万变，勉其所至，而行乎无疆，亦至繁矣。①

知，至于尽器；能，至于践形；德盛矣哉！②

知能同功而成德业。先知而后能，先能而后知，又何足以窥道阃乎？……夫能有迹，知无迹。故知可诡，能不可诡。③

"知"这种能动性的发挥，使人们不断加深对客体的认识（直到"尽器"），这必须"弥亘初终，而持之一贯"；然而单有它却不行。因为"甫其有知，即思能之，起而有作，而知固未全也"④；而且，单是知，难免产生虚假的认识。"能"这种能动性必须同时发挥，促进人们去躬行实践，不断提高主体的实践能力（直到"践行"），这就必须"勉其所至，而行乎无疆"；它必然留下行迹，而得到直接的验证。只有把人的"知"与"能"这两种潜在能力同时发挥出来，才能成就人的大业，实现人的目的。

"乾以易知、坤以简能"，"乾知大始，坤作成物"，《易传》把人类认识和改造世界的功绩归于自然天地的恩赐。王夫之则把它们还给人类，指出所谓天德、地业，都是主体的特殊本质——认识能动性和实践能动性共同发挥、交互作用的结果："夫天下之大用二，知、能是也；而成乎体，则德业相因而一。……知能者，人事也。"⑤

在王夫之看来，"知"与"能"是相互依存、相互促进的，"知能相因，不知则亦不能矣。"⑥然而，"知"、"能"二者并不是平列的，从一定的意义上，实践的能动性比认识的能动性更为重要。因此，王夫之对孟子的知能并举颇有微词，对陆王的"尊知贱能"也深致不满，而对张载的强调"良能"则大加发挥：

孟子言良知良能，而张子重言良能。……近世王氏之学，舍能而孤言知，宜其疾入于异端也。⑦

异端者于此，以知为首，尊知而贱能，则能废。……废其能，则知非

---

① 王夫之：《周易外传》卷五，《船山全书》第1册，岳麓书社1988年版，第984页。

② 王夫之：《思问录·内篇》，《船山全书》第12册，岳麓书社1992年版，第427页。

③ 王夫之：《周易外传》卷五，《船山全书》第1册，岳麓书社1988年版，第989页。

④ 王夫之：《周易外传》卷五，《船山全书》第1册，岳麓书社1988年版，第985页。

⑤ 王夫之：《周易外传》卷五，《船山全书》第1册，岳麓书社1988年版，第983页。

⑥ 王夫之：《读四书大全说》卷二，《船山全书》第6册，岳麓书社1991年版，第494页。

⑦ 王夫之：《张子正蒙注》卷三，《船山全书》第12册，岳麓书社1992年版，第121页。

其知,而知亦废。于是异端者欲并废之。①

为什么"舍能而孤言知"是错误的呢? 因为:

> 圣人以尽伦成物为道,抑非但恃其虚灵之悟。故知虽良而能不逮,犹之乎弗知。②

人类认识的目的是"尽伦成物",因此,把"知"、"能"二者割裂开来,只重视认识的能力而不发挥实践的能力,无疑背离了人的认识目的。抛开"能",再好的"良知"无从实现,也等于无知。陆王心学表面上"尊知而贱能",实际上取消了"能",也否定了"知",是知能并废。反之,强调人的实践的能动性,并不抹杀认识的能动性,二者必须同时发挥作用,才能实现主体的功能。

王夫之认为,"知"、"能"作为一种潜能,是人所特有的"性之德"。它以"好学"、"力行"、"知耻"等为内容,是"二气之良能",而与"甘食悦色"的生物本能("天地之化机")有"壁立万仞"的区别。他说:

> 性之德者,吾既得之于天而人道立,斯以统天而首出万物。论其所既受,既在我矣,惟当体之知能为不妄。③

这种"人道之独"的特殊禀赋,要靠"引之而达,推行而恒",只是一种可能性潜存于主体之中。怎样才能使它们由可能转化为现实呢? 其首要条件不能不是:把认识主体("己")和认识的客观对象("物")对置起来,进而联结起来。

关于"己"与"物"

"己"和"物"作为认识论上的一对范畴,至少始于《管子·心术》,其中谈到"舍己而以物为法",讲的是抛弃主观成见,力求客观地认识事物。王夫之"己"、"物"范畴的来源,则是《中庸》。他在阐释《中庸》"诚者,物之终始,不诚无物……诚者非自成己而已也,所以成物也,成己仁也,成物知也"数句时,颇为精细地分析了此处四个"物"字。认为"前二'物'字兼己与物而言,兼物与事而言",其中第一个"物"字"不择于我之能有是物与否而皆

---

① 王夫之:《周易外传》卷五,《船山全书》第 1 册,岳麓书社 1988 年版,第 989—990 页。
② 王夫之:《张子正蒙注》卷三,《船山全书》第 12 册,岳麓书社 1992 年版,第 121 页。
③ 王夫之:《思问录·内篇》,《船山全书》第 12 册,岳麓书社 1992 年版,第 418 页。

固然";第二个"物"字"作事字解",则"舍草木鸟兽而专言人事矣"。第三、第四个"'物'字之与'己'为对设之词。"①

这里,把"物"这一概念分为几个层次,由整个自然之"物",进入专言人事的"物",由一般人事而进入认识领域——闻见之知、心官之思及作为"知之用"的"成物"诸事。一旦涉及人的认识,"物"就是"与己对者",是"对己之物",即在"己"之外而又作为"己"的对象的东西。而这里的"己"亦是"对物之词,专乎吾身之事而言也。"②王夫之看到,只有当人们将认识主体从客观存在中分化、独立出来,把主观与客观、主体与客体即"己"与"物"分开并对置起来的时候,才真正开始了现实的认识活动。认识由潜在的变为现实的,第一对范畴就是互为"对设之词"的"己"与"物":

> 所谓己者,则视、听、言、动是己。是四者,均己所以保固其仁之体,发挥其仁之用者也。③

主体的认识活动,大体分为视、听、言、动四个方面。其中,建立在视听和思虑基础之上的言与动是"己之加人者",能动性和主动权比较大;视与听则是"己与物相缘者",是基础的然而又是粗浅的认识活动,主动权受到一些客观条件的限制。如果说目见是"由己由人之相半"的话,那么耳闻则完全是"由人而已矣"。当然,这并不是说在视听方面"己"只有被动性而毫无控制权。相反,在目与物交的过程中"己欲交而后交,则己固有权矣"。④他说:

> 有物于此,过乎吾前,而或见焉,或不见焉。其不见者,非物不来也,己不往也。……劳吾往者不一,皆心先注于目,而后目往交于彼。不然,则锦绮之炫煌,施、嫱之冶丽,亦物自物而己自己,未尝不待吾审而遽入吾中者也。⑤

这里既坚持了反映论原则,又注意到倘若抹杀了主体的能动性,就不会有最起码的认识活动。王夫之又强调,"己"不应"任耳目",耳闻尤其不可靠,当好言莠言杂沓并至的时候,应当慎重地分析选择。以上说明了王夫之充分

① 王夫之:《读四书大全说》卷三,《船山全书》第6册,岳麓书社1991年版,第555页。
② 王夫之:《读四书大全说》卷三,《船山全书》第6册,岳麓书社1991年版,第555页。
③ 王夫之:《尚书引义》卷一,《船山全书》第2册,岳麓书社1988年版,第267页。
④ 王夫之:《尚书引义》卷一,《船山全书》第2册,岳麓书社1988年版,第268页。
⑤ 王夫之:《尚书引义》卷一,《船山全书》第2册,岳麓书社1988年版,第268页。

肯定了主体在认识运动中的主导地位。

"物"并不是泛指一般的外物,如前所述,王夫之规定了认识论范围的"物"是与"己"相对者,是主体作用的对象。尚未进入主体作用范围之内的客观存在,还不属于认识的客体。他发挥张载"不见其成,虽物非物"的思想,指出:

> 金得火而成器,木受钻而生火,惟于天下之物知之明,而合之、离之、消之、长之,乃成吾用。不然,物各自物,而非我所得用,非物矣。①

人类"制器而利天下之用"的合、离、消、长的认识与改造自然的活动,漫长而又艰苦;这个活动的对象,才是与"己"相对的"物"。王夫之把一般的外物分为两部分,一部分属于"六合之外"、"不议不论"的范围,类似"自在之物";另一部分则是为我所用的,例如改善人们衣食住行可资利用的金木水火土等,类似"为我之物"。不过,他认为,只要把"知"和"能"的作用充分发挥出来,"因天之化","成人之能"②,可以变自在之物为为我之物。

和"己"、"物"属于同一层次的,还有"能"、"所"范畴。王夫之说:"所谓'能'者即'己'也,所谓'所'者即'物'也。"③他严格地区别了"能"与"所":

> "所"著于人伦物理之中,"能"取诸耳目心思之用。"所"不在内,故心如太虚,有感而皆应。"能"不在外,故为仁由己,反己而必诚。④

"实有其体"的"所"和"实有其用"的"能",都不是可以由人任意虚构的。"能"、"所"之间的关系只能是"因所以发能","能必副其所"⑤,客观第一,主观第二,主观必须与客观相符合。

王夫之在批判佛教、心学夸大抽象的能动性、混淆主观与客观界限的同时,扬弃了他们的某些思辨,肯定了主观是"用之加乎境而有功者",又把客观限定在"境之俟用者"⑥的范围之内。也就是说,有待主观作用的才是"所",主观见之于客观并能取得实际功效的才是"能"。这就和上面关于

---

① 王夫之:《张子正蒙注》卷三,《船山全书》第 12 册,岳麓书社 1992 年版,第 106 页。
② 王夫之:《尚书引义》卷五,《船山全书》第 2 册,岳麓书社 1988 年版,第 376 页。
③ 王夫之:《尚书引义·召诰无逸》,《船山全书》第 2 册,岳麓书社 1988 年版,第 377 页。
④ 王夫之:《尚书引义》卷五,《船山全书》第 2 册,岳麓书社 1988 年版,第 380 页。
⑤ 王夫之:《尚书引义》卷五,《船山全书》第 2 册,岳麓书社 1988 年版,第 376 页。
⑥ 王夫之:《尚书引义》卷五,《船山全书》第 2 册,岳麓书社年版,第 376 页。

"己"与"物"的规定一致起来了。这些论述,证明王夫之看到了主体在认识中的被动性与主动性的统一。

在"己"、"物"相互关系的问题上,王夫之批判了四种错误倾向:其一为反对积极"治物",主张听任自然,"绝圣弃智";其二为怀疑主观具有认识和改造客观的能力,主张消极地等待"时势";其三为无视客观条件和客观规律,主张随心所欲、盲目行动;其四为干脆抛弃外物,割断主观与客观的联系,主张"绝己绝物"。前两种属于抹杀主观能动性的宿命论,后两种属于夸大主观能动性的唯意志论,都是不正确的。王夫之认为,与此相反的四种正确态度是:"物之必待"、"己之必胜"、"惟己胜者之非可安"和"物之不可绝"①。也就是说,在主观改造客观的问题上,必须把尊重客观规律与积极有为的活动密切结合起来,既反对无所作为,又反对为所欲为。

"己物"、"能所"关系还只是一般地规定了主体与客体的区别以及两者在认识运动中的联结。对客观事物的认识(由感知现象到洞察本质)如何具体展开? 这就需要转入对"心"与"事"、"心"与"理"诸范畴的分析。

关于"心"与"事"、"心"与"理"

"心、事"关系,实质是主观与客观事物的现象之间的关系问题,王夫之由此展开了他的朴素唯物辩证法的感觉论。

关于感觉内容的客观性与感觉形式的主观性的统一问题,他说:

> 若其为五色、五声、五味之固然者,天下诚然而有之,吾心诚然而喻之;天下诚然而授之,吾心诚然而受之。②

客观事物是授予者,主观认识是接受者。五色、五声、五味是客观固有的,是"已然之迹",不会"惟人所命";另一方面,它们又不是与人"漠不相亲"的,人们通过自己的感官去辨、去审,就可以如实地获得"人人不殊"、"古今不忒"的反映。没有人的"耳目口体",各种各样的色、声、味的特性也就无从显现出来。"耳与声合,目与色合,皆心所翕辟之牖也。合,故相知。"③感觉器官是接受外部刺激的窗子,但需要感官与对象相结合,才能够产生感觉。

---

① 王夫之:《尚书引义》卷一,《船山全书》第 2 册,岳麓书社 1988 年版,第 237—239 页。
② 王夫之:《尚书引义》卷六,《船山全书》第 2 册,岳麓书社 1988 年版,第 409 页。
③ 王夫之:《张子正蒙注》卷四,《船山全书》第 12 册,岳麓书社 1992 年版,第 146 页。

但是,感觉不单单是外部的声色与人的耳目相接触就可以产生的。他说:

> 舆薪过前,群言杂至,而非意所属,则见如不见,闻如不闻。其非耳目之受而即合,明矣。①

除了内外之合,在认识主体内部同时还有一个思维器官与感觉器官相"合"的制作工夫。感官"分以成官,而思为君";"心者即目之内景、耳之内牖,……合其所分,斯以谓之合。……合之则大,分之则小"②。没有思维器官的指导("心不为之君"),光凭器官("下从乎耳目"),不能如实地反映客观事物的真相,只有"立心以为体,而耳目从心,则闻见之知皆诚理之著矣。"③把这两种"合"统一起来,王夫之生动地阐述了"心之往"与"事之来"的关系:

> 今夫事与人之相接也,不接于吾之耳、目、口、体者,不可谓事也。……不发而之于视、听、言、动者,不可谓心也。……是故于事重用其所以来,于心重用其所以往;于事重用其心之往,于心重用其事之来。④

从这里我们看到,王夫之把感觉看成客观对象、感官作用和思维活动三者结合的产物。其关键之一是"心"对"耳目口体"的统率,其关键之二是"心"对"物"或"事"的能动作用。"吾之所得制"者才能称为"事","有所施其制"者,才能称为"心"。⑤ 不难看出,王夫之感觉论的特点是在坚持感觉来源于外物的唯物主义的基础上,突出强调了思维在感觉中的作用,突出强调了感觉主体对于感觉对象的主动权。

然而,感觉毕竟只能认识事物的现象形态,人的抽象思维能力却可以突破这个界限:

> 声色之丽耳目,一见闻之而然,虽进求之而亦但然。为物所蔽而蔽尽于物。岂如心之愈思而愈得,物所已有者无不表里之具悉(原注:耳

---

① 王夫之:《张子正蒙注》卷四,《船山全书》第12册,岳麓书社1992年版,第146页。
② 王夫之:《尚书引义》卷四,《船山全书》第2册,岳麓书社1988年版,第355—356页。
③ 王夫之:《尚书引义》卷一,《船山全书》第2册,岳麓书社1988年版,第240页。
④ 王夫之:《尚书引义》卷三,《船山全书》第2册,岳麓书社1988年版,第289页。
⑤ 王夫之:《尚书引义》卷三,《船山全书》第2册,岳麓书社1988年版,第289页。

目但得其表),物所未有者可使之形著而明动哉!①

感官与"物"的联系是直接的,而抽象思维与"物"的联系却是间接的。它离开了具体的物象,仍可以"使之形著而明动";它"愈思而愈得",克服了感觉经验"为物所蔽"的局限;它使人们的认识由"但得其表"上升到"表里之具悉",从对客观对象的"事"、"物"现象形态的认识上升到对其本质和规律——"理"、"道"的认识。由此,王夫之进而论述了"心"与"理"的关系。

首先,他说明了思维对象——"理"的客观性:

> 理者,物之固然,事之所以然也,显著于天下,循而得之。②

> 万物皆有固然之用,万事皆有当然之则,所谓理也,乃此理也。唯人之所可必知,所可必行,非人之所不能知、不能行,而别有理也。③

"理",作为事物所固有的法则,是客观存在的,同时又是可以认识、可以遵循的。王夫之批判了程朱理学"心外无理"、"心包万理"的"唯心之说",坚持了"有即事以穷理,无立理以限事"④的唯物主义路线。他反对"以心立理"而主张"以心循理":

> 性命之理显于事,理外无事也。天下之务因乎物,物有其理矣。循理而因应乎事物,则内圣外王之道尽。……循夫理者,心也。故曰惟其所以用心者而已。古之圣人治心之法,不倚于一事而为万事之枢,不逐于一物而为万物之宰。……事无定名,物无定象,理无定在,而其张弛开合于一心者如是也。⑤

这里重申了作为思维内容的"理"是客观的"事"与"物"的本质,思维之第一位的原则是认识它、遵循它、顺应它,而不是脱离它、抛开它而另外虚构一个主观主义的框框滥套滥用。另一方面,"循理"也不是一件简单的事。"理"不是现成摆在那里的,"非见闻步趋之可顺乎天则也"⑥。单凭感观直觉认识不到"理",人们认识到了一定的"理",去遵循它则也需要"终身"、"终食"进行艰苦地思考。天地"变动不居"、"无时不迁",万物"聚散无

---

① 王夫之:《读四书大全说》卷十,《船山全书》第6册,岳麓书社1991年版,第1088页。
② 王夫之:《张子正蒙注》卷五,《船山全书》第12册,岳麓书社1992年版,第194页。
③ 王夫之:《四书训义》卷八,《船山全书》第7册,岳麓书社1990年版,第377页。
④ 王夫之:《续春秋左氏传博议》卷下,《船山全书》第5册,岳麓书社1993年版,第586页。
⑤ 王夫之:《尚书引义》卷一,《船山全书》第2册,岳麓书社1988年版,第273页。
⑥ 王夫之:《尚书引义》卷一,《船山全书》第2册,岳麓书社1988年版,第273页。

常"、"往来无端",其中的"道"、"理"也会随之而改变。因此,认为"理已现前,吾循之而无不得"①,"以无心应之而已足"②,这种态度也是错误的。在"心"与"理"的关系上,他既反对了思维的妄人,又反对了思维的懒汉。

其次,王夫之把"心"对于"理"的认识分为两个阶段:其一是"以心循理"的知性认识阶段,其二是"以理御心"的理性认识阶段。

关于"以心循理",他说:

> 以心循理,而天地民物固然之用、当然之则各得焉,则谓之道。③

> 以心循理,心尽而理亦尽;……此之谓纯,此之谓约。无他,于心求之而已矣。④

这里所说的"各得"和"尽理",实际上是从事物中孤立和抽象出一般的"道"和"理",以把握事物及其关系的部分、方面、特征和特性。其方法就是"纯"和"约",即通过"识其品式、辨其条理"的分析和归纳整理,由"格物"上升到"致知",由"器"上升到"道",由"博"上升到"约",由"多"上升到"一",也就是从感性具体到抽象认识,从个别、特殊到普遍。这个认识阶段对于获得知识、形成概念、掌握客观事物的低一级的本质,是非常必要的。诚如王夫之所说:"在天、在物、在人,三累而固有不齐之道者"⑤;"天下有三累之情形,而各适如其分以应之"⑥;"'名'者,言道者分析而名"⑦;"治器者则谓之道"⑧;"尽器则道在其中矣"⑨。

关于"以理御心",他说:

> 以理御心,理可推而心必推。尽之于小,而小者无遗,可以贯乎大矣;尽之于大,而大者不虚,可以贯于小矣。推之于常,而常者无所执,可以贯于变矣;推之于变,而变者有其则,可以贯于常矣。……表里一也,精粗一也,始终同条,而内外合德,……心果尽矣,果推矣,则自无不

① 王夫之:《尚书引义》卷一,《船山全书》第 2 册,岳麓书社 1988 年版,第 276 页。
② 王夫之:《尚书引义》卷一,《船山全书》第 2 册,岳麓书社 1988 年版,第 273 页。
③ 王夫之:《四书训义》卷八,《船山全书》第 7 册,岳麓书社 1990 年版,第 377 页。
④ 王夫之:《四书训义》卷八,《船山全书》第 7 册,岳麓书社 1990 年版,第 380 页。
⑤ 王夫之:《尚书引义》卷四,《船山全书》第 2 册,岳麓书社 1988 年版,第 350 页。
⑥ 王夫之:《尚书引义》卷一,《船山全书》第 2 册,岳麓书社 1988 年版,第 276 页。
⑦ 王夫之:《张子正蒙注》卷一,《船山全书》第 12 册,岳麓书社 1992 年版,第 32 页。
⑧ 王夫之:《周易外传》卷五,《船山全书》第 1 册,岳麓书社 1988 年版,第 1028 页。
⑨ 王夫之:《思问录·内篇》,《船山全书》第 12 册,岳麓书社 1992 年版,第 427 页。

可贯,而后知其协于一也。①

这里所说的贯通大小常变、统一表里精粗,就是将"以心循理"阶段所得到的各个片面的认识,综合起来并演绎开去,从总体上认识客观对象的高一级本质,并形成理论体系。通过"推"、"贯"的方法,由"致知"到格物,由"道"到"德",由"约"到"博",由"一"到"多",也就是从抽象认识上升到具体,从普遍回到特殊和个别。

其所以必须如此,是因为知性阶段的"纯"、"约"抽象,把认识对象割裂成了各个片面,而只有全面地掌握这些部分、方面、特征、特性之间的关系,才算真正认识了客观真理。知性认识的毛病就是以偏赅全,执其一端:"务大者必略乎小,察乎小者必忘乎大,执为常者必穷于变,遂于变者反碍其常。"这样"虽有所得于道之一端,而明乎此者昧乎彼,行乎一曲者不足以达乎大全"②。"天下之理,亦至繁矣",只有理性认识能力才可以做到——

> 小不废大,大不遗小,小大因乎事,而达之者一致;常不碍变,变不失常,常变因乎时而行之者一揆。③

> 推其情之所必至,势之所必反,行于此者可通于彼,而不滞于一隅之识。④

以"推贯"、"会通"的方法克服"纯"、"约"抽象"得其偏而失其全"的弊病,把握真理的具体性("因乎时"、"因乎事")和真理的全面性("达乎大全"、"不滞于一隅之识")。因此,"以理御心"高于"以心循理",但它们并不相互排斥。"分以剂之","析乎其有条"的"以心循理",与"会以通之"、"融乎其相得"的"以理御心",是相辅相成的。

王夫之在认识的感性阶段提出要防止"以见闻域所知"的狭隘经验论及其可能导致的不可知论;在认识的知性阶段提出要避免"逐物而分应"、"得其偏而失其全"的形而上学错误;在认识的理性阶段则提出要批判"异念而旁求"的唯心主义唯理论的思想。由于他认识到各个认识阶段的弊病,因而充分注意了由此达彼的上升性、前进性,着意说明了在"但得其表"的感性认识与"表里之具悉"的抽象思维之间,在"以心循理"的知性认识与

---

① 王夫之:《四书训义》卷八,《船山全书》第 7 册,岳麓书社 1990 年版,第 380 页。
② 王夫之:《四书训义》卷八,《船山全书》第 7 册,岳麓书社 1990 年版,第 378 页。
③ 王夫之:《四书训义》卷八,《船山全书》第 7 册,岳麓书社 1990 年版,第 378 页。
④ 王夫之:《张子正蒙注》卷二,《船山全书》第 12 册,岳麓书社 1992 年版,第 72 页。

"以理御心"的理性认识之间,都不是彼此割裂、毫无联系的。应当说,王夫之朦胧地触及了感性、知性与理性三阶段在认识矛盾运动过程中的统一。

关于"知"与"行"

"知行"范畴是王夫之认识论的核心。在"知"、"行"关系的问题上,他扬弃了陆王及其门人与朱熹及其后学激烈争鸣的思想成果,作出了前无古人的贡献。其要点,第一是明确肯定了"行"在认识过程中的地位,得出了"行可兼知"的重要结论;第二是深刻阐述了人的认识在"知行并进而有功"的运动中"日进于高明而不穷"的思想。

为什么要提出"行"的地位问题? 宋明道学家在知行问题上"聚讼不已"。陆王心学派主张"知行合一",表面上重视行,实则混淆了"知"和"行"的区别,王夫之指斥他们"以知为行"、"销行以归知";程朱理学派反对"知行合一"而提出"知先行后",割裂了"知"和"行"的联接,王夫之批评他们"先知以废行","以困学者于知见之中"。王夫之认为他们都是"惮行之艰,利知之易,以托足焉";其共同点是"划然离行以为知"。所以两派虽互相攻评,而实际上是"异尚而同归"①。

王夫之认为,"离行以为知"是各种唯心主义的总根,必须坚决批判:

> 离行以为知,其卑者,则训诂之末流,无异于词章之玩物而加陋焉;其高者,瞑目据梧,消心而绝物,得者或得,而失者遂叛道以流于恍惚之中。异学之贼道也,正在于此。②

宋明以来蹈虚空谈的腐朽学风,被看作是程朱陆王都在内的"异学"提倡"浮游之说"的结果。而唯心主义的"狂妄流害",又被看作是"人心以蛊,风俗以淫",乃至民族败亡的祸根。王夫之力图从认识路线上清算宋明道学,正是基于这样的政治动力。

"行"重于"知",理由何在呢?

首先是"知"源于"行"。他说:"行而后知有道,道犹路也。"③又说:"道昭著于人伦物理之间,岂难明者哉? ……乃终无有发明其义,而使天下与知

---

① 王夫之:《尚书引义》卷三,《船山全书》第 2 册,岳麓书社 1988 年版,第 313 页。
② 王夫之:《尚书引义》卷三,《船山全书》第 2 册,岳麓书社 1988 年版,第 314 页。
③ 王夫之:《思问录·内篇》,《船山全书》第 12 册,岳麓书社 1992 年版,第 402 页。

者,岂人之不欲明哉? 我知其故在不能行之矣。"①客观事物及其规律都是可以认识的,之所以暂时还不能认识,原因在于"不能行之"。以食物为例:"饮之食之,而味乃知。"②

其次是"知"必须"以行为功"。他以科学活动为例,指出:"将为格物穷理之学,抑必勉勉孜孜,而后择之精、语之详,是知必以行为功也。"③不仅科学的认识依赖于实践,就是弈棋、登山的知识也是如此:"格致有行者,如人学弈棋相似。但终日打谱,亦不能尽达杀活之机;亦必与人对弈,而后谱中谱外之理,皆有以悉喻其故。"④"事先之觉不可恃也","事后之悔无可救也","为功于人而待人之加功者,其惟能乎! 为善如登而气凌于千仞,乃登之矣。为恶如崩而力挽其奔车,乃弗崩矣"⑤。总之,"行既定而知益审矣"⑥。

再次是"行焉可以得知之效"。就是说,"行"体现出"知"的效果,并且检验"知"的真伪。"知而不行,犹无知也"⑦;"知者非真知也,力行而后知之真"⑧;"甚哉力行者之难也,而知固不可恃以为真知矣"⑨。

"行"是认识过程的主导方面,对"知"的产生、发展和验证都有其决定性的作用,诚如他所反复指明的:

且夫知也者,固以行为功者也。行也者,不以知为功者也。行焉可以得知也,知焉未可以收行之效也。……行可兼知,而知不可以兼行。下学而上达,岂达焉而始学乎? 君子之学,未尝离行以为知也必矣。⑩

凡知者或未能行,而行者则无不知。……是故知有不统行,而行必统知也。⑪

① 王夫之:《四书训义》卷二,《船山全书》第7册,岳麓书社1990年版,第113—114页。
② 王夫之:《四书训义》卷二,《船山全书》第7册,岳麓书社1990年版,第114页。
③ 王夫之:《尚书引义》卷三,《船山全书》第2册,岳麓书社1988年版,第314页。
④ 王夫之:《读四书大全说》卷一,《船山全书》第6册,岳麓书社1991年版,第409页。
⑤ 王夫之:《续春秋左氏传博议》卷上,《船山全书》第5册,岳麓书社1993年版,第563页。
⑥ 王夫之:《读四书大全说》卷四,《船山全书》第6册,岳麓书社1991年版,第597页。
⑦ 王夫之:《四书训义》卷九,《船山全书》第7册,岳麓书社1990年版,第408页。
⑧ 王夫之:《四书训义》卷十三,《船山全书》第7册,岳麓书社1990年版,第575页。
⑨ 王夫之:《四书训义》卷二,《船山全书》第7册,岳麓书社1990年版,第118页。
⑩ 王夫之:《尚书引义》卷三,《船山全书》第2册,岳麓书社1988年版,第314页。
⑪ 王夫之:《读四书大全说》卷六,《船山全书》第6册,岳麓书社1991年版,第815页。

故以在人之知行言之:闻见之知不如心之所喻,心之所喻不如身之
所亲。①

"行"是"知"的基础、动力和落脚点,所以它包括了"知"、统率着"知"、优越
于"知"。"身所亲行"的活动,高于"闻见之知"的感性认识,也高于"心之
所喻"的理性认识。因为,即使"知所不喻",也可以在"知能日新"的条件
下,"行且通焉"。所以他认为在治水问题上,尧赶不上禹,"知能相因,不知
则亦不能矣;或有知而不能,如尧非不知治水之理,而下手处自不及禹是
也"②。如果停留在"知"上,则会像"司庾之吏,持筹悉委,而要不获一粟之
用也"③。如果停留在口头上,"能言而遂谓能知,自谓已知而不复勤于力
行,则君子甚恶之"④。

王夫之如此强调"行",是不是否定"知"对于"行"的作用呢? 不是的。
王夫之的知行观,是在重"行"基础上的知行统一观,他阐释了"知行相资以
为用"、"并进而有功"的道理,触及了认识与实践相互关系的辩证法和认识
与实践互动的无限性的思想。

知行相资以为用。惟其各有致功而亦各有其效,故相资以互用;则
于其相互,益知其必分矣。同者不相为用,资于异者乃和同而起功,此
定理也。不知其各有功效而相资,于是姚江王氏知行合一之说得藉口
以惑世。⑤

肯定知与行各有功效,不容混同,首先同"知行合一"说划清了界限;同时,
又指出,正因为知行相互区别,所以才相资互用。在人们具体的认识活动
中,知和行不可截然分割,知中有行,行中有知,"知行终始不相离,……更
不可分一事以为知而非行、行而非知"⑥。做任何事都离不开"知"的指导,
但都不是"先知完了方才去行"。朱门后学主张"先知后行",在知行之间
"立一划然之秩序",当然是十分荒谬的。

---

① 王夫之:《周易内传》卷五,《船山全书》第 1 册,岳麓书社 1988 年版,第 510 页。
② 王夫之:《读四书大全说》卷二,《船山全书》第 6 册,岳麓书社 1991 年版,第 494 页。
③ 王夫之:《续春秋左氏传博议》卷上,《船山全书》第 5 册,岳麓书社 1993 年版,第
562 页。
④ 王夫之:《四书训义》卷九,《船山全书》第 7 册,岳麓书社 1990 年版,第 408 页。
⑤ 王夫之:《礼记章句》卷三十一,《船山全书》第 4 册,岳麓书社 1991 年版,第 1256 页。
⑥ 王夫之:《读四书大全说》卷三,《船山全书》第 6 册,岳麓书社 1991 年版,第 562—
563 页。

"知行相资以为用",还是一个循环往复、不断发展的过程:"由知而知所行,由行而行则知之,亦可云并进而有功。"①人们通过"行",从不知到知,从浅知到深知,就可以做到"精义入神,日进于高明而不穷"②。这样的知行并进、日趋高明的过程,就是在实践的基础上,认识内容不断深化、认识能力不断提高,主观逐步符合客观并且改造客观的无限发展的过程。王夫之认为,致知是没有止境的,力行也是没有止境的,"道之在天下也,岂有穷哉!以一人之身,藐然孤处于天地万物之中,虽圣人而不能知不能行者多矣。……君子知此,念道之无穷,而知能之有限。"③他接触到了真理的无限性和人类认识、实践的相对性。

在对知行关系作了如此深入探讨的基础上,王夫之更进一步提出了"实践"的范畴,说明了认识主体在改造自然、改造社会和改造自己的活动中的重大作用,从而使他的认识论的终点回复到起点——作为认识主体的人。

人类认识的目的性:"实践"

王夫之认为,知行并进的认识应当有一个正确的目的,就是"实践之",把"心之所存"的合理思想"推行于物":

> 知之尽,则实践之而已。实践之,乃心所素知,行焉皆顺,故乐莫大焉。④

> 以知知义,以义行知,存于心而推行于物,神化之事也。⑤

在这里,王夫之所提出的"实践"和"存于心而推行于物",当然包含了传统道德的践履,即所谓"行于君民亲友之间"的伦理活动;但是,应当看到,他更多涉及的却是改造自然和社会,以及人本身的自我完善活动,其中透露出来的关于人的自觉能动性的思想火花,格外夺目。

他尊重"厚生利用"等生产活动,认为我们的祖先后稷所开始的农业生

---

① 王夫之:《读四书大全说》卷四,《船山全书》第6册,岳麓书社1991年版,第598页。
② 王夫之:《思问录·内篇》,《船山全书》第12册,岳麓书社1992年版,第425页。
③ 王夫之:《周易内传》卷二,《船山全书》第1册,岳麓书社1988年版,第168页。
④ 王夫之:《张子正蒙注》卷五,《船山全书》第12册,岳麓书社1992年版,第199页。
⑤ 王夫之:《张子正蒙注》卷二,《船山全书》第12册,岳麓书社1992年版,第80页。

产,其伟大意义在于:"因天之能,尽地之利,以人能合而成之。凡圣人所以用天地之神而化其已成之质,使充实光辉者,皆若此。"①人们依赖自然界提供的物质条件而生存,然而,没有意志、没有目的的自然,并不能满足人们的生活需求,"天无为也,无为而缺,则终缺矣"。人类一方面"资其用于天";另一方面又可以创造出自然界所没有而人们又必需的生活资料,"人有为也,有为而求盈,盈而与天相争胜"。为了御寒,人们可以"绩枲以代毛";为了自卫,人们可以"铸兵以代角",进行"合目的性"的改变世界的活动。②

在改造社会方面,他提出,不仅"君相可以造命",而且"一介之士,莫不有造焉"③。普通人也能掌握历史命运,治理社会。在"国家之治乱存亡"的问题上,"人有可竭之成能,故天之所死,犹将生之;天之所愚,犹将哲之;天之所无,犹将有之;天之所乱,犹将治之。裁之于天下,正之于己,虽乱而不与俱流。立之于己,施之于天下,则凶人戢其暴,诈人敛其奸,顽人砭其愚,即欲乱天下而天下犹不乱也"④。充分发挥人的主观能动性,坚持人道正义,就可以起死回生、化愚为哲、变无为有、拨乱反治,创造人间奇迹。

就认识主体自身来说,正是在上述活动中,才能实现人的本质,增长聪明智慧,达到近乎完美的境界。他说:"夫天与之目力,必竭而后明焉;天与之耳力,必竭而后聪焉;天与之心思,必竭而后睿焉;天与之正气,必竭而后强以贞焉。可竭者天也,竭之者人也。"⑤这就是说,潜在的认识和活动能力是自然禀赋,要把它们发挥出来、实现出来,却主要靠人的主观努力和实际锻炼。人格、道德、智慧都在实践中锻炼成长,"夫性者生理也,日生则日成也。""惟命之不穷也而靡常,故性屡移而异。……未成可成,已成可革","新故相推,日生不滞。"⑥在这里,人的自我完善也是十分重要的。他提出

---

① 王夫之:《张子正蒙注》卷八,《船山全书》第 12 册,岳麓书社 1992 年版,第 317 页。
② 王夫之:《尚书引义》卷四,《船山全书》第 2 册,岳麓书社 1988 年版,第 341 页。
③ 王夫之:《读通鉴论》卷二十四,《船山全书》第 10 册,岳麓书社 1988 年版,第 935 页。
④ 王夫之:《续春秋左氏传博议》卷下,《船山全书》第 5 册,岳麓书社 1993 年版,第 617—618 页。
⑤ 王夫之:《续春秋左氏传博议》卷下,《船山全书》第 5 册,岳麓书社 1993 年版,第 617 页。
⑥ 王夫之:《尚书引义》卷三,《船山全书》第 2 册,岳麓书社 1988 年版,第 299、301、302 页。

"立志"、"养志"学说,指出"立志之始,在脱习气"①。

综上所述,王夫之在开展他的"实践"范畴时,把他的认识论回复到了起点——作为认识主体的人。这个"人",不是"任天而无能为"的"禽鱼",而是在实践中生成的作为天地自然的"主持者"的人。只要"以人道率天道","尽乎人之所以异于禽兽"的本质、本性,就能进行改造世界、创造历史和塑造自己完美人格的活动。

这种富于进取精神的"继善成性"、"竭天成能"、"善动化物"、"以人造天"的朴素实践观,是明清之际启蒙思潮中反映时代脉搏的最强音。在天人关系问题的哲学探讨中,它与荀况的"天命可制"思想和刘禹锡"天与人交相胜"的思想,在历史上形成了三个坐标点。以朴素实践观为终点的王夫之的认识辩证法,把我国朴素唯物主义认识论,推到时代所允许的最高峰!

---

① 王夫之:《姜斋文集》卷四《示子侄》,《船山全书》第 15 册,岳麓书社 1995 年版,第 145 页。

下 篇
执着追求 潜心开拓

（乾隆—道光二十年，18 世纪 30 年代
至 19 世纪 30 年代）

十八、清代中期的时代背景
与思想的内在理路

　　清代中期,尤其乾隆时期,是中国资本主义萌芽大发展的时期,也是随着全国性的市场贸易的初步形成、城市工商业的繁荣而使早期市民文化获得了远远超过晚明的大发展的时期,同时亦是统治者极力强化专制制度,而实际上其对经济和文化的控制力已大大削弱的时期。经济的发展和城市的繁荣使民间通俗文学,特别是流行歌曲盛行海内;但政治上的强控制则使得独立的思想探索领域荆棘丛生、举步维艰。文字狱的惨祸使得学者们对中国社会走出中世纪的政治改革几乎不敢置一词,唯有在远离政治的考据学领域和虽然远离政治,但却与经济发展和人民的感性生活有密切联系的理欲、情理、义利诸哲学问题的探讨中,学术文化才得到了一定的发展。这一时期的学术领域一方面是考据学的盛行,全面整理古代文化遗产,取得了举世瞩目的成就;另一方面是远见深识之士从考据走向义理,其中既有对宋明理学和礼教"以理杀人"的揭露和批判,也有以极抽象的形式所表达的社会进步的"政治代数学"原理。

(一)清代中期的经济和政治

以开放矿禁为契机的商品经济大发展

　　乾隆二年(1737年),清政府宣布了全面开放矿禁、鼓励"召商承办"以发展矿业生产的政策。此政令一下,全国上下顿时出现了"开矿热","云、贵、两湖、两粤、四川、陕西、江西、直隶报开铜铅矿以百数十计"①,与此同时,经营煤、铁等矿种的商矿亦有了可观的发展。历史档案记载证明,"乾

_____

① 《矿政》,《清史稿》第13册,中华书局1976年版,第3666页。

隆中期,在京西宛平、房山一带即曾有过煤窑五六百座,邓拓所收集到的(用以证明这一时期资本主义萌芽的)契约资料,只占当时存在过的在官府备案的煤窑总数五分之一弱"①。乾隆时代的档案中有大量"奏明开采煤矿以利民用"的章疏。终康熙朝全国经官准开的铁矿仅有十七座,但到乾隆初年即一跃为五六十座,到乾隆三十年(1765年)又激增到九十一座,终乾隆之世,大体稳定在八九十座之间。② 此外,金、银、铅、锡等矿种的生产也都有了不同程度的提高。"宝藏之兴,轶于往代。"③

由于采取了鼓励"召商承办"的政策,国内的许多投资转移到矿业部门,与此相应的是阶级结构的新变动,出现了一个新兴的"厂民"(矿场的投资者和主持人)阶层。大量的富商大贾将资金投放到采矿业中,商业资本转化为产业资本,商人们成为"厂民"的主要部分。一些地主也投资矿业,成为矿主兼地主,有的干脆"自行变产作本",弃农从矿,由地主而变成"厂民"。此外,有身为知县而要求弃职办矿者,有身为监生而具呈出资开矿者,有"八旗子弟"申请"恩准"他们开山采矿者,其中有一些终于成为厂民阶层的组成部分。"厂民"阶层是中国近代矿业资本家的前身,邓拓收集的《云南东川赵氏宗祠碑志》的拓片证明,有的近代矿业资本家就是从乾隆时代的"厂民"家族发展而来的。④

与商办矿业的崛起相应,是雇佣劳动大军的出现。成千成万的农民"不安于陇亩",纷纷奔向矿区,甚至远走矿业最发达、最能赚钱的云南,如今日川、湘、淮各省农民下广东一般。据乾隆三十一年(1766年)云贵总督杨应琚奏:"滇省今年来矿厂日开,各处各小厂聚集砂丁人等不下数十万人,现在各省来滇者亦络绎不绝,其间江、楚等省流寓倍于滇省。"⑤其他各省弃农从矿的人数当也不在少数。这一巨额的人口摆脱了传统的人身依附

---

① 韦庆远、鲁素:《清代前期的商办矿业及其资本主义萌芽》,载韦庆远:《档房论史文编》,福建人民出版社1984年版,第175页。

② 参见韦庆远、鲁素:《清代前期的商办矿业及其资本主义萌芽》,载韦庆远:《档房论史文编》,福建人民出版社1984年版,第177页。

③ 《铜政便览·卷一·厂地上》,《续修四库全书》第880册,上海古籍出版社2002年版,第229页。

④ 参见韦庆远、鲁素:《清代前期的商办矿业及其资本主义萌芽》,载韦庆远:《档房论史文编》,福建人民出版社1984年版,第229页注释①。

⑤ 《朱批奏折》工业类,载《档房论史文编》,福建人民出版社1984年版,第215页。

关系和自然经济的生活方式,实现了从农到工的转变,本身就是一个重大的历史进步,是社会酝酿着重大变革的前奏。矿工与投资开矿的"厂民"之间,是"富者出资本以图利,贫者赖佣工以度日"①的雇佣劳动关系,所谓"界以资而役其力"②,就是说,"厂民"是采用支付工资的形式以购买"矿丁"们的劳动力的。受雇的矿工,一般都已取得应雇和辞工的权利,受雇者也可以挑选雇主,"去留随其自便"。在法律上,矿工与雇主发生争执斗殴而酿成命变时,一般判决都是"依凡论",即认为两者的身份地位是平等的,不同于地主与农村雇工之间援照主仆论处了。由农民到矿丁,生产关系、生活方式和社会地位都发生了很大的变化,是中国传统社会发展部分质变的突出表现。"当时的大矿,据记载,往往有从业人员六七万人,稍下而次之,亦有一二万人或数千人。一矿之内,包括广大的'矿丁'和诸如镶头、峒领、炉长、客长等管理和技术人员在内,已经是一个需要有相当严密分工、有一定管理规章和技术操作章程的生产单位。上述诸色人等虽然工种和职务不同,但都是受'厂民'雇佣的,是以不同形式领取工资为生的。其人员的众多,规模的宏大,已相当于近现代的大企业。特别是已经普遍建立起雇佣关系,这在中国历史上是空前的。"③

　　商办矿业的迅猛发展,有力地启动了全国商业经济的发展。星罗棋布的矿场在全国各地的建立,往日的穷乡僻壤在很短的时间内集中了大量的人口,他们的多方面的生活要求无疑必须得到来自商业的保证。因此,便带来了商业的繁荣和矿场城镇化的情形:"厂之所需,自米粟薪炭油盐而外,凡身之所被服,口之所饮啖,室宇之所陈设,攻采煎炼之器具,祭祀宴飨之仪品,引重致远之畜产毕具。商贾负贩,百工众技,不远数千里蜂屯蚁聚,以备厂民之用。而优伶戏剧,奇邪淫巧,莫不风闻景附,觊觎沾溉。操丸肱箧之徒,亦伺隙而乘之。"④矿区商业贸易的繁荣,又有力地刺激和推动了更大范

　　① 田峻:《陈粤西矿厂疏》,载《皇朝经世文编》卷五十二,《魏源全集》第15册,岳麓书社2004年版,第858页。

　　② 吴其濬:《滇南矿厂图略·卷二·滇南矿厂舆程图略·帑第四》,《续修四库全书》第880册,上海古籍出版社2002年版,第186页。

　　③ 韦庆远、鲁素:《清代前期的商办矿业及其资本主义萌芽》,载韦庆远:《档房论史文编》,福建人民出版社1984年版,第227页。

　　④ 王崧:《矿厂采炼篇》,《续修四库全书》第880册,上海古籍出版社2002年版,第151页。

围的商品生产和商业经营的发展。以贵州为例,由于矿业的增长,有力地带动了全省的商业和经济繁荣:"现今省会及各郡县,铺店稠密,货物堆积,商贾日集。……川、粤、江、楚各省之人,趋黔如鹜。"①

<h2 style="text-align:center">清政府内部关于矿产品自由贸易的争论</h2>

由于清政府对矿产品实行"官价"收购和专卖政策,导致"官有倍称之息而商有亏本之累",既引发了"厂民"与统治阶级的矛盾,也在统治集团内部引起了争论。在乾隆时代,统治集团内部已不断发出要求调整这一政策,甚至取消这一政策的呼声,广西巡抚杨超、广东布政使托庸、甘肃巡抚吴达善、云贵总督鄂宁都曾先后上疏要求调整矿产品限价收购和专卖政策。在清代档案中,现存的这样的章奏禀呈比以上所述要多许多倍。②

统治阶级内部还有一些人曾多次提出干脆取消"限价收购"政策或对之作大幅度修改的倡议,在少数地区还一度试行过。例如,乾隆三年(1738年)云南布政使陈宏谋试行过"开采者除抽税外,听民货鬻"的做法;乾隆十一年(1746年)两广总督策楞、署理广西巡抚鄂昌专章奏陈"请将余铜官买一半,其一半给商自卖"。乾隆二十二年(1757年)十一月,广东巡抚周人骥具题要求对该省铅矿实行除抽取课铅、公费铅以外,余铅"听商自行售卖"的政策;乾隆五十年代,四川省冕宁县铜矿也一度突破了"限价收购"的框框;到乾隆末年,连军机大臣和珅也主张有必要放弃久已奉行的限价、专卖政策。"像清代前期这样,在封建统治集团的高层中,频繁地研讨如何才能维持住商矿生产,如何才能做到商矿生产和封建国家财政收入的平衡和统一,一直讨论了半个多世纪,这在既往历史上是没有先例的。居然有这么多的一二品大员赓续不断地要求培植和充分利用商人和商业资本以发展矿业生产,要求废除或大幅度削减商办矿业的产销和价格各方面的不合理限制,要求提高矿产品的商品率,并认为这样是符合封建国家根本利益的,这在既往的历史上更是没有先例的。"他们的意见,"基本上吻合了商矿投资者的

---

① 《高宗实录·五·卷311》(乾隆十三年三月),《清实录》第13册,中华书局1986年版,第106页。

② 参见韦庆远、鲁素:《清代前期的商办矿业及其资本主义萌芽》,载韦庆远:《档房论史文编》,福建人民出版社1984年版,第240页。

利益。在这一点上，他们是不自觉地成为矿商利益的代言人"。①

在乾隆时代关于社会经济问题的论争中，还提出了关于建立统一的国内自由贸易市场的要求。乾隆中叶，江南安庆按察使刘柏为在全国开放铁禁上奏，专门论述了开放铁禁的必要性。他列举事实，力斥既往为限制运销铁制品而制定出许多烦琐已极的手续，徒然阻碍商品流通："计自贩卖以至卖完，须经数十官吏。夫商人而足入公庭，胥役必视为鱼肉，层层需索，处处稽查。商人之费用既多，铁片之价值自贵。"②社会经济的发展已经提出了形成全国性的自由贸易市场的要求，即把全国作为一个经济整体来考虑，打破人为的限制和关卡，解除束缚商业发展的各种桎梏；使全国各地区之间能够互通有无："直省内地，莫非王土，原无彼疆此界之分，自应任其兴贩，毋庸给照注定地方，以滋商民之累也。"③这种观点，正是乾隆时期中国近代商品经济有了进一步发展的表现。

对 外 贸 易

在对外贸易方面，尽管乾嘉时代中国对外贸易的口岸只有广州一口，但对外贸易仍有较大发展，这从粤海关每年收入税银数额的变化可以看出：

乾隆六年(1741 年)税银 29 万 6000 余两。

乾隆七年(1742 年)税银 31 万 7000 余两。

乾隆五十五年(1790 年)税银 108 万两。

乾隆五十九年(1794 年)税银 117 万千余两。

嘉庆八年(1803 年)税银 169 万 5000 余两。④

这一数字，当然只是中外商人所交纳的"正税"的数目，不包括粤海关对中外商人实行讹诈勒索、额外索取的数目。当时粤海关额外收费的陋规名目

---

① 韦庆远、鲁素：《清代前期的商办矿业及其资本主义萌芽》，载韦庆远：《档房论史文编》，福建人民出版社 1984 年版，第 238—244 页。

② 《朱批奏折》工业类，转引自韦庆远、鲁素：《清代前期的商办矿业及其资本主义萌芽》，载韦庆远：《档房论史文编》，福建人民出版社 1984 年版，第 206 页。

③ 《朱批奏折》工业类，转引自韦庆远、鲁素：《清代前期的商办矿业及其资本主义萌芽》，载韦庆远：《档房论史文编》，福建人民出版社 1984 年版，第 206 页。

④ 韦庆远：《试论鸦片战争前的中国海关》，载韦庆远：《档房论史文编》，福建人民出版社 1984 年版，第 10 页。

有数十种,海关人员层层中饱,中外商人的实际开支乃在正税的数倍乃至十倍以上①。作为清政府收入的正税征收标准极低,而且并无变化。但仅从正税看,从 1741 年至 1803 年的六十余年间,清政府的海关税收增加了五倍半,贸易数呈直线上升的趋势。从进出口额的比较来看,直至乾隆晚期,中国还是一个外贸出超的国家。在 18 世纪,来华贸易的外轮以英国船为最多,法国、荷兰船次之。乾隆时期每年报关入口的远洋船约在 50 艘至 70 艘之间,但载货量却逐年显著增加,故贸易额亦得以明显增长。

文化专制与闭关锁国政策

18 世纪中国民间商品经济虽有了很大的发展,然而,政治却没有与经济协调发展;相反,却是专制政治的大大加强。

乾隆皇帝在位 60 年,而较著名的文字狱就有三十多起,大多纯属是欲加之罪,何患无辞,其目的无非是想通过滥杀无辜来使天下臣民人人畏惧,不敢稍有不满,纯属专制主义的"钳口术",——不仅不许议论国事,连"莫谈国事"的条子也不准贴。除此以外,乾隆皇帝所做的,就是致力于加强专制主义意识形态在思想文化领域的全面统治。雍正年间所发生的谢济世注解《大学》案,雍正仅认为其是批评皇帝,而乾隆则进一步看到了谢济世在其中"肆诋程朱","是为人心学术之害",故于乾隆六年(1741 年)下旨将其全部著作毁版。为了全面禁毁一切对专制政治和意识形态有潜在威胁的学术著作,乾隆皇帝以征集天下图书、编纂《四库全书》为名组织专门班子,对民间收藏的古往今来的所有学术著作进行了一次全面的审查,审查结果,仅有 3470 种收入《四库全书》,其中被部分抽毁的有 402 种,书的内容经过修改的难以计数,而全毁的书就有 2453 种。这是自从秦始皇焚书以后,中国文化从未经历过的一场最严重的浩劫。鲁迅晚年深刻揭露了清政府编纂《四库全书》这一文化浩劫的真相,指出其实质在于使人"永不会觉得我们中国的作者里面,也曾经有过很有些骨气的人"②。

---

① 参见韦庆远:《试论鸦片战争前的中国海关》,载韦庆远:《档房论史文编》,福建人民出版社 1984 年版,第 11 页。

② 鲁迅:《且介亭杂文·病后杂谈之余》,《鲁迅全集》第 6 卷,人民文学出版社 2005 年版,第 188 页。

《四库全书》的编纂历时 17 年,乾隆五十三年,即 1788 年告竣。这一年,大洋彼岸开始实行《美利坚合众国宪法》;翌年,法国人民攻击巴士底狱,颁布《人权宣言》。然而,满清王朝对于 17—18 世纪在欧美发生的一切划时代的变革都一无所知,仍然陶醉于"天朝上国尽善至美"的幻想之中。他们把允许广州一口通商看作是对外国人的莫大恩典,不愿了解西方,更不愿接受外来的新事物。在即将迈入 19 世纪这一世界历史的又一重大转折点上,满清王朝在其对外关系中表现出了惊人的愚昧无知和蛮横。

1793 年 6 月,马嘎尔尼爵士率领由 600 人组成的庞大的英国使团来到中国,使团中有外交官、科学家、艺术家、军人等,他们给中国带来了礼物——一个真正的世界科技博览会,其中有新式武器、天象仪器、光学仪器、电学仪器、热气球等。其目的是想展示一下正在扬起风帆进入工业和技术革命的英国所取得的成就,希望中国人能够充分利用这些当时世界上最先进的科学技术成果,并以此换取中国皇帝对中英建交和贸易的允诺。然而乾隆皇帝对所有这些礼物都不屑一顾,轻蔑地说:"这些都是玩具,给孩子们开开心倒是不错。"清政府还蛮横地要求这些英国的使节奉行中国人的奴隶般的跪拜礼仪,这恰恰又是珍视人格尊严的西方人所不能接受的。

马嘎尔尼的使团在中国住了将近 10 个月,没有取得任何收获,倒是看到了当时中国的现实状况,看到了专制主义统治下的中国是一个迷信的国度,一个对革新无动于衷的国度,而满清政府则是一个敲诈勒索、渎职和践踏法律尊严的政府。马嘎尔尼爵士说:"中国是一条被虫蛀了的船,到岸边将会碰得粉碎。"此后还不到 50 年,英国殖民者就凭借船坚炮利轰开了这个闭关自守的老大帝国的大门,中国以鸦片战争后的民族灾难而进入了屈辱的近代。

(二)清代中期社会风尚的新变化

清代中期既是统治集团继续自上而下地推行和强化"以理杀人"的道德礼教的时期,又是下层社会,特别是城市的工商业经济日益繁荣而为新的价值观念提供生长的合适土壤的时期,是在上流社会中产生大量的叛逆者的时期,是产生《儒林外史》和《镜花缘》等不朽作品、《红楼梦》被搬上戏剧舞台的时期。

市民文学的蓬勃兴起

　　商品经济的繁荣,使反映新的情感方式的俗文学又再度盛行起来。文学史家郑振铎先生曾将这一时期俗文学的状况与晚明作了对比,认为这一时期俗文学的繁荣乃是晚明不能望其项背的。他说:"明人大规模的编纂民歌成为专集的事还不曾有过,都不过是曲选或'杂书'的附庸而已。——除了冯梦龙的《挂枝儿》和《山歌》二书之外。但到了清代中叶,这风气却大开了。像明代成化刊的《驻云飞》、《赛赛驻云飞》的单行小册,在清代是计之不尽的。刘复、李家瑞编的《中国俗曲总目稿》所收俗曲凡六千零四十四种,皆为单刊小册,可谓洋洋大观。其实还不过存十一于千百而已。"①郑振铎曾搜集清代中叶各地单刊歌曲 12000 余种,但照他的看法,这"也仅仅只是一斑"②。可见当时俗文学流行的盛况;似乎竟如同今日商品经济发达地区流行歌曲层出不穷、且不断花样翻新一样。当年的流行歌曲,亦大多是衢巷市井里的男女们的情辞,以极浅显的语言来表达最深挚的情意,其想象力之丰富和情语之大胆显豁大大超过了晚明的情歌。甚至如今港台歌星们唱的某些歌词,也是来自乾隆年间的流行歌曲。

　　商品经济的繁荣和早期市民阶层的需要,亦刺激了戏曲的发展。晚明汤显祖的名作《牡丹亭》等又俨然成为"新剧"、"新腔"风行于乾隆年间。戴如煌《闻演新剧戏作》云:"清歌四梦谱临川,笙吹霓裳对绮筵。妙绝风流年少客,居然天宝李龟年。"王藻《观剧四首》之一云:"《牡丹亭》曲谱当筵,风雨烟波句欲仙,要识临川汤若士,一生爱好是天然。"程瑞枋《都门元夕踏灯词》中亦有"新腔闻演《牡丹亭》"之句。同时,在乾隆年间,亦有不少著名学者继承汤显祖的"至情说"来从事戏曲创作。蒋士铨(1725—1785 年)著《红雪楼九种曲》,其中最著名的是《临川梦》,以歌颂汤显祖与《牡丹亭》为主题。其第三出写汤显祖作《牡丹亭》;第四出《心梦》写俞二娘读《牡丹

　　① 郑振铎:《中国俗文学史》,《郑振铎全集》第 7 卷,花山文艺出版社 1998 年版,第 606—607 页。

　　② 郑振铎:《中国俗文学史》,《郑振铎全集》第 7 卷,花山文艺出版社 1998 年版,第 607 页。

亭》;第十出《殉梦》,写俞二娘为《牡丹亭》断肠而死;第十五出《寄曲》,写俞二娘死后二十余年,其乳母以俞二娘手批《牡丹亭》送交汤显祖。戏中串演《牡丹亭》片断。当时人评蒋士铨的剧作"真得《还魂》神髓"。如皋人黄振(黄瘦石)作《石榴记》,亦直追《牡丹亭》之遗意。此外,如《彩霞牖》、《乌阑誓》、《芙蓉楼》、《洞庭缘》……皆以歌颂爱情和婚姻恋爱自由为主题,连雍正年间问世的《红楼梦》也被改编成《红楼梦传奇》、《红楼梦散套》而搬上了戏剧舞台。

名媛才女的大量涌现

"礼教"再也不能像以往那样发挥其对妇女的禁锢作用,是明清之际出现的特殊历史现象之一,这种现象在清中期的表现远远超过了晚明。

嘉庆元年(1795年),袁枚辑《随园女弟子诗选》,选录其女弟子28人之诗。汪心农(汪毂)为诗选作序云:"随园先生,风雅所宗,年登大耋,行将重宴琼林矣。四方女士之闻其名者,皆钦为汉之伏生、夏侯胜一流,故所到处,皆敛衽扱地以弟子礼见。先生有教无类。"①该诗集出版后,即受到章学诚的攻击,但却从反面道出了当时的情形,他说:"近有无耻妄人,以风流自命,蛊惑士女,大率以优伶杂剧所演才子佳人惑人。大江以南,名门大家闺阁多为所诱,征刻诗稿,标榜声名。无复男女之嫌,殆忘其身之雌矣! 此等闺娃,妇学不修,岂有真才可取? 而为邪人播弄,浸成风俗。人心世道大可忧也!"②章学诚专为此作《妇学篇》,重弹"内言不可出阃外"的老调。此篇既出,极为统治者所重视,不久即被翻刻许多版,广为散布。然而却不起作用,女子仍是继踵争先地作诗刻集,女诗人辈出。

嘉庆九年(1804年),许夔臣辑《香咳集》,选录各家妇女诗,前缀小传,共375家,序中称中国妇女"自昔多才,于今为盛",盛赞妇女的作品:"芙蓉秋水,笔花与脸际争妍;杨柳春山,烟黛并眉间俱妩";"拈毫分韵,居然脂粉山人,绣虎雕龙,不让风流名士。"乾嘉年间有钱塘女诗人夏伊兰(别号佩

① 汪毂:《随园女弟子诗选·序》,载王英志主编:《袁枚全集》第七册,江苏古籍出版社1993年版,第1页。
② 章学诚:《丁巳劄记》,见仓修良编:《文史通义新编新注》,浙江古籍出版社2005年版,第295页注①。

仙)亦曾作诗反对"女子无才便是德"的谬说。其《偶成》云:"人生德与才,兼备方为善;独至评闺材,持论恒相反。有德才可赅,有才德反损,无非亦无仪,动援古训典。我意颇不然,此论殊偏浅。不见三百篇,妇作传匪鲜?《葛覃》念父母,旋归感路远;《柏舟》矢靡他,之死心不转;自来篇什中,何非节孝选?妇言与妇功,德亦藉此阐;勿谓好名心,名媛亦不免。"

尤其值得一提的是,乾隆年间还出了一位著名的女科学家王贞仪(1769—1797年,乾隆三十四年至嘉庆二年)。她是南京人,著有《星象图释》二卷、《书算简存》五卷,《筹算易知》、《重订筹算正讹》、《西洋筹算增删》一卷、《文选(诗赋)参评》十卷、《德风亭初集》十四卷、《德风亭二集》六卷、《绣绂余笺》十卷。王贞仪认为男女"同是人也,则同是心性",学问并不专为男子所设;认为妇女也应有"丈夫之志才子胸",有"足行万里书万卷,常拟雄心似丈夫"①的豪迈情怀。她不仅这么说,还大胆地以实际行动向陈腐的旧礼教宣战。她十几岁时,随父去关外为遭流放病故于戍所的祖父奔丧,在塞外向蒙古将军的夫人学骑射,竟能像男子一样"跨马横载,往来如飞"。尤其大胆的是,她公然鄙弃当时所谓防闲涉嫌的条规,在她25岁与宣城詹枚结婚后不久,竟以一个绮年少妇,不怕非议,收留了一个少年书生夏乐山作为学诗的弟子。"在200年前顽固的封建社会里,无疑只有襟怀坦荡、有胆有识的女性,才敢于有这种无畏的行动。"②她献身于科学事业。29岁就去世了,然而其著述之宏富,至今仍不能不使我们感到惊讶!

乾嘉时期大量的名媛才女的出现,反映在《儒林外史》、《镜花缘》等小说之中。李汝珍《镜花缘》所写一百多名女子,亦是个个聪慧绝伦,才识超群。《儒林外史》中描写的市民阶层的女子,更是胆识过人,不像《红楼梦》中的上流社会女子尚且受着礼教的严重束缚,也远比《红楼梦》中的晴雯、鸳鸯等更具有反抗礼教的精神。这些作品的出现在一定程度上反映了时代的风貌,而这些作品之能够出现本身也就反映了时代的新气象。

---

① 王贞仪:《题女中丈夫图》,《德风亭初集》卷十二,《金陵丛书》丁集之二十二,上元蒋氏慎修书屋1914—1916年刊刻,第20—21页。

② 来新夏:《王贞仪传》,《结网录》,南开大学出版社1984年版,第147页。

文人与商人的关系

清代中期商品经济的大发展,不仅使文人弃儒从商远远超过晚明,官员经商也大大超过晚明,上至军机大臣,下至地方官员,很少有不经商的。这两种现象都可谓是"盛况空前",姑且不论其利弊如何,这两种现象的日益扩大至少是说明:清代中期的中国社会已经在背离中古传统的道路上走得相当的远了。

特别值得注意的是这一时期的文人与商人的关系。袁枚在《随园诗话》中写道:

> 升平日久,海内殷富,商人士大夫慕古人顾阿英、徐良夫之风,蓄积书史,广开坛坫。扬州有马氏秋玉之玲珑山馆,天津有查氏心穀之水西庄,……名流宴咏,殆无虚日。①

扬州在经历了以清代明的浩劫以后,经过几十年的恢复,又是一派繁荣景象:"东南繁华扬州起,水陆物力盛罗绮","两岸花柳全依水,一路楼台直到山"。在扬州的两淮盐商,富甲天下。其中除山西商帮外,"贾而好儒"的徽歙商人财势最大。"歙之业盐于淮南北者,多缙绅巨族。其以急公议叙入仕者固多,而读书登第,入词垣跻膴仕者,更未易仆数,且名贤才士往往出于其间,则固商而兼士矣。"②

在扬州,重农抑商的传统规范没有立足的余地,商人们充满了"良贾何负闳儒"的自豪感;在这里,出身于商人阶层的"士"自然为商人的利益和价值观念辩护,很多官员、士人因仰慕商贾亦弃官、弃文从商。这里的文化,又别是一番景象:到处是令人眼花缭乱的繁华,华灯照宴,车马喧阗,情歌缭绕,纸醉金迷,甚而至于陈设木刻的裸体美人。原本是徽州商人的戴震也就是在这里大讲"人欲"的合理性。这里的商人在发展俗文化方面很感兴趣,在扶助雅文化方面也不惜重金。当时扬州的梅花书院、安定书院、敬亭书院、虹桥书院、广陵书院等十余所学校,都是商人资助建立起来的。书院之

---

① 袁枚:《随园诗话》卷三第六十条,《袁枚全集》第3册,江苏古籍出版社1993年版,第88—89页。

② 江依濂:《歙风俗礼教考》,载许承尧撰,李明回等校点:《歙事闲谭》,黄山书社2001年版,第603页。

主讲者"皆知名有道之士",四方学子纷纷赴扬州求学。汪中、王念孙、王引之、任大椿、段玉裁等"扬州学派"的著名学者,都出于梅花、安定等书院。全国各地的许多以文为生的学者也纷纷奔赴扬州,由商人资助刻印的书籍之多,规模之大、质量之精、范围之广,皆为前所罕见。做官的上北京,做学问的到扬州。扬州实际上成为当时全国的文化中心,一个具有新兴气象的文化城市。

最有名的是郑板桥所代表的"扬州八怪"。所谓"扬州八怪",究竟是哪八位,众说纷纭,至少包括 15 人,他们是当时聚集在扬州的一百多名书画家的杰出代表。"八怪"的画"怪",其绘画风格与正统派大不相同,不拘程式,抒发个性,或豪放泼辣,或清新潇洒;"八怪"的思想和行为也"怪",他们多不满现实,在经历过坎坷以后才来到扬州。在这里,他们的"怪"为商人所接纳、所仰慕。他们为商人们作画、题字、作文,并由此取得丰厚的报酬。传说郑板桥拒绝为盐商作画,其实不然,《郑板桥集》中就有为大盐商马秋玉画扇诗和大段题跋,不仅作画,而且作文,如极优美的《梅花记》等。他们也都是商人们宴乐宾朋的座上客,各名园主人,争相延致,常常是应接不暇。"八怪"中郑板桥、汪士禛、金农、李鱓等人的诗文集,也都是由商人资助刻印才得以传世。正是在这种商品经济高度发达的文化氛围中,方才产生出堪称是具有中国特色的"文艺复兴"的绘画。

上述乾嘉时期中国社会的新兴气象,当然是一定要在思想领域中曲折地反映出来的。尽管思想领域因满清政府的强控制而荆棘丛生,但还是在学术思想的变迁中或隐晦、或直露地反映了出来。

(三)学派分野与学术变迁之大势

乾嘉朴学的学派分野

乾嘉时期的学术,主要有四个流派:以戴震为代表的皖派,以惠栋为代表的吴派,承皖、吴二派之余绪而兴起的以王念孙、王引之、汪中、焦循、阮元为代表的扬州学派,以及全祖望、章学诚所代表的浙东学派后劲。

乾嘉时期,是考据学成为显学的时期,以考据为主要方法的"汉学"达到鼎盛的阶段。大江南北，"家家许、郑，人人贾、马，东汉学烂然如日中天矣！"①考据学者对许慎、郑玄的"汉学"的推崇，赋予了考据学与"宋学"（或"道学"）相对抗的鲜明的学派特征，如江藩《汉学师承记》所说：

> 经术一坏于东、西晋之清谈，再坏于南、北宋之道学，元、明以来，此道益晦。至本朝，三惠之学盛于吴中，江永、戴震诸君继起于歙，从此汉学昌明，千载沉霾一朝复旦。②

"汉学"之帜赖惠栋、戴震而张大，成为当时学风之所归趋。一时才智之士，视宋儒之学纯为猎取科举功名的敲门砖而嗤之为"俗学"，纷纷集结于"汉学"的旗帜之下，使考据学名家辈出。然而，虽同在"汉学"旗帜之下，却因地望、学殖、师承之不同，而又形成了不同的分支学派，而各有其特色。

以惠栋为代表的吴派，可以说是"纯粹的汉学"，"不问'真不真'，惟问'汉不汉'"③。惠栋之学，有家学渊源，深受其父惠士奇影响。惠士奇《礼说》云："康成三《礼》，何休《公羊》，多引汉法，以其去古未远，……夫汉远于周，而唐又远于汉，宜其说之不能尽通也，况宋以后乎！"④惠栋亦认为汉去古未远，故以汉代经师对古代经典的注疏最为可信，主张"汉经师说与经并行"。惠栋著有《九经古义》、《易汉学》、《周易述》、《明堂大道录》、《古文尚书考》、《〈后汉书〉补注》等书。其弟子宋彤、江声、余萧客，也都是经学名家。惠栋的再传弟子江藩著《汉学师承记》，附以《国朝经师经义目录》，对黄宗羲、黄宗炎、胡渭"不专宗汉学"提出批评，其说颇能代表吴派的观点："黄宗羲之《易学象数论》，虽辟陈抟、康节之学，而以纳甲、动爻为伪象，又称王辅嗣注简当无浮义；黄宗炎之《周易象辞·图书辨惑》，亦力辟宋人图书之说，可谓不遗余力矣。然不宗汉学，皆非笃信之士也。"⑤"胡朏明《洪范正论》虽力攻《图》、《书》之谬，而辟汉学五行灾异之说，是不知夏侯始昌之《洪范五行传》亦出于伏生也。……是以黜之。"⑥这些论述，皆以不专宗汉学为非。所以梁启超用"凡古必真，凡汉皆好"八个字来概括吴派学者治

---

① 梁启超：《清代学术概论》，上海古籍出版社 2005 年版，第 62 页。
② 江藩：《汉学师承记》，中华书局 1983 年版，第 6 页。
③ 梁启超：《清代学术概论》，上海古籍出版社 2005 年版，第 28 页。
④ 江藩：《汉学师承记》，中华书局 1983 年版，第 21 页。
⑤ 江藩：《汉学师承记》，中华书局 1983 年版，第 137 页。
⑥ 江藩：《汉学师承记》，中华书局 1983 年版，第 140 页。

学方法的特点。

戴震早年师事江永,中年游扬州,与惠栋有一段渊源。戴震佩服惠栋的治学工夫,但却不赞成其局守汉儒故训的治学方法。惠栋去世后,戴震作《题惠定宇先生授经图》,委婉地表达了对吴派朴学的看法和自己的治学思路。他说:

> 前九年,震自京师南还,始觌先生于扬之都转盐运使司署内。……明年,则又闻先生殁于家。今徒拜观先生遗像……自愧学无所就,于前儒大师,不能得所专主,是以莫之能窥测先生涯涘。然病夫六经微言,后人以歧趋而失之也。言者辄曰:有汉儒经学,有宋儒经学,一主于故训,一主于理义。此诚震之大不解也者。夫所谓理义,苟可以舍经而空凭胸臆,将人人凿空得之,奚有于经学之云乎哉!惟空凭胸臆之卒无当于贤人圣人之理义,然后求之古经。求之古经而遗文垂绝,今古悬隔也,然后求之故训。故训明则古经明,古经明则贤人圣人之理义明,而我心之所同然者,乃因之而明。……彼歧故训、理义二之,是故训非以明理义,而故训胡为?……其亦远乎先生之教矣。①

如上论述可见,戴震对顾炎武之所谓"理学即经学"的思想有很深刻的理解,他也不笼统地反对吴派研究汉人的"故训",而是主张把"故训"仅仅作为达于对经义的理解的一个台阶,作为理解经义的参考资料。认为对"故训"亦不可盲从,"汉儒训诂,有师承,有时亦傅会"。所以戴震主张"志存闻道,必空所依傍","不以人蔽己,不以己自蔽"。戴震自云其治学的入门工夫是从名物、度数通经义之理。他研究数学,校《周髀》以后迄六朝唐人算书十种,命曰《算经》。他又治小学,成《六书论》、《尔雅文字考》、《转语》诸书;研究《周礼·考工记》,作《考工记图》;由名物、数度而通经义之理,作义理三书:《原善》、《绪言》、《孟子字义疏证》。戴震自谓:"仆生平著述,最大者为《孟子字义疏证》一书,此正人心之要。"②戴震去世后,"其小学之学则有高邮王给事念孙、金坛段大令玉裁传之,测算之学则有曲阜孔检讨广森传之,典章制度之学则有兴化任御史大椿传之,皆其弟子也"③。戴震的义理

---

① 戴震:《题惠定宇先生授经图》,《戴震集》,上海古籍出版社 2009 年版,第 213—214 页。

② 段玉裁:《戴东原先生年谱》,《戴震集》,上海古籍出版社 2009 年版,第 481 页。

③ 凌廷堪:《戴东原先生事略状》,《校礼堂文集》,中华书局 2006 年版,第 316 页。

之学则为焦循所传。

扬州学派对吴派和皖派的治学精神都有所继承。汪中极推许惠栋的《易》学,称之为"千余年不传之绝学",这主要是就吴派的治学工夫立论。阮元所辑的《学海堂经解》,以所谓"不醇"为理由,对清初顾炎武、黄宗羲、闫若璩、胡渭的著作多所排斥,这又是继承了吴派的消极一面。但扬州学派更主要的是继承了戴震。他们大都不赞成吴派学者盲信汉儒的态度,王引之批评说:"惠定宇先生考古虽勤,而识不高,心不细,见异于今者则从之,大都不论是非。"①王念孙著《读书杂志》、《广雅疏证》,王引之著《经义述闻》、《经传释词》,段玉裁著《说文解字表》、《六书音韵注》,都体现了戴震主张的"实事求是,不主一家"的治学精神。段玉裁论考据学的学术地位和价值,与前引戴震《题惠定宇先生授经图》一文的论述如出一辙,其说云:"校书之难,非照本改字不伪不漏之难也,定其是非之难。是非有二。曰:底本之是非,曰:立说之是非。必先定其底本之是非,而后可断其立说之是非,……何谓底本? 著书者之稿本是也。何谓立说? 著书者所言之义理是也。……不先正注、疏、释文之底本,则多诬古人;不断其立说之是非,则多误今人。"②

黄宗羲开创的浙东史学派,在乾嘉时期由全祖望、章学诚发扬光大。全祖望(1705—1755 年,清康熙四十四年至乾隆二十年)是黄宗羲的私淑弟子,其治学路径,大致循着宗羲的轨迹,重视经史、文献之学的研究,著有《鲒埼亭集》八十八卷、《经史问答》十卷、《困学纪闻》、校《水经注》三十卷、续修《宋元学案》一百卷等。他注重考证,范围涉及历史事件、人物传记、职官世系、学术师承、地理沿革、郡县建置、律历演变,以及字义疏证等。他认为经史研究必须完整系统地占有资料,力求材料翔实。他勤于文献资料的搜访和编纂,"必综汇历代所有",连一般学者不注意的碑帖拓本的残编断简也不放过。他注重学术文化源流的辨析,十分注重考证辨析各家学说的师承关系,例如对于一般学者很难说得清楚的理学史上的几十种"格物"说,全祖望详考其源流和师承关系,使其一目了然。全祖望以后,章学诚除

① 王引之:《王文简公文集》卷四《与焦理堂先生书》,《续修四库全书》第 1490 册,上海古籍出版社 2002 年版,第 392 页。
② 段玉裁:《与诸同志书论校书之难》,《经韵楼集》,上海古籍出版社 2009 年版,第332—336 页。

继承了"浙东贵专家"的传统以外,更突破了当时一般考据学家的局限性,光大黄宗羲"言性命者必究于史"而又不陷入纯粹考据的治学思路,主张考订、辞章、义理三者交互为用,倡导"因史明道"的"通史家风",从而又在更高的基础上复归黄宗羲,将史学研究引向建立历史哲学、于"沉潜"中见"高明"、以"高明"指导"沉潜"的新路途。

乾嘉考据的启蒙意义,可以从反对它的程朱派理学家的言论中得到证明。方东树著《汉学商兑》一书,专攻乾嘉考据学派。他在《辨道论》一文中以卫道士的姿态痛斥乾嘉考据学说:

> 以六经为宗,以章句为本,以训诂为主,以博辨为门,以同异为攻,不概于道,不协于理,不顾其所安,鹜名干泽若飘风之还而不觉。亦辟乎佛,亦攻乎陆王,而尤异端寇仇乎程朱。今时之敝盖有在于是者,名曰考证汉学。其为说以文害辞,以辞害意,弃心而任目,刿敝精神而无益于世用,其言盈天下,其离经畔道过于杨墨佛老。①

考据学者(不是全部)"尤异端寇仇乎程朱",这是专制主义的卫道士们最不能容忍的。表面看去,汉宋之争是重考据与重义理两种不同的治学门径之争,甚至还带有十分强烈的门户之争的色彩,然而,根本原因却不在于重考据还是重义理,也不在于汉宋门户,而在于是否"离经叛道"。方东树对乾嘉考据的攻击,从反面证明了考据学的真精神。

从考据中发展出义理

本来按照顾炎武、黄宗羲的思路,考据乃是"明道"的手段,目的是为了经世致用,然而考据学的发展却渐渐疏离了其开创者的初衷,而走向了烦琐细碎。清初,阎若璩曾自称竭二十年之力始知"使功不如使过"一语的出处、考明张良在鸿门宴上的座次,他自署其杂考之作为《碎金》,这作为一种个人兴趣亦未尝不可,但一旦学者群起效法,流弊也就日益显露出来了。吴派学者以"汉儒去古未远"而从对于宋儒的迷信陷入对于汉儒的迷信,而扬州学派亦由于过于强调"一字之证,博及万卷"的治学功力,遂使后人为一

---

① 方东树:《考槃集文录》卷一《辨道论》,《续修四库全书》第 1497 册,上海古籍出版社 2002 年版,第 225 页。

字之证而下极烦细琐碎的工夫,造成识小遗大的后果。因此,在考据学派发展到鼎盛的乾嘉时期,也就是其流弊充分暴露,有识见的学者致力于扭转此种学风之时。

戴震既是乾嘉考据学派的大师,也是致力于从考据中开出义理的先驱。然而,在考据学风盛行的时代,他通过考据而发挥出的义理之学则遭到排斥,连他的后学也仅传其考据而不重其义理。于是有章学诚、焦循、龚自珍出来,打破汉宋门户,让戴震提倡的"志存闻道"的精神得以光大。章学诚并不否认吴派、皖派、扬州学派在考据学上所取得的成就,不否认名物考据作为专门之学的必要性。也深能体会考据学者花数十年工夫穷一经的甘苦,但他指出,并非天下学者都适合做考据学问,很多人无非是趋风气而已。为了扭转天下学者竞尚考据的风气,他强调在学术上必须区分纂辑与著述,认为纂辑与著述不同,考据学家的工夫只是提供了可信的史料,而著述则是要通过史料而发挥出义理,如同借助于秫黍而酿出酒来。他说:

> 王伯厚氏(王应麟,字伯厚,宋代学者——引者注)搜罗摘抉,穷幽极微,其于经传子史,名物度数,贯穿旁骛,实能讨先儒所未备,其所纂辑诸书,至今学者资衣被焉,……然王氏诸书,谓之纂辑可也,谓之著述则不可也;谓之学者求知之功力可也,谓之成家之学术则未可也。今之博雅君子,疲精劳神于经传子史,而终身无得于学者,正坐宗仰王氏,而误执求知之功力以为学即在是尔。学与功力,实相似而不同。学不可以骤几,人当致攻乎功力则可耳,指功力以谓学,是犹指秫黍以谓酒也。①

章学诚主张考订、辞章、义理三者相互为用,学者应由考据而达于义理的认识。这一治学思路与戴震是相同的,都反映了当时学术从考据中走出的趋向。所以,章学诚对于戴震的治学思路颇有会心,而与当时学人对戴震学术的看法大不相同。他说:"凡戴君所学,深通训诂,究于名物制度,而得其所以然,将以明道也。时人方贵博雅考订,见其训诂名物有合时好,以谓戴之绝诣在此。及戴著《论性》、《原善》诸篇,于天人理气,实有发先人所未

---

① 章学诚:《博约中》,载仓修良编:《文史通义新编新注》,浙江古籍出版社 2005 年版,第 117 页。

发者,时人则谓空说义理,可以无作,是固不知戴学者矣。"①章学诚的史学,是要建立一种贯注着作者的历史哲学思想的"通史"。他自述其学术宗旨云:

> 史之大原本乎《春秋》,《春秋》之义昭乎笔削。笔削之义,不仅事具始末、文成规矩已也;以夫子义则窃取之旨观之,因将纲纪天人,推明大道,所以通古今之变而成一家之言者,必有详人之所略,异人之所同,重人之所轻,而忽人之所谨;绳墨之所不可得而拘,类例之所不可得而泥;而后微茫秒忽之际有以独断于一心。及其书之成也,自然可以参天地而质鬼神,契前修而俟后圣,此家学之所以可贵也。②

这段话的中心思想就是强调"因史见道",为了"推明大道"而不必做过于烦细琐碎的考证,如像闫若璩花 20 年考证张良在鸿门宴上的座次等。

焦循是扬州学派最后一位大师,一生做了大量的考据文章,但他同时也是一位能突破考据学的局限而形成自己的有系统的思想的人。他最佩服戴震从考据中开出义理的《孟子字义疏证》,认为这本书最能代表戴震的"生平所得"③。他曾著《辨学篇》,分当时的考据学者为通核、据守、校雠、撮拾、丛缀五派,提倡"通核"而反对"据守"。他又在与王引之的信中批评"据守"一派(指吴派)说:

> 循尝怪为学之士自立一"考据"名目;以时代言,则唐必胜宋,汉必胜唐;以先儒言,则贾、孔必胜程、朱,许、郑必胜贾、孔。凡郑、许一言一字皆奉为圭臬,而不敢少加疑辞。窃谓此风日炽,非失之愚,即失之伪。……若以深造之力,求通前儒之意;当其散也,人无所握之;及其既贯,遂为一定之准;其意甚虚,其用极实,各获所安而无所勉强,此亦何"据"之有?④

为了从考据中发展出义理,考据学中的吴派遂成为主要的批评对象。在焦

---

① 章学诚:《书〈朱陆〉篇后》,载仓修良编:《文史通义新编新注》,浙江古籍出版社 2005 年版,第 132 页。

② 章学诚:《答客问上》,载仓修良编:《文史通义新编新注》,浙江古籍出版社 2005 年版,第 252 页。

③ 焦循:《雕菰集》卷十二《国史儒林文苑传议》,《续修四库全书》第 1489 册,上海古籍出版社 2002 年版,第 227 页。

④ 焦循:《致王引之书》,载赖贵三主编:《昭代经师手简笺释》,台湾里仁书店 1999 年版,第 209 页。

循这段批评吴派的文字中,他明显地认为考据学是该适可而止了。也正因为如此,焦循并没有把一生精力全用到考据中,而基本上是循着戴震从考据中发挥出义理的思路继续探索的。

与戴震同时有一位大学者袁枚,他是一位李贽式的人物,激烈地批判道统论,要让史学、文学都从道统的束缚下解放出来;他也激烈地批判了汉儒的考据学,以其渊博的学问指出了汉儒的许多错误,对于学者从汉学的束缚中解放出来亦起了巨大的作用。他对于"吃人"礼教的批判,与戴震发挥的新义理相呼应,并影响了俞正燮、龚自珍等人的思想。

龚自珍青年时代适逢常州学派兴起。常州学派以刘逢禄(1776—1829年)等人为代表,治《春秋公羊学》,专主从经学中发挥"微言大义"。受常州学派影响,龚自珍亦以《公羊》经义来发挥自己的见解,开鸦片战争以后中国近代学者借今文经学来为改革中国社会制造舆论的先河。

正因为有戴震、焦循、章学诚等学者致力于从考据中发展出义理,又有袁枚、郑燮、俞正燮、龚自珍等具有独立个性的学者从不同侧面对专制主义意识形态展开批判,使早期启蒙学说在对于伦理异化批判的广度和深度上都有所开拓,并使这一时期的中国学术更明显地带有了摆脱文化专制主义的道统束缚、争取学术独立、弘扬知性精神的近代特征。

十九、学术研究中的知性精神

乾嘉学术,精于考据,它成了中国传统学术从注重伦理道德向重视知识转变、从包罗万象的道统向分门别类的具体科学转变的一大枢机。在乾嘉学派内部,"浙西尚博雅",程朱派传统的以"道问学"为体验"天理"之途径的治学方法通过考据学的发展而成为纯粹的求知方法;"浙东贵专家",陆王派传统的"尊德性"也通过浙东学派"言性命者必究于史"的史学研究的发展,而转化成为尊重专家之学及其学术个性的术语。在乾嘉时期,文献学、历史学、自然科学、文学和哲学各学科的独立性比清初更为明显,在很大程度上摆脱了作为无所不包的经学和道学的婢女和附庸的地位,从而改变了道统凌驾和统驭一切学术门类的局面。戴震所提倡的"察分理",为行将日益增多的具体科学门类的诞生提供了哲学依据;袁枚反对以史学和文学充当政治伦理教化的工具,强调各学科内容的独特性,进一步要求使各种专门学问从道统束缚下解放出来;章学诚把包括六经在内的一切古代文献和典章制度、政治事变等统统看作是历史研究的对象,看作是赖以从中发现历史规律的素材。从戴震所强调的明辨真伪、分析精微的"心知",到章学诚所注重的史学研究的"别裁精识",大大凸显了"我"作为求真的知性主体的地位,为中国学术进一步走向"察分理"式的专家之学和体现巨大历史感的对于社会发展规律的探讨开了先路。

(一)戴震论"去蔽"和"察分理"

戴震(1723—1777年,清雍正元年至乾隆四十二年),字东原,安徽休宁人,出身于商人家庭,"自幼为贾贩,转运千里"①。20岁以后,师事江永。33岁(乾隆二十一年)入京师,以精通文字学为当时名流纪昀、王鸣盛、钱大昕、王昶、朱筠所推重。乾隆二十七年(1762年)中举。从礼部尚书王安国之请,教授其子王念孙,又曾在扬州都转运使卢雅雨署、山东布政使司朱珪署、直隶总督方观承署参与修志书,教授子弟或主书院讲习。乾隆三十八年(1773年)开四库全书馆,召任纂校,赐同进士出身,授翰林院庶吉士。入四库馆五年,积劳成疾,以病卒,终年55岁,主要著作有《原善》、《绪言》、《孟子字义疏证》等,皆收入《戴震集》。

戴震作为考据学大师,是中国18世纪具有科学的知性精神的学者的杰出代表。他鲜明地提出了"学者当不以人蔽己,不以己自蔽"的近代命题,以科学的精神去破除中世纪蒙昧主义所造成的种种假象;他提出了"分理"的范畴,引导人们去详细周密地研究具体事物,"寻其腠理而析之",以获得对个别或特殊事物的性质的认识,从而突破了把宇宙作为总体来把握的朦胧而抽象的思辨哲学的局限;他推崇西方自然科学的公理演绎法,强调探求事物的"所以然之理",将从徐光启开始的变革狭隘经验论的传统方法、铸造科学"新工具"的事业推向前进。

---

① 章太炎:《释戴》,《章太炎全集》(四),上海人民出版社1999年版,第122页。

论破除"人蔽"与"己蔽"

戴震出生于有一定的自由气氛的商人家庭,所以他的求知的童心能得以不被沉重的礼教压抑所摧灭。戴震十岁入塾学习,受"大学章句"至"右经一章"以下,问其塾师曰:"此何以知为孔子之言而曾子述之?又何以知为曾子之意而门人记之?"师应之曰:"此朱文公所说。"即问:"朱文公何时人?"曰:"宋朝人。""周朝、宋朝相距几时矣?"曰:"几二千年矣。""然则朱文公何以知其然?"师无以应。① 这一面折塾师的故事,正反映了戴震从小就具有的怀疑精神和追求真知的精神。

戴震之所以提倡考据学,具有十分明确的目的,即破除"人蔽";而所谓"人蔽",主要是指"宋以来儒者"以己见冒充古圣贤立言之意所造成的蒙蔽。他说:

> 志存闻道,必空所依傍。汉儒故训有师承,亦有时傅会;晋人傅会凿空益多;宋儒则恃胸臆为断,故其袭取者多谬,而不谬者在其所弃。……宋以来儒者,以己之见,硬坐为古圣贤立言之意,而语言文字实未之知;其于天下之事也,以己所谓理,强断行之,而事情源委隐曲实未能得,是以大道失而行事乖,……自以为于心无愧,而天下受其咎。其谁之咎?不知者,且以躬行实践之儒归焉。②

在这段论述中,戴震不仅指出了汉儒"有时亦傅会",从而委婉地批评了惠栋一派的考据学者盲信汉儒的缺失;更主要的,则是对宋儒的严正批判。他说宋儒缺乏语言文字知识,连古代经典中的文字的读音和含义都不懂得,如何能够读懂古书,他们的那些连篇累牍的注解又怎么靠得住? 不错,他们对汉晋学者的注疏都有所袭取,然而,由于他们学问功底的薄弱和缺乏分辨对错的能力,所以古人错了的,却被他们所沿袭;古人对了的,却被他们所抛弃,结果是"以己之见硬坐为古圣贤立言之意",对天下事"以所谓理强断行之",弄得"大道失而行事乖",以理杀人,使天下人深受其害。而更可悲的是,是受其害而不知,还把宋儒看作是所谓"实践躬行之儒"而加以推崇。

① 参见段玉裁:《戴东原先生年谱》,《戴震集》附录,上海古籍出版社 1980 年版,第454 页。

② 戴震:《与某书》,《戴震集》,上海古籍出版社 1980 年版,第 187 页。

"人蔽"之祸如此,所以戴震一定要破除之,要以科学的考据来证明宋儒之悖谬,让天下人懂得什么才是真正的"古圣贤立言之意"。

戴震强调在破除"人蔽"的同时还要破除"己蔽"。欲破除"己蔽",就必须讲求治学的科学方法,要区分"十分之见"与"未至十分之见",决不可以把"未至十分之见"而据以为"十分之见","失不知为不知之意"。他说:

> 凡仆所以寻求于遗经,惧圣人之绪言,暗汶于后世也。然寻求而获,有十分之见,有未至十分之见。所谓十分之见,必征之古而靡不条贯,合诸道而不留余议,巨细毕究,本末兼察。若夫依于传闻以拟其是,择于众说以裁其优,出于空言以定其论,据于孤证以信其通;虽溯流可以知源,不目睹渊泉所导,循根可以达杪,不手披枝肄所歧,皆未至十分之见也。以此治经,失不知为不知之意,而徒增一惑,以滋识者之辨之也。……既深思自得而近之矣,然后知孰为十分之见,孰为未至十分之见。如绳绳木,昔以为直者,其曲于是可见也;如水准地,昔以为平者,其坳于是可见也。夫然后传其信,不传其疑,疑则阙,庶几治经不害。①

梁启超认为,戴震此处所云"十分之见"与"未至十分之见"之分,即科学家之"定理"与"假说"之分,颇有见地。戴震所说的"十分之见"是建立在充分的证据基础上的科学结论,其特点是"巨细毕究,本末兼察"。他认为要做到这一点,就必须下一番"目睹渊泉所导"、"手披枝肄所歧"、"循根达杪"、"深思自得"的苦工夫;反之,如果只是"依于传闻以拟其是,择于众说以裁其优,出于空言以定其论,据于孤证以信其通",其结论乃是靠不住的,"徒增一惑以滋识者之辨之"。在他看来,"传闻"和"空言"固然不可作为证据,"择于众说"而有所取舍也不行,如果"众说"皆错又怎么办?何况取舍的标准又是什么,不免要以一己之意见作为取舍标准,而这在戴震看来正是"己蔽";至于"孤证",虽说也是证据,但以孤证立论亦难以令人信服,如果别人列举相反的证据,这孤证也就不攻自破了。因此,科学的立论,不仅要拿证据来,而且要拿出充足的证据来,否则,即是"未至十分之见",其所谓立论,尚且只是一种假设。所以,戴震主张,在证据尚且不足以作出科学结论的情况下,宁可阙疑,也不可将假设当作结论,不可硬将"未至十分之见"当作"十分之见"。由此可见,戴震的治学态度是何等严谨,这种精神无

---

① 戴震:《与姚孝廉姬传书》,《戴震集》,上海古籍出版社1980年版,第185页。

疑是一种科学的精神。

戴震进而揭露了学者之所以为人所蔽和为己所蔽的主观心理根源。他指出学者要去除"人蔽"与"己蔽"，就必须首先克服"名之见"和"私智穿凿"的毛病。他说：

> 其得于学，不以人蔽己，不以己自蔽；不为一时之名，亦不期后世之名。有名之见，其弊二：非掊击前人以自表暴，即依傍昔贤以附骥尾。……私智穿凿者，或非尽掊击以自表暴，积非成是而无从知，先入为主而惑以终身；或非尽依傍以附骥尾，无鄙陋之心而失与之等……①

他认为，学者的"名之见"导致"鄙陋之心"，或者为了一时之名或后世之名不论是非地去批判前人，借攻击别人来造成自己的知名度；或者是为了一时之名或后世之名去依傍先贤，附其骥尾，以便跟着昔贤进孔庙去吃冷猪肉。前者由好名的己蔽而终蔽于己，后者由好名的己蔽而终蔽于人。至于"私智穿凿者"，虽没有前两种人的"鄙陋之心"，但由于任一己之私智，蔽于一曲而暗于大理，也会导致"积非成是而无从知"的"己蔽"和"先入为主而惑以终身"的"人蔽"两种后果。因此，戴震告诫人们，科学的学术研究的价值在于"真"，"知十而皆非真，不若知一之为真知也"②。好名和私智穿凿者，不在求真上下苦工夫，似乎懂得很多，其实其所知皆非科学真知，因而也就毫无学术价值可言。戴震的以上分析，颇能击中古今学者的弊病，是一剂医治古今坏学风的良药。

"必就事物剖析至微，而后理得"

为了批判宋儒关于"理"的谬说，戴震通过对"理"字作字义疏证，恢复了"理"作为具体事物的"分理"、作为"物之质"和"物之则"的本来意义，引导人们去从事关于具体事物的分门别类的科学研究。

程朱之所谓"理"，是脱离了具体事物且又凌驾于具体事物之上，具有派生万物的功能、"如有物焉"的形而上之理，"理一分殊"如"月印万川"，一切具体事物的理都只是那个伦理本体的"天理"，除此以外，再无理可言。

---

① 戴震：《答郑丈用牧书》，《戴震集》，上海古籍出版社1980年版，第186页。
② 段玉裁：《娱亲雅言序》，《经韵楼集》，上海古籍出版社1980年版，第192页。

这实际上也就取消了一切科学研究，——亦正如朱熹所说:研究具体事物是徒劳无益,所谓格物,"岂遽以为存心于一草木一器用之间而忽然悬悟也哉? 且如今为此学而不穷天理、明人伦、讲圣言、通世故,乃兀然于一草木一器用之间,此是何学问! 如此而望有所得,是吹沙而欲其成饭也"①。对于这一谬说,戴震除了揭露其"借阶于老庄释氏"、"求诸无形无迹者为实有、而视有形有迹为幻"②,"将使学者皓首茫然,求其物不得"③的唯心主义实质以外,还通过字义疏证,来恢复"理"作为具体事物的本质属性的含义,把对于"理"的论说建立在唯物主义的基础之上。他说:

> 理者,察之而几微,必区以别之名也,是故谓之"分理"。在物之质,曰肌理,曰腠理,曰文理。得其分,则有条而不紊,谓之"条理"。……许叔重《说文解字序》曰:"知分理之可相别异也。"古人所谓理,未有如后儒之所谓理者矣。④

> 就事物言,非事物之外别有理义也。有物必有则,以其则正其物,如是而已矣。⑤

理在事物之中,是作为认识的对象而存在的。人的任务就是运用其"心知"所具有的认识能力,对事物做细致入微的分析研究,直至无差失,无疑谬,才能算是认识了各别事物的条理、分理。他说:

> 事物之理,必就事物剖析至微,而后理得。⑥

> 古人曰理解者,即寻其腠理而析之也。⑦

> 心之明之所止,于事情区以别焉,无几微爽失,则理义以名。⑧

> 不谬之谓得理,疑谬之谓失理。⑨

戴震的这种寻求具体事物道理的认知态度,特别是其把分析研究作为基本的认知方法,是科学精神的体现。与以往学者强调"尽器则道无不贯"不

---

① 朱熹:《答陈齐仲》,《朱文公文集》,商务印书馆1929年版,第648页。
② 戴震:《孟子字义疏证》卷上,《戴震集》,上海古籍出版社1980年版,第290页。
③ 戴震:《绪言》上,《戴震集》,上海古籍出版社1980年版,第355页。
④ 戴震:《孟子字义疏证》卷上,《戴震集》,上海古籍出版社1980年版,第265页。
⑤ 戴震:《孟子字义疏证》卷上,《戴震集》,上海古籍出版社1980年版,第272页。
⑥ 戴震:《孟子字义疏证》卷下,《戴震集》,上海古籍出版社1980年版,第324页。
⑦ 段玉裁:《年谱》,《戴震集》附录,上海古籍出版社1980年版,第480页。
⑧ 戴震:《原善》中,《戴震集》,上海古籍出版社1980年版,第341页。
⑨ 戴震:《孟子字义疏证》卷上,《戴震集》,上海古籍出版社1980年版,第270页。

同,戴震所强调的是对于具体事物必须"寻其腠理而析分之"。由此可见他的思想已突破了把宇宙作为一个整体来把握的思辨哲学的局限,亦突破了一切皆为了体认"天理"的泛道德主义的抽象类精神的局限,而侧重于对事物的个别和特殊的分析研究。通过这一新的思维方式的推广和运用,也就势必使人们认识到,天下之理不是"一",而是"万"或"多",于是乎所谓"天理"之"放之四海而皆准"的普遍性也就值得怀疑了。

戴震对于"分理"的阐说,是以他所具有的超过前人的自然科学知识为基础的,同时又为中国自然科学向着分门别类的分析研究奠定了哲学基础。他已认识到"飞潜动植,举凡品物之性,皆就其气类别之"①,也就是说,正如飞禽走兽、花鸟虫鱼可以因其不同的性质而区分为动物和植物一样,世上的事物皆可因其品物之性而分门别类地加以研究。即使是同一类事物,也有分别加以研究的必要,譬如桃树和杏树,虽同为果木,但"根干枝叶,为华为实,香色嗅味,桃非杏也,杏非桃也,无一不可区别"。他特别强调"分"的必要性:"医家用药,在精辨其气类之殊。不别其性,则能杀人。"②他进而又指出,对于自然事物作分门别类的科学研究,乃是发展社会生产的前提。他说:

> 凡植禾稼卉木,畜鸟虫鱼,皆务知其性。知其性者,知其气类之殊,乃能使之硕大蕃滋也。③

戴震肯定"分理"的客观存在,主张通过对自然事物的分门别类的研究来认识"分理",从而服务于生产实践,这就既打破了几千年一贯制的以"阴阳交感、翕辟成变"来说明一切的原始生殖崇拜的思维方式,也打破了只有一个纲常名教的"天理"主宰一切、支配一切的中古蒙昧,从而为近代自然科学的发展提供了"充足理由律"。

"公论者,举其不可疑之理"

戴震所提倡的考据学的方法,是科学的归纳法,根据充分的、确实可靠

① 戴震:《绪言》上,《戴震集》,上海古籍出版社1980年版,第362页。
② 戴震:《绪言》上,《戴震集》,上海古籍出版社1980年版,第362页。
③ 戴震:《绪言》上,《戴震集》,上海古籍出版社1980年版,第362页。

的证据来得出结论。他说他的经学的入门工夫"不外以字考经,以经考字"①,主张"一字之义,当贯群经,本六书然后为定"②。然而,这只是他学问的入手处。他之所以重视考据,是为了"闻道",最终还是要阐明义理。如何阐明义理呢? 是以考据所得来的"不可疑之理"为出发点进行演绎、推论,从而发挥出具有启蒙意义的新学说。以归纳法为考据的方法,以公理演绎法为阐明义理的方法,是戴震思想方法的基本特征。

他的公理演绎方法是从徐光启那里学来的。晚明徐光启在翻译欧几里得的《几何原本》时曾强调,《几何原本》不仅学事者要学,学理者也要学,这样就可以去其浮气,练其精心,使学者的虚骄之气潜销。也就是说,不仅研究自然科学和工程技术的人要学习几何学的公理演绎法,而且应该将这一方法运用于义理之学的研究,以培养学者尊重自然和社会的公理、尊重思维逻辑的科学的知性精神。而戴震正是徐光启提出的这一主张的进一步的阐扬者和身体力行者。他极推崇徐光启与利玛窦合作翻译的欧几里得《几何原本》,服膺其科学方法。他在《四库全书》的《几何原本提要》中说:

> 其书每卷有界说,有公论,有设题。界说者,先取所用名目,解说之;公论者,举其不可疑之理;设题则据所欲言之理,次第设之。先其易者,次其难者,由浅而深,由简而繁,推之至于无以复加而后已。是为一卷。每题有法、有解、有论、有系。法言题用;解述题意;论则发明其所以然之理;系则又有旁通者焉。……其于三角方圆边线面积体积比例变化相生义,无不曲折尽显、纤微毕露。光启序称其穷方圆平直之情,尽规矩准绳之用,非虚语也。……(《几何原本》)盖亦集诸家之成。故自始至终,毫无疵颣。加以光启反复推阐,其文句尤为明显,以是弁冕西术,不为过也。③

这篇提要详细介绍了《几何原本》的公理演绎方法,并加以充分的肯定;此外,戴震还颇有深意地提到了徐光启用以"弁冕西术"的一篇文章,即《刻〈几何原本〉序》,说其对西法"反复推阐","文句尤为明显"。这当然是有意识地引导人们去读徐光启的这篇序。在这篇序中,徐光启批判"汉以来

---

① 陈奂:《说文解字注》跋,《说文解字注》,成都古籍书店 1981 年版,第 853 页。
② 戴震:《与是仲明论学书》,《戴震集》,上海古籍出版社 1980 年版,第 183 页。
③ 《四库全书总目》,中华书局 1965 年版,第 907 页。

多任意揣摩,如盲人射的,虚发无效;或依拟形似,如持萤烛象,得首失尾",并对《几何原本》备极推崇,称之为"度数之宗","万象之形囿,百家之学海"①。利玛窦称赞这篇序是"对西方学术写的一篇真正出色的赞颂"②。

戴震将徐光启倡导的公理演绎法运用于自然科学和义理之学的研究和阐发。在天文历算的研究方面,戴震十分强调"算法"的重要性。但他最大的贡献还是把依据公理而做严密的逻辑推导的方法引入中国哲学的研究,使他的哲学论说远比前人严谨,自成体系,而不是像其他哲学家那样,要靠今人运用逻辑去把他们的零零散散的言论汇集起来加以排比而形成体系。他的《孟子字义疏证》,就是一部比较自觉地运用形式逻辑的公理演绎方法写成的哲学著作。例如,《孟子字义疏证》首章论"理",乃先解说"理"之字义,即给"理"下定义;次论人人皆有同然之情欲,确认这是一条"不可疑"的不证自明的公理。以此推论,最后得出程朱之"理"只是违背自然和社会的公理的"一己之意见"的结论。通过科学方法在义理之学中的运用,新学说显示了它的无可辩驳的逻辑力量,在反对专制蒙昧主义的斗争中更具有战斗力。

(二)袁枚论"废道统之说"和学术独立

袁枚(1716—1797年,清康熙五十五年至嘉庆二年),字子才,号简斋,浙江钱塘(杭州)人。乾隆四年(1739年)进士,历任溧水、沭阳、江宁等县知县。年三十三即辞官,卜居于江宁(南京)小仓山之随园。他是一位集浙东之"贵专家"与浙西之"尚博雅"于一身的大学者。以诗文名于时,交游甚广,为当时诗坛所宗仰者凡50年。世称随园先生,晚年自号仓山居士、随园老人。享年81岁,跨康、雍、乾、嘉四朝。著有《小仓山房诗文集》七十余卷,诗话、尺牍、说部共三十余种。

袁枚在人们心目中的形象是一位风流诗人,至于说到思想,又以为仅在言情方面;其实不然,他还是一位学识渊博、富于创造力的大思想家。他

① 徐光启:《刻几何原本序》,载《利玛窦中文著译集》,复旦大学出版社2001年版,第303页。

② 《利玛窦中国札记》,中华书局1983年版,第518页。

自云：

> 我自挂冠来，著述穷朝昏。于诗兼唐宋，于文极汉秦。六经多创
> 解，百氏有讨论，八十一家中，颇树一帜新。①

他的自述大体上是合乎实际的。他的"颇树一帜新"，是在汉儒和宋儒之外独树一帜；因此，他的思想具有明确的反对汉儒和宋儒的倾向，自称：

> 郑、孔门前不掉头，程、朱席上懒勾留。②

同时代的学者李宪乔说袁枚的思想是"侔今无徒，侪古少类"③。对于当时官方意识形态的鼓吹者——程朱派的讲学家，他极力诋斥；对于民间盛行的考据学风，他亦力斥其迷信汉儒之妄；对于逃禅佞佛的文人"雅尚"，他也明确表示反对。他公然提出"废道统之说"，主张学术独立。他的思想通过他的一手好文章在当时得到了广泛的传播。胥绳武写诗赞道：

> 不为韩、柳不欧、苏，真气行间辟万夫。所说尽如人意有，此才岂但
> 近时无？扫除理障言皆物，游戏文心唾亦珠。喜是名山藏未得，传抄今
> 已遍寰区。
>
> 声名在世任推排，自擅千秋著述才。天为斯文留此老，我思亲炙待
> 将来。风回海上波争立，春到人间花怒开。比拟先生一枝笔，迂儒秃管
> 枉成堆。④

这两首诗当然不只是对于袁枚文才的赞美，更主要的是对于袁枚思想代表社会发展之未来的进步性所作出的具有前瞻性的赞美。

"废道统之说"

为了使史学、文学和各门具体学科从道统的束缚下解放出来，促进学术文化的多元发展，袁枚对宋儒鼓吹的"道统说"攻击不遗余力，并鲜明地提

---

① 袁枚：《送嵇拙修大宗伯入都》，《袁枚全集》第1册，江苏古籍出版社1993年版，第398页。

② 袁枚：《遣兴》，《小仓山房诗集》卷三十三，《袁枚全集》第1册，江苏古籍出版社1993年版，第808页。

③ 李宪乔：《随园诗赞》，《小仓山房诗集》序，载《袁枚全集》第1册，江苏古籍出版社1993年版，第5页。

④ 袁枚：《随园诗话补遗》卷五第七十四条，《袁枚全集》第3册，江苏古籍出版社1993年版，第686页。

出了"废道统之说"的主张,表现了一种多元开放的文化心态。

他首先指出"道统"之说并不是自古以来就有的,而是后儒杜撰出来的,说有一个从尧传到舜,从舜传到禹,从禹传到汤、文、武、周公、孔子、孟子依次传递的"道统",本身就不合乎历史实际,并且在理论上、逻辑上极其荒谬。他说:

> 道统二字,是腐儒习气语,古圣无此言,亦从无以此二字公然自任者。文王小心翼翼,望道而未之见,望且未见矣,肯以统自任乎?孔子曰:"若圣与仁,则吾岂敢?""五十以学易,可以无大过。"过犹不免矣,肯以道自尊乎?①

> 道者乃空虚无形之物,曰某传统,某受统,谁见其荷于肩而担于背欤?尧、舜、禹、皋并时而生,是一时有四统也。统不太密欤?孔、孟后直接程、朱,是千年无一统也。统不太疏欤?甚有绘旁行斜上之谱,以序道统之宗支者;倘有隐居求志之人,遁世不见知而不悔者,何以处之?或曰,以有所著述者为统也;倘有躬行君子,不肯托诸空言者,又何以处之?……废道统之说而后圣人之教大欤!②

以"道"为可以授受之物,万世一系,只此一家,别无分店,乃是宗法专制观念和家天下的帝王观念在学术领域的投射;在学术上争"正统"地位,争当"素王",以道统的化身自居而妄自尊大,是宋以后儒家学者的陋习。袁枚则一扫而空之,认为古无"道统"之说,古代的圣人也决不以道统自尊,何况"道乃空虚无形之物",谁传"统",谁受"统",并不是如有形之物的私相授受可以简单地加以证明的。"道"极广大,尧、舜、禹、皋同时并生而各有其道,后世隐居求志而不屑与讲学家争"正统"之人,躬行实践而无著述之人,也都各有其道,岂可以"一"统之?所以续家谱式的"道统"之说,足以使"道"变得极其狭隘,因此非废除不可。

袁枚又认为,自学问而言,当然是有继承关系的,所以,他又根据学术传承的历史事实来驳斥"道统论"以程朱直接孔孟的说法之虚妄。他说:

> 昔者秦烧《诗》、《书》,汉谈黄、老,非有施雠、伏生、申公、瑕丘之徒负经而藏,则经不传;非有郑玄、赵岐、杜子春之属琐琐笺释,则经虽传

---

① 袁枚:《答是仲明》,《袁枚全集》第 5 册,江苏古籍出版社 1993 年版,第 128—129 页。
② 袁枚:《策秀才文五道》,《袁枚全集》第 2 册,江苏古籍出版社 1993 年版,第 417 页。

不甚明。千百年后，虽有程、朱奚能为？程、朱生宋代，赖诸儒说经都有成迹，才能参己见成集解；安得一切抹杀，而谓孔、孟之道直接程、朱也？①

袁枚认为，讲特定学派的学术传承关系，也得尊重历史事实，不能将前人的学术成就一概抹杀。宋儒恰恰在这方面既缺乏实事求是的态度，也缺乏道德上的诚实。袁枚更公然对朱熹罗织他人罪名来争当孔学"正统"的手法作了毫不为这位尊者讳的揭露。他在答友人问学的信中说：

兹来札问昌黎果否知道，朱子得其《与大颠上人书》，以为真赃现获云云。嘻！朱子过矣！……躬自厚则薄责于人。……圣贤居心，大概从厚，……若果以罗织为能，则孔子亦有老子犹龙之赞，其可指为孔子通道教之真赃耶？吾故曰朱子过矣！虽然昌黎亦有自取之道，何也？……昌黎则阴袭孟子"闻知见知"之说，创为尧传、舜传，而终之以轲死莫传，是隐然以道统自居也。昌黎居之，朱子亦欲居之，譬如只此一座席，不推倒一客，如何能据其位？不取真赃，如何能入其罪？故朱子之搜赃，亦昌黎之慢藏诲盗，有以自取之也；不然汉、唐之贤人君子亦多矣，朱子何不家家搜赃，而独与无冤无仇之昌黎为难哉？或曰：周元公（周敦颐——引者注）与真净文禅师在庐山鸾溪结青松社，是亦佞佛之真赃，朱子何以不搜？不知朱子道统得自二程，二程道统得自元公，元公之赃则朱子之赃，是与捕快烹分者也，故勿搜也。②

朱熹既继承了韩愈的道统说，又要与韩愈争当"孔孟后一人"，所以拿出"捕快搜赃"的手法，说韩愈与佛教徒有来往，企图以此推倒韩愈。袁枚的驳斥亦极为有力。他先指出孔子曾师事老子，有"老子犹龙"之赞，为何朱熹不去"搜赃"？韩愈隐然以道统自居，被想取代其地位的朱熹"搜赃"，是他自己"慢藏诲盗"，也是活该。但是，朱熹为什么不搜道学祖师周敦颐"佞佛之真赃"呢？原来朱熹与二程都是参与"分赃"的人。朱熹当过县官，熟知县衙里捕快搜赃的手法，朱熹既学得此种手法，不去搜自己参与分赃的同伙的赃，而只搜与自己有利害冲突的盗贼的赃，这一手法自然也就不难被同样当过几年县官的袁枚所识破。

---

① 袁枚：《代潘学士答雷翠亭祭酒书》，《袁枚全集》第 2 册，江苏古籍出版社 1993 年版，第 295—296 页。
② 袁枚：《答是仲明》，《袁枚全集》第 5 册，江苏古籍出版社 1993 年版，第 128—129 页。

袁枚要废除"道统说",但他也并非不讲"道"。他所讲的"道",是既"公"且"广",既在上又在下,"人人可以得之"亦"人人可以失之"的"自在"地存在着的"道"。他说:

> 道固自在,而未尝绝也。后儒沾沾于道外增一"统"字,以为今日在上,明日在下,交付若有形,收藏若有物。道甚公,而忽私之;道甚广,而忽狭之,陋矣!三代之时,道统在上,而未必不在下。三代以后,道统在下,而未必不在上。合乎道,则人人可以得之;离乎道,则人人可以失之。①

既然"道"是自在的,人人可以得道,事实上并不存在一个大人物接着一个大人物地往下传的所谓道统,所以袁枚力斥宋儒把"道"极端地狭隘化了,"道统"成了党同伐异、妄自尊大和谋取私利的工具。袁枚说,圣人之道完全不是狭隘而自私的,孔子之所以为圣人,就在于他有兼容并包的博大胸怀,而朱熹则没有此种胸怀。他说:

> 夫人之所得者大,其所收者广;所得者狭,其所弃者多。以孔子视天下才,如登泰山察丘陵耳。然于子产、晏婴、宁武子等,无不称许。至孟子于管、晏,则薄之已甚,此孟子之不如孔子也。孟子虽学孔子,然于伯夷、伊尹、柳下惠均称为圣,至朱子则诋三代下无完人,此朱子之不如孟子也。②

对于当时官方意识形态独尊程朱、斥陆王为异端,袁枚亦明确表示反对:

> 书中斥陆、王为异端,亦似太过。《周易》曰:"仁者见之谓之仁,智者见之谓之智。"子曰:"仁者乐山,智者乐水。"夫道一而已,何以因所见而异,因所乐而异哉?然仁者之乐山,固不指智者之乐水为异端也。颜渊问仁,曰:"克复"。仲弓问仁,曰:"敬恕"。樊迟问仁,曰:"爱人"。随其人各为导引。使生后世,则仲弓必以颜渊为异端,颜渊又必以仲弓为异端矣。③

---

① 袁枚:《代潘学士答雷翠亭祭酒书》,《袁枚全集》第2册,江苏古籍出版社1993年版,第295页。

② 袁枚:《代潘学士答雷翠亭祭酒书》,《袁枚全集》第2册,江苏古籍出版社1993年版,第296页。

③ 袁枚:《代潘学士答雷翠亭祭酒书》,《袁枚全集》第2册,江苏古籍出版社1993年版,第296页。

在袁枚看来,不同的学说都有同时并存的权利,本无所谓"正统"与"异端"之分。"道统"说以程朱直接孔孟,于是其他各种学说便成了异端,"道统"说也就成了文化专制主义的工具。这也是袁枚主张废除"道统之说"的原因之一。

袁枚反对空谈"道"。认为道不可见,于"艺"中见之。所以他主张要研究具体的科学。他说:

> 艺即道之有形者也。精求之,何艺非道?①

他认为精于技艺亦可以达于不朽:

> 夫所谓不朽者,非必周、孔而后不朽也。羿之射,秋之弈,俞跗之医,皆可以不朽也。使必待周、孔而后可以不朽,则宇宙间安得有此纷纷之周、孔哉?②

认为人有一技之长皆可以达于不朽,这是商品经济发达的古希腊人和近代西方人的观念,在中国,只是晚明袁宏道才提出过这一观念,袁枚在清代中叶又再次提倡此种观念,自有其不同寻常的价值和象征意义。在袁枚看来,与其空谈仁义道德、仁者爱人,还不如学一些真正对人类有益的本领。一个好的医生能救活许许多多的人,岂不胜过空谈仁义的道学家千万倍? 所以他极厌恶道学家的空谈,而极力主张人应该精通一艺。他说:

> 夫学在躬行,不在讲也。圣学莫如仁,先生(薛寿鱼的父亲一瓢善医——引者注)能以术仁其民,使无夭札,是即孔子老安少怀之学也。素位而行,学孰大于是! 而何必舍之以他求?③

他又以自己的切身体验说明一位技艺人士对于人类的益处远胜于十个周程张朱,其"异案良方"亦"高出(道学)语录陈言万万":

> 仆昔病疾,性命危笃,尔时虽十周、程、张、朱何益? 而先生独能以一刀圭活之,仆所以心折,而信为不朽之人也。虑此外必有异案良方,可以拯人,可以寿世者,辑而传焉,当高出语录陈言万万。而乃讳而不宣,甘舍神奇以就臭腐,在理学中未必增一伪席,而方伎中转失一真人矣,岂不悖哉? 岂不惜哉?④

---

① 袁枚:《与薛寿鱼书》,《袁枚全集》第 2 册,江苏古籍出版社 1993 年版,第 324 页。
② 袁枚:《与薛寿鱼书》,《袁枚全集》第 2 册,江苏古籍出版社 1993 年版,第 324 页。
③ 袁枚:《与薛寿鱼书》,《袁枚全集》第 2 册,江苏古籍出版社 1993 年版,第 324 页。
④ 袁枚:《与薛寿鱼书》,《袁枚全集》第 2 册,江苏古籍出版社 1993 年版,第 325 页。

袁枚对于技艺之士的推崇正反映了时代前进的新方向。近代以来,由于科学的发展,一种新药的发明就能救活无数垂死的人的生命,这不比空谈仁义道德要高明千万倍吗?"艺即道之有形者","精通一艺即可达于不朽",正是一种推动人们从事科学技术研究,并由此推进人类幸福和社会进步的崭新价值观念。

"作史者只须据事直书"

袁枚又是一位具有非凡史识的学者。清代学者钱大昕说袁枚"精研史学,于古今官制异同之故,烛照数计,洞见症结,而犹虚怀若谷,示以所疑"①。但袁枚的卓越史识还不止此。他的最卓越的史识在于:他明确表示反对专制统治者为推行礼法教化、维护特权人治而任意篡改历史,他要把历史学从专制道统的束缚下解放出来,争得一个独立的地位。

袁枚认为,研究历史的目的是为了获得事实的真相,所以他反对统治中国史学界数千年、把史学作为伦理政治之附庸的正名垂训主义。他说:

> 作史者只须据事直书,而其人之善恶自见,以己意定为奸臣、逆臣,原可不必。②

他认为,史家只要忠实地记载史实,就可尽了使后人鉴戒的功用;但史家记载事实本身并没有,也不应该有褒贬;后儒推崇的所谓寓褒贬的"《春秋》笔法",不过是舞文墨吏的低劣伎俩:

> 《尚书》无褒贬,直书其事,而义自见。《春秋》本鲁史之名,未有孔子,先有《春秋》。孔子述而不作,故"夏五"、"郭公",悉仍其旧。宁肯如舞文吏,以一二字为抑扬,而真以素王自居耶?③

他批评《春秋》没有什么史学价值,真正有价值的是详记春秋史事的"传"而不是"经":

> 今治《春秋》者,从经乎? 从传乎? 必曰从经。然从经者,果束三传于高阁? 试问《春秋》第一篇"郑伯克段于鄢",郑为何伯? 段为何

---

① 钱大昕:《答袁简斋书》,《嘉定钱大昕全集》第 9 册,江苏古籍出版社 1997 年版,第580 页。

② 袁枚:《作史》,《袁枚全集》第 5 册,江苏古籍出版社 1993 年版,第 58 页。

③ 袁枚:《〈史学例议〉序》,《袁枚全集》第 2 册,江苏古籍出版社 1993 年版,第 186 页。

人？克为何事？鄢为何地？开卷茫然，虽鬼不知也。[①]

这段批评《春秋》的话，比前此王安石说《春秋》为“断烂朝报”，后此梁启超说《春秋》绝类村店所用之流水账簿，更为尖刻。他进而通过揭露《春秋》经传记载的自相矛盾来驳斥所谓“孔子作《春秋》而乱臣贼子惧”的说法：

必曰不得不考于传矣，然则传所载桓公、隐公皆被弑，而经皆书“公薨”。隐弑者之冤，灭匿臣之迹，岂非作《春秋》而乱臣贼子喜欤？若曰为国讳，小恶书，大恶不书；毋乃戒人为小恶，而劝人为大恶欤？[②]

他认为“为国讳”而掩盖历史真相或篡改历史，其结果恰恰与主持者的愿望相反；历史真相实际上是掩盖不住的，采用瞒和骗的伎俩来掩盖专制统治集团权力斗争的阴暗面，恰恰是对恶的纵容。从批评所谓“正名”、“垂训”“寓褒贬”的春秋笔法始，进而批评《公羊传》“于外大恶书，于内大恶讳，然则内之乱臣贼子无忌惮矣”，批评《穀梁传》“纰缪处……亦不少”[③]，批评班固《汉书》“有为贤者讳，而以过失散见于他传者”[④]，批评《宋史》“仿《汉书》之例为贤者讳过”[⑤]，批评朱熹的《通鉴纲目》“书中舞文弄字之弊，不可枚举”[⑥]。从袁枚对旧史书的批判可以看到，他已经十分清楚地意识到，真实乃是历史学的生命，历史学决不应成为伦理政治的附庸，历史学家也不应为迎合专制统治者的需要而篡改历史。这一切，充分表现了袁枚的科学精神和积学求真的理论勇气。

袁枚还明确反对宋元以来统治中国史学界的“正统”与“非正统”之辨。他说：

“正统”之名，始于北宋。……夫所谓“正统”者，不过曰有天下云尔。其有天下也，天与之；其正与否，则人加之也。……夫人心不同，各如其面。或曰正，或曰不正，或曰统，或曰非统。果有定欤，无定欤？唐以前作史者，时而三国则《三国》之；时而南、北则《南》、《北》之。……

---

① 袁枚：《策秀才文五道》，《袁枚全集》第2册，江苏古籍出版社1993年版，第415页。

② 袁枚：《策秀才文五道》，《袁枚全集》第2册，江苏古籍出版社1993年版，第415页。

③ 袁枚：《〈公羊〉之非》、《〈穀梁〉之非》，《袁枚全集》第5册，江苏古籍出版社1993年版，第16—17页。

④ 袁枚：《班氏史例》，《袁枚全集》第5册，江苏古籍出版社1993年版，第26页。

⑤ 袁枚：《〈宋史〉为贤者讳过》，《袁枚全集》第5册，江苏古籍出版社1993年版，第40页。

⑥ 袁枚：《纲目非朱子所作》，《袁枚全集》第5册，江苏古籍出版社1993年版，第51页。

其说简,其义公,论者亦无异词。自正统……之说生,而人不能无惑。
试问:以篡弑得国者为不正,是开辟以来,惟唐、虞为正统,而其他皆非
也。以诛无道者为正,则三代以下,又惟汉高为正统,而其他皆非也。
此说之必穷者也。①

"正统论"是为专制帝王取得天下的合理性进行论证和辩护的一种理论,衡
量是否"正统"的标准主要是君臣之纲和夷夏之辨,如以篡弑取得帝位为非
正统、以少数民族入主为非正统等。以这种标准去衡量历史,结果也就造成
袁枚所说的极少有"正统"的情形;但事实上"正统论"的主张者实际上又不
可能真正用这一标准去评论帝王取得天下的合理性;相反,则是挖空心思地
替独夫民贼冠以"正统"的美名。这种评价标准与实际所作出的评价的背
离,也就引发了无穷的争论,于是又生出所谓"有正无统,有统无正"种种的
说法来。在袁枚看来,这些争论都是无聊的,历史本不应以僵化的道德标准
去加以评论,而且事实上这种僵化的道德标准也不可能贯彻到底,不能贯彻
到底而又要装出贯彻了这种标准,也就只能造成歪曲历史、为独夫民贼辩护
的种种虚伪。因此,只有把正统之说"一扫而空之"②,三国就是三国,南北
朝就是南北朝,不必去区分什么正统非正统,才能客观而真实地陈述历史。

袁枚强调,史学例议是为真实地陈述历史服务的,例议不应该成为篡改
历史、营私舞弊的工具。他说:

夫史者,衡也,鉴也,狭曲蒙匡也。国家人物政事,则受衡受鉴,而
盛载于蒙匡者也为之例,为之议;然后衡平鉴明,而筐篚亦无舛午
之虞。③

可见袁枚最担心的还是借史学例议作弊,所以他强调例议必须有利于真实
地陈述历史,然后才能做到衡平鉴明,在公正无私的天平上,在妍媸毕见的
明镜中,再现历史的真实。

袁枚的特识还在于他进一步论说了曾经为王阳明、李贽、钱谦益所提出
过的"六经皆史"说。王、钱皆认为古代经典既是"经",又是"史",而袁枚
则进一步指出:

古有史而无经。《尚书》、《春秋》,今之经,昔之史也;《诗》、《易》

---

① 袁枚:《策秀才文五道》,《袁枚全集》第 2 册,江苏古籍出版社 1993 年版,第 417 页。
② 袁枚:《古无正统之说》,《袁枚全集》第 5 册,江苏古籍出版社 1993 年版,第 53 页。
③ 袁枚:《〈史学例议〉序》,《袁枚全集》第 2 册,江苏古籍出版社 1993 年版,第 187 页。

者,先王所存之言;《礼》、《乐》者,先王所存之法。其策皆史官掌之。①
《随园随笔》"古有史无经"条下除强调六经皆史——六经皆史料——外,又
指出:"故汉人引《论语》、《孝经》皆称传不称经也。'六经'之名始于《庄
子》;经解之名始于戴圣;历考'六经',并无以'经'字作书名解者。"②也就
是说,所谓《六经》本来就是"史","经"的名义是后人加上去的。《六经》只
能作为上古史料来加以看待。他的这一思想又为比他晚生 18 年的章学诚
所继承并大大发挥了。

"文学不可纳诸德行"

史学向专制政治伦理闹了独立,文学也要独立,袁枚力图使文学也从专
制政治伦理的束缚下解放出来。他在《答沈大宗伯诗论》一文中,明确表示
反对文学"必关系人伦日用"的说法:

> 所云"诗贵温柔,不可说尽,又必关系人伦日用",此数语有褒衣大
> 袑气象,仆口不敢非先生,而心不敢是先生。③

他认为文学艺术本身有其独立存在的价值,不应该成为专制政治伦理
的附庸。因此,他对程朱理学家强行把文学艺术纳入专制政治伦理的轨道
十分不满。在《答朱石君尚书》一文中,他指出:

> 孔门四科,因才教育,不必尽归德行,此圣门之所以为大也,宋儒硁
> 硁然,将政事、文学、言语一绳捆束,驱而尽纳诸德行一门,此程朱之所
> 以为小也。④

他的这些观点,是建立在对审美的本质之深刻认识的基础上的。他认
为审美在本质上是超功利的,不能以是否有用来衡量文学艺术的价值,
他说:

> 夫物相杂之谓文。布帛菽粟,文也;珠玉锦绣,亦文也;其他浓云震雷、
> 奇木怪石,皆文也。足下必以适用为贵,将使天地之大、化工之巧,其专生

---

① 袁枚:《〈史学例议〉序》,《袁枚全集》第 2 册,江苏古籍出版社 1993 年版,第 186 页。
② 袁枚:《古有史无经》,《袁枚全集》第 5 册,江苏古籍出版社 1993 年版,第 414 页。
③ 袁枚:《答沈大宗伯诗论》,《袁枚全集》第 2 册,江苏古籍出版社 1993 年版,第
284 页。
④ 袁枚:《答朱石君尚书》,《袁枚全集》第 5 册,江苏古籍出版社 1993 年版,第 181 页。

布帛菽粟乎？抑能使有用之布帛菽粟贵于无用之珠玉锦绣乎？人之一身，耳目有用，须眉无用，足下其能存耳目而去须眉乎？是亦不达于理矣。①

他认为文学艺术与义理本质上属于不同的学科，各有其学科特征和内在的特殊规律，亦各有其评判标准，对义理之学的评判标准决不适用于文学艺术，反之亦然。因此，他反对以程朱语录来规范文学艺术的风格，亦反对文学艺术去迎合狭隘的功利目的，他在《答友人论文第二书》中说：

足下论文如射之有志，可谓识所取舍者矣。而何以每见足下于庄、屈之荒唐，则爱之而诵之；于程、朱之语录，则尊之而远之：岂足下之行与言违哉？盖以理论，则语录为精；以文论，则庄、屈为妙。足下所爱在文，而不在理；则持论虽正，有时而嗒然自忘，若夫比事之科条，薪米之杂记，其有用更百倍于古文矣，而足下不一肄业者，何也？②

袁枚反问，有哪一个真正的文学家愿意为"人伦日用"而使其创作变为道学语录呢？又有哪一个真正的文学家愿意为了"适用"而使自己的创作变成衙门里的科条和柴米账簿呢？既然内心不愿意，又何必口里却大讲文学要服务于"人伦"、"以适用为贵"呢？

他十分厌恶无聊的"颂谀"文章，指出文学家以"文章报国"不在于刻意迎合，而在于按照审美的内在规律去从事创作，他说：

尝谓功业报国，文章亦报国。而文章之著作为尤难。……所谓以文章报国者，非必如《贞符》、《典引》刻意颂谀而已；但使有鸿丽辨达之作，踔绝古今，使人称某朝文有某氏，则亦未必非邦家之光。③

这段话把柳宗元的《贞符》与班固的《典引》相提并论，一概斥之为"刻意颂谀"之作，不免过于武断而不可据为确论；但其认为文学作品的真正价值不在于充当政治伦理的工具，而在于作品本身的艺术造诣，则是一种具有合理性的思想。

从文学的独立性立论，他亦反对"必兼数者而后传"的观点，认为文学家只要精于创作，其作品必能流传后世。他回答友人的论文书简说：

---

① 袁枚：《答友人论文第二书》，《袁枚全集》第 2 册，江苏古籍出版社 1993 年版，第 322 页。

② 袁枚：《答友人论文第二书》，《袁枚全集》第 2 册，江苏古籍出版社 1993 年版，第 322 页。

③ 袁枚：《再答陶观察书》，《袁枚全集》第 2 册，江苏古籍出版社 1993 年版，第 269 页。

足下来教曰："诗不如文,文不如著书,人必兼数者而后传。"此误也。夫艺苟精,虽承啁画筴亦传;艺苟不精,虽兵农礼乐亦不传。传不传,以实求,不以名取,安在其兼不兼也! 然仆意以为专则精,精则传;兼则不精,不精则不传,与足下异矣。①

如前所说,袁枚特重"艺",认为"艺"本身就是"道"的体现,精通一艺就能达于不朽。在这里,他把文学也视作"艺"的一个门类,认为文学家只要精于创作,就能达于不朽,而不必兼及其他。说到底,他所强调的还是文学的独立性,是主张文学家必须"为艺术而艺术",而不要用文学去为专制主义的政治伦理服务。他的这些论述,对于使文学摆脱专制政治伦理的束缚而独立发展,无疑是具有积极意义的。

"宋儒凿空,汉儒尤凿空"

袁枚亦精于考据,他对于惠栋为代表的吴派学者迷信汉学"不问是不是,但问汉不汉"亦深致不满,他以渊博的学识对汉儒经解的种种谬误进行了抉发和批评,特别是针对惠栋等吴派学者特别推崇的郑玄进行批评,将郑玄经解的错误大曝于天下,很使吴派学者难堪,但这种批评却有利于追求真知的科学精神的发扬,纠正吴派学者的偏失。

袁枚敏锐地察觉到当时吴派学者的学风在摆脱了对宋儒的迷信以后,又坠入了对汉儒的迷信的深渊,因此,他明确地揭露汉儒也有"凿空"的弊病,认为决不能从一种迷信坠入另一种迷信。他说:

明季以来,宋学太盛。于是近今之士,竞尊汉儒之学,排击宋儒,几乎南北皆是矣。豪健者尤争先焉,不知宋儒凿空,汉儒尤凿空也。康成臆说,如用麒麟皮作鼓郊天之类,不一而足。其时孔北海、虞仲翔早驳正之。孟子守先王之道,以待后之学者,尚且周室班爵禄之制,其详不可得而闻。又曰:"尽信书,不如无书。"况后人哉? 善乎杨用修之诗曰:"三代后无真理学,《六经》中有伪文章。"②

---

① 袁枚:《答友人某论文书》,《袁枚全集》第 2 册,江苏古籍出版社 1993 年版,第 319 页。

② 袁枚:《随园诗话》卷二第四十三条,《袁枚全集》第 3 册,江苏古籍出版社 1993 年版,第 48 页。

他对汉儒的批评,不是凭空立论,而是采用"拿证据来"的论证方法。在以上的论述中,他指出郑玄说古代以麒麟皮作鼓郊天为臆说,因为世上本无"麒麟"这种动物;他又指出"周室颁爵禄之制"连在汉儒以前的孟子尚且说"其详不可得而闻",汉儒又何从而知? 所以他赞成杨慎"《六经》中有伪文章"的说法。他在《麒麟喊冤》一文中更以谐谑调侃的笔调将郑玄经解的错误列举了许多:

> 其教有必不能行者:天子冕旒用玉二百八十八片,天子之头几乎压死;夏祭地示必服大裘,天子之身几乎暍死。……丧礼合殓用米二升四合,君大夫口含粱稷四升,如角柶不能启其齿,则凿尸颊一小穴而纳之。凡为子孙者,心俱不忍。①

他又指出郑玄《诗经》注解中的种种错误是导致后人种种迂腐之说的始作俑者。他写道:

> 《冷斋夜话》云:"太白诗:'昔作夫容花,今作断肠草。'本陶弘景《仙方注》'断肠草亦名夫容'故也。乃知诗人无一字闲话。"方密之笑曰:"太白冤哉! 草不妨同名,诗人何心作药师父耶?"凡此种种,其病皆始于郑康成。康成注《毛诗》"美目清兮":"目上为明,目下为清"。然则"美目盼兮","盼"又是何物? 注"亦既觏止",为男女交媾之媾。注"五日为期",为"妾年未五十,必与五日之御。五日不御,故思其夫"。注"胡然而天,胡然而帝",便是"灵威仰,赤熛怒"。注"言从之迈",言"将自杀以从之"。其迂谬已作俑矣!②

他更把批判的矛头指向汉儒戴圣所造的《礼经》,指出《礼记》中关于周代宫廷嫔妃数目的礼制是戴圣编造出来向昏君献媚的,而郑玄师弟又从而附会之,以致后世帝王以"三代礼制"为名争相效法。他说:

> (戴)圣造《礼经》,其罪更大。……(周)文王宫女原无定数,多不过二三十人,并无九嫔、二十七世妇、八十一御妻之名号,亦从不见有金环进之、银环退之之条例。文王日昃不暇,乐而不淫,那得有工夫十五夕而御百余妇哉! 戴圣本系赃吏,造作宫闱经典,以媚昏主,而郑玄师

---

① 袁枚:《麒麟喊冤》,《续子不语》卷五,《袁枚全集》第4册,江苏古籍出版社1993年版,第94页。

② 袁枚:《随园诗话》卷一第四十七条,《袁枚全集》第3册,江苏古籍出版社1993年版,第21—22页。

弟又从而附会之,致后世隋宫每日用烟螺五石,开元宫女六万余人,皆其作俑也。①

这段论述,依据史实,更是揭露得痛快淋漓。除了上述引证之外,袁枚所指出的汉儒作伪及错解的事实还可以举出许多许多。这一切,都有力地破除了当时学者中较为普遍地流行的对于汉儒的迷信,促使考据学者从对于汉儒的迷信中解放出来,从而真正地贯彻其所标榜的"实事求是"的治学态度。

(三)章学诚论"因史以明道"

章学诚(1738—1801 年,清乾隆三年至嘉庆六年),字实斋,浙江会稽(今绍兴)人,乾隆四十三年(1778 年)进士,著名的史学家。著有《章氏遗书》,自选其精要为《文史通义》,后附《校雠通义》。曾经为和州永清县和亳州编写县志和州志,撰修《湖北通志》。他比袁枚晚生 18 年,后袁枚 4 年去世。

作为一位很具有学术个性的学者,章学诚自述其治学态度云:"学术不能随风尚之变,……遇与不遇听乎天"②,可见他并非是风派人物;又说,"文之所以不能彼此相易,各自成家者也",因此不可"舍己之所求而摩古人之形似"③,可见他不泥于古;他还说,"学在自立,人所能者,我不必以不能愧也"④,可见他亦不泥于人。他是极懂得维护其学术尊严的,决不肯被时尚、古人、今人牵着鼻子走。正因为如此,他的学术思想具有卓然自立的价值。虽然在当时知音不多,但自清末以来却产生了巨大的影响。当然他也有很庸俗的一面,例如他对戴震的批评和对袁枚、汪中的恶意攻击,都不全是出于学术原因。

章学诚的思想贡献主要在历史哲学方面。他的历史哲学中包含了深刻

---

① 袁枚:《麒麟喊冤》,《续子不语》卷五,《袁枚全集》第 4 册,江苏古籍出版社 1993 年版,第 94—95 页。
② 章学诚:《感遇》,《文史通义校注》,中华书局 1985 年版,第 328 页。
③ 章学诚:《文理》,《文史通义校注》,中华书局 1985 年版,第 287 页。
④ 章学诚:《博约上》,《文史通义校注》,中华书局 1985 年版,第 157 页。

的辩证法思想的合理内核,表现了当时人们的眼界尚且局限于"中国之天下"的情况下所可能有的最大的历史感。他的历史辩证法思想与"贵时王之制度"的保守结论,很像黑格尔式的方法和体系的矛盾;尽管他并没有黑格尔式的对于人类自我意识发展的历史与逻辑之统一的精致而深刻的揭示,也没有黑格尔的鸟瞰世界历史进程的博大和精深,但在当时的中国国情下,已属难能可贵,他的探索方向与黑格尔是一致的。

"天地生人,斯有道矣"

在章学诚的学说中,"道"包含两重含义:

第一,从共时性的视角看,"道"是体现于特定时代的文明中的活的灵魂;

第二,从历时性的视角看,"道"是不以个人的意志为转移的历史规律性。

他认为圣人之所以为圣人,就在于能够通过"学于众人"、从众人的"不知其然而然"的生活和活动中去发现"道"。他说:

> 天地之前,则吾不得而知也。天地生人,斯有道矣,而未形也。三人居室,而道形矣,犹未著也。人有什伍而至百千,一室所不能容,部别班分,而道著矣。仁义忠孝之名,刑政礼乐之制,皆其不得已而后起者也。①

> 道者,非圣人智力之所能为,皆其事势自然,渐形渐著,不得已而出之。②

> 道有自然,圣人有不得不然,其事同乎? 曰:不同。道无所为而自然,圣人有所见而不得不然也。圣人有所见,故不得不然;众人无所见,则不知其然而然。孰为近道? 曰:不知其然而然,即道也。非无所见也,不可见也。不得不然者,圣人所以合乎道,非可即以为道也。圣人求道,道无可见,即众人之不知其然而然,圣人所藉以见道者也。……学于众人,斯为圣人。③

他把"道"看作是"人道",是在人类生活与实践的过程中逐渐形成的,是"事势之自然";众人在其"不知其然而然"的生活与实践中形成的社会法则,也

① 章学诚:《原道上》,《文史通义校注》,中华书局 1985 年版,第 119 页。
② 章学诚:《原道上》,《文史通义校注》,中华书局 1985 年版,第 119 页。
③ 章学诚:《原道上》,《文史通义校注》,中华书局 1985 年版,第 120 页。

就是"道";"道"不可见,它深藏和体现于人民的生活中;圣人并没有创造"道",而只能于人民的生活中见道,使自己的言论和行为合乎"道",故曰"学于众人,斯为圣人","圣人有不得不然"。他认为周公是上古三代之道的集大成者,其所以能集大成,就在于周公生当唐、虞、夏、商之后,"适当积古留传,道法大备之时"①;在周公以前的圣人"皆学于众人之不知其然而然,而周公又遍阅于自古圣人之不得不然,而知其然也"②。他以人类文明的起源来说明"道"的起源,从而排除了把"道"看作是先于天地、先于人而独立存在的精神本体的唯心主义臆说,把对于"道"的哲学论说建立在人类活生生的生活和实践的基础上。

反对"守六籍以言道"

经学的传统见解是,六经为载道之书,所谓"道"或圣贤之"理义"皆毕具于六经。自顾炎武至戴震亦皆认为"经学即理学","训诂明而后义理明"。而章学诚则从纵观历史发展的更高层次上对上述观点提出了挑战,用"六经皆器"、"六经皆史"、"经之流变必入于史"、"事变之出于后者,六经不能言"一整套论证来说明"宗史"的必要性,用"因史见道"的新方法来代替"通经明道"的旧方法。

首先,"六经皆器"、"六经皆史"。章学诚指出:

> 易曰:"形而上者谓之道,形而下者谓之器。"道不离器,犹影不离形。后世服夫子之教者自六经,以谓六经载道之书也,而不知六经皆器也。……夫子述六经以训后世,亦谓先圣先王之道不可见,六经即其器之可见者。③

把所谓"六经皆器"的命题具体化,即:"六经皆史"、"六经皆先王之政典"。他说:

> 六经皆史也。古人不著书;古人未尝离事而言理,六经皆先王之政典也。④

---

① 章学诚:《原道上》,《文史通义校注》,中华书局 1985 年版,第 120—121 页。
② 章学诚:《原道上》,《文史通义校注》,中华书局 1985 年版,第 121 页。
③ 章学诚:《原道中》,《文史通义校注》,中华书局 1985 年版,第 132 页。
④ 章学诚:《易教上》,《文史通义校注》,中华书局 1985 年版,第 1 页。

古人事见于言,言以为事,未尝分事言为二物也。①

三代学术,知有史而不知有经,切人事也;后人贵经术,以其即三代之史耳;近儒谈经,似于人事之外别有所谓义理矣。②

事有实据而理无定形,故夫子之述六经,皆取先王典章,未尝离事而著理。③

他通过把六经还原为上古史料,来打破对于古代经典的崇拜,指出:

六经初不为尊称。④

古无经史之分,圣人亦无私自作经以寓道法之理。六经皆古史之遗,后人不尽得其渊源,故觉经异于史耳。⑤

从"六经皆器"、"六经皆史"的观点出发,章学诚认为,作为特定时代的"器"或"史"也就有其特定时代的局限性。寓于特定时代的"器"或"史"中之"道"也就只是那个时代的"道",《六经》之道是可以通过章句训诂去阐发的;但《六经》以后的"器"或"史"中所包含的"道"就不是通过解释《六经》所能说明的了。他说:

夫道备于六经,义蕴之匿于前者,章句训诂足以发明之;事变之出于后者,六经不能言,固贵约六经之旨而随时撰述,以究大道也。⑥

他并不割断历史,而是把历史看作一个连续的链条,认为"经之流变必入于史",与此相应,"道"的发展也是有其连续性的;但是他强调,《六经》以后的"道"只能通过研究《六经》以后的"器"或"史"来发现,所以他反对"宗经而不宗史"、"守六籍以言道":

盖韩子(韩愈——引者注)之学,宗经而不宗史,经之流变必入于史,又韩子之所未喻也。⑦

儒家者流,守其六籍,以谓是特载道之书耳。夫天下岂有离器言

① 章学诚:《书教上》,《文史通义校注》,中华书局1985年版,第31页。
② 章学诚:《浙东学术》,《文史通义校注》,中华书局1985年版,第523页。
③ 章学诚:《经解中》,《文史通义校注》,中华书局1985年版,第102页。
④ 章学诚:《经解下》,《文史通义校注》,中华书局1985年版,第110页。
⑤ 章学诚:《丙辰劄记》,《乙卯劄记 丙辰劄记 知非日札》,中华书局1986年版,第57页。
⑥ 章学诚:《原道下》,《文史通义校注》,中华书局1985年版,第139页。
⑦ 章学诚:《与汪龙庄书》,《文史通义新编新注》,浙江古籍出版社2005年版,第693页。

道,离形存影者哉？彼舍天下事物、人伦日用,而守六籍以言道,则固不可与言夫道矣。①

"道在六经"是韩愈《原道》一文的基本观念,而"守六籍以言道"则是顾炎武、戴震的治学方法,而章学诚则斩钉截铁地批评韩愈"宗经不宗史",批评顾炎武、戴震"不可与言乎道",认为六经不足以尽道,而是主张以"宗史"代替"宗经",以"因史见道"代替"通经明道"。在章学诚看来,"道"作为体现于历史发展着的人类文明中的活的灵魂,只能在"器"的变化和"史"的演进中去探求;"道"仅仅存在于具体的历史的实际之中,因此必须"宗史"。既然"道"是在历史发展过程中所展示的,它也就不只是《六经》中所展示的上古三代的"道",而是从过去发展到现在、从现在延伸到未来的"道";这也就是从章学诚的思想方法所必然要得出的结论。在章学诚的这种新兴气锐的历史的观点和发展的观点面前,顾炎武和戴震的"通经明道"的治学方法无疑都显得陈旧而过时。

然而,方法和思想成果往往并不统一。戴震的"通经明道"的方法,看上去十分传统而陈旧,然而由于贯彻追求真知的科学精神,还是起到了推倒宋儒臆说的作用。章学诚的"因史见道"的方法,本来亦可以得出进步的结论,——只要将这一包含着深刻的历史辩证法观点的方法彻底贯彻下去;然而,恰恰相反,章学诚所得出的却是"贵时王之制度"的保守结论,———正如黑格尔把普鲁士专制制度看作其历史的"绝对精神"发展的顶点一样。章学诚说:

> 传曰:"礼,时为大。"又曰:"书同文"。盖言贵时王之制度也。学者但诵先圣遗言,而不达时王之制度,是以文为黼帨缔绣之玩,而学为斗奇射覆之资,不复计其实用也。……故无志于学则已,君子苟有志于学,则必求当代典章,以切于人伦日用;必求官司掌故,而通于经术精微,则学为实事,而文非空言,所谓有体必有用也。不知当代而言好古,不通掌故而言经术,则黼帨之文,射覆之学,虽极精能,其无当于实用也审矣。②

按照章学诚的"学于众人,斯为圣人"的观点,"道"是在众人"不知其然而

---

① 章学诚:《原道中》,《文史通义校注》,中华书局1985年版,第132页。
② 章学诚:《史释》,《文史通义校注》,中华书局1985年版,第231页。

然"的生活与实践中发展着的,不只是发展到"时王之制度"就中止了,而注定是要延伸到未来的,在未来的社会制度中自有未来之道,但对这一点章学诚并没有说出。他似乎是抱着且重当今、何恤今后的态度,要学者们只在他所处的那个时代的"时王之制度"中去发明"道","求当代典章"和"官司掌故","以切于人伦日用";而不是要学者们到人民的生活与实践中、到社会发展业已展示的新趋向中去发现"道",因而也就得出了"贵时王之制度"的极其保守的结论,他的包含着辩证法思想内核的历史发展的观点也就不免为他的保守结论以及他的许多维护礼教的"时王之制度"的言论所窒息。

"百家之言,亦大道之散者也"

由于中国历代专制王朝独尊儒术,因而形成了以儒家以外的诸子百家为异端的传统偏见。这一偏见在明代中叶以后才开始被打破。章学诚继承了晚明以来的学者重视诸子百家学说的思想,更为明确地论述了诸子学说与《六经》的渊源关系,并初步说明了诸子学说在统治者独尊儒术之后并未消失的事实,主张以兼收并蓄的态度"收百家之用"。其目的是为了替诸子百家争取学术上的合法地位,这表现了章学诚亦初步具有多元开放的文化心态。

章学诚认为,《六经》乃是诸子的共同源头,诸子皆出于《六经》,都是从不同的方面对"道体"的阐发。他说:

> 道体无所不该,六艺足以尽之。诸子之为书,其持之有故而言之成理者,必有得于道体之一端,而后乃能恣肆其说,以成一家之言也。……《老子》说本阴阳,《庄》、《列》寓言假象,《易》教也;邹衍侈言天地,关尹推衍五行,《书》教也。管、商法制,义存政典,《礼》教也。申、韩刑名,旨归赏罚,《春秋》教也。其他杨、墨、尹文之言,苏、张、孙、吴之术,辨其原委,挹其旨趣,九流之所分部,《七录》之所叙论,皆于物曲人官,得其一致,而不自知为六典之遗也。①

他又说:

> 诸子之书,多《周官》之旧典,……诸子思以其学用世,莫不于人官物曲之中,求其道而通之,将以其道易天下,而非欲以文辞见也。故其

---

① 章学诚:《诗教上》,《文史通义校注》,中华书局1985年版,第60页。

> 所著之书,则有官守旧文,与夫相传遗意,虽不能无失,然不可谓全无所
> 受也。故诸子之书,虽极偏驳,而其中实有先王政教之遗。①

他进一步指出儒家与名家、法家同出一源:

> 儒与名、法,其原皆出于一,非若异端释老,屏去民彝物则而自为一
> 端者比也。商鞅韩非之法,未尝不本圣人之法,而所以制而用者非也;
> 邓析公孙龙之名,不得自外于圣人之名,而所以持而辨者非也。②

他进而认为,唐宋八大家乃是诸子之遗,诸子的学说亦有其传人,没有消失,
也不可能消失:

> 韩愈之儒家,柳宗元之名家,苏洵之兵家,苏轼之纵横家,王安石之
> 法家,皆以生平所得,见于文字,旨无旁出,即古人之所以自成一子
> 者也。③

他总结说:

> 百家之言,亦大道之散著也,奉经典而临治之,则收百家之用;忘本
> 源而厘析之,则失道体之全。④

他的论述,隐然有承于浙东史学开山黄宗羲之所谓"圣贤之血路,散殊于百
家"的多元学术史观,并且将这一史观用于论说先秦诸子、唐宋八大家之
学。在他看来,除了教人出世、"屏去民彝物则"的佛道二家学说是"异端"
外,诸子百家学说皆不可称作"异端",而是"大道之散著",对发展"大道"
都各有其贡献,因而可以在尊奉圣人经典的前提下"收百家之用";相反,如
果否认诸子同出"大道"之一源而将其排斥于"大道"之外,也就无"道体之
全"可言了。如前所说,章学诚之所谓"道",是"人道",因而他认为一切关
于"人道"的理论探索都有其存在的价值;至于他之所以仍然把佛、道二教
看作异端,也是从单纯入世的"人道"精神立论,宗教的出世精神是被排斥
于他的"人道"之外的。当然,以今天的学术眼光看来,将宗教视为"人道"
以外的异端而完全加以排斥未免简化;但在当时,能肯定诸子百家的价值
也已经是难能可贵的了。他的最大的局限性在于,他对于诸子百家的是非

---

① 章学诚:《〈述学〉驳文》,《文史通义新编新注》,浙江古籍出版社 2005 年版,第
365 页。
② 章学诚:《汉志诸子第十四》,《文史通义校注》,中华书局 1985 年版,第 1037 页。
③ 章学诚:《宗刘第二》,《文史通义校注》,中华书局 1985 年版,第 957 页。
④ 章学诚:《汉志诸子第十四》,《文史通义校注》,中华书局 1985 年版,第 1045 页。

得失的评判标准,依然是在《六经》的范围之内。

"必兼性情,不立规矩"

在宋明道学中,程朱"道问学",主张由博返约,体认作为宇宙伦理本体的"天理";陆王"尊德性",主张先发明本心,而后使之博览;二者都只是道德修养的不同途径。章学诚学宗阳明,但却挖空了阳明"致良知"的道德内涵,而代之以"学者求知之功力"的崭新意义。

章学诚把"道问学"与"尊德性"解释为学者两种不同的先天气质和治学路数,即"沉潜"与"高明"。从这一观点立论,他认为:"宋儒有朱、陆,千古不可合之同异,亦千古不可无之同异也。末流无识,争相诟詈,与夫勉力解纷,调停两可,皆多事也。"[1]同样从治学路数立论,他认为顾炎武、戴震皆有承于朱熹"求一贯于多学而识,寓约礼于博文"的思路;而黄宗羲开创的浙东史学则上承陆王、刘宗周,重别识心裁、神解精识的专家之学。"顾氏宗朱,而黄氏宗陆。盖非讲学专家,各持门户之见者,故互相推服,而不相非诋。学者不可无宗主,而必不可有门户;故浙东、浙西,并行而不悖也。浙东贵专家,浙西尚博雅,各因其习而习也。"[2]

陆王心学讲"良知",是为了"尊德性";而章学诚所谓"良知",乃是人的"性情",或曰学者不同的先天气质:

> 或曰:子言学术,功力必兼性情,为学之方,不立规矩,但令学者自认资之所近与力能勉者,而施其功力,殆即王氏良知之遗意也。[3]

对于"性情",章学诚有较多的论述。"性情"是"天性",是"至情",他说:

> 夫学有天性焉,读书服古之中,有入识最初,而终身不可变易者是也。

学又有至情焉,读书服古之中,有欣慨会心,而忽焉不知歌泣何从者是也。[4]
他认为治学路数的不同皆根源于学者的"性情"的差异:

> 由风尚之所成言之,则曰考订、词章、义理;由吾人之所具言之,则才、学、识也;由童蒙之初启言之,则记性、作性、悟性也。考订主于学,

---

① 章学诚:《朱陆》,《文史通义校注》,中华书局 1985 年版,第 262 页。
② 章学诚:《浙东学术》,《文史通义校注》,中华书局 1985 年版,第 523 页。
③ 章学诚:《博约下》,《文史通义校注》,中华书局 1985 年版,第 165 页。
④ 章学诚:《博约中》,《文史通义校注》,中华书局 1985 年版,第 161—162 页。

辞章主于才,义理主于识,人当自辨其所长矣。记性积而成学,作性扩
而成才,悟性达而为识,虽童蒙可与入德,又知斯道之不远人矣。……
夫考订、词章、义理,虽曰三门,而大要有二,学与文也。……立言之士,
读书但观大意;专门考索,名数究于细微;二者之于大道,交相为功。①

学者按其不同的禀赋、学养、性格和气质而分别趋向考订、辞章、义理三途,
这三途大致分属今日之所谓史学、文学、哲学三个学科。这三学科既已形
成,就分别对学者的"性情"提出了不同的要求。因此,学者应该按照自己
的天赋和兴趣去从事自己适合和喜好的专业,各从所好,各骋所长,而不必
"逐风气之所趋而徇当世之所尚",勉强从事自己的天性所不喜欢、不适合
的专业。他说:

人生难得全才,得于天者必有所近,学者不自知也。博览以验其趣
之所入,习试以求其性之所安,旁通以究其量之所至,是亦足以求进乎
道矣。今之学者则不然,不问天质之所近,不求心性之所安,惟逐风气
之所趋而徇当世之所尚,勉强为之,固已不若人矣。世人举之则沾沾自
喜,世人毁之则戚戚以忧,而不知天质之良,日已离矣。夫风气所在,毁
誉随之,得失是非岂有定哉!……夫风气所趋,偏而不备,而天质之良,
亦曲而不全,专其一则必缓其二,事相等也。然必欲求天质之良而深戒
以趋风气者,固谓良知良能,其道易入,且亦趋风气者未有不相率而入
于伪也。其所以入于伪者,毁誉重而名心亟也。故为学之要,先戒名
心;为学之方,求端于道,苟知求端于道,则专其一,缓其二,乃是忖己之
长未能兼有,必不入主而出奴也;扩而充之,又可因此以及彼。风气纵
有循环,而君子之所以自树,则固毁誉不能倾,而盛衰之运不足为荣瘁
矣。岂不卓欤!②

他强调:

天下至理,多自从容不迫处得之;矜心欲有所为,往往不如初志。③

---

① 章学诚:《答沈枫墀论学书》,《文史通义新编新注》,浙江古籍出版社 2005 年版,第
713—714 页。

② 章学诚:《答沈枫墀论学书》,《文史通义新编新注》,浙江古籍出版社 2005 年版,第
712—713 页。

③ 章学诚:《家书一》,《文史通义新编新注》,浙江古籍出版社 2005 年版,第 712—
713 页。

由以上论述可见,章学诚主张学者治学要完全从自己的"性情"——即他所说的"良知",亦即兴趣爱好——出发,顺乎自己的性情,则有自人识最初而至于终身不可变易的内在动力,有"欣慨会心而忽焉不知歌泣何从"的激情,在这样一种精神状态中,学者才能深刻体验到自己跃动着的生命活力,并通过自己的生命追求而意识到"真正的我"的存在;与此相反的则是"趋风气者未有不相率而入于伪也"。在这里,章学诚不仅把王学"良知说"的"尊德性"的本质特征悄悄地改变成了"道问学";这"道问学"又不是朱熹的求一旦豁然贯通于"天理"的所谓"格物",而是"业须专一"、"专其一而必缓其二"的"专家"之学。于是无论是"尊德性"还是"道问学"统统被悄悄改造成了一种纯粹求知的兴趣,一种适乎新的时代需要的知性精神。

正如戴震通过训诂名物考据把程朱的道问学传统知识化了一样,章学诚通过贵专家之学也将陆王尊德性的传统知识化了;亦正如戴震通过考据而发挥出义理一样,章学诚也凭借历史研究而发挥出一套义理来了。他们虽然一个主张"通经明道",一个主张"因史明道",一个是古色古香,一个俨然是"圣之时者",但他们的变革趋向实际上是完全一致的。

二十、自然人性论与新理欲观

清代中期中国早期启蒙学者对于新理欲观的哲学论说,以戴震和焦循的论说最为详备。戴震的突出贡献在于,他提出了"欲、情、知"三者相统一的自然人性论,以"欲、情、知"的全面发展为"自然之极则",深刻揭露宋代理学家摄取佛道、借助宗教异化来强化伦理异化、"以理杀人"的本质,对理欲关系作出了近代人文主义的解说。戴震去世后,在旧道德的卫道士们对戴震学说群起而攻之的情况下,先后有洪榜、焦循、凌廷堪、阮元等站出来为戴震学说辩护;其中焦循、凌廷堪、阮元都不同程度地发挥了戴震的理欲观。特别是焦循,他充分肯定人欲的合理性,以人欲实现的程度作为衡量人性进化的历史尺度和依据,并在处理人际利益关系的"絜矩之道"中注入了个人权利的近代因素。

（一）戴震的"血气心知"说与新理欲观

戴震目睹雍正年间统治者杀人不以法律,唯借程朱理学罗织士民罪名、以理杀人的种种罪行,在他的心灵中就已种下了对于程朱理学的反抗意识。17 岁后经商于苏、浙、闽、赣诸省,广泛接触社会,因而"具知民生隐曲",对在程朱理学压迫下的民众的深沉痛苦有了更清晰的认识,故发愤著《原善》、《孟子字义疏证》,替千百万被践踏、被蹂躏、被凌辱、被扼杀的人们,替一切从没有争得过做人的权利的人们呼号呐喊,表达他们对于程朱理学的伦理异化的抗议,倾诉他们对于人的美好生活的向往。《孟子字义疏证》序言说:"目之曰贤智君子之害天下后世也,相率趋之以为美言,其入人心深,祸斯民也大,而终莫之寤。辨恶可已哉!"①他要与以程朱为代表的"宋以来儒者"辩论一番,将程朱理学"以理杀人"的本质大曝于天下,以此来唤起人们的觉悟。

"血气心知"说

与以往的早期启蒙学者一样,戴震是以自然人性论为武器来批判程朱理学的禁欲主义,以自然人性论为基础来建立起他的新理欲观的;但他的自然人性论比以往的学者们论证得更为绵密,亦更具有理论深度。他从唯物主义宇宙观合乎逻辑地推导出自然人性论,由此导致对程朱理学的所谓"天理"的根本否定。他认为宇宙间只有阴阳二气的气化流行,舍此别无所谓"道"或"理":"一阴一阳,流行不已,夫是之谓道而已"②,"道,犹行也。气化流行,生生不息,是故谓之道。"③与此相应,所谓"性"亦只是气质之性:

> 分于阴阳五行以有人物,而人物各限于所分以成其性。阴阳五行,道之实体也。血气心知,性之实体也。④

---

① 戴震:《孟子字义疏证·序》,《戴震集》,上海古籍出版社 1980 年版,第 263—264 页。
② 戴震:《孟子字义疏证》卷中,《戴震集》,上海古籍出版社 1980 年版,第 288 页。
③ 戴震:《孟子字义疏证》卷中,《戴震集》,上海古籍出版社 1980 年版,第 287 页。
④ 戴震:《孟子字义疏证》卷中,《戴震集》,上海古籍出版社 1980 年版,第 287 页。

> 喜怒哀乐、爱隐感念、愠㦚怨愤、恐悸虑叹,饮食男女、郁悠喊咨,惨舒好恶之情,胥成性则然,是故谓之道。①

既然"性"只是阴阳五行配合而成的"血气心知",那也就根本用不着所谓"天理"来"凑泊附著以为性"了。

戴震进而认为,人性中包含着欲、情、知三个方面,"人生而后有欲,有情,有知,三者,血气心知之自然也"②,"欲生于血气"③,"喜怒哀乐之情,声色臭味之欲,是非美恶之知,皆根于性而原于天"④。这三者是不可分离的:"惟有欲有情而又有知,然后欲得遂也,情得达也。"⑤在这里,"知"诚然是人之异于禽兽处,但戴震亦明确地指出:知与情、欲并非对立,"知"是为"欲得遂"、"情得达"服务的,而不是排斥情欲的。他认为"欲"、"情"、"知"三者都寓于自然人性之中,因此,顺乎"自然"之人性即为"必然",这人性之必然就是"自然之极则":

> 由血气之自然,而审察之以知其必然,是之谓理义;自然之与必然,非二事也。就其自然,明之尽而无几微之失焉,是其必然也,如是而后无憾,如是而后安,是乃自然之极则。若任其自然而流于失,转丧其自然,而非自然也。故归于必然,适完其自然。⑥

因此,"理者,存乎欲者也"⑦。既然"欲"和"知"本身即属于自然人性的范畴,人们也就必然会去追求"欲"的满足,也必然会以"知"来调适其欲望,因而,"理"就在欲中。至于那外在于人欲且又用以"灭人欲"的所谓"天理",则是既反乎人性之自然,又反乎人性之必然的。

"无欲无为,又焉有理!"

为了彻底推倒那"灭人欲"的所谓"天理",戴震揭露了程朱理欲之辨与老庄道家学说和佛教禁欲主义的渊源关系,他指出:

---

① 戴震:《原善》中,《戴震集》,上海古籍出版社1980年版,第337页。
② 戴震:《孟子字义疏证》卷下,《戴震集》,上海古籍出版社1980年版,第308页。
③ 戴震:《孟子字义疏证》卷上,《戴震集》,上海古籍出版社1980年版,第274页。
④ 戴震:《绪言》卷上,《戴震集》,上海古籍出版社1980年版,第371页。
⑤ 戴震:《孟子字义疏证》卷下,《戴震集》,上海古籍出版社1980年版,第309页。
⑥ 戴震:《孟子字义疏证》卷上,《戴震集》,上海古籍出版社1980年版,第285页。
⑦ 戴震:《孟子字义疏证》卷上,《戴震集》,上海古籍出版社1980年版,第273页。

自老氏贵于"抱一",贵于"无欲",庄周书则曰:"……圣人之心静乎! 夫虚静恬淡,寂寞无为者,天地之平,而道德之至。"周子《通书》曰:"圣可学乎?"曰:"可。""有要乎?"曰:"有。""请问焉。"曰:"一为要。一者,无欲也,无欲则静虚动直。……明通公溥,庶矣哉!"此即老庄释氏之说。朱子亦屡言"人欲所蔽",皆以为无欲则无蔽。……老氏所以言"常使民无知无欲",彼自外其形骸,贵其真宰。后之释氏,其论说似异而实同。宋儒出入于老释,故杂乎老释之言以为言。①

他根据老庄释氏讲"抱一"、"无欲",道学宗主周敦颐亦讲"一者,无欲也",程朱"出入老释几十年"的事实,证明程朱的理欲之辨来源于道家的"无欲"说和佛教禁欲主义的说教,而其区别只在于程朱将老庄释氏的所谓"一"规定为"理一"而已,"存理灭欲"则与老庄释氏一脉相通。结果就造成了如我们今日所说的借助宗教异化而强化了伦理异化:

举凡饥寒愁怨,饮食男女,常情隐曲之感,则名之曰"人欲",……其所谓"存理",空有理之名,究不过绝情欲之感耳。②

戴震认为,"情欲"是人类生存的基本要求,也是人类活动的基本动力,"绝情欲之感"也就否定了人类的基本的生存要求,也使人类失去了历史创造活动的动力,而归于"无为"。因此,必有欲而后方能有为。他指出:"凡出于欲,无非以生以养之事。……天下必无舍生养之道而得存者,凡事为皆有于欲,无欲则无为矣。有欲而后有为,有为而归于至当不可易之谓理。无欲无为,又焉有理!"③理寓于欲之中,寓于人类的"以生以养之事"中,寓于"有为"的历史创造活动之中。

戴震不仅揭露了程朱的禁欲主义与佛道二家的理论渊源关系,而且还着力揭露了程朱与老庄释氏所具有的共同思维方式。

第一,老庄释氏和程朱都犯了强行将现实的人性加以割裂的二元论的错误。"夫人之生也,血气心知而已矣。老庄释氏见常人任其血气之自然之不可,而静以养其心以知其自然。于心知之自然谓之性,血气之自然谓之欲。说虽巧变,要不过分血气心知为二本。"④程朱之说与老庄释氏相同:

---

① 戴震:《孟子字义疏证》卷上,《戴震集》,上海古籍出版社 1980 年版,第 274—275 页。
② 戴震:《孟子字义疏证》卷下,《戴震集》,上海古籍出版社 1980 年版,第 327—328 页。
③ 戴震:《孟子字义疏证》卷下,《戴震集》,上海古籍出版社 1980 年版,第 328 页。
④ 戴震:《孟子字义疏证》卷上,《戴震集》,上海古籍出版社 1980 年版,第 285 页。

"程子朱子见常人任其血气心知之自然之不可,而进以理之必然;于血气心知之自然谓之气质,于理之必然谓之性。……分血气心知为二本者,程子斥之曰'异端本心',而其增一本也,则曰'吾儒本天'。如其说,是心之为心,人也,非天也;性之为性,天也,非人也。以天别于人,实以性为别于人也。人之为人,性之为性,判若彼此,自程子朱子始。"①在戴震看来,道家和佛教与程朱理学首先在理论前提上就错了。道家和佛家的错误在于强行把具有内在统一性的人性加以割裂,分血气心知为二本;而程朱理学把人的血气心知之自然看作是"气质之性",却另外强加一个所谓"本于天"的先验之理,以体现"理之必然"的所谓"性"来对抗人的"血气心知之自然"的现实人性,于是就有所谓"天命之性"与"气质之性"的对立。道家、佛家和程朱都犯了二元论的错误,但程朱比道佛二家在错误的道路上走得更远。

第二,老庄释氏以有形有迹者为幻,以无形无迹者为实有;宋儒以有形有迹为粗,以无形无迹之"理"为实有:"在老庄释氏,就一身份言之,有形体,有神识,而以神识为本,推而上之,以神为天地之体。遂求诸无形无迹者为实有,而视有形有迹为幻。在宋儒以形气神识同为己之私,而理得于天。推而上之,于理气截之分明,以理当其无形无迹之实有,而视有形有迹为粗。"②在戴震看来,老庄释氏是在把人的形体与神识加以割裂以后,然后又将"神识"无限地加以吹胀,夸大为神化了的绝对,成为唯一的实有,而形体则被视为虚幻;而程朱理学的思路正与此完全一致,且又比老庄释氏走得更远:程朱把人的形气神识一概视为一己之私欲,另外杜撰出一个先验的"天理",以"理"为实有,为"精",以人的形气神识为粗陋。他们的共同点就在于把真正的虚幻视为实有,却把真正的实有视作虚幻或贬斥为粗陋。

第三,程朱以理为气之主宰,犹如老庄释氏以神为气之主宰。程朱"从事老庄释氏有年,觉彼之所指,独遗夫理义而不言,是以触于形而上下之云,太极两仪之称,顿然有悟,遂创为理气之辨,不复能详审文义。其以理为气之主宰,如彼以神为气之主宰也;以理能生气,如彼以神能生气也;以理坏于形气,无人欲之蔽则复其初,如彼以神受形而生,不以物欲累之则复其初也"③。在戴震看来,世界上并不存在一个外在于具体事物且凌驾于一切具

---

① 戴震:《孟子字义疏证》卷上,《戴震集》,上海古籍出版社1980年版,第285—286页。
② 戴震:《孟子字义疏证》卷中,《戴震集》,上海古籍出版社1980年版,第290页。
③ 戴震:《孟子字义疏证》卷中,《戴震集》,上海古籍出版社1980年版,第291页。

体事物之上的先验之"天理","理"的意义只是指存在于个别的、特殊的具体事物之中的条理、文理,是事物的本质属性;而对于人来说,"理"就是人的"生理",人的血气心知之自然。程朱连"理"字的字义都不懂,却附会"形而上下之云,太极两仪之说",高谈脱离了具体事物的所谓"天理",岂不荒谬!至于其以理为气之主宰、鼓吹"理能生气"、理与欲不两立之说,则与老庄释氏所说的神为气之主宰、神能生气、神排斥物欲的说法如出一辙。

结论是:"盖程子朱子之学,借阶于老庄释氏,故仅以理之一字易其所谓真宰真空者而余无所易。"①此外,戴震在对程朱理学作批判的同时,还兼而涉及对荀子的批判。他认为程朱以气质之性为恶,与荀子的性恶论无异;程朱讲道德伦理出于天理,与荀子讲圣人"化性起伪"、道德出于圣人亦是一脉相通。这实际上是由程朱上溯到对周秦以来的全部专制伦理教化的批判,从而更深刻地揭露了程朱借佛道的宗教异化来强化"圣人"推行的伦理异化的本质。诚然,戴震在批判程朱理学的时候总是以"真孔孟"自居的,然而,这不过是他所处的时代迫使他不能不披上的一件外衣而已。

"宋儒理欲之辨"——"忍而残杀之具"

在揭露程朱理学所具有的中古宗教性质的基础上,戴震进而指出,程朱之所谓"得于天而具于心"的所谓"天理",实际上不过是"一己之意见",是独断的教义而不是天下之公理;因此,越是提倡这种独断的教义,对于人民的祸害也就越大。他说:"程朱以理为如有物焉,得于天而具于心,启天下后世,人人凭在己之意见,而执之曰理,以祸斯民。更淆以无欲之说,于得理益远,于执其意见益坚,而祸斯民益烈。岂理祸斯民哉?不自知为意见也。离人情而求诸心之所具,安得不以心之意见当之。"②误把程朱一己之意见当作"公理",把杜撰的独断的教义之所谓"必然"当作不证自明的公理之"当然",又怎么能不给天下人带来无穷的痛苦和灾祸呢?

对于程朱理学之"祸民",戴震作了很深刻的揭露。他认为,程朱及其信奉者以意见为理,因此所谓理欲之辨也就成了残忍的杀人工具:

---

① 戴震:《孟子字义疏证》卷上,《戴震集》,上海古籍出版社 1980 年版,第 286 页。
② 戴震:《答彭进士允初书》,《戴震集》,上海古籍出版社 1980 年版,第 175 页。

以无欲然后君子，而小人之为小人也，依然行其贪邪；独执此以为君子者，谓"不出于理则出于欲，不出于欲则出于理"，其言理也，"如有物焉，得于天而具于心"，于是未有不以意见为理之君子，且自信不出于欲，则曰"心无愧怍"。夫古人所谓不愧不怍者，岂此之谓乎！不悟意见多偏之不可以理名，而持之必坚。意见所非，则谓其人自绝于理。此理欲之辨，适成忍而残杀工具，为祸又如是也。①

在戴震看来，古人所讲的"不愧不怍"，本是说立身处世要做到问心无愧，可是自宋儒理欲之辨出，人们误把这种偏见当作公理，以这种偏见去规范天下之人。倘有逾越，则斥之为"自绝于理"，以这种所谓的"道德法庭"来杀人，却不自知自己所信奉的不过是荒谬的偏见，而自以为"不愧不怍"，真是可悲！"小人儒"以理杀人往往有不可告人的"私慝"，"君子儒"以理杀人虽抱有真诚的道德动机，然而由于其误以不道德为道德，以非理为理，其罪恶也不可宽恕。所以戴震又说："即其人廉洁自持，心无私慝，而至于处断一事，责诘一人，凭在己之意见，是其所是而非其所非，方自信严气正性，嫉恶如仇，而不知事情之难得，是非之易失于偏，往往人受其祸，己且终身不悟，或事后乃明，悔已无及。呜呼！其孰谓以此制事，以此治人之非理哉！"②在此，戴震明确指出，以宋儒之非理之理治人，就会颠倒是非、混淆黑白，以善为恶、以恶为善，给人民带来苦难；而且愈是自以为是"严气正性，嫉恶如仇"，给人民带来的灾难也就愈大，他奉劝此类"君子儒"还是要曲体人情，再不可把宋儒的不道德当作道德、以"非理"当作"理"了。

由于程朱之所谓"天理"是为维护特权人治服务的，所以自宋代以来，它就为历代特权者所运用，成为压迫卑者、幼者、贱者的"以理杀人"的工具："今虽至愚之人，悖戾恣睢，其处断一事，责诘一人，莫不辄曰'理'者，自宋以来，始相习成俗。……于是负其气，挟其势位，加以口给者，理伸；力弱气慑，口不能道辞者，理屈。"③"理欲之分，人人能言之。……尊者以理责卑，长者以理责幼，贵者以理责贱，虽失，谓之顺；卑者，幼者，贱者以理争之，虽得，谓之逆。于是下之人不能以天下之同情、天下所同欲达之于上。上以理责其下，而在下之罪，人人不胜指数。人死于法，犹有怜之者；死于

①　戴震：《孟子字义疏证》卷下，《戴震集》，上海古籍出版社1980年版，第328页。
②　戴震：《孟子字义疏证》卷上，《戴震集》，上海古籍出版社1980年版，第268页。
③　戴震：《孟子字义疏证》卷上，《戴震集》，上海古籍出版社1980年版，第268页。

理,其谁怜之!呜呼,杂乎老释之言以为言,其祸甚于申韩如是也。"①在这里,戴震更有力地揭露了中国传统社会伦理异化的残酷性,指出"以理杀人"即以非道德的所谓"道德法庭"杀人,是比专制国家的法律杀人更残酷的。

为了破除程朱关于理欲之辨的"在己之意见",戴震借发挥孟子的"权"的概念,试图"反权为经",把程朱视为"人欲之甚轻"的民之"饥寒愁怨、饮食男女、常情隐曲之感"变为关乎万民之忧乐的天下之至重。他说:"权,所以别轻重也。凡此重彼轻,千古不易者,常也;常则显然共见其千古不易之重轻。而重者于是乎轻,轻者于是乎重,变也,变则非智之尽,能辨察事情而准,不足以知之。……人伦日用,圣人以通天下之情,遂天下之欲,权之而分理不爽,是谓理。宋儒乃曰'人欲所蔽,……执显然共见之重轻,实不知有时权之而重者于是乎轻,轻者于是乎重。其是非轻重一误,天下受其祸而不可救。岂人欲蔽之也哉?自信之理非理也。然则孟子'言执中无权',至后儒又增一'执理无权'者矣!……权,所以别轻重,谓心之明,至于辨察事情而准,故曰'权'。学至是,一以贯之矣,意见之偏除矣!"②

戴震通过批判存理灭欲的禁欲主义,揭露伦理异化与宗教异化的共通本质,对理欲关系作出近代人文主义的解释,最后提出了启蒙者的社会理想:"天下之事,使欲之得遂,情之得达,斯已矣!唯人之知,小之能尽美丑之极致,大之能尽是非之极致,然后遂己之欲者,广之能遂人之欲;达己之情者,广之能达人之情。道德之盛,使人之欲无不遂,人之情无不达,斯已矣!"③戴震的理欲观,以"根于血气"的"欲"为出发点,亦以"欲"的实现为归宿。于是传统的"天理至上"变成了"人欲至上",统治者用以维护其"私欲"和特权的"天理"退位,让位于普天下人人皆能遂其欲的"公欲"的近代社会理想。这一社会理想表现了戴震与残明遗老王夫之等人在理欲观上一脉相承的理论特色。

---

① 戴震:《孟子字义疏证》卷上,《戴震集》,上海古籍出版社1980年版,第275页。
② 戴震:《孟子字义疏证》卷下,《戴震集》,上海古籍出版社1980年版,第321—327页。
③ 戴震:《孟子字义疏证》卷下,《戴震集》,上海古籍出版社1980年版,第309页。

（二）焦循对戴震理欲观的继承和发挥

　　焦循（1763—1820 年，清乾隆二十八年至嘉庆二十五年），字里堂，江都人。嘉庆六年（1801 年）举人，但无意仕禄，倾其毕生精力从事著述，以"江南名士"驰名大江南北。但他并不是那种越隐名气越大、待价而沽的隐士，也不承认自己是隐士，曾作《非隐》以明志，自云"隐，不隐者也"，"不可隐，不能隐，亦无所为隐"①。他之所以不愿做官，是为了保持独立人格不受玷辱，伸张个体精神自由不受摧折："愿介而穷，毋辱而显也。介而穷，身屈而心伸也；辱而显，身伸而心屈也。"②他把由科举而获取利禄譬之为螃蟹之"困诸匣中"，认为不如"跳踯于洪涛巨波之中，隐匿于蘋藻旁午之所"③。自云"循尝善东原戴氏作《孟子字义疏证》，于理道天命性情之名，揭而明之如天日"④。他在《读书三十二赞》中赞《孟子字义疏证》：

　　　　性道之谭，如风如影。先生明之，如昏得朗。先生疏之，如示诸掌。人性相近，其善不爽。唯物则殊，知识罔罔。仁义中和，此来彼往。各持一理，道乃不广。以理杀人，与圣学两。⑤

　　他特别提出戴震对程朱理学"以理杀人"的批判，深得戴震学说的精蕴。在天下滔滔攻击戴震学说，连戴震的及门弟子们也不传其义理之学的时候，焦循站出来为戴震辩护，作《申戴》篇来驳斥对戴震的攻击，又作《性善解》五篇以发明戴学义旨。

---

　　① 焦循：《雕菰集》卷七《非隐》，《续修四库全书》第 1489 册，上海古籍出版社 2002 年版，第 169 页。

　　② 焦循：《雕菰集》卷十二《咎由人己对示二李生》，《续修四库全书》第 1489 册，上海古籍出版社 2002 年版，第 233 页。

　　③ 焦循：《雕菰集》卷七《续蟹志》，《续修四库全书》第 1489 册，上海古籍出版社 2002 年版，第 176 页。

　　④ 焦循：《雕菰集》卷十六《论语通释自序》，《续修四库全书》第 1489 册，上海古籍出版社 2002 年版，第 281 页。

　　⑤ 焦循：《雕菰集》卷六《读书三十二赞》，《续修四库全书》第 1489 册，上海古籍出版社 2002 年版，第 163 页。

"性无它,食色而已"

焦循论人性及性善,同样从人性中排斥了先验道德论的属性,把人性看作是自然赋予的物质欲求和精神的潜能,认为所谓"性善",只在于人性中包含了向善的可能性。他说:

> 性善之说,儒者每以精深言之,非也。性无它,食色而已。饮食男女,人与物同之。……有圣人出,示之以嫁娶之礼,而民知有人伦矣;示之以耕耨之法,而民知自食其力矣。以此示禽兽,禽兽不知也。禽兽不知,则禽兽之性不能善;人知之,则人之性善矣。……唯其可引,故性善也。……惟人能移,则可以为善矣!①

在这段论述中,传统的先天道德论的性善论被改造成为"能知故善"、"能引故善"、"能移故善"的潜在可能性。其中,"能知故善"是带有根本性的,是人与禽兽的根本差异,因而被焦循着重地加以强调:"性何以善? 能知故善。……故孔子论性,以不移者属之上智下愚。愚则仍有知,鸟兽直无知,非徒愚而已矣。世有伏羲,不能使鸟兽知有夫妇之别;虽有神农燧人,不能使鸟兽知有耕稼火化之利。"②

一方面是人与禽兽共有的"饮食男女"的自然欲求;另一方面是人所独有的"能知"的向善的潜能,这是否意味着如今之学者所说的人既有自然属性又有社会属性呢? 焦循不能同意这种浅陋的人性二元论的见解,而从历史的发展给予人性以一元论的解释。他说:

> 上古之民,始不知有父惟知有母,与禽兽同,伏羲教之嫁娶定人道,无论贤智愚不肖,皆变化而知有夫妇父子;始食鸟兽蠃蚬之肉,饥则食,饱弃余,神农教之稼穑,无论贤智愚不肖,皆变化而知有火化粒食是为利也。……智,人也;不智,禽兽也。③

所以,不应把人的自然性与社会性相对立,把人的自然欲求与道德规范相对

---

① 焦循:《雕菰集》卷九《性善解一》,《续修四库全书》第1489册,上海古籍出版社2002年版,第190页。

② 焦循:《雕菰集》卷九《性善解三》,《续修四库全书》第1489册,上海古籍出版社2002年版,第190页。

③ 焦循:《孟子正义》,中华书局2004年版,第585—586页。

立,不能离开人与狭义动物界共通的"饮食男女"的欲求去侈谈人的社会性和道德,而应看到人的自然属性就扬弃地包含在人的后天的向善的发展之中;反过来说,人向善的努力,人的社会性亦必须通过对人的"饮食男女"的考察才能证明:"故论性善,徒持高妙之说,则不可定,第于男女饮食验之,性善乃无疑耳!"①

人人各得其欲的"絜矩之道"

饮食男女既是人性中所固有的,其状况乃是衡量人性进化的尺度和依据,否定了它,也就否定了人的向善的可能性,所以,焦循反对程朱理学之所谓"存天理灭人欲"的禁欲主义,而主张统治者应以推己及人的"絜矩之道"或"恕道"来对待人民的物质生活追求,使天下人的物质欲望皆得以满足。他借阐述《大学》的"格物"说来阐述这一思想:

> 格物者何?絜矩也,格之言来也;物者,对乎己之称也。《易传》云:"遂知来物。"物何以来?以知来也。来何以知?神也。何为神?寂然不动,感而遂通也。何为通?反乎己以求之也。己所不欲,勿施于人,则足以格人之所恶;己欲立而立人,己欲达而达人,则足以格人之所好。为民父母,不过民之所好好之,民之所恶恶之。……故格物者,絜矩也;絜矩者,恕也。所藏乎身不恕而能喻诸人者,未之有也。②

将这一以"絜矩"和"恕"为内容的"格物"说具体化到理欲关系上,也就是要以己度人,通达人情,知民生之隐曲,民之所好好之,民之所恶恶之,从而满足天下人的欲望:

> 饮食男女,人之大欲存焉。圣人于己之有夫妇也,因而知人亦欲有夫妇,于己之有饮食也,因而知人亦欲有饮食。……平天下所以在絜矩之道也。孟子称公刘好货,太王好色,与百姓同之,使有积仓而无怨旷,此伏羲神农黄帝尧舜以来,修己安天下之大道。若必屏妃

① 焦循:《雕菰集》卷九《性善解三》,《续修四库全书》第1489册,上海古籍出版社2002年版,第190页。
② 焦循:《雕菰集》卷九《格物解一》,《续修四库全书》第1489册,上海古籍出版社2002年版,第192页。

妾、减服食,而于百姓之饥寒化离漠不关心,是克伐怨欲不行苦心洁身之士,孔子所谓难而非仁者也。绝己之欲,不能通天下之志,物不可格矣![1]

在神经脆弱的专制统治者看来,肯定天下人人各遂其所欲的合理性必然会导致你争我夺,此乃"大乱之道";而要使天下太平,就必须推行"存天理灭人欲"的禁欲主义。焦循的看法恰恰相反,他说"本乎欲而后可以窒欲",本乎欲,是指肯定人欲的合理性,"窒欲",是指消除侵害他人利益的物质欲望,也就是说,每一个人在满足自己的物质追求的时候必须以不侵害他人的利益为前提。他说:

> 感于物而动,性之欲也。……唯本乎欲以为感通之具,而欲乃可窒。人有玉而吾爱之,欲也;若推夫人之爱玉亦如己之爱玉,则攘夺之心息矣。能推,则欲由欲寡;不能推,斯欲由欲多。不知格物之学,不能相推,而徒曰过其欲,且以教人曰遏其欲,天下之欲可遏乎哉!孔子七十而从心所欲不逾矩。矩,即絜矩之矩,以心所欲为矩法,而从之不逾者。……向也求于子臣弟友而反求未能者,未能从心所欲不逾矩也。从心所欲不逾矩,格物之学也。[2]

焦循以从实然而不是从应然出发的科学态度,清醒地意识到天下之欲不可遏这一不言而喻、不证自明的公理,认为只有从这一公理出发,肯定人欲的合理性,才能进而建立起一个人人有其不可剥夺的权利,而又人人不侵犯他人权利的社会机制。焦循的这一思想,实质上已接近于近代式的"群己权界论";它虽然是用"絜矩之道"的古老语言来表达的,但已超出了古老的"絜矩之道"专以待人及物而言的局限性,而注入了近代式的个人权利的内容。但在当时的社会条件下,无论从主观上还是从客观上来说,焦循的"絜矩之道"又似乎带有维持现存的等级制度的意味。旧的拖住了新的!

---

① 焦循:《雕菰集》卷九《格物解二》,《续修四库全书》第 1489 册,上海古籍出版社 2002 年版,第 193 页。

② 焦循:《雕菰集》卷九《格物解三》,《续修四库全书》第 1489 册,上海古籍出版社 2002 年版,第 193 页。

（三）洪榜、凌廷堪、阮元的理欲观

洪榜为戴震学说辩护

洪榜（1745—1779 年，清乾隆十年至四十四年），字初堂，安徽歙县人。乾隆四十一年（1776 年）进士，授中书舍人。"生平学问之道服膺戴氏，戴氏所作《孟子字义疏证》，当时读者不能通其义，唯榜以为功不在禹下"①。洪榜英年早逝（年仅 35 岁），未能对戴震的哲学思想特别是理欲观予以发挥传承，但他在戴震去世后，面对卫道士们对戴震哲学思想的排斥，曾旗帜鲜明地为戴震作了辩护，其论说亦颇能代表他自己的理欲观。

在为戴震所作的《行状》中，洪榜全文照录了比较集中地体现戴震理欲观的《答彭进士允初书》，以宣扬戴学要旨。他的做法受到俨然是一代学术宗主的朱筠反对，"面谕"说："可不必载，性与天道不可得闻，何图更于程、朱之外复有论说乎，戴氏所可传者不在此。"②洪榜乃上书与朱筠辩论，他将朱筠反对把戴震《答彭进士允初书》收入其行状的理由概括为三个方面，一一加以驳斥。

第一，朱筠谓程朱大贤，立身制行卓绝，不当批评。洪榜驳斥道：

> 岂独程、朱大贤，立身制行卓绝，陆、王亦大贤，立身制行卓绝，即老、释亦大贤，立身制行卓绝也。唯其如是，使后儒小生闭口不敢道，宁疑周、孔，不敢疑程、朱；而其才智少过人者，则又附援程、朱，以入老、释。彼老、释者，幸汉、唐之儒诋而排之矣。今论者乃谓先儒所诋排者，特老、释之粗，而其精者虽周、孔之微旨不是过也。诚使老、释之精者虽周、孔不是过，则何以生于其心，发于其事，缪戾如彼哉！况周孔之书俱在，苟得其解，皆不可以强通，使程、朱而闻后学者之言如此，知必急急然正之也。③

洪榜认为，其一，程朱的"制行卓绝"与否并不是检验其学说的标准，"制行

①　江藩：《国朝汉学师承记》，中华书局 1983 年版，第 98 页。
②　江藩：《国朝汉学师承记》，中华书局 1983 年版，第 98 页。
③　江藩：《国朝汉学师承记》，中华书局 1983 年版，第 99 页。

卓绝"的人也不等于其学说一定正确。佛教徒和道教徒在奉行禁欲主义方面并不亚于程朱,甚且过之。然而佛教和道教的学说并非不能批评,以程朱"制行卓绝"作为不敢怀疑程朱学说的根据,是不能成立的。其二,以佛教和道教的教义为"精",以其教规为"粗",从而认为"周孔之微旨"亦不能超过佛教和道教的教义,以此来为程朱偷运佛道二家教义辩护,也是荒谬的。在洪榜看来,学说的表里精粗是有其内在统一性的,未有行事谬戾而其心思不谬戾者。程朱的天理人欲之辨之所以成为"忍而残杀之具",其原因正在于戴震所揭示的它偷运了佛教和道教的学说,从而借助于宗教异化而强化了伦理异化。

第二,朱筠谓经生贵有家法,汉学自汉,宋学自宋;今既详度数,精训诂,不当复涉及性命之旨,反述所短,以掩所长。洪榜不同意此种说法,他驳斥道:

> 今学者束发受书,言理言道,言心言性,所谓理道心性之云,则皆《六经》、孔、孟之辞;而其所以为理道心性之说者,往往杂乎老、释之旨。使其说之果是,则将从而发明之矣;如其说之果非,则治经者固不可以默而已也。如使贾、马、服、郑生于是时,则亦不可以默而已也。①

在洪榜看来,宋儒讲的"理"、"道"、"心"、"性"这些概念,都可以在《六经》、《论语》、《孟子》中找到,但问题在于程朱讲理道心性时则"杂乎老释之旨"。像程朱这样讲理道心性,在汉代是没有的;如果汉代也有人像程朱这样讲理道心性,神化"理"而排斥"欲",那么汉学家们也不会对此保持沉默的。因此,衡量一种学说,只应论其是非。是,则发明之;非,则辟斥之,决不应拘守所谓汉宋之分的"家法"。因此,戴震批判宋儒通过偷运佛道二家学说来鼓吹禁欲主义,完全是正当的。

第三,朱筠认为,儒生是学得成的,圣贤则不可学而至,洪榜所作《戴先生行状》,说戴震"闻道知德",恐有溢美之词。洪榜亦不能同意此看法,他说:

> 至于闻道之名不可轻以许人,犹圣贤之不可学而至。……夫圣贤不可至……虽然,安可以自弃乎哉!……夫戴氏论性道,莫备于其论《孟子》之书,而所以名其书者,曰《孟子字义疏证》焉耳。然则非言性

---

① 江藩:《国朝汉学师承记》,中华书局1983年版,第100页。

命之旨也,训故而已矣,度数而已矣。要之,戴氏之学,其有功于《六经》、孔、孟之言甚大。使后之学者无驰心于高妙,而明察于人伦庶物之间,必自戴氏始也。①

洪榜认为,虽然"闻道"之名不可以轻以许人,然而,学者却不可以因为"闻道"之难而自暴自弃,戴震正是这样一位志存闻道的人。他的《孟子字义疏证》,虽然不是讲程朱那一套性命之旨,但却能"明察于人伦庶物之间",改变了宋儒那种"驰心于高妙"的学风,为学者树立了"闻道知德"的榜样。洪榜所说的戴震"明察于人伦庶物之间",显然主要是指戴震对理学禁欲主义的批判。

洪榜给朱筠写的这封长信,为戴震所作的辩护是很有力的。他之所以坚持要把戴震激烈批判理学禁欲主义的《答彭进士允初书》全文收入戴震行状,亦可见他能深得戴震学说的要旨。然而,在那权势大于真理的时代,胜利却并不属于洪榜。虽然《行状》的初本里总算把戴震的《答彭进士允初书》保留住了,但后来戴震的儿子戴中立还是迫于压力而删去了此书。由于洪榜在戴震去世后仅两年也与世长辞,这位深得戴学精蕴的学者竟未能发扬光大戴震的学说。

"性者,好恶二端而已矣"

凌廷堪(1755—1809 年,清乾隆二十年至嘉庆十四年),字次仲,歙县人。出身贫寒,自少年起便学习经商,至二十多岁才读书治学,1783 年到北京,得读《戴氏遗书》,后来又从戴震的学友程瑶田处得知戴震治学始末,从此,他便成为戴震的信徒,自称"自附于私淑之末"。著有《戴东原先生事略状》、《礼经释例》、《复礼论》等。他是一位在人性论和理欲观的问题上有自己独到见解的学者。

凌廷堪论人性,基于人之"好恶",其说略云:

好恶者,先王制礼之大原也。人之性受于天,目能视则为色,耳能听则为声,口能食则为味,而好恶实基于此。……然则性者,好恶二端

_____

① 江藩:《国朝汉学师承记》,中华书局 1983 年版,第 100 页。

而已。①

> 人性初不外乎好恶也。……好恶生于声色与味,为先王制礼节性
> 之大原。……盖喜怒哀乐皆由好恶而生,好恶正则协于天地之性矣。②

他认为人性基于好恶,好恶基于感官对色声味的感受,这显然是一种自然人
性论。他进而认为,人的一切作为包括所谓"诚意、正心、修身、齐家、治国、
平天下"等,都无不是基于"好恶"二端。他认为这一观点正体现着《大学》
的要旨,并引《大学》之言而加以印证:

> "好人之所恶,恶人之所好,是谓拂人之性,灾必及乎身。"……《大
> 学》"性"字只此一见,即好恶也。③

因为人性只是基于对色声味的好恶,所以凌廷堪反对"拂人之性"、"好人之
所恶,恶人之所好"的程朱理学,反对程朱将《论语》所云"克己复礼"之
"己"释为"私欲"。他列举《论语》用"己"字的话十余条,证明《论语》并没
有把"己"字当作"私欲"来解释。指出:

> 克己即修身也。故"修己以敬"、"修己以安人"、"修己以安百
> 姓",直云修,不云克也。④

修身是必要的,但决不是宋儒所说的"存天理灭人欲",因此,宋儒的学说并
不合乎圣人之道;相反,是违背圣人之道、"拂人之性"的异端之说。

凌廷堪与戴震一样,着力于揭露宋儒窃取佛教教义来神化其所谓"天
理"的做法。他指出:

> 圣人之道,至平且易也。《论语》记孔子之言备矣,但恒言礼,未尝
> 一言及"理"也。……彼释氏者流,言心言性,极于幽深微眇,适成其为
> 贤知之过。圣人之道不如是也。其所以节心者,礼焉尔,不远寻夫天地
> 之先也。其所以节性者,亦礼焉尔,不侈谈乎理气之辨也。……圣人之
> 道所以别于异端者,亦此也。⑤

> 后儒熟闻夫释氏之言心言性极其幽深微眇也,往往怖之,愧圣人之
> 道以为弗如,于是窃取其理气之说而小变之,以凿圣人之遗言,曰:"吾

---

① 凌廷堪:《好恶说上》,《校礼堂文集》,中华书局 2006 年版,第 140 页。
② 凌廷堪:《好恶说上》,《校礼堂文集》,中华书局 2006 年版,第 141—142 页。
③ 凌廷堪:《好恶说上》,《校礼堂文集》,中华书局 2006 年版,第 141 页。
④ 凌廷堪:《与阮中丞论克己书》,《校礼堂文集》,中华书局 2006 年版,第 234—235 页。
⑤ 凌廷堪:《复礼下》,《校礼堂文集》,中华书局 2006 年版,第 31 页。

圣人固已有此幽深微眇之一境也。"复从而辟之,曰:"彼之以心为性,不如我之以理为性也。"呜呼!以是为尊圣人之道而不知适所以小圣人也。以是为辟异端而不知阴入于异端也。①

在凌廷堪看来,宋儒以"理"为性正如佛家以"心"为性一样,在思维方式上是完全一致的,因而完全违背了圣人以人之"好恶"为性的宗旨。圣人之道,至平且易,只在人伦日用之中,不必远寻于"天地之先",亦不必断断于"理气之辨"。

在戴震学说受到卫道士们攻击的情况下,凌廷堪作《戴东原先生事略状》,叙述戴震的治学思路,为戴震的学说辩护。在这篇《事略状》中,凌廷堪充分肯定戴震学说的义理是其"晚年极精之诣",乃"孟荀以还所未有",其功绩在于使"古圣贤之心不为异学曲说所汩乱"。在凌廷堪看来,那些攻击戴震学说的人,都是"非造其境者",即并不懂得戴震学说的人。他在《事略状》的末段说:

> 昔河间献王实事求是。夫实事在前,吾所谓是者,人不能强辞而非之,吾所谓非者,人不能强辞而是之也,如六书九数及典章制度之学是也。虚理在前,吾所谓是者,人既可别持一说以为非,吾所谓非者,人亦可别持一说以为是也,如理义之学是也。故于先生(戴震)之实学,诠列如左。而理义固先生晚年极精之诣,非造其境者,亦无由知其是非也。其书具在,俟后人之定论云尔。②

这段话区分"实学"与"义理之学",认为"实学"凭事实说话,不容有异议;而义理之学则不同,允许有不同见解。但非议戴震义理的人,也要真正懂得戴震学说才行。在凌廷堪看来,"义理不存乎典章制度,势必流于异学曲说而不自知",而戴震的义理之学是通过精研古经训诂和典章制度、"以古人之义释古人之书"、"既通其辞,始求其心"而发挥出来的,因而乃是其"晚年极精之诣"。凌廷堪虽然允许对戴震学说有不同意见,但他本人是深信戴震义理之正确的。

凌廷堪一生专治《仪礼》,从1787年起迄于其临终前一年(1808年),历22年乃成《礼经释例》一书。之所以如此,就在于他要用"礼"来代替宋儒

---

① 凌廷堪:《复礼下》,《校礼堂文集》,中华书局2006年版,第31页。
② 凌廷堪:《戴东原先生事略状》,《校礼堂文集》,中华书局2006年版,第317页。

的"天理"。正如他在《复礼论》中所说：

> 夫性具于生初，而情则缘性而有者也。性本至中，而情则不能无过不及之偏。非礼以节之，则何以复其性焉？①

他所说的"礼"，是根源于人所共有的"好恶"的礼，以此与"拂人之性"的"天理"相对抗，并力图取而代之，这也正是他研究古代礼仪的动机。但他确有崇礼太过的毛病，把"礼"推崇为唯一的学问，断言"礼之外别无所谓学"，甚至提出要使"天下无一人不囿于礼，无一事不依于礼"，方能做到"循循焉日以复其性而不自知"，这就未免太缺乏辨析"礼"的时代性的历史眼光了。胡适在《戴东原的哲学》一书中指出，戴氏打倒"理"之后，要用一个能辨察事情分别是非的智慧来代替它，而凌氏则想撇开那"远寻乎天地之先，侈谈乎理气之辨"的理学，而回到那节心节性的礼，这一点是他们两人思想的基本区别。

凌廷堪为戴震所作的辩护及其对宋儒"天理"所作的批判，反映了"新的突破旧的"的时代要求；而他对古代礼仪的过分推崇，又显然是"死的拖住了活的"的表现。

"天既生人以血气心知，则不能无欲"

阮元亦是戴震学说的继承者。阮元（1764—1849年，清乾隆二十九年至道光二十九年），字伯元，号芸台，江苏仪征人。科第出身，做过几省的学政，又担任过浙江巡抚和江西、河南的巡抚，升两广总督、云贵总督，拜体仁阁大学士，加太傅。他少年时就与扬州学派的大师王念孙等为友，因而特重学术。任浙江巡抚时立诂经精舍，任两广总督期间又在广州设学海堂，选高才生读书其中，课以经、史、小学、天文、地理、算法，一时学者多出于其中。他广延同时代的学术大师，来共同编纂重大的书籍，如《经籍籑诂》、《十三经校勘记》、《畴人传》等。其中，《畴人传》一书堪称是诞生于18世纪中国的一部科学史。他虽然卒于鸦片战争以后，但代表他学术成就的主要著作《揅经室集》，则是他在道光三年（1823年）之前的三十余年中的研究成果。

---

① 凌廷堪：《复礼上》，《校礼堂文集》，中华书局2006年版，第27页。

侯外庐先生认为阮元"扮演了总结 18 世纪汉学思潮的角色"①。

　　阮元治学,大抵遵循着戴震由训诂以通经义并发挥出义理的思路,他的人性论和理欲观,正是通过这一治学途径来得以阐明的。

　　关于人性,阮元广泛搜罗古代经籍中论"性"的话,如《尚书·召诰》所言"节性",《尚书·西伯勘黎》之"虞天性",《诗经·卷阿》所言"弥性",《周易》之"尽性",《中庸》之"率性"等,来加以比较,以使人们明了"性"字在古经中的含义。他说:

　　　　《虞·夏书》内无性字,性字始见于《书·西伯勘黎》、《召诰》、《诗·卷阿》,古性字之义包于命字之中。其字乃商周孳生之字,非仓颉所造。从"心"则包仁义等事,从"生"则包食色等事。②

在论《乐记》中的"性"字时,阮元提出了"天既生人以血气心知,则不能无欲"的命题,继承戴震关于人性的"血气心知"说,肯认欲在性之内。他说:

　　　　《乐记》"人生而静,天之性也"二句就外感未至时言之。乐即外感之至易者也,……欲生于情,在性之内,不能言性内无欲。欲不是善恶之恶。天既生人以血气心知,则不能无欲。惟佛教始言绝欲。若天下人皆如佛绝欲,则举世无生人,禽兽繁矣。此孟子所以说味、色、声、臭、安佚为性也。欲在有节,不可纵,不可穷。若惟以静明属之于性,必使说性中本无欲而后快,则此经文(《乐记》)明云:"性之欲也",欲固不能离性而自成为欲也。③

这段话重点解释的是《乐记》中"感于物而动,性之欲也"一句,但却大大超出了解释的范畴,而发挥成为一段对于人类欲望的赞颂,对于存天理灭人欲的禁欲主义的批判。这段话中提到"孟子所以说味色声臭安佚为性",涉及孟子与告子在人性问题上的争论这一哲学史上的一大公案。告子明确认为"食色性也",孟子则强调人性之善就在于其中包含着先天的道德属性,所以对告子大加辟斥。然而食色是性,谁又能够回避? 因而孟子就驰骋他辩说的本领,既承认食色是性,又说"君子"是不称之为性的;既说仁义礼智属于"命"的范畴,又说"君子"是不称之为"命"而将其称之为性的。兹引《孟

　　① 侯外庐:《中国思想通史》第 5 卷,人民出版社 1956 年版,第 577 页。

　　② 阮元:《揅经室集·再续集卷一·节性斋主人小像跋》,《续修四库全书》第 1479 册,上海古籍出版社 2002 年版,第 577 页。

　　③ 阮元:《性命古训》,《揅经室集》上册,中华书局 2006 年版,第 228 页。

子》原文如下：

> 口之于味也，目之于色也，耳之于声也，鼻之于臭也，四肢之于安佚也，性也；有命焉，君子不谓性也。仁之于父子也，义之于君臣也，礼之于宾主也，智之于贤者也，圣人之于天道也，命也；有性焉，君子不谓命也。（《孟子·尽心下》）

阮元也引用了孟子的这段话。但是，出于批判理学禁欲主义的需要，阮元对孟子与告子在人性论上的争论作出了以下解释。他说：

> 告子……"食色性也"四字本不误，其误在以义为外。故《孟子》此章惟辟其义外之说，而绝未辟其"食色性也"之说。若以告子"食色性也"之说为非，然则孟子明明自言口之于味，目之于色为性矣，同在七篇之中，岂自相矛盾乎！①

根据对先秦经籍中所言"性"字的理解，阮元认为，人性中既包含了食色的欲求，也包含了仁义礼智。正因为食色是性，所以既不能遏绝，也不能任其放纵，而必须用仁义礼智来加以节制："以节字制天下后世之性，此圣人万事可行，得中庸之道也。"②

根据对经籍中所言"性"字的理解，阮元进而对摒欲于性之外的观点进行了批判，揭露此种学说所说的"性"乃是"佛性"，而不是古代经典所说的"天性"。但他身为满清封疆大吏，不能直接批判作为官方意识形态的程朱理学，因而以批判"晋唐人"来寓批判程朱理学之意。他说：

> 晋、唐人嫌味、色、声、臭、安佚为欲，必欲别之于性之外，此释氏所谓佛性，非圣经所言天性。梁以后言禅宗者，以为不立文字，直指人心，乃见性成佛，明顿了无生。试思以此言性，岂有味色？此与李习之（李翱——引者注）寂照复性之说又远，与孟子之言更远。③

宋儒为了掩盖其窃取佛教教义来神化"天理"、宣传禁欲主义行径，引《易·系辞传》"寂然不动，感而遂通"及《乐记》"人生而静"等语言来装点自己的学说，以证明其不背原始儒学宗旨。对此，阮元揭露道：

> 《周易·系辞传》曰："《易》，无思也，无为也，寂然不动，感而遂通

---

① 阮元：《性命古训》，《揅经室集》上册，中华书局 2006 年版，第 230—231 页。

② 阮元：《揅经室集·再续集》卷一《节性斋主人小像跋》，《续修四库全书》第 1479 册，上海古籍出版社 2002 年版，第 577 页。

③ 阮元：《性命古训》，《揅经室集》上册，中华书局 2006 年版，第 233—234 页。

天下之故。"此节所言,乃卜筮之鬼神处于无思、无为、寂然不动之处,因人来卜筮,感而遂通,非言人无思、无为、寂然不动,物来感之而通也。与《礼记·乐记》人生而静,感于物而动,性之欲也,为音乐言之者不相牵涉。而佛书内有言佛以寂静明觉为主者,晋唐人乐从其言,返而索之于儒书之中,得《乐记》斯言及《周易》寂然不动之言,以为相似,遂傅会之,以为孔、孟之道本如此,恐未然也。①

阮元又以佛经的翻译为例,证明唐以后儒者之所谓"性"实际上就是佛经中所言的"性"。他指出:

浮屠家说,有物焉,具于人未生之初,虚灵圆净,光明寂照,人受之以生,或为嗜欲所昏,则必静身养心,而后复见其为父母未生时本来面目。此何名耶? 无得而称也。……晋、宋、姚秦人翻译者执此物求之于中国经典内,……有一"性"字似乎相近……于是取以当彼无得而称之物。此譬如执"台"字以当"窣堵波",而不别造"塔"字也。……然而与儒经尚无涉也。唐李习之以为不然,曰:"吾儒家自有性道,不可入于二氏",于是作《复性书》。其下笔之字明是《召诰》、《卷阿》、《论语》、《孟子》内从心从生之性字,其悟于心而著于书者,仍是浮屠家无得而称之物。……呜呼! 是直以"塔"为"台",口崇古台而心炫西塔,外用台名,内用塔实也。②

阮元认为,翻译家翻译佛教的多层建筑"窣堵波",必须别造一个"塔"字才算译得准确,以免与中国的"台"字相混;然而,晋宋译者翻译佛经之所谓"具于人未生之初"而"人受之以生",且与人的嗜欲相对立的虚明本体却没有另造一字,而是将其译作"性"字,这就违背了"性"字的本义。唐李翱作《复性书》,下笔之字是中国古经中的"性"字,但已受佛教影响,改变了"性"的含义,使之成为佛教的虚明本体了。这也正是所谓"外用台名,内用塔实",是以佛教教义来冒充儒家学说了。李翱是如此,程朱又何尝不是如此?

阮元也与凌廷堪一样,反对宋儒将《论语》之所谓"克己"解为克去私欲,认为"克己"即是"非礼勿动,非礼勿言,非礼勿视,非礼勿听"的"四

① 阮元:《性命古训》,《揅经室集》上册,中华书局2006年版,第228—229页。
② 阮元:《塔性说》,《揅经室集》下册,中华书局2006年版,第1059—1060页。

勿"。因此,他也与凌廷堪一样,主张以"礼"来代替宋儒之"天理",但他并不否认"礼"中有"理",关于"礼"与"理"的关系。他说:

> 古今所以治天下者礼也,五伦皆礼,故宜忠宜孝即理也。然三代文质损益甚多,且如殷尚白,周尚赤,礼也,使居周而有尚白者,若以非礼折之,则人不能争,以非理折之,则不能无争矣。故理必附于礼以行,空言理,则可此可彼之邪说起矣。①

这段话从其积极的一面看,似乎对于"礼"与"理"皆具有一种朦胧的历史眼光。但另一方面,又确有把五伦之"礼"、忠孝之"理"绝对化的倾向,似乎否认礼制即成了"可此可彼之邪说"。这种观点,也正是阮元作为满清封疆大吏的局限性。与戴震相比,他的思想显得太逊色了。然而,他肯认食色是性,反对存理灭欲的禁欲主义,客观上仍有一定程度的启蒙意义。

二十一、新情理观和对"吃人礼教"的批判

清代中期的新情理观,以袁枚、戴震、焦循、汪中、俞正燮等人为代表。袁枚倡导唯情主义,不仅继承和发展了晚明公安派"性灵说"的美学思想而付诸创作实践,而且着力于揭露礼教的"吃人"本质,批判"女子无才便是德"的传统观念及强迫妇女裹足等恶习。戴震的情理观与其理欲观相一致,以人性固有之"情"为起点,以"各遂其情"为归宿,鲜明地提出了"情之至于纤微无憾是谓理"的命题。焦循继承晚明冯梦龙的"情教"说,主张"旁通情"、"彼此相与以情"、实现"天下皆情"的社会理想。汪中、俞正燮特别同情受压迫的妇女们的悲惨遭遇,各有侧重地对"节烈"观以及纳妾、强迫妇女裹足等罪恶的制度作了严正的批判。以上学者的观点在同时代的文学作品中亦有所表现,如《红楼梦》、《镜花缘》等,关于情理关系的哲学论说和社会学论说与文学作品一起,共同反映了乾嘉时期城市经济繁荣所导致的新的情感方式的苏醒,并且发五四新文化运动对"吃人的礼教"之批判的先声。

---

① 阮元:《书东莞陈氏学蔀通辨后》,《揅经室集》下册,中华书局 2006 年版,第 1062 页。

（一）袁枚的唯情主义

"情所最先，莫如男女"

袁枚继承了晚明情感本体论以"天下为一情所聚"的思想，鲜明地表达了他的唯情主义的见解。他说：

> 天下之所以丛丛然望治于圣人，圣人之所以殷殷然治天下者，何哉？无他，情欲而已矣。老者思安、少者思怀，人之情也。而老吾老以及人之老，幼吾幼以及人之幼者，圣人也。好货，好色，人之欲也。而使之有积仓，有裹粮，无怨无旷者，圣人也。使众人无情欲，则人类久绝，而天下不必治；使圣人无情欲，则漠不相关，而亦不肯治天下。①

袁枚认为，情欲是人的自然本性，自众人以至于圣人，无不有情有欲。如果没有情欲，人类早就灭绝了；众人之所以望治于圣人，圣人之所以治天下，都只是为了实现人的情欲；而圣人之所以为圣人，就在于他能够满足普天下人的情欲；因此，情欲是人类生命存在的根本属性，亦是人类一切活动的原动力；否定了情欲，也就否定了人类的存在。

袁枚认为："情所最先，莫如男女。"②他认为这合乎"《易》始乾坤"之义，亦合乎圣人的"诗教"。章学诚攻击他对于《诗经》的研究，"抑雅、颂而扬国风，国风之中，又轻国政民俗而专重男女慕悦；于男女慕悦之诗，又斥诗人风刺之解，而主男女自述淫情"③。章学诚认为袁枚的这些观点是"非圣无法"，其实这正是袁枚之特识所在。自五四新文化运动以来，新文化人之治中国文学史者，无不与袁枚持同一见解。袁枚认为："且夫诗者，由情生者也。有必不可解之情，而后有必不可朽之诗……缘情之作，纵有非是，亦不过《三百篇》中'有女同车，伊其相谑'之类。仆心已安矣，圣人复生，必不取其已安之心而掉馨之也。"④在旧式婚姻制度下，中国古代文人在家庭中

---

① 袁枚：《清说》，《袁枚全集》第 2 册，江苏古籍出版社 1993 年版，第 374—375 页。
② 袁枚：《答蕺园论诗书》，《袁枚全集》第 2 册，江苏古籍出版社 1993 年版，第 527 页。
③ 章学诚：《书坊刻诗话后》，《文史通义新编》，浙江古籍出版社 2005 年版，第 298 页。
④ 袁枚：《答蕺园论诗书》，《袁枚全集》第 2 册，江苏古籍出版社 1993 年版，第 527 页。

既无爱情可言,故多寻觅风尘知己,对此宋儒加以痛责。如斥白居易《杭州诗》忆歌女者多而忆民者少,其实道学家的"灭情"之说又何尝是为民着想。袁枚公然为白居易辩护:"然则文王寤寐求之,至于转展反侧,何以不忆王季、太王,而忆淑女耶?"①道学家沈朗说《诗三百篇》不当以言情之作《关雎》为首,当以别传尧舜诗二首代之,对此袁枚亦予痛驳:"然则《易》始乾坤,亦阴阳夫妇之义,朗又将去乾坤而变置何卦耶?此种谰言,令人欲殻。"②殻,是呕吐的意思,他说道学家的这种话实在是令人作呕。袁枚诗集中多言情之作,友人劝他删之,理由是"以君之才之学,何必以白傅(白居易——引者注)、樊川(杜牧——引者注)自累。"袁枚回答说:"足下之意,以为我辈成名,必如濂、洛、关、闽而后可耳。而鄙意以为得千万伪濂、洛、关、闽,不如得一二真白傅、樊川。以千金之珠,易鱼之一目,而鱼不乐者,何也?目虽贱而真,珠虽贵而伪也。"③这实际上是斥当时的理学家连同他们的祖师一起都是假道学。

然而,在以"道德"为官禄之钓饵的中国传统社会中也有这样一种"道学":他们自己在私生活上多少奉行一点禁欲主义,以获取高位;当其取得高位以后,又反转来要求民众亦奉行禁欲主义。对此类道学,袁枚称之为"矫情者",并且加以严厉的鞭挞。他说:"自有矫情者出,而无故不宿于内,然后可以寡人之妻,孤人之子,而心不动也。一饼饵可以终日,然后可以浚民之膏,减吏之俸,而意不回也。谢绝亲知,僵仆无所避,然后可以固位结主,而无所踌躇也。己不欲立矣,而何立人?己不欲达矣,而何达人?故曰'不近人情者,鲜不为大奸。'"④袁枚之所以如此痛恨"矫情者",就在于这种人"不近人情",自觉地充当统治者推行伦理异化的帮凶。

"性不可见,于情而见之"

袁枚反对"尊性('性即理'——引者注)而黜情"的理学禁欲主义,并揭露其借助宗教异化来强化伦理异化的实质,认为尊性而黜情"非君子之

---

① 袁枚:《答蕺园论诗书》,《袁枚全集》第2册,江苏古籍出版社1993年版,第527页。
② 袁枚:《答蕺园论诗书》,《袁枚全集》第2册,江苏古籍出版社1993年版,第527页。
③ 袁枚:《答蕺园论诗书》,《袁枚全集》第2册,江苏古籍出版社1993年版,第526页。
④ 袁枚:《清说》,《袁枚全集》第2册,江苏古籍出版社1993年版,第375页。

言"。他说：

> 古圣贤未有尊性而黜情者。喜怒哀乐爱恶欲，此七者圣人之所同
> 也。惟其同，故所欲与聚，所恶勿施，而王道立焉。己欲立立人，己欲达
> 达人，而仁人称焉。习之以有是七者故情昏，情昏则性匿，势必割爱绝
> 欲而游于空，此佛氏剪除六贼之说也，非君子之言也。①

他认为理学禁欲主义以情为恶，实际上是"佛氏翦除六贼之说"。这种阳儒
而阴释、儒表而释里的说教并不自道学祖师周敦颐所始，可由此上溯到唐中
叶以后李翱的《复性书》："唐李翱辟佛者也，其《复性书》尊性而黜情，已阴
染佛氏而不觉，不可不辨。"②袁枚论"性"与"情"的关系，有这样的论述：
"夫性，体也；情，用也。性不可见，于情而见之。"③此处性体情用之说似与
前所引唯情主义之论述乖违，其实袁枚论"性"总不离"情"与"欲"二字而
言，其所谓"性"已是自然人性之"性"了。更重要的是"性不可见，于情而见
之"这句话，若仍释"性"为"理"，其意义就是说"性在情中"。

袁枚认为，古往今来，凡是圣贤豪杰忠义之士都是非常重视情的，情是
造就伟大人格的心源动力。袁枚以宋人胡铨为例来说明这一观点。南宋初
年，秦桧、王伦等主和派执掌朝纲，杀害岳飞，卖国求荣，其势焰莫或敢撄。
当此之际，胡铨正气凛然，上疏请斩秦桧、王伦以谢天下，宋高宗不从，将其
流放海南。胡铨虽遭流放，仍坚持与主和派作斗争；当被赦回时，他却在广
州与一个黎族女妓恋恋不舍。对此事朱熹曾作诗攻击道："十年泛海一身
轻，归对黎涡却有情。世上无如人欲险，几人到此误平生！"不少人也认为
胡铨爱上黎族女妓是白璧微瑕。可是，袁枚却为胡铨打抱不平，怒斥腐
儒，说：

> 或惜公在广州恋黎倩，为朱子所讥。呜呼！即此可以见公之真也。
> 从古忠臣孝子，但知有情，不知有名。为国家者，情之大者也；恋黎倩
> 者，情之小者也。情如雷如云，弥天塞地，迫不可遏，故不畏诛，不畏贬，
> 不畏人訾议，一意孤行，然后可以犯天下之大难。古之人……视此小节
> 如浮云轻飚之过太虚。而腐儒矜然安坐而捉搦之，譬凤凰已翔云霄，而

① 袁枚：《书〈复性书〉后》，《袁枚全集》第2册，江苏古籍出版社1993年版，第395页。
② 袁枚：《书〈复性书〉后》，《袁枚全集》第2册，江苏古籍出版社1993年版，第395页。
③ 袁枚：《书〈复性书〉后》，《袁枚全集》第2册，江苏古籍出版社1993年版，第395页。

鸑鸠犹讥其毛羽有微尘,甚无谓也!①

袁枚认为,胡铨上疏请诛秦桧与他爱黎倩,正是胡铨的一贯过人处。发自对国家、民族的深厚感情,他不怕杀头遭贬,发自对黎倩的真挚爱情,他不怕被道学家攻击、讥讽;二者都表现了胡铨人格的一贯性和真实性。而腐儒们之所以"腐",就在于他们无论是对于民族,还是对于异性,都缺少那么一份真诚的感情。

批判"吃人的礼教"

中国传统政治是道统与治统合一的伦理政治。儒家文化与政治融为一体而密不可分,故主张道德伦理至上主义,而道德之至无过于"忠孝节义"诸伦。为了"存"这种所谓"天理",可以灭情、无情,而至于残忍地吃人、杀人、阉割人,以及强制推广造成"死者十之一二,伤者十之七八"的裹足等,无情的残忍之风弥漫国中。袁枚对吃人的所谓"忠",杀人的所谓"孝"和强迫妇女裹足的残忍习俗作了深刻的批判。

(1)批判吃人的所谓"忠"。

儒家提倡吃人自汉末孔融始,其说列举古来贤哲吃人之事,云"贤哲之忿,犹欲啖人;而况遭穷者乎?"他认为被吃者"犹鸟兽而能言耳"。唐朝的张巡更是一个为了"忠"而吃人的典型。据《唐书·忠义传》载:张巡守睢阳城,"尹子奇攻围既久,城中粮尽,易子而食,折骸而爨。巡乃出其妾,对三军杀之,以飨军士,曰:'请公等为国家戮力守城,一心无二,巡不能自割肌肤,以啖将士,岂可惜此妇人?'将士皆泣下,不忍食。巡强令食之,括城中妇女既尽,以男人老小继之,所食人口二三万。"这个张巡不仅亲手杀死妇女吃掉,而且令手下将士吃掉了全城的妇女、老人和儿童,吃人数万,因此专制统治者将他作为大忠臣来加以表彰。对此,袁枚批评道:

张巡可谓忠矣;然括城中老幼食之,非训也!杀妾,非训也。……纵百姓食人,已失信矣;并食其妾,是朱粲赵思绾之为,非忠臣训也。臣事君,犹子事父也;父饿且死,杀子孙以奉之,非孝也。……或谓巡之杀

---

① 袁枚:《读胡忠简公传》,《袁枚全集》第 2 册,江苏古籍出版社 1993 年版,第 538—539 页。

妾,望成功也。然巡有功,则爵为上公;妾无罪,而形同犬彘,于心不安,请于朝而旌之,于事无济。乐羊食子,吴起杀妻,其所以忍者殊,而忍则一也。孟子曰:"杀一不辜而得天下,不为也。"杀一不辜而号忠臣,君子为之乎?①

在袁枚看来,吃人而全其"忠"是一种极其残忍的行为,把人看作犬彘杀而食之,简直是灭绝人性!袁枚认为,政治伦理的"忠"不是至上的,人民的生命才是至上的。为了"忠"而吃人,是应予严厉谴责的行为,而决不应加以提倡和表彰。

(2)批判杀人的所谓"孝"。

中国古代以孝治天下,孝为百行之本。但是,所谓"孝"却被片面地发展成为长者本位的"吃人的礼教"。"郭巨埋儿"就是专制统治者为提倡孝道而不遗余力地加以宣扬的一个令人惊心动魄的故事。在宣扬孝道的《二十四孝图》中,画着这样一个场面:郭巨三岁的儿子正被抱在他母亲的臂膊上,高高兴兴地笑着,小手摇着咕咚鼓;可是他的父亲正在地上掘坑要将他活活埋掉。说明云:"汉郭巨家贫,有子三岁,母尝减食与之。巨谓妻曰,贫食不能供母,子又分母之食,盍埋此子?"据刘向《孝子传》说,郭巨家是很富有的,但他将钱财分给了两个弟弟,所以为了孝敬母亲要把亲生儿子埋掉。故事的结局是:"及掘坑二尺,得黄金一釜,上云:天赐郭巨,官不得取,民不得夺!"郭巨的孝心感动了上天,遂赐给郭巨金银,于是孩儿方才免遭杀身之祸。

在明清时代的道德礼教下移运动中,郭巨埋子式的所谓"孝"被大力提倡,于是以杀妻杀子而成为"孝子"的事屡有出现。清初有一个张孝子,以杀妻而享有"孝"的盛名:"盖全其母,不能全其妻,不能全其妻,乃杀之而不顾。"②妻的地位不如儿,杀儿以孝母,就更是专制统治者所大力表彰的"德行"。明洪武二十七年(1394 年)山东守臣言日照民江伯儿母病割肉以疗,不愈,祷岱岳神,母疾瘳愿杀子以祀。已,果瘳,竟杀其三岁儿。③

---

① 袁枚:《张巡杀妾论》,《袁枚全集》第 2 册,江苏古籍出版社 1993 年版,第 358—359 页。

② 王源:《赠张孝子序》,《居业堂文集》第 4 册,商务印书馆 1936 年版,第 239 页。

③ 参见《明史》列传第一百八十四《孝义一·沈德四》,《明史》第 25 册,中华书局 1974 年版,第 7593 页。

第一次对郭巨埋子式的"孝"作出深刻批判的是袁枚的《郭巨论》。文章首先从天伦之爱至性至情立论,通过"析其理"来揭露郭巨的残忍和贪诈:不能养,何生儿?既生儿,何杀儿?以儿夺母之食而杀儿,母心何忍?杀儿以奉母而得孝名,乃是大罪;掘地见金而取,且以金饰孝名,乃是贪诈。"杀子则逆,取金则贪,以金饰名则诈,乌乎孝?"文章进一步通过"发其术"来揭露郭巨埋儿乃是欺世盗名的狡计:郭巨家本不贫,埋金于地,伪装掘地埋儿,及得金,就说是"天哀予孝",故赐我黄金。这乃是一个预先设计好的骗取孝名的把戏。可是,"蚩蚩者"不知其诈,"见其金则惊,临以天则又惊,相与传其孝不衰。"①甚可悲也!

袁枚在《郭巨论》中所表达的思想,来自一位女豪杰。《随园诗话》卷十二第四四条载:"姑母嫁沈氏,年三十而寡,守志母家。余幼时,即蒙抚养,凡浣衣盥面,事皆倚赖于姑。姑通文史。余读《盘庚》、《大诰》,苦聱牙,姑为同读,以助其声;尝论古人,不喜郭巨,有诗责之云'孝子虚传郭巨名,承欢不辨重和轻。无端枉杀娇儿命,有食徒伤老母情。伯道沉宗因缚树,乐羊罢相为尝羹。忍心自古遭严谴,天赐黄金事不平。'余集中有《郭巨埋儿论》,年十四时所作,秉姑训也。"②袁枚的这位姑母,真是一位具有至性至情的杰出女性!

在传统社会中,标榜道德来获得皇上和地方官的表彰,乃是博取利禄和提高社会地位的钓饵,于是也就导致了"郭巨埋子"式的残忍、虚伪和奸诈,袁枚对此所作的揭露和批判,不仅在当时具有深刻的启蒙意义,而且是五四学者对"吃人的礼教"所作批判的先声。

(3)批判强迫妇女裹足的残忍之风。

自宋至明,讲了几百年的理学,却没有一个人指出强迫女子裹足为不人道。可是袁枚却破天荒地向这一惨无人道的社会罪恶提出了抗议,在袁枚的著作中,有两条资料,一是借杭州聪慧女子之口来反对缠足,二是他自己直接发出的反对女子裹足的抗议之声。

《随园诗话》卷四载:

> 杭州赵钧台买妾苏州,有李姓女,貌佳而足欠裹。赵曰:"似此风

---

① 袁枚:《郭巨论》,《袁枚全集》第 2 册,江苏古籍出版社 1993 年版,第 358 页。
② 袁枚:《随园诗话》卷十二第四十四条,《袁枚全集》第 3 册,江苏古籍出版社 1993 年版,第 393 页。

姿,可惜土重"。土重者,杭州谚语:脚大也。媒姻曰:"李女能诗,可以面试"。赵欲戏之,即以《弓鞋》命题,女即书云:"三寸弓鞋自古无,观音大士赤双趺。不知裹足从何起?起自人间贱丈夫!"赵悚然而退。①杭州女子的这首诗实在是写得妙不可言。"三寸弓鞋自古无",华夏女子原本是不裹足的。盛唐时代的女子非但不裹足,而且酥胸半露以显示天然风韵。可是到了宋明时期,专制王朝强化了礼教的统治,为了加强对妇女的人身禁锢,不惜从生理上加以摧残,将五代时宫中舞女裹小脚、穿弓鞋这种个别帝王的癖好推广到民间,强迫全国妇女裹足。裹足乃天下之至苦,轻则血肉模糊,重则骨折,小脚女子如同残疾。可是文人学者则对女人的小脚津津乐道,天底下竟至充满了有"小脚癖"的官僚、政客、土地主和文人。直到20世纪初的北京大学教授辜鸿铭,居然也还是一个著名的"小脚癖"。"不知裹足从何起?起自人间贱丈夫!"杭州女子的这两句诗,真是骂得痛快!

袁枚不仅在《随园诗话》中借女子之口来痛斥缠足,而且自己也公然写文章来反对缠足。他在《牍外余言》中说:"习俗移人,始于熏染,久之遂根于天性,甚至饮食男女,亦雷同附和,而胸无独得之见,深可怪也。……女子足小有何佳处,而举世趋之若狂。吾以为戕贼儿女之手足以取妍媚,犹之火化父母之骸骨以求福利也。悲夫!"②袁枚反对妇女缠足的思想被社会压抑了一百多年,直到20世纪初才在中国出现了禁缠足、复天足的运动。

此外,袁枚还对"女子无才便是德"的传统见解做了批判,主张女性应该在情感方面得到与男性同样的发展。他在《诗话补遗》卷一中说:

> 俗称女子不宜为诗,陋哉言乎!圣人以《关雎》、《葛覃》、《卷耳》,冠三百篇之首,皆女子之诗。第恐针黹之余,不暇弄笔墨,而又无人唱和而表章之,则淹没而不宣者多矣。③

袁枚不顾物议,公然接纳女弟子达19人之多,为她们刊刻诗集,加以表彰。袁枚的全部诗话,差不多十分之五六是记载女子吟咏的事,肯定她们的非凡

---

① 袁枚:《随园诗话》卷四第三十七条,《袁枚全集》第3册,江苏古籍出版社1993年版,第111页。

② 袁枚:《牍外余言》卷一第三十五条,《袁枚全集》第5册《牍外余言》,江苏古籍出版社1993年版,第11页。

③ 袁枚:《随园诗话补遗》卷一第六十二条,《袁枚全集》第3册,江苏古籍出版社1993年版,第570页。

见识和才华,如前引袁枚姑母批判"郭巨埋子"之"孝"和杭州女子反对裹足的两首诗,就是显证。

袁枚执江浙诗坛牛耳 50 年,当时江浙又为全国文人所瞩望,因而名气很大。在他生前无人敢公然骂他。但他刚死不久,就遭到卫道士们的攻击,其中骂得最凶的倒是一位曾经在他生前极尊敬他的后辈学者章学诚。章学诚一生潦倒,很想出名,谁名气大他就骂谁,想以此出名。但又欺软怕硬,戴震生前,他执弟子礼;戴震死后,他就骂戴震;同时,对于和他同时在世,且又同样潦倒的汪中,见汪中奈何不得他,就不惜大加攻击。在这方面,他颇有点市井痞子气。章学诚攻击袁枚的文章主要有《妇学》、《妇学篇书后》、《诗话》、《书坊刻诗话后》、《论文辨伪》等篇,其说千言万语,不过是攻击袁枚"以优伶杂剧所演才子佳人惑人"、"抑雅颂而扬国风"并"专重男女慕悦"、"以《六经》为导欲宣淫之具"、"非圣无法"云云。他的这些文章造成了很坏的影响,为专制统治者所利用,其中《妇学》篇被多次刊刻。但是实在说来,章学诚亦不过是为了出名不择手段而已,他的学术思想其实是并不正统而且是颇具思想解放意义的。

(二)戴震、焦循的情理观

"情之至于纤微无憾是谓理"

如前所说,在戴震的人性论中,包含着欲、情、知三要素,情是其中的要素之一。戴震认为,情与欲一样,"根于血气",是人性之自然而必然的要求和表现;然而,情与欲并非并列,情为欲所派生。他说:"凡有血气心知,于是乎有欲,性之征于欲,声色臭味而爱畏分;既有欲矣,于是乎有情,性之征于情,喜怒哀乐而惨舒分;……生养之道,存乎欲者也;感通之道,存乎情者也;二者,自然之符,天下之事举矣。"[1]他认为,"知"又是由情欲所派生的:"既有欲有情矣,于是乎有巧与智,性之征于巧智,美恶是非而好恶分。……尽美恶之极致,存乎巧者也,宰御之权由斯而出;尽是非之极致,存

---

① 戴震:《原善》上,《戴震集》,上海古籍出版社 1980 年版,第 333 页。

乎智者也,贤圣之德由斯而备;二者,亦自然之符,精之以底于必然,天下之能举矣。"①从以上论述看,戴震认为有欲有情而后有"巧与智",巧与智都是服务于情欲实现之目的,并体现于情欲实现的过程之中的;情与欲是"天下之事",巧与智是"天下之能","事"通过"能"而实现。

从以上观点出发,戴震明确反对程朱理学"舍情而言理",宣称他所讲的"理"与程朱所讲的"理"是不同的。他说:"理也者,情之不爽失也,未有情不得而理得者也。凡有所施于人,反躬而静思之:'人以此施于我,能受之乎?'凡有所责于人,反躬而静思之:'人以此责于我,能尽之乎?'以我絜之人,则理明。天理云者,言乎自然之分理也;自然之分理,以我之情絜人之情,而无不得其平是也。……古人所谓天理,未如后儒之所谓天理者矣。"②他认为只有让每一个人的情都得到满足,才是"天理",宋儒所谓的一套灭情之理是不能称为"天理"的。他所讲的"以情絜情",实际上是代表天下的为情所苦者向专制特权者呼吁,要他们反躬自问:"诚以弱、寡、愚、怯与夫疾病、老幼、孤独,反躬而思其情,人岂异于我。""反躬者,以人之逞其欲,思身受之情也。情得其平,是为好恶之节,是为依乎天理。"③他认为情外无理,理在情中。他的门人问他:以情絜情仍是就情而言,"情与理之名何以异?"他回答道:"在己与人皆谓之情,无过情无不及之情是谓理。……舍是('是'指情——引者注)而言理,非古圣贤所谓理也。"④

与论理欲关系时一样,戴震指出程朱"舍情求理"之"理",所谓"得于天而具于心"的所谓"理",只不过是"一己之意见"而已。他说:"以理为'如有物焉,得于天而具于心',未有不以意见当之者也。今使人任其意见则谬,使人自求其情则得。……惟以情絜情,故其于事也,非心出一意见以处之。苟舍情求理,其所谓理,无非意见也,未有任其意见而不祸斯民者也。"⑤

他认为,程朱理学的"以理抑情"乃至"灭情"主张是违反他的"圣人之道"的,"理"成为"以理杀人"的工具,其残酷过于"商韩之法"。他说:"呜呼! 今之人其亦弗思矣! 圣人之道,使天下无不达之情,求遂其欲而天下

① 戴震:《原善》上,《戴震集》,上海古籍出版社 1980 年版,第 333 页。
② 戴震:《孟子字义疏证》卷上,《戴震集》,上海古籍出版社 1980 年版,第 265—266 页。
③ 戴震:《孟子字义疏证》卷上,《戴震集》,上海古籍出版社 1980 年版,第 267 页。
④ 戴震:《孟子字义疏证》卷上,《戴震集》,上海古籍出版社 1980 年版,第 266—267 页。
⑤ 戴震:《孟子字义疏证》卷上,《戴震集》,上海古籍出版社 1980 年版,第 268—269 页。

治。后儒不知情之至于纤微无憾,是谓理,而其所谓理者,同于酷吏之所谓法。酷吏以法杀人,后儒以理杀人。浸浸乎舍法而论理死矣,更无可救矣! ……后儒冥心求理,其绳以理,严于商、韩之法,故学成而民情不知,天下自此多迂儒。及其责民也,民莫能辨,彼方自以为理得,而天下受其害者众也。"①在这段论述中,戴震一方面揭露了程朱理学"以理杀人"的本质,同时,亦鲜明地提出了"情之至于纤微无憾是谓理"的命题。这一命题与"安有情不得而理得"的命题一起,充分体现了戴震情理观的近代人文主义性质。

"天下皆情"

焦循的情理观,继承了冯梦龙的"六经皆以情教"和戴震的"以情絜情"的思想,把教人"彼此相与以情"看作是"伏羲以来圣圣相传之大经大法"。他说:"大抵圣人之教,质实平易,不过欲天下之人各正性命,保合太和而已。……《易》道但教人旁通,彼此相与以情。己所不欲,则勿施于人;己欲立达,则立人达人。此以情求,彼亦以情与。……孔子谓之仁谓之恕,《大学》以为絜矩。此实伏羲以来圣圣相传之大经大法。"②焦循的理想是建立一个人人皆以真情相与的和谐社会。

他把"旁通情"看作是使社会没有纷争、没有诉讼、没有刑罚的充分必要条件。在他论理欲关系时,他以"絜矩"来解释《大学》八条目的首要环节"格物";论情理关系,则以"旁通情"来释"格物",虽各有侧重而表述不同,其实是一回事,即以己度人,推己及人。他说:"格物者,旁通情也。情与情相通,则自不争。所以使无讼者,在此而已。听讼者以法,法愈密而争愈起,理愈明而讼愈烦。'吾犹人也',谓理不足持也,法不足恃也。旁通以情,此格物之要也。……愤懥恐惧,好乐忧患,情也,不得其正者,不能格物也,不能通情也。能格物,则能近取譬矣,……所藏乎身既恕,则身修,因

---

①　戴震:《与某书》卷上,《戴震集》,上海古籍出版社 1980 年版,第 188 页。
②　焦循:《雕菰集》卷十三《寄朱休承学士书》,《续修四库全书》第 1489 册,上海古籍出版社 2002 年版,第 239 页。

而喻诸人,则絜矩之道行于天下。天下之人皆能絜矩,皆能恕,尚何讼之有!"①在这段论述中,他强调,要建立一个和谐的社会,专制主义的"理"和"法"皆不足恃,唯一可靠的是"情"。这就明显地带有以情斥理的主情主义倾向。

实行"旁通情"的絜矩之道,是为了使天下人人各遂其情。而要实现这一目标,首先是统治者要讲人性、讲人道、以己度人、推己及人,宁可"己独无情",也要使"天下皆情"。他说:"保合太和则无讼,而归其本于性情。夫人皆相见以情,而己独无情,志乃畏矣。民自畏其无情,则天下皆情矣,天下皆情,自不得独以无情之辞尽。不得也,非不敢也。……王符《潜夫论》云:'上圣不务治民事,而务治民心。'……民亲爱则无相害伤之心,动思义则无奸邪之心。厚其情而明恕也,恕则克己,克己则复礼,克己复礼则天下归仁。民志畏则有耻,有耻且格,格即格物也。上格物以化其下,天下之人亦皆格焉。格则各以情通而无讼,而天下平。"②在这段论述中,焦循强调统治者首先要对民众各遂其情的要求持"明恕"的态度,即理解和宽容的态度,从而克制自己的情欲,使人民既能各遂其情,互相之间以情相与;同时,又由于统治者严于自律而生敬畏,以妨碍他人遂其情为耻,从而也就不至于为了满足一己之情欲而互相伤害。

焦循所设想的这一社会图景,在18世纪的中国当然是不可能实现的。这既是因为专制特权者根本不可能像焦循要求的那样去放弃自己的特权,更因为迫使统治者放弃特权的各种内在条件尚不成熟。在现代社会中,虽然也不可能做到焦循所说的"无讼";相反,由于社会生活内容的空前丰富,诉诸法律的事也比农业社会不知增加了多少倍。然而,有一点却近乎是实现了,即一方面,广大民众的情感生活极开放,可以各遂其情;而另一方面,这些能够各遂其情的民众却要求政治家必须严格自律,否则,任何人都得引咎下台。焦循至少是猜测到了他的理想社会的一个侧面。

---

① 焦循:《雕菰集》卷九《使无讼解》,《续修四库全书》第1489册,上海古籍出版社2002年版,第197页。

② 焦循:《雕菰集》卷九《使无讼解》,《续修四库全书》第1489册,上海古籍出版社2002年版,第197—198页。

（三）汪中、俞正燮、李汝珍对"吃人的礼教"的批判

"以死为殉，礼所不许"

汪中（1744—1794年，清乾隆九年至乾隆五十九年），字容甫，江都人，是清代扬州学派中的一位杰出学者。出身于贫苦的书生家庭，7岁丧父，靠母亲替人缝鞋补衣维持一家四口生计，饥寒交迫，不能入塾读书，由母亲抽暇教他识字。14岁时入书铺为佣工，"助书贾鬻书于市"。此间他刻苦自学，因得遍观经史百家。他的理解能力很强，并以文章宏丽渊雅而倾动士林。他父亲的朋友劝他学习举子业，于是他20岁中了秀才，但却屡应乡试不中，直到34岁才被选为拔贡生。《清史·汪中传》说他此后"以母老竟不朝考"，但近人说他是由于学问名气越大，就越不想去应试。他"专意经术，与高邮王念孙、宝应刘台拱为友，共讨论之"。为王念孙所推崇，说他"才学识三者皆过人。在我辈中，且当首屈一指"。他的生活很艰苦，主要是靠做幕宾和校书来维持生活。乾隆三十七年至三十八年（1772—1773年）与王念孙、章学诚、洪亮吉等同在安徽学政朱筠幕中。乾隆三十九年又由朱筠推荐到浙江宁绍台道冯廷丞幕府，次年冯廷丞迁台湾道，又将汪中推荐给某官僚，但那人连面都不愿见，汪中只好回家卖文为生。这大概就是旧时读书人与统治者之间的"毛"和"皮"的关系罢。乾隆五十四年（1789年），汪中复至湖广总督毕沅幕中，可又受同为幕宾的章学诚所诽谤，在读书人的"窝里斗"中难以容身。次年又回到扬州，四年后贫病而死，年仅51岁。汪中的著作，除大量的考据校雠之作外，有《述学》、《容甫先生遗诗》等。

汪中的情理观，散见于他的一些文章中，如《释媒氏文》、《女子许嫁而婿死从死及守志议》、《过旧苑吊马守真文》等。

在《释媒氏文》中，汪中通过对古礼的阐述发挥，表达了近代男女婚姻自由的思想。他说：

> 媒氏："中春之月，令会男女。于是时也，奔者不禁。若无故而不用令者，罚之。""会"，读若"司会"，其训计也。……凡男女自成名以上，媒氏皆书其年月日名焉。于是时计之，则其年与其人之数皆可知

也。其有三十不取，二十不嫁，虽有奔者，不禁焉。非教民淫也，所以著之令，以耻其民，使及时嫁子娶妇也。……昏姻之道，可以观政焉。①

乾隆年间，城市俗文学特别是情歌再度兴起，最有名的是《闺女思嫁》，写怀春少女的情思："艳阳天，艳阳天，桃花似锦柳如烟，见画梁双双燕，女孩儿泪涟，女孩儿泪涟。奴家十八正青年，恨爹娘不与奴成姻眷。……"②全诗共 24 首，皆情真意切，言人所不敢言。其中"女爱男俊俏，男爱女标致"等语，则更是时下流行歌曲之张本。民间的情趣反映到汪中的思想中，于是便有上述"奔者不禁"的发挥，虽披上了一件"古礼"的外衣，实际上是主张近代式的男女婚姻自由。

在《女子许嫁而婿死从死及守志议》一文中，汪中对传统的节烈观提出了批评。他说：

> 夫妇之道，人道之始也。……许嫁而婿死，适婿之家，事其父母，为之立后而不嫁者，非礼也。……今也生不同室，而死则同穴，存为贞女，没称先姙，其非礼孰甚焉！……先王恶人之以死伤生也，故为之丧礼以节之，其有不胜丧而死者，礼之所不许也，其有以死为殉者，尤礼之所不许也。……事苟非礼，虽有父母之命，夫家之礼，犹不得遂也。是故女子欲之，父母、若婿之父母得而止之；父母、若婿之父母欲之，邦之有司、乡之士君子得而止之。③

文章的题目虽仅就许嫁而未嫁的女子而言，其实内容则涉及已嫁女子，总的指导思想是"恶人以死伤生"，因而反对夫死殉节的妇道，抨击了为未婚夫守节和以死相殉的"节烈观"。汪中更以袁枚的三妹素文被丈夫折磨而至于被出卖、郑虎文的婢女为丈夫所窨服毒而死为例，揭露了旧节烈观所造成的罪恶，斥恪守"贞节"而不肯改嫁为"愚"。他说：

> 昏姻之礼，成于亲迎，后世不知，乃重受聘。以中所见，钱塘袁庶吉士之妹，幼许嫁于高；秀水郑赞善之婢，幼许嫁于郭。既而二子皆不肖，流荡转徙更十余年，婿及女之父母咸愿改图，而二女执志不移。袁嫁数

① 汪中：《释媒氏文》，《新编汪中集》，广陵书社 2005 年版，第 373 页。
② 《闺女思嫁·两头忙》，《万花小曲 丝弦小曲》，《善本戏曲丛刊》第 5 辑，学生书局（台湾）1987 年版，第 76 页。
③ 汪中：《女子许嫁而婿死从死及守志议》，《新编汪中集》，广陵书社 2005 年版，第 376 页。

年,备受箠楚,后竟卖之。其兄讼诸官,而迎以归,遂终于家。郑之婢为
郭所窘,服毒而死。传曰:"好仁不好学,其蔽也愚。"若二女子者,可谓
愚矣。本不知礼,而自谓守礼,以陨其生,良可哀也。①

上举二位可怜的女子都因为父母先曾许嫁,明知所嫁非人亦坚执不移,终至
造成悲剧。汪中既哀其不幸,又叹其愚昧,在今天看来,他讲的话可谓入情
入理。可是,在当时,他的这篇文章却被十分嫉妒汪中才学的章学诚抓住了
把柄,而给他扣了许多帽子,说他"胸中是非取舍,殆别具肝肠","有丧于名
义","伯夷与盗跖无分","汪氏几丧心矣",等等。其实章学诚自己也说过
"未婚殉夫,诚不免过"的话,为什么又要如此痛骂汪中呢? 中国旧时代的
很多读书人就是如此下贱,明明自己也有新思想,却偏要扭曲了自己去迎合
当道来搞"窝里斗"。可是,汪中对章学诚对他的许多攻击并无一字回敬,
这或许是出于蔑视吧。

在《经旧苑吊马守真文》中,汪中对明末秦淮名妓的悲惨遭遇表示了深
切的同情,痛斥道学家"责之以死",谴责当时的社会对这位才女摧辱至极
的罪恶:

> 岁在单阏(卯年的别称,此处借乾隆癸卯年,即 1783 年——引者
> 注),客居江宁城南,出入经迥光寺,其左有废圃焉。寒流清泚,秋荍满
> 田,室庐皆尽,唯古柏半生,风烟掩抑,怪石数峰,支离草际,明南苑妓马
> 守真故居也。秦淮水逝,迹往名留,其色艺风情,故老遗闻,多能道者。
> 余曾览其画迹,丛兰修竹,文弱不胜,秀气灵襟,纷披楮墨之外,未尝不
> 爱赏其才,怅吾生之不及见也。夫托身乐籍,少长风尘,人生实难,岂
> 可责之以死? 婉娈倚门之笑,绸缪鼓瑟之娱,谅非得已。在昔婕妤悼
> 伤,文姬悲愤,矧兹薄命,抑又下焉。嗟夫! 天生此才,在于女子。百
> 年千里,犹不可期,奈何钟美如斯,而摧辱之至于斯极哉!②

在这篇文章中,汪中盛赞马守真是一位百年千里不可多得的才女,认为其才
华超过了历史上的班婕妤和蔡文姬,其沦落风尘乃是为生活所迫而出于不
得已。对这样的才女,道学家犹"责之以死",社会又对她摧辱至极,也真是
太残忍了! 由马守真的苦难生涯,汪中想到了自己,抒发了自己与这位异代

---

① 汪中:《女子许嫁而婿死从死及守志议》,《新编汪中集》,广陵书社 2005 年版,第
376 页。

② 汪中:《经旧苑吊马守真文》,《新编汪中集》,广陵书社 2005 年版,第 471 页。

不同时的佳人的同病相怜之情。汪中靠卖文为生,在达官贵人的幕中供驱使,几易其主,身不由己,哀乐由人,这样的地位与妓女实在没有什么差别。他说唯一不同的是,自己是男人,不用受床箦之辱而已。"顾七尺其不自由兮,倏风荡而波沦;纷啼笑其感人兮,孰知其不出于余心?"①难道读书人一定要依附于权势、仰人鼻息才能生存吗?汪中把自己与妓女相提并论,抒发同病相怜之情,既表达了新的情感的觉醒,也说明他意识到旧时代读书人所处的可耻的奴隶地位,体现了读书人良知的觉醒。这种良知使得他更多地保持了自己的独立人格,除了写一些对社会无害的文字以糊口外,不愿为鼓吹专制和蒙昧而卖命,因而被斥为"名教罪人"。

汪中又有一篇《哀盐船文》,叙乾隆三十五年十二月乙卯(十九日)屯泊在江苏仪征江南的官办运盐船队失火,焚死溺死船工 1400 余人,毁盐船 130 余艘的悲惨事件,既描写了大火中烈焰冲天、人船俱焚的惨状,又描写了大火之后许许多多孤儿寡母们"临江呜咽"的悲惨情景,抒发了内心的极大悲痛和对遇难者及其家人的深切同情,抗议专制统治者视人命如草芥的罪恶,充满了人道主义的真切情感。时人将这篇广为传诵的《哀盐船文》比之为"变雅",称其"惊心动魄,一字千金"。

"妒非女人恶德"

俞正燮(1775—1840 年,清乾隆四十年至道光二十年),字理初,安徽黟县人。家贫,性耿介。青年时拜考据学家孙星衍为师,作《左丘明子孙姓氏论》及《左山考》等,为孙星衍所嘉许,由是名大起。但直到 47 岁(道光六年,1821 年)才中举;次年阮元主持会试,士子们以为他必中,没想到他竟落榜。从此绝意仕途,四处教书为生。史载他"为文断以己意",生平足迹半天下,得书即读。他著有《癸巳类稿》、《癸巳存稿》、《海国纪闻》等书。其中《癸巳类稿》是他在道光十二年(1832 年)以前的作品。

在《妒非女人恶德论》一文中,俞正燮抨击了中国传统社会的一夫一妻多妾制度,鲜明地提出了反对纳妾的进步主张。他说:

> 夫妇之道,言致一也。夫买妾而妻不妒,则是恝也,恝则家道坏矣。

---

① 汪中:《经旧苑吊马守真文》,《新编汪中集》,广陵书社 2005 年版,第 472 页。

> 天地氤氲，万物化醇，男女媾精，万物化生。《易》曰："三人行则损一
> 人，一人行则得其友。"言致一也，是夫妇之道也。依经史正义言，妒非
> 女人恶德。①

中国旧时代男子视女子为泄欲的工具和玩物，达官贵人妻妾成群，众妻妾争
风吃醋，乌烟瘴气，这罪过当然是男子造成的；然而男子为了随心所欲，还不
准女人妒，认为"女人妒为恶德"，连女人的这点不得已的用以反抗纳妾的
"妒"的权利也从"道德"上予以彻底否定了。在这男性中心的社会里，谁要
正正经经地劝男子不要买妾，那是无人听从的，所以俞正燮别出心裁地借着
女人的"妒"来立论："妒在士君子为恶德，谓女人妒为恶德者，非通论
也。"②"妒者，妇人常情。""二妇同夫，志不相思，心怀不平，志常愁怨。"③妇
女之妒乃是男人纳妾的结果，纳妾而女人不妒，那才奇怪呢！因此，要纳妾
的人，就要容忍夫人的妒；夫人若不妒，那家道也就要败坏了。但如果任凭
夫人发泄其妒，那男人的日子也就不好过了。所以说到底，还是真正实行一
夫一妻制为好。俞正燮还喜剧式地把《易经》——实行多妾制的君子们所
尊奉的治国平天下的大经大法——抬出来作为自己的立论依据，这也正是
所谓"特殊国情"下的特殊的表达新思想的方式。

在《节妇说》一文中，俞正燮论证了妇女再嫁的合理性。他认为，不许
女子再嫁，"此非人情"；又引证古籍，说北宋时熙宁十年宋神宗的诏令尚且
允许女子"与夫听离"，亦允许再嫁，"是女再嫁与男再娶者等"。如果说女
子无二适之义，那么，男子亦无再娶之义；苛责女子乃是"无耻之论"。
他说：

> 自礼意不明，苛求妇人，遂为偏义。古礼夫妇合体，同尊卑，乃或卑
> 其妻。古言终身不改，言身则男女同也。七事出妻，乃七改矣；妻死再
> 娶，乃八改矣。男子礼义无涯涘，而深文以罔妇人，是无耻之论也！④

俞正燮所痛斥的"无耻之论"，是直接针对北宋理学家程颐的。滑得可观的
程颐说："凡人为夫妇时，岂有一人先死一人再嫁之约？只约终身夫妇也。"
这句话似乎颇合情理，谁人结婚时会预先约定夫先死而妻再嫁呢？然而程

---

① 俞正燮：《妒非女人恶德论》，《俞正燮全集》第 1 册，黄山书社 2005 年版，第 634 页。
② 俞正燮：《妒非女人恶德论》，《俞正燮全集》第 1 册，黄山书社 2005 年版，第 632 页。
③ 俞正燮：《妒非女人恶德论》，《俞正燮全集》第 1 册，黄山书社 2005 年版，第 633 页。
④ 俞正燮：《节妇说》，《俞正燮全集》第 1 册，黄山书社 2005 年版，第 630 页。

颐话头一转,来了一个"但":"但自大夫以下有不得已再娶者……";至于守寡的妇女,那可就是"饿死事极小,失节事极大"了。——这也就是俞正燮所痛斥的"无耻之论"。当程朱理学"如日中天"之时,敢于痛斥程颐,这是何等胆识! 俞正燮的结论是:"其再嫁者,不当非之;不再嫁者,敬礼之斯可矣。"①在一个允许妇女再嫁的文明社会中,如果有女子出于对已故丈夫的情感而不愿再嫁,无疑也是值得尊敬的,不过却不可以此非议她人再嫁。这是很开明的议论。

在《贞女说》一文中,俞正燮愤怒控诉了强迫女子"节烈"的惨无人道的暴行。他说:

> 尝见一诗云:"闽风生女半不举,长大期之作烈女。婿死无端女亦亡,鸩酒在尊绳在梁。女儿贪生奈逼迫,断肠幽怨填胸臆;族人欢笑女儿死,请旌籍以传姓氏。三丈华表朝树门,夜闻新鬼求返魂!"呜呼! 男儿以忠义自责则可耳,妇女贞烈,岂是男子荣耀也!②

这就是朱子学的故乡的风俗,朱子学所造就的风俗。在这里,没出息的男人们无以显耀自己,就以逼迫女子自杀来获取官府的表彰,这是何等虚伪而又残忍,比朱熹在漳州做官时全面推行裹小脚又要残忍得多了。

他认为裹足是对女子的摧残:"古有丁男丁女,裹足则失丁女,阴弱则两仪不完。"③当年朱熹在福建推广裹足是以"绝淫风"为理由的,似乎女子能走出家门就非"淫"不可,因而采用此种惨无人道的手段,道学家真善于以己之心揣度他人矣! 至今有人说朱熹的理论及其具体运用"在当时具有合理性",到底"在当时"有没有合理性呢? 俞正燮在满清王朝大力表彰朱熹,不遗余力地推行道德礼教下移运动的时候,敢于批判朱熹推行的裹足,真是有胆识!

《镜花缘》的反礼教思想

李汝珍(1763—1830 年,乾隆二十八年至道光十年),直隶大兴人,20

---

① 俞正燮:《节妇说》,《俞正燮全集》第 1 册,黄山书社 2005 年版,第 631 页。
② 俞正燮:《贞女说》,《俞正燮全集》第 1 册,黄山书社 2005 年版,第 631 页。
③ 俞正燮:《书旧唐书舆服志后》,《俞正燮全集》第 1 册,黄山书社 2005 年版,第 643 页。

岁左右移居海州(今属江苏连云港市)。他对章句帖括之学不感兴趣,而花了整整20年时间写了《镜花缘》这部小说,于嘉庆二十三年(1818年)正式出版。其反礼教思想是通过小说这种特殊的形式,特别是通过笔下人物的议论来表现的。

第一,男女智慧平等。在《镜花缘》第四十二回中,李汝珍杜撰了一份武则天下达的"开女试"的诏书:

> 大周金轮皇帝制曰:朕惟天地英华,原不择人而畀;帝王辅翼,何妨破格而求。丈夫而擅词章,固重圭璋之品;女子而娴文艺,亦增蘋藻之光。我国家储才为重,历圣相符。朕受命维新,求贤若渴。辟门吁俊,桃李已属春官;《内则》遴才,科第尚遗闺秀。郎君既膺鹗荐,女史未遂鹏飞。奚见选举之公,难语人才之盛。昔《帝典》将坠,伏生之女传经;《汉书》未成,世叔之妻续史。……群推翘秀,古今历重名媛;慎选贤能,闺阁宜彰旷典。况今日灵秀不钟于男子,贞吉久属于坤元;阴教咸仰敷文,才藻益征竞美。是用博征群议,创立新科,于圣历三年,命礼部诸臣特开女试。[①]

其中,"天地英华原不择人而畀"和"今日灵秀不钟于男子"二句,最堪玩味。从男女智慧平等这一前提出发,李汝珍主张女子也应该和男子一样地读书,一样地参加科考,一样地参与政治。他笔下的100位才女,个个聪慧绝伦,才识超群,如"琼林琪树,合璧骈珠",她们后来都列名高科,有的做官,有的封王,谁都不比男子逊色。李汝珍更在书中虚构了一个"男子反穿衣裙作为妇人以治内事,女子反穿靴帽作为男人以治外事"的女儿国,让夫权的威风扫地以尽,借此表达其尊重妇女权利、要求男女平等的进步思想。

第二,反对纳妾,要求男子应"反求诸己"、将心比心。在《镜花缘》第五十一回中,"两面国"的山大王想收唐闺臣等三姐妹做妾,引起他的压寨夫人大怒,痛打他四十大板,并且教训了这个想纳妾的强盗头子一番:

> 妇人道:"既如此,为何一心只想讨妾?假如我要讨个男妾,日日把你冷淡,你可欢喜?你们作男子的,在贫贱时原也讲些伦常之道,一经转到富贵场中,就生出许多炎凉样子,把本来面目都忘了。不独疏亲慢友,种种骄傲;并将糟糠之情也置度外。这真是强盗行为,已该碎尸

① 李汝珍:《镜花缘》,商务印书馆1937年版,第233页。

万段！你还只想置妾，那里有个忠恕之道？我不打你别的，我只打你
'只知有己，不知有人'；把你打得骄傲全无，心里冒出一个忠恕来，我
才甘心。今日打过，嗣后我也不来管你。总而言之，你不讨妾则已，若
要讨妾，必须替我先讨男妾，我才依哩。我这男妾，古人叫做面首。面
哩，取其貌美；首哩，取其发美。这个故典并非是我杜撰，自古就
有了。"①

这真是一段绝妙好辞。李汝珍写这段话是要中国传统社会的君子们反躬自
问：我是否愿意自己的夫人去讨男妾？如果不愿意，那么我就应该讨女妾
吗？如此将心比心，可见纳妾既不合情，也不合理。讲了二千年的"己所不
欲、勿施于人"的忠恕之道，就是无人指出男人纳妾为不合理；而程朱理学
家讲的"理"，又是维护夫权的，至于李汝珍讲的"理"，已是直到近代才在中
国逐步实行的一夫一妻制的新道德之理了。由此亦可见，"理性"不是抽象
的，而是十分具体的，不同时代的"理性"实在是太不相同了。

第三，反对缠足。李汝珍将逼迫妇女缠足的残忍揭露得淋漓尽致，他不
仅在小说中让他的笔下人物——来自天朝上国的男子林之洋——在"女儿
国"备尝缠足之痛苦，从而反躬自问，而且还在第十二回里借书中人物吴之
和的一番议论来主张废缠足、复天足。他说：

吾闻尊处向有妇女缠足之说，始缠之时，其女百般痛苦，抚足哀号，
甚至皮腐肉败，鲜血淋漓，当此之际，夜不成寐，食不下咽，种种疾病，由
此而生。小子以为此女或有不肖，其母不忍置之于死，故以此法治之；
谁知系为美观而设，若不如此，即不为美。试问鼻大者削之使小，额高
者削之使平，人必谓为残废之人，何以两足残缺，步履艰难，却又为美？
即如西子王嫱，皆绝世佳人，彼时又何尝将其两足削去一半？况细推其
由，与造淫具何异？此圣人之所必诛，贤者之所不取。惟世之君子，尽
绝其习，此风自可渐息。②

朱熹以"绝淫风"为理由而推行缠足，已是极不人道；而后世文人则出自病
态的审美心理来主张缠足，颂之为"香钩"，誉之为"金莲"，产生了无数的
"小脚癖"。李汝珍斥之为"造淫具"，而犯下此种罪行者乃是"圣人之所必

---

① 李汝珍：《镜花缘》，商务印书馆 1937 年版，第 287 页。
② 李汝珍：《镜花缘》，商务印书馆 1937 年版，第 58 页。

诛",并且主张"尽绝其习"。这一主张,反映了妇女解放的时代要求。

乾嘉年间的新情理观和对礼教的批判意识,甚至在桐城派的古文家们——这些被提倡白话文的五四学者斥为"桐城谬种"的人们——的作品中也有所反映,他们的思想中有时也闪现出包含着为时代的进步趋向所赋予的某些新的思想意识的火花。主要生活和活动于乾隆年间的桐城派古文大家刘大櫆便是突出代表之一。

刘大櫆(1698—1780年,清康熙三十七年至乾隆四十五年),字才甫,号海峰,安徽桐城人。工为文章,以布衣游京师,时内阁学士方苞以古文辞负重名,以文谒方苞,方苞一见惊叹,语人曰:"如方某何足算耶! 邑子刘生,乃国士尔!"①自是名大著。雍正七年、十年,两举副贡生。乾隆时,举荐鸿博、经学,皆报罢,出为黟县教谕,数年,去官归。大櫆工于古文,兼集庄、骚、左、史、韩、柳、欧、苏之长;姚鼐从之游,世遂有桐城派之目。著有《海峰文集》八卷行于世。

刘大櫆有一篇《汪烈女传》,该文劈头就说:"古之人以死生为大。而孟子别之曰:'可以死,可以无死。'可以死而死,死之得以其道者也;可以无死而死,死之不得其道者也。"②由此展开了对君臣伦理与夫妇伦理的论述,着重批判了教人"死之不得其道"的传统道德和"无故而责人以死"的残忍心态,其中包含了近代理性主义和人文主义的思想萌芽。

其一,作者反对以夫妇关系比拟君臣关系的传统观念,认为君臣关系不同于夫妇关系。君臣以义合,其关系是一种理性关系,夫妇以恩合,其关系是一种情感关系;二者不可以混为一谈。如果以夫妇关系比拟君臣关系,那么古代的贤相伊尹、儒家的祖师孔子都成了"改适之女";不为殷纣灭亡而死的微子、箕子也就成了失节之臣,世界上有这样的道理吗? 君臣关系既以义合,所以合则留,不合则去;君臣共治天下,是一种平等的"共事"关系,臣领取俸禄并非是君的恩赐,君臣之间有公义而无私情,所以谈不上臣为君死之理。至于负有守土之责的臣与城池共存亡,那是忠于自己的天职,而不是为君而死的愚忠。——众所周知,政治排斥私人情感,是近代政治的显著特征之一。

---

① 姚鼐:《刘海峰先生八十寿序》,《惜抱轩全集》,中国书店1991年版,第87页。
② 刘大櫆:《汪烈女传》,《刘大櫆集》,上海古籍出版社1990年版,第202页。

其二,作者反对虽已许嫁而未嫁的女子为未婚夫殉死,指出:"后世女许字而未及适人,或为其许字之人死。夫未及适人,是未尝一与之齐也,顾且死,是死之不得其道也。"①明清统治者不遗余力地推行道德礼教下移运动,在民间造成了一种普遍希望女子当"烈女"的残忍心理。作者对此种社会陋习提出批评,在那个时代真是一种良知的发现。遗憾的是,作为这篇文章所表彰的乃是一位因遭强暴而自杀的所谓"烈女",仍不脱传统的"节烈"观念之束缚。

二十二、"货殖者,天人古今之大会也"
——清代中期的新义利观

清代中期的新义利观主要以焦循、龚自珍为代表。焦循把戴震的"血气心知"的人性论和理欲观进一步具体化为关于义利关系的哲学论说。认为人之"血气"与"心知"的结合能使人意识到自身的利益,因为"为利"乃是人类活动的动力,也是人性向善的潜能转化为现实的动力,因此,他认为而且主张:必须肯定"小人喻于利"为正当;"君子"亦应以"利天下"为己任,"以利为义",既利己又利人;只有使天下人各得其正当的利益,方才有"义"可言。龚自珍认为有"私"是自然法则,天地日月、帝王圣贤和普天下人无不有私。他通过对"天赋人性自私"的论证,肯定了每一个人追求其正当利益的合理性,为近代保障个人权利的经济政治学说提供了哲学依据。与新义利观相联系,乾嘉时期的许多学者对于商品经济大发展的历史必然性、商人阶层的社会功能、商人阶层的道德评估,以及学者弃儒从商的合理性等,亦有了更为明确的认识和肯定的评论。

"儒者义利之辨不可以治天下"

焦循的义利观,与其人性论有着密切的联系。他认为义利皆根源于人

① 刘大櫆:《汪烈女传》,《刘大櫆集》,上海古籍出版社1990年版,第203页。

性:人从不知有父唯知有母到有夫妇父子,从茹毛饮血到火化粒食,"是为利也。人之所以异于禽兽者,在此利不利之间,利不利即义不义,义不义即宜不宜,能知宜不宜,则智也"①。人之区别于禽兽,在于有智,而所谓智,就在于人能认识自身的利益所在,故以利为义。"为利"是人类活动的动力,同时也是人性向善的潜能转化为现实的动力:"知其不宜,变而之乎宜,则义也。仁义由于能变通。人能变通,故性善;物不能变通,故性不善。"②在这里,"宜"是人类价值选择的标准,与作为人类行为的出发点的"利"相通,所谓"宜"也就是对人类有利,因而也就是"义",通过追求"利"的活动,人性中向善的潜在可能性也就转化成为现实中的"性善"了。

从这种义利统一观出发,焦循认为儒者义利之辨不可以治天下:一方面,君子不可能舍利言义,而必须以利天下为义;另一方面,小人固不可不言利,如果不能"仰足事父母,俯足畜妻子",又怎能谈得上义! 所以他反复致意,治天下者必须"知小人喻于利","因民之所利而利之"。他说:

> 无恒产而有恒心者,唯士为能,君子喻于义也。若民,则无恒产,固无恒心,小人喻于利也。唯小人喻于利,则治小人者,必因民之所利而利之。……此教必本于富,驱而之善,必先使仰足事父母,俯足畜妻子。儒者知义利之辨而舍利不言,可以守己,而不可以治天下。天下不能皆为君子,则舍利不可以治天下之小人。小人利而后可义,君子以利天下为义。是故利在己,虽义亦利也;利在天下,即利即义也。孔子言此,正欲君子之治小人者,知小人喻于利!③

孔子讲"君子喻于义,小人喻于利",目的在严君子小人之辨和义利之辨,是一种对利带有贬抑意味的价值判断,而焦循则改造了它的含义,把它变成了一种不带道德评判意味的事实判断,特别是所谓"小人喻于利"一句,焦循把它看作是普遍存在于广大民众之中的一种不言而喻的发自人性的事实,因而也就把满足人民对于利的要求看作是治天下的出发点和归宿。

---

① 焦循:《孟子正义》卷十七《天下之言性也章》,《孟子正义》,中华书局 1987 年版,第586 页。
② 焦循:《孟子正义》卷二十二《性犹杞柳章》,《孟子正义》,中华书局 1987 年版,第734 页。
③ 焦循:《雕菰集》卷九《君子喻于义小人喻于利解》,《续修四库全书》第 1489 册,上海古籍出版社 2002 年版,第 196—197 页。

儒家思想本来是要普天下人都做恪守传统社会伦理道德的尧舜，做不言利的圣人和君子，通过教化把"小人"都"提高"到君子和圣人的水平；但焦循却要让"小人"各得其所，先小人后君子。他清醒地意识到，百分之九十九的人永远都不会去做那种不言利的君子和圣人，因为每一个人都要衣、食、住、行，都不能没有物质利益，所以治天下者只能顺应民心，因民之所利而利之。等到老百姓富了，再教他们当君子，但这君子也不是不言利的，而是去利天下。所有这一切，特别是不以言利为卑下，从根本上来说是与儒家传统的义利观相对立的。当然，焦循也没有否定极少数安贫乐道的人的价值选择，但他认为，即使这些人能做到言行一致，亦只能"守己"，倘若要以此来治国平天下，那就是十分迂腐的了。

"天赋人性自私"

龚自珍（1792—1841年，清乾隆五十七年至道光二十一年），又名巩祚，字璱人，号定庵，浙江仁和（今杭州）人。19岁应顺天乡试中式副榜第28名，以副榜贡生充武英殿校录。28岁应浙江乡试，中式第4名举人。38岁时应会试中式第95名，殿试时举策惊公卿，却被以"书法不合楷式"为由屈列三甲第19名，仅赐"同进士出身"，而不得进翰林院，闲居礼曹小官（礼部主事）。但他并非是因为官场不得志而愤世嫉俗。他的最著名的新兴气锐的文字《明良论》和《乙丙之际箸议》都是作于他19岁取得贡生资格到25岁以前的数年间。他12岁从外祖父段玉裁习《说文》，深得段氏"以经说字，以字说经"之传，但他不愿意像汉学家那样终身从事"写定经书"的事业，却"读百家，好杂家之言"，"事天地东西南北之学"。他所作的《明良论》等文章，亦深为段玉裁所嘉许，曰："隽矣，犹见此才而死，吾不恨矣！"[①]他28岁时从刘逢禄学《公羊春秋》，对今文经学的"微言大义"心有感通，决心做一个借"公羊"微言大义来提倡社会改良的公羊学家。与林则徐相友善，1838年送林则徐到广东赴任，对林则徐到广东后的作为多有建言，并提醒则徐，"逆难者（指反禁烟，反改革者——引者注）皆天下黠猾游说而老成

---

① 《明良论评》，《龚自珍全集》，上海人民出版社1975年版，第32页。

迁拙者也"①。他不久即因得罪朝廷的"老成迁拙"的大官僚而于 1839 年 4 月 23 日只身逃离京城,1841 年 8 月 12 日突然死于丹阳云阳书院,年仅 49 岁。他死后几个月,中国在中英鸦片战争中失败,历史进入了一个新的时期。

在人性论上,龚自珍是一位极典型的"天赋人性自私论"者。其论人之天性自私,毫无遮掩,亦毫无顾忌。无论是圣帝哲后、忠臣孝子、节妇贞妇,统统被他剥去了"大公无私"的外衣,他们天赋的自私本性被赤条条地展现于光天化日之下。他的这些极大胆、极放肆的言论,读起来真令人心弦直跳。

首先,他认为自私出于自然,如日月经天,江河行地:"问曰:敢问私者何所始也? 告之曰:天有闰月,以处赢缩之度,气盈朔虚,夏有凉风,冬有燠日,天有私也;地有畸零华离,为附庸闲田,地有私也;日月不照人床闼之内,日月有私也。"②中国的中古意识形态历来强调一个"公"字,讲"无我之大公"和"大公无私",所谓"天无私覆,地无私载,日月无私照"等。可是,龚自珍论"私"的起源劈头就说:天地日月皆有私!

其次,自私既出于自然,人之自私亦得于自然,所以,所谓圣帝哲后、忠臣孝子、节妇贞妇这些传统道德的典范们都无不有私。传统社会的人们历来认为,皇帝是最大公无私的,他从上面赐给普天下人以雨露和阳光,可是龚自珍却说他们只是为了自己的统治和庇护其子孙,"圣帝哲后,明诏大号,劬劳于在原,咨嗟于在庙,史臣书之。究其所为之实,亦不过曰:庇我子孙,保我国家而已。何以不爱他人之国家,而爱其国家? 何以不庇他人之子孙,而庇其子孙?"③再看所谓的忠臣孝子,节妇贞妇,又何尝不是各为其私? "且夫忠臣忧悲,孝子涕泪,寡妻守雌,扞门户,保家世,圣哲之所哀,古今之所懿,史册之所纪,诗歌之所作。忠臣何以不忠他人之君,而忠其君? 孝子何以不慈他人之亲,而慈其亲? 寡妻贞妇何以不公此身于都市,乃私自贞私自葆也?"④

① 龚自珍:《钦差大臣侯官林公序》,《龚自珍全集》,上海人民出版社 1975 年版,第 170 页。
② 龚自珍:《论私》,《龚自珍全集》,上海人民出版社 1975 年版,第 92 页。
③ 龚自珍:《论私》,《龚自珍全集》,上海人民出版社 1975 年版,第 92 页。
④ 龚自珍:《论私》,《龚自珍全集》,上海人民出版社 1975 年版,第 92 页。

　　最后，龚自珍甚至将"有私"与"无私"上升到人禽之辨的高度来认识，认为无私则为禽兽。他说："且夫狸交禽媾，不避人于白昼，无私也。若人必有闺阃之蔽，房帷之设，枕席之匿，赪颡之拒矣。禽之相交，径直何私？孰疏孰亲，一视无差。……今日大公无私，则人耶？则禽耶？"①

　　以上这些观点，真可以说是大逆不道了。然而龚自珍则极善于打"壕堑战"。他先是喜剧式地拉出孟子来作护符，说《孟子》"其言天下之私言也，乃曰'人人亲其亲，长其长而天下平。且夫墨翟，天下之至公无私也，兼爱无差等，孟子以为无父。杨朱，天下之至私无公也，拔一毛利天下不为，岂复有干以私者？岂复舍我而徇人之谒者？孟子以为无君。"②这还不够，他又请出据说是经孔圣人删定的《诗经》来进一步为自己的观点辩护：

　　　　《七月》之诗人曰："言私其豵，献豜于公"，先私而后公也。《大田》之诗人曰："雨我公田，遂及我私"。《楚茨》之诗人曰："备言燕私"，先公而后私也。《采蘩》之诗人曰："被之僮僮，夙夜在公，被之祁祁，薄言还归。"公私并举之也。《羔羊》之诗人曰："羔羊之皮，素丝五紽，退食自公，委蛇委蛇。"公私互举之也。《论语》记孔子之私觌。乃如吾大夫言，《羔羊》之大夫可以诛，《采蘩》之夫人可以废，《大田》、《楚茨》之诗人可以流，《七月》之诗人可以服上刑。③

他从古老的经典中去发现微言大义，列举出先私而后公、先公而后私、公私并举、公私互举等处理公私关系的方式，认为这一切都是合理的，唯独认为"大公无私"不合乎人性。这种观点针对统治者强调专制国家之"公"而排斥被统治者之"私"而言，当然是有其进步意义的，因为中世纪道德总是以片面强调抽象的类精神而排斥个体为其根本特征的。龚自珍如此公然讲"私"，为"私"张目，反映了中国资本主义的发展要求。

　　在龚自珍那里，"天赋自私"的人性是一种事实判断，至于这种现实存在的人性是善还是恶，龚自珍的回答是，无善无恶。他不信孟子的性善论，也不信荀子的性恶论，而独服膺告子的"性无善恶"论。他作《阐告子》一文，曰：

　　　　龚氏之言性也，则宗无善无不善而已矣，善恶皆后起者。夫无善

　　①　龚自珍：《论私》，《龚自珍全集》，上海人民出版社 1975 年版，第 92 页。
　　②　龚自珍：《论私》，《龚自珍全集》，上海人民出版社 1975 年版，第 92 页。
　　③　龚自珍：《论私》，《龚自珍全集》，上海人民出版社 1975 年版，第 92 页。

矣,则可以为桀矣;无不善也,则可以为尧矣。知尧之本不异桀,荀卿氏之言起矣;知桀之本不异尧,孟氏之辩兴矣。为尧矣,性不加菀;为桀矣,性不加枯。……是故尧与桀互为主客,互相伏也,而莫相偏绝。古圣明王……攻劓彼为不善者耳,曾不能攻劓性,……治人耳,曾不治人之性;有功于教耳,无功于性。……是故性不可以名,可以勉强名;不可似,可以形容似也。①

在龚自珍看来,这无善无恶的性与后天的行为完全是两回事,有私的人性是永恒的客观存在,是任何教化都无能为力的。

从"天赋人性自私论"出发,必然导出肯定个人权利的近代法权思想,肯定人具有生命、财产和追求幸福的权利等新的时代内容。当然,作为一位有理性的思想家,他并没有由"天赋人性自私论"而走向对于社会群体利益的全面排斥,但他清醒地知道,如果没有"私",即合理理解的个人利益作基础,所谓群体利益只能是虚幻的。

"货殖者,天人古今之大会也"

乾嘉时期的新义利观,与当时商品经济的蓬勃发展和经济的繁荣有着密切的关系。与此相应,又出现了许多重视治生货殖、褒扬商贾、肯定弃儒从商的言论。

学者们意识到,商品经济的发展乃是社会发展的必然。恽敬(1757—1817年,乾隆二十一年至嘉庆二十二年)在《读货殖列传》中说:

盖三代之后,仕者惟循吏、酷吏、佞倖三途,其余心力异于人者,不归儒林,则归游侠,归货殖。天下盖尽于此矣。……是故货殖者,亦天人古今之大会也。②

商品经济被看作是"天人古今之大会",这是前无古人的说法,既反映了乾嘉时期商品经济发展的状况,也是对社会发展趋向的明确认识。同时代的学者沈垚(1798—1840年,嘉庆三年至道光二十年)亦指出:

……货殖之事益急,商贾之势益重;……古者四民分,后世四民不

---

① 龚自珍:《阐告子》,《龚自珍全集》,上海人民出版社1975年版,第129页。
② 恽敬:《大云山房文稿》初集卷二,四部丛刊初编本,第58页。

分;古者士之子恒为士,后世商之子方能为士。此宋元以来变迁之大较也。①

这段话将"商贾之势益重"追溯到宋代,当然值得做进一步的探究;特别是南宋的商品经济与永康、永嘉学派的关系,就很值得重视。如果仅就沈垚本人所处的时代而言,他道出了这样的事实,即社会的发展已经迫使大量的"心力异于人者"走上经商的道路,商贾的势力日益壮大已经是不可抗拒的趋势,"四民不分"的新的社会流动机制也已经开始形成。

乾嘉学者对于商人阶层的社会功能亦有了更为深刻的认识。戴震曾为富商汪氏捐资兴学之事撰写碑文,云:

> 凡事之经纪于官府,恒不若各自经纪之责专而为利实。②

他从商人的作为中看到了由政府包揽和支配一切的传统政治的弊病,肯定私人产业的兴起对于社会公益的作用。沈垚亦对"富民"修桥一事议论道:

> 兴造本有司之责,以束于利而不克坚。责不及民,而好义者往往助官徇民之意。盖任其责者不能善其事;善其事者往往非责所及之人。后世之事大率如此。此富民之所以为贫民之依赖,而保富所以为周礼荒政之一也。③

组织公共工程本是东方专制政府的职能,马克思认为这是由于东方社会文明程度太低而不能产生私人企业家的志愿协会来组织公共工程的缘故。然而,明清社会的发展则出现了由"富民"出资修桥的情形。沈垚将这种情形上升到"任其责者不能善其事,善其事者往往非责所及之人"的高度来认识,似乎也朦胧地意识到商人阶层的兴起对于动摇东方专制主义的作用。

传统的"君子小人之辨"的观念也发生了变化,以往专属于士大夫阶层的"君子"美称和专属平民百姓,特别是商贾的"小人"贱称开始互换。沈垚说:

> 天下之士多出于商,则纤啬之风日益盛。然而睦婣任卹之风往往

---

① 沈垚:《落帆楼文集》卷二十四《费席山先生七十双寿序》,《续修四库全书》第 1525 册,上海古籍出版社 2002 年版,第 664 页。

② 戴震:《汪氏捐立学田碑》,《戴震集》,上海古籍出版社 1980 年版,第 220 页。

③ 沈垚:《落帆楼文集》卷六《谢府君家传》,《续修四库全书》第 1525 册,上海古籍出版社 2002 年版,第 455 页。

难见于士大夫,而转见于商贾,何也? 则以天下之势偏重在商,凡豪杰有志略之人多出焉。其业则商贾也,其人则豪杰也。为豪杰之洞悉天下之物情,故能为人所不为,不忍人所忍。是故为士者转益纤啬,为商者转敦古谊,此又世随风俗之大较也。①

在沈垚看来,商品经济的发展使市民社会的风气变好了,官场的风气却变坏了。这倒是颇有意思的见解。"能为人所不为,不忍人所忍"两句,更有深意,这都是说的当时社会的实际情形。照此说,"君子"、"小人"的称谓是该颠倒一下了。

弃儒从商的行为也受到更为明确的肯定。乾嘉学派的学者钱大昕(1728—1804年,雍正六年至嘉庆九年)说:

与其不事生产而乞不义之财,毋宁求田问舍而却非礼之馈。②

这实质上是说读书人靠自力去建立起自己独立的经济生活,比起乞食于官场、乞食于权贵或依附于巨商为生来说,正是一种道德高尚的表现。沈垚亦说:

衣食足而后责以礼节,先王之教也。先办一饿死地以立志,宋儒之教也。饿死二字如何可以责人? 岂非宋儒之教高于先王而不本于为情乎? 宋有祠禄可食,则有此过高之言,元无祠禄可食,则许鲁斋先生有治生为急之训。③

他又说:

若鲁斋治生之言则实儒者之急务。能躬耕则躬耕,不能躬耕则择一艺以为食力之计。宋儒复生于今,亦无以易斯言。④

他认为宋儒以"饿死"二字责人是不本于人情,对于人来说,生存和温饱是基本的权利,人不能因为服从所谓"天理"而活活饿死,因此就必须治生。家有田产的读书人当然是不必愁温饱的,其所谓"治生"不过是全祖望所谓

---

① 沈垚:《落帆楼文集》卷二十四《费席山先生七十双寿序》,《续修四库全书》第1525册,上海古籍出版社2002年版,第664页。

② 钱大昕:《十驾斋养新录》卷十八《治生》,《十驾斋养新录》,江苏古籍出版社1997年版,第506页。

③ 沈垚:《落帆楼文集》卷九《与许海樵》,《续修四库全书》第1525册,上海古籍出版社2002年版,第472页。

④ 沈垚:《落帆楼文集》卷九《与许海樵》,《续修四库全书》第1525册,上海古籍出版社2002年版,第472页。

"量入为出",并非自食其力,而对于家无田产的读书人来说,租别人的土地去躬耕亦非其所能者,所以"治生"的最好途径也就是下海经商了。沈垚说读书人为了不饿死才去"治生",力斥宋儒以饿死责人之非,可谓理顺而辞正,表现了对于传统的道德伦理至上主义的突破;同时,还隐然告诉了我们这样一条真理,即社会的发展已不允许庞大的知识分子阶层坐而空谈道统了,从中分化出一批人下海经商其实是更有利于社会进步的。

二十三、"我劝天公重抖擞,不拘一格降人才"

——清代中期个性解放的学说

清代中期的个性解放学说,虽已部分地寓于这一时期的新理欲观、情理观和义利观之中,但也有专注于弘扬个性或专论个性自由解放的学说,以郑燮、龚自珍为代表。郑燮主要是一位诗人和书画家,但在他的诗歌、书画题跋和文章中都包含了丰富的要求个性自由解放的思想。龚自珍的一生,都在为人的个性自由解放而呼号呐喊,他深刻揭露传统社会道德习俗的专制和政治专制对人的个性的扼杀,呼唤"不拘一格降人才"的新时代。他们的思想和学说,既弘扬了晚明个性解放的时代精神,又比晚明思想更深刻而更具战斗性。特别是龚自珍的思想,起到了为晚清思想解放"创榛辟莽、前驱先路"的历史作用。

青春在眼童心热,直摅血性为文章

郑燮(1693—1765年,清康熙三十二年至乾隆三十年),字克柔,号板桥,江苏兴化人。年轻时与京中子弟游,"日放言高谈,臧否人物,无所忌讳,坐是得狂名"[1]。郑板桥的一生,除了中进士之后在山东做过十二年的

---

[1] 李桓:《国朝耆献类徵初编》卷233《郑燮小传》,《清代传记丛刊》第35册,明文书局(台湾)1985年版,第425页。

七品知县以外，几乎都是在商业繁华，"千家养女先教曲，十里栽花当种田"的扬州度过的。他在扬州以卖画为生，画幅间常用一印"七品官耳"；又一印"康熙秀才雍正举人乾隆进士"。友人董伟业作《扬州竹枝词》，其一云："梦醒扬州一酒瓢，月明何处玉人箫？《竹枝词》好凭谁赏，绝代风流郑板桥。"蒋宝龄《墨林今话》卷一说郑板桥"家酷贫，不废声色，所入润笔钱随手辄尽。"他非常崇敬袁枚："与袁枚未识面，或传其死（此乃误传——引者注），顿首痛哭不已云。"①1762年，板桥与袁枚相晤于扬州，袁枚作《投郑板桥明府》诗："郑虔三绝闻名久，相见邗江意倍欢。遇晚共怜双鬓短，才难不觉九州宽。红桥酒影风灯乱，山左官声竹马寒。底事误传坡老死，费君老泪竞虚弹。"②

"板桥有三绝，曰画、曰诗、曰书。三绝之中又有三真，曰真气，曰真意，曰真趣。"③崇尚真奇，是板桥的创作风格，而在这种风格之下则隐藏着其别有追求和憧憬的精神实质。他早期有过一首题为《偶然作》的七古，抒发他的思想、抱负和人生态度：

英雄何必读书史，直摅血性为文章；不仙不佛不贤圣，笔墨之外有主张。④

他既不肯拜倒在权势脚下，亦不肯拜倒在"钱袋子"脚下，"身轻似叶，原不借乎缙绅；眼大如箕，又何知乎钱虏"⑤。其《与江宾谷、江禹九书》云：

学者当自树其帜。凡米盐舡算之事，听气候于商人，未闻文章学问，亦听气候于商人者也。吾扬之士，奔走躞蹀于其门，以其一言之是非为欣戚，其损士品而伤士气，真不可复述矣！⑥

板桥45岁时，友人顾万峰尝作《赠板桥郑大进士》诗，有"亦有争奇不可解，狂言欲发愁人骇。……读尔文章天性真，他年可以亲吾民"⑦之句。

---

①　《清史列传·郑燮传》，《清史》，中华书局1987年版，第5883页。

②　袁枚：《投郑板桥明府》，《袁枚全集》第1册，江苏古籍出版社1993年版，第268页。

③　张维屏：《国朝诗人略征初编》卷二十八，《续修四库全书》第1712册，上海古籍出版社2002年版，第571页。

④　郑燮：《偶然作》，《郑板桥集》，上海古籍出版社1979年版，第28页。

⑤　郑燮：《扬州竹枝词序》，《郑板桥集》，上海古籍出版社1979年版，第173页。

⑥　郑燮：《与江宾谷、江禹九书》，《郑板桥集》，上海古籍出版社1979年版，第191页。

⑦　顾万峰：《灉陆诗钞·赠板桥郑大进士》，《四库未收书辑刊》集部第10辑第21册，北京出版社1997年版，第650页。

板桥极痛恨文化专制主义,曾作《沁园春·恨》一词,倾发了他的满腔愤怒:

> 花亦无知,月亦无聊,酒亦无灵。把夭桃斫断,煞他风景;鹦哥煮熟,佐我杯羹。焚砚烧书,椎琴裂画,毁尽文章抹尽名。荥阳郑,有慕歌家世,乞食风情。单寒骨相难更,笑席帽青衫太瘦生。看蓬门秋草,年年破卷;疏窗细雨,夜夜孤灯。难道天公,还箝恨口,不许长吁一两声?颠狂甚,取乌丝百幅,细写凄清。①

他绝不似一般贱儒,举业未成时牢骚满腹,一旦中举就打官腔了。板桥金榜题名后,依旧是不满现实,更关切民生疾苦:

> 衙斋卧听萧萧竹,疑是民间疾苦声。些小吾曹州县吏,一枝一叶总关情。②

像李贽要求解除礼教束缚、倡导"各从所好,各骋所长"的个性发展一样,板桥亦主张打破一切束缚,使人得以按照其天性而自由发展。他以兰草为例说道:

> 夫芝兰入室,室则美矣,芝兰勿乐也。吾愿居深山绝谷之间,有芝弗采,有兰弗掇,各适其天,各全其性。③

他又借《题破盆兰花图》一诗来表达要求打破束缚、自由发展的愿望:

> 春雨春风写妙颜,幽情逸韵落人间。而今究竟无知己,打破乌盆更入山。④

他继承了在李贽"童心说"影响下而产生的崇"真"尚"奇"的晚明文风,反对以传统的道德伦理教条来束缚人的情感和思想,主张为文要自由地表达自己的个性。他的创作宗旨是:"青春在眼童心热"⑤,"常摅血性为文章"⑥。他说:"千古好文章,只是即景即情,得事得理,固不必引经断律,称为辣手也。"⑦又云:"读书必欲读五车,胸中撑塞如乱麻。作文必欲法前古,

---

① 郑燮:《沁园春·恨》,《郑板桥集》,上海古籍出版社 1979 年版,第 129 页。

② 郑燮:《潍县署中画竹呈年伯包大中丞括》,《郑板桥集》,上海古籍出版社 1979 年版,第 156 页。

③ 郑燮:《题兰竹石二十七则》,《郑板桥集》,上海古籍出版社 1979 年版,第 222 页。

④ 郑燮:《题破盆兰花图》,《郑板桥集》,上海古籍出版社 1979 年版,第 106 页。

⑤ 郑燮:《怀李三鱓》,《郑板桥集》,上海古籍出版社 1979 年版,第 90 页。

⑥ 郑燮:《偶然作》,《郑板桥集》,上海古籍出版社 1979 年版,第 28 页。

⑦ 郑燮:《与丹翁书》,《郑板桥集》,上海古籍出版社 1979 年版,第 193 页。

婢学夫人徒自苦。吾曹笔阵凌云烟,扫空氛翳铺青天。……志亦不能为之抑,气亦不能为之塞。"①他认为学者如果被利禄富贵汩没了性灵,文章就会平庸;反之,"愈不得志,诗愈奇",因此"人亦何必汩富贵以自取陋!"②在那文人们为"主上所戏弄"的时代,真正的学者深谙富贵而名磨灭,穷愁而文彰显的道理:那些靠牺牲了独立人格而身服衮冕、肚中装着山珍海味的人,笔下多无文采,语言也必定乏味,这种人纵然活着也是行尸走肉,而肉体在世间的消失也就意味着他的影响的完全消失;与此相反,努力保持自己独立人格的粗茶淡饭的布衣之士则能用自己的鲜血和生命来写作,纵然死了,其文章亦为后世所传诵,文名与日月争辉。

板桥以善画竹著称,通过画竹来表达个性解放的时代要求。他强调一个"活"字,反对拘泥于古法和固执己见而定于一格,既反对以一种风格去规范别人,亦反对以一种风格自限自缚。他说:

> 昔东坡居士作枯木竹石,使有枯木石而无竹,则黯然无色矣。余作竹作石,固无取于枯木也。意在画竹,则竹为主,以石辅之。今石反大于竹,多于竹,又出于格外也。不泥古法,不执己见,惟在活而已矣。③

他要通过画竹画出"不为俗屈"的豪迈气概,画出自然的勃勃生机,所以他又说:

> 画竹之法,不贵拘泥成局,要在会心人深神,所以梅道人能超最上乘也。盖竹之体,瘦劲孤高,枝枝傲雪,节节干霄,有似乎士君子豪气凌云,不为俗屈。故板桥画竹,不特为竹写神,亦为竹写生。瘦劲孤高,是其神也;豪气凌云,是其生也;依于石而不囿于石,是其节也;落于色相而不滞于梗概,是其品也。④

他要通过画竹表达自己的向往,即扫除旧世界的阴霾,现出一个云蒸霞蔚、遍地新绿的春天。其题竹画诗云:

> 我有胸中十万竿,一时飞作淋漓墨;为凤为龙上九天,染遍云霞看新绿。⑤

---

① 郑燮:《赠潘桐冈》,《郑板桥集》,上海古籍出版社 1979 年版,第 211 页。
② 郑燮:《赠潘桐冈》,《郑板桥集》,上海古籍出版社 1979 年版,第 47 页。
③ 郑燮:《题竹六十九则》,《郑板桥集》,上海古籍出版社 1979 年版,第 206 页。
④ 郑燮:《题兰竹石二十七则》,《郑板桥集》,上海古籍出版社 1979 年版,第 224 页。
⑤ 郑燮:《题竹六十九则》,《郑板桥集》,上海古籍出版社 1979 年版,第 214 页。

一阵狂风倒卷来,竹枝翻回向天开。扫云扫雾真吾事,岂消区区扫地埃。①

然而,现实生活中却没有春天,一切有生机的事物都只是在专制主义的巨石压迫下艰难地生长;但是板桥却对掀翻巨石、掀翻天地的未来历史的变革充满信心。因此,他的题竹诗又云:

画根竹枝插块石,石比竹枝高一尺。虽然一尺让他高,来年看我掀天力!②

“我劝天公重抖擞,不拘一格降人才”

批判传统社会的习俗专制和政治专制对人的个性的扼杀,为个性解放大声呐喊,是龚自珍一生思想的主旋律。从早年写《乙丙之际箸议》、《明良论》,到中年写《古史钩沉论》,再到临终前两年写《病梅馆记》,始终贯穿了反对专制禁锢、争取独立人格和个性自由解放的主题思想。在那遍地荆棘、风刀霜剑严相逼的社会氛围内,他的意气愈挫愈奋,斗志愈老愈坚,是近数百年思想史上极少数没有晚年颓波的思想家之一,表现了极勇敢、极坚韧、极卓砺的战斗精神。

龚自珍的《乙丙之际箸议第九》,愤怒控诉了专制政治所造成的“习俗专制”扼杀人才、摧残个性、禁锢智慧、阻滞社会发展的罪恶,主张政治改革以造就适合杰出人才成长的社会氛围,是一篇令人惊心动魄的战斗檄文。

首先,他向人们描绘了一幅中国传统社会已到衰敝陵夷之际的情景:

衰世者,文类治世,名类治世,声音笑貌类治世。黑白杂而五色可废也,似治世之太素;宫羽淆而五色可铄也,似治世之希声;道路荒而畔岸隳也,似治世之荡荡便便;人心混混而无口过也,似治世之不议。左无才相,右无才史,阃无才将,庠序无才士,垄无才民,廛无才工,衢无才商,抑巷无才偷,市无才驵,薮泽无才盗,则非但鹙君子也,抑小人甚鹙。③

---

① 郑燮:《题竹六十九则》,《郑板桥集》,上海古籍出版社 1979 年版,第 214 页。
② 郑燮:《题竹六十九则》,《郑板桥集》,上海古籍出版社 1979 年版,第 209 页。
③ 龚自珍:《乙丙之际箸议第九》,《龚自珍全集》,上海人民出版社 1975 年版,第 9 页。

　　龚自珍认为,从表面上看,衰世很像治世,因为天下尚未大乱,但已经是黑白颠倒,是非混淆,到处都是庸人充斥,大家都在浑浑噩噩、蝇营狗苟地混日子,不仅官员中,士农工商中没有堪称人才者,就连才偷、才盗也没有,大家都是一样的平庸和没出息! 然而,衰世是否就不产生人才呢? 不然。可是,既然是一个庸人充斥的社会,也就没有人才的立足之地:

　　　　当彼其世也,而才士与才民出,则百不才督之,缚之,以至于戮之。戮之非刀,非锯,非水火;文亦戮之,名亦戮之,声音笑貌亦戮之。戮之权不告于君,不告于大夫,不宣于司市,君大夫亦不任受,其法亦不及要领,徒戮其心。戮其能忧心,能愤心,能思虑心,能作为心,能有廉耻心,能无渣滓心。又非一日而戮之,乃以渐,或三岁而戮之,十年而戮之,百年而戮之。①

这就是中国传统社会特有的淘汰人才的机制——"徒戮其心"的习俗的专制,再有个性的人也会被这个社会磨得圆光溜滑,再有才能的人也会被这个社会弄得鄙陋平庸。这一庸人的社会借助于习俗的专制,来销蚀人的意志,磨灭其锋芒,泯灭其天良和廉耻,迫使每一个有个性、有思想、有才能、有良心的人去适应这不需要个性、不需要独立思考、不需要有所作为、不需要讲道德廉耻的社会,却美其名曰"学做人"。意志不强的人三年被同化,意志稍强的人十年被同化,意志更强的人亦跌进晚年颓波,能终身不被同化者简直微乎其微! 于是——

　　　　才者将度见戮,则蚤夜号以求治;求治而不得,悖悍者则蚤夜号以求乱。夫悖且悍,且瞑然睔然以思世之一便己,才不可问矣! 向之伦眰有辞矣。然而起视其世,乱亦竟不远矣。……履霜之属,寒于坚冰;未雨之鸟,咸于飘摇;痹瘹之疾,殆于痈疽;将萎之花,惨于槁木……②

龚自珍认为,有才者为了不被社会扼杀,始则呼吁改良政治,而到了求改良而不得的时候,也就唯恐天下不乱、"早夜号以求乱"了。他认为,"号以求乱"不是改革中国社会的办法,原因就在于天下一乱就会出现"瞑然睔然以思世之一便己"的乱世奸雄——这种被今日称之为"阿Q式的革命者"的人们。这种人是不可能真正改革社会的,而且"号以求乱"还会给专制统治者

_____

　　① 龚自珍:《乙丙之际箸议第九》,《龚自珍全集》,上海人民出版社1975年版,第9页。
　　② 龚自珍:《乙丙之际箸议第九》,《龚自珍全集》,上海人民出版社1975年版,第10页。

以镇压人才的口实。但是，镇压终究是不能解决问题的，不改良衰世的政治，也就离乱世不远了。他呼吁统治者要做到"不忍薄谲士勇夫而厚豢驽羸"①，以造成一个有利于杰出人才产生的社会氛围。

习俗的专制固然扼杀人的个性，但根源乃在于君主专制的政治制度，这种制度是以片面强调抽象的类精神而排斥个性为特征的。龚自珍由对于习俗专制的批判引向对于专制政治制度的批判。他认为专制政治制度对人的个性的扼杀主要是通过以下三个方面：

第一，帝王为了实行其专制统治，极力摧锄天下之士的独立人格，以造成"一人为刚，万夫为柔，以大便其有力强武"的局面。他说："昔者霸天下之氏，称祖之庙，其力强，其志武，其聪明上，其财多，未尝不仇天下之士，去人之廉，以快号令，去人之耻，以嵩高其身；一人为刚，万夫为柔，以大便其有力强武；而胤孙乃不可长，乃诽、乃怨、乃责问、其臣乃辱。荣之亢，辱之始也；辩之亢，诽之始也；使之便，任法之便，责问之始也。……积百年之力，以震荡摧锄天下之廉耻；既殄、既狄、既夷，顾乃席虎视之余荫，一旦责有气于臣，不亦暮乎！"②在这段论述中，他认为"仇天下之士"乃是专制统治者的本性，专制统治者为了维护其统治，是只需要奴才而不需要人才的，所以不惜使出一切手段来摧残知识分子，使他们屈从于专制政治的淫威，龚自珍的这一见解，实在是非常深刻的。

第二，专制政治为了养成无耻的仆从与狎客，极力使等级贵贱的礼仪相悬相绝，以造就人的奴才性格："朝见长跪，夕见长跪，……殿陛之仪，渐相悬以相绝……窃窥今政要之官，知车马、服饰、言词便给而已，外此非所知也。……堂陛之言，探喜怒以为之节，蒙色笑，获燕闲之赏，则扬扬然以喜，出门夸其门生妻子。小不霁，则头抢地而出，别求乎可以受眷之法……且愿其子孙世世以退缩为老成，国事我家何知焉？"因此，"官益久而气愈媮，望愈崇则谄愈固，地益近而媚亦益工。……臣节之盛，扫地尽矣！"③只有奴才才能适应这种制度，然而，奴才毕竟是奴才，其性柔媚而其心狡诈，"封疆万万之一有缓急，则纷纷鸠燕逝而已，伏栋下求俱压焉者跂矣！……有缓急之举，主人忧之，至戚忧之，……至其家求寄食焉之寓公，旅进而旅豢焉之仆

① 龚自珍：《乙丙之际箸议第九》，《龚自珍全集》，上海人民出版社1975年版，第10页。
② 龚自珍：《古史钩沉论一》，《龚自珍全集》，上海人民出版社1975年版，第20页。
③ 龚自珍：《明良论二》，《龚自珍全集》，上海人民出版社1975年版，第31页。

从,伺主人喜怒之狎客,试召而诘之,则岂有为主人分一夕之愁苦者哉?"①专制统治者摧残士气,任用奴才和狎客,结果也只能是害了他们自己,这不正是所谓以害人始,以害己终吗?

第三,专制主义者通过一整套论资排辈的用人制度,来压抑消磨士人的意气,摧折其个性,造成"士大夫尽奄然无生气"的局面,从而也使全民族成为一班"齿发固已老"、"精神固已惫"的老人们的殉葬品。"凡满洲、汉人之仕宦者,大抵由其始宦之日凡五十五年而至一品,极速亦三十年。贤智者终不得越而遇,不肖者亦得以驯而到,此今日用人论资格之大略也。夫自三十进身以至于为宰辅,为一品大臣,其齿发固已老矣,精神固已惫矣。虽有耆寿之德,老成之典型,亦足以示新进,然而因阅历而审顾,因审顾而退葸,因退葸而尸玩,仕久而恋其籍,年高而顾其子孙,偈然终日,不肯自请去。……其资浅者曰,我积俸以俟时,安静以守格,……冀终得尚书侍郎,奈何资格未至,哓哓然以自丧其官为? 其资深者曰:我既积俸以俟之,安静以守之,久久而危致乎是,奈何忘其积累之苦,而哓哓然以自负其岁月为? ……此士大夫所以尽奄然而无生气者也。当今之弊,亦或出于此。此不可不为变通者也。"②奴才不能为主人分忧从而害了主人是小事,然而害了整个民族则是大事,所以,造就奴才的制度是万万不可不改革的。

对于专制制度扼杀人的个性,造就大群的无耻奴才的恶果,龚自珍确实认识得非常深刻。他认为天下之大患莫过于士不知耻,阻碍中国社会的改革和进步的最大阻力就是来自依附于专制制度的无耻文人官僚集团。他强调:"士皆知有耻,则国家永无耻矣;士不知耻,为国之大耻!"③但要改变由知识分子所组成的官僚士大夫队伍的无耻状况,关键还在于制度的改革,所以他明确提出了"改革"、"更法"的主张:"一祖之法无不敝,千夫之议无不靡,与其赠来者以劲改革,孰若自改革?"④"仿古法以行之,正以救今日束缚之病。矫之而不过,且无病,奈之何不思更法? 琐琐焉,屑屑焉,惟此之是行而不虞其陊也? ……删弃文法,捐除科条,裁损吏议,……以进退一世,而又命大臣以所当为,端群臣以所当从,……而勿苛细以绳其身。将见堂廉之

---

①　龚自珍:《明良论二》,《龚自珍全集》,上海人民出版社1975年版,第32页。

②　龚自珍:《明良论三》,《龚自珍全集》,上海人民出版社1975年版,第34页。

③　龚自珍:《明良论二》,《龚自珍全集》,上海人民出版社1975年版,第31页。

④　龚自珍:《乙丙之际箸议第七》,《龚自珍全集》,上海人民出版社1975年版,第6页。

地,所图者大,所议者远,所望者深。……盛世君臣之所有为,乃莫非盛德大业,而必非吏胥之私智所得而仰窥。"①他说得很明确,改革就是从制度上解除束缚,"救今日束缚之病","勿苛细以绳其身",从而造成一个有利于人发展其个性的社会环境,使社会恢复其生机和活力。

龚自珍直到他去世前两年还写了一篇寄意深远的文章——《病梅馆记》(又名《疗梅记》),以艺术的形式为改革中国社会、倡导人的个性的自由解放发出了最后的呐喊。在这篇文章中,他首先描写了梅的自然生机遭到人为摧残而不得自由生长,以致天下之梅皆病的情形,其中每一句话都可使人联想到专制主义的礼法教化和社会的种种陋习对于人性、人的自然权利、人的生理和心理的摧残和扼杀:

"或曰:梅以曲为美,直则无姿;以欹为美,正则无景;梅以疏为美,密则无态。"并且"明诏大号,以绳天下之梅"②。在传统社会中,道学家赋予了纲常伦理以畸形的审美属性,专制王朝亦以此绳天下之人,来剥夺人的自由和追求幸福的权利,造就病态社会中的病态人们;社会的陋俗且以病态为美,强迫妇女裹脚,并且津津乐道地欣赏小脚的"神韵",这与赏玩梅的病态美何其相似!

"又不可使以天下之民,斫直、删密、锄正,以夭梅、病梅为业以求钱也。梅之欹、之疏、之曲,又非蠢蠢求钱之民,能以其智力为也。有以文人画士孤癖之隐,明告鬻梅者,……文人画士之祸之烈至此哉!"③传统社会是一个人人被人吃、但每一个人又都在吃人的社会,标榜道德是官禄之钓饵,甚至民间父母希望女儿当烈女以使自己显荣乡里、享受特权,说到底,无不是为了钱。然而愚夫愚妇之所以如此,又是给专制王朝当走狗的文人们教的。文人们为了钱,不惜出卖灵魂为专制统治者制造一整套治民之具、防民之术和诱民之道,引诱愚夫愚妇们为了钱而充当吃人社会的爪牙,从而将吃人的礼教落实到社会基层。这一切,与文人画士教卖梅者"遏其生气、以求重价",又何其相似!

龚自珍进而描述了自己为梅疗病的情况,并表达了"穷余生之光阴以

---

① 龚自珍:《明良论四》,《龚自珍全集》,上海人民出版社 1975 年版,第 35—36 页。
② 龚自珍:《病梅馆记》,《龚自珍全集》,上海人民出版社 1975 年版,第 186 页。
③ 龚自珍:《病梅馆记》,《龚自珍全集》,上海人民出版社 1975 年版,第 186 页。

疗梅"①的心愿,寄意极为深远。他认为,要使病梅恢复其自然生机,只有纵之、顺之、毁其盆,悉埋于地,解其棕缚,让它得以自由自在地生长。要使传统社会中的病态人恢复其人性和作为人的尊严,其疗治之道与疗梅不正是同样的道理吗?

"我劝天公重抖擞,不拘一格降人才。"②龚自珍为人的个性的自由解放,为神州大地人才辈出而呼吁、呐喊,他的大无畏精神,永远值得人民敬仰。

---

① 龚自珍:《病梅馆记》,《龚自珍全集》,上海人民出版社1975年版,第187页。
② 龚自珍:《己亥杂诗》,《龚自珍全集》,上海人民出版社1975年版,第521页。

参 考 文 献

一、古籍原著:

1.《十三经注疏》,中华书局1980年版。

2.《二十五史》,上海古籍出版社、上海书店出版社1986年版。

3.《续文献通考》,商务印书馆1936年版。

4.《明实录》,"中央研究院"历史语言研究所(台湾)1962年版。

5.申时行等撰:《大明会典》,江苏广陵古籍刻印社1989年版。

6.《清实录》,中华书局1986年版。

7.《钦定大清会典则例》,《景印文渊阁四库全书》史部第378—383册,台湾商务印书馆1986年版。

8.《四库全书总目》,中华书局1965年版。

9.《清朝文献通考》,浙江古籍出版社1988年版。

10.《江南通志》,《景印文渊阁四库全书》本,台湾商务印书馆1986年版。

11.《乾隆海澄县志》,上海书店出版社2000年版。

12.董仲舒:《春秋繁露》,中华书局1992年版。

13.扬雄:《扬雄集》,上海古籍出版社1993年版。

14.韩愈:《韩愈集》,岳麓书社2000年版。

15.柳宗元:《柳河东集》,上海人民出版社1974年版。

16.刘禹锡:《刘禹锡集》,上海人民出版社1975年版。

17.王安石:《王文公文集》,上海人民出版社1974年版。

18.司马光:《资治通鉴》,中华书局1963年版。

19.周敦颐:《周敦颐集》,岳麓书社2002年版。

20.张载:《张载集》,中华书局1978年版。

21.程颢、程颐:《二程集》,中华书局1981年版。

22.陆九渊:《陆九渊集》,中华书局1980年版。

23.陈亮:《陈亮集》,中华书局1974年版。

24.叶适:《叶适集》,中华书局1983年版。

25.叶适:《习学记言序目》,中华书局1977年版。

26.张栻:《南轩文集》,《四库全书》本。

27.朱熹:《朱文公文集》,商务印书馆1929年版。

28.朱熹:《朱子语类》,中华书局1986年版。

29.胡宏:《胡宏集》,吴仁华点校,中华书局1987年版。

30.吴泳:《鹤林集》,《景印文渊阁四库全书》第1176册,台湾商务印书馆1986年版。

31.吴如愚:《准斋杂说》,《景印文渊阁四库全书》第709册,台湾商务印书馆1986年版。

32.张燮:《东西洋考》,中华书局1981年版。

33.唐寅:《唐伯虎全集》,中国书店1985年版。

34.文徵明:《文徵明集》,周道振辑校,上海古籍出版社1987年版。

35.王守仁:《王阳明全集》,吴光、钱明、董平、姚延福编校,上海古籍出版社1992年版。

36.何良俊:《四友斋丛说》,中华书局1959年版。

37.杨慎:《升庵全集》,商务印书馆1937年版。

38.林希元:《同安林次崖先生文集》,《四库全书存目丛书》集部第75册,齐鲁书社1997年版。

39.王士性:《广志绎》,中华书局1981年版。

40.王廷相:《王廷相集》,王孝鱼点校,中华书局1989年版。

41.罗钦顺:《困知记》,阎韬点校,中华书局1990年版。

42.吴廷翰:《吴廷翰集》,容肇祖点校,中华书局1984年版。

43.黄绾:《明道编》,刘厚祜、张岂之标点,中华书局1959年版。

44.王世贞:《明诗评》,商务印书馆1937年版。

45.王世贞:《弇山堂别集》,中华书局1985年版。

46.王世贞:《弇州四部稿》,《景印文渊阁四库全书》集部第218—220册,台湾商务印书馆1986年版。

47.王世贞:《弇州续稿》,《景印文渊阁四库全书》集部第221—223册,台湾商务印书馆1986年版。

48.王世贞:《弇州史料后集》,《四库禁毁书丛刊》本,北京出版社1997年版。

49 李开先:《李中麓闲居集》,《续修四库全书》第1340—1341册,上海古籍出版社2002年版。

50.张萱:《西园闻见录》,《续修四库全书》第1169册,上海古籍出版社2002年版。

51.归有光:《震川先生集》,周本淳校点,上海古籍出版社1981年版。

52.《万历秀水县志》,《中国地方志集成·浙江府县志辑》第31册,上海书店1993年版。

53.汪道昆:《太函集》,胡益民、余国庆点校,黄山书社2004年版。

54.徐渭:《徐渭集》,中华书局1983年版。

55.海瑞:《海瑞集》,中华书局 1962 年版。

56.张居正:《张居正集》,张舜徽主编,吴量凯、崔曙庭、李国祥校注,湖北人民出版社 1984 年版。

57.王艮:《王心斋全集》,江苏教育出版社 2001 年版。

58.王襞:《明儒王东厓先生遗集》,载《王心斋全集》附,江苏教育出版社 2001 年版。

59.王畿:《龙溪王先生全集》,清刻本。

60.何心隐:《何心隐集》,容肇祖整理,中华书局 1960 年版。

61.颜钧:《颜钧集》,黄宣民点校,中国社会科学出版社 1996 年版。

62.罗汝芳:《罗汝芳集》,方祖猷、李庆龙、潘起造、罗伽禄编校整理,凤凰出版社 2007 年版。

63.李贽:《焚书》,中华书局 1975 年版。

64.李贽:《续焚书》,中华书局 1975 年版。

65.李贽:《藏书》,中华书局 1999 年版。

66.李贽:《续藏书》,中华书局 1959 年版。

67.李贽:《初潭集》,中华书局 1974 年版。

68.李贽:《四书评》,上海人民出版社 1975 年版。

69.李贽:《明灯道古录》,明《卓吾先生李氏丛书》本年版。

70.厦门大学历史系:《李贽研究参考资料》第 1—3 辑,福建人民出版社 1976 年版。

71.焦竑:《澹园集》,李剑雄点校,中华书局 1999 年版。

72.焦竑:《焦氏笔乘》,中华书局 2008 年版。

73.陈第:《松轩讲义》,《四库禁毁书丛刊》集部第 57 册,北京出版社 1997 年版。

74.陈第:《毛诗古音考　屈宋古义》,康瑞琮点校,中华书局 2008 年版。

75.袁宗道:《白苏斋类集》,钱伯城标点,上海古籍出版社 1989 年版。

76.袁宏道著,钱伯城笺校:《袁宏道集笺校》,上海古籍出版社 1981 年版。

77.袁中道:《珂雪斋集》,钱伯城点校,上海古籍出版社 1989 年版。

78.汤显祖:《汤显祖诗文集》,徐朔方笺校,上海古籍出版社 1982 年版。

79.江盈科:《江盈科集》,黄仁生辑校,岳麓书社 1997 年版。

80.陶望龄:《歇庵集》,《续修四库全书》第 1365 册,上海古籍出版社 2002 年版。

81.冯梦龙:《情史》,春风文艺出版社 1986 年版。

82.冯梦龙:《醒世恒言》,人民文学出版社 1956 年版。

83.钟惺:《隐秀轩集》,李先耕、崔重庆标校,上海古籍出版社 1992 年版。

84.谭元春:《谭元春集》,陈杏珍标校,上海古籍出版社 1998 年版。

85.汤宾尹:《睡庵稿》,《四库禁毁书丛刊》集部第 63 册,北京出版社 1997 年版。

86.卫泳:《冰雪携:晚明百家小品》,中央书店 1935 年版。

87.王世懋:《王奉常杂著》,南京图书馆藏明万历刻本。

88.朱健:《苍崖子》,《四库全书存目丛书》第 94 册,齐鲁书社 1997 年版。

89.闵景贤:《快书》,《丛书集成续编》子部第 97 册,上海书店出版社 1994 年版。

90.何伟然:《广快书》,《丛书集成续编》子部第 90 册,上海书店出版社 1994 年版。

91.吕坤:《呻吟语》,岳麓书社 1991 年版。

92.吕坤:《去伪斋文集》,清刻本。

93.沈德符:《万历野获编》,中华书局 1959 年版。

94.顾宪成:《泾皋藏稿》,《景印文渊阁四库全书》集部第 231 册,台湾商务印书馆 1986 年版。

95.顾宪成:《顾端文公遗书》,《续修四库全书》第 943 册,上海古籍出版社 2002 年版。

96.顾宪成:《自反录》,《四库全书存目丛书》子部第 14 册,齐鲁书社 1997 年版。

97.顾枢:《顾端文公年谱》,《四库全书存目丛书》子部第 14 册,齐鲁书社 1997 年版。

98.高攀龙:《高子遗书》,《景印文渊阁四库全书》集部 231 册,台湾商务印书馆 1986 年版。

99.《万历邸钞》,学生出版社(台湾)1968 年版。

100.赵南星:《赵忠毅公诗文集》,《四库禁毁书丛刊》集部第 68 册,北京出版社 1997 年版。

101.李应升:《落落斋遗集》,《四库禁毁书丛刊》集部第 50 册,北京出版社 1997 年版。

102.缪昌期:《从野堂存稿》,《四库禁毁书丛刊》集部第 67 册,北京出版社 1997 年版。

103.耿定向:《耿天台先生文集》,《四库全书存目丛书》集部第 131 册,齐鲁书社 1997 年版。

104.李日华:《味水轩日记》,上海远东出版社 1996 年版。

105.张燧:《千百年眼》,河北人民出版社 1987 年版。

106.江东伟:《芙蓉镜寓言》,浙江古籍出版社 1986 年版。

107.朱国祯:《涌幢小品》,中华书局 1959 年版。

108.谢肇淛:《五杂组》,上海书店出版社 2001 年版。

109.胡应麟:《少室山房笔丛》,上海书店出版社 2001 年版。

110.李时珍:《本草纲目》,人民卫生出版社 1975 年版。

111.朱载堉:《律历融通》,《景印文渊阁四库全书》第 786 册,台湾商务印书馆 1986 年版。

112.朱载堉:《律学新说》,《景印文渊阁四库全书》第 213 册,台湾商务印书馆 1986 年版。

113.朱载堉:《圣寿万年历》,《景印文渊阁四库全书》第 786 册,台湾商务印书馆 1986 年版。

114.徐弘祖著,褚绍唐、吴应寿整理:《徐霞客游记》,上海古籍出版社 1982 年版。

115.艾儒略:《西学凡》,《景印文渊阁四库全书》子部第 93 册,台湾商务印书馆 1986

年版。

116.艾儒略著,谢方校释:《职方外纪校释》,中华书局 1996 年版。

117.徐光启:《徐光启集》,王重民辑校,中华书局 1963 年版。

118.徐光启:《农政全书》,上海古籍出版社 1979 年版。

119.李之藻:《李之藻文稿》,载《增订徐文定公集》卷六附,徐家汇天主堂 1933 年版。

120.傅汎际译义,李之藻达辞:《名理探》,三联书店 1959 年版。

121.王徵:《王徵遗著》,陕西人民出版社 1987 年版。

122.宋应星:《天工开物》,中国社会出版社 2004 年版。

123.宋应星:《野议　论气　谈天　思怜诗》,上海人民出版社 1976 年版。

124.徐芳:《悬榻编》,《四库禁毁书丛刊》集部第 86 册,北京出版社 1997 年版。

125.沈守正:《雪堂集》,《四库禁毁书丛刊》集部第 70 册,北京出版社 1997 年版。

126.钱谦益:《钱牧斋全集》,钱仲联标校,上海古籍出版社 2003 年版。

127.钱谦益:《列朝诗集小传》,古典文学出版社 1957 年版。

128.蒋平阶等:《东林始末》,上海书店 1982 年版。

129.陈子龙:《明经世文编》,中华书局 1962 年版。

130.陈子龙:《陈忠裕公全集》,斠山草堂本年版。

131.黄宗羲:《黄宗羲全集》,沈善洪主编,吴光执行主编,浙江古籍出版社 1985 年版。

132.黄宗羲编:《明文海》,中华书局 1987 年版。

133.王夫之:《船山全书》,船山全书编辑委员会编校,岳麓书社 1988—1996 年版。

134.顾炎武:《顾亭林诗文集》,中华书局 1959 年版。

135.顾炎武:《日知录集释(外七种)》,上海古籍出版社 1985 年版。

136.顾炎武:《天下郡国利病书》,商务印书馆 1935 年版。

137.顾炎武:《音学五书》,中华书局 1982 年版。

138.方以智:《物理小识》,商务印书馆 1937 年版。

139.方以智:《通雅》,中国书店 1990 年版。

140.方以智:《药地炮庄》,《续修四库全书》第 957 册。上海古籍出版社 2002 年版。

141.方以智:《青原愚者智禅师语录》,《嘉兴大藏经》第 34 册。新文丰出版公司(台湾)1987 年版。

142.方以智:《浮山文集前编》,《续修四库全书》第 1398 册,上海古籍出版社 2002 年版。

143.方以智:《东西均》,中华书局 1962 年版。

144.归庄:《归庄集》,上海古籍出版社 1984 年版。

145.冒襄:《巢民诗集》、《巢民文集》,《续修四库全书》第 1399 册,上海古籍出版社 2002 年版。

146.张岱:《陶庵梦忆》,上海书店出版社 1982 年版。

147.陈确:《陈确集》,中华书局 1979 年版。

148.屈大均:《翁山文外》,《续修四库全书》第 1412 册,上海古籍出版社 2002 年版。

149.屈大均:《广东新语》,中华书局 1985 年版。

150.傅山:《霜红龛集》,山西人民出版社 1985 年版。

151.道济:《石涛画语录》,俞剑华标点注译,人民美术出版社 1962 年版。

152.王锡阐:《晓庵文集》,光绪九年吴江徐库刻本。

153.王锡阐:《晓庵新法》,商务印书馆 1936 年版。

154.梅文鼎:《绩学堂诗文钞》,黄山书社 1995 年版。

155.毛奇龄:《西河集》,《景印文渊阁四库全书》第 1321—1322 册,台湾商务印书馆 1986 年版。

156.刘献廷:《广阳杂记》,中华书局 1957 年版。

157.唐甄著,《潜书》注释组注释:《潜书注释》,四川人民出版社 1984 年版。

158.王源:《居业堂文集》,商务印书馆 1936 年版。

159.阎若璩:《潜丘札记》,《景印文渊阁四库全书》第 859 册,台湾商务印书馆 1986 年版。

160.朱彝尊:《曝书亭集》,《四部丛刊初编》本,商务印书馆 1936 年版。

161.潘耒:《遂初堂集》,《续修四库全书》第 1417—418 册,上海古籍出版社 2002 年版。

162.王应奎:《柳南随笔　续笔》,中华书局 1983 年版。

163.计六奇:《明季北略》,魏得良、任道斌点校,中华书局 1984 年版。

164.计六奇:《明季南略》,任道斌、魏得良点校,中华书局 1984 年版。

165.徐鼒:《小腆纪年》,王崇武校,中华书局 1957 年版。

166.孙静庵:《明遗民录》,浙江古籍出版社 1985 年版。

167.查继佐:《罪惟录》,浙江古籍出版社 1986 年版。

168.查继佐:《国寿录》,中华书局 1959 年版。

169.《江南通志》,《景印文渊阁四库全书》第 510 册,台湾商务印书馆 1986 年版。

170.朱绪曾编:《金陵诗徵》,光绪壬辰(1892)刻本。

171.蒋良骐:《东华录》,中华书局 1980 年版。

172.王先谦:《东华录》,《续修四库全书》第 370 册,上海古籍出版社 2002 年版。

173.魏裔介:《兼济堂文集》,魏连科点校,中华书局 2007 年版。

174.褚人获:《坚瓠集》,《续修四库全书》第 1262 册,上海古籍出版社 2002 年版。

175.褚人获:《坚瓠补集》,《续修四库全书》第 1262 册,上海古籍出版社 2002 年版。

176.吴陈琰:《旷园杂志》,《四库存目丛书》子部第 250 册,齐鲁书社 1997 年版。

177.施鸿保:《闽杂记》,福建人民出版社 1985 年版。

178.吴伟业:《吴梅村全集》,上海古籍出版社 1990 年版。

179.赵庆帧:《青楼小名录》,中国图书公司和记 1915 年版。

180.孔尚任:《桃花扇》,王季思、苏寰中、杨德平合注,人民文学出版社 1959 年版。

181.李颙:《二曲集》,中华书局1998年版。

182.王弘撰:《砥斋集》,《续修四库全书》第1404册,上海古籍出版社2002年版。

183.张尔岐:《蒿庵集　蒿庵集捃逸　蒿庵闲话》,齐鲁书社1991年版。

184.陆世仪:《思辨录辑要》,《景印文渊阁四库全书》第724册,台湾商务印书馆1986年版。

185.陆世仪:《性善图说》,《丛书集成三编》第15册,新文丰出版公司1997年版。

186.陆世仪:《复社纪略》,收入《东林本末》(外七种),北京古籍出版社1999年版。

187.吕留良:《吕晚村先生四书讲义》,《续修四库全书》第946册,上海古籍出版社2002年版。

188.费密:《弘道书》,《续修四库全书》第946册,上海古籍出版社,2002年版。

189.汤斌:《徵君孙先生年谱》,清康熙间刻本。

190.李光地:《榕村集》,《景印文渊阁四库全书》第1324册,台湾商务印书馆1986年版。

191.李光地:《榕村全书》,清道光九年家刻本。

192.李光地:《周易观彖》,《景印文渊阁四库全书》第42册,台湾商务印书馆1986年版。

193.陆陇其:《三鱼堂賸言》,《丛书集成续编》第77册,上海书店出版社1994年版。

194.张伯行:《正谊堂文集》,商务印书馆1937年版。

195.孙璋:《理性真诠》,中国宗教历史文献集成《东传福音》第4册,黄山书社2005年版。

196.郑燮:《郑板桥集》,上海古籍出版社1982年版。

197.王贞仪:《德风亭初集》,《金陵丛书》丁集之二十二,上元蒋氏慎修书屋1914—1916年刊刻。

198.顾万峰:《澥陆诗钞》,《四库未收书辑刊》本,北京出版社1997年版。

199.李桓:《国朝耆献类徵初编》,《清代传记丛刊》第35册,明文书局(台湾)1985年版。

200.戴震:《戴震集》,上海古籍出版社1980年版。

201.段玉裁:《说文解字段注》,成都古籍书店1981年版。

202.全祖望:《鲒埼亭集》,《四部丛刊初编》本,商务印书馆1936年版。

203.袁枚:《小仓山房诗文集》,周本淳标校,上海古籍出版社1988年版。

204.钱大昕:《潜研堂集》,吕友仁标校,上海古籍出版社1989年版。

205.钱大昕:《十驾斋养新录》,上海书店1983年版。

206.赵翼:《簷曝杂记》,中华书局1992年版。

207.赵翼著,王树民校正:《廿二史札记校正》,中华书局1984年版。

208.章学诚撰,叶瑛校注:《文史通义校注》,中华书局1985年版。

209.章学诚:《乙卯劄记　丙辰劄记　知非日札》,中华书局1986年版。

210.汪中:《述学》,《四部丛刊初编》本,商务印书馆1936年版。

211.江藩:《国朝汉学师承记》,锺哲整理,中华书局 1983。

212.方东树:《考槃集文录》,《续修四库全书》第 1497 册,上海古籍出版社 2002 年版。

213.焦循:《雕菰集》,四部丛刊初编本,商务印书馆 1936 年版

214.焦循:《孟子正义》,中华书局 2004 年版。

215.阮元:《揅经室集》,邓经元点校,中华书局 1993 年版。

216.阮元:《畴人传》,商务印书馆 1935 年版。

217.俞正燮:《癸巳类稿》,清刻本。

218.俞正燮:《癸巳存稿》,清刻本。

219.纽琇:《觚賸》,上海古籍出版社 1986 年版。

220.李汝珍:《镜花缘》,商务印书馆 1937 年版。

221.姚鼐:《惜抱轩全集》,中国书店 1991 年版。

222.刘大櫆:《刘大櫆集》,上海古籍出版社 1990 年版。

223.沈垚:《落帆楼文集》,《续修四库全书》第 1525 册,上海古籍出版社 2002 年版。

224.恽敬:《大云山房文稿》,《四部丛刊初》编,上海商务印书馆缩印同治年刊本。

225.龚自珍:《龚自珍全集》,上海古籍出版社 1971 年版。

226.贺长龄等编:《清经世文编》,中华书局 1992 年版。

227.魏源:《魏源集》,中华书局 1976 年版。

228.李元度:《国朝先正事略》,同治八年刻本。

229.宋恕:《宋恕集》,胡珠生编,中华书局 1993 年版。

230.严复:《严复集》,王栻主编,中华书局 1986 年版。

231.谭嗣同:《谭嗣同全集》,蔡尚思、方行编,中华书局 1981 年版。

232.李滋然:《明夷待访录纠谬》,京华印书局 1907 年版。

233.徐珂:《清稗类钞》,商务印书馆 1985 年版。

234.连横:《台湾通史》,文海出版社 1980 年版。

235.吴虞:《吴虞集》,四川人民出版社 1985 年版。

二、研究性著作:

1.章太炎:《章太炎全集》,上海人民出版社 1984 年版。

2.章太炎:《菿汉微言》,辽宁教育出版社 2000 年版。

3.梁启超:《中国近三百年学术史》,《饮冰室合集》,中华书局 1936 年版。

4.梁启超:《清代学术概论》,《饮冰室合集》,中华书局 1936 年版。

5.钱穆:《中国近三百年学术史》,中华书局 1986 年版。

6.谢国桢:《明清之际党社运动考》,中华书局 1982 年版。

7.张传元、余梅年:《归震川年谱》,商务印书馆 1936 年版。

8.容肇祖:《李卓吾评传》,商务印书馆 1936 年版。

9.容肇祖:《明代思想史》,开明书店 1941 年版。

10.容肇祖:《李贽年谱》,三联书店 1957 年版。

11.嵇文甫:《晚明思想史论》,世界书局 1944 年版。

12.郭沫若:《甲申三百年祭》,人民出版社 1954 年版。

13.蔡尚思:《中国传统思想总批判》,棠棣出版社,1950 年版。

14.赵俪生:《顾炎武传略》,上海人民出版社 1955 年版。

15.侯外庐:《中国早期启蒙思想史》,人民出版社 1956 年版。

16.尚钺:《中国资本主义关系发生及演变的初步研究》,三联书店 1956 年版。

17.谢国桢:《顾亭林学谱》,商务印书馆 1957 年版。

18.朱谦之:《李贽》,《朱谦之文集》第 4 卷,福建教育出版社 2002 年版。

19.汪毅:《王船山的社会思想》,上海人民出版社 1958 年版。

20.吕振羽:《简明中国通史》,人民出版社 1959 年版。

21.刘茂华:《王船山学术思想系年》,《新亚学报》五卷一期 1960 年版。

22.侯外庐:《论汤显祖戏剧四种》,中国戏剧出版社 1962 年版。

23.嵇文甫:《王船山史论选评》,中华书局 1962 年版。

24.张舜徽:《清人文集别录》,中华书局 1963 年版。

25.张舜徽:《顾亭林学记》,中华书局 1963 年版。

26.余英时:《方以智晚节考》,新亚研究所(香港)1972 年版。

27.余英时:《论戴震与章学诚》,龙门书店(香港)1976 年版。

28.唐君毅:《中国哲学原论》,新亚研究所(香港)1975 年版。

29.许冠三:《王船山的历史学说》,香港活史学研究社 1978 年版。

30.钱锺书:《管锥编》,中华书局 1979 年版。

31.陈寅恪:《柳如是别传》,上海古籍出版社 1980 年版。

32.许冠三:《王船山的致知论》,香港中文大学出版社 1981 年版。

33.谢国桢:《增订晚明史籍考》,上海古籍出版社 1981 年版。

34.谢国桢:《明末清初的学风》,人民出版社 1982 年版。

35.陈远宁、王兴国、黄洪基:《王船山认识论范畴研究》,湖南人民出版社 1982 年版。

36.戴裔煊:《明代嘉隆间的倭寇、海盗与中国资本主义萌芽》,中国社会科学出版社 1982 年版。

37.周予同:《周予同经学史论著选集》,上海人民出版社 1983 年版。

38.曾昭旭:《王船山哲学》,远景出版事业公司(台湾)1983 年版。

39.邓之诚:《清诗纪事初编》,上海古籍出版社 1984 年版。

40.侯外庐、邱汉生等:《宋明理学史》,人民出版社 1984 年版。

41.郑振铎:《中国俗文学史》,上海书店 1984 年版。

42.蒙培元:《理学的演变——从朱熹到王夫之戴震》,福建人民出版社 1984 年版。

43.黄明同、吕锡琛:《王船山历史观与史论研究》,湖南人民出版社 1984 年版。

44.方克:《王船山辩证法思想研究》,湖南人民出版社 1984 年版。

45.许涤新、吴承明主编:《中国资本主义的萌芽》,人民出版社1985年版。

46.杨向奎主编:《清儒学案新编》,齐鲁书社1985年版。

47.赵俪生:《顾亭林与王山史》,齐鲁书社1986年版。

48.张慧剑:《明清江苏文人年表》,上海古籍出版社1986年版。

49.戴念祖:《朱载堉——明代的科学和艺术巨星》,人民出版社1986年版。

50.钱仲联:《梦苕庵诗话》,齐鲁书社1986年版。

51.钱仲联:《清诗纪事》,江苏古籍出版社1987年版。

52.田居俭、宋元强编:《中国资本主义萌芽》(上、下),巴蜀书社1987年版。

53.林安梧:《王船山人性史哲学之研究》,东大图书公司(台湾)1987年版。

54.曹淑娟:《晚明性灵小品研究》,文津出版社(台湾)1988年版。

55.郑昌淦:《明清农村商品经济》,中国人民大学出版社1989年版。

56.陈学文:《中国封建晚期的商品经济》,湖南人民出版社1989年版。

57.陆复初:《被历史遗忘的一代哲人——论杨慎及其思想》,云南人民出版社1990年版。

58.陆复初:《王船山沉思录》,云南人民出版社1991年版。

59.王泽应:《船山伦理与西方近代伦理比较》,国际展望出版社1991年版。

60.吴立民、徐荪铭:《船山佛道思想研究》,湖南出版社1992年版。

61.王茂、蒋国保、余秉颐、陶清:《清代哲学》,安徽人民出版社1992年版。

62.陈祖武:《清初学术思辨录》,中国社会科学出版社1992年版。

63.唐凯麟、张怀承:《六经责我开生面——船山伦理思想研究》,湖南出版社1992年版。

64.李亚宁:《明清之际的科学、文化与社会》,四川大学出版社1992年版。

65.许苏民:《李光地传论》,厦门大学出版社1992年版。

66.傅衣凌主编,杨国桢、陈支平著:《明史新编》,人民出版社1993年版。

67.李文治:《明清时代封建土地关系的松解》,中国社会科学出版社1993年版。

68.徐朔方:《晚明曲家年谱》,浙江古迹出版社1993年版。

69.朱义禄:《逝去的启蒙》,河南人民出版社1995年版。

70.[意]利玛窦原著,[比]金尼阁整理:《利玛窦中国札记》,何高济、王遵仲、李申译,何兆武校,中华书局1983年版。

71.[英]李约瑟:《中国科学技术史》,何兆武等译,科学出版社1975年版。

72.[美]魏斐德:《洪业——清朝开国史》,陈苏镇、薄小莹、包纬民、陈晓燕、牛朴、谭天星译,阎步克等校,江苏人民出版社1992年版。

73.[美]牟复礼,[英]崔瑞德编:《剑桥中国明代史》,张书生等译,谢亮生校。中国社会科学出版社1992年版。

74.[法]费赖之著,冯承钧译:《在华耶稣会士列传及书目》,商务印书馆,1938年版。

75.[德]魏特:《汤若望传》,商务印书馆1949年版。

三、论文集

1.孟森:《心史丛刊(外一种)》,岳麓书社 1986 年版。

2.杜国庠:《杜国庠文集》,人民出版社 1962 年版。

3.赵纪彬:《赵纪彬文集》,河南人民出版社 1985 年版。

4.《王船山学术讨论集》(船山逝世 270 周年纪念论文集),中华书局 1965 年版。

5.《船山学术研究集》第一辑(船山逝世 280 周年纪念论文集),台湾船山学会(台湾)1972 年版。

6.王煜:《明清思想家论集》,台北联经出版事业公司 1981 年版。

7.《王船山学术思想讨论集》(船山逝世 290 周年纪念论文集),湖南人民出版社 1984 年版。

8.萧萐父主编:《王夫之辨证法思想引论》,湖北人民出版社 1984 年版。

9.韦庆远:《档房论史文编》,福建人民出版社 1984 年版。

10.来新夏:《结网录》,南开大学出版社 1984 年版。

11.吴光主编:《黄宗羲论 国际黄宗羲学术讨论会论文集》,浙江古籍出版社 1987 年版。

12.萧萐父:《吹沙集》,巴蜀书社 1991 年版。

13.《明清之际中国文化的转变与延续学术讨论会论文集》,文史哲出版社(台湾) 1991 年版。

14.《船山学论》(船山逝世 300 周年纪念论文集),船山学刊社 1993 年版。

15.《王船山学术研讨会论文集》(船山逝世 300 周年纪念文集),辅仁大学出版社 1993 年版。

16.Self and Society in Ming Thought, by Wm..Theodore de Bary and the Conference on Ming Thought. Columbia University Press Newyork and London, 1970.

17.《纪念利玛窦来华四百周年中西文化交流国际学术会议论文集》(International symposium On Chinese-Western Cultural Interchange in commemoration of the 400th anniversary of the arrival of Matteo Ricci S.J in China, Taipei, September 11-16, 1983),辅仁大学出版社 1983 年版。

索　引

人　名

文　献

关 键 词

跋　语

萧萐父

　　校完本书清样，凝望窗外，浮想直飞到记忆中的童年。童年是孤寂的，我出生时父母均是中小学教员，家住成都城西一座废桑园里，有几间木屋，内墙有门，上题"常关"二字（意取陶渊明《归去来辞》"门虽设而常关"）。我的童年就生活在"常关"之内，由父母教读，直到 12 岁才入小学。童年时，我常钻在屋角几堆旧杂书中去乱翻，一次翻出了清末同盟会印作革命宣传品的小册子，除邹容、章太炎论著外，还有黄宗羲的《明夷待访录》、王夫之的《黄书》、王秀楚的《扬州十日记》等。书的内容当时看不懂，书的封面写着"黄帝纪元"或"共和纪元"，颇引起好奇，而这一事实（加上常听父辈谈起明清史事总是感慨万端以及他们像对老友一样对"梨洲"、"亭林"、"船山"等的亲切称呼），却在童心中留下深深印痕。为什么明末清初这批学者在 300 年前写的书会对辛亥革命起到鼓动作用？这个问题，随着年龄和知识的增长也在不断扩展，并衍生出更多的问题。诸如何谓近代？东方各国的近代起于何时？中国有过自己的文艺复兴么？百年来中国的败辱源于西方列强的入侵，中国的振兴能靠欧风美雨么？问题交加，无以自解，织成心中一个历史情结，长期纠缠着自己的灵魂。

　　中学时，最敬重的历史老师罗孟桢先生一次讲课，热情介绍了在五四运动高潮中蒋方震如何奋笔写成《欧洲文艺复兴史》一书，请梁启超为之序，梁氏取中国史中类似时代的思潮相印证、比较，结果"下笔不能自休"，遂一气写成《清代学术概论》一书，只好另行出版。两书均成为当时名著，风行海内。罗老师所讲的这一五四学坛佳话，激起我极大兴趣，随即从中学图书馆里借得蒋、梁的这两本书，一气读完。这是我为了消解心中历史情结而作的历史探索的开始。从中学到大学的泛览中，我特别注意到，除《清代学术概论》一书外，梁启超还写有一部《中国近三百年学术史》，而同一个主题，20世纪30年代还有蒋维乔、钱穆等各自的撰述；更有杜国庠、嵇文甫、容肇祖、谢国桢等都着重研究了晚明到清初学术思潮的变动，各有灼见；到40年代，侯外庐推出《中国近世思想学说史》上下卷，似拟扬榷诸家而总其成。但上述多种"近三百年"学术史，不仅详略不同，取舍各异，而且立论宗旨与褒贬取向亦迥然有别。这就在许多学术问题的歧解之上，又蒙上了一层历史观和方法论的迷雾。

20世纪五六十年代，在从哲学到哲学史的专业转向中，我较认真琢磨的是黑格尔—马克思的哲学史观及其一系列方法论原则；同时，也努力挹注前辈学者的研究成果，使我深受启发的是：关于历史和逻辑相统一的分析方法，以及历史的发展只有到特定阶段才能进行自我批判和总结性反思的提示，关于中国史中两个"之际"——即把"周秦之际"与"明清之际"视为中国思想文化史上两个重大转变时期的提法，关于王夫之哲学标志着传统理学的终结和近代思维活动的开端的论断，关于晚明到清初崛起的批判思潮中的启蒙因素的发掘等。这些自然促进了对问题的进一步思考，并在教学体系上做了重要改革，将明清之际（即明嘉、万时期至清乾、嘉时期）作为中国思想发展的一个特殊阶段而独立成编，提出这一编的教学，旨在"推程、朱、陆、王之'陈'，出顾、黄、王、方之'新'"，即重点表彰能够冲决思想"囚缚"的"破块启蒙"的思想家们。在此基础上，60年代初，遂有为纪念王船山逝世270周年的几篇论文习作。该文中所引述的谭嗣同、章太炎、赵纪彬等对船山哲学赞誉之词及我的申论，乃是自己对童年时就留在心中的历史情结的初步解读。

"十年浩劫"的困境中，有时想起明清之际学者们"锋镝牢囚取次过，依然不废我弦歌"的坚贞风范，也是一种无形的精神激励。"文化大革命"后期，囚居野寺，我曾一冬奋笔写成《船山年谱》稿20万言，继又草成《船山哲学》稿10余万言，调不入时，俱成废稿；又10年后，为纪念船山逝世290周年，始得从容撰成《王夫之辩证法思想引论》一书，书中较明确地肯定了明清之际反理学思潮的启蒙性质，判定王夫之是17世纪早期启蒙思潮中的哲学代表，并对王夫之辩证法思想首尾玄合的范畴体系做了多层面的剖析，揭示隐涵其中的人文主义精神及其历史形成的特点。继而遍览同时诸家，着眼全书全人，愈来愈清晰地看出：同一时代思潮自有其共通的特征（共性），而同一时代思潮发展的不同阶段又各有其阶段性的特点（殊性），同一阶段中各个思想家因个人经历、学脉乃至性格的不同而又各具特色（个性）。在思想史的研究中，必须注意这共性、殊性和个性的关系，善于洞察这三者固有的辩证联结，既见"枝叶"，又见"树木"，又见"森林"，而不应把三者加以任意割裂。1982 年衡阳王船山学术会中，针对王船山思想是否具有启蒙性质的争论，我曾以"历史研究中的普遍、特殊和个别"为题作过一次发言；1984 年太原纪念傅山学术会中，我曾有小诗一首："船山青竹郁苍苍，更有方、颜、顾、李、黄。历史乐章凭合奏，见林见树费商量。"（附注："傅山又号青竹。他与王夫之、方以智、颜元、顾炎武、李颙、黄宗羲以及同时崛起的许多学者、诗人，确乎都在明清之际的时代潮流中各有创建而又合奏了一曲中国式的启蒙者之歌的第一乐章。他们既有同中之异，又有异中之同，果能同异交得，见树又见林，庶几乎可免夫黑格尔所谓只听见音调而不闻乐章之讥。"）我深信，历史乐章，合奏而成，只有同异交得，林树并见，才有可能重现中国式的启蒙者之歌的壮丽乐章。这样方法论上的宏观立论，需要与文献学上的微观考史相辅而行；同时，还需要基于深沉历史感的文化参与意识作为内在驱动力，才可能促进真正研究的切实开展。

　　20 世纪 80 年代文化问题讨论热潮中，普遍提出文化寻根或传统与现代化的关系问题，中国走出中世纪的文化历程起步于何时？明清之际文化思潮的异动是否具有启蒙性质？中国式的启蒙道路经过什么曲折？具有什么特点？留下什么教训？这一系列问题及其争论中的异说纷纭，提供了强大的驱动力，促使我严肃思考，参与争鸣，遂有《中国哲学启蒙的坎坷道路》、《略论晚明学风的变异》、《文化反思答客问》、《活水源头何处寻》等文之作，系统表达了我的观点，但仍以语焉不详、尚缺乏系统史实印证为憾。

　　许君苏民，英年笃学，曾耕读于樊城，复采珠于汉上，殷勤积靡，卓然有成。这时期他也多有论著，于明清学术思潮尤为着力，在一系列重要观点和评断上，我们时有唱和，嘤鸣相应，闻风相悦，颇得濠上之乐。1992 年冬张岱年先生手书至，以他所主编之《国学丛书》中明清卷相属，我约许君合力承担此书，欣得同意，遂复书张老，慨然应命。是年冬，我们着手全书的总体设计和拟定撰写大纲，很快取得共识。

　　首先，确定本书的主题，以凸显明清启蒙学术思潮及其流向、变异为宗旨，着眼于中国开始走出中世纪、迈向近代化的文化进程，确立主潮，观其流变,正面论述,彻底跳出所谓"两军对战"、"汉宋纷争"、"朱陆异同"之类的陈旧模式。

其次,确定本书的历史跨度,大体以明代嘉靖——万历时期到清代乾隆——嘉庆时期为起讫范围;历史不能一刀切,往往略有参差,思想史尤其如此。以明清启蒙学术为主潮,则依据晚明到清初的经济政治形势的变迁,似乎可以划分为三个发展阶段而各有其思想动态的特点:

第一阶段:晚明时期(即从嘉靖至崇祯,约16世纪30年代至17世纪40年代)。其思想动态的特点,可以概括为:抗议权威,冲破囚缚,立论尖新而不够成熟。其思想旗帜,可以李贽为代表。

第二阶段:明末清初时期(即从南明至清康熙、雍正,约17世纪40年代至18世纪20年代)。其思想动态的特点,可以概括为;深沉反思,推陈出新,致思周全而衡虑较多。其思想旗帜,可以王夫之为代表。

第三阶段:清中叶时期(即从乾隆至道光二十年,约18世纪30年代至19世纪30年代)。其思想动态的特点,可以概括为:执着追求,潜心开拓,身处洄流而心游未来。其思想旗帜,可以戴震为代表。

按此分期,故全书分为上、中、下三编:每编之中,再依思想内容分为若干章、节。

再次,确定本书的叙述方法,除每编首章略述时代背景与思想线索以外,基本上以问题为经,以各家论点为纬,以类相从,分层论述,人物副之。至于问题,则着眼于中国社会从传统走向现代化的前进运动所提出的历史课题,大体可概括为三个方面:一是个性解放思想,以自然人性论为出发点的新理欲观、新情理观、新义利观、新群己观等,以及对传统社会中各种异化现象的揭露批判;二是初步民主思想,以五伦关系的重新解释为基础的各种"公天下"的政治设计,以及对君主专制制度等的否定性批判;三是近代科学精神。新人性论及其哲学基础,新社会理想及对"众治"、"大公"等的向往,新思维模式及对科学方法的探索,依次递进,大体构成每编的逻辑。

1993年春我赴德讲学半年始归,本书撰稿任务全委诸许君苏民独力承担。许君以惊人的毅力和效率,在短时期内,举纲张目,采山之铜,遍查原始文献,力求竭泽而渔;在发掘和掌握第一手资料方面,度越前人,确有拓展,一些诠释,尤多新意。在此基础上,他又矻矻奋笔,日夜不休,到1994年春已撰成全书书稿,近50万言。其中,除少数章节系择取愚作加以熔裁铸成以外、其余全书各章节皆是许君之心血所凝成。最后虽由我通读定稿,而改易补苴实甚少。如此胜缘,乐观其成,无任法喜!

作为《国学丛书》之一,这本断代学术史论,只求对明清启蒙学术思潮及其流变,提供一些基本的史实与学术思想资料;同时,也为作者所坚持的明清之际思想启蒙说,提供一些必要的历史注释。至于本书宏观立论是否有仪,微观考史是否可征,史料筛选是否恰当,文字诠释是否合度,凡此,都衷心盼望读者、方家惠予指示、批评。

校完书稿,念及童年时心中的历史情结。念如瀑流,继之则善;学成于聚,新故相资。船山之言,深矣!故跋此数语,聊纪心程。

1995 年 7 月跋于珞珈荒斋

再 版 后 记

2010年6月26日晚,余与郭齐勇、吴根友、储昭华聚于珞珈山庄。根友兄倡议将萧先生的《明清启蒙学术流变》一书交人民出版社再版,齐勇兄立即表示由他与出版社联系,嘱余与根友负责核对引文、提供精校无误的电子文本,此议遂定。后数日,即接到齐勇兄转来人民出版社方国根先生的慨然承诺。齐勇兄在致人民出版社的信中,请求将他自己的著作延后付梓,而优先安排出版萧先生的著作,高风亮节,令人感动。在齐勇和根友竭诚推助、方国根先生大力支持下,先师萧萐父先生《明清启蒙学术流变》一书得以在初版16年后再版,此诚可告慰先师在天之灵者也。

先师已逝,此次再版,基本观点和内容悉照先师生前所定。仅个别提法,如以"封建"、"宗法"概念指称自秦迄清之社会性质等,作了更订,此亦是根据先师晚年思想所改。又:该书初版时引用古代文献一般仅注篇名和卷数,为方便读者查阅原著,此次再版,增加了文献的版本和页码。该书初版时引文核对不够细致,此次再版弥补了这一缺憾。当年使用的书籍多为旧版本,此次引文核对和注释则多依据新版本。

为完成修订工作,吴根友先生的研究生刘湘平、陈屹、庞雯予、郑雯,周群先生的研究生王逊,我的研究生陈浩、王呈祥、朱光磊、田探,傅新毅先生的研究生萧自强,吴正岚先生的研究生张渝,为核对引文付出了辛勤的劳动。最后,又承蒙方国根先生、崔秀军先生为之订正讹误、精心编校,高情深义,良可感矣!

在此,谨向各位师友和同人致以诚挚的谢意!

许苏民

2011年6月5日于南京大学

编辑主持：方国根

责任编辑：崔秀军　方国根

图书在版编目（CIP）数据

明清启蒙学术流变/萧萐父,许苏民　著. -北京：人民出版社,2013.11
（哲学史家文库,第2辑）
ISBN 978－7－01－012654－8

Ⅰ.①明… 　Ⅱ.①萧…②…许　 Ⅲ.①哲学史-研究-中国-明清时代
Ⅳ.①B248②B249

中国版本图书馆 CIP 数据核字（2013）第 234456 号

明清启蒙学术流变

MINGQING QIMENG XUESHU LIUBIAN

萧萐父　许苏民　著

人民出版社 出版发行
（100706　北京市东城区隆福寺街 99 号）

环球印刷（北京）有限公司印刷　新华书店经销

2013 年 11 月第 1 版　2013 年 11 月北京第 1 次印刷
开本：710 毫米×1000 毫米 1/16　印张：38.75
字数：620 千字　印数：0,001-2,000 册

ISBN 978－7－01－012654－8　定价：88.00 元

邮购地址 100706　北京市东城区隆福寺街 99 号
人民东方图书销售中心　电话（010）65250042　65289539